中國史學基本典籍叢刊

明季北略

上

〔清〕計六奇 撰
魏得良 任道斌 點校

中華書局

圖書在版編目(CIP)數據

明季北略/(清)計六奇撰;魏得良,任道斌點校. —北京:中華書局,1984.6(2025.8 重印)
(中國史學基本典籍叢刊)
ISBN 978-7-101-05088-2

Ⅰ.明… Ⅱ.①計…②魏…③任… Ⅲ.中國-古代史-明代 Ⅳ.K248.3

中國版本圖書館 CIP 數據核字(2006)第 028811 號

原版編輯: 張榮國
責任編輯: 胡　珂
封面設計: 周　玉
責任印製: 陳麗娜

中國史學基本典籍叢刊
明 季 北 略
(全二册)
〔清〕計六奇 撰
魏得良　任道斌 點校
*
中 華 書 局 出 版 發 行
(北京市豐臺區太平橋西里 38 號　100073)
http://www.zhbc.com.cn
E-mail:zhbc@zhbc.com.cn
三河市宏盛印務有限公司印刷
*
850×1168 毫米 1/32 · 27¾印張 · 4 插頁 · 630 千字
1984 年 6 月第 1 版　2025 年 8 月第 13 次印刷
印數:32501-33300 册　定價:118.00 元

ISBN 978-7-101-05088-2

點校說明

杭州大學圖書館藏清初舊抄足本明季北略原爲張崟（慕騫）先生所發現，關於是書及其作者的情況，張先生在計六奇與明季南北略一文中已作了論述，見本書附録。現就該書的點校工作做些簡要的說明。

計六奇著明季北略二十四卷，雖成書於康熙十年（一六七〇年），但因清初的文禁，一直未能付梓。直至嘉慶、道光年間文網稍弛，才有北京琉璃廠半松居士木活字本刊行。爾後，光緒十三年（一八八七年）上海圖書集成印刷局刊行石印巾箱本；民國初年，商務印書館刊行鉛印本，有國學基本叢書本（也用萬有文庫名義印行）。一九五八年，商務又據舊版重印。以上通行諸本，文字與內容，基本一致，均非計六奇的原本，僅以篇數計，删除二十三篇近一萬六千字。張先生曾以杭大藏抄本作底本進行校點，惜未及完成，即於一九六五年春病逝。

據我們所知，明季北略舊抄本除杭大藏本外，常熟曹大鐵先生亦藏有一部（簡稱「曹氏藏抄本」）。最近，曹先生毫無保留地把他多年珍藏的抄本供我們使用，使此書的整理工作得以順利地完成。經過互勘，曹氏藏抄本雖筆誤甚多，不如杭大藏抄本完善，但藉此却可補正杭大藏抄本的蟲蝕、殘破之處。

這次重新校點，我們仍以杭大藏抄本作底本，參考了曹氏藏抄本、通行諸本及明史、明清進士題名碑録索引等。

爲了使史料翔實，而又無損於清初抄本的原貌，在校點過程中，我們對文中明顯的訛誤作了改正，空缺之處也盡可能予以補正，底本原有無名氏的眉批及校勘浮簽，則以「批云」的形式用單行小字補入相應文句之中；至於底本目録中不够詳明之處，如卷二十一殉難文臣，我們於其下補充了諸臣的姓名，以便讀者利用。這些，均在校記中作了説明。限於水平，舛誤之處在所難免，敬希讀者不吝指正。

在校點過程中，承中華書局編輯部、杭州大學圖書館及徐規教授、常熟曹大鐵先生等惠予協助、指導，謹此表示感謝！

點校者　於一九八一年

自序

自古有一代之治，則必有一代之亂；有一代之興，則必有一代之亡。治亂興亡之故，雖曰人事，豈非天命哉！獨怪世之載筆者，每詳於言治，而略於言亂；喜乎言興，而諱乎言亡。如應運弘猷，新王令典，則鋪張揚厲，累楮盈篇；至勝朝軼事，亡國遺聞，則削焉不録。若曰「當蘇君時，儀何敢言云耳！」愚謂天下可亂可亡，而當時行事，必不可泯。況清世祖章皇帝嘗過先帝之陵而垂泣，爲親製誄文以哀之。卽今上登極，亦諭官民之家，有開載啟禎事跡之書，俱着送來，雖有忌諱之語，亦不加罪。是天子且著書與求書矣，草野之士，亦何嫌何忌，使數十年來治亂興亡之事，一筆勾却也哉！予也不揣，漫編一集，上自神宗乙未，下迨思宗甲申，凡五十年，分二十四卷，題曰「北略」，以誌北都時事之大略焉耳。然於國家之興廢，賢奸之用舍，敵寇之始末，兵餉之絀盈，概可見矣。世之覽之者，拱璧唯命，覆瓿亦唯命云。謹序。

康熙十年辛亥季冬八日乙酉，無錫計六奇題於社埄王氏之書齋。

明季北略目次

卷一 萬曆二十三年乙未始至四十八年庚申止

卷二 天啟元年辛酉始至七年丁卯止

卷三 天啟七年丁卯八月始

卷四 崇禎元年戊辰

卷五 崇禎二年己巳

卷六 崇禎三年庚午

卷七 崇禎四年辛未

卷八 崇禎五年壬申

卷十一 崇禎八年乙亥

卷十二 崇禎九年丙子

卷十三　崇禎十年丁丑

卷十四　崇禎十一年戊寅

卷十五　崇禎十二年己卯

卷十六　崇禎十三年庚辰

卷十七　崇禎十四年辛巳

卷十八 崇禎十五年壬午

卷十九　崇禎十六年癸未

卷二十 崇禎十七年甲申

卷二十一 上

卷二十四　五朝大事總論

注

〔一〕此目下有「長永獻熙景宣裕統茂成泰弘康德永嘉昭隆」十八字。

明季北略卷之一

萬曆二十三年乙未始

1 建州之始

□□〔一〕金之後裔也。元滅金，以其地置軍民萬户府。明初，分爲三種：曰建州，即□□祖地；〔二〕曰海西；曰野人。而建州實居中雄長，地最要害。永樂元年，野人酋長來朝。已而，建州、海西悉境歸附，設建州等衛百八十，置都司二，一曰奴兒干以統之，官其酋，自都督至鎮撫有差。惟野人以絶遠，貢無常期；其建州、海西，定每歲以十月驗放入貢，仍設馬市開原城。是時，建州衛指揮阿答哈出及子釋家奴，皆以有功賜姓名。〔三〕而釋家奴弟猛哥不花亦以内附，俾領毛憐衛，累都督同知，父子兄弟光耀於時，此建州之始大也。正統初，建州衛都督猛可帖木耳爲七姓野人所殺，弟凡察、子童倉逃之朝鮮，並失亡其印，於是稍衰矣。時童倉弟童山嗣爲建州衛。〔四〕亡何，凡察、童倉歸建，朝廷詔更與印。比得故印，凡察藏更給者，乃分建州左右衛，剖二印，令童山領左，凡察領右，自此益熾，輒引北魯入邊不絶，〔五〕殺掠遼東吏民無算。景泰中，巡撫王翶遣使詔諭，稍歸所掠，復款關。然七姓之亂，諸□多死，〔六〕子孫失其賜敕，不得官，以舍人入貢，賞賜大減，益失望，童山合毛憐、海西諸彝，入邊無虚月。成化二年，遣都督武忠往諭，檄致童山，卽□□之祖，〔七〕先羈廣寧，尋殺之，命靖魯將軍趙輔督師三道，入搗其巢，斬首過當。築撫順、清和、靉陽諸堡，邊備日嚴，彝稍創，乞款貢，而朝廷亦欲與之休息，令童山、凡察後皆得襲，諸從者視先世遞貶一官。彝雖復貢，然時時以報童山爲辭，往來患苦塞上。會大璫汪直方倖功用事，巡撫陳越揣其意，疏言建□連結海西，〔八〕名雖屏蔽，實懷異心，宜大發兵創之。乃以撫寧侯朱永爲帥，副直行襲破之，頗有斬獲。而□益憤怨，〔九〕深入焚掠，慘於往時，開原、廣寧之間，騷然煩動矣。居久之，其□完者秃貢馬，〔一〇〕乞入謝，許之，諸□復奉貢請襲如故，〔一一〕迄正、嘉間，塞上得息。嘉靖二十一年，建州李撒赤哈等入邊，巡撫孫繪禦之，失亡多。亡何，撫臣於敖坐減賞物，彝人譁，更詐殺譁者，由此忿怒，數入邊，殺掠如成化時，遼之東西幾困。已，復稍輯。

萬曆二十三年乙未，加奴兒哈赤龍虎將軍。□□□□佟姓，〔一二〕故建州枝部也，批云：枝部，猶籓王也。其祖叫場，父塔失，〔一三〕有膽略，爲建州督王杲部將。杲屢爲邊患。時李寧遠爲總鎮，誘降□父，〔一四〕爲寧遠鄉導討杲，出奇兵，往返八日而擒杲。□父既負不賞之功，〔一五〕寧遠相其爲人有異狀，惎之，以火攻，陰設反機以焚之，死時□□□□甫四歲。〔一六〕寧遠不能掩其功，哭之盡哀，撫□□□□與其弟速兒哈赤如子。〔一七〕□□稍長，〔一八〕讀書識字，好看三國、水滸二傳，自謂有謀略。十六歲始出之建地，故其兵端，動以報復祖、父仇爲辭，日與其弟勵兵秣馬，設險擺塘，自雄東方。後時時於撫順諸堡送所掠人口，自結於漢。萬曆十七年，有部彝克五十等掠柴河堡，因斬克五十以獻，乞陞賞，與都督指揮，使督制東夷，時九月也。□□既得名號，〔一九〕勢益強，有控弦數萬。旋以保塞功，至是乙未，復加龍虎將軍之秩。初，□一兄一弟，〔二〇〕皆以驍勇雄部落中。兄弟始登壠而議，既則建臺，策定而下，無一人聞者。兄死，弟私三都督，□疑弟二心，〔二一〕佯營壯第一區，落成，置酒招弟會飲，入於寢室，鎯璫之，注鐵鍵其户，惟容二穴，通酒食，出便液。弟有二名裨，以勇聞，□恨其佐弟，〔二二〕假弟令召入，入宅腰斬之。長子數諫：「而殺弟，且勿負中國。」□亦困之。〔二三〕然□有氣而孝，〔二四〕未嘗一日忘父仇也。洪巴兔兒，□之長子，〔二五〕曾言罷兵，卽囚之獄。二十九年辛丑秋，□□□□襲殺猛骨孛羅，〔二六〕其勢益強。南關猛骨孛羅與北關那林孛羅俱海西部落，與□□三家俱封龍虎將軍。〔二七〕□或入邊，〔二八〕猛輒預報，得爲備，諸□皆心惡之，〔二九〕□□尤甚。〔三〇〕會猛與那相仇殺，猛力不支，請救於邊吏，願爲乘障扞一圉，不許，遂求援□□。〔三一〕時□□潛有併海西意，〔三二〕乃悉起以援爲名，襲執猛骨孛羅置寨中，盡掠其貲。時邊臣遣使請救，□□乃陽以女許猛長子吾兒忽答，〔三三〕送次女歸內地，以苟塞前講說。邊臣亦因循不敢與較。□□自是有輕中國之心。〔三四〕而吾兒忽答外若撫養，旋覊建州寨，南關不絕如線。北關那林孛羅、白羊骨乃約婚西魯宰賽自托，□□益旁嚙朝鮮及黑龍江上諸夷矣。〔三五〕

三十四年丙午秋，□□入貢，〔三六〕以勒索車糧爲名，辭甚強。邊吏始倉皇請兵設防，而朝鮮亦報警，海夷、回波諸部落俱苦之。兵科宋一韓以棄地劾李成梁。〔三七〕自後□遂不復貢，〔三八〕時擁衆要挾，憑陵開原，邊臣噤悸，莫可誰何。原□□之寨在寧宮塔舊趾，〔三九〕三面臨河，一面阻山。其城係磚包砌重圍，□居內城，〔四〇〕隨住彝人三百餘家，皆親黨心腹。外城住彝約萬餘家，皆挑選精壯者。其遠近環寨散處之彝，約數十萬家。其地界，南鄰朝鮮義州，橫江爲界，離江千餘里。江外有十四道灣，係忽喇户故趾，今爲□併。〔四一〕又有王兀堂、王嚀、古鐵等夷，皆爲□所併。〔四二〕西鄰長奠、永奠、大奠、寬奠、新奠、靉陽、孤山、咸陽、一堵牆、清河、散羊峪、馬根單、撫順、三岔兒口、白家衝、撫安、柴河、松山、靖安、威遠、鎮北關。北有混同江、烏龍江、白石江，江内先有灰扒、伯答里等夷，皆被□□襲殺，〔四三〕掠部夷八千餘衆，悉入□地。〔四四〕另設置建彝千餘家，屯種此地。又有海西南關舊趾大黑山地方，亦併入□□，〔四五〕近屯兵二千餘家，在此住牧。九邊俱不毛，惟建州產珠及參與貂。最下赤松子，界鴨綠江而居。珠，江出也；其魚最肥。又東北數千里爲生魯，中國徒知其幅員三千里，不知東北數千里，戰敗渡河可居。東多茂松，貂巢其上，張弓焚巢，則貂墮於羅。取山澤魚鹽之產，易中國之財，故□日富云。〔四六〕

〔校記〕

〔一〕至〔二〕原空缺，據文意當爲「滿洲」二字，指建州女真。

〔三〕按阿哈出，亦作阿答哈出，明成祖永樂元年，赴明廷朝見，明以阿哈出爲建州衞指揮使，賜姓李名善誠。永樂七年，阿哈出死，第二年，其子釋家奴因從征有功，襲父職，升建州衞都指揮僉事，賜姓李名顯忠。

〔四〕按「童山」，亦作「董山」。

〔五〕按「北魯」應作「北虜」，爲避清忌，「虜」改「魯」。

〔六〕原空缺，據文意當爲「酋」字。

〔七〕原空缺，據文意當爲「滿洲」二字，指建州女真。

〔八〕至〔一一〕原空缺，據文意當爲「酋」字。

〔一二〕原空缺，據文意當爲「努爾哈赤」四字。
〔一三〕按叫場，亦作覺昌安。塔失，亦作塔克世。
〔一四〕、〔一五〕原空缺，據文意當均爲「酋」字，指努爾哈赤。
〔一六〕、〔一七〕原空缺，據文意當爲「努爾哈赤」四字。
〔一八〕、〔一九〕原空缺，據文意當爲「夷酋」或「東主」二字，指努爾哈赤。
〔二〇〕至〔二五〕原空缺，據文意當均爲「酋」字，指努爾哈赤。
〔二六〕原空缺，據文意當爲「努爾哈赤」四字。
〔二七〕原空缺，據文意當爲「夷酋」或「東主」二字，指努爾哈赤。
〔二八〕原空缺，據文意當爲「虜」字。
〔二九〕原空缺，據文意當爲「酋」字。
〔三〇〕至〔三六〕原空缺，據文意當均爲「東主」二字，指努爾哈赤。
〔三七〕曹氏所藏抄本此處有眉批云：「所棄之地，乃張其哈喇佃子也。」
〔三八〕原空缺，據文意當爲「虜」字。
〔三九〕原空缺，據文意當爲「東主」二字，指努爾哈赤。
〔四〇〕原空缺，據文意當爲「酋」字，指努爾哈赤。
〔四一〕、〔四二〕原空缺，據文意爲「虜」字。
〔四三〕原空缺，據文意當爲「東主」二字，指努爾哈赤。
〔四四〕原空缺，據文意當爲「虜」字。
〔四五〕原空缺，據文意當爲「東夷」或「東虜」二字，指建州女真。

〔四六〕原空缺，據文意當爲「虜」字。

2 清朝建元

萬曆四十四年丙辰，奴兒哈赤號後金國汗，建元天命，指中國爲南朝，黄衣稱朕，是爲清之太祖，清朝建元實自此歲始。然是時猶稱後金，後改大清，玆姑從彙編所記。清太祖登極凡十一年，至天啟六年丙寅八月初十日止。

附記　康熙三年孟夏四日，先君子曰：「予壯年時有華道士云，江右張真人北都建醮，伏壇久之，見天上諸神俱不在，惟關聖一人守天門而已。真人問諸神安在？聖曰：『今新天子出世，諸神下界擁護矣。』真人曰：『聖何不往？』聖曰：『我受明朝厚恩，故不去。』時神宗季年，天下猶晏如，不信其說，至是始驗。」

是時災異略載於紀異中，而猶有一二可誌者。猶憶萬曆四十二年甲寅三月二十六日午時，訛傳倭至，城野狂奔，浙直皆同。時無錫老稚，以争入城而蹂躪死者甚衆。四野見有赤身披髮奔者，頃之杳然。至今故老猶謂陰兵亂也，異已。四十四年正月初三，南京天雨紅雪，與唐貞元二年京師雨赤雪同。貞元，德宗年號也。四月，京師大雷電、雷火。五月，江西大水。六月甲子夜，京師異常風變，聲若轟雷，刮倒正陽門外牌坊。天之示警爲何如矣！而上於萬幾概置不理，宰相方從哲徒以循默苟容而已。

3 蕭子玉僞稱都督

□歲貢蜜，〔一〕兼開蜜市，自萬曆四十一年癸丑後不貢。至四十五年丁巳，相傳□煉蜜爲糗糧，〔二〕撫臺疑其事，未敢言於朝，密使遼陽材官蕭子玉僞稱都督，啣命問故。子玉盛其儀仗，東臨敵境，敵不郊迎，子玉大怒，詬之曰：「天使儼臨而大都督不出，是辱皇朝也！」將歸問罪。東主聞之，懽然屬櫜鞬，跽迎道左，供具甚豐腆，子玉大喜，相與盡歡，徐致詰不貢市之命。□從容對曰：〔三〕「本部之蜜，猶天朝之五穀也。五穀有不登之年，皇朝將誰是詰耶？本部五年來花疎蜂死，是以不供。俟春枝花滿，釀熟花衙，當復貢市如初。此瑣事耳，何煩聖慮。」厚贈子玉，竝轡而出。至別處，從馬上拍子玉肩，笑曰：「汝是遼陽無籍蕭子玉也，安得假稱都督臨我郊境！我非不能殺汝，奏之聖明。顧不忍貽天朝以辱耳。爲我致意撫臺，批云：遼撫疑即李維翰。後毋再作許事。」子玉狼狽西奔。撫臺聞之，閉門累日。中國每事貽笑遠人，安得不啓其輕侮之心哉！

〔校記〕

〔一〕至〔三〕原空缺，當均爲「虜」字，指努爾哈赤。

4 撫順城陷

萬曆四十六年戊午四月，□□□□佯令部彝赴撫順市，〔一〕潛以勁兵踵襲。十五日凌晨，突執游擊李永芳，城遂陷。因以漢字傳檄清河，言有七事啣恨，大畧以護北關等爲辭。總兵張承胤移師應援。二十一日，敵兵暫退，誘我師前，以萬騎迴繞夾攻。承胤及副總兵顧廷相、游擊梁汝貴死之，全軍覆没，京師震動。

東主年六十誕辰，八子稱觴，主欲入邊。四王曰：「撫順是我出入處，必先取之。今四月八日，聞李永芳大開馬市，至二十五日止，邊備必疎，宜先令五十人佯作馬商，驅馬五路入城爲市，嗣即率兵五千，夜行至城下，舉砲内外夾擊，撫順可得，他處不戰自下矣。」主從其計，即命總兵麻承塔於十四日爲馬商前行，四王統衆夜至撫順，吹笳爲號，東主又與諸王引精騎五千接應。十四夜半，李永芳忽聞笳聲，大驚，又闔城聲沸，火焰燭天，報東兵已入城矣，遂降於四王，爲副總兵，即薙髮服緋衣。刑科勘云：李維翰於撫順紅旗催戰，總兵張承胤願叩門一見面議不得，倉卒赴戰，陷陣以死，誠可痛恨！在楊鎬勘内。

〔校記〕

〔一〕原空缺，當爲「努爾哈赤」四字。

5 清河城陷

閏四月，東主歸漢人張儒紳等，齎彝文請和，自稱建州國汗，實藉儒紳等以行間，謀最秘。五月十九日，統衆尅撫安、三岔、白家冲三堡。偵報：東主八子每登山密謀，兵至如風雨，建州馬夏月喜啖河旁柳葉，兼與宰煖合衆近十萬，北關惴惴不免；朝鮮已諧秦晉，李永芳亦降東締姻。七月，東主從鴉鶻關入，二十二日晨，圍清河。參將鄒儲賢拒守，援遼遊擊張旆請戰，不從。敵冒板挖牆，自寅至未，墮東北角，因積屍上城，旆戰死。儲賢遥見李永芳招脅，大罵赴敵，亦死之。而城中擁兵六千四百餘，唯束手待斃，爲敵殺掠萬計。自三岔至孤山，竝遭焚燬，唯參將賀世賢於靉陽邊外縱擊，得首級百五十四。

聞東主破清河先一日，二子猶與張總戎夜飲極洽，酒酣，二子忽叩張云：「屢勸家君止戈，而壯心不已。假令終違苦口，元戎何策禦之？」張總戎時已醉，盛稱中國威德，兼揚己長。二子微笑而別，驅貂參車數十乘入城，貂參窮而軍容見，因入據城門，延入諸騎。故清河之破，視撫順尤速。自後，破廣寧、破遼陽，總之先潰在中國，又遇敵之善戰善攻，故立破耳。按遼左之人生二子，則以一子私役於□□，〔一〕敵給之銀暨貂，卒歲而歸，值滿十五六金。□□掠錢無所用之，〔二〕高積如山，欲歸者畀銀三兩，令盡力負錢，命所過給以飲食，負重者致腰背盡折。故城破之日，□□驅之而歸，〔三〕不必以兵威刼也。

七月，賜總兵張承胤謚，加祭三壇，予立祠，名旌忠。

〔校記〕

〔一〕至〔三〕原空缺，當均爲「東主」二字，指努爾哈赤。

6 劉杜二將軍敗績

萬曆四十七年己未仲春二十有二日，楊經略鎬用古行師不刻日編陣，一軍出西方，一軍出西北，一軍與北關會，擣□□之北。〔一〕一軍將海師，合高麗攻其東。西師大帥杜總戎松，而劉總戎綎將西北軍，李如栢、馬林等爲後援，師號十二萬，不滿十萬人。杜將軍爲西陲名將，勇且廉。戊午，師出潞河，潞河人聚觀之，揮汗濕郵亭。將軍裸形示與人曰：「杜松不識字武夫，惟不學讀書人貪財害死耳！」衆見其刀箭瘢如疹痘皃十朝時，間有紅處，乃良肉也，相與揮涕咨嗟而去。劉將軍少年立功黔中，曾見其列駿馬五十餘，跳躍其間，來往輕於舞蝶。當征關酋時，於大營斬三大牯，頭隨刀落，刀三提而已。征東後，平播酋，功最上，議者擬匹寧遠功。會獻俘，所上惟象床三十六；他物率不稱。上心疑經略以下有私，遂停賞格。最後官都督，著成績。掛箭東歸，時赴司道宴，酒半，將家丁五百，習戰藝場。家居，日費私財五十金養死士，蓋一日不忘報國者。□素畏杜，〔二〕稱曰「太師」，而不知綎威名，自將精鋭三萬人應杜，而使別將將弱兵萬餘禦劉。杜先戰期三日抵渾河。渾河，□險窮處，〔三〕從坦地横絶其中，以分東西者也。日已昃矣，諸將請安壘休息，明晨東渡，杜將軍怒曰：「義旗東指，孰抗顏行？乘勝而前，何期之有！」遣人視河，河水不遮馬腹，而河中浮小舟數十。將軍大喜，謂天人俱助，且耻乘舟，將裸形策馬。諸裨請授甲，將軍大笑，罵曰：「入陣披堅，豈壯夫事！老夫束髮從軍，不知甲重幾許，今日汝曹乃以此相苦耶！」不顧，躍流而渡，諸軍競進。渡十之七，敵使人決上流，師衝爲兩，没於河者幾千人，渡河將士反顧生寒。陣甫成而暮，黑霧障天。敵萬炬忽明，火光下斫暗中人，我師不及張弓露刃，而將士成泥矣。敵兵於火光中識杜總戎，争射之，臠其肉立盡，并獲杜號矢。號矢者，軍中稱令箭，乃經略授之總戎，以驅策偏裨者。先是，劉總戎從西北渡，破敵二寨，斬三千餘，□始怖劉節制。〔四〕既破杜師，乃復將其精鋭北應劉將軍，使浙降人之黠者，詐爲杜將軍材官，持號矢，晨馳至劉將軍營告急，曰：「杜師邀將軍威靈，幸抵□城，〔五〕深入敵疆，虜攻之不繼，敬遣材官某請將軍會師夾攻。」劉遲回良久，曰：「予與爾總戎鴈行，安得傳矢，是裨我也。」僞官曰：「矢雖以令偏裨，而令偏裨實不俟矣。此矢之發，爲事急取信計耳。」劉不反思，咤曰：「出師時相約傳砲爲號，今師抵城下，何不聞砲聲？」官隨應曰：「敵地無烽火，晨始列騎代斥堠。此去敵城五十里，馳三里傳一砲，不若一騎之驅較速。」劉方首肯，而僞官已叩首馳出交和矣。還報□□曰：〔六〕「劉將軍俟砲乃行。」於是□下令傳砲。〔七〕而砲未傳前，劉心已動，恐杜將軍獨有其功，令諸將拔營而東，老弱各人持鹿角枝，繞營如城，遇敵則置鹿角於地，轉睫成營，敵騎不能衝突，兵得以暇列置火具。敵前隊斃於火攻，則不能進，我乘間出勁騎格鬬，肆出肆入，疲則還營少休，而令息者賈勇。且劉之火器妙絶諸軍，生平所恃以無衡者此也。始聞砲聲猶敦陣而行，行未二十里，砲聲益喧，心摇摇惟恐足之不前，設杜先入城，則宿名頓墮，乃下令棄鹿角而趨。行里許，而伏兵四起，劉旅不復整矣。長技不及一施，衆遂殲焉。

按劉綎攻倭酋關白之大將名行長，在萬曆二十六年戊戌十一月十七日五鼓也，時在朝鮮地。又二十八年庚子二月十五，劉綎破播州楊應龍兵於綦江三峒。三月二十九日，入婁山關，萬峰插天，中通一線，師從間道攀藤魚貫入，至六月初七，遂破大城，應龍縊。

予聞□□獲浙之降人一兄一弟，〔八〕將斬其兄，其弟請釋。□〔九〕曰：「汝能給劉將軍來，則釋汝兄。」其弟以救兄心急，從之。□遂留兄爲質，〔一〇〕而遣其弟往焉。先君子嘗云：「無錫秦燈，力舉千斤，聞滁州武狀元陳錫多力，往與之角。將栢木八仙檯列十六簋，菓盒悉具，設酒二爵，秦燈隻手握案足，能舉而不能行。陳錫則能行，力較大矣，然僅數步而止耳。惟劉綎繞庭三匝，而爵簋如故，其力更有獨絕者。」

去吾鄉六里有悟空寺，清初，寺有老僧，自言少年時嘗爲劉綎小卒。劉善舞刀，故世號劉大刀。每戰還營，以力竭，即仰卧椅中，血染甲，手握刀不解，爲血所凝，漬於湯中，久之乃解。此僧親侍，故見之。

通紀云：戊午，撫順、清河相繼陷，上特起廢將李如栢總遼鎮兵，及徵廢將杜松屯山海關，劉綎、柴國柱等赴京調度。時楊鎬以遼舊撫推兵部侍郎，命往經略，賜劍一。九月，東方有白氣，長竟天，其占爲彗及蚩尤旗象，主兵，而星隕、地震報相踵。海州遥見白虹貫日，如日並出者三，白氣直罩城上。己未二月十一日，楊鎬誓師遼陽，凡分四路：馬林率遊擊麻岩、丁碧等，從靖安堡出邊趨開、鐵，及都司竇永澄督北關之衆，攻其北。杜松率都司劉遇節等，從撫順關出邊趨瀋陽，攻其西。瀋陽路最衝，以保定總兵王宣、原任總兵趙夢麟並隸麾下。李如栢率參將賀世賢、李懷忠等，從鴉鶻關出邊趨清河，攻其南。劉綎率都司祖天定等，從晾馬佃出邊趨寬奠，及都司喬一琦督朝鮮之衆，攻其東。期二十一日先後出師。會十八日夜司天占火星逆行，二十日京師風霾晝晦，黄塵四塞，有頃，赤光射人如血，其占四夷來侵。上諭東征將士備邊。三月，杜松越五嶺關，前抵渾河，棄車營，趨利半渡，敵萬餘忽遮擊，衝我師爲二。松血戰突圍，自午至酉，力竭師殲焉。馬林改由三岔出塞，翌日方抵二道關，遇敵乘勝來攻，亦敗績。劉綎獨縱兵馬家寨口，深入三百餘里，尅十餘寨。初四日，敵詭漢卒裝，誘墮重圍夾攻，衆遂潰。綎及軍鋒劉招孫等並陣歿。惟清河一路，李如栢以經略令箭撤回獲全。先是，綎出師日，五星鬬於東方。松垂發，牙旗折爲二。又大清堡軍庫災，火器盡燬，白氣竟天三匝。識者豫知爲敗徵云。及報至，舉朝氣索。諭楊鎬戴罪視事。廷議李如栢逗遛獨全，疑有謬巧，遣其弟都督李如楨代將，撤如栢候勘。户科李奇珍論如栢先納□□弟素兒哈赤女爲妾，〔一〕生第三子。彼中有「女壻作鎮守，遼東落誰手」之謡。初，去冬薊人云：□□苦饑，〔二〕一日啜粥一盌。識者曰：「實者虛之，此未可信。」薊州亦以敵乞食爲喜。迨劉總戎破敵寨，五穀滿囷困，敵之多謀類如此。

附記：杜松與劉遇節至瀋陽，行二日至渾河。松領五千人先渡，遇節隨後半渡，敵一鳴笳，萬騎突至。方抵北岸，敵分兩隊，一圍松，一圍遇節。松輪長鎗大戰，出重圍，遇敵將哈都，哈都被刺，走以誘松，松追至山前，復戰。敵兵見之，不圍杜師，獨圍杜松、哈都二人。杜師亦趨至，擁山下不殺入。松躍馬欲出，而四圍如鐵，遂殊死戰，自午至酉，師盡覆，因楊鎬誓師，先泄軍機故也。哈都、哈真二將，卽以勝兵圍馬林於關口。後營被傷，乃金白、竇永澄所統者。馬林率師趨救，敵兵不知兩軍，遂驚走。哈都潛率兵從後殺入，馬師不及備，被傷二千。林收兵渡河，南岸駐扎。劉綎率師自牛毛寨進至馬家寨，二寨俱敵營。綎進戰，四王子不敵而走，綎乘勢追殺，四王子棄寨去。一王子率師五千趨救，行三里，遇綎而戰，綎斬其馬足，墮下救去。綎連破十餘陣，追入三百餘里，敵大懼，多散。然綎久戰亦疲矣，遂駐營休兵。一日忽報杜松戰勝云云，遂墮計。綎與兩王子力戰，自巳至酉，勝負不分。四王子退走，綎不知計，追四里，四王子發矢中綎左臂。綎一手拔箭，一手輪刀復戰，面復中一矢，二王子乘勢殺之。時義子劉招孫前救，見綎已死，下馬負屍，右手持刀戰兩王子，被四王子一矢中心而死。

〔校記〕

〔一〕原空缺，據文意當爲「東虜」或「東夷」二字。
〔二〕至〔五〕原空缺，據文意當爲「虜」字或「敵」字。
〔六〕原空缺，據文意當爲「東主」二字，指努爾哈赤。
〔七〕原空缺，據文意當爲「虜」字或「敵」字。
〔八〕原空缺，據文意當爲「東主」二字，指努爾哈赤。

〔九〕原空缺，據文意當爲「敵」字。
〔一〇〕「敵」字原空缺，據曹氏所藏抄本補入。
〔一一〕原空缺，據文意當爲「東主」二字，指努爾哈赤。
〔一二〕原空缺，據文意當爲「東夷」或「東虜」二字。

7 楊鎬逮治

八月十三日，上遣緹騎逮治楊鎬。九月二十六日，刑科參失機諸臣功罪狀：「參看得楊鎬喪師失地，據法罪原難逭，而嘵嘵置辯，曰未嘗私李如柏也，曰杜松故違節制也，曰馬上督催不敢抗違也。不思如柏乃遼東大將，當時四路並進，何不以大將當關，而乃以清河與如柏，故令杜松出撫順耶？在如柏怯懦畏敵，本無求戰之意，故再出輒逃，而鎬以令箭招之。説者謂令箭先藏柏身，託之傳自于鎬，則鎬之私庇如柏甚明。不然，杜松輕進，何不用一箭令退，而獨于如柏汲汲也？杜松廉勇久著，有古名將風，聞鎬將出師，杜松謂兵餉未充，士卒不習，將領未協，不便大舉。鎬貪功自用，徑行不聽。松乃密遣人進關，投揭當事，冀緩其師，而如柏偵知，令人于關外邀回，重責十棍，致松謀不行，兵受其創。見有松姪總兵杜文焕抱憤投揭可問。即此舉動，已含陷松之毒矣。乃誓師時，如柏佯與松洒淚拜別，曰：『吾以頭功讓汝。』松磊落丈夫，慨信不疑，賈勇先登，不知如柏早已布置奸人，爲松鄉導，誘其暗入奸伏。蓋□□素所畏者，〔一一〕松與劉綎也，先得鎬告示，遂悉其精鋭，潛伏撫順一路，獨以當松。松果爲鄉導所誘，如柏先逃，望援不至，遂碎首淪没，寸骨不存。劉綎亦復血戰，一時死敵。是松之死，實鎬與如柏同謀計陷，壞此長城，爲異日和戎之地。而乃曰『三路之敗，總由杜松故違節制』耶！在鎬爲此喪心之言，計欲自脱，而遂轉相流布，不念其死敵，而且没其功，松死不瞑目矣！嚴詰催戰，固奉有明旨，獨不思『將在外君命有所不受』乎！即不然，而以抗違被逮，不猶愈於以敗衄伏辜耶？即令口如懸河，其如法在不赦！至李如楨與周永春失陷開原，明旨曰：『開原失陷，撫臣責任封疆，豈能無罪！』則其罪視如柏，俱一體之人，況遼事未平，有罪無功，仍宜單論其罪。如柏雖先雉經，尚當跪斬。鎬等若容免脱，是謂無刑。」

〔校記〕

〔一〕原空缺，當爲「東主」二字指努爾哈赤。

8 熊廷弼經略遼陽

六月十五夜，□□□□擁數萬騎，〔一〕乘虛直薄開原，孤城立下。十九日，西魯以三萬圍鎮西堡，〔二〕瀋、鐵奔潰。上乃擢熊廷弼代楊鎬經略。廷弼請恢復開原，上賜劍，廷弼單騎就道。七月二十五日，□□□□從三岔堡入攻鐵嶺，〔三〕從寅及辰，城陷。蓋自開原既尅，瀋、鐵逃竄一空。□□最工間諜，〔四〕所在内應，而明偵備甚疎，聞敵膽落，開原一帶堅城，應時立破。八月二日，廷弼受代。翌日，入遼陽，斬陣逃游擊劉遇節等，設壇躬祭撫、清、開、鐵死事軍民。

廷弼奏曰：「臣至各邊，相度敵之出路有四：東南爲靉陽，南爲清河，西爲撫順，北爲柴河、三岔河間，俱當設重兵。而鎮江南陣四衛，東顧朝鮮，亦不可少者。此險要之大略也。」又疏稱「瀋陽空城難守，不如還守遼陽。」上諭「酌畧緩急」。因決策守遼陽，挑壕築垣，借水爲防。

〔校記〕

〔一〕原空缺，當爲「努爾哈赤」四字。

〔二〕按「魯」與「虜」諧音，爲避諱，而以「魯」代「虜」。下同此，不另注。

〔三〕、〔四〕原空缺，當爲「東主」二字，指努爾哈赤。

9 神宗崩

神宗御諱翊鈞，穆宗之子。癸酉歲改元萬曆，至四十八年庚申七月十四日丙申，帝崩。

10 紀異

自古有國家者，一代之興，必有絶異之休祥著于始；一代之亡，亦必有非常之災祲兆于前。驗之天地，徵之人物，斷斷不爽者。萬曆三十四年丙午三月雞鳴候，西南方天上懸一關刀，口向上，凡一月而滅。五月，遂生李自成，兵象見矣。三十六年戊申，南京大水，禾黍俱無。鳳翔袁應泰爲淮徐道，黄河出碑，文云：「碑出干戈動，江東血水流。荒茫天地亂，發難鬼神愁。」末云：「洪武元年青田劉伯温書于晝寢。」淮徐道袁啓未幾，應泰經略遼東，喪師失地，殆無虚日。

四十四年丙辰，廣寧婦生一猴，二角。是年清朝建國，號大清，太祖武皇帝即位，建元天命，開科取士，始有會元，而中朝會元沈同和以弊發除名，洪承疇登進士，是清有元而明無元，承疇後爲清之勳臣，俱天也。二月二十五日，南京地震，自西北來有聲。山東地裂。龍關正陽門，河水三里赤如潰血，京師大震。陝西牛産犢，人頭人面。六月二十三日，蜻蜓自東南來，環飛蔽天，高者極青冥，卑及檐楹而止，彷彿如北方大風揚塵沙，莫能名其多也。人云海風吹來者。秀水有異鳥，人頭鳥身，集于樹，竟日乃去。大旱，秋旱尤盛。定遠富農劉子元捕蝗甚力，蝗如片雲墜下，將子元頃刻食盡。

四十五年丁巳，江南鼠異，自五月下旬起，千萬成羣，啣尾渡江而南，穴處食苗。

四十八年庚申，蚩尤旗見，圓削而長二十餘丈，首鉅尾細，白光凝雲，若懸刃然，踰半月始隱。

一野史云：四十六年戊午八月，彗星東起，長數十丈，闊四五尺，本粗末鋭，其形如刀，自巽而乾，光芒映耀，即蚩尤旂也。自八月初見，至十月終始隱。是星見，主天下大亂。此野史一段，乃辛亥四月九日社埄汪館補書。

泰昌元年庚申八月始　即萬曆四十八年

11 光宗貞皇帝

帝諱常洛，神宗之子，萬曆十年壬午生，至二十二年甲午出閣講學，時年十三歲，岐嶷不凡，讀書成誦，作字有法。故事，每講，閣臣一人入直看講，講案前有銅雙鶴，叩頭畢，從銅鶴下轉東，西面立。一閣臣誤出銅鶴上，帝囑内侍曰：「移銅鶴近前些。」雖不明言，意在默寓，衆皆歎服。一日，講「巧言亂德」，講章曰：「以是爲非，以非爲是。」劉幼安當直，既敷衍畢，因問曰：「何以謂之亂德？」帝朗然答曰：「顛倒是非。」蓋化詞臣之句而隱括之，更覺明切。講官焦竑請問「維皇上帝，降衷于下民，若有恒性」大義。答曰：「只天命之謂性是已。」講官董其昌請問「擇可勞而勞之」。答曰：「所謂不輕用民力也。」講官嘆服。四十三年乙卯，帝年三十四，時居青宮，有張差梃擊一事。神宗在慈寧宮，問帝曰：「你有何話說來！」帝知神宗旨，乃曰：「似此風癲之人，決了便罷，不許株連。」又曰：「我父子何等親愛，諸臣無聽流言爲不忠之臣，使我爲不孝之子。」神宗始悦。四十八年庚申八月朔，即帝位，時年三十九矣。九月朔，帝崩，凡登極一月。詔以八月以後稱泰昌元年，明年改元天啟云。

12 附前梃擊青宮一案

初，萬曆四十三年乙卯五月初四日，驀有男子闖入東宮，以梃棓仆守門内侍一人，韓永用等呼集執之，送部鞫審，是犯姓張名差。御史劉廷元疏言：「跡涉風魔，貌似黠猾。」刑部郎中胡士相等定爲風癲。

提牢官王之寀重加訐問，言有馬三道誘至龐、劉二太監處，語多涉鄭國泰，國泰出揭自白。科臣何士晉請窮其事。上大怒，因召百官進，百官膝而前。時太子、三皇孫俱侍，上曰：「昨有風癲張差突入東宮傷人，此是異事，與朕何與？外庭有許多閒説，你們誰無父子，乃欲離間我父子耶！止將有名人犯張差、龐保、劉成卽時凌遲處死，其餘不許波及無辜一人。」尋執太子手，示羣臣曰：「此兒極孝，我極愛惜他。」時御史劉光復伏于衆中，喜極，揚言曰：「陛下極慈愛，太子極仁孝。」因班稍後，聲高，而上誤以爲別有所爭，命中涓拏下，承旨者梃杖交下，上令押朝房待旨。怒稍夷，又以手約太子體曰：「彼從六尺孤養至今，成丈夫矣，我有別意，何不于此時更置，至今長成，又何疑耶？」尋誅張差于市，斃龐、劉于內庭，事遂寢。于是罷王之寀官，補何士晉于外。

13 紅丸一案

八月二十九日，李可灼進藥。明日，光宗崩。九月初三日丁丑，御史王安舜參李可灼進紅丸罪狀，言：「臣接邸報，奉令旨賞可灼銀五十兩。夫可灼敢以無方、無製之藥駕言金丹，且倡言精知子平五星，夭壽莫逃，此不過借此以塞外廷之議耳。」奉令旨：「李可灼于先帝病革之時，具本進藥不效，殊失敬慎，但亦臣愛君之意，姑從輕罰俸一年。」

楊漣論內官崔文昇用藥之誤，言「帝疾，法宜清補，文昇反投以相反相伐之劑」云云。此八月二十四日疏。九月三日，御史鄭宗周請下文昇法司嚴鞫，言：「往歲張差之變，禍幾不測。張差之後，因有文昇，致先帝一旦崩逝，當寸斬之。」給事惠世揚奏：「崔文昇輕用剋伐之藥，傷損先帝，科臣、臺臣論之。輔臣方從哲又何心而代擬出脱？」南京太常寺少卿曹珍，疏請究醫藥奸黨陰謀，謂「當與先年梃擊青宮同一姦謀」云云。南臺御史傅宗皐論崔文昇用藥之誤；御史馬逢皐、南御史李希孔交章劾文昇用藥之故，請正典刑；刑部主事王之寀奏請復先帝之仇，論李選侍、鄭貴妃、崔文昇、李可灼共一線索；禮部尚書孫慎行參方從哲、李可灼進藥之罪；吏部尚書張問達，會同户部尚書汪應蛟等公奏曰：「李可灼非醫官也，一旦以紅丸輕進，而龍馭上昇，罪勝誅乎！崔文昇身膺提督，當可灼進紅丸之時，何不詳察？罪又在可灼上矣！」上諭：「李可灼拿解法司究問正罪，崔文昇發遣南京。」三年，戍可灼。御史郭如楚論李可灼之罪。

光、熹時有三案。三案者，梃擊、紅丸與移宮也。移宮一案已具于楊漣傳後。

14 熹宗登極

熹宗，光宗之子，萬曆四十八年庚申九月初六日登極，即泰昌之元年也。

15 顧慥論遼事

九月十二日，御史顧慥奏曰：「六月十二日，□□□□以萬騎由撫順關，〔一〕萬騎由東州堡入，深至潭河。總兵賀世賢、柴國柱設防瀋陽，却之。然閲姚宗文之疏，謂『六月失事，焚掠太慘，村屯一空，專制閫外，胡匿不以聞？』昨見賀世賢塘報，則僅僅斬一級、獲一盔、奪四韃馬，而遂誦功于部院，不亦羞朝廷而貽敵人笑耶！且士馬物故不知幾何，而尚哆口遼城之無恙乎？今年八百萬，來年八百萬，除天助云云乃可，不然，水、潦、旱、蝗，所在見告，此八百萬者安能歲歲而輸之？臣恐民窮財盡，盜賊蜂起，憂不在三韓，而在蕭牆之内矣。」

自熹宗立，饑饉薦臻，不數載而流寇起，卒亡天下，此疏如操左券。

〔校記〕

〔一〕原空缺，當爲「努爾哈赤」四字。

16　河清

八月十五日，臨鞏、蘭州之間，巳時見河流上泛白，至申時徹底澄清，上下數十里，一望無際，至十七日未時，照舊濁流，共清三日，時臨鞏道與户部郎中黄衮親詣河橋目睹。至九月二十一日乙未，陝西撫臣李起元奏上。

時天變、地震與物怪多矣，而兹河清者何？予聞「黄河清，聖人生」。以衰晚而望至德，必不可得之數也，意者有易代之人起于世乎？

17 兵餉增減

御史鄭宗周奏曰：「京營兵，國初四十餘萬，嘉靖時尚二十餘萬，今止十二萬也。邊兵，原額九萬六百餘，今止八萬一千九百零，此一萬二千七百之兵，何以議減？遼餉自隆慶元年後，原額十三萬三千九百餘，今加至五十二萬五千六百，此三十萬一千六百餘餉，何以議增？」

18 楊嗣昌奏歲饑

八月二十三日戊辰，餉司楊嗣昌奏言：「臣在應天，聞淮北居民食草根樹皮至盡，甚或數家村舍、合門婦子併命于荳箕菱稈。比渡江後，灶户之搶食稻，飢民之搶漕糧，所在紛紜，猶曰去年荒歉之所致也。至于江南未嘗有赤地之災、稽天之浸，竟不知何故洶洶嗷嗷？一入鎮江，斗米百錢，漸至蘇、松，增長至百三四十而猶未已。商船盼不到關，米肆幾于罷市，小民垂橐偶語，思圖一逞爲快。甚有榜帖路約，堆柴封燒第宅，幸賴當事齊之以法，一時撲滅無餘。然顧瞻閭左，民窮財盡。今日百姓尚知討賊，尚可催科，只恐百姓自己作賊，誰爲我皇上催科者！」

「百姓自己作賊」六字，十年來不幸而中。

19 熊廷弼回籍

九月十五日己丑，御史馮三元論經略熊廷弼無謀者八，欺君者三，廷弼乞罷。楊漣奏曰：「議經略者終難抹殺其功，憐經略者亦難掩飾其咎。功在支撐辛苦，得二載之倖安；咎在積衰難振，悵萬全之無策。」二十二日，御史張修德請貶竄廷弼，廷弼上疏求勘，因陳守遼之功。户科王繼曾奉旨會議，奏曰：「廷弼掛衆議者三：以嫚罵爲氣魄，將帥不爲用，不能成功一；始初不能用遼人，客兵蹂躪遼地，遼人離心，不能成功二；動天下兵，靡財浩費，所過騷擾，叛者淫劫，不能成功三。」

廷弼乞罷，疏曰：「遼師三路覆没，再陷開原，職始驅羸卒數百人，踉蹌出關，至杏山而鐵嶺報失。當是時，河東士民謂遼必亡，紛紛奪門而逃也；文武官謂遼必亡，各私備馬匹爲走計也；各道謂遼必亡，遣開原道韓善、分守道閻鳴泰往瀋，皆不行，而鳴泰且途哭而返；河西謂遼必亡，議增海州、三岔河戍，爲廣甯固門户也；關内謂遼必亡，且留自備而不肯轉餉也；通國謂遼必亡，不欲發軍器火藥，而恐再爲寇資也；大小各衙門謂遼必亡，恐敵遂至京師，而晝夜搬家眷以移也；中外諸臣謂遼必亡，不議守山海都門，則議戍海州爲遼陽退步，戍金伏爲山東塘埤也；卽敵亦謂遼必亡，而日日報遼陽坐殿以建都也。其間惶惶之狀，不能以旦夕待。而今何以轉亡爲存，地方安堵，舉朝帖席而卧也？此必非不操練、不部署、不撫輯、專事工作而尚威刑者所能致也。至謂職『擁兵十餘萬，不能大入大創，小入小創，斬賊擒王，而殃民蹙地，爲□所笑』，〔一〕誠有如所歎者。第言斬賊擒王之事，于此日之兵之將，且勿易言也。令箭催而張帥殞命，馬上催而三路喪師，職于今日何敢輕率！」云云。遂繳還上方，席藁待罪。上命廷弼解任回籍聽勘。十月初十日，以巡撫袁應泰經略遼東。

廷弼交代疏曰：「去秋遼陽以北，棄城而逃；今自瀋、奉以南，不但本城逃者復歸，而開、鐵、蒲河以南，不知日集幾許，各處商客增來幾許？此交代之人民也。清、撫、開、鐵、蒲、伊、汎等城，咸爲敵陷，雖未遽復，而瀋陽、奉集、寬奠、靉陽、長永、寬奠皆棄城也，今皆復守，而遼陽無論已。此交代之城堡也。去秋遼城止弱馬兵四五千人，川兵萬人，瀋陽戍兵萬餘人。今援兵、募兵計十三萬，各堡漸有屯集，各城漸有設防。此交代之兵馬也。自去年八月起，今年九月終，止通共用銀二百三十一萬餘兩，米、豆用一百餘萬石，不知『一年虛糜八百萬』之語，是從何來？此交代之錢糧也。各色軍器，除疏請內庫、咨取各邊不計外，打造過滅魯大砲，重二百斤已上者以數百計，百斤、七八十斤者以數百計，百子砲以千計，三眼銃、鳥銃以七千餘計，其餘盔甲、胸包、臂手、甲梁、戰車、鎗刀、弓箭，以及鋼輪、火人、火馬、火罐、釘橛、牌楯等項，皆以數千萬計。此交代之器械也。何一件非職大聲疾呼、爭口鬥氣所得來？何一事非職廢寢忘餐，吐血嘔肝所幹辦？何一處非職身親脚到、口籌、手畫所親授？一切地方極繁極難事體，有邊才數年經營不定者，一年而當之，而爲臣者亦難矣！年來廟堂議論，全不言軍中情實，而第憑塘報敵緩急以爲說。前冬去春，敵以冰雪稍緩，輒鬨然言『師老財匱』，馬上催戰。及敗，又愀然噤口，不敢道一『戰』字。比見職收拾纔定，而愀然者又復鬨然，急急責戰矣。畢竟矮人觀場，有何真見！至如用李如柏、李如楨，裁巡撫、添巡撫、起贊畫、用閱科、議督護，何非臺省所建？何嘗有一効？地方事當聽地方官爲之，彼既處凶地、着重擔，自能區處停妥，幹辦緊急，何用拾帖括語，徒亂人意？而一不從輒艴然怒。若此後議論不省，則經略必無所措手足矣！此臣爲經略與封疆并國家慮者也。」

〔校記〕

〔一〕原空缺，當爲「虜」或「敵」字。

明季北略卷之二

天啟元年辛酉

20 瀋陽陷

總兵賀世賢駐瀋陽。正月，報敵數萬騎抵渾河。昏候，報渡河近城矣。世賢大驚，備火藥于堞間，登城望之，敵兵尚離城四里，卽命發砲，未傷一騎而火藥已盡，須臾，圍城。次日，副總戎尤世功率萬人出戰，殺傷過半而返，堅守不出。經略袁應泰得報，命參將王世科率五千人赴援，敵將哈都殺之，軍盡降。攻圍十日，北門破，世賢啟西門單騎走，不數里至雙溪，遇李永芳哨騎五百，遂請降，與永芳同馬入瀋陽城，敵授副總兵。瀋陽旣陷，敵以此城爲王都，號曰瀋京。

21 遼陽陷

天啟元年三月二十日，遼陽陷。先是，經略袁應泰聞瀋陽陷，與巡按張銓、分守道何廷魁、監軍道崔儒秀等會議，忽報敵兵自四里鋪至矣，命總兵侯世祿出敵，遇哈都、哈真二將，合戰，自午至戌，勝負未分，遂收兵至東山駐營。敵乘夜攻小西門，應泰命發火器達旦，敵兵死者甚衆，火器亦盡。令監軍牛維曜出小南門，助侯世祿再戰。維曜中流矢走，師潰，世祿不支，亦走。應泰與張銓、何廷魁、崔儒秀城上見之，知事敗，乃曰：「本院奉命專征，欲恢復疆土，掃平□□，〔一〕上報朝廷，下安百姓。無如天數至此，使謀臣不能決策，勇將不能奏功，遼陽會城危在指顧。若退守河西，不惟無顏面聖，抑且羞見諸將士，願繳尚方，誓以身殉。公等無閫外責，可速出城，收拾餘燼，爲退守河西計。」銓等曰：「我輩皆受國恩，今日患難時正當捐軀報國，願相從地下，同爲厲鬼擊賊耳。」言未訖，四門報攻城，各分門而守。頃之，小西門火起，敵已登城。小南門内應開門，敵兵大入。應泰在東城樓拜闕謝恩，取劍自刎。儒秀縊死。張銓死守北門，見李永芳攻城，大罵「背國忘君逆賊」。永芳佯不聞，厲聲叱兵攻益急。須臾城破，銓于城樓猶罵不絕口，敵兵登城殺之。遍城火起，哭聲震地。何廷魁同署，與一妻二女投園井而死。時敵入城已晚，次日安民，驅至北城屯扎。敵兵乘機殺掠，城中大亂，軍民淫傷不可勝計。

附記遼事

遼陽生員楊某，順治十七年總督松江，與無錫進士劉果遠會飲，演梨園，酒酣，楊忽拍案呼曰：「止！板誤矣。」劉問曰：「老總臺精審音律乎？」楊曰：「予命亦藉是獲存。今南方蠻子俱説遼人做官，不知遼人昔已殺盡，十無一二。初，清之破遼東也，恐民貧思亂，先拘貧民殺盡，號曰『殺窮鬼』。又二年，恐民富聚衆致亂，復盡殺之，號曰『殺富户』。既屠二次，遼人遂空。惟四等人不殺：一等皮工，能爲快鞋，不殺；二等木工，能作器用，不殺；三等針工，能縫裘帽，不殺；四等優人，能歌漢曲，不殺。惟欲殺秀士。時予爲諸生，思得寸進，閉户讀書，面頗肥白，被獲，問曰：『汝得非秀士乎？』對曰：『非也，優人耳。』曰：『優人必善歌，汝試歌之。』予遂唱四平腔一曲，始得釋。」楊述竟，即于筵間親點板，歌一闋而罷。

康熙二年癸卯九月，予自通州歸，舟中有遼東人閔表，乃鎮江張副總之僕也。予問遼事，表云：「年五十一矣。昔萬曆四十八年，予方八歲，天命初破遼東，百姓俱匿山中。久之，招而出，即命剃頭辮髮，故自幼不識戴網巾。遼有金、海、復、蓋四州，〔二〕金、復多山，海、蓋瀕水，乃驅四州之民近海，盡殺之。此天命初年事也。次年，殺窮鬼。又一年，殺富民。如此三年，而遼民靡有遺者。」與楊語略同。及天聰立，民始不殺。自後若無銀，即云到中國去。始自寧遠入，繼自山西入，已而宣大入，後遂圍京，凡四次，俱大獲而去。嗚呼！觀楊、閔所言，遼之兵刼可知矣。

〔校記〕

〔一〕原空缺，據文意當爲「夷狄」二字。

〔二〕「復」字原訛作「富」字，現據明史卷四十一地理志及茅元儀武備志卷二一八改。

22 袁應泰傳

袁應泰，字大來，號位宇，鳳翔人。萬曆乙未進士，除臨漳知縣，築長堤四十餘里，以禦漳水。陞工部主事，又備兵淮、徐，以歲饑發賑被參，移疾歸。起河南參政，備兵永平。會邊報警，庚申八月初九，陞僉都御史，巡撫遼東。熊廷弼既以人言去任，十月初十，乃陞兵部侍郎，賜劍，經略遼東。既至遼，上疏言：「臣父遺書，命臣不得請告乞骸，病醫于斯，死葬于斯。如以罪蒙譴，亦願編爲士伍以殺敵，不敢入山海關一步。」有旨褒答。初，熊廷弼守遼陽，部署嚴整。應泰至，微有改張，而收降一事，殊不厭人心。應泰謂西彝以食盡投東，東輒撫爲鋭師，姑收之以壯我而孤敵，計良便。迨瀋陽破，監軍欲誅降彝。就縛矣，應泰驗其背負重創，慰遣之，而罵縛者。既與死難諸臣積相左，而他苟活者無所諉辜，競曰「遼不自亡，降彝亡之」云。城陷，應泰于城樓上望闕拜疏曰：「臣至遼，見人心不固，不可以守，是以有死遼、葬遼之誓。今果陷，臣力竭而死，望皇上收拾人心爲恢復計。」復寄書辭其父，遂自縊死，内侄姚居秀從之。僕唐世明憑尸大慟，縱火焚樓而死。朝廷以應泰妄收降彝，輕信叛將，致亡瀋、遼，及明年十月，始得贈兵部尚書，予祭，廕一子入監云。

23　張銓殉節

公諱銓，字宇衡，號見平，山西沁水人。萬曆甲辰進士，授保定推官，入爲浙江道御史，以憂歸，起按江右。會東事棘，巡按遼東。袁應泰方受降，公曰：「遼禍在此矣！」力争不得。及遼陽被圍，公與應泰嬰城守。應泰曰：「泰不才，待罪經略，當以身殉之。按臣無閫外責，尚可收拾餘燼，爲退守河西計。」公曰：「不然，吾世受國恩，豈有城破身存之理！」城陷，東兵擁公出署，公不屈，將殺之。比出門，復引公還，好言慰之，公終不屈，乃令二人强扶上馬，送還署。至署門，向北闕五拜曰：「臣不能報皇上。」復呼父母四拜曰：「兒不得事父母。」乃自縊死之。公美鬚髯，好讀書，在江西著春秋補傳若干卷。贈大理寺卿，再贈兵部尚書，謚忠烈，予祭葬，廕一子錦衣世指揮僉事，建祠名曰昭忠，而特擢公父大理卿五典至兵部尚書。而與公同死者，又有按察司副使何廷魁，僉事崔儒秀。

公死事與他載微異，然殺與縊總歸殉節而已。

24 何廷魁投井

何廷魁，字汝謙，山西大同人。萬曆辛丑進士，授涇縣知縣，改令寧晉，入爲刑部主事，陞歸德知府，擢西寧副使，降黎平知府。尋備兵遼陽，與袁應泰多牴牾，争納降事不得，乃貽書家人曰：「吾不知死所矣！」瀋陽陷，同事者争遣其孥，公曰：「吾不敢爲民望。」東兵濟河，請于應泰，乘半渡急擊，不聽。及薄城未合，請悉鋭禦之，又不聽。城陷，還署，懷印自投于井。妾高氏、金氏從之。婢僕六人，一時同死。贈光禄寺卿，再贈大理寺卿，謚忠愍，蔭一子錦衣世百户，賜祭祀昭忠。

25 崔儒秀自縊

崔儒秀，號儆初，河南陝州人。萬曆戊戌進士，除掖縣知縣。與要人忤，屏居數年。補絳，調翼城，嘗格殺大盗，陞刑部主事，左遷令文安。復入爲户部主事，陞山東僉事，飭開原兵備，而開原亡矣。公散家資，募健兒八百人，辭墓而行。公既以能吏聞，復究心兵法及行陣、器械之制，旁及奇門、六壬、太乙之屬，無不通曉，應泰傾心任之。亡何，納降起，公力諫，不聽。賀帥世賢有異圖，公諷之，質其家于遼陽。東兵攻奉集堡，小衄而去。尋舉衆攻遼陽，公分守東城，矢集如雨，不少却。頃之，應泰所簡精兵自潰，降兵競起，刃人于衢，城開，公慟哭，戎服北向再拜，步至都司廳事，自經死。贈光禄寺卿，再贈大理寺卿，廕一子錦衣世百户，賜祭祀昭忠。而武臣死者，尤世功、陳策、童仲揆、張名世、吴之傑、周敦吉、戚金、鄧起龍、秦邦屏，餉臣陳堯甫、段展及邦屏姊土官秦氏，並得贈邺云。

26 廣寧潰

遼東經略熊廷弼主守，駐閭陽；巡撫王化貞主戰，駐廣寧，二人議論遂成水火，此致敗之由也。天啟二年壬戌正月，化貞疏言：「臣願請兵六萬進戰，一舉蕩平。」且與粘化定盟，及虎墩兔憨歃血，又用遼將孫得功爲先鋒，欲共殺敵，廷弼俱言不可信，化貞不從。敵衆臨河欲渡，總兵劉渠駐兵振武，飛書告急。化貞招虜萬衆至邊，策敵必不敢渡柳河，欲令部將羅萬言哨卒過河，誘之來入，以驍騎蹙之，可以大創。各道以爲非計，乃止。敵渡河，逼西平堡，羅一貴堅守一日夜，敵衆被炮擊死者甚衆，將解圍，復犯振武。總兵劉渠方集陣，有先鋒孫得功，乃化貞所任心腹驍將也，推渠當先，未及戰，得功呼曰：「兵敗矣！」率所部走。渠略陣，馬蹶，被殺。祁秉忠扶病上馬，中箭死。李永芳復環攻西平，城陷，一貴自刎，得功走入廣寧，疾呼軍民宜早剃頭歸降，因命其黨封府庫以待，一城閧然，争奪門走。化貞方晨起視書，西將江朝棟排門入，呼曰：「滿城人走空矣！」化貞股栗，不知所爲，而所坐馬已爲心腹將竊去，倉皇整行李四箱，以二槖駝載之，而自騎朝棟馬以行。及門，亂兵訶止，將縛之。朝棟後至，持刀與鬭，乃得出，得功遂踞城附敵。此正月二十二日事。廣寧既潰，化貞所招虜騎大肆殺掠，逃軍和之，難民西奔者十不得一，遺棄幼小于途，蹂踐死者相望。化貞從數騎走閭陽，適熊廷弼自右屯引兵至，止焉。化貞向廷弼而哭，廷弼顧笑曰：「六萬軍蕩平遼陽，竟何如？」化貞慚，尋向廷弼議固守寧前計。廷弼曰：「晚矣！公不受紿慕戰，不撤廣寧兵于振武，當無今日。此時兵潰之勢，誰與爲守！惟有護百萬之生靈入關，勿以資敵足矣。」乃整衆西行，化貞與寧前道張應吾殿後。時敵騎已東，無追逼者，故得緩轡以旋，總督王象乾一一驗放入關。

按臣方震儒在廣寧，尚卧未起，聞撫臣走，亦單騎走。監軍牛維曜、邢愼言隨之。高出、胡嘉棟、韓初命隨經略走關上，惟高邦佐留松山，沐浴衣冠，向西再拜，縊死，其僕高厚亦從死焉。批云：觀下文高厚未死，疑是高永之誤。

27 高邦佐自縊

高邦佐，字以道，山西襄陵人。萬曆乙未進士，授壽光知縣，招撫流移，爲山東循良第一。入爲户部主事，出守永平，陞副使，備兵天津，陞陜西參政，丁艱歸。服闋，備兵薊州，尋乞養歸。會遼事孔棘，奉命以參政兼僉事，分巡東寧。顧經撫不和，西酋内訌，勢且莫支，公不得已具文請告。已得允，而正月二十日東兵渡三岔河矣。廣寧官吏皆遁，人多勸公西走，且謂「請告之身，可以無死」。公曰：「吾一日在事，則一日臣子也。若偷生入關，何面目見天下士！」乃作書與母太淑人楊氏訣，以匹馬二僕走松山，乞援于經略。公知必不可爲，乃親書一紙，令家童持信入關，其略曰：「本道奉命分巡廣寧，家有九旬之母，絶裾出山。抵任以來，飲食俱廢，意圖肅清迅掃，仰報君父。不意天不厭亂，三岔失守，惟有一死以殉封疆耳！除西向叩闕，南向拜母，自經公署以明臣節外，所有隨任家童二名，遣還原籍報信。誠恐關津阻滯，合給印批。」遂整冠束帶再拜，以印綬自縊。二僕高永、高厚謂不忍主人獨去，無給使令地下者，慟哭争死，永遂以書付厚，抱公屍呼號搶地，仰就其綬，跪自縊。時東兵且迫，經略命舉火，并二屍及公署焚之，未及以馬票給厚。厚年僅十九，有武弁盧科感公德，棄家護厚入關。有旨贈公光禄寺卿，再贈大理寺卿，謚忠節，賜祭葬，廕一子錦衣世百户，立祠。義僕高永優邮銀二十兩。

28 羅一貴自刎

參將羅一貴守西平，東兵攻之，一日一夜不下，砲傷敵六七千人，屍與城平。敵夜半布十面雲梯，竟不能下。李永芳知守將爲一貴，欲招降之。一貴在城大駡曰：「豈不知羅一貴是好漢，肯降爾乎！」亦竪招降旗。永芳四面環攻，三進三卻。城中火藥盡，一貴遂自刎死。有旨贈一貴都督同知，襲陞三級。

29 五監軍

高出、胡嘉楝、韓初命、牛象乾、邢愼言，時稱「同逃五監軍」。蓋三路之敗，亦有五監軍。上命官旗拏解高出、胡嘉楝來京究問。

附記經撫

西虜以憨爲主，憨之順逆，西虜所視爲向背，亦東敵所視爲重輕。王化貞初意虎憨外助，永芳内應，僥倖浪戰，守備不設，不覺墮計。又孫得功者居賀世賢麾下，世賢東降，馳書得功約内應，故對陣時，得功忽分兵二翼退後，讓劉渠當先出馬，纔一交鋒，得功率衆先奔。劉兵見後帥奔，亦相奔潰，而渠被敵將哈都刺死。此時敵尚不信得功等投降之心是實，按兵不進。熊廷弼引兵五千至，見廣寧已潰，遂率衆入山海關。以化貞言，失在柔而愚，信間諜，輕信遼人、西虜；以廷弼言，失在剛而愎，不爲預備。然化貞匹馬就逮，百姓遮道而哭，吶喊三聲；廷弼回京聽勘，單騎夜行，百姓若罔聞知，絶無一送，則寬嚴之分，剛柔之別也。御史謝文錦疏曰：「廷弼責任雖重，事權實輕，不幸與本兵相忤，繫手縛足，展布無由，雖欲圖固守而不可得。化貞意氣既鋭，熒惑復多，又不幸有本兵爲主，言聽計從，所請如意，雖欲不言戰而不可得。是二臣之陷于辟者，實本兵張鶴鳴致之。且運籌決勝，職在中樞，而視訢譁囂淩，漫無定畫，明分左右之袒，激成水火之形，以致斷送河西，震撼山海，本兵其何辭以解于衆？」按熊廷弼號芝岡，楚人，吾邑鄒迪光督學三楚，拔之，蓋由武入文者也。未幾登進士，督學江南，歲試時，用封皮二條，將諸生自耳及肩封之，使不得左右顧。劣等被笞，有被笞而入學者。其待文士嚴酷若此，則御軍可知矣。然廷弼本膽氣過人者，宜不畏戰，而反主守，是知彼知己，能剛能柔一等人，真可將矣。然守定後戰，今日上揭，明日上疏，與樞撫争執成仇，未免齒牙過利。臺省諸臣復多有隙，崔呈秀又最恨之。廷弼既與朝臣多怨，無功誅，有功亦誅，止争先後耳，惟有解印南歸，可免吏議。惜戀棧豆，遂及于難，有以也。謝文錦疏云：「經撫之罪，朝廷自有處分，決不意爲輕重。乃幸災樂禍者，欲藉是以報其宿憾，或請速逮經略，或請速斬經略，而撫臣身任封疆，若漠然事外可不問者，近且欲甘心廷弼，而以化貞仍移薊鎮。是非至此，顛倒已極，其何以服經撫，又何以服天下後世之人！」獨此疏爲平心之論。及上命刑部尚書王紀、左都御史鄒元標、大理寺卿周應秋會審，熊廷弼一跪就起，言：「從田間起，原議住札山海，並無住札廣寧字樣。」一躬，投一招揭。鄒都憲云：「失地喪城，功罪一體，難辭其責，公進刑部，是非自明。」廷弼相争多時。王紀曰：「公不肯進獄，暫到天仙菴住一日，請旨定奪。」廷弼遂自請詔獄。鄒、王云：「請過王巡撫來。」化貞跪下大哭，言：「經略先不聽我過河大戰，河東寬大可戰，河西窄小難戰。及廣寧危在旦夕，經略領兵來救，後竟逃回。此罪歸于廷弼，不干化貞也。」鄒、王云：「公必須引罪，還有在朝列班之日。」化貞投上一揭，亦一躬而散。熊廷弼審單內有云：「比之楊鎬，更多一逃；比之袁應泰，反欠一死。宜用重典，以警將來。」至天啓五年八月，決廷弼，傳首九邊。

初，廷弼在閭陽，聞廣寧被圍，深憂之。方夜飲，忽思敵兵益熾，大呼曰：「可恨！」忽屏後亦云：「可恨！」廷弼驚曰：「是甚麼人做聲？」屏後亦云：「是甚麼人做聲？」廷弼命左右：「快去後面看來！」屏後亦云：「快去後面看來！」左右入視，寂無一人。廷弼曰：「好古怪，難道有這樣事！」屏後亦云：「好古怪，難道有這樣事！」廷弼曰：「待我自去看來。」屏後亦云：「待我自去看來。」廷弼且走且說，聽至屏風，始知銅盆。廷弼曰：「這又來作怪了！」銅盆亦云：「這又來作怪了！」廷弼曰：「快把水來傾掉了！」銅盆亦云：「快把水來傾掉了！」水既去，銅盆遂不能言。廷弼心疑甚，不能寐。忽報廣寧內潰，王化貞奔至云。

遼事一敗于紅旗催戰，而李維翰逮；再敗于馬上催戰，而楊鎬逮；三敗于出城浪戰，而袁應泰死；崔景榮罷。廣寧事，廷弼以控扼山海而罪其西奔。然王化貞一敗實爲首罪，廷弼但不能收散卒固守寧前耳。惟殺化貞而戍廷弼，始稱平允，至于傳首九邊，過矣！

30 熊廷弼傳

廷弼，號芝崗，湖廣江夏人。軀長七尺餘，少髯，有膂力，能左右射。年二十九，萬曆丁酉解元。戊戌進士，授保定府推官。召入爲御史，特命巡撫遼東。辛亥督學南畿，中蜚語，歸。己未，杜松等敗衂，神宗用御史楊鶴言，召公前往宣慰，隨授兵部侍郎，代楊鎬經略遼東，賜劍。以八月初三受命，整頓年餘，會熹宗立，與中朝議多不合，爲閱科姚宗文搆退，而以袁應泰代之。四閱月而遼陽亡。上忽思曰：「假令熊廷弼在，豈壞至此！」召公爲兵部尚書，且賜手詔曰：「汝當念先皇賜環之恩，朕在冲年，遘茲患難，勉爲一出，以全君臣始終大義。」公赴召出關，大司馬張鶴鳴設餞三十里外，冀有所囑。公手擊案曰：

「今日不得言邊事！」鶴鳴由此啣公，迺慫恿巡撫王化貞以分公權。職方郎耿如杞、主事鹿善繼，皆阻經祖撫。以公負才使氣，內外忌之，遂以五千人守右屯，而化貞兵十三萬駐廣寧。辛酉十月，化貞進兵。壬戌正月，河西陷。一時廷臣胥欲殺公。在獄四年，會楊忠烈劾璫黨，人謂稿出公手。時有蔣應暘者，公門下將也，化貞乘璫意，諜應暘觀音經後有圖讖數語，遂坐妖言棄市，牽及公。越三日，四鼓，中貴捧駕帖至，公洗沐整冠曰：「我大臣也，死當拜旨，豈容草草！」從容就戮。賦絕命詞云：「他日儻捫髀，安得起死魄？絶筆歎可惜，一嘆天地白。」後輔臣韓爌爲之訟寃，得賜歸葬。

31 毛文龍入皮島

毛文龍，號振南，居錢塘薦橋忠孝巷，與于謙同里。萬曆丙子正月十一戌時生。家雖貧，有英氣，虬髯，相者謂必登壇制閫。善騎射，尤嗜弈，嘗云「殺得北斗歸南」。友問之，文龍曰：「行棋如決戰，對壘若交鋒，個中先天深意，誰能悟之！」道士逍遥子寓西湖净慈寺，文龍問弈，道士曰：「昔馬融有圍棋之賦，班固作弈旨之論，謝安賭墅而秦軍亡，費褘借談而魏敵却，玄機不能盡述。」因對弈，寓兵法于中，文龍頗悟。臨別授天書一函，遂曉暢兵機。神宗乙巳仲春，舅氏沈光祚爲兵部主事，因思入京，祈夢於于廟，夜夢少保示書云：「欲效淮陰，老了一半；好個田橫，無人作伴。」蓋韓信二十七歲爲大將，文龍五十二歲作元戎，是老了一半也；田橫有五百人同殉島中，後袁崇煥止害文龍一人，是無伴也，夢亦徵矣。文龍入京，光祚薦于遼東總兵李成梁，補內丁千總。九月，兵巡道白某考武舉，文龍列名第六，遂署安山百户，陞遼陽千總，三載陞守備。熹宗初，經臣袁應泰命造火藥，兩月而辦，加遊擊銜。撫臣王化貞招武材，文龍入謁，補練兵遊擊。歷仕至此，俱由光祚所薦。閱兩月，進呈討差建功，化貞命往河東等處招致遺民，恢復疆土，遣千總張扳等四人，兵二百，給劄百張，與海舟四號，米五百石，文龍遂往三岔河口。行至猪島，地可三十里，廬舍俱燬，寂無一人，止水牛二十三，取之。長年李景先各島頗熟，率勇壯二十人見，補千總。至廣鹿島，地七十里，令守備蘇其民擒島官胡可賓，安撫七百餘人。至給店島，方三十里，命千總張繼善執島官任光先，安民二百。至石城島，地五十里，命張扳執島官何國用，安撫四百家。諸島官俱南人降清者。次又收復鹿島、長山島、小長山島、色利島、章子留島、海洋島、王家島。至彌串堡，文龍上崖駐軍，招集難民，歸者甚衆。是堡爲朝鮮地，過此二百里卽鴨綠江，乃中國與朝鮮界。過江卽鎮江城，城本中國地，萬曆庚申陷于清，命總兵佟養貞以千人居守。七月既望，夜，文龍率將士九十七人襲破之，獻俘，王化貞奏捷，授廣寧都司兼副總兵，駐鎮江。聞清兵五萬至，親往朝鮮借師，鎮江復失。文龍謀擇一島駐軍，以截清兵。李景先曰：「莫如皮島，大可四百里，環山峭壁。」文龍北行五百里，至島，荒茸無人，多蛇虎，悉射殺之，遂遷居于中。此天啟二年五月也。已而聞殺清之大將哈都，遼民歸者萬計。天啟三年，文龍與諸將計曰：「遼東要地，惟金州南通旅順口，北至三牛埧，西通廣寧，東可圖復。此城若得，陸扼建州騎，水可登州運糧、停泊。」遂命守備張盤、程鴻鳴等，率衆自麻羊島往，止距海面四十里。七月初三，四鼓，至金州南門，各舉火把呐喊放砲，守兵五百從北門去。天明進城，安撫居民。蓋州領兵官佟養性至，敗却之。閏十月，聞敵集兵，將渡河。調兵三萬，統各將陳繼盛、許日新等攻牛毛寨，王貴、杜貴攻烏雞，俱捷。命張盤守金州，文龍還皮島，奏捷，加左軍都督府都督。

文龍奏曰：「所駐須彌島，即名西彌島，一連有三山，周圍廣闊二百餘里，中則雲從山，前西彌島，再後則真珠島。以陸程計，雲從之離鐵山有八十里；以水程計，鐵山之至雲從僅三十里。雲從與西彌從大路去，至義州止一百六十里，鐵山從水路去亦如之。義州與鎮江相對，不過有三四里。鎮江至遼陽三百六十里。是鐵山與西彌、與敵寨，總之相距在五百里內。」又曰：「敵入止有二路：從鎮靜堡進，守廣寧便可當鎮靜之鋒；遼、瀋來從三岔河過，駐三岔便可截強敵之渡。必如是而寧遠可以安堵，山海可以無虞。」

32 毛文龍請餉　天啟三年十二月

夫牽尾儔巢，兵須用五萬，今臣有浙直等處南兵八千，挑選遼兵三萬七千，招練遼兵二千，已四萬七千矣。以五萬兵計，一歲之餉，並軍器、火器、盔甲、馬匹、船隻等項，應一百五十萬兩方能足用。自有東事，海內加派新餉，每歲四百萬，足供今日山海之用矣。尚有遼餉舊額每歲一百萬，今全遼已亡，此項銀兩所當給臣者也。三年以來，止給銀十一萬兩、米二十萬石，其轂養官兵、轂養馬匹乎？

33 袁崇煥守寧遠

袁崇煥，號自如，廣西梧州府藤縣人。萬曆己未進士。天啟六年丙寅巡撫遼東，鎮守寧遠。正月初四日，忽報東兵入邊，初十外卽至寧遠，以星夜倍道疾馳，士馬疲罷，恐我師出戰，皆坐馬佞佛。時崇煥與總兵滿桂、趙率教、左輔等俱閉城不出。須臾圍城，騎可二萬，將鐵裹車撞城，聲轟然。久之，城爲之撼且碎矣。又用狀如雲梯而高過于城者擊撞，上以板遮蔽，兵藏于下掘城。垣墉將墮，以長堦沿石擲下，東兵多死。及攻既久，城基俱成凹龕，兵匿深處挖掘。城上以石擲之，又不能及。城將破，合城大懼，俱怨曰：「袁爺爲己一人，累我一城百姓。」時有通判某，浙江人也，有智略，急造火藥，不置炮中，勻篩于蘆花褥子及被單上，捲之，號「萬人敵」。藥甫成，通判爇火欲試，忽火星飛于鬚上，立刻焚死。萬人敵着一火星卽不得生，其利害如此。守者用此擲于城下，東兵方攻城，忽見被褥遍地，大喜，趨出爭奪，城上望見，卽以火箭、硝黃等物擲于被褥上，火大發，撲之愈熾，火星所及，無不糜爛，延燒數千人。東帥大驚，解圍，詰李永芳曰：「汝言此城易破，如何若此難攻？」遂去。凡入內地二十日。合城百姓大哭，拜謝崇煥、滿桂等救命之恩。二月，經略高第報捷，崇煥陞僉都御史，滿桂、趙率教、左輔等各陞賞有差。順治十五年戊戌八月十二日，先君子曰：「予昔在滁州，遇椒客，自云居寧遠城，開肆鼓樓前，曾被圍中，故熟知其事如此，誠他書所未悉也。」東師既歸，練兵瀋陽，以圖再舉。明年六月，復攻寧遠，滿桂等大戰，敗走之。

頌天臚筆云：丙寅正月，東兵數萬渡河，其最勁無敵者，人被鐵鎧二重，號「鐵頭子」。三岔至寧遠四百餘里，列城六七，士馬盡斂入寧遠城。遼之兵將深怨敵，故死守。廿三日，敵列營城下。次日，攻東門，推堅車薄城。車用數寸厚板，冒以生牛革，藏健士于下鎚鑿，壞城十餘處，矢石不能制。後擁鐵騎，李永芳督陣嚴酷。城内架西洋大砲十一門，從城上擊，週而不停，每砲所中，糜爛可數里，獨城下無以施。乃束芻秸灌脂，滲以銃藥，燃之投下，車鱗叠不得開，焚死甚衆，斃其錦服者十餘人，所謂固山、牛鹿也。敵號哭舁屍而去。自辰至晡，殺三千人，敵少却。廿五日，佟養性督陣攻西門，勢更悍，先登，益衆。敵俱冒死力攻，城中禦之如前，擊殺更倍于昨。未晡，敵退。城中卒盡登陴，士女傳餐，每中敵，咸鼓掌歡呼，其勇可賈。敵自此竟退。使死士五十人縋城而下，悉焚其遺棄車械。次日，拾敵矢十餘萬枝，見城上大小穴至七十餘，而查硝黄庫亦已盡，危矣哉！

34 毛文龍安州之戰

文龍居島，聯絡朝鮮，招擕遼庶，時以遊兵出没海外，牽制東師，使不得深入山海，敵人患之。天啟四年七月初二，遣人與龍議和。李永芳又致手札，言龍在遼族屬未遭屠戮者盡行優待，誘龍同叛，中分土地等情。文龍將來使暨手札差官進呈，上加左都督，賞大紅蟒衣一襲，銀五十兩；參將陳繼善、汪崇孝，遊擊陳希順、李鉞、時可達、王輔、朱家能、毛承禄、程尤，都司僉書許武元、項選、李鑣、張舉，各准實授；參謀葛應貞、王命卿加都司僉書；解俘官周世登、蘇萬良實授守備；歲運米二十萬。及七年四月，敵兵三萬攻郭山，殺朝鮮兵六萬，燒糧百萬。五王子、六王子、李永芳、賀世賢、麻城塔等攻義州。文龍遣參將毛承禄、陳繼盛等率兵萬五千赴救，使張曉以萬人設奇，自統八千後應，戰于安州，六王子中流矢，兵敗。次日復戰，敵退八里。文龍與曲承恩斬七將，圍之。敵將潰圍北走。文龍入安州等處安民，回島奏捷。

35 趙率教守錦州

山海、喜峰各口，固爲要害，處處當防。然錦城敵所必争，塔山勢亦相倚，宜令健將戍守。七年五月十一日辰時，東兵十餘萬騎至錦州城外，四面扎營，分兵兩路，輪番交攻西北二面。總督趙率教同總兵左輔、副總兵朱梅，力督各營將領并力射打，砲火矢石交下如雨，自辰至戌，打死敵屍填塞滿地。至夜，拖抬死屍，退兵五里，西南下營。次日，馬兵圍城遊走。至六月初四日，敵兵數萬蜂擁以戰，我兵用火砲、大罈與矢石打死敵兵數千，中傷數千。敵敗回營，大放悲聲。隨于焚化帥長屍骸處，見天墜大星如斗，其落地時如天崩之狀，衆驚恐終夜，至五鼓撤兵，錦州圍解，東行至小凌河扎營，留精兵殿後。是役也，大戰三次，大勝三捷。小戰二十五日，無日不戰。王子始去。後趙率教敗没于遵化。

36 魏忠賢濁亂朝政

是時三韓新陷，九邊震驚，外事亦孔棘矣。乃天降殺星，窮兇肆惡，雖正典刑，未盡厥罪。延及申酉之際，奸黨楊、阮輩，猶以餘燼亂天下。甚矣！逆閹之流禍大也。

忠賢，北直河間府肅寧縣人。原名李進忠，本姓魏，繼父姓李。得寵後，因避移宫事，改賜名忠賢。萬曆四十八年庚申九月初六日，熹宗立，年十六，未婚。乳母客氏，侯巴兒之妻，年三十，妖艷，熹宗惑之，封爲奉聖夫人，出入與俱。時忠賢漸用事，私殺司禮監王安于海子，然與客氏尚未合。及熹宗婚，立張氏爲皇后，王氏爲良妃，段氏爲純妃。客氏不悦，熹宗賞賚無算。客氏偶出，用八人轎，開棍五道，避之稍遲，輒笞。給事朱欽相、倪思輝奏之，被降。江西御史王心一疏救，貶三級。由是客氏勢益横。忠賢謀結之，邀飲，六十肴一席，費至五百金，遂表裏爲奸，陞降任意。熹宗言動，客氏密報于忠賢。忠賢告假，則客氏居内；客氏告假，則忠賢留中。顧殺心猶未熾也。會高攀龍參崔呈秀，呈秀賄忠賢，高疏留内不發。于是羣小歸附，閣臣魏廣微認姪，顧秉謙、傅櫆、阮大鋮、倪文焕、楊維垣、梁夢環俱拜忠賢爲父，客氏爲母。忠賢聽崔、傅、阮三人言，於鎮撫司設五等刑具，夾棍杠敲。遣校尉京城探聽，絲微必報，如有所發，貲命立盡。許顯純掌鎮撫，又殘忍第一。忠賢以左光斗、魏大中欲阻封廕，切恨之。阮大鋮曰：「此俱東林黨，每事與公相忤。」崔、傅等遂謀一網打盡矣。

37 點將録　阮大鋮作獻魏奄　指爲東林惡黨

天罡星：托塔天王李三才、及時雨葉向高、天巧星：浪子錢謙益、聖手書生文震孟、白面郎君鄭鄤、霹靂火惠世揚、鼓上蚤汪文言、大刀楊漣、智多星繆昌期等，共三十六人。地煞星：神機軍師顧大章、青面獸左光斗、金眼彪魏大中、旱地忽律游士任等，共七十二人。

38 天鑒録　崔呈秀作獻逆奄　指東林黨

葉向高　孫承宗　韓　爌　劉一燝　趙南星　楊　漣　高攀龍　左光斗　孫居相　李邦華　喬允升
王　洽　曹于汴　錢謙益　姚希孟　李騰芳　孫鼎相　徐良彦　文震孟　侯　恪　熊明遇　沈惟炳
熊奮渭　周宗建　王心一　顧宗孟　姚士慎　張振秀　顧大章

又有非東林，爲人正直不附魏黨，亦一網打盡。

孫慎行　鄒元標　韓繼思　易應昌　馮從吾　陳宗器　申用懋　陳仁錫　毛士龍　黄尊素　劉　芳
李應昇　張慎言　房可壯　惠世揚　章允儒　劉弘光　蔣允儀　侯　恂　游士任　張光前　賀　烺
孫必顯　汪始亨　周順昌　侯震暘　張　潑　劉宗周　鄒之麟　劉時俊　解學龍　瞿式耜　鄒維璉
等。

39 選佛録　明哲保身不附逆奄

孫承宗　蔡復一　董其昌　王　洽　申用懋　范景文　鄒之麟　姚士慎　楊朝棟　方應祥　申紹芳
魏浣初　侯　恪　姜一洪　張　瑋　周詩雅　賀　烺　張振秀　白貽清　程國祥　彭惟成餘二十人未録。

40 魏黨

顧秉謙　魏廣微　王紹徽　王永光　霍維華　徐大化　周應秋　崔呈秀　閻鳴泰　邵輔忠　楊維垣
倪文煥　阮大鋮　卓　邁　李魯生　梁夢環　李　蕃　曹欽程　吳淳夫　孫國禎　劉廷元　孫　杰
劉志選　李春燁　黃克纘　賈繼春　劉廷宣

41 羣小謀陷正人

傅櫆、梁夢環曰：「葉向高用徽州門子汪文言爲中書，即可羅織此輩矣。」忠賢使許顯純勘文言，問楊漣、左光斗等十七人過贓多少？文言曰：「我不認得。此俱是正人，如何有贓！」五刑備極，文言呼天，寧死不扳累。顯純無如之何，自爲獄詞以進，即索文言氣絶，使無所證。天啟五年四五月，逮楊漣、左光斗、魏大中、周順昌、袁化中、顧大章等，後俱死于獄。

42 羣小封爵

魏忠賢封肅寧侯，姪魏良卿寧國公，世襲，孫魏鵬翼方五歲，世錦衣指揮。許顯純太子太保。田爾耕錦衣衛大堂，蔭正千户。崔呈秀兵部尚書。後熹宗疾篤，忠賢加寧國公，魏良卿加太保，魏明望安平伯、加少師，魏良棟東安侯、太子太保。客氏子侯國興擬封伯爵。

43 建生祠

江南巡撫毛一鷺建魏忠賢生祠于虎丘，南京指揮李之本建生祠于孝陵之前，總督蘇茂相建生祠于鳳陽皇陵之次，俱具本求上賜額，虎丘賜曰「善惠」，孝陵賜曰「仁溥」，鳳陽賜曰「懷德」。由是紛紛請建，真如醉如癡矣。閻鳴泰建生祠于通州及昌平門，一名崇仁，一名彰德。主事何宗聖建生祠于長溝，名顯德。巡撫劉詔建生祠于密雲，名崇功。其餘載之正史，不能悉録。

44 稱功頌德

時上書頌魏忠賢功德者不可勝紀。兵部尚書霍維華奏曰：「廠臣茅土尚覺其輕，良卿太師尚餘一級。」同年翰林王應熊笑曰：「昧年翁兩個『尚』字，想當讓位與他。」維華面赤。越六日，削應熊等去。鄭芝龍受撫，豐城侯李承祚具本，請封魏上公、爲王。周應秋三十九疏，請封忠賢子姪爲公、侯、伯。郭允厚四十疏，請給忠賢莊田、禄米。薛鳳翔四十七疏，請給忠賢第宅、鐵券。李審呼忠賢爲「九千歲」。盧承欽請刻黨籍碑示海内。

45 楊漣慘禍本末

楊漣，字文孺，號大洪，應山人。萬曆三十四年丙午丁未進士，授常熟縣尹。贈太子太保，謚忠節。公初爲縣令，遷户、禮、兵垣給諫，歷事三朝。以移宮一事爲羣小所忌，庚申冬告歸。癸亥起用，陞禮科，歷都御史。見魏忠賢、客氏專擅，遂聲罪首攻，于天啟四年甲子六月初一日，有二十四罪之奏。權璫驚怖累日，既乃大泣于上前，云：「外邊有人計害奴婢，且謗皇爺。」上云：「前日有科道官沈參立枷事，你如何說？」忠賢知上意叵測，遂匿漣疏不進。首輔葉素善璫，調停爲「姑不究」之旨；南北臺省交章劾忠賢，悉留中不報。越幾日，二更許，忠賢手封墨勅，不由閣票，竟送該科，削漣等爲民。時值苦暑，鈕鎖鐵鐺，慘如炮烙。都城士民數萬，擁道攀號，爭欲礫官旂而奪公。公四向叩頭，告以君臣大義，始得解散。及至都城，竟下鎮撫。許顯純問：「你如何首倡移宮？」公答云：「我只見乾清宮之當靜，皇上之當尊，舊宮人當避新天子，九卿科道俱有公疏。至于宮內處得相安不相安，與我論移宮者不相干。」又問云：「你如何陷皇上不孝？將刑具過來！」公答云：「有天日在上，此地明心堂，不要改作昧心處。」又問大計事，公答云：「大計時我在家，我在京時未遇大計。如今考選諸人現在，何不拿來對審？」又問熊廷弼贓事，公答云：「遼陽未敗時我尚豫上參疏，豈既失廣寧而反爲營脫？試問廷弼原招曾改輕半字否？」又叫：「加起刑來！」公云：「加甚麼刑，如今有死而已！」許顯純密承璫意，異刑酷拷，肉綻骨裂，坐贓二萬，五日一比，髓血飛濺，死而復甦。許顯純竟將頭面亂打，齒頰盡脫；鋼針作刷，遍體掃爛如絲，公罵不絕口。復以銅錘擊胸，脇骨寸斷，仍加鐵釘貫頂，立刻致死。時七月二十四日也。是夕，白虹亘天。挨延七日，始得領埋之旨。隨行舁櫬，田爾耕又復使人刼去。赤炎蒸暴，蛆蠅填集，止存血衣數片，殘骨幾根，以惡木殮之。老僕比贓身死，三歲幼弟驚死，親戚朋友填滿囹圄，家貲產業席捲掃賣完贓。至崇禎元年始得贈謚，子廕國子監生。子名之易。

46 移宮一案

泰昌八月初一日登極時，公在兵科，近瞻天顏，無病容也。初四聞不豫，初八日病甚，十一日固欲出見羣臣，則神采大可駭矣。長安傳聞，某日鄭妃進姬侍八人，帝疾甚，駭聞。鄭固時侍帝側，命內醫崔文昇進藥。藥固下痢劑也，帝一晝夜近三四十起，遂支離床褥間。鄭同選侍日以看視爲名，邀有封太后旨，諭內閣方從哲發禮部。少宗伯孫如游疏請收成命。時公署禮科印務，將疏論，友人一作門人。徐養量止之。至十四日，有郭、王二皇親遍謁台省，泣訴宮禁危狀，謂：「帝勢必不起，鄭貴妃與李選侍日于帝左右，一圖太后，一圖后，共浼熹宗附己，勒以先帝要封太后。」此時兩婦蓋環弄兩朝于股掌之間矣，諸宮侍俱不得近。并傳：熹宗時亦向人泣，謂「皇爺爺素固健甚，今諸奴捉弄如此，如何了此！」十五日，御史左光斗會議，請諸大老約貴妃姪鄭養性，禮請貴妃移宮。十七日，上召閣部科道入，曰：「幾夜不得睡，日食粥不滿盂。」十九日，公從大臣再問安後，則聞「頭目眩暈，身體軟弱，不能動履」之旨矣。二十二日，大臣入，上曰：「朕在東宮，飲食不調，至今四五月始愈。登極後勞着些，又未得靜一靜，今大病，服藥無效。」閣臣劉一燝、孫宗伯言及封李選侍儀注，上曰：「是事朕有年，生育多，伏侍久。」二十六日再召，上音吐猶亮。二十九日甲戌召見，則曰：「朕難了國家事，卿等爲朕盡心分憂，與朕輔皇長子爲堯舜之君。」又曰：「朕壽宮要緊。」大臣共對曰：「聖壽無疆，何念及此！」適內帷幔中一小竪從上耳語。上揺手不應。忽一穿紅婦人張手，從光宗前挾熹宗入，嘈嘈者久之。熹宗滯帷幔間，若推之出，熹宗失色，忿向光宗曰：「皇爺爺要封皇后，我等爲上請，急或誤也。」是日凡三召見，賜諸臣酒飯。李可灼進藥。九月乙亥朔五更，帝崩。公從大臣趨乾清宮，宮閽者持挺，固阻不容。公大罵：「奴才！皇帝召我等，今已晏駕，皇長子小，你們據住門，不容宰相入，意欲何爲？」閽者卻，乃入哭臨，請見今上。上久不出，再四請，乃得見，共呼萬歲。諸臣請初六日吉，登極。因奉上詣乾清宮門首，諸臣請到文華殿，受諸臣三呼禮畢，導至慈慶宮。頃，奏事中宮，公擁上行，交付輔臣劉一燝捧左手，英國公張惟賢捧右手，甫到中宮，諸璫從寢閣内出者共喝：「你們拉小爺那裡走？」急請回宮。上小，害怕，固欲奪上入。公亦喝之曰：「胡説！殿下是我等主，我等是殿下臣子，四海九州都是臣子，殿下怕甚麼！」共擁上行，過乾清宮門，西向坐，諸大臣叩頭慰安，因請登輿，擁到文華殿上，仍西向坐，諸臣行五拜三叩頭禮，嵩呼畢，擁入慈慶宮。劉一燝奏曰：「乾清宮尚未浄，請殿下暫居此，令李選侍出宮訖，乃歸乾清宮。」公出，與左光斗、太宰周嘉謨語李選侍無恩無德之故，必不可令上同居。周乃草移宮公疏。初四日既得旨，而選侍聽李進忠謀，必欲挾上母子同宮，且欲垂簾稱制。有中使來，公曰：「選侍移宮否？」其人答曰：「莫講移宮了，母子一宮好，如何要兩處住？李娘娘惱得狠，今日請小爺講明白同住，并欲問左御史，武氏之言是如何説？」公曰：「殿下在東宮是皇太子，今日皇帝，選侍非太后，如何召得皇帝？選侍順旨移宮，後日等我輩與他奏請封號；若抗據，未便！」怒目視之。其人還。傳聞至初九、十二始移宮，公急促相臣方從哲曰：「聖上明日登極矣，無復往東宮禮。相公當上揭，急促移宮。」方云：「到初九、十二也罷。」公曰：「但苦上無住處，如到乾清宮，前日以李在而出，今日仍在而入，何如前日不出！」方曰：「就在東宮，住住無害。」公曰：「前日以皇長子而就太子之宮，可；明日爲天子矣，世間那有天子避宮人之禮？且此乾清宮，自祖宗相傳是天子之居，卽聖母在，止當居坤寧宮，太后居慈寧宮。選侍何人，而居乾清宮不移耶？」時諸璫中有言：「先帝舊寵，從容些也罷。」公曰：「諸大臣是受先帝顧命者，先帝是欲先顧其子，豈有先顧其嬖媵之理！便請選侍到九廟前去講。汝是食先帝飯的，是食李、鄭二家飯的？須抬我去殺了便罷，不則，今日不移宮，死不出也！聞李進忠盜承應庫銀幾盡，是必欲盜盡乾清宮之寶乃已耶！」争論聲徹帝座。上遣中官傳旨移宮，批云：李選侍移居仁壽宮。李卽移宮。李進忠、劉遜、劉朝等，并以盜藏被緝。明日，上乃正乾清宮，升殿。陝西撫臣奏黄河清五日。

予按：鄭貴妃，慧人也，神宗寵之，生福王。李選侍，鄭黨也，光宗寵之。當光宗登極，鄭、李進美人等，遂致不起。光宗崩，李選侍猶居乾清宮，欲與熹宗同居，邀封后，垂簾稱制。而楊、左等以選侍素無德，又非生母、嫡母與養母，恐有武氏之禍，必欲令選侍出乾清宮，不與熹宗同居，竪議甚正，未免稍激，遂爲羣小所忌，而禍自此始矣。

47 二十四大罪疏

忠賢本一市井無賴人耳。中年净身，夤入内地，非能通文理，自文書司禮起家者也。皇上念其服役微勞，拔之幽微，寵以恩禮。原名進忠，改命今名，豈非欲其顧名思義，忠不敢爲奸，賢不敢爲惡哉！

乃初猶謬爲小忠小信以倖恩，既乃爲大奸大惡以亂政。祖宗之制，以票擬托重大臣，非但令其靜心參酌，權無旁分；正使一力擔承，責無他卸。自忠賢專擅，旨意多出傳奉。傳奉而真，一字抑揚之間，判若天淵；傳奉而僞，詎與辯之！近乃公然三五成羣，勒迫講嚷，政事之堂幾成鬧市。甚至有徑自內批，不相照會者。假若夜半出片紙殺人，皇上不得知，閣臣不敢問，害豈渺小？以致閣臣鬱鬱嘆悶，有堅意求去者，壞祖宗二百餘年之政體。大罪一也。舊閣臣劉一燝、冢臣周嘉謨同受顧命之大臣也，一燝親捧御手，首定大計；嘉謨倡率百官，於松棚下義斥鄭養性，立寢后封，以清宮禁，皇上豈遂忘之？忠賢交通孫杰論去，急於剪己之忌，不容皇上不改父之臣。大罪二也。先帝强年登極，一月賓天，進御進藥之間，普天實有隱恨。執春秋討賊之義者，禮臣孫慎行也；明萬古綱常之重者，憲臣鄒元標也。忠賢一則逼之告病去，一則嗾言官論劾去，今求南部片席不可得。顧於護黨氣、毆聖母者之人，曲意綢繆，輒加蟒玉，以贈其行。是何親於亂賊，何仇於忠義，偏不容先朝有痛念臺鼎之老臣！大罪三也。王紀、鍾羽正先年功在國本。及紀爲司寇，執法如山；羽正爲司空，清修如鶴。忠賢一則使人喧嚷于堂，辱而迫之去；一則與沈漼交搆，陷之削籍去，至今請一復職起用不可得。顧於柔媚善附之人，破格點用，驟加一品以歸。是真與我善者爲善人，與我惡者爲惡人，必不容盛時有正色立朝之直臣。大罪四也。國家最重，無如枚卜，忠賢一手握定，力阻前推之孫慎行、盛以弘，更爲他辭以錮其出，豈真欲門生宰相乎！安預金甌之覆宇，竊作貂座之私情。大罪五也。爵人於朝，莫重廷推。去歲南太宰、北少宰推皆點陪，一以蓋枚卜點陪之案，一以伏借用爲逐之奸，致一時名賢不安俱去。顛倒有常之銓政，掉弄不測之機謀。大罪六也。聖政初新，正資忠直。乃滿朝薦、文震孟、鄭鄤、熊德陽、江秉謙、徐大相、毛士龍、侯震暘、賈繼春等九人，〔一〕抗論稍忤忠賢，傳奉盡令除斥，屢經恩典，竟阻賜環。長安謂皇上之怒易解，忠賢之怒難饒。大罪七也。然猶曰外廷之臣子也。上年皇上南郊之日，傳聞宮中有一貴人，以德性貞靜，荷皇上寵注，忠賢恐其露己驕橫狀，謀之私比，託言急病，立刻掩死。是皇上且不能保其貴幸矣。大罪八也。猶曰無名封也。裕妃以有喜傳封，中外欣欣相告矣。忠賢以抗不附己，屬其私比，捏倡無喜，矯旨勒令自盡，不令一見皇上之面。昔堯以十四月而生，假令當日裕妃幸存，安知不爲堯母？是皇上又不能保其妃嬪矣。大罪九也。猶曰在妃嬪也。中宮有慶，已經成男，凡在內廷，當如何保護。乃繞電流虹之祥，忽變爲飛星墮月之慘，傳聞忠賢與奉聖夫人實有謀焉。以皇上麟趾開祥，何妨斯男則百，而忠賢包藏禍心若此，是皇上亦不能保其第一子矣。大罪十也。至先帝之在青宮四十年，操心慮患，所與護持孤危、威刼之不動、利誘之不變者，僅王安一人耳。登極一月堯舜，安不可謂無微功；皇上倉卒受命，擁衛防護，安亦不可謂無微忠。即使其有罪，亦當聽皇上明正其罪，與天下共見之。而忠賢以私忿矯旨，掩於南海子，身首異處，肉飽狗彘。是不但仇王安，而實敢於仇先帝之老奴與皇上之老犬馬，而無顧忌也。此後內臣無罪而擅殺擅逐者，不知其數千百也。大罪十一也。因而欲廣願奢，今日討獎賞，明日討祠額，要挾無窮，王言屢褻。近又於河間府毁人居室，起建牌坊，鏤鳳雕龍，干雲插漢，築愁築怨，飲恨吞聲。又不止於塋地擅用朝官，規制僭擬陵寢而已。大罪十二也。今日廕錦衣，明日廕中書。金吾之堂，口皆乳臭；誥敕之館，目不識丁。如魏良弼、魏良材、魏良卿、魏希孔及外甥、野子傅應星等，五侯七貴，何以加茲？不知忠賢有何軍功，有何相業？亦甚褻朝廷之名器矣。大罪十三也。因而手滑膽粗，用立枷之法以示威，前歲枷死皇親家人數命矣。其枷號家人者，欲扳陷皇親也；其扳陷皇親者，欲動搖三宮也。當時若非閣臣力有護持，言官極爲糾正，椒房之親，久興大獄矣。大罪十四也。猶借曰禁平人開稅也。良鄉生員章士魁，卽有他罪，自有提學，乃以爭煤窰傷其墳脈，託言開鑛而死矣。假令盜長陵一抔土，何以處之？趙高鹿可爲馬，忠賢煤可爲鑛。大罪十五也。王思敬、胡遵道侵占牧地果真，小則付之有司，大則付之撫按、學院足矣，而徑拏黑獄，三次拷掠，身無完膚。以皇上右文重道，秋爽幸學，而忠賢草菅士命，使青燐赤壁之氣，先結於辟宮泮藻之間，孔子之神將無怨恫？大罪十六也。未也，而且明懸監謗之令於臺省矣。科臣周士樸執糾織監一事，原是在工言工，忠賢徑停其陞遷，使吏部不得守其銓除，言官不敢司其封駁，險僉因之以偷換手眼、那移升敍，致士樸卒困頓以去。於以成中官之尊大得矣，而聖朝則何可有此名色？大罪十七也。未也，而且將開羅織之毒於冠紳矣。北鎭撫臣劉僑，不肯殺人媚人，自是在刑慎刑，忠賢以其不善鍛鍊，竟令削籍。明示大明之律令可以不守，而忠賢之意旨不可不遵，將使羅鉗吉網，然後快心。於以彰忠賢之威焰得矣，而國脈則何可崇此蘊毒？〔二〕大罪十八也。未也，而且示移天翳日之手於綵綸矣。科臣魏大中到任已奉明旨，鴻臚報單忽傳詰責。及科臣回話，臺省交論，又再褻王言，幾成解訕。無論玩弄言官于股掌，而皇皇天語，提起放倒，信心任心，今後世視皇上爲何如主？大罪十九也。最可異者，東廠原以察奸細、緝非常，非擾平民也。自忠賢受事，雞犬不寧，而且直以快恩仇、行傾陷。野子傅應星爲之招搖引納，陳居恭爲之鼓舌搖唇，傳繼教爲之投匭打網，片言違歡，則駕帖立下。如近日之拿中書汪文言，不從閣票，不會閣知，不從閣救。而應星等造謀告密，猶日夜未已，勢不至興同文之獄、刊黨錮之碑不已者。當年西廠汪直之横，恐未足語此。大罪二十也。尤可駭者，東酋未靖，内外戒嚴，東廠訪緝何事？前韓宗功潛入長安打點，實行來忠賢司房之家。事露，始令避去。假令天不悔禍，宗功奸細事成，一日虜逼城下，忠賢固爲奴酋首功之主人矣！其發銀七萬兩，更創肅寧縣新城，誠事作郿塢深藏，不知九門内外生靈安頓何地！大罪二十一也。更可恨者，王者守在四夷，祖制不蓄内兵，即四衛之設，備而不操，原有深意。忠賢謀同奸相沈漼，創立内操，不但使親戚羽黨交互盤踞其中，且安知其無大盜、刺客、東魯、西夷之人寄名内相家丁？倘或伺隙謀亂，發於肘腋，智者不及謀，勇者不及拒，識者每爲寒心，忠賢復傾財與之交結。昔劉謹招納亡命，曹吉祥弟侄傾結達官，忠賢蓋已兼之，不知意欲何爲？大罪二十二也。且皇上亦見近日忠賢進香涿州之景象乎？鐵騎之擁簇如雲，蟒玉之追隨耀日，警蹕傳呼，清塵墊道，人人以爲駕幸涿州。及其歸也，以輿夫爲遲，改駕四馬，羽幢青蓋，夾護雙遮，則已儼然乘輿矣。其間入幕密謀、叩馬獻策者，實繁有徒。忠賢此時自視爲何人？想只恨在一人下耳！不知更作何轉念？恐泰山之神必陰殛之矣！大罪二十三也。皇上更不記前日忠賢走馬大廷之氣象乎？批云：走馬，四年三月事。寵極則驕，恩多成怨。聞今春忠賢馳馬御前，皇上曾射殺其馬，貸忠賢以不死，聖恩已厚。忠賢不自伏罪請死，且聞進有傲色，退有怨言，朝夕提防，介介不釋，心腹之人，時時打點。從來亂臣賊子，止爭一念放肆，遂至收拾不住。皇上果真有此事，奈何養虎兕於肘腋間乎？此又寸臠忠賢不足盡其辜者。大罪二十四也。

〔校記〕

〔一〕「鄭鄤」原作「鄭□」，現據談遷國榷卷八十五補。「徐大相」原訛作「徐大化」，現據明史卷二三四及二四四改。

〔二〕「崇此蘊毒」，曹氏所藏抄本作「從此蘊毒」。

48 周順昌被逮

周順昌，字景文，號蓼洲，吴縣人。萬曆四十一年癸丑進士。授福州府推官。考滿，擢吏部主事。吏有以人參湯進，公酬之金，戒勿再進。嘗推一大僚，失要人意，遂引歸。時逆璫日熾，巡撫周起元以忤璫削籍，公爲贈言，指斥不諱。嘉善吏科都垣魏大中被逮，道經吴門，（批云：胥門。）公過之，以女字其孫，奉酒炙，相持慟哭，流連三日，且云：「大丈夫視死如歸，幸勿爲兒女牽懷。使千秋而下，知有繼楊椒山而起魏某，亦不負讀書一場。所可恨者，椒山爲權相所害，公爲權璫所害，又有些不同處。然而忠臣無二道，止行其所志可也。」且詈魏忠賢。雞鳴而別，臨行云：「適聯姻語，小弟決不食言。周順昌是個好男子，老先生請自放心。」乃去。校尉俱聞其言。倪文煥疏劾公不應與罪人結婚，因言「署選時受賄不可勝數，至張家灣舟爲之沈」。不知公取道中州，歸裝僅二擔而已。疏出，聞者咸唾罵，然公竟落職，而璫怒未已，公對人語刺刺亦未已也。天啓六年丙寅，蘇杭織造太監李實欲得忠賢歡，乃借織造事，以

「欺君蔑旨」奏誣諸臣。奉聖旨：「周起元背違明旨，批云：起元，蘇州巡撫。擅減袍段數目，又掯勒袍價，以致連年誤運。且托名道學，引類呼朋，各立門户，一時逢迎附和，有周宗建、繆昌期、周順昌、高攀龍、李應昇、黄尊素，盡是東林邪黨，與起元臭味親密，干請説事，大肆貪婪，吴民恨深切齒。除周宗建、繆昌期已經逮解外，其周起元等五人，都着錦衣衛差的當官旂，扭解來京究問。李實仍安心供職。該部知道。」此三月忠賢所揑旨也。錦衣衛掌堂田爾耕，遣官旂張應龍、文之炳等六十餘人分拿公等。十五至蘇州。吴縣令陳文瑞，公所拔士也，夜半叩户求見，撫牀而慟。公曰：「吾固知詔使必至，毋效楚囚對泣。」乃悉召故人，與訣别。而夫人吴氏號泣昏迷，絶而復甦者再。諸子環地而哭，聲徹街市。公不顧，神色自若。臨行，妻舅庠士吴爾璋曰：「昔范司隸囑子數語，千古酸鼻。若獨不然長往乎？」公笑曰：「無事亂人懷也。」顧左右，有一素牓，曰：「此龍樹菴僧屬書者，向已許之，今日不了，亦一負心。」乃呼筆題「小雲棲」三字，字大如斗，體法遒勁，復書「周順昌題」，并識年月日，投筆而起，意氣浩然。甫出門，百姓號寃聚送者已數百人。公囚服小帽詣軍門，士民聚益衆。巡撫毛一鷺，浙人也，檄有司數易置公，毋使聱聚。一日四五遷，然遠近聞風相繼至愈多，皆言：「吏部清忠亮節，何罪而朝廷逮之？」相守至昏夜猶不散，旦則復聚。自十五日至十八日，蓋通國皇皇也。開讀之日，郡中士民送者數萬，相聚謀乞兩臺，公懇其疏救。于是皆執香迎順昌于縣署，號聲震天，縣官馬不得行。日午，至西察院，諸生五百餘人，公服立門外。頃，巡撫毛一鷺、巡按徐吉至，百姓執香伏地，呼號之聲如奔雷瀉川，轟轟不辨一語。諸生王節、楊廷樞、劉曙、鄭敷教、劉羽儀、文震亨、殷獻臣、王景皋、袁徵、朱隗、沙舜臣、王一經等，乃迎兩臺于門，痛哭而陳曰：「周銓部清忠端亮，輿望久歸，一旦以觸忤權璫，遂下詔獄，百姓怨痛，萬心若一。明公爲天子重臣，何以慰洶洶之衆，使無崩解之患？」言訖，諸生皆慟哭。一鷺流汗被面，惴惴不敢出一語。旂尉文之炳等妄自尊大，不察民情，持械擊百姓，且厲聲曰：「東廠嚴旨逮官，乃容鼠輩置喙！」百姓顏佩韋等聞之，還問曰：「爾言東廠逮官，則此旨出魏監耶？」諸旂虎面豹聲曰：「速剜若舌！旨出東廠將何如？」佩韋等不勝憤，振臂大呼曰：「吾輩謂天子詔耳，東廠何得逮官？」首擊之炳，百姓從者千計，以傘柄擊緹騎，諸生皆驚避。毛一鷺恐怖失色，急請兵自衛，與徐吉散去。兵備張孝、太守寇愼，陝西人，甚得民心，再三曉諭，至夜分，百姓始漸散。從尉李國柱死，餘或匿斗拱間，或升屋走，因得全。公立不動，請就獄中，當事者命宿署中。是日城中正沸，而錦衣逮黄尊素者，由吳入浙，泊舟胥江，罔知也，登岸揚揚，凌轢市民。一人偏袒呼曰：「是何得獨縱！」一招而擊者雲集，遂沉其舟，焚其衣冠，所得輜重悉投之于河，諸旂僅以身免，始知城中有變，踉蹌而逃，唯曰：「東廠誤我！」越二日，民情稍定。公謂所知曰：「今我赴都必死，死則訴高皇帝速殛元兇，以清君側之惡，君等他日爲我作忠臣傳可耳。」乃以三月廿六日黑夜潛行，遠郡城百里，于野次宣讀矯旨，防民心憤憤生變也。自是旂校相戒，不敢復出，故有本處撫按起解之義。公至都，下獄，對簿不屈，强坐贓三千，即欲殺公。天意示儆，火起王恭廠，奉旨停刑。六月酷暑，復五日一嚴比。公大罵許顯純，顯純將銅鎚擊公齒，齒俱落，公猶極罵，噴血于顯純面，遂死。明年逆璫敗，追贈公太常寺卿，蔭一子，謚忠介。

公下獄，生員王節、劉羽儀、王景臯、殷獻臣、沙舜臣五人黜退，而顏佩韋、楊念如、沈揚、馬傑、周文元五人下獄。太守寇愼歎泣，語司獄曰：「此俱是仗義人，不須拘禁，即家屬送飯，亦不可阻。」至十月，公柩至閶門河下，馬傑云：「周吏部忠臣已死，速殺我等，去輔彼作厲鬼擊賊。」顏佩韋云：「上本是毛都堂，今本下，生殺在彼，我輩殺了，先去尋他。」毛聞之大怒，適報陞兵侍，即委理刑斬五人于閶門弔橋。時顏、馬等四人俱不畏，獨周文元本輿夫，大哭。馬傑笑曰：「大丈夫譬如病死，與草木同腐。今我等爲魏賊惡黨所害，未必不千載留名。去，去，去！」時法場上觀者數千人，佩韋笑謂衆曰：「列位請了，我學生走路去了。」批云：顏佩韋父兄爲賈，家千金，與有力者馬傑善，遂傳香盟衆，馬傑擊柝號召。而楊念如故業鬻衣，及牙儈沈揚，俱不習順昌、佩韋，亦借衆求疏免逮。時緹騎以械擊沈揚，而順昌輿夫周文元聞難泣詈，三日不食，至是直前奪械，緹騎復傷其額，於是衆起云云。歿後五人爲神，蘇人有疾，必祭賽之。毛一鷺嚴州遂安縣人。一日在家，對客讀邸報，忽見五人來追，默然入內，客訝之。已而，聞內哭聲，一鷺大叫一聲而死。虎丘東有石豎于道旁，題曰「五人之墓」。或謂狀元文震孟書也。墓門額云「義風千古」。乃解元楊廷樞筆。墓內碑云：「顏名佩韋……」。至今莫不稱之。康熙二年癸卯季冬十八日，予過而欲謁之，以門扃不得入焉。

附魏大中

大中，浙江嘉興府嘉善縣人。萬曆丙辰進士，吏科給事中。家貧如洗。相臣魏廣微欲認爲兄，大中不許，遂忤。及大中被逮，北門登舟，子大哭，公曰：「不須哭，自古云『死生有命』，爲臣死忠，爲子死孝，亦是分內事，哭亦枉然。」竟開舟去。子學洢聞「死孝」語，遂欲從公北去，改姓而行。七月七夕，公到京，即下鎮撫獄。次日，提楊漣、左光斗六君子等，各打四十棍，拶敲一百，夾扛五十，獄成追贓，七月十三比起，楊漣鬚俱白，五日二限。御史張訥請廢天下講院，鄒元標、孫慎行等俱削籍，一切書院盡行拆毁，變價入官。七月十九比，用全刑，漣等大號，卻無回聲。光斗聲呦呦，如小兒啼。公體弱伏地受刑，竟似木人，叫不出矣。周朝瑞、顧大章二十棍，拶敲五十。袁化中亦拶敲五十。許顯純令收監。公與家人曰：「我十五日已後，止可飲冷水一二矣，急買棺。」二十日，楊漣家人送飯，於茶葉中雜金屑送入，被獄吏搜獲而去，自此楊竟無人侍矣。二十一，楊、左用全刑，公被三十棍，周、顧二十棍，袁病免。二十比，〔一〕楊、左與公俱用全刑，顧拶敲五十，周、袁免。是夕，將楊、左與公俱令發大監，使獄卒葉文仲俱討氣絶，獄中謂死者爲「壁挺」。二十六日，公死。二十七日，顧大章二十棍。八月十九，袁化中死，周朝瑞曳帛死。九月十五，顧大章自縊。六君子俱死。

方逮周順昌等時，田爾耕邏執游方僧本福，有詩扇，爲揚州知府劉鐸所書，譏刺時事，即逮劉鐸殺之。

〔校記〕

〔一〕按「二十」下疑奪一「日」字。

49 羅織十七君子姓氏〔一〕

趙南星　楊漣　左光斗　魏大中　繆昌期　鄧渼　袁化中　惠世揚　毛士龍　鄒維漣　盧化鰲　夏之令　王之寀　錢士晉　徐良彦　熊明遇　施天德

初，顯純問文言過贓多少，文言寧死不扳。顯純無如之何，因採楊維垣、徐大化所奏誣本，云熊廷弼之緩獄，皆周朝瑞、黄龍光、顧大章受賄使然，并趙南星等十七人，皆汪文言居間通賄，紊亂朝政。本上，即將文言討氣絶，使無所證。顯純疏今日上，明日即傳内旨，緹騎四出，逮楊漣等。

〔校記〕

〔一〕此篇標題原作「補前許顯純勘汪文言羅織十七君子姓氏」，現從目録改，以求統一。

50 左光斗

左光斗，字共之，號滄嶼，桐城人。萬曆三十五年丁未進士，授中書舍人，選入西臺。及考選命下，進中丞。熹宗初，鄭貴妃、李選侍皆請后封，公于九月初一日隨上移宫停封疏，選侍怒，既而移一號殿。公遷大理丞，晉少卿，踰年拜都察院左僉都御史。時趙南星爲冢宰，而羣小錯愕，乃借勢于魏忠賢，附進百官圖，某宜先驅，某宜後擊，某宜正射，某宜借攻，布置已定。時公已草忠賢廣微三十二斬罪，欲上，竟爲家奴福生洩露，矯旨削奪，公歸。通籍十八年，槖如洗。自分爲權奸所忌，萬無生理，苦無計以白老親，乃命小奴扮椒山寫本赴西市數曲，暗解封夫人。夫人心知之，嘗爲母夫人説滂母故事，母夫人亦爲强顔。諸逆璫借「移宫逼選侍、受熊廷弼賄悮封疆」爲罪端，矯旨下逮。緹騎至桐城，公神氣坦然，惟私語子弟曰：「父母老矣，何以爲别！」及妻子環泣，不顧也，勉其子弟讀書爲善。里人數千祀神，欲擊緹騎，公力止之，曰：「是速我死也。」檻車出郭，諸父老子弟遮擁號天，頂香拜禱北闕，復拜緹騎，緹騎亦爲涕泗。又密約數百人，伏闕上疏，公譬以利害，至黄河始反。公至京，下鎮撫拷訊，身無完膚，坐贓二萬。卒之夜，長虹亘天，里中星隕，光灼灼，大如斗。三日屍出，肢骸穿裂，面目如生。是舉也。兄光霽累死，母夫人哭死，弟光先、光明萬險幾死，諸生就繫者十二人，赤族之訛，一日數十驚。變産完贓，不滿千餘。合親兄弟輩入産，不滿萬餘。株連同堂同宗，以及三族十族，無一免者，囹圄填滿，流離載道，始充二萬之數。思廟登極，誅逆璫，下詔優卹，初贈右都御史，廕一子入監，予祭葬。再贈太子少保，予三代誥命。士民合請廟祀以風世，吴中諸當事捐助有差。

51 高攀龍

高攀龍，字存之，號景逸，無錫人。萬曆十七年進士。公登第，旋丁嗣父憂。服闋，授行人。自盟曰：「吾于道未有所見，但依獨知擔負，庶幾深造。」適僉事張世則疏詆程、朱，欲改易傳註，上所著書，求頒行天下。不勝憤，上崇正學闢異説一疏，報曰：「高攀龍所言有關世教。」尋論大本大機，語極剴切。高邑方在銓部，共相確證，深味河東粹言，謂約而且精，當字字體貼。孫立亭爲司寇，相見勉以力學，且言律爲世用本，因加意律學。作日省編，謂「讀書意思不進者，尊德性工夫少也。」率以半日静坐，即出遊、公會，水邊、石上、僧房，皆其默默齋心處。五更氣清，尤自提策。忽思「閑邪存誠」句，覺得當下無邪，渾然是誠；又覺得覓誠卽邪，存之卽是，舊字雲從，因以改焉。奉使金陵，鄒南皐在刑部，各言所志，期以最上工夫。還朝感時事，上君相同心惜才遠佞疏，侵閣臣，下部院會議，聞之坦然。顧端文曰：「亦覺未至，此意須當自得。」公深服其言。既議上，降雜職，尋調極邊，涇陽亦以言事黜矣。甲午，公赴揭陽典史，舟中嚴立規程，只于静中着力。當心氣澄寂時，有塞乎天地氣象，所經奇峻山川、險絶灘頂，一一悦心，當境皆爲我助。過汀州，坐旅舍一小樓，甚樂，手二程書，至「萬變俱在人，其實無一事」句，猛省曰：「果無事！」從來牽纏，俄然斬絶。抵官，勤職事，課農，集諸子要語刊示之。邑令爲同年，佐其不逮，除一兇人。署事三月，覓差歸，與涇陽修東林書院，集吳、越士會其中，一依白鹿洞舊規。每會，拈出大旨互證，要歸于「端居主静」。四十年攻苦，確然可自信。兩朝以次起用廢臣，神宗四十八年庚申，召拜光禄寺丞。熹宗元年辛酉，進光禄少卿，上戚畹鄭氏疏。轉太常少卿，又轉太僕卿。時方從哲、鄭養性之黨且憤且懼，竊竊以東林爲言，將注其毒。京師建首善書院，鄒南皐、馮少墟兩中丞率同志所闢，福清葉公爲之記，稱一時盛事，給事朱童蒙疏詆，大約歸重東林，踵而歸者甚衆。兩中丞皆辭位去，公亦疏辭，福清留之。明年差歸，東林如故，曰：「宦情秋露，學境春風，是可決擇矣。」無何，晉刑部侍郎，還朝。公既入臺，批云：公爲都察院都御史。首糾極貪御史崔呈秀，奪官勘贓。呈秀遂投逆璫，言曾糾陶朗先，高攀龍曲庇，借事執仇。于是，朗先直追贓四十八萬，而公等盡逐，呈秀復用。明年乙丑，毁書院，殺楊漣等十餘人。至丙寅三月十六日，逮公。官旂擬于十八日開讀，而公先于十七日謁道南祠，有别聖文。歸，看花後園，呼諸子，舉「原無生死」四字以示，曰：「急料理爲出門計，獨身就理，可免他累。」作字二紙，示兩孫無先發，明日以此付官旂。時已三更，命妻子暫退。移時，諸孫推户入，不見公。發所封，乃遺表也。諸子急遍視，則赴水死矣。思廟初，歷贈至兵部尚書，謚忠憲。

光禄寺少卿高攀龍疏言：「戚畹鄭氏，并且昔日所用之人，皆奴酋奸細，近且訛言入于大内矣。往者張差謀逆，實係鄭國泰主謀。劉保謀逆，實係盧受通謀，受亦鄭氏之私人也。自張差、劉保先后伏誅，凡謀必敗，敗必死，而人心積疑不解，宜令養性速歸湖廣原籍。至李如楨一家，交關鄭氏，陷名將，殺百萬軍民，失千里土地，禍延至今，且與李永芳約爲内應，所當亟正典刑，以除禍本者也。崔文昇當先帝哀痛勞瘁之日，故用泄藥，是明以藥試也，陛下即不誅夷，僅止斥逐，今且潛伏京師，意欲何爲？亦當亟正典刑者也。乞早正逆謀之罪。」

都御史高攀龍糾劾貪污御史崔呈秀，部議革職回籍，透支銀數，下撫按勘之。呈秀奉命淮揚，貪污可鄙，盜以賄釋，犯以賄免，出巡每有節省之費，透支至一萬四千兩，各縣賠補甚苦。其薦運同談天相、樊尚燝、劉大受，旋而羅列其贓私；又薦霍丘知縣鄭延祚、吏科給事魏大中，又發其餽遺，鬻貨攫金，壟斷，一身兼之。公因其同道考察劾之，以洗巡方之耻。

遺疏云：「臣雖削籍，舊屬大臣。大臣不可辱，辱大臣則辱國矣。謹北面稽首，以效屈平之遺。君恩未報，願結來生。臣高攀龍垂絶書。望使者持此以復皇上。」

無錫庠士華時亨，字仲通，會元拱芳之侄也。時官旂已至蘇州，尚未開讀，時亨密聞之，即報于公，公遂赴園池死。而旂尉以顏佩韋等事過期不至，衆疑時亨誤逼大臣，咸慮之。俄而緹騎果至，始服時亨聲氣之廣，名遂大著。

公有兩蔭，兩子各得其一。長名世學，字伯禎；次名世儒，字仲敍。世儒以家窘，先授職，辛未，爲都察院經歷。然公所贈宮保誥勅尚未領璽，及丁丑，攜之入京。蓋誥勅用寶，年只兩次，三月二十五、九月二十五也。于未近三、九月得者，每每領歸無璽，亦容後補。世儒至京，以誥勅遞入內閣請寶。八月初一日，忽內寺二十人至寓，索持誥勅人，謂有「萬世一人」句在內，且字亦逾千，非誥體。旨責撰勅官常熟許士柔，降三級，世儒亦降三級，乃爲五城兵馬吏目，不然擢部屬矣。嗚呼，璫之流禍甚矣哉！

52 李應昇

李應昇，字次見，號仲達，江陰人。萬曆四十一年進士，授南康府推官，陞御史。疏論魏廣微，有閣臣負罪愈驕謹平心參駁以折兇鋒疏；疏論魏忠賢，有罪璫巧于護身明主不宜分過疏，大觸逆璫，矯旨以緹騎逮公，公即行。至府驛中，見驛亭有方壽州所題詩，泣下，乃賦一絕云：「君憐幼子呱呱泣，我爲高堂步步思。最是臨風凄切處，壁間俱是斷腸詩。」夜不能寐，作詩別契友徐時進，并託死後作傳。詩云：「相逢脈脈共凄傷，訝我無情似木腸。有客銜冠歌易水，不將兒女淚沾裳。」第二絕云：「南州高士舊知聞，如水交情義拂雲。他日清朝好秉筆，黨人碑後勒遺文。」時徐元修送行，而公夜起作此。四月，公抵京，下鎮撫司，拷掠追贓。閏六月初九日，遺書誡其子，詩曰：「白雲渺渺迷歸夢，春草凄凄泣路歧。寄語兒曹焚筆硯，好將犁犢聽黄鸝。」明日，乃死于獄。崇禎登極，初擬謚忠愍，又擬忠悼。

53 繆昌期

繆昌期，字當時，號西谿，江陰人。萬曆四十一年進士，以庶吉士授簡討，主湖廣鄉試，充纂修兩朝實録，管理誥勅，經筵展書。陞左春坊左贊善，建德王府册封，陞左諭德，冠帶閑住。

公自述云：余諸生二十餘年，鄉舉十餘年，不營産業，公車之費不貲，家日益挫。至癸丑，無以治裝，謀之虞山諸友，得三十金以行，倖博一第。八月館選，得第七人。同年有不得者，倡爲金沙薦舉之謗，而東林之目自此始矣。金沙者，于如菴玉立也，時方爲彈射，故其人以此孽予。予曰：「顧涇陽先生知我，以小友進我，我真東林也。」余貧不能徵逐飲食，僻不能輧輜俟門。主家二三少年，且惡且厭，余日坐鍼氊也。至乙卯五月，而梃擊之事起，其事有心者所共知。夫光廟之在東邸，僕御不設，一妄男子闌入，如無人之境，兩三老璫盡氣力扺，賴天之靈，宫廷無恙。光廟差閹韓本用告變于上，其辭曰：「皇爺可憐！」此抄報所共傳也。旨既下，部擬依違，連朝不決。而提牢之疏始上，上爲心動，猶豫不發者十餘日，乃得聖諭，于「瘋顛」之下，特加「奸徒」二字。又有「奸宄叵測，行徑隱微」之語。聖心曉然，有當于提牢之疏矣。義典三疏，詞嚴義正，上赫然御慈寧，置三犯于理，人心帖然服，大聖人之舉動也。余故語人曰：「一柱史以『瘋顛』二字出脱亂臣賊子，一柱史以『首功奇貨』四字抹殺忠臣義士。」此語傳，而倡「瘋顛」者恨不剸刃其腹矣，于是有工垣劉文炳之指摘。予遂歸，杜門卻掃，灌園課子，頗自夷猶。時丙辰歲也。又五年，光廟登極，不無利見之想。而夜得一夢：方竭蹷中途，忽聞晏駕，手中有二筆，白頭撒不可合，遂擲去，因痛哭伏地不能起，覺而淚痕猶在面也。明日得報，遂有鼎湖之泣，異哉！上登極，余三月抵都，補故官。時遼陽陷没，洶洶惶惶，舉朝失措，而海内巖穴起廢之士，日漸以集，每朝會，束手相歎而已。六月，有楚闈之役一論，遂犯深諱，禍自此種矣。壬戌十月九日，轉左春坊左贊善，往河南册封建德籓。二月，還里舍，棲遲者一年。甲子二月，還報。及楊應山疏上，予適過福唐，福唐曰：「大洪這疏亦太容易！彼其人于上前時有匡正，一日有飛鳥入宮，上秉梯手攖之，其人挽上衣，不得上。有小璫賜緋，叱曰：『此非汝分，雖賜不許穿！』其認真如此。恐大洪疏行，難再得此小心勤慎之人在上左右。」予曰：「誰爲此説以欺老師？可斬也。」福唐色變，予出。其語聞于應山，應山頗憤。福唐聞以書辯，未嘗詆大洪之短，而含怒于予。初，應山疏上，福唐亦密具一揭，以准其退歸。揭入，大拂内意。福唐懼，思有以自解，乃揚言：「此揭非我意，乃我門生所迫也。」而流言自此起矣，且謂應山之疏出于吾手，而忌者附會其説，益不可解。當左、魏之被言也，閑門闃寂，余時時過慰之。趙、高、陳、楊、左、魏等之逐也，長班謂我勿送，我曰：「人被逐，可不送乎？明知爲詗者所得，予勿避也。」南纂之推，有小璫到閣，厲聲曰：「此人還留他送客！」遂閣不下。越數日，請告，傳旨閒住。抵家，而趙南星等十五人俱削籍，提問追贓之旨下矣。辛壬之際，應山家居，見宮府可異，不勝憤惋，輒推案起曰：「吾必請誅此奴以報先帝！」癸亥之出，托少子于其執友，御老母以行。然疏之上也，桐城實贊決之，而示幾微于我，我答：

「非可草草。夫擊内者只争呼吸耳，一不中而禍隨之。況今日内無永，外無文襄，可幾倖乎？」桐城默然。又三日，過應山，方注籍，心疑之，疏上而逆知有今日也。何也？有代草之説，而安得免乎？未幾，果緹騎促公，加酷刑殺之。

54 周宗建

周宗建，字來玉，號季侯，吴江人。萬曆四十一年癸丑進士，初授武康知縣，陞福建道御史，巡按湖廣。及公入臺，即劾客氏。客睨魏而歎，旁有聞者拍手舞，謂「生富貴乃在此」。謀中之，傳旨杖八十。壬戌秋，京師久旱，聖上祈禱，忽而雨，繼以雹，人以聖德格天，稱賀。公獨謂「雨後大雹，殊屬災異」。因疏「魏忠賢目不識一丁，豈復諳其大義」等語。忠賢大恨，于文華殿詈罵，摘「一丁不識」兩語囂訴，聲達御聽。初擬杖，葉向高婉解之，三擬杖而三免。最後與郭鞏訐奏，復侵忠賢。是時猶幸福清諸臣在事，止于奪俸。及其按楚，又劾馮銓之父馮盛明，銓甚恨焉。曹欽程乃銓之私人，亦璫之義子，誣以無影之事，遂至詔獄。許顯純訊問時，箠楚較衆更毒，公偃卧不能出聲。前朝下獄，縉紳尚以優待，至此顯純坐鎮撫堂，張拳睜眼，以犬豕駡之，曰：「此時尚能説老爺不識一丁否？」大獄既成，御史王心一詣朝房，以公議責銓，欲其開釋。銓聲色俱厲，曰：「宗建不宜言郭鞏通内！」心一含淚而出。璫命釘以鐵釘，不死，復令着綿衣，而以沸湯澆之，頃刻皮膚捲爛，赤肉滿身，婉轉兩日而死。追贜數千，一貧如洗，府縣爲其立簿募緣，未了其半。思廟立，蠲其坐贜，仍給五百金，以昭憫䘏，贈太僕寺卿。廕子庭祚，入監讀書。

55 巨璫巧借兇鋒芟除善類疏 摘句

科臣郭鞏專與内閣相暱，内臣魏進忠嗾以傾臣等，而鞏乃密造爲匿名文書，羅織五十餘人，投之路旁。于省則以劉弘化爲首，次及于周朝瑞、熊德陽及現在諸科臣等，而欲一網盡之；于臺則以方震孺爲首，次及于江秉謙及現在諸臺臣等，而欲一網盡之。而臣則其網中之一人也。至鞏謂臣言及王安，笑臣有何瓜葛，皇上亦知安之所以死乎？身首異處，肉飽烏鳶，骨投黄犬，被此慘毒，無不憐之，而鞏至今尚有餘嗔。至牽連劉一燝、周嘉謨、楊漣、毛士龍等，盡指以曾通王安，此其媚進忠等不太過乎？數月以來，一斥熊德陽、江秉謙、侯震暘、王紀、滿朝薦，一去鄒元標、馮從吾，一逐文震孟，近且欲厄孫慎行、盛以弘而棄之。舉朝之人，無不痛恨。云云。

56 客魏毒害諸妃

光宗選侍趙氏，與客、魏不協，矯旨賜死。裕妃張氏方娠，膺册封禮，客氏譖于上，絶飲食，閉穰道中飢死。成妃李氏，誕二公主而殤。先是，馮貴人勸上罷内操，客、魏惡之，矯旨賜死。成妃從容爲上言之，乃革封，絶飲食。成妃鑒裕妃飢死，密儲飲食壁間，數日得不死。客、魏怒稍解，斥爲宫人。皇后張氏素精明，客、魏憚之，后方娠，客氏密布心腹宫人，奉御無狀，殞焉。又于上郊天之期，掩殺胡貴人，以暴疾聞。

57 魏忠賢怒張后

順天府丞劉志選，劾后父張國紀，上下旨切責。后賢明，客氏忌之。上幸后宫，顧几上書一卷，問何書，后曰：「趙高傳也。」上默然。忠賢怒，次日，伏甲士于便殿，上搜得之，送廠衛。忠賢誣后父謀立信王，欲興大獄。王體乾曰：「上凡事憒憒，獨于兄弟夫婦間不薄，脱有變，吾輩無類矣。」忠賢懼，乃殺甲士以滅口。

58 異人歌

先是天啓初年，有道人宿朝天宫，日歌市中，曰：「委鬼當朝立，茄花滿地紅。」蓋指客、魏也。未幾，其言果驗。

59 辛酉七年紀異

天啓元年辛酉二月初三日，遼東日暈，兩傍有耳如月狀，内紅白，光焰閃爍，倏如玉環，其大竟天，并日暈形影如連環狀。其西南東北面，復各有形如日，但其色慘淡，如月之在籠。其日暈之上，大圈之中，約有光彩數丈許，青紅如虹狀。忽如人形，又似刀形、弓形者二，皆外向，與日光相背，自辰至午方散。翼日淮、徐地震，屋瓦皆動。見撫按疏。

二月初一，鞏昌府會寧縣寡婦闞氏，夜夢緑袍人借宿。次日，家有黑牛產犢，遍身鱗甲，乃麟也，其聲與牛不似，至初三日没。

二年壬戌九月二十二日，陝西臨洮地震，摇倒房屋，壓傷民命。

十月初九日午時，開封府禹州紫金里有大隗山，離城四十里，有大鳥高六七尺，渾身綵色，頭上竪毛一撮，集于山上，卽有大小羣鳥不計其數，俱來相隨，四面旋繞，東西占三里長，南北一山遍集。十二日申時飛去，各鳥仍隨之。人俱指是鳳皇。

三年癸亥四月初六日，雲南洱海衞地震三次。初七、十二日，復大震三次，如雷，房舍俱倒。大理府亦然，北來南去，有聲如吼。時旱魃爲災。十二月乙丑二十二日丁未申時，應天府地震，聲如巨雷，兩個時方止。常、鎮、揚、泰州俱然，摇倒民房無數，壓死多命。

陝西鳳縣山村，有能飛大鼠，食穀豆，狀若捕雞，黑色，自首至尾約長一尺八寸，横闊一尺，兩旁肉翅，腹下無足，足在肉翅之四角，前爪趾有四，後爪趾有五，毛乃細軟深長，若鹿之黄黑色，尾甚豐大。人逐之，其去甚速，若覺能飛，特不甚高。破其腹，黍、粟、穀、豆飽滿，幾有一升，重三斤。先是，瓜洲儀真江北一帶，羣鼠銜尾，貫游波心，蔽江而來，盡投江南叁圩穴隱，狀如常，稍肥大，虎船逐之不散，如是半月而止。不入民居，不傷田禾，江南無恙，而江北旱災，有飢民烏合之亂。

四年甲子二月二十八日，天黄，日淡無光，次日亦然。見日旁有黑日盪磨。是晚，聞空中叫嘷，如千軍萬馬突臨之狀，又若萬砲競放，聲震天地，舉邑驚惶。時，從蘇州至嘉興、海鹽，其聲更甚，過海南去。人云天愁。

二月三十日巳時，北京地震，自西北至東南，有聲如雷。未、申時，又震二次。六月初五日，保定各州縣地震，有聲如雷，城牆傾倒，打死人口無數。

三月初四日，延綏榆林衛生一猪，一頭、二身、二尾、八足。因查晉元帝建武二年，一豖八足，有劉隗之變。

四月二十二日，江南雨始，至五月二十四日止，雨點如拳，晝夜不絶，黄麥俱淹，比萬曆三十六年更大五六寸，大麥早者皆割，未割者皆爛于田内。

五年乙丑六月初四日，濟南府飛蝗蔽天，凡有落處，秋禾一時蕩盡。兖州大蝗，禾盡無存。

六年丙寅三月癸巳子時，白霧，占曰：「臣下擅權，又主兵喪。」

六月初五日四鼓，廣昌縣地震，摇倒城牆，開三大縫，有大小妖魔日夜爲祟，民心驚怖。縣令請僧道百人，設醮于關帝、城隍諸廟，旬日漸息。易州道揭。

六月初五丑時，大同府地震如雷，從西北起，至東南去。渾源州等處亦然，城牆俱倒，壓死甚衆。朝天宫向自鎖閉，不爇香火。六月二十一日丑時，忽聞有聲，烈燄衝天，紅光映地，遥望紫衣神排空而起，大殿及金剛殿周匝火起，凡燒一百十一間。

六月二十八日至閏六月初三日，北京大雨傾盆，城中水長六尺，房屋倒塌，壓死人口甚多。又良鄉縣晝夜陰雨，數日不止。至初一日半夜，水由西城門灌入，倉穀漂流，田禾衝入江內，尸横遍野。又武清、東安、大興諸縣，俱大雨數日，禾盡淹没。順天府尹疏。

八月朔，江南有拔木之風，古今少見。

十一月十八日午時，南京陵寢地震。二十五日，寧夏地震，六月、九月俱震，半年三震。

七年丁卯正月十八日卯時，京師地震，有聲起自西南，以至東北，房屋傾倒，傷人無數。

四月，皇陵失火，延燒四十餘里，陵上樹木焚盡無遺。

60 丙寅五月初六紀異 北京天變邸抄

天啓丙寅五月初六日巳時，天色皎潔，忽有聲如吼，從東北方漸至，京城西南角灰氣湧起，屋宇動蕩，須臾，大震一聲，天崩地塌，昏黑如夜，萬室平沉，東自順城門大街，北至刑部街，長三四里，週圍十三里，盡爲虀粉，屋數萬間，人二萬餘。王恭廠一帶，糜爛尤甚，僵屍層叠，穢氣熏天，瓦礫盈空而下，無從辨别衙道門户。震聲南自河西務，東自通州，北自密雲、昌平，告變相同，城中屋宇無不震裂，舉國狂奔，象房傾圮，象俱逸出。遥望雲氣，有如亂絲者，有如五色者，有如靈芝黑色者，衝天而起，經時方散。

欽天監周司曆奏曰：「五月初六巳時，地鳴，聲如霹靂，從東北艮位上來，行至西南方，有雲氣障天，良久未散。占曰：『地鳴者天下起兵相攻，婦寺大亂。』又曰：『地中洶洶有聲，是謂凶象，其地有殃。地中有聲混混，其邑必亡。』」魏忠賢謂妖言惑衆，杖一百，乃死。

後宰門火神廟棟宇巍煥。初六日早，守門內侍忽聞音樂之聲，一番粗樂過，又一番細樂，如此三疊。衆內侍驚怪，巡緝，其聲出自廟中。方推殿門入，忽見有物如紅毬，從殿中滚出，騰空而上。俄，東城震聲發矣。哈噠門火神廟廟祝，見火神颯颯行動，勢將下殿，忙拈香跪告曰：「火神老爺，外邊天旱，切不可走動。」火神舉足欲出，廟祝哀哭抱住。方在推阻間，而震聲旋舉矣。

張家灣亦有火神廟，積年扃錮不開，此日鎖俱斷。

屯院何廷樞全家覆入土中，長班俱死。屯院內書辦等持鍬钁，立瓦礫上，呼曰：「底下有人可答應！」忽應聲：「救我！」諸人問曰：「你是誰？」曰：「我是小二姐。」書辦知是本官之愛妾，急救出，身無寸縷，書辦脱大氅裹之，身無裙褲，騎驢而去，不知所之。

皇上此時方在乾清宮進膳，殿震，急奔交泰殿，內侍俱不及隨，止一近侍掖之而行。建極殿檻鴛瓦飛墮，〔一〕此近侍腦裂，而乾清宮御座、御案俱翻倒，異矣哉！紹興周吏目弟到京纔兩日，從菜市口遇六人，拜揖尚未完，頭忽飛去，其六人無恙。

一部官家眷，因天黑地動，椅桌傾翻，妻妾仆地，亂相擊觸。逾時，天漸明，俱蓬跣泥面，若病若鬼。

大殿做工之人，因是震而墜下者約二千人，俱成肉袋。

郎中潘雲翼母居後房，日持齋誦佛。雷火時，抱一銅佛跪于中庭，其房片瓦不動，得生。前房十妾，俱壓重土之下。頌天臚筆云抱佛者雲翼之妻，非母也。

北城察院，此日進衙門，馬上仰面見一神人，赤冠赤髮，持劍，坐一麒麟，近在頭上，大驚，墮馬，傷額。方在喧嚷間，東城忽震。

初六日五鼓時，東城有一赤脚僧，沿街大呼曰：「快走！快走！」所傷男婦俱赤體，寸絲不掛，不知何故。有一長班，于響之時，騌帽、衣褲、鞋襪，一霎俱無。有項姓，因壓傷一腿，卧于地，見婦人赤體而過，有以瓦遮陰户者，有以半條脚帶掩者，有披半邊褥子者，有牽一幅被單者，頃刻得數十人，是人又痛又笑。

一相公夫人單袴走出街心，相公從閣内步奔回救，得免。

都城隍廟中，初五夜，道士聞殿中喧嚷叫呼，絶似唱名之聲。

初六日，王恭廠一小太監，早至廠，見團團軍馬圍住，聽得内邊云：「來一個縛一個。」監奔歸，響聲震起。

五月朔，山東濟南知府往城隍廟行香，及門，官吏輿從俱各昏迷。有一皂隸之妻來看其夫，見其前夫，死已多年，乃在廟管門。前夫曰：「廟裏進去不得，天下城隍在此造册。」

四月廿七日午後，有雲氣似旗，又似關刀，見在東北角上，其長亘天，光彩初白色，後變紅紫，經時而滅。

五月初三日，又見于東北方，形如縧，其色紅赤。初四日又見，類如意，其色黑。占者曰：「此太白、蚩尤旗之變幻，總一物也。」

長安街空中飛墮人頭，或眉毛和鼻，或連一額，紛紛而下。大木飛至密雲。石駙馬街有大石獅子，重五千斤，數百人移之不動，從空飛出順城門外。圓弘寺街有女轎過，一響，掀去轎頂，女人衣飾盡去，赤體在轎，竟亦無恙。震崩後，有報紅紬絲衣等俱飄至西山，大半掛于樹梢。昌平州教場中衣服成堆，首飾銀錢器皿，無所不有。户部張鳳達使長班往驗，果然。

予聞宰相顧秉謙妾單褲走出街心，顧歸見之，〔二〕赤身跣足，扶歸。餘人俱陷地中，不知踪跡甚衆。又聞馮銓妻坐轎中，被風吹去落下，止剩赤身而已。又石臼飛入雲霄，磨轉不下。非常怪異，筆難盡述。嗚呼！熹廟登極以來，天災地變，物怪人妖，無不叠見，未有若斯之甚者。思廟十七載之大飢大寇，以迄于亡，已于是乎兆之矣，而舉朝猶在醉夢中，真可三歎！

〔校記〕

〔一〕「建極殿檻鴛瓦飛墮」，曹氏所藏抄本作「建極殿楹鴛瓦飛墮」。

〔二〕「顧歸見之」原作「顧婦見之」，據眉批「婦疑歸誤」改。

61 傳國璽出

天啓四年甲子九月初四日辰時，彰德府臨漳縣鄉民邢一泰，經本縣務本莊，東去磁州八里漳河西畔耕地，忽風大起，旋轉半晌，隨見河崖灘塌，聲震如雷，祥光圍繞，直騰而上。一泰就而視之，閃出黄白色物一塊，大如斗，視有篆文，不能辨識。隨報本邑生員王思桓、王燦同視，料爲至寶，不敢隱匿，呈知縣何可及，當堂凈拭，見其晶潔異常，光燦陸離，龍紐斗形，方各四寸，厚三寸，重一百一十餘兩。其篆文曰「受命于天，既壽永昌」。覽讀駭異，即設香案叩拜。兩院具疏，恭進朝廷。

62 清朝改元

天啓六年丙寅八月初十日，清朝天命止。至今年丁卯，改元天聰元年，即天啓七年也。凡在位十年，至崇禎九年丙子止。

明季北略卷之三

天啓七年丁卯八月始

63 信王登極 天啟二年九月二十二日封信王

御諱由檢，萬曆三十八年庚戌十二月生，光宗第五子，熹宗嫡弟，初封信王。天啓六年，王年十七矣，魏忠賢欲封國以遠之，勸熹宗命王出府成婚。六月，選中大興縣民周奎女，年十六歲，三月二十八日子時生。閏六月，欽天監奏信王婚禮，擇十一月二十五日卯時搬移，十二月初十日午時尚冠，十六日納徵發册，二十二日安牀，明年正月二十七日開面，二月初三卯時親迎，卽所娶殉節聖母也。丁卯八月十八日，熹宗疾篤，內諭奉聖夫人客氏子侯國興，擬封伯爵，卽行具奏。十九日，魏忠賢與羣臣議垂簾居攝。辛相施鳳來曰：「居攝遠不可考，且學他不得。」忠賢不悅而罷。諸臣請信王入視疾。二十二日，熹宗病革，召王入，諭以當爲堯舜之君，善事中宮，及委用忠賢，王遜謝而出。申時，熹宗崩。首相施鳳來、張立極，英國公張惟賢等，具牋往信府勸進。忠賢結信籓舊監徐應元，遂自請王入。王心危甚，袖食物以入。羣臣聞之，咸欲奔入，至殿門，宦者不納。是夜，王秉燭獨坐。夜分，有閹攜劍過，王佯取視，留置几上，許給以價。聞巡邏聲，勞苦之，命左右給酒食，歡聲如雷。二十四日丁巳，卽皇帝位于中極殿，受百官朝賀，朝時，天忽鳴。詔以明年戊辰改元崇禎。自洪武至帝，凡十有六君云。

64 客氏出宮

九月，時聖衷淵穆，外廷觀望，魏忠賢内不自安，因乞辭位，上不許，但命奉聖夫人客氏出外宅。初，魏忠賢肆惡，如危中宫，害裕妃、成妃，用王體乾，殺王安等，皆客氏成之也。客氏在宫中乘小轎，内官負之，儼然自視爲熹廟八母之一。誕日，熹廟必臨幸，昇座勸飲，賞賚無算。往私宅，内侍王朝忠等數十人，着紅前驅，乘輿至乾清宫亦不下，呼殿、侍從之盛，不減聖駕。夜出，燈炬簇擁，有如白晝，衣服鮮華，儼若神仙。到私宅，升廳事，自管事至近侍，挨次叩頭，呼「老祖太太千歲」之聲，喧闐震天。熹廟既崩，上命歸私第。客氏五更衰服赴梓宫前，出一小函，用黄龍袱包裹，皆熹廟胎髮、痘痂及累年剃髮、落齒、指甲等，痛哭焚化而去。

65 陸萬齡下獄

初，熹宗時，監生陸萬齡請祠魏忠賢于國學之傍，謂「孔子作春秋，而忠賢作要典；孔子誅少正卯，而忠賢誅東林也」。許之。或謂恐聖駕幸學不便，乃已。至是，國子監司業朱三俊，劾監生陸萬齡、曹代請祠魏忠賢國學罪，有旨下陸、曹于獄。魏忠賢懼，因乞止建祠，上優答之，前賜額如故，餘俱罷止。時有監生張某，欲上疏請忠賢與孔子並尊入國學，自稱見子路擊之，遽殂。一日，上見惡生李暎日比忠賢爲周公疏，即逮問。時江西某官猶不識時務，欲建隆德祠以頌忠賢功，忠賢大懼，即奏將造祠錢糧解充遼餉，上允之。

66 崔呈秀回籍

十月，上神明默操，宣州之捷，猶敍功加蔭。寧國公魏良卿、安平伯魏鵬鐵券成，猶命給之。既而楊維垣疏參崔呈秀借廠臣行私，乞正兩觀之誅。主事陸澄源亦參崔呈秀奪情爲安，忍于無親。御史賈繼春亦參崔呈秀「說事賣官，娶娼宣淫，但知有官，不知有母，三綱廢弛，人禽不辨」。方有旨令回籍守制。

67 錢元慤參魏忠賢 十月二十五日

吏部主事錢元慤疏參魏忠賢曰：「稱功頌德，遍于天下，勝于王莽之妄行符命；列爵之等，畀于乳臭，勝于梁冀之一門五侯；遍列私人，分置要津，勝于王衍之狡兔三窟；輿金輦寶，藏積肅寧，勝于董卓之郿塢私藏；動輒稱旨，鉗制百僚，勝于趙高之指鹿爲馬；誅鋤善類，元氣傷殘，勝于節甫之鈎黨連衆；陰養死士，陳兵自衛，勝于桓温之複壁置人；廣開告訐，道路側目，勝于則天朝之羅織忠良。種種罪惡，萬剮不足以盡其辜。或念先朝遺奴，貸以不死，勒歸私第。魏良卿等，速令解組歸鄉。以告訐獲賞之張體乾，夫頭乘轎之張凌雲，委官開棍之陳大用，長兒田爾耕，契友白太始、龔翼明等，或行誅戮，或行斥放。庶幾朝廷肅清，海内允服。」疏奏，上批「該衙門知道」。忠賢懼，其黨吴淳夫、李夔龍、田吉、阮大鋮、田爾耕、許顯純、崔應元、楊寰，凡掛彈章者，俱自陳求罷，上咸准回籍。

68 錢嘉徵參魏忠賢十大罪 十月二十六日

嘉興縣貢生錢嘉徵參魏忠賢十大罪：一曰並帝。羣臣上疏，必歸功廠臣，竟以忠賢上配先帝。二曰蔑后。羅織皇親，幾危中宫。三曰弄兵。廣招無籍，興建内操。四曰無君。軍國大事，一手障天。五曰尅剥。新封三籓，不及福籓之一；忠賢封公，膏腴萬頃。六曰無聖。敢以刀鋸刑餘，擬配俎豆。七曰濫爵。公然襲上公之封，靦不知省。八曰濫冒武功。武臣出死力以捍圉，忠賢居樽俎以冒賞。九曰建生祠。一祠之建不下五萬，豈士民之樂輸？十曰通關節。乾兒崔呈秀孽子崔鐸貼出之文，復登賢書。種種叛逆，罄竹難書，萬剮不盡。上頷之。魏忠賢不勝其憤，哭訴于上。上命内侍讀疏，使跪聽之，忠賢震恐喪魄。

應山一疏，璫罪大著。然罹慘禍以後，無敢有發其奸者矣。至是而元愨首參其罪，嘉徵歷暴其罪，使逆賢無逃躲處，真膽識雙絶，可與大洪疏並垂千古。庚戌二月十九日用賓雨窗評。

69 魏忠賢謫鳳陽 十一月事

逆賢知敗，疏辭印務，上准閑住，遂奪司禮及廠印，發白虎殿守靈。後數日，疏辭公、侯、伯三爵，上准改。又疏繳進誥劵田宅，上着吏、户、工三部查收。禮科吴弘業、户部主事劉鼎卿、刑部員外史躬盛、御史安伸、龔萃肅、副史潘曾紘紛紛上疏，或攻崔呈秀、田爾耕，或攻許顯純、倪文焕、阮大鋮，或攻操江劉志選、兵侍潘汝禎等，俱干連魏逆，云：「此輩是鷹犬，忠賢是發蹤。」上俱不發票，將疏留中，密詢宫府，查彼過惡。凡逼死貴人，擅削成妃，甚至動摇中宫，事事有據；又參閲奏章，削奪大臣、斥逐言官，縱容校尉到處拿人，監斃忠良無數；又分布心腹，掌握兵柄，結交文武，把持津要，假拿奸細搜剔富户，追比官贓入己；又熹宗病篤，假傳旨廕客氏、陞大僚等，莫不是實。上震怒，批云：「崔呈秀着九卿會勘，魏忠賢着内官劉應選、鄭康升押發鳳陽看守皇陵，籍其家。」徐應元爲忠賢分解，上駡曰：「奴儕與奸臣相通，笞一百棍，發南京去！」忠賢遂將珍寶四十輛、馬千匹、壯士八百行。通政使楊紹震劾「逆賢在途擁兵」云云，乞早肆諸市朝。疏奏，上卽傳旨兵部云：「朕臨御以來，深思治理。乃有逆黨魏忠賢，擅竊國柄，奸盗内帑，誣陷忠良，草菅多命，狠如狼虎。本當肆市以雪衆寃，姑從輕降發鳳陽。豈巨惡不思自改，致將素蓄亡命之徒，身帶兇刃，環擁隨護，勢若叛然，朕心甚惡。着錦衣衞差的當官旗前去扭解，押赴彼處交割。其經過地方，着該撫按等官，多撥官兵，沿途護送。所有跟隨羣奸，卽時擒拿具奏，毋得縱容遺患。若有疎虞，罪有所歸。爾兵部馬上差官星速傳示各該衙門。欽此。」

70 魏忠賢自縊

兵部聞旨，卽差千户吴國安前去扭解。魏忠賢行至新店，距阜城縣二十里，密得李永貞飛報，知不免。晚至縣，宿尤克簡家。時有京師白書生，作掛枝兒唱云：「聽初更，鼓正敲，心兒懊惱。想當初，開夜宴，何等奢豪。進羊羔，斟美酒，笙歌聒噪。如今寂寥荒店裏，只好醉村醪。又怕酒淡愁濃也，怎把愁腸掃？

二更時，展轉愁，夢兒難就。想當初，睡牙牀，錦繡衾裯。如今蘆爲帷，土爲炕，寒風入牖。壁穿寒月冷，簷淺夜蛩愁。可憐滿枕凄凉也，重起繞房走。

夜將中，鼓鼕鼕，更鑼三下。夢才成，還驚覺，無限嗟呀。想當初，勢傾朝，誰人不敬？九卿稱晚輩，宰相謁私衙。如今勢去時衰也，零落如飄草。

城樓上，鼓四敲，星移斗轉。思量起，當日裏，蟒玉朝天。如今別龍樓，辭鳳閣，凄凄孤館。鷄聲茅店月，月影草橋烟。真個目斷長途也，一望一回遠。

鬧攘攘，人催起，五更天氣。正寒冬，風凜冽，霜拂征衣。更何人，效殷勤，寒温彼此。隨行的是寒月影，吆喝的是馬聲嘶。似這般荒凉也，真個不如死！」

時白某在外廂唱徹五更，形其昔時豪勢，今日凄凉，言言譏刺。忠賢聞之，益悽悶，遂與李朝欽縊死。劉應選晨起見之，大懼，與心腹至忠賢卧室，收取金寶，佯呼云：「忠賢走矣，我去追耳！」遂南馳。鄭康升宿袁光燦家，驚起，報于縣，申文上司，將車輛寄庫，隨人寄監。上籍其家，焚刑具。時璫勢甚熾，外廷洶洶，慮有他變。上不動聲色，神明獨運，無一人之助，而誅逐元兇，再安社稷，天下翕然誦聖智焉。

予聞上始登極，問羣臣曰：「堯與舜孰賢？」羣臣對曰：「堯善。」上曰：「不如舜，舜能誅四兇。」意指魏閹也。

71 張瑞圖回籍

十二月，法司追論魏忠賢等罪，上命磔忠賢屍于河間。一日上至贓罰庫，見逆賢珍寶，嘆曰：「天下脂膏，被奴刻剝殆盡！」忽顧金字賀屏，乃次相張瑞圖親筆，上大怒，卽着回籍。

72 誅崔呈秀

時崔呈秀在薊州，一閉目卽見受刑諸臣。忽報會勘，知不免，與寵妾蕭靈犀痛飲，自縊，五十七歲矣。靈犀亦伏劍死。家貲籍沒，呈秀斬首。

樵史載呈秀自縊在十月初四日，或奉旨斬于薊州在十二月也。兄鍾秀。弟凝秀，浙江總兵。子鐸，文僅五篇，卽中。

73 姚士慎參田許

大理寺卿姚士慎等奏曰：「田爾耕掌錦衣衛，許顯純掌鎮撫司，逆賢草菅人命，皆出兩人之手。」云云。上卽着原籍監候處決。已而伏誅，籍其家，天下快之。李永貞斬，劉若愚長繫。

74 掠死客氏

上命太監王文政嚴訊客氏，得宮人任身者八人，蓋其出入掖庭，多攜侍媵，謀爲呂不韋、李園故事也。上大怒，立命赴浣衣局掠死。子侯國興等俱伏誅。

75 聞香心動

上御便殿閲章奏，聞香心動，詰近侍何來？對以宮中舊方。上叱令毁之，勿復進。因太息曰：「皇考、皇兄皆爲此誤也。」

附記　一夕，上與詞臣論治，更餘未退，上忽起，命内監秉燭繞行，遍閲壁隅，寂無所見。上既不言，羣臣復不敢請。已而，遥見殿角火星微耀，立命毁壁入視，見一小璫，持香端坐于内。詢之，乃魏逆所使也。以上勤于政事，故爇此香，使慾心頓起耳。上曰：「吾方静攝，而心忽動，固疑有是。」命去之。

上初立，魏逆進國色四人，欲不受，恐致疑，遂納之。入宫，遍索其體，虚無他物，止帶端各佩香丸一粒，大如黍子，名「迷魂香」，一觸之，魂即爲之迷矣。上命勿進。

二事皆魏閹蠱惑君心之計。自古人主與賢士大夫接，則聞正言，見正事，君德有成。一入深宫，即與婦寺相狎矣。既躭聲色，朝臣日疏，内豎肆虐，往往由此。

76 贈謚諸臣

羣臣奏曰：「楊漣之死，爲參逆賢二十四罪；繆昌期之死，爲代楊漣删潤本稿。萬爆爲劾忠賢，李應昇爲申救萬爆及阻忠賢陵工敍功。魏大中不肯通譜魏廣微，周順昌爲魏大中寄子。左光斗、袁化中、周朝瑞等俱不附逆。高攀龍爲劾崔呈秀，夏之令爲奸細傅孟春事與賢忤。蘇繼歐因送飯楊漣，又與崔呈秀有隙。周起元爲與織造太監争論同知楊姜，因波及黄尊素。受害各官，俱無辜屈死。」遂各贈謚及廕云。

77 廷推六相

十一月，廷推閣員，以錢龍錫、楊景辰、來宗道、李標、周道登、劉鴻訓爲大學士，入閣辦事。

明季北略卷之四

崇禎元年戊辰

78 思宗烈皇帝

思宗，光宗之子，熹宗之弟也。丁卯八月即位，戊辰改元崇禎。自太祖戊申建元洪武，迄今戊辰，共二百六十載。帝在位十七年，甲申之變，以身殉國。弘光朝禮部尚書顧錫疇議謚，廟號思宗烈皇帝，周皇后爲孝節皇后。忻城伯趙之龍言「思」非美謚。乙酉二月，禮臣管紹寧請改謚毅宗烈皇帝。清朝攝政王入燕，命明之詞臣、中允李明睿議謚號，明睿謚帝爲懷宗端皇帝，周皇后爲烈皇后，故清紀則稱懷宗，從時憲也。而草野無知，或稱思宗，又間稱毅宗者，傳舊聞也。顧錫疇，蘇之崑山人。管紹寧，常之武進人。李明睿，江右南昌人。

按謚法「慈仁短折曰懷」。昔劉聰寇陷洛陽，執晉懷帝殺之，年甫三十；宋端宗爲元兵所迫，崩于硇州，年僅十一，是「懷」與「端」俱非美謚。先帝以身殉社稷，大義也。攝政王入京首命議謚，尊帝之意可知。而明睿以明之舊臣，素膺寵渥，不以美謚加帝，而稱以懷、端，是視帝與青衣天子及夭折童子等耳，而遺聞猶謂其公忠練達，過矣！

予思太祖戊申建元，思廟戊辰改元，止于甲申，是戊起而申止也。明之大統始于戊申，亦終于戊申，豈非數歟！

79 倪元璐論東林

倪元璐，字鴻寶，上虞人。天啟二年壬戌進士，授庶吉士。思宗立，爲翰林編修。元年正月上言，畧云：「凡攻崔、魏者，必引東林爲並案。夫以東林爲邪黨，將復以何名加崔、魏？崔、魏而既邪黨矣，向之首劾忠賢、重論呈秀者又邪黨乎？夫東林亦天下之才藪也，但或繩人過刻，持論太深，謂非中行則可，謂非狂狷則不可。議者能以忠厚之心曲原此輩，而獨持已甚之論苛責吾徒。臣所謂方隅未化者此也。韓爌清忠有執，上所鑒知，而廷議殊有異同；詞臣文震孟正學强骨，三月居官，昌言獲罪；今起用之旨再下，謬悠之談日甚。臣所謂正氣未伸者此也。總之，臣論不主調停，而主別白；不爭一臣之用不用，而争一日之是非。至海内講學書院，凡經逆璫矯旨拆毁者，併宜葺復。」上曰：「朕屢旨起廢，務秉虚公，有何方隅未化、正氣未伸？惟各書院不得倡言創復，以滋紛擾。」

80 瞿式耜六不平

瞿式耜，字稼軒，號起田，常熟人，會元景淳之孫也。萬曆四十四年丙辰進士，授永豐知縣，調江陵令。行取考選，授户科給事中，感時事，上六不平疏，曰：「如張差一案，主風顛者，雖爲仰承慈孝之深衷；然主梃擊者，亦未始非保護東宫之至意。千金之子，突有無知執械闌入内室，爲紀綱者尚當執而問之；禁中何地，任妄男子作此舉動，而一味以『風顛』二字抹之？乃慈寧召見，劉光復以半吞半吐之詞，迹涉唐突，以致觸忌幽囚。今既追録其忠，贈卹祭葬，頻頻有加矣，而赤心調護東宫之王之寀，無望贈卹殊恩，并復官而靳之，至今藁葬城外，遺骨不能還鄉，恐先帝有靈，當自憐之；千秋有史，當自白之。臣之所謂不平者一也。紅丸一案，主弑逆之説者，固屬偏見，然先帝聖躬委頓至此，豈臣子嘗試邀功之日？彼崔文昇、李可灼不加一僇，則亦倖矣，乃優旨批答，放歸原籍，揚揚晝錦。即今聖明在御，褒忠殛佞，千古一時，彼嫉惡防奸之孫慎行，尚推敲啟事，不遺餘力；而么麽可灼，先登訪册，儼然與廢棄諸賢並列，何以服天下之人心乎？臣之所謂不平者二也。移宫一案，在楊漣、左光斗一時激烈微過，或不能解于居功迫上之疑。然一腔擁護先帝爲心，亦未始非杜漸防微深意。賈繼春之持論，自是移宫後一截處分，以補楊漣説之未盡，非相反也。今必欲以移宫一議爲漣罪案，何居乎？漣幸而有擊璫二十四罪之疏，不能没其除奸大功，贈卹不得不從優耳。使果如諸臣一偏之見，不將與王之寀、孫慎行同其沉抑乎？臣之所謂不平者三也。封疆爲重，彼失事者罪撫無逃矣。乃熊廷弼梟首西市，且傳首九邊；而三路喪師之楊鎬，與擅離信地之王化貞，竟逍遥福堂，甚且有以化貞薦牘者，又何以服廷弼之心，并何以服天下人之心乎？人皆知廷弼以門户殺，非以封疆殺，而究竟無人敢訟言之者，使服辜者服辜，而漏網者漏網，將來何以嚴邊臣失事之禁乎？臣之所謂不平者四也。楊、左與王安聲息相通，誠不知有無，然其主意無非羽翼先帝，神祖升遐之日，使倥偬之中，大權不至旁竊，宗社安于泰山。初非與安有交結之情，如崔呈秀黨附魏忠賢，爲不解之誼也。乃今動輒以王、楊、崔、魏爲對案，無論楊不可與崔對，即王亦豈可與魏對？又以楊、左交結王安，與崔呈秀交結魏忠賢同類並稱，凡有心知，孰不痛之！今即贈廕卹録恩典無所不至，然以一片血忠被此惡名，能無飲恨于九泉乎？臣之所謂不平者五也。大臣者，小臣之綱也，而宰相又爲諸大臣之綱。向者阿黨取容，權璫作勢，已多次第伏法。然大者卿貳，小者臺郎，彼見巍巍政府，甘作乾兒，誰不惴惴身家自捐名節！今五虎輩雖罪未盡，贓未籍没，人心猶有餘憾，然亦既顯暴其罪狀于天下矣。彼造意主謀、無毒不具之魏廣微，固寵逐殯、無醜不備之顧秉謙，與夫媚璫而反取厭之馮銓，璫敗而猶彌縫之黄立極，顧乃死不戮屍，生不褫奪，竊恩綸而誇奕世，擁富貴以樂餘年，其何以爲大臣黨閹之戒乎？臣之所謂不平者六也。方今公道昭明，已無閉鬱偏枯之病。而或巨奸偶藏鋒于脱網，或幽貞抱泣于向隅，或薰蕕蒼素，一時尚多訛亂之言；或黜陟斧鉞，四海未盡澄清之望。有一于此，俱非蕩平。臣是以不避恩仇，不顧鼎鑊，直陳其原委。」

81 韓一良論賄賂

六月，户科給事韓一良上言：「皇上諭羣臣有『文官不愛錢』之語。然今之世，何處非用錢之地？何官非愛錢之人？向以錢進，安得不以錢償？臣起縣官，居言路。以官言之，則縣官行賄之首，而給事納賄之魁，今俱咎守令之不廉。然守令亦安得廉？俸薪幾何？上司督取，不曰『無礙官銀』，則曰『未完紙贖』。衝途過客，動有書儀，考滿朝覲，不下三四千金，而欲守令之廉得乎？」上嘉納之，尋擢右僉都御史。

82 劉宗周論近功小利

九月辛亥，順天府尹劉宗周上言：「陛下勵精求治，宵旰非寧，朝令夕考，庶幾太平立致。然程效太急，不免見小利而慕近功。今日所汲汲于近功者，非遼事乎？當此三空四盡之日，竭天下之力以養飢軍，而軍愈驕；聚天下之軍以冀一戰，而戰無日，此計之左也。今日所規于小利者，非理財一事乎？有司以掊克爲循良，而撫字之政絶；上官以催徵爲考課，而黜陟之法亡，赤子無寧歲矣！頃者嚴贓吏之誅，自執政以下，坐重典者十餘人。然貪風不盡息者，皆言利有以啟之也。」其後國事決裂，盡如宗周言。宗周，字啟東，紹興山陰人，學者稱爲念臺先生，萬曆二十九年辛丑進士。

83 温體仁參錢謙益

十一月，上御暖閣，召問温體仁參錢謙益浙闈關節之事。先是，有旨會推枚卜，錢謙益名列第二，而温體仁不與。體仁因參謙益受田千秋數千金之賄，以一朝平步上青天爲關節，取中之，結黨欺君。故上召對詰問。體仁與謙益質辯不已。上問諸臣，周延儒對曰：「田千秋關節是真。」輔臣錢龍錫等對曰：「關節實與錢謙益無干。」上曰：「關節既真，他爲主考，如何説不是他？」遂命擬旨。錢謙益既有物議，回籍聽勘。田千秋下法司再問。科臣章允儒辯體仁以黨字加諸臣，是從來小人害君子榜樣。上怒其胡扯，着錦衣衛拿下。

84 袁崇焕陛見

先是，崇焕在寧遠，專主欵。六年九月，聞清主已于八月初十疽發背而殂。十月，遣喇嘛僧鎦南木座等往大清軍中唁問，意欲議和。僧回，上詔曰：「喇嘛請勸之書詐也，宜整以備之，無爲遜言所愚。」七年二月，崇焕奏敵使恭順求欵，上亦謂誠僞未可信。七月，崇焕以主偵敵之説，物議紛紛，遂以病乞歸，故和議未就。及思宗元年七月癸酉，召崇焕于平臺，慰勞甚至，問邊關何日可定？崇焕應曰：「臣請五年，爲陛下肅清邊陲。」上曰：「五年滅敵，朕不吝封侯之賞。」時四輔臣錢龍錫等侍立，俱奏曰：「崇焕肝膽意氣，識見方畧，種種可嘉，真奇男子也。」上悦，賜茶果瓜餅而退。焕出，朝臣問：「五年之期，當有定算否？」焕曰：「上期望甚迫，故以五年慰聖心。」識者曰：「主上英明，後且按期責效，崇焕不旋踵矣。」時朝議憂毛文龍難馭，大學士錢龍錫過崇焕，語及之，遂定計出。癸未，賜崇焕尚方劍。

一云崇焕陛辭，上曰：「東兵跳梁，十載于兹，封疆淪没，遼民塗炭。卿萬里赴召，忠勇可嘉。所有方略，具實奏聞。」崇焕曰：「方略已具疏中。皇上千古之堯、舜，行此非難。臣受皇上特達之知，注臣萬里之外，倘假臣便宜五年，而東彝可平，全遼可復。」上曰：「卿其努力，以解天下倒懸。」崇焕曰：「聖明在上，閣部大臣公忠，無一不應臣手。但既出君門，便成萬里，忌功妬能，夫豈無人？」上曰：「朕自主持，浮言不聽。」廷臣奏曰：「此臣作法自别，天生以佐皇上中興，乞假以事權，與之尚方。」上允之，又謂崇焕曰：「早平東彝，以紓四海蒼生之困。」崇煥曰：「皇上念及四海蒼生，此一語天地鬼神降鑒。臣所學何事，所做何官，而不仰體皇上，早結此局！」遂退。

先是，降將李永芳獻策于清主天聰曰：「兵入中國，恐文龍截後，須通書崇煥，使殺文龍，佯許還遼。」清主從之。崇煥答書密允，復以告病回籍，乃寢。至是再任，思殺文龍則遼可得，因奏減島糧，兵變可圖。遂減八萬，止解二萬八千，後竟不解。時屯田主事徐爾一在籍，嘆曰：「遼左興師十載，任東事者，如經略楊鎬則喪師，袁應泰則陷城，熊廷弼則敗逃，巡撫王化貞則失機，總兵劉綎則陣亡，馬林則挫鋒，其餘不可勝述，而投清者亦不知幾許，未有如毛帥開鎮九年，護持兩國，復城獻俘者。而廟堂諸臣，反生異議，裁減軍餉。軍餉一減，則將士灰心矣。」遂上疏，竟不省。

85 毛文龍鴨緑江之捷

崇禎元年，清朝五王、六王及劉愛塔率兵二萬，自鎮江至，欲報義州之役。文龍以八千人與部下十將禦之。愛塔以四百騎出戰，降文龍。兩王子率兵索愛塔，毛承禄與戰，曲承恩後應，射之，中臂，清兵却。文龍追之，清兵東走，降者二千人。清主因是有懼文龍意，密通書崇煥，訂前約，崇煥信之。

86 清兵屯錦州塞

二月，清兵屯錦州塞，以都令爲鄉導，攻克拱兎男青把都板城，盡有其地產，青把都遁免。

87 清收諸部落

初，廣寧塞外有炒化、暖兔、貴英諸部，薊鎮三協有三十六家守門諸部，皆受賞。至是，中外迎上旨，並革其賞，諸部閧然。會塞外飢，請粟，上堅不予。于是東邊諸部落羣起颺去，大清遂盡收屬建州，而邊事不可爲矣。此元年七月也。

88 寧遠軍譁

元年七月甲申，遼東寧遠軍以軍糧四月不得，大譁，執巡撫畢自肅、總兵朱梅、推官蘇涵，置譙樓上，箠擊交下，括賞金得二萬，不厭，遂借商民得五萬。自肅草奏引罷，走中左所自經。袁崇煥至，宥首惡，捕其黨，斬十六人。

初，自肅奏請，而户部不發，則罪不在自肅，而在户部明矣！至崇煥斬其黨，而宥首惡，顛倒如此，安得不啟奸人之心乎？宜不越三月，有錦州之譁也。

89 錦州軍譁

冬十月己丑，召羣臣于文華殿，以錦州軍譁、袁崇煥請餉疏示閣臣，曰：「崇煥前云汰兵減額，今何仍也？」王在晉曰：「減汰當自來歲始。」周延儒曰：「關門昔年防敵，今日防兵。前寧遠譁，朝廷卽餉之，又錦州焉。各邊尤而效之，未知其極！今雖予之，當益思經久之策。」上稱善。尋下畢自嚴于獄，削前户部侍郎王家禎籍。

90 錢文俊激變

流賊所由起，大約有六：叛卒、逃卒、驛卒、飢民、難民、響馬是也。天下形勢莫强于秦，秦地山高土厚，其民多膂力，好勇敢鬥，故六者之亂，亦始于此，而卒以亡天下。崇禎初，陝西西安府長安縣富林村，有富室錢之驥子文俊，用賄入庠，險惡營利，僮僕恣横，通邑恨之。時鎮守省城總兵官王國興，招家丁五百人，内有吴榮、賈奇、李興、張文等，素無賴，貸文俊銀九兩，已償利八兩，止負本銀。文俊屢索，吴等竟無償。頃之，聞總戎發糧，遣七人覓吴、賈等，詈而毆之，擁之行府前。諸兵俱忿，追奪而還，錢僕被毆垂斃。文俊白于王國興曰：「吴榮四人貸銀四十七兩，本利不償，擊僮將斃，乞總臺明斷。」國興曰：「家丁甚貧，兄何慨借多金？此言無據，本府修書學院，公斷方明。」文俊恐，賄以三十金。國興拘四人庭訊，吴榮等曰：「止負九兩，寧有四十七兩乎？」文俊持前説，國興各笞三十，擬徒，下獄追比，衆兵怒。已而錢僕死者三人，文俊馳院控理，兵衆譁，擁署前。邢兵憲詢所由，兵竟不白，直前欲殺文俊。邢大怒曰：「有理當辯，奈何聚衆鬧公庭！」即擒數十人笞之，悉下之獄。衆兵將刼獄，入白國興，國興止之。進見邢，備言軍心欲變，請貰其罪。時重文輕武，總戎秩雖高，自文臣視之，猶藐如也。邢謂國興曰：「汝縱家丁反，予將奏汝，此罪非輕！」國興懼而謝曰：「下官瀆犯。」辭出。諸兵皆憤，入獄刼吴榮四人去，遂殺文俊全家，燬掠室廬。復入察院獄中，刼出衆家丁。邢知事急，出諭招撫，諸兵見而毀之，遂肆殺掠，各官逃匿。時兵僅數百人，而飢民及無賴附之者，即有萬計，出城結營東山，推才勇十人爲頭目，第一闖王高迎祥，第二混天王，第三掃地王，第四整世王，第五塌天王劉國能，第六混世王，第七過天星張五，第八滿天星，第九曹操王羅汝才，第十老徊徊馬守應。焚殺淫掠，殆無虛日，所至之地，人物一空。此爲流賊之始。

91 漢南盜起

十月，漢南盜四百餘人，自咸陽兩當薄畧陽，引土賊三千餘人入畧陽，逼漢中等處。

咸陽縣屬陝西西安府。兩當縣屬鞏昌府。略陽縣屬漢中府。

92 白水盜王二

十一月，延綏飢，土府谷民王嘉胤倡亂，〔一〕飢民附之。時白水縣盜王二等，合山西逃兵，掠蒲城、韓城之孝童、淄川鎮。時承平久，猝被兵，人無固志。陝西巡撫胡廷宴，庸而耄，惡聞賊警，杖各縣報者，曰：「此飢民也，掠至明春後自定耳。」于是有司不敢聞。盜偵知之，益肆，遂刼宜君縣獄，北合嘉胤五六千人，聚延慶之黄龍山。

白水、蒲城、韓城三縣，俱屬西安。綏德州與延川、府谷、宜君三縣，俱屬延安府。

〔校記〕

〔一〕疑「土」爲衍字。

93 誌異

三月二十日辛巳昧爽，陝西天赤如血，射牖隙皆赤。五月，西安府城夜墜火數十，大如碾，次如斗，時出入民舍，民各禳之，不爲災。

94 浙江水災

温體仁奏曰：「職鄉浙江杭、嘉、湖、寧、紹、台、嚴七府，自先年七月二十三等日，龍門海嘯，風雨飈至，波浪翻空，飄瓦飛磚，拔木掩棟，勢若千軍之沓至，聲如萬鼓之齊鳴，火光燭天，凡七晝夜。沿海居民及低窪近水之處，男女老幼淹没飄流，總計十餘萬，或抱石屍沈，或觸木屍碎，或手足交牽而下，或廬舍相蔽而來，或婦不知夫，或母不知子，或一族三百餘口襁褓不留，或一村數百餘家烟火俱絶。海塘盡潰，一望洪流，舟航遍乎陸地，魚鱉遊于人家。米價騰貴，奸民乘間爲盜。父老皆云二百餘年未有之變。」

95 五虎五彪 補書

是歲正月二十六日，五虎李夔龍、吴淳夫、倪文焕、田吉等追贓，發充軍。五彪田爾耕、許顯純處決，崔應元、楊寰、孫雲鶴邊衛充軍，以爲附權蠹政之戒。

明季北略卷之五

崇禎二年己巳

96 劉懋請裁驛遞 懋兵科左給事

初，上卽位，勵精圖治，軫恤民艱，憂國用不足，務在節省。給事中劉懋上疏，請裁驛遞，可歲省金錢數十餘萬。上喜，著爲令，有濫予者罪不赦。部科監司多以此獲譴去，天下惴惴奉法。顧秦晉土瘠，無田可耕，又其民饒膂力，貧無賴者，藉水陸舟車奔走自給，至是遂無所得食。未幾，秦中叠飢，斗米千錢，民不聊生，草根樹皮剥削殆盡。上命御史吴甡賚銀十萬兩往賑，然不能救，又失驛站生計，所在潰兵煽之，遂相聚爲盜，而全陝無寧土矣。給事中許國榮、御史姜思睿等知其故，具言驛站不當罷，上皆不允。衆共切齒于懋，呼其名而詛呪之，圖其形而叢射之，懋以是自恨死。棺至山東，莫肯爲輦負者，至委棺旅舍，經年不得歸。

祖宗設立驛站，所以籠絡强有力之人，使之肩挑背負，耗其精力，銷其歲月，糊其口腹，使不敢爲非，原有妙用，只須汰其冒濫足矣，何至刻意裁削，驅貧民而爲盜乎！

按洪武二十六年，始定水馬驛應付馬騾、船隻、人夫額數，以供差、供傳報，通天下血脉，久之弊生。

嘉靖三十三年，始分温、良、恭、儉、讓五字。温字五條，供聖裔、真人，并差遣孝陵之往來；良字二十九條，供文武各官公差之内出者；恭字九條，供文武各官公差之外入者；儉字二條，供優恤；讓字六條，供柔遠。而火牌專供兵部走探軍情與邊鎮飛報，亦分内、外、换三字以清楚之。除奉旨馳驛者不爲限制外，餘各臨時裁酌，遞有增減。至萬曆三年，更分爲大、小勘合，仍以五字編號，其中王裔、文武官員用大勘合，監生、吏舍等用小勘合。大勘合例用馬二匹，夫十名，船二隻，照品崇卑，定例支應，或一支六，或一支八，極之一支十而止；小勘合實填數目，不許增減，或四馬十二夫，或六馬十六夫，極之八馬二十夫而止。迨天啟末年，援遼、援黔，征兵、征餉，起廢、賜環，武弁、内官，海内驛騷，加以冒濫，驛困實始于此，科臣劉懋遂進裁之一疏。總五字之五十一條，酌爲一十二款：

一衍聖公裁定夫六十名，馬十六匹，船二隻。如帶典籍、掌書、廟丁、醫獸等項，差有煩簡，臨時酌給。

一張真人裁定夫五十名，馬十匹，船二隻。如帶法師二人，掌事一人，驢各一頭。

一顏、曾、思、孟加五經博士，裁定夫二十四名，馬六匹，船一隻。此崇禎二年五月初三日裁定，其餘文武諸臣不及悉載。

97 毛羽健論衞營兵〔一〕

四月十一日，雲南道御史毛羽健奏曰：「太祖高皇帝曰：『吾養兵百萬，不費民間一錢。』夫不費錢之兵，何兵也？即今各省直之衞所軍也。其養之何用？原以備征調也。客兵皆轉餉，而衞軍獨屯田；民田皆起賦，而屯田獨收粒。此卽古者寓兵于農之意，法至深且遠也。成祖文皇帝遣英國公，率黔、川、廣兵征黎季犛，又調兩京及山、陝、山東、湖廣兵自將討本雅失里，此衞軍之調見于國初者也。嗣是而後，如馬昂之討水猺，韓雍之討大藤峽，衞涇之討西寧酋沙把，白能之討襄陽賊劉千斤，程信之討山都蠻，萬鏜之討蜡爾苗，潘簥之討思恩酋岑濬，鄒文盛之討香爐酋阿傍，李化龍之征播州酋楊應龍，凡此皆用衞所軍也。然則衞軍何嘗不征調乎！永樂十二年，成祖自統京營兵，出土剌河擊瓦剌；〔二〕宣德三年，宣宗自領鐵騎，出喜峰口擊兀良哈，〔三〕此京兵之出征見于國初者也。嗣是而後，如正統九年，成國公之禦大寧朵顏；成化二十年，俞子俊之討亦思馬因；弘治十八年，虜寇大同，保國公之鎮宣大；正德六年，流賊劉六、劉七擁衆北向，陸完、馬中錫之次涿州；嘉靖三年，土魯番寇甘肅，金獻民之出蘭州，〔四〕凡此皆用京營兵也，然則營兵又何嘗不征調乎！不意廢弛至今，祖法蕩然，京營之兵，泥于居重馭輕之説，久不從戰，既臃腫而無所用，驕悍而不可使矣。衞所之兵，又復因噎廢食，有警不卽調發，乃更別議召募，至召募而尚可謂有長策乎？夫衞軍之食屯糧，卽猶京兵之食月糧也，千日養之，一日不得其用，斯已成贅物矣！且既不用其軍，便宜徵其屯粒，以養募兵，而乃不征不調，祇知就窮民議加兵之糧，不知就衞所中尋食糧之兵，則亦甚失祖宗立法之初意矣。故今日而講足食，惟有去客兵用衞兵之一法。欲用衞兵，惟有先清屯田之一法。乃屯田至今日而又弊極矣！軍士利于屯田之無籍，可以免征伍也，則私相賣；豪右利于屯田之無賦，可以免徵輸也，則私相買，管軍官利于軍士之逃亡，可以收屯利也，則一任其私相買賣而莫肯追補。經此三弊，屯之存者十無一二矣。今誠以軍屯一事，專委各省兵巡道，久任責成。勅令于凡軍丁之逃亡者鈎攝之，死絶者頂補之，凡屯田之典賣者追還之，隱占者嚴核之。遇有征調，卽令兵巡道同該衞所掌印指揮官，提押本兵赴營聽用。如此，則軍既赴調，本衞屯糧，便可取作營中月糧。兵有定額，餉無虛冒，其利一也；人有籍貫，逃之可稽，其利二也；各自顧其父母親戚，不敢瞋目語難，其利三也；各自認其原額官將，不敢彼此參雜，其利四也；操練有素，臨敵不敢鼓譟，其利五也。一舉而五利具焉。」

毛羽健，號芝田，公安人。天啟壬戌進士，授四川萬縣知縣，調巴縣，入爲雲南道御史。劾楊維垣、阮大鋮爲邪黨，坐降級歸。崇禎初，起原官，首陳救時急着，謂驛遞一事，最爲民害，首宜釐革，上深是其言。後坐袁崇煥黨，革職歸，卒。

〔校記〕

〔一〕此篇標題原作「毛羽健論衞軍營兵及屯田」，與目録之標題略異，爲統一起見，今據目録改。

〔二〕「土刺河」原訛作「王刺河」，現據明史卷七成祖本紀及通行本改。

〔三〕「兀良哈」原訛作「獞良哈」，現據明史卷九宣宗本紀及通行本改。

〔四〕「金獻民」原訛作「金獻氏」，現據明史卷十七世宗本紀及曹氏所藏抄本改。

98 張延登請申海禁

四月十八日，浙江巡撫張延登奏曰："自去歲閩寇闖入浙中，臣督三區水陸官兵協勦，敗衂遠遁。近據偵探，自李芝奇叛鄭芝龍而去，其黨若陳成宇、白毛老、赤紫哥、桂叔老，竄入閩、粤之界，約船六百餘號，釜游不定。彼荒歉無所得食，海洋寥廓，順風一葦可航，萬一復來，爲害更烈。臣思善後之策，獨海禁一節，爲目前最急之着。按海寇之始，出于閩民通番之弊。通番獲利十倍，人捨死趨之，其流禍遂至不可救藥。閩、浙海運交界之處，名曰沙堤，以限南北。勒令閩船不許過浙，浙船亦不許過閩。天啟七年三月，撫臣潘汝禎奏浙閩俱瀕海鄰倭，慮奸民勾引，禁船隻不許往來。日久玩愒，出入毋禁，以致崇禎元年海寇大舉入犯。臣細訪閩船之爲害于浙者有二：一曰杉木船。福建延、汀、邵、建四府出産杉木，其地木商，將木沿溪放至洪塘、南台、寧波等處發賣，外載杉木，内裝絲綿，駕海出洋，每賃興化府大海船一隻，價至八十餘兩，其取利不貲。一曰釣帶魚船。台之大陳山、昌之韭山、寧之普陀山等處，出産帶魚，獨閩之蒲田、福清縣人善釣，每至八九月，聯船入釣，動經數百，蟻結蜂聚，正月方歸，官軍不敢問。此二項船皆與賊通，賊先匿大陳山等處山中爲巢穴，僞立頭目，刊成印票，以船之大小，爲輸銀之多寡，或五十兩，或三十、二十兩不等。貨未發給票，謂之『報水』；貨賣完納銀，謂之『交票』，毫厘不少，時日不爽。此二項船，實盗賊勾引之囮媒也。至浙人之自爲害者，奸船爲最。前釣魚船搭廠于山，繫船于海，内地奸民，皆以大小划船假冒鄉紳旗號，裝載酒米，與漁船貿易，而藏違禁硝磺等物以資賊，每獲重利而歸，窮洋竟同鬧市，是划船者，又盗賊兵糧之齎送也。欲清海禁，非嚴禁三項船不可。或謂「水行埠舊有船稅，禁船則商賈不通，稅何從出」？不知舊規兩處商人俱卸沙埕倒換，貨自南來者，如糖、靛、椒、藤諸物，必易浙船以入；貨自北去者，如桃、棗、藥材諸物，必易閩船以出。杉木船獨不可責之易乎？明禁既行，但有由外洋竟至定海者，即以越禁重處。如此，則稽查既易，而稅亦不至乏絶矣。或又謂『海上居民，以海爲業，剥船若禁，樵採何資』？臣又訪大樣剥船，雙桅十槳，便捷如飛，勾引最易。今須令近海縣分有司，按船編號，止許兩划之小船近老岸行，使朝出暮歸，不許窮洋極島。夫船小則不能重載，限日則不能遠去，官旗名色，盡行禁革，亦公私兩便之道也。」

99 南居益請發軍餉

三月二十八日，陝西户部侍郎南居益奏曰：「九邊要害，半在關中，故芻餉之需，獨倍他省。邇因宇内多事，司農告匱，延綏、甯、固三鎮，額糧缺至三十六月矣。去歲闔省荒旱，室若磬懸，野無青草，邊方斗米貴至四錢，軍民交困嚻然，喪其樂生之心。窮極思亂，大盜蜂起，刼殺之變，在在告聞。適青黄不接，匱乏難支，狡寇逃丁，互相煽動，狂鋒愈逞，帶甲鳴鑼，馱馳控弦者，千百成羣，横行于西安境内，耀州、涇陽、三原、富平、淳化、韓城、蒲城之間，所過放火殺人，刼財掠畜，廬舍成墟，雞犬一空。涇、富二邑被禍尤酷，屠掠淫污，慘不忍言。即有存者，駭鶴驚風，扶老攜幼，逃竄無門。時勢至此，百二河山，危若累卵。揆厥所由，皆緣飢軍數數鼓譟城中，亡命之徒揭竿相向，數載以來，養成燎原之勢，遂至不可嚮邇。爲今之計，欲剿賊，必先稽離伍之軍；欲查軍，必先給積逋之餉。餉如不足，則士不宿飽，馬無餘芻，枵腹荷戈，即慈父不能保其子，而撫鎮又安能制此洶洶驕悍之卒哉？今惟發三十萬餉以給之，庶可弭脱巾之禍于旦夕。不然，崤、函以西，且潰散而不可收拾；關中一變，川、蜀、晋、楚，唇齒俱爲摇動，天下事尚忍言哉？」

100 無錫災荒疏略

自天啟四年至七年，無錫一年大水，一年赤旱，又一年蝗蝻。至舊年八月初旬，迄中秋以後，突有異蟲叢生田間，非爪非牙，潛鑽潛嚙，從禾根禾節以入禾心，觸之必斃，由一方一境以遍一邑，靡有孑留。於其時，或夫婦臨田大哭，攜手溺河；或哭罷歸，閉門自縊；或聞鄰家自盡，相與效尤。至于今，或機婦償布易米，放梭身隕；或父子磨薪作餅，食噎而亡；或啖樹皮、吞石粉，枕籍以死。痛心慘目，難以盡陳。此民疏。

太尊覆申文云：「五邑惟靖江無災，江陰雖有蟲而不爲甚害，不過二三分災耳。若無錫、宜興、武進三縣，則無一處無蟲，無一家田禾不破傷。三縣相較，武進八分災，無錫、宜興九分災。」太尊曾姓，名櫻，江西峽江人，萬曆丙辰進士。時入覲，三日一哭于户部，必欲求改折，以甦民困，而總督倉場郭允厚、户部尚書王家禎堅執不從。

101 馬懋才備陳大饑 崇禎二年四月二十六日疏

臣陝西安塞縣人也，中天啟五年進士，備員行人。初差關外解賞，再差貴州典試，三差湖廣頒詔，奔馳四載，往還數萬餘里。其間如關外當柳河之敗，黔南當圍困之餘，人民奔竄，景象凋殘，皆臣所經見，然未有極苦極慘如所見臣鄉之災異者。臣見諸臣具疏，有言父棄其子、夫鬻其妻者，有言掘草根以自食、採白石以充饑者，猶未詳言也，臣今請悉爲皇上言之。臣鄉延安府，自去歲一年無雨，草木枯焦。九八月間，民爭採山間蓬草而食，其粒類糠皮，其味苦而澁，食之僅可延以不死。至十月以後，而蓬盡矣，則剥樹皮而食，諸樹惟榆皮差善，雜他樹皮以爲食，亦可稍緩其死。迨年終而樹皮又盡矣，則又掘其山中石塊而食，石性冷而味腥，少食輒飽，不數日則腹脹下墜而死。民有不甘于食石而死者，始相聚爲盗，而一二稍有積貯之民遂爲所刧，而搶掠無遺矣，有司亦不能禁治。間有獲者，亦恬不知怪，曰：「死于飢，與死于盗等耳，與其坐而饑死，何不爲盗而死，猶得爲飽死鬼也。」最可憫者，如安塞城西有糞城之處，每日必棄一二嬰兒于其中，有號泣者，有呼其父母者，有食其糞土者。至次晨，所棄之子已無一生，而又有棄之者矣。更可異者，童穉輩及獨行者，一出城外，便無蹤跡。後見門外之人，炊人骨以爲薪，煑人肉以爲食，始知前之人，皆爲其所食。而食人之人亦不免，數日後面目赤腫，內發燥熱而死矣。于是死者枕藉，臭氣薰天。縣城外掘數坑，每坑可容數百人，用以掩其遺骸，臣來之時已滿三坑有餘，而數里以外不及掩者，又不知其幾許矣。小縣如此，大縣可知；一處如此，他處可知。幸有撫臣岳和聲弭盗賑饑，捐俸煮粥，而道府州縣各有所施，然粥有限而饑者無窮，杯水車薪，其何能濟乎？又安得不相率而爲盗也？且有司束于功令之嚴，不得不嚴爲催科，僅存之遺黎，止有一逃耳！此處逃之于彼，彼處復逃之于此，轉相逃，則轉相爲盗，此盗之所以遍秦中也。總秦地而言，慶陽、延安以北，饑荒至十分之極，而盜則稍次之；西安、漢中以下，盜賊至十分之極，而饑荒則稍次之。天降奇荒，所以資自成也。

102 桂王寢殿坍塌

桂王常瀛四月二十七日奏曰：「三月初三寅時，臣正起梳洗，身側如雷震響，正殿盡傾。有該撥女子崔祿壽、呂壽喜、韓榮祿、崔遐壽、楊祥壽、呂福喜六名在內止宿，竟皆壓死。痛念臣蒙先帝隆恩，分封衡地，特遣內官監太監黄用、工部營繕司主事高道素，費五十餘萬金錢，建造府第。乃臣之國僅有二載，而元年九月初八日，則寢宮後殿椀梁損墮，擦臣右臂而下，臣命幾爲不保。此時二官猶未離衡，目所親覩，臣已具本欲奏，值皇上初登寶位，未敢以此驚瀆天聽，致廑遠念；而二官亦自知罪，進修理銀五千六百兩，又進問安銀四百兩，且又訴其七年勞苦之狀，臣隨中止。今則前殿復塌，幸在刻時先後，臣未入殿行禮耳，否則亦爲不免矣！」

宫殿覆壓，雖爲黄、高二人賤買朽木之罪，然建國甫二年，即遭此二變，天之所以警之也。異日流寇逼陷，播遷兩粤，其機已兆于此。

103 倪元璐疏三案

元璐號鴻寶，浙江上虞人。天啟二年進士，授庶吉士，歷侍讀學士。時閣臣魏廣微媚魏忠賢，欲掩釋楊漣二十四大罪疏，纂三朝要典，以梃擊、紅丸、移宮三案成書。元璐疏公議自存私書當毀，上之。四月疏曰：「臣觀梃擊、紅丸、移宮三案，鬨于清流，而三朝要典成于逆豎，其議不可不兼行，而其書不可不速毀，何也？蓋主梃擊者力護東宮，爭梃擊者計安神祖；主紅丸者仗義之言，爭紅丸者原心之論；主移宮者弭變于幾先，爭移宮者持平于事後，六者各有其是，未可偏非。此一局也。既而楊漣二十四罪之疏出，魏廣微『此輩門户』之說興，于是逆璫殺人則借三案，羣小求富貴則又借三案，而三案之面目全非。故凡推慈歸孝于先皇，猶夫頌德稱功于義父。又一局也。網已密而猶疑有遺鱗，勢極重而或憂其翻局，於是崔、魏兩奸乃始創立私編，標題要典。以之批根，今日則衆正之黨碑；以之免死，他年卽上公之鐵券。又一局也。由此而觀，三案者天下之公議，要典者魏氏之私書，三案自三案，要典自要典，翻卽紛囂，改亦多事，惟有毀之而已。」上從之，詔毀三朝要典。

附記　華琪芳，字方侯，號未齋，無錫人。天啟乙丑會元，廷試第二人。思廟立，罷歸。每歎曰：「吾不纂修三朝要典，今相矣。」蓋自悔也。吁！失足一時，遺恨千古，可不慎歟！

104 欽定逆案

二月，欽定逆案，魏忠賢、客氏磔死外，以七等定罪：一曰首逆同謀，兵部崔呈秀等六人。二曰結交近侍，都御史劉志選等十九人。三曰結交近侍次等，大學士魏廣微等十一人。四曰逆孽軍犯，東平侯魏志德等三十五人。五曰諂附擁戴軍犯，内監等十五人。六曰結交近侍末等，俱配贖，顧秉謙等百二十八人。七日祠頌，照不謹例，冠帶閑住，大學士黃立極等四十四人。

105 喬應甲釀禍 流寇

正月六日壬戌，撫治鄖陽都御史梁應澤，以漢南盜告急請兵，陝撫胡廷宴、延綏巡撫岳和聲，各奏流賊肆掠。刑科給事中薛國觀上言：「賊之熾也，由喬應甲撫秦置盜刼不問，實釀其禍。今弭盜之方，在整飭吏治，有先事提防之法，有臨事剪滅之法，有後事懲戒之法。」上是之。

固原逃兵掠涇陽，又掠富平。二十九日乙酉復掠涇陽，執遊擊李英。

鄖陽府屬湖廣。延綏、固原，九邊之二。涇陽、富平二縣俱屬西安。

106 劉應遇敗賊

二月二十日丙午，商洛道劉應遇率毛兵入漢中，合四川吴國輔兵敗賊，賊走漢陰，遇遣兵追斬五百餘，誅渠魁數十人，餘走蜀。其匿漢陰山中者皆自殺。漢南盜平。公字玉庸，號念劬，楚孝感人。萬曆辛卯舉人，歷仕陞商雒道。漢南寇起，親督行伍十二戰，平之。未幾，撫甘肅。四年辛未正月，卒於官，年六十四。

商南、洛南二縣屬西安。漢陰縣屬漢中府。

107 混天王擾延川等縣

三月二十日丙子，流寇掠真寧、寧州、安化、三水。四月，犯涇陽、甘峪，遊擊高從龍被殺。九月，清兵圍薊州。十一月，京師戒嚴，徵四方援兵勤王。保定兵首潰，餘亦多中路逃者，因與飢民合勢，嘯聚山澤。上命馳諭陝西巡撫劉廣生，令急殲流孽，不必入衛。時大盜混天王等擾延川、米脂、清澗等縣，復召前總兵杜文煥，使勦之。

寧州與真寧、安化二縣屬陝之慶陽府。三水縣屬西安。甘泉、府谷、延川、米脂、清澗五縣屬延安府。薊州屬北直順天府。保定府亦屬北直隸。

108 吳煥奏秦寇

是年四月，陝西巡按御史吳煥上言：「秦寇慘掠，古所罕有。撫臣胡廷宴狃于積弛，束手無策，則舉而委之邊兵。延綏撫臣岳和聲諱言邊兵爲盜，又委之內地，則西安、延安諸邑之被盜，皆兩撫推諉隱諱，實釀之也。」

109 李自成起

李自成，陝西延安府米脂縣雙泉堡人。雙泉堡，大鎮，東西街口有大井二，故名。父名守忠，務農，頗饒。生二子，長名鴻名，又二十年，爲萬曆三十四年丙午，五月，生次子，名鴻基，即自成也。批云：李自成，八月廿一丁巳生。其年五月，有流星自西北入東北。六月，陝西地震。七月，復震。九月，鴻名生子，名過。十一月，鴻名死。先是，守忠父李海，一名勢，俱單傳，惟守忠生二子，然鴻基生而鴻名即死；亦單傳耳。鴻名死三年，妻改適，守忠撫鴻基與過。八歲就塾，二人不喜讀書，酷嗜拳勇，各不相下，守忠屢責不悛。年十三，鴻基母死，竊與過出外朋飲。里有劉國龍，亦同庚，相遇甚歡，偕往郊外馳馬，飲于村肆，相謂曰：「吾輩須習武藝，成大事，讀書何用！」次日，具牲醴詣關廟，倣桃園故事。鴻基欲較力，見神前鐵爐一座，重七十三斤，隻手舉之，繞殿一匝，仍置故處。劉國龍撩衣欲舉，不能動，兩手握之方起，行五步止。李過奮力一提，亦不動，如國龍法，行十五步止。鴻基復提繞殿一周，置于舊處。道士驚賞曰：「汝父好善，故生汝。」鴻基大言曰：「大丈夫當橫行天下，自成自立，若株守父業，豈男子乎？前三載曾夢偉將軍呼予『李自成』，今即改名自成，號鴻基。」國龍等稱賀。由是三人數聚飲，守忠嗔責，復將延師束之。自成私走延安，聞羅教師曩爲將，武藝超軼，遂師之，日與其黨馳射，大喜。越四月，移書國龍與過云：「予在延安，師羅某習武，汝二人速來同學，不可虛廢歲月。」正月十六也。守忠見書，往覓。時自成于羅處初習單刀，不即歸，羅固勸之，乃還。越三月，守忠恐復往，乃延羅某于家，使劉、李三人師之。年十八，自成性喜生事，守忠爲過娶鄧氏，而自成欲擇美婦，遂遲半載，娶韓金兒，艷而淫，年十四適西安老紳爲妾，以行斥，繼爲延安監生妾，又見棄，至是自成娶之。其夕，守忠夢土地告云：「汝家禍祟入門，百日内有大災，速與汝孫暫避河南，勿被虎傷。倘違吾言，後悔無及。汝子自成有禍無害。」守忠覺，不樂，遂與過託進香泰安。去月餘，自成往延安，韓氏與里棍蓋虎兒有姦。越半月，自成歸，晚宿十里鋪，夢韓與少年偕寢，欲殺之，少年走，乃殺韓而寤。黎明即行，抵家，宛如所夢，舉刀直前，蓋虎兒以綈袍禦之而逸，遂殺韓，衆挾之赴縣。時署篆艾同知曰：「汝妻不良，殺之固當。但捉姦須雙，今止殺妻，於律不合。」遣孟縣丞往驗。次日庭訊，笞二十，下獄。自成倩丁門子賄二百金，乃出。即發審單云：「李自成因妻韓氏不良而殺之，却無姦夫同殺爲證，何以服人？況不合律，姑擬徒，俟獲姦夫再審。」自成怒曰：「殺死淫婦，理之當然，奈何受金而罪我？會須控憲！」丁聞之而懼，白于艾，艾出牒覆勘。自成以洩言，知不免，遂殺艾，遁走甘肅。二年己巳冬，清兵十萬大入，越薊薄京，京師戒嚴，徵兵勤王。甘肅巡撫梅之焕有文武才，批云：梅之焕，字長公，號信天居士，楚麻城人。甲辰進士第三人。時勤王督臣忽傳敵退，檄公還。及十日，又促行。北及都，兵尚以逗留劾公，奪職歸。總戎楊肇基素稱驍勇，奉旨赴援。自成投軍，居肇基麾下。邊地多盜，肇基每使親兵往剿，止事刼掠，獨自成見壯士輒釋去，每云：「東海舟頭，亦有遇處。」已而陞總旗，屬下五十人，俱稱長官。甘肅東有盜警，自成心謂響馬頗有英雄，可結一二以作異日爪牙，因請往捕。甘肅與蘭州接壤，有高如岳者膂力絶人，善騎射，白袍白巾，聚黨百餘，服色悉按五方，居土山坡下，自稱闖王，時出行刼。自成引兵搜三日，如岳以八騎至，自成列陣以待。如岳曰：「高闖王在此，速讓道！」自成曰：「觀若亦是好男子，何爲作此舉動？予特奉令取汝！」如岳曰：「能者來戰。」飛騎突至，自成迎戰良久，藝勇悉敵，知不可力争，乃謂之曰：「自古好漢識好漢，觀汝狀貌，定非凡品，可下馬相見，有一言奉告。」遂各敘禮，歡如魚水，同至土山，結爲兄弟，宰馬設誓云：「患難相扶，富貴共享。若有異心，神其不祐！」酣飲達旦。自成將行，語之曰：「自此以往勿復行掠，予若功名小就，請同處邊庭。倘鄙願有違，相從不遠。」乃別。自成回鎮，以他級報功，遂陞把總。適徵兵檄至，梅撫、楊鎮勤王，以王參將爲先鋒，自成與劉良佐不服。良佐，字明輔，大同左衞人。自成曰：「寧爲雞口，毋爲牛後。」良佐曰：「昔郭子儀本行伍中人，後爲天下大元帥。我二人有才如此，寧憂不富貴？」自成曰：「大元帥何足道！漢高祖、劉知遠、我太祖皇帝，豈祖宗傳下天子？亦是平空做成事業者。楊主將安識吾兩人？」時師北行，王參將居前隊，楊總戎統中軍。過蘭州，犒師，秋毫不犯。次日百里，抵金縣，邑小令怯，閉署不出。王參將入城，欲見令，有兵譁于庭，笞六人，半爲自成卒。自成怒，與良佐等縛令出，欲見肇基，適遇參將，刺殺之。時良佐妻子在蘭州十里莊，自成孑身，聞高如岳有衆八百，遂率所部往。時高麾下勇士有羅汝才、劉國龍、賀一龍、馬守應、劉希堯等數人，刼掠郡縣，官兵屢敗，曾于臨洮府城外關廂人家掠美婦五：邢氏、趙氏、余氏、安氏、鄔氏，而邢氏尤絕色，如岳嬖之，妻鮑氏妬甚。適自成至，遂以邢氏配之。每日，賊將輪刼。賀錦自北都返，報清師已退，將推督下勦，衆有懼色，共議乘兵未至，掠平民充陣，以精兵繼之。于是各統所部，往渭源、河州、金縣、甘州等處刼掠，所至之地即起火，名「放亮兒」。所掠衣糧等物，即令鄉民舁至營中，持刀問云：「願從否？」如不願，即云：「我送汝去。」一刀殺之。苟願從，又問：「有父母妻子否？」無則不問，有則問：「想否？」不想則已，倘云「想之」，亦曰：「吾送汝去。」復一刀殺之。凡初獲者，必縛五日始釋。有逃而復獲者，則截其耳，或黥其面，兵遇之，反指爲真賊，解官請賞，主將不之省，斬首示衆。故不願作賊者，既爲賊所掠，亦無如之何而從之矣。由是衆至數萬。

編年云：二年，都城警，詔天下勤王，山西巡撫耿如杞以兵入援，譁于涿州，大掠良鄉。耿如杞逮論死，潰兵遂竄走秦、晉山谷間爲盜。先是元年，米脂人李自成性狡黠，善走，能騎射，家貧，爲驛書。聞王嘉胤反，往投焉。後推高迎祥爲首，稱闖王。

一云：自成多力善射，少與衙卒李固、鐵冶劉敏政結好，暴于鄉里，後隨衆作賊。其兵嘗云：「我王原是個打鐵的，今後軍都督府張家，原是個補鍋的。」初是只七十人相從，〔一〕後漸結聚。及併了老狪狪、小表英兵，〔二〕纔有數萬。此段向書後，今偶移于此。

甘肅，九邊之一，在陝西。蘭州、河州、金縣俱屬陝之臨洮府。良鄉縣屬順天府。各本俱載賊首高迎祥，而此獨言高如岳，是一是二，存實以俟考。

〔校記〕

〔一〕「初是」疑爲「初時」之誤。

〔二〕「小表英」疑爲「小袁英」之誤。

110 陳仁錫使遼東 東邊

陳仁錫，字明卿，南直長洲人。天啓壬戌探花，授編修。崇禎二年三月，出使遼東。寧遠武進士王振遠、陳國威謂仁錫曰：「東不的居關外，陽仇插漢，其實昵之。部落不滿萬，駐寧遠關外者六七千人，此地開市，止二千卒，不及備，夜半可刺也。蓋建州哨在東不的内，計四百餘人，不挾弓矢。插漢遠在漠北，馳救不及，斬頭寢内，邊警息矣。失此機會，四月間命將先至，秋冬諸王子幾支入，必舍遼而攻薊，宣動天下之兵，何益？」仁錫言于邊臣，甚壯之，竟不果。後大清兵入攻，俱如二生言。

111 袁崇煥謀殺毛文龍

先是，毛文龍駐皮島以牽清，二年三月，袁崇煥奏設東江餉司于寧遠，令東江自覺華島轉餉，禁登、萊商舶入海。自是島中京餉，俱着關寧經畧驗過始解，朝鮮貢道往寧遠，不許過皮島，商賈不通，島軍大饑，取野菜爲糧。初，文龍稱麾下兵二十餘萬，朝廷爲治餉。兵科給事中王夢尹、翰林編修姜曰廣詣島閱視，稱十萬。及登萊道王廷試復裁之，定額二萬八千人。文龍大不平，上章請餉，又累奏寧遠轉餉不便，崇煥不聽。又請自往旅順議之。六月，崇煥致書文龍曰：「知島中軍饑，發餉銀十萬，至雙島約公會議滅敵。」文龍語子承禄曰：「昔日彼奏滅糧，今又發糧，其跡可疑。」承禄曰：「渠爲撫臣時已有和議疏，茲復云滅敵，必有他意，不如勿往。」文龍思久之，曰：「古來戰、守、和，得機即行，原非可執。況我與彼，總爲朝廷出力，不必猜疑。」遂與部將二十人，家丁百人，引兵三千，至雙島進謁，崇煥慰勞甚至，且曰：「遼東海外，止藉貴鎮與本部院兩人同心共濟，方能了局。」文龍曰：「職在海外數年，日以東事爲慮，第餉匱軍饑耳。若大人展回天之力，使諸軍安飽，指授方畧，則敵可滅矣。」次日，崇煥犒師，每人銀一兩，米一石，布三疋。已而，文龍設宴，甫坐，忽報清兵萬餘將渡河東。崇煥遣兵馳救，止留數百人，與文龍欵語而罷。三日，崇煥登島，又大犒師，謂文龍曰：「今後貴鎮與本部院以旅順爲界，東行貴鎮印，西行本部院印。」文龍從之。復報河西有警，崇煥思久之，謂文龍曰：「願借貴鎮兵一往。」文龍即令疾救。四日，崇煥命軍士擺圍，文龍不悟，從之入。麾下欲進，袁兵阻之，止從官入圍。崇煥謂衆軍士曰：

「念爾等海外勞苦，每人僅得糧五斗，一家分食，言之痛酸。爾等當受本部院一拜，今後勿憂無糧，只須爲朝廷出力。」語畢卽拜，將士答謝，淚下。崇煥遂與文龍曰：「本部院節制四鎮，清嚴海禁，恐登、津受腹心之患。東江糧餉由寧遠過亦便，汝何必要解銀登、津自糴？且虛耗國家多少錢糧，並無實效，要東江何用？」文龍曰：「公言差矣，職以義旅九十人取鎮江，不費朝廷斗米寸鐵，撫集遼瀋逃民九十餘萬，羅致各島以爲犄角。以義取朝鮮糧餉，以信括商賈錙銖，種屯鼓鑄，斬將復城，六七年來，止受國家銀一百五萬兩，米九十餘萬石，猶謂無功虛冒乎？」崇煥曰：「與汝談三日，誰知狼子野心，一片欺誑，若不殺汝，此一塊土，異日豈朝廷所有？」文龍曰：「督師惟持節制，何得殺我？」崇煥曰：「今日非本部院意，乃是上旨。」左右色變，文龍自若，乃曰：「既出上旨，亦勿辨。」遂西望拜曰：「臣負朝廷久矣！」崇煥命旗牌官張國柄執劍殺之，諸將伏屍慟，崇煥曰：「止斬文龍一人，餘悉供職如故。」命殮之。因奏文龍十二罪，并自劾。上以文龍驕悖，命崇煥安心任事，且嘉諭之。時敵警寂然，師旋，聞文龍死，皆哭。崇煥因佯祭曰：「昨殺汝是朝廷法，今祭奠是本院情。」遂流淚，將士俱泣。崇煥恐變，呼文龍部下曰：「若等被主帥侵糧甚苦，今有十萬金犒賞，各領三兩。」衆始定。崇煥分其軍爲四，使毛承祿及旗鼓徐敷奏、東江將劉興祚與陳繼盛分將之，遂回寧遠。

112　鍾萬里解夢

毛夫人張氏居杭，聞文龍死，疑，未得報。有所親鍾萬里曰：「昔振南祈夢，于忠肅授詩，前聯云：

『欲效淮陰，老了一半。』蓋韓信二十七歲爲大將，振南五十二歲作元戎，非老了一半乎？後聯云：『好個田横，無人爲伴。』蓋田横有五百人同殉島中，今云無人爲伴，是自死于島矣。」已而果然，杭人莫不憐之。

崇煥揑十二罪，矯制殺文龍，與秦檜以十二金牌，矯詔殺武穆，古今一轍。聞余邑高忠憲當遣使閲島時，語之曰：「若往，須圖其山川以歸。」使者至，微行四境，盡得其險易而還。忠憲披圖歎曰：「是扶餘國也。」使者故高公門下士，然則文龍功高不賞之疑，非獨錢龍錫輩而已。

113 袁崇煥通敵射滿桂

崇煥既殺文龍，密報于清議和。清主大喜，置酒高會，謀攻寧遠，二王子曰：「姑索撫百萬，許，還遼。俟得賞後，復爲深入計。」于是答報。崇煥疑有變，自思：口許上五年復遼，又難言撫，因語使「發兵索賞，我可入奏。」清主將起兵，二王子曰：「聞插酋數萬攻薊州，調兵甚急，喜峯口必虛，我陽言征插，暗入喜峯，是爲上策。」遂發兵數萬，三王子、五王子、六王子分將之。時喜峰守兵八千，已調半討插，所存守兵，亦止備插而不防清。九月戊寅，清兵一夜進口，殺參將周鎮。崇煥大驚，率總兵祖大壽馳喜峯，清師已入長城，圍遵化。崇煥率兵往救，清帥曰：「汝招我至，何反撓我？」崇煥益懼，馳薊州，會總督劉策，議奏撫賞。策曰：「敵志不在小，宜以戰爲正。」崇煥不從，奏請議款。御史毛羽健上言：「崇煥議以五年滅敵，乃反議款，乞皇上問之。」報聞。十一月清兵從馬蘭谷破牆而入，初五丙戌圍遵化。遵化人內應縱火，諸軍奔潰，巡撫王元雅自縊，三屯營副總兵朱來等夜遁，總兵朱國彥同婦張氏，北拜自經。初九辛卯，都督山海關總兵趙率教入援，戰于遵化，率教敗没。崇焕聞遵化陷，謂劉策曰：「密雲危矣！我駐此，公速守密雲。」策曰：「此吾地也，奈何去之？」翼日，上命總戎申甫、侯世禄至，崇焕曰：「有我在。」令率兵回。俄，清兵至，圍薊州，大掠。策欲戰，崇焕阻之。攻數日，不破，乃去，屠固安，焚良鄉，大掠通州，直抵北都齊化門下，京師戒嚴。初，清圍遵化，破石門驛，崇焕移營城外。清兵以二百騎嘗崇焕，崇焕軍聞炮遽退，竟日不見一騎，至是率衆至沙河門駐營。山海關總兵滿桂聞之，率兵入援，與清戰，斬獲頗衆，部下亦傷。須臾，城上炮發，悉中我師，不傷清兵一騎。守者大懼，遥見袁兵亦溷清兵刼掠，城内運餉袁營，反遺清寨。袁營列前，清營駐後，相距不遠，復不出戰，衆甚疑之。圍城數日，上命内監召崇焕。崇焕恐事洩，乃曰：「將在軍，君命有所不受。上既任我，自有處分，何須又召，得毋聽細人之言罪我乎？必欲進見，須金、王二監出質，始可回奏。」上命二監出城，崇焕令軍守韋公寺，自易青衣入見。上解貂裘及銀甲胄賜之，乃退。丁酉，崇焕抵左安門，賜玉帶、彩弊六，祖大壽玉帶、彩弊四，餘大將各緋蟒一襲，户部給各軍芻粟。已饑再日，私掠。清兵攻南城，崇焕復不戰，獨滿桂以五千人與清一日二十戰。清兵益盛，桂不支而走，經袁營，竟不出救。俄桂中流矢五，三中體，二中甲，拔視，乃袁兵字號。桂初疑清將反間，僞爲袁號耳。及敵騎稍遠，細審，果爲袁兵所射，大驚，入奏。

逮袁崇煥

十二月辛亥，上召崇煥議餉，密勅滿桂、黑雲龍、祖大壽同入。崇煥進闕不數武，一內監趨出曰：「萬歲爺在平臺，速入！」崇煥趨進，見桂等在上所，驚沮。上問殺毛文龍、致敵兵犯闕及射滿桂三事，崇煥不能對。上命桂解衣驗示，着錦衣拏擲殿下，校尉十人褫其朝服，扭押西長安門外錦衣大堂，發南鎮撫司監候。上遣太監車天祥諭慰遼東將士，命滿桂總理援兵、節制諸將，馬世龍、祖大壽分理遼東兵，都人大喜。袁兵聞之，半走固安、良鄉殺掠，桂招餘衆隸麾下。清帥聞報，撤兵，分掠郡邑。李總戎部將擒一頭目，訊之，具述崇煥通敵根底，入奏，上命法司追崇煥書。明年四月，詔磔西市。批云：一云崇禎二年九月初七日，磔崇煥于西市。上召九卿面諭曰：「袁崇煥以復遼自任，功在五年，朕是以遣兵湊餉，無請不發。不意專事欺隱，以市米則資盜，以謀款則斬帥，縱敵入犯，頓兵不戰，援兵四集，盡行散遣。及敵兵薄城下，又潛攜喇嘛僧于軍中，堅請入城。勅法司定罪，依律，家屬十六歲以上處斬，十五歲以下給配，朕今流他子女妻妾兄弟，釋放不問，崇煥本犯置極刑。」時百姓怨恨，爭噉其肉，皮骨已盡，心肺之間叫聲不絕，半日而止，所謂活剮者也。崇煥，廣西梧州府藤縣人。萬曆己未進士。庚午八月十六磔崇煥。劊子語無錫周無瑕曰：「吾服事諸老爺多矣，未見如袁爺膽之大者。」

江陰中書夏復蘇嘗與予云：「昔在都中，見磔崇煥時，百姓將銀一錢，買肉一塊，如手指大，噉之。食時必罵一聲，須臾，崇煥肉悉賣盡。」

115 滿桂戰死

十二月，清兵復圍城。十六日丙寅，滿桂率師救援，清兵大至，桂敗收軍。十七丁卯，滿桂以五千人同孫祖壽等陣安定門外，自辰至酉十餘戰，清兵屢易。桂箭創發，墜馬，歿于陣。申甫夜襲營，又戰没。黑雲龍、麻登雲被執。清復攻城，都人大懼。會各省援兵四集，互相拒戰，清兵乃退，刼掠郡邑。

116 劉之綸死節

劉之綸，字元誠，蜀宜賓人。喜學理家言，大書其坐隅曰：「必爲聖人。」里中因呼爲劉聖人。天啟辛酉舉鄉試，崇禎戊辰成進士，授庶常，與同官金公聲，多客死士申甫輩，以備國家緩急。己巳冬，北兵入口，聲先上疏，得召見，薦公，并及申甫。上立召對，稱旨，授甫京營副總兵，改金公御史，監其軍，而授公協理戎政、兵部右侍郎，督守城事。已而滿桂、申甫俱戰没，公誓師出城，會北兵引去，遂抵通州。至薊，知兵衆在永平，乃約總兵馬世龍、吴自勉自薊赴永平，牽之無動，而自率兵八路進攻遵化。既由石門至白草頂，距遵化八里而營娘娘山。乃世龍等不受節制，負公約，北兵軀三萬騎自永平來。公嚴陣以待，先發一砲，殺百騎，再發一砲，砲反裂，營中自焚，兵遂上山。一裨校請結陣徐退，公不聽，命鼓人嚴鼓再戰。自午至酉，士皆力戰，軍中矢石竭，人持短刀，夾公馬而前，矢集如雨，公度不可爲，乃大呼曰：「死，死！負皇上！」解所佩印，授家丁間道歸送巡撫。忽一矢貫公首，又一矢中膝，遂仆而絶。諸將從公者，齊呼哭震天，拔營野戰，死之。事聞，賜祭葬，廕一子。

公之爲人，文文肅嘗詳言之。

密雲、固安、薊州俱屬順天。

117 黨還醇良鄉殉難 附諸臣

黨還醇，字子真，陜西三原人。天啟乙丑進士，己巳令良鄉。十二月，北兵薄城，厲兵堅守，力竭援絶，遂死之。兵退，得其屍于草中，身被數創，赤身面縛，怒氣勃勃如生。方赴選時，送座師侯恪出都門，恪曰：「但願諸君子爲好人，不願諸君子爲好官。」還醇常諷誦不輟云。事聞，贈太僕寺卿，謚忠節，廕一子入監。時有保定推官李獻明，奉命查薊、密軍餉，抵遵化，北兵至，不肯他適，城陷而死，贈光禄少卿。又有保定餉司何天球、永平知府張鳳奇、推官羅成功、灤州知州楊燫、香河知縣任光裕、遵化知縣徐澤、良鄉典史史之諫、教諭安上達、訓導李廷表、驛丞楊其禮、三屯總兵朱國彦，俱先後死。

己巳之役，北兵所向，有兵未至而城先空者，良鄉、灤州、香河、固安、張灣也；有城先空而兵不入者，霸州、三屯也；有先降數日而兵始至者，玉田、遷安也；有兵將先降而守臣不知者，遵化、永平也；有虛張聲勢而兵不敢犯者，昌平、涿州也；有受降旗，兵過而不取者，順義也；有兵留而不攻，迹在若守若順之間者，房山也；有兵至而順，兵去而守，以援兵至而免者，樂亭、撫寧也，總由人心不固至此。向使各城盡如寶坻令史應聘之上下一心，永清令王象雲之有備無患，昌黎令左應選之男婦皆兵，開平舉人之請兵捐餉，何至一朝同歸于盡？內如固安令劉伸，守而不能守，所欠一死；良鄉、香河、遵化三令，永平守及推官，灤州守與夫三屯總鎮各官之死，皆不愧其官，而保定司理李獻明一死尤烈。永平道鄭國昌之死，與巡撫王元雅等，失地喪師，不可語于殉難之列。其最劣者，則盧龍、遷安兩令。餘若薊州、通州、三河、豐潤，官雖能守，亦將士得力居多。時巡方董邃初，見漷縣斗大空城，而縣令沈域舉動安詳，問曰：「情景若此，貴縣何恃而不恐？」沈域從容拱手曰：「以身殉之。」邃初爲改容以謝，卒幸免焉。

118 商敬石射清兵

清裨將引六百騎往㠜山，至河西，忽十二騎突至，欲擒之，清將左目中矢而死，兩頭目操戈前戰，復兩矢飛至，各中目皆死。諸軍悉前，應弦而倒，殪者甚衆。清兵懼，悉去刀發矢，十二人俱以手接，無一傷者。清兵驚走，十二人追射，死者三百餘人，矢盡乃止。蓋十二人乃響馬賊，商敬石爲首，聞清兵入，約其黨欲建功，至此忽遇耳。遂至通州鎮守營報功，守將申兵部，兵部悉隸之于麾下。時清兵大隊將至河西、天津等處刼糧，聞通州十二騎殺兵四百，乃不往，俱至昌黎縣。

119 左應選固守昌黎

清兵至昌黎，盡焚城外廬舍，恣掠子女、金幣，將抵城下。時邑令左應選初涖任，膽畧過人，聞報，登城周望，諭百姓：「勿恐，數日敵當自退。」卽閉城治火藥。兵至，列藥于城，俟攻時始發。是藥止及百步外，亦不納砲中，臨敵，燃火散下，須臾如火星飛墜，清衆俱傷，乃退。守者見之，始以火炮突發，擊斃甚衆，清遂斂師他掠。

120 何大綱斬將

清兵掠漷縣，何大綱、張洪詩兩將率萬騎赴救，戰一日，却之。大綱、洪詩引衆夜追，清不戒而走，復追之。達旦師疲，大綱、洪詩遂斬一將。清兵走，挾輜重東旋。馬世龍率驍勇五百人追之，奪車輛而還，清兵始出口。北京凡被圍四十餘日云。

121 誌異

是歲江陰城鳴，時吴鼎泰爲令。及順治二年乙酉，江陰被屠，距己巳凡十有七年。

明季北略卷之六

崇禎三年庚午

122 誌異

正月辛巳朔，京師大風霾，晝晦。三月，威鼎自鳴，熒惑入井分，退而復留，又入鬼宿。五月二十二日辛丑，海豐縣有石，圍數丈，高丈餘，忽移五十餘步。

晝晦異矣，元旦晝晦尤異之甚，殆天地否塞之會乎？故首書之。

123 陝盜王子順苗美

正月，陝西邊盜王子順、苗美連逃兵衆至四千，掠綏德，南圍韓城，總督楊鶴、巡撫劉廣生擊敗之，賊遁。復犯清澗，官兵追逐，賊走西川。先是萬曆時，朝廷念西軍勞苦，預給三月糧以爲常。至是秦旱，粟騰貴，軍餉告匱，往往譁潰，亡命山谷，遂倡飢民爲亂。時東事益急，廷議核兵餉，各邊鎮咸釐汰至數十萬。乘亂兵多譟而下。

124 秦寇入山西

三月，秦寇入山西，犯襄陵、吉州、太平、曲沃。四月，陷蒲縣。山西自河曲、保興至蒲津千五百里。賊自號曰「橫天一字王」。

吉州、蒲縣與襄陵、太平、曲沃三縣俱屬山西平陽府。河曲縣屬太原府。

125 賊陷河曲

十一月，山西總兵王國樑追賊于河曲，發西洋砲，砲炸，兵自亂，賊乘之，遂陷河曲。

126 賊陷黄甫川 秦寇

五月，賊破金鎖關，殺都司王廉。壬子，王嘉胤陷黄甫川、清水二營。次日，陷府谷縣，復圍孤山堡。榆林道白貽清遣兵敗之，遁入府谷縣。延綏巡撫洪承疇等圍之，斬獲甚衆。及九月三日己卯，王嘉胤勾西人入掠，洪承疇、杜文焕從孤山進擊，大破之。賊佯乞降，仍奪路走。

黄甫川、榆林俱在延綏邊地。清水縣屬陝之鞏昌府。

白貽清，號惠風，常州人。洪承疇，字亨九，閩人。

127 楊鶴誤撫

都司艾穆蹙賊于延川清澗，賊始求撫。三邊總督楊鶴及陝撫劉廣生，各遣材官持牌四出招賊，賊魁黃虎、小紅狼、一丈青、龍江水、掠地虎、郝小泉等，俱給牌免死，安置延綏、河西。然賊降叛不常，其衆僅不焚殺，而淫掠如故，罹毒益甚，百姓吞聲。有司承撫臣意，莫敢告，而寇患成矣。

楊鶴，號無山，湖廣武陵人。

128 劉懋言秦寇

六月，給事劉懋上言：「秦之流賊，卽延慶之兵丁、土賊也。邊賊倚土寇爲鄉導，土寇倚邊賊爲羽翼。始數不多，至近年荒旱頻仍，愚民影附，賊勢始大。當事以不練之兵勦之，不克，又議撫之。其勦也，所斬獲皆饑民，而真賊飽颺以去；其撫也，非不稱降，聚衆無食，仍出刼掠，名降而實非降也。」

129 劇賊神一元

十二月己巳朔，劇賊神一元等破新安縣。初九日丁丑，破寧塞縣，據其城。十三辛巳，引西人四千騎入寇，陷樹澗及保安諸城。至明年正月，副總兵張應昌擊敗之，一元死，弟一魁領其衆。

保安縣屬陝之延安府。新安縣屬豫之河南府。

130 清兵

春，清兵入永平府。二月，至建昌。五月，復還永平。

永平府屬北直，即商之孤竹國也。

131 徐孝婦剖肝進姑

孝婦，湖廣漢陽人，幼字村民汪卷。卷固貧窶，爲人傭，母鄧耄矣。婦歸卷，晝耕暮織，其事姑，雞豚蔬菜未嘗匱乏。崇禎己巳、庚午間，大饑疫，婦與卷乞食，食無從乞；鬻身，身無從鬻。鄧且病，垂斃，偶思猪肝，婦匍匐往市，跪求屠者，屠不與，曰：「既無錢，勿望肝也。」婦不得已，泣歸。念猪肝不可得，人肝、猪肝味或同，萬一人肝可醫吾姑，姑生而我死，死何惜！遂夜半自引刀剖其脅，凡三剖，肝不出。將更舉刀，忽見白衣嫗，謂：「汝不得用刀法，刀宜横，不宜直。」婦從之，奏刀砉然，肝果出，乃爲湯以進姑，姑頓愈。當爲湯時，婦全不覺。踰時，創甚，婦昏聵，復見白衣嫗者謂：「汝無慮，我起汝。」婦果霍然。越數年，姑壽終，婦砌土結草廬姑墓，一羹一茗必躬捧奠墓前。墓在山僻處，風雨晦冥，烟霧四塞，山鬼號呼，蛇豕横突，婦無懼意，日擔薪汲水爲常。或助以衣食者，謝不受，曰：「勞苦凍餓，不過死耳，我自割肝時死矣。爲姑活，今死墓，早晚不論也。」漢陽令楊四知稔其事，奏記上臺，爲請旌于朝。

余讀彤史遺編，見割耳斷臂，詎婦人無俠氣？然瑶池冰雪，或甘心伉儷，而未必矢念萱庭；號江負屍，詎女子無孝行？然抱石懷沙，或結念毛裏，而未必篤情姑嫜；刲股祝髮，詎兒婦忘高堂？然毁容傷體，或抱痛肢節，而未必盡關生死。獨婦一念篤至，九死不回，冒白刃而如雪，比剖心以同休，洵奇孝，亦至孝也！可以傳矣。

明季北略卷之七

崇禎四年辛未

132 黄道周疏

黄道周，號石齋，福建鎮海人。天啟壬戌進士，授庶吉士，歷侍讀學士。有遵旨明切具奏疏，其畧曰：「臣觀邇年以來，諸臣所目營心計，無一實爲朝廷者，其用人行事，不過推求報復而已。自庚午春月以來，盛談邊疆，實非爲陛下之邊疆，不過爲逆黨而翻邊疆，使諸芟鋤逆黨者，無端而陷邊疆之内，至于邊疆之要塞利害，進退取舍，實無一言及之。自辛未春月而後，盛言科場，實非爲陛下之科場，不過爲仇隙而翻科場，使諸素無仇隙者，無端而陷科場之内，至于科場之源流清濁，屈折難易，實無一言及之。」

又云：「臣觀萬曆末年林下諸臣，如鄒元標、趙南星等二十餘人，廢棄廿年，釀成門户之禍。今又無故取諸縉紳，稍有意識者舉網投阱，而緩急何所得半士之資！凡絶餌而去者必非鰌魚，戀棧而來者必非駿馬。以利禄豢士，則所豢者必市利之臣；以箠楚驅人，則就驅者必駑駘之骨。今諸臣之才具心術，陛下備知之矣。知其爲小人，而又以小人驕之，則小人之焰益張；知其爲君子，而又以小人參之，則君子之功不立。天下總此人材，不在廊廟，必在林藪。臣所常知識者，有和州馬如蛟、公安毛羽健、聞喜任贊化，皆倜儻有氣骨，則皆蒙譴去矣；所習聞者，青澗惠世揚、吉水李邦華，百鍊餘鋼，名滿天下，臣又未嘗領其丰采。鄢陵梁廷棟，膽決機警，筆力方新，自當需爲異日之用。其在仕籍者，有新建徐良彦，爲南大理卿；豫章曾櫻，爲福建參政；金華朱大典，爲天津兵備；紹興陸夢龍，爲籓司起復；武進鄭嘉生，爲陝西參籓，皆卓犖駿偉，使當一面，必有可觀。陛下必欲振作人材，當敦尚風節，表章仁義，勿使猥瑣小人挫辱文章廉隅之士。昔太祖品隲人材，以執古而不知變者爲最下，蓋指諸庸碌學究而言，非謂崇尚聖賢、規模先正之士也。」

鄒元標，號南皋，江西吉水人。萬曆丁丑進士。疏張居正奪情，上怒，杖一百，謫貴州衛。已而擢給事中，忤時去。天啟改元，起刑部侍郎，陞都御史，與馮從吾建首善書院。科臣朱童蒙等疏之，元標乞休去，魏璫矯制削職。居無何，卒。崇禎初，贈太子太保，謚忠介。趙南星，字夢白，號儕鶴。直隸高邑人。萬曆甲戌進士。張居正没，起歷文選考功。癸巳，主大計，時静坐篝燈，精心參酌，有蟲巢于耳，繭成而不自覺。光宗立，累遷司空，晉冢宰。與魏廣微、崔呈秀不合，乃歸。已而行撫按鞫訊，坐賕一萬五千，謫戍代州。年餘，思廟立，賜赦，撫臣牟志夔留滯。踰三月，卒戍所。戊辰，贈太子太保，謚忠毅。任贊化，字參之，聞喜人。天啟壬戌進士，戊辰，選貴州御史。疏劾温體仁居鄉居官種種不法，廷辯侃侃，上怒，謫河南布政司炤磨，累遷陝西參政。歸，卒于家。

十一月，時黄道周以救錢龍錫謫外，中允倪元璐上言：「黄道周既以謇諤承貶，劉宗周又以骯髒投閒，天下本無人，得其人又不能用，誰爲陛下奮其忠良者？」上不聽。

133 吴執御論周延儒

八月，御史吴執御論周延儒「攬權壅蔽，私其鄉人。塘報章奏，一字涉邊疆盜賊，輒借軍機密封下部，明畏廷臣摘發短長，他日敗可以揵聞，功可以罪案也。皇上見延儒摘發細事，近于明敏，抑知特借此以行其私乎！」上切責之。執御疏凡三上，俱留中。

執御此疏真延儒之藥石。

134 張彝憲總理錢糧

九月，命太監張彝憲總理户、工二部錢糧。初，上既罷諸内臣，外事悉委督撫。然上英察，輒以法隨之，多不稱任使。二年，清兵南下，京師戒嚴，乃復以内臣視行營。自是啣憲四出，動以上官威倨，加干庶司，羣相壅蔽矣。

135 吴甡賑撫

正月己亥，命御史吴甡賫金賑陝西飢荒，招撫流盜。諭曰：「陝西屢報飢荒，小民失業，甚者迫而從賊，自罹鋒刃，誰非赤子，顛連若斯！今特發十萬金，命御史前去的被災處，次第賑給。仍曉諭愚民，即或脅入賊黨，若肯歸正，即爲良民，嘉與維新，一體收恤。」四月，吴甡西行，至延長，寇聚城下，諭以禍福，分賑之，賊各解散。游賊聞之，皆回受賑。撫賊七千有奇。

136 楊鶴受降

二月，賊圍慶陽，總督楊鶴在邠、乾，不即援。及三月，張應昌等始援之，賊圍解。初九日癸未，賊帥孫繼業等來降，鶴受之。四月十六日己未，賊神一魁降于鶴，鶴責數其罪，俱伏謝。一魁有戰騎五千，鶴侈其事，上言乞賜一二萬金賑濟，又止巡撫練國事北征。商、雒賊亦求撫于國事，從之。五月二十七日庚子，賊滿天星降于鶴，鶴選其驍勇置營中，散其黨萬二千人，卽命其魁分勒回籍。未數月，皆畔去。二十九壬寅，賊自合水、保安逃出，攻中部，降丁內應，城陷。七月，賊首上天龍、馬老虎、獨行狼復掠鄜州，鶴與王承恩等擊破之，上天龍以二千人降。給事中孟國祥、曹履泰，各奏撫賊欺飾之弊。批云：編年：「黃履泰。」是月癸未，逮鶴下刑部獄，論戍，以主撫被欺也。初，上以鶴力主撫議，縱賊殃民，實爲首禍，必欲誅之，緣欲用其子嗣昌，故貰其死。八月，神一魁復叛，據寧塞，官兵攻圍之，其黨黃友才斬一魁以獻。未幾，友才復叛而遁。

慶陽府屬陝西。汾州、乾州屬西安府。合水縣屬慶陽。中部縣屬延安府。

137 賊分三十六營

先是三年正月，賊帥王嘉胤陷府谷縣。四年正月十六日庚寅，又掠華園溝，副總兵曹文詔擊却之。

及六月朔癸卯，文詔擊斬嘉胤于陽城，其黨復推王自用爲首，號曰紫金梁，其黨自相名目，有老狪狪、八金剛、闖王、闖將、八大王、掃地王、闖塌天、破甲錐、邢紅狼、亂世王、混天王、顯道神、鄉里人、活地草等，分爲三十六營。

138 洪承疇巡撫延綏

洪承疇，字亨九，福建泉州府晉江縣人。萬曆丙辰進士。年二十三，督學浙江，擢陝西參政。庚午，巡撫延綏。辛未四月二十四日丁卯，承疇令守備賀人龍勞降者酒，降者入謝，伏兵斬三百二十人。降賊不沾泥擁衆脅賞，復攻米脂。總兵王承恩、侯拱極率兵至葭州，承疇與副總張應昌亦至，連戰，始遁，追至西川，斬三百餘級，賊溺死無算。不沾泥懼，率百騎逃闞山嶺，都司馬科等追之，盡殲其騎，不沾泥乃降，殺賊目雙翅虎、縛柴金龍以自贖。

七月十五日丁亥，曹文詔合督撫四鎮之兵擊賊，連敗之，賊奔東北，延安、慶安千里内暫安。葭州屬延安府。一云承疇泉州南安縣人。

139 山西竇莊

七月二十二日甲午，賊趙四兒率六千餘人東渡山西，入沁水縣。縣東北有竇莊，係故忠烈銓里居。先是，銓父尚書五典謂海内將亂，築牆爲堡，甚堅。至是賊犯竇莊，五典、銓已死，銓子道濬、道澤俱官京師，惟銓妻霍氏守舍。衆議棄堡避去，霍氏語其少子道隆曰：「避賊而出，家不保；出而遇賊，身更不免。等死耳，死于家不猶愈死于野乎？且我堅守，賊必不得志。」乃躬率僮僕爲守禦。賊至，環攻之，堡中矢石並發，賊傷甚衆。越四日，乃退。其避山谷者，多遇賊淫殺，惟張氏宗族得全。冀北兵備王肇生表其堡曰「夫人城」。

沁水縣屬汾州府。

140 洪承疇擒趙四兒

八月初二日癸卯，總兵賀虎臣擊斬賊首劉六等，西路漸平。壬辰，命洪承疇總督陝西三邊，張福臻巡撫延綏。承疇擊賊趙四兒，擒之。趙四兒，一名點燈子，起青澗、綏德，奔突延、西間，往來秦、晉，沿河郡縣多苦之，至是伏誅，平陽稍安。其黨黑煞神起，又有過天星、蝎子塊等據中部，官軍攻圍，兩月不下。十月，曹文詔及張福臻兵俱至，克之。

青澗縣、綏德州俱屬延安府。

141 吴甡奏官賊之謠

先是，陝西巡撫李應期言秦賊旋撫旋叛，上命吴甡確查。至是，甡報聞曰：「延、慶地亘數千里，土瘠民窮，連歲旱荒，盜賊蜂起，脅從甚衆，幾于無民。近官軍南剿，賊望風潛逃，相繼招安，滿天星降于榆林，餘賊遂徙而北。降者雖散回原籍，仍復刼掠，于是有官賊之謡，而人人致恨于招撫之失事。點燈子衆五六千在青澗，旋撫旋叛。慶陽施臨庵、劉六等亦嘗受撫，今攻陷中部者皆其衆也。又降賊獨頭虎，見大兵之來，已出韓城，潼關道臣胡其俊猶追送贐錢九十萬，賊復横索，一一給之惟謹。要挾重貲之説，有自來矣。爲今之計，集兵合勦，殲其渠而餘衆自破，明賞罰而士氣自鼓，秦事猶可爲也。」

上書擒趙四兒、劉六，而此奏其復叛者，蓋疏出而賊擒也。

韓城、華陰二縣俱屬西安。潼關屬華陰。

142 趙大胤斬婦人首

賊獨頭虎五部恣掠，副總兵趙大胤在韓城，去賊營二十里，不敢出戰，士人强之出，報斬五千級，驗之，則率婦人首也。給事魏呈潤劾大胤，落職。

143 譚雄陷安塞

十月，陝西賊陷宜川。十一月初七日丙子，陝賊譚雄陷安塞，襲掠一空，仍乞撫。閏十一月，王承恩斬之。

宜川、安塞二縣俱屬延安。

144 混天猴陷甘泉

初，六月二十三日辛酉，鄜州賊混天猴等謀襲靖邊，張應昌敗之。二十五癸亥，混天猴、獨行狼等自甘泉犯合水，承疇率兵擊，大敗之，混天猴等乞降。至十一月，混天猴勾盜陷甘泉，刼餉銀十萬八千兩，殺知縣郭永圖，河西兵備張允登戰死。十二月，陷宜君，又陷葭州，兵備僉事郭景嵩死之。二十六日甲午，寧遠總兵孫顯與賊六戰，俱捷。

鄜州與甘泉、宜君二縣俱屬延安。合水縣屬慶陽府。寧遠縣屬鞏昌府。

145 張獻忠起

獻忠，榆林人，幼有奇力，兩眉竦竪而長，面有微麻，遍體生毛，天性好殺，不耐久静。初從塾師，與同舍生訌，一拳撲殺之，家貲數千金，一時俱盡。父大怒，逐之，飄泊異鄉，或異其貌，問之，知文而勇，收以爲子，與之延師。復與同學者争，更毆死兩生，逸去。聞老狪狪馬守應等起兵，遂往投軍。守應一見奇之，初爲小卒，號爲「黄虎」。已而屢立戰功，有黨五百人，陝撫猶輕之，曰：「此小賊耳，不足煩大兵。」俄聚徒千人，後遂有衆，由是横不可制。十三寨賊目以其强暴屢奪寶物，與之相軋，獻忠亦不欲受制于人，即分兵立營，自爲一軍，號西營八大王，屢破郡邑。及崇禎四年十月，率衆二千人，就撫于總督洪承疇。至次年三月，復叛去。一云：獻忠，秦人。獻忠，陝西膚施縣人，隸延安衛籍。貌長而瘦，與自成同年生。受降後自號張敬軒。

146 清兵

六月，清兵大舉圍大凌河城，巡撫丘禾嘉遇于長山，敗績。

147 誌異

三月初八日壬午，大風霾。五月，大同、襄垣等縣雨雹，〔一〕大如臥牛，如石，且徑丈；小如拳，斃人畜甚衆。六月初八日庚戌，臨潁縣雷風，忽風霾，傾樓拔木。磚瓦磁器，翔空落地無恙，鐵者皆碎。山東、徐州大水。

霾，風而雨土也，晦也，如物塵晦之色也；雹，雨冰也，盛陽雨水温暖，陰氣脇之不相入，則轉而爲雹。風霾雨雹，總是陰晦慘塞之象，而雹大且徑丈，尤史書不經見者。至于磁瓦無恙，鐵者皆碎，則又屈子所云「黄鐘毁棄，瓦釜雷鳴」之謂也，天蓋明示以玉碎瓦全之意乎？是時賤者得志，貴者淪亡，兆于此矣。予每于卷末以誌異附之者，知天變人亂亦會當刼運耳。

大同府屬山西，襄垣縣屬山西潞安府。臨潁屬河南之開封府。

〔校記〕

〔一〕「襄垣」原作「宣垣」，據篇末注文改。

148 張真人請雪

是歲六月，真人在京師，上欲試其術，使之請雪。真人遂于初七日登壇祈請，令諸法官作事。及十二日，雪果下，凡求五日也。庚戌九月十九日，江西法師董言元述。

明季北略卷之八

崇禎五年壬申

149 元旦異雪

元旦雪，積旬，厚至四五尺，飛簷邃閣有巨人面形，鬚眉畢具，及人馬交馳跡。識者占兵戈之象焉。出邑録。

150 賊流秦晉

正月朔己亥，大風霾。延綏賊僞爲米商，入宜君，陷之，復陷保安、合水。流入山西者陷蒲州、永寧，大掠四出。山西巡按羅世錦歸咎于秦，謂「以鄰爲壑」。給事中裴君錫，晉人也，上言請責成秦之撫鎮驅之回秦，而後再議勦撫。當事無識如此。

昔米元章爲令，邑有蝗，百姓驅之出境。隣令怒其害己，元章移牒戲曰：「敝邑既能驅去，貴縣何不驅來？」讀之噴飯。世錦之愚，與鄰令何異？王新建既擒寧王，而武宗始至，羣小倖功，欲縱之復戰，是以兵爲戲矣。君錫之見，亦猶是也。謀國如此，賊安得不恣乎？

保安縣屬延安。蒲州屬平陽。永寧州屬汾州府。

151 洪曹破賊

正月，洪承疇、曹文詔擊敗賊于槐安堡。郝臨菴、可天飛爲官軍所敗，獨行狼逃入其伍，耕牧鐵角城，爲持久計。承疇、文詔擊破之，斬可天飛，其二賊亦生得就誅。文詔忠勇善戰，承疇與下同甘苦，得士卒心，轉戰四載，斬級三萬，西人稍稍休息，然亦憊甚矣。

152 西澳之捷

正月，寧塞逸賊合環、慶諸寇，屯鎮原之蒲河，欲犯平原，走鳳翔、漢中。陝撫練國事、總兵董志義遣兵各守要害，賊遂不敢出。既而洪承疇從鄜州間道至，曹文詔以臨洮兵至，賀虎臣兵亦至，會于西澳，各夾擊賊，大小十餘戰，追奔數十里，斬首千餘級，傷墜無算，而寧塞之寇盡矣。惟渾天猴等尚據襄樂，練國事遂移鎮寧州。時以西澳之捷爲用兵來第一。

環縣屬慶陽府。鎮原縣屬平凉府。鳳翔、漢中、臨洮三府俱屬秦地。

153 馬鳴世論三秦

正月，陝西原任通政使馬鳴世上言：「三秦爲海内上游，延安、慶陽爲關中屏籓，榆林又爲延、慶屏籓。無榆林必無延、慶，無延、慶必無關中矣。乃自盜發以來，破城屠野，四載于兹。良以盜衆我寡，盜飽我飢，内鮮及時之餉，外乏應手之援。揆厥所由，緣廟堂之上以延、慶視延、慶，未嘗以全秦視延、慶；以秦視秦，未嘗以天下安危視秦，而且誤視此流賊爲飢民，至令勢焰燎原，莫可撲滅。若非亟增大兵，措大餉，爲一勞永逸之計，恐官軍鶩于東，賊馳于西，師老財匱，揭竿莫禦，天下事尚忍言哉！」

後十年，自成定三秦，蹂燕、趙，而天下隨之。馬生之言，若操左券。

馬鳴世，號岫旭，武功人。萬曆丙辰進士，除洪洞知縣，清廉慈惠，士民尸祝之。以治行高等，徵拜御史。天啟甲子，巡按山東，再視京營，以忤璫削職，歸。崇禎戊辰，起原官，疏論「家臣王永光爲逆璫餘孽，薦用高捷、史𡌴兩邪臣。夫𡌴、捷爲霍維華等遺黨」云云。尋陞順天府丞，遷通政。壬申，陞操江副都御史。乙亥，陞右都御史。歸里居，久之卒。

154　高迎祥諸賊

二月，寧塞逋賊復熾。二十二日庚寅，賊夜入鄜州，兵備僉事郭應響死之。三月二十五日壬戌，陝賊陷華亭，知縣徐兆麒赴任纔七日，逮至，竟坐棄市，上頗心惻，温體仁不爲救，人皆寃之。批云：編年云，「六年十月論囚，上素服御建極殿，召閣臣商榷，温體仁竟無所平反」云云。然則失事在五年，而棄市則在六年也。四月，湖廣流寇自興國入江西泰和、吉安等處。張獻忠復隨賊首高迎祥、王自用等，寇山西諸郡縣。七月，山西賊陷大寧。八月，曹文詔擊賊甘泉，敗之。九月，山西賊破臨縣，賊魁豹五等據其城。又陷修武，殺知縣劉鳳翔，焚掠武陟、輝縣，遂圍懷慶。上以籓封重地，切責河南巡撫樊尚燝殺賊自贖。十月，詔副總兵左良玉將兵二千五百人援懷慶。

華亭縣屬陝平凉府。大寧縣屬平陽府。臨縣屬太原府。修武、武陟二縣屬河南懷慶府。輝縣屬河南衛輝府。興國縣屬贛州府。泰和縣屬吉安府。

155 高弘圖削籍

三月，工部右侍郎高弘圖上言："臣部有公署，中則尚書，旁列侍郎，禮也。內臣張彝憲奉總理兩部之命，儼臨其上，不亦辱朝廷而褻國體乎！臣之爲侍郎也，貳尚書，非貳內臣也。國家大體，不容不慎，故僅以川堂相賓主，而公座毋寧已之，雖大拂彝憲意，臣不顧也。且總理公署奉命別建，則在臣部者宜還之臣部，豈不名正言順而內外平！"上以軍興餉事重，應到部驗核，不聽。弘圖遂引疾求去，疏七上，竟削籍。

七月，以司禮監太監曹化淳提督京營。

156 周鑣論用內臣

十二月，南禮主事周鑣上言："內臣用易而去難，此從來之通患。然不能遽去，猶冀有以裁抑之。今張彝憲用，而高弘圖之骨鯁不可容矣；金鉉之撫蘆，雖幸免罪，以他事中之矣。王坤用，而魏呈潤以救胡良機處矣；趙良曦以直糾扶同處矣。鄧希詔用，而曹文衡以互結投閒矣；王弘祖以禮數苛斥矣。若夫孫肇興之激直，李曰輔、熊開元之慷慨，無不罷斥。尤可歎者，每讀邸報，半屬内侍之温綸。從此以後，草菅臣子，褻褻天言，衹狥中貴之心，將不知所極矣！」上怒其切直，削籍。禮部員外郎袁繼咸疏救之，不聽。

以司禮監右少監劉芳譽提督九門。

157 皇子生

四月庚辰，皇三子慈炯生。九年八月，皇五子慈焕生。十二年三月，皇子慈熿生。十三年八月辛亥，皇七子慈炤生；十五年三月，封永王。

158 孔有德陷登州

初，崇禎四年六月乙酉，孔有德攻青州。庚寅，攻登州。五年正月初二日庚子，張可大令副總兵張燾等與有德戰，燾兵忽戴紅巾，反兵擊諸軍，可大兵殲焉，游擊陳良謨等死之。初三日辛丑，登州城陷。十三日辛亥，有德破黄縣。十七日乙卯，以徐從治巡撫山東，謝璉巡撫登、萊。四月十七日癸未，有德攻萊城，徐從治砲傷，卒。六月癸卯，有德殺萊州知府朱萬年。九月十四日己酉，有德復入登州城，官軍圍之。十一月，有德出戰，敗走。十二月初三日丙寅，有德航海至黄縣，及明年四月，自蓋州歸于大清。

黄縣屬山東登州府。

159 賊首名號

是歲，登、萊兵變，因調關、寧兵馬步二萬討平之。朝議欲乘戰勝精甲，渡河進剿。兵部尚書張鳳翼家本山西，慮其驅賊入晉也，阻之，盡放遼兵出關，賊遂得渡河而南，因入豫、入楚、入安、廬。賊首之有名號者，在秦則稱紫金梁（王和尚）、滿天星、蝎子塊、老狪狪、一字王（劉小山）、邢管隊、領兵王、整齊王、闖塌天（劉姓）、過天星（張五）、南營八大王、八爪龍（徐姓）、西營八大王（張獻忠）、二隊八大王、不沾泥、混世王、曹操、亂世王、八隊闖將（張姓）、張飛、九條龍、五條龍、賀雙全、高總管等二十四家，晉、豫則稱英王、王鎮虎、朱温、趙令軍、過天星、吴計、郝光、混天星、荆聯子、過江王、混世王、大膽王、征西王、福壽王、齊天王、密靈王、閻和尚、上天龍、出獵雁、黑心虎、樓山虎、新一字王、北營八大王、混天王、上天王、領兵王、閻王老邢、四隊、六隊、八隊、闖塌天、順義王等三十二營，各擁衆數萬，少者萬計，蹂躪直省無虚日。時李自成方依闖王高氏，與劉良佐自結一隊，號闖將，名不大著。

160 百官進馬

十二月，令百官進馬，三品以上各貢一匹，餘合進，俱納于御馬監。實賫金貿之本監也，否則，雖駿驥亦却之。

161 誌異

四月三十日丁酉夜，江寧地震。九月，西安縣雨穀，其粒長于常稻，差黝黑。十二月二十五日黎明，無錫白霧蔽空，飛雪如霰，着樹木悉成花朵及瓔珞、刀劍之狀。

明季北略卷之九

崇禎六年癸酉

162 周延儒罷相

先是，元年三月，周延儒爲禮部右侍郎。二年十二月，入閣辦事。至是正月，爲宣府閱視太監王坤所劾，因上疏乞罷，不允。左副都御史王志道上言：「王坤内臣，不宜侵輔臣。」上詔羣臣于平臺，謂志道曰：「遣用内臣，原非得已，朕言甚明，何議論之多也！昨王坤之疏，朕已責其誣妄，乃廷臣舉劾，莫不牽引内臣，豈處分各官，皆爲内臣耶？」志道奏曰：「王坤直劾輔臣，舉朝皇皇，爲紀綱法度之憂。臣爲法度惜，非爲諸臣地也。」上曰：「廷臣於國家大計不之言，惟因内臣在鎮不利奸弊，乃借王坤疏要挾朝廷，誠巧佞也！」因詰志道者再。延儒曰：「志道非專論内臣，實責臣等溺職。」上色稍霽，曰：「職掌不修，沽名立論，何堪憲紀！」立命志道退。延儒遂放歸。

163 知推館員

二月，諭吏部：「舉潛修之士，科道不必專出考選館員，須先歷知推，垂爲法。」

先是，館員多選庶吉士，至是以時方多故，欲知郡邑利弊，而重知推，亦時事之一變也。

164 内官監紀

五月，諭兵部：「流寇蔓延，各路兵將功罪，應有監紀，特命太監陳大金、閻思印、謝文舉、孫茂霖爲内中軍，會各撫道分入曹文詔、左良玉諸營紀功過，催糧餉。仍發内帑四萬金、素紅蟒段四百匹，紅素千匹，軍前給賞。」

用内官爲監紀，即唐之魚朝恩觀軍容使也，其失甚矣。嗚乎！朝廷雖乏人，奈何使刑餘之人與知軍國重事哉？

165 山西賊

三月十五日丙午，山西兵擊賊于陽城北。時張道濬得罪家居，設伏于三纏凹，賊至，伏起，生擒滿天星。巡撫許鼎臣獻俘闕下，奏道濬功第一。四月五日丙寅，賊陷平順。二十四日乙酉，曹文詔敗賊于陽城。五月二十九日庚申，文詔襲賊于偏店，賊盡南奔，諸將會兵逐之，奪馬騾數千，賊自邯鄲南走。六月，賊陷和順。七月六日丙申，陷樂平。十一日辛丑，陷永和，旋陷沁水。十月，賊至寧晉，尋據五臺山，其中薪儲皆具，險阻足守，官兵不敢擊。

平順縣屬潞安府。陽城、沁水二縣屬澤州。邯鄲縣屬北直廣平府。和順縣屬遼州。樂平、五臺二縣屬太原。永和縣屬平陽府。

166 河南諸賊

賊在河南，沿山州縣無處不到。正月十五日丁未，左良玉敗賊于陟縣之西，斬其渠賊，望其旗幟皆靡。然賊勢尚熾，謀犯河南，副將芮琦戰死武安。二月，賊踞林縣，山中飢民相望而起。良玉敗績于武安，兵七千，先後失亡殆盡，中軍曹鳴鶚陷没趙寨，河南賊益熾，長驅保定，兵備盧象昇禦却之。三月，詔總兵鄧玘將川兵二千，益以土司馬鳳儀兵，馳赴河南。未幾，鳳儀敗歿。賊入清化，游擊越效忠登屋擊賊，墮地死。游擊陶希謙在武安，出禦賊硯水，日暮移營，賊乘之，落塹死。左良玉馳救清化，賊方去。復馳武安，勝之于三井，獲賊首小秦王。曹文詔自晉來援陟，勝于毛嶺。四月，河西賊自輝縣入清化鎮，所在守將敗没。部臣以河南不塞太行之險，揖盜使入，撫臣不得無罪。五月，河北賊陷陟縣，賊盡至磁州，衆十餘萬，長可五六十里。總兵鄧玘與良玉會兵彭城，尾至林縣之清池、柳泉，擊敗之，殲其尖騎九天聖等八十一人。其分股犯衛輝者，巡撫玄嘿自乘城以却之。六月，川兵潰于林縣，潞王告急。辛酉，左良玉破賊于懷慶，賊盡奔太行山。參將湯九州領昌平兵至豫，時賊爲鄧、左、周爾敬三家兵所追，方從林走輝，九州自陟來林，鬪賊之中堅，勝于馬鞍山，斬賊首混天王。賊從林奔懷、濟，鄧、左追擊，大敗之。賊奔潰，沿河從温、孟至武陟，遂入山，復回林縣。時湯九州駐兵水冶，居安、林、磁、武四邑之要路。七月，賊屯彰德，復以閻思印同總兵張應昌合剿，汾陽知縣費甲鏸，以供應逼迫，投井死。

八月，有陽邑鎮、科泉、清凉山、九龍山、王凱寨、原康村、湖南七捷，斬獲賊目混天猴等，湯九州功居多。左良玉有河村、柿黄山、八特三捷，俘斬新立一字王、殺盡王等。周爾敬有都里、馬鞍山二捷。是月，京營副將倪寵、王樸以禁旅六千至彰德。九月，有原康、罾底、陟縣三捷，斬獲飛天聖等，兵勢大振。賊棄妻子走，北奔五臺山，既而復回，京營尾于後，湯、左扼于前，京營勝之于亢候、石坡、牛尾，湯兵勝之于青店、沙岡，賊勢窮迫。十一月，賀雙全、新虎等因京營乞降，然焚掠如故。湯九州在林縣連戰三日，勝于兩垈口，再勝于安陽夏村，又勝于旁坐寨、清凉山，共擒斬四百餘級。左良玉勝之于早生，斬二百級。晉兵曹變蛟亦勝之于陟縣。守備許志忠、孔道興等併力進剿。賊前隊已連夜走濟源、垣曲，遂以二十四日乘冰渡河而南。批云："一云十月初八丁卯，山西、河北諸賊乘冰渡河而南。"二十六日破澠池，十二月朔己未破伊陽，初二庚申又破盧氏。賊渡河後，殺掠更慘。初止左帥一軍尾後，雖有盧氏、銀洞溝、刃環川、柳泉之捷，而賊衆四掠，雒陽、新安、陝州、靈寶、閿鄉、盧氏、永寧、汝州、魯山、葉縣、舞陽、遂平、確山、信陽、南陽、裕州、泌陽、桐柏、淅川、新野、内鄉等州縣，賊無不至。十二月十九日，賊至郾城，勢逼開、歸，會日暮雨雪，巡撫玄嘿起湯九州于床，曰："事急矣！宜乘夜襲之。"即晚勝之于吴城鎮，追殺六十里，殺賊盈野，斬四百餘級。明日，又追及于横山鎮，斬六百餘級，皆殺賊强壯。二十日，批云："二十日戊寅，賊犯南陽。"左帥有保安之捷，有趙莊之捷，又有平上關、黑山之捷。至七年甲戌正月初一日，巡按劉令譽督京營，有牛蹄涔之捷，出其不意，斬級踰千。得此三路大捷，賊始狼狽走楚，河南乃寧。蓋賊最畏曹文詔，其標將曹變蛟更驍勇，時爲之謡曰："軍中有一曹，流賊聞之心膽摇。"次左良玉、湯九州。若京營兵，賊甚輕之。

是年三月，蜀賊寇百丈關，官軍敗没。九月己亥，張應昌敗賊于平山，獲賊首張有義，即一盞燈也。

磁州、林縣、涉縣、武安縣俱屬彰德府。輝縣屬衛輝府。濟源縣屬懷慶府。陝州，洛陽、永寧、新安、靈寶、閿鄉、盧氏、澠池七縣，屬河南府。魯山、伊陽二縣屬汝州。裕州、葉縣、南陽、沁陽、桐柏、内鄉、新野、舞陽、淅川屬南陽府。信陽州，遂平、確山二縣，屬汝寧府。郾城縣屬開封府。平山縣屬北直真定府。

167 賊犯湖廣

十二月二十二日庚申，賊假進香客犯鄖西。二十五日癸巳，陷上津。

鄖西、上津二縣屬楚鄖陽府。

168 鄧祖禹駡賊 有附記

鄧祖禹，字又玄，湖廣蘄水人。習騎射，中萬曆己未武進士，選瀋陽守備。未幾，清兵至，祖禹馳入陣，多格殺，中矢墜地，將死，夜半乃甦，呼城入，負矢如蝟，創甚，遂告歸。尋起宣府守備。崇禎初，京城困，申甫全軍皆没，祖禹提兵遇于蘆溝橋，殊死戰，勢稍卻。晉涿州副總兵。流賊亂，移鎮黄、德，尋守孝感。忽報應城破，巡撫檄往援，所携止七百人。比至，寂然，甫入城相度，賊四面掩至，圍數重。祖禹破圍，退保西門外，顧左右曰：「吾受國厚恩，誼當血戰以報皇上。突圍得出，幸也，不則，以死繼之，復何言！」圍堅不得出，遂被執。賊素敬祖禹，解其縛，治酒安上坐，且羅拜曰：「須公爲我作一主盟。」祖禹曰：「朝廷福大，諸賊何敢如此！」賊請之至再，祖禹罵益厲，曰：「若此，須換郤心肝。」張獻忠怒曰：「換郤汝心肝，亦不難也。」遂呼衆曳出，縛大樹上，剖心刳肝，殺之。

附記

高迎祥距楚九十里安營，楚都督鄧祖禹率總戎張全昌、副將楊世恩、先鋒鄧天河、參將李文雲、游擊朱世盛、坐營王可貞、把總鄭新泰、千户金得功、百户馮迎勝、哨官畢烈英等，以五千人進，追殺二十里。迎祥將遁，馬守應曰：「再戰不勝，走未晚也。」遂率衆與鄧天河戰，守應被鞭走，天河傳令發七砲，擊傷甚衆，驅兵追逐。迎祥大懼，羅汝才舉刀砍天河，天河挺鎗迎戰，汝才佯走，天河逐之，汝才密取箭射中眉心，天河墜馬，被賊斬首去。祖禹歎曰：「吾子勇冠三軍，今乃爲國傾生，惜哉！」復督張全昌進，兵止千人，與賊將過天曉遇，卽敗。更遣楊世恩統兵禦之，不戰而走，爲滿天星追獲，亦降。祖禹怒，親率衆出，忽風雪大作，士卒寒慄，火藥盡濕，祖禹仰首歎曰：「天何困英雄若此！」遂冒雪突前。混世王被鐵簡擊回，劉國能劍傷左足而敗，整世王復擊背走，迎祥大駭，悉衆出戰，遥謂祖禹曰：「倘將軍不鄙，願求爲帥，幸尊裁之。」祖禹大怒曰：「逆天叛賊，敢胡論耶！吾忠心報國，特來剿汝。」于是朱世盛、李文雲七將出戰，賊營混天王、掃地王等九人圍之，搏戰良久，賊衆突進，八將被擒。迎祥親釋祖禹縛，羅拜曰：「誤犯尊顔，望乞恕罪，願將軍爲總主，萬勿過辭。」祖禹罵曰：「吾赤心報國忠臣，豈負聖主投賊乎？」迎祥再三諭之，祖禹罵不絶口。迎祥大怒，叱左右縛之，且曰：「取他心來，看果赤否？」祖禹出，歎曰：「妻子已矣，所恨老母不得見耳。然自古忠臣爲國忘家，莫不如此，予亦何憾！」須臾，剖心獻上，迎祥見之，亦歎曰：「真忠臣也！」命瘞之。餘七將俱被殺，士衆悉降，收總兵汪見國，擒德安府應城縣令張紹登。紹登手指賊大罵，賊怒，磔之，一時義焉。既殺紹登，縱兵肆掠。

前出正録，謂獻忠殺祖禹。此出野編，謂迎祥殺祖禹。雖所載稍殊，而剖心則一，況高、張俱賊魁也。

169 陳奇瑜威著關陝

八月二十八日丁亥，陝西賊攻隆德，殺知縣費彦芳。分守固原參政陸夢龍，戰于綏德城下，死之。十二月二十七日丙戌，賊陷鎮安。時秦賊既盡入晉，流突畿輔、河南，至數十萬。而延綏賊首鑚天嘯、開山斧獨據永寧關，前阻山險，下臨黄河，負固數年不下。延綏巡撫陳奇瑜謀取之，乃陽傳總制檄發兵，簡衆七千人抵延州，因潛師疾走入山，賊不虞大兵至，倉皇潰逸。焚其巢，縱擊，斬首千六百級，二賊死。分兵擊賊首一座城，斬之。延水賊悉平，奇瑜威名著關、陝。

隆德縣、固原州屬平涼府。綏德州屬延安府。鎮安縣屬西安府。

170 誌異

正月朔癸巳，大風霾，日生兩珥。二月癸亥朔，建昌軍家生豕，一首二身，八蹄二尾。六月，河南大旱，密縣民婦生旱魃，澆之，乃雨。八月，襄城縣莎雞數萬，自西北來。莎雞固沙漠產，今飛入塞內，占者以爲兵兆。十一月初八日丙申，辰，洮州衛地震。二十四日壬子，定遠堡龍洞内銅鼓有聲。甲寅，又有聲。先年奢寅敗，聲聞三日。崇禎二年有聲，東兵犯永。是歲，陝西、山西大饑。

六月二十四日大風，下午益烈，雨五六寸，水頓長三四尺，牆壁多倒，有壓死者。風聲如雷，大楊盡拔，門首橋板重三四百斤，飛起落河中。凡異風猛雨一晝夜，次日黎明始息，天色陰慘。予過橋南，見鵲多死田塍下，江湖河海間人死無算。靖江夜半江水泛溢入城，陷半壁，廿五辰時方退，城外人多死，通州、瓜州等處皆淹。自南都下至杭州，雖或無雨之處，而風俱甚大。六合縣無雨，而水亦長五六尺，松柏多拔。時予年十二，從家孟伯雄讀書廳左，聞風聲刮烈，頗懼。先君子歎曰：「歲其歉乎？」

昔康節先生于河南府天津橋聞杜鵑聲，即知南人作相，禽鳥固得氣之先者。今襄城爲開封屬邑，而莎雞飛入，地氣自東而南矣，殆清朝得夏之徵乎？當不止兵焉已也。

建昌府屬江西省。密縣屬河南開封府。

明季北略卷之十

崇禎七年甲戌

171 袁繼咸論謫言官

正月，謫給事中李世祺于外，以劾大學士温體仁、吴宗達也。山左提學袁繼咸上言曰：「養鳳欲鳴，養鷹欲擊，今鳴而箝其舌，擊而紲其羽。朝廷之於言官，何以異此！使言官括囊無咎，而大臣無一人議其後，大臣所甚利，忠臣所深憂，臣所爲太息也。且皇上樂聽讜言，而天下誤以攻彈大臣爲天子所厭聞，其勢將波靡不止也。」上以越職言事，切責之。

172 袁繼咸論拜内官

總理太監張彝憲請入覲官投册，以隆體統，許之。時二月也。袁繼咸上言曰：「士有廉恥，然後有風俗；有氣節，然後有事功。今諸臣未覲天子之光，先拜内臣之座，士大夫尚得有廉恥乎？逆璫方張時，義子、乾兒昏夜拜伏，猶以爲羞，今且白晝公庭，恬不知怪，所爲太息也！」上以越職言事，責之。張彝憲奏辯覲官參謁乃尊朝廷，繼咸復上言：「尊朝廷莫大于典例，知府見籓臬行屬禮，典例也。見内臣行屬禮，亦典例乎？諸司至京，投册吏部各官，典例也。先謁内臣亦典例乎？事本典例，雖坐受猶以爲安；事創彝憲，即長揖祇增其辱。高皇帝立法，内臣不得干外事。若必以内臣繩外臣，會典所不載。」上仍切責之。

173 信用内官

二月，監視登島太監魏相，以給事中莊鰲獻上太平十二策内，請撤監視，因求罷。上不允，因貶鰲獻于外。五月，陝西按察副使賀自鏡，奏監紀太監孫茂霖玩寇，宣府太監王坤奏：「監軍，紀功罪耳，追逐有將吏在。果如自鏡言，則地方官罪不在茂霖下矣。」上不問。六月，敍禁旅功，蔭太監曹化淳世襲錦衣衛千户，袁禮、楊朝進、盧志德各百户，以擊盜屢捷也。

174 諭罷監視太監

六月，罷各道監視太監，諭曰：「朕御極之初，撤還内鎮，舉天下悉以委之大小臣工。比者多營私，罔恤民艱，廉謹者又迂疏無通論。己巳之冬，京都被兵，宗社震恐，此士大夫負國家也。朕不得已，用成祖監理之例，分遣各鎮監視，添設兩部總理，雖一時權宜，亦欲諸臣自知引罪。今經制粗立，兵餉稍清，諸臣亦應知省，其將總理、監視等官，盡行撤回，以信朕之初心。惟關寧密邇外境，高起潛兼兩鎮暨内臣提督如故。」

175 倪元璐請撤監軍

十一月，侍讀倪元璐上言：「邊臣之請歸命監軍，無事稟成爲恭，寇至推委百出，陽以號于人曰：『吾不自由也。』陛下何不信賞必罰以持其後，而必使近習之人試之鋒鏑，又使藉口迄用無成哉？始陛下曰：『行之有績，即撤。』今行之無績，益宜撤。」不聽。

176 陳子壯與温體仁有隙

禮部右侍郎陳子壯，嘗謁大學士温體仁，體仁盛稱主上聖神，臣下不宜異同。子壯曰：「世宗皇帝最英明，然祔廟之議、勛戚之獄，當日臣工猶執持不已。皇上威嚴，有類世宗，而公之恩遇孰與張桂？但以將順而廢匡救，恐非善則歸君之意也。」體仁意沮，遂成嫌隙。

177 陳奇瑜總督五省

二月，進延綏巡撫陳奇瑜兵部右侍郎，總督陝西、山西、河南、湖廣、四川軍務，睬賊所向，隨方勦撫。先是，賊既蔓延秦、晉、楚、豫之郊，流突無定，廷議以爲各鎮撫事權不一，互相觀望，宜以重臣開督府，統攝諸道兵討賊。上允之。僉議洪承疇因陝西三邊所恃，未可輕易，故有奇瑜之命。

178 李自成降叛不常

洪承疇精韜鈐，率曹文詔、曹變蛟、賀人龍等，凡破賊于寧塞、於西安、於延北、於西濠、於莊浪，斬賊渠神一魁等，招降中斗星等，先後勦獲甚衆，由是張獻忠與延安賊李自成奔盩、鄠間。

六月，陳奇瑜圍自成于漢中車廂峽，會連雨四十日，弓矢俱脱，賊馬乏芻，死者過半，自成大窘，乃自縛乞降。奇瑜許之，各給免死牌籍。七月七日辛卯，賊至鳳翔，藉口奉督撫檄，安插城内。守臣知其詐，給以門不敢啓，須縋城上。先登三十六人，盡殺之，奇瑜因借爲辭，劾地方官紳撓僨撫局，命緹騎逮寶雞知縣李嘉彦、鳳翔鄉紳孫鵬等五十餘人下獄。

李自成陷澄城，圍郃陽，聞洪承疇兵至，解圍去，轉寇平凉、邠州。八月，自成陷威寧，殺知縣趙躋昌。官兵至，賊棄金帛餌官兵，竟西遁，屯乾州，招之不聽，復陷隴州。賊到處烏合，簡精壯爲前驅，收婦女老弱，急則用之餌官軍，故諸臣動稱斬馘報捷，賊勢實不減。

陳奇瑜報降賊一萬三千有奇。先是，衆賊爲洪承疇所逐，竄漢中。二月，陷興山。壬申，入瞿塘，陷夔州。三月，川兵敗賊于巴州，扼巴西諸險，賊不能度，且饑，無所得食，故乞降于奇瑜，凡數萬人。奇瑜專事招撫，受其降，檄諸部按甲無動，遣官監護降者，且檄所過郡邑，爲具糗糧傳送之。諸賊本無降意，又未大創，徒以饑疲，困于地險，不得逞。既度棧道，已出險，漸不受繩束，仍事殺掠，所至罷市。賊遂盡殺監視官五十員，攻陷麟遊、永壽，勢不可遏矣。此八月事。

閏八月，陳奇瑜至鳳縣。時賊益熾，北接慶陽，西至鞏昌，西北至邠州、長安，西南至盩厔、寶雞，衆殆二十萬。奇瑜始悔其見愚，急分兵出禦，而兵已寡矣。九月，賊陷靈臺、崇信、白水、涇州，復陷扶風。洪承疇遣總兵左光先等援隴州，賀人龍圍始解。十月，左光先擊自成于高陵、富平間，斬首四百餘級。自成佯求撫，真寧知縣王家永遽信之，出城招諭，失其印。甲寅，陝西巡按傅永淳上言：「漢南降賊陷城破邑，所在騷然，皆由奇瑜耑主招降，謂盜心已革，不許道途訊詰，故郡邑不敢問，開門揖盜，勦撫兩妨，皆奇瑜之流毒也。」山西巡撫吴甡亦言：「招安流盜，最宜慎重，彼狼子野心，勢難馴伏，況邊地窮荒，蕪居無食，僅曰免死，遂甘心易慮乎哉？」上以秦盜猖獗，逮巡撫練國事，命李喬巡撫陝西。十一月，削總督陳奇瑜職，聽勘。十二月，進洪承疇兵部尚書，總督河南、山西、陝西、湖廣、保定、真定等處軍務，其總督三邊如故。

自縛乞降，賊窘甚矣，雖不即殺，亦宜分遣，乃給牌以遺後患，豈計之善者？宜物議之沸騰也。

邠州、澄城縣屬西安府。興山縣屬荆州府。瞿塘關屬夔州府。乾州、高陵、盩厔、鄠縣、郃陽、白水、富平、永壽七縣，屬西安府。隴州、鳳翔、寶鷄、扶風、麟游四縣，屬鳳翔府。崇信、靈臺、莊浪三縣屬平涼府。鳳縣屬漢中府。

179 高傑降賀人龍

八月二十四，賊先鋒高傑降于賀人龍。初，傑與李自成同夥，有驍勇名，稱翻山鷂。自成掠得邢氏，以貌美嬖之。將出掠，留輜重家口于老營，令劉良佐守外營，傑護內營，有急互相救應，留重兵守之。自成既出，邢氏使婢遺傑嘉旨及白綾帨，遂與之通。傑懼事泄，挈邢氏及家丁五十人，降于賀人龍。人龍率以襲賊，卻之。劉良佐聞，因有歸朝意。

180 龐瑜死節 附王端冕

龐瑜，字堅白，湖廣公安人。貢生，選京山教習。甲戌，陞陝西平凉府崇信知縣。縣故無城，垣壘皆圮，兵、旱，遺黎僅百餘口。瑜知賊必至，流涕大言，誓以死報國。未幾，賊薄城，瑜解綬，命僕走報上臺。尋城陷，瑜端坐公堂不動，賊捽之下，命跪，瑜揮拳駡曰：「吾待死久矣，若今速殺我，何敢辱天下士也！」賊怒，以刃脅瑜，瑜益駡。賊掠城中無所得，執瑜至野殺之，刲心裂屍而去。邑某官朱洪道亦死。瑜善易，精爻象。未之官日，筮得姤之革，驚曰：「吾其歿於西乎？」事聞，詔贈固原知州，命有司立祠致祭。同邑又有王端冕，由孝廉知趙州，會北兵攻城，端冕治火藥，飭睥睨，率吏民死守城上。已而城陷，被執，北帥欲官之，端冕不屈，遂縛諸樹，射死。

181 戴君恩誘斬王剛等

正月初五壬辰，降賊王剛、王之臣、通天柱等，至太原挾賞，巡撫戴君恩設宴，誘剛等斬之，共斬四百二十九人。會大旱，饑民從賊者逾衆。

182 賊陷陳州等處

七月，總兵尤世威兵潰于雒南，羣賊越盧氏，奔永寧。先是，守隘諸兵露宿凡三月，皆致疫痢，不任戰。左良玉自內鄉赴援盧氏。十月初十日癸巳，賊陷陳州、靈寶。二十八日辛亥，陷盧氏。

陳州屬河南開封府。

183 盧象昇勦楚賊

正月，河南賊自鄖陽渡江，薄穀城，掠光化、新野、襄陽。賊六路俱集，郡兵不能支。又賊衆入鄖界，圍均州，往荆門西北夷陵。四月，楚賊在房縣，婦倍于男，總兵張全昌擊敗之。川賊分三道，趨掠郡縣。張應昌兵敗于均州。六月，總督陳奇瑜、鄖撫盧象昇，剿竹山、竹溪各山賊，斬獲甚衆，淹死、墮崖死無算。

均州，穀城、光化二縣，俱屬襄陽府。荆門州屬承天府。夷陵屬荆州府。房縣與竹山、竹溪二縣俱屬鄖陽府。

184 劉楚垣守荆門

劉楚垣，字師仲，湖廣荆門州人。家世務農，性孝友，母疾，衣不解帶二百日。母死，爲孺子泣，三年未嘗見齒。有幼弟，悉以先世遺産讓之。天啓丁卯，舉鄉試。甲戌，流寇薄城，人心惶惶，楚垣率士民登陴捍禦，間出奇兵破賊，賊解去，城獲全。未幾，病卒。卒時正襟危坐，手執一卷以逝。

185 曹文衡守唐縣

曹文衡，號薇垣，河南南陽府唐縣人。萬曆丙辰進士，歷官至薊遼總督。會監視太監鄧希詔嗔其執法，不郊迎，不會飲，揑欵訐奏，被譴歸里。時流寇屢圍唐縣，文衡與縣令紹輿李之良登城固守，以砲聲識賊信緩急，若賊臨境則發砲一，距城十里。則發砲二，圍城則發砲三。久之賊去。唐縣距南陽府八十里，縣雖倖全，而郡邑之各鄉鎮被禍最慘，凡數十百里内，婦女盡爲之掠，男子頭面耳目口鼻以及手足，無一人完全者。此皆吾邑人所目擊而述也。

186 龔元祥霍山罵賊

龔元祥，字子禎，南直長洲人。崇禎辛未，以孝廉謁選，得霍山教諭，與訓導姚允恭善。甲戌，賊寇江北，正月十一日，長驅至城下焚掠矣。邑令解綬竄去，元祥率士民固守。或勸之微服避，元祥毅然曰：「食禄而違其難，不忠；臨危而棄其城，不義。吾平日所講説者何事，今若此耶！設有不測，唯有一死以報皇上耳。」亡何，城陷，元祥整衣冠危坐。賊至署，元祥諭以大義，賊不顧，逼令屈節，元祥罵曰：「死即死，賊狗何敢辱我！」賊大怒，即執之去，索金帛，元祥罵不絶口，死之。子炳衡同婢冬女遇害。元祥死越五日，頸血成碧，鬚眉間猶怒色未解，以右手食指搯心，甲入寸許。姚允恭泣殮，隨與俱殉，適邑令某過，解免。踰日，賊復至，允恭亦死之。元祥嘗語門人曰：「職無大小，皆可效忠，人亦圖所以報國家、利生民耳。」又嘗語季子曰：「人生當爲忠臣義士，形軀有盡，性靈不朽。」蓋其忠孝性生，激昂自許如此。

187 熊文燦戴罪

十二月，總督兩廣熊文燦戴罪自效。先是，文燦令守道洪雲蒸、巡道康承祖、參將夏之木、張一傑往謝道山，招降海寇劉香老，既而被執。文燦奏道將信賊自陷，上曰：「賊渠受撫，自當聽其輸誠，豈有登舟往撫之理？弛備長寇，尚稱未知，督臣節制何事？」故令戴罪。

188 孝子高應豸

高應豸，無錫人。年十八，聘王氏，未娶，氏亡。父可學，抱病床褥，囑應豸曰：「病痊，當爲汝續聘。」父竟不起。應豸痛父遺言，年踰二十即茹素，終身不娶，雖姝麗當前，無注盼焉。崇禎七年甲戌，詔旌之。

南齊孝子華寶，吾錫人也，以父没不冠、不娶，國史稱之。高公殆繼起者歟？吾鄉有邵天禄者，性至孝，家貧，鬻鐵批云：疑「錫」字。錠以爲業。每得米，分糲、白二色，白者養母。母未食，己雖餒不敢先嘗。嚴寒雪夜歸，不敢叩扉，即卧門外待旦，恐母起冒寒故也。葉司空玄室聞之，以語邑令□□，〔一〕給匾旌奬，顔曰「孝行可風」。然不娶，故亦無子。嗟嗟！三公之孝略同，而華公獨流芳千古者，豈非有幸有不幸耶？

〔校記〕

〔一〕邑令姓名原缺。

189 孝子趙仁

趙孝子名仁，浙之歸安人。一歲而孤，母沈鞠。及長，酷貧，爲人傭，雖芟笮紛沓，定省温清不缺。主人或勞以甘脆，仁必歸遺其母。母年六十三，即刻木爲像，奉之傭所，拜而事之，曰：「吾不能頃刻離母。」又十年，母死，奉像愈至，朝飡夕饔，必享母而後下箸，孺子之號徹晝夜。主人之奴客惡少年，欲乘其他出，匿其像而窘之，孝子跬步必俱，無可間。伺其力作時，自膝間竊之，投于厠溷。孝子號擗不欲生，三晝夜而得之，身投厠溷以共母之穢，沐而事者如初。既以哀慕久尫，不能復傭作，乃織履爲業，其享母如傭時。即携履入市，亦必與像俱。其賣履不問價，惟人所與。途遇一婦臨水而泣，問之，曰：「得贋金，將自沈。」遂解金贈之。邑紳茅工部薦徵聞而表其閭，割田贈之，堅不受。又爲言于太守陳幼學，幼學遂以聞于監司、節鎮。監司、節鎮遺之粟帛，復堅不受。時鄉黨震其名，奉以爲神，有所祈祝，必稱孝子。孝子夢寐中時享血食，以告僧綬公，綬公曰：「是將墮神趣。」孝子向無子，有女已嫁，妻亦死，乃貨其器具，得數金，歸于普賢寺爲頭陀，禱于佛，始漸不夢血食矣。陳幼學復告之臺使者聞于天子，下詔旌之。然爲寺僧力作如傭時。歲徒步訪陳幼學于其家錫山，常携豆三斗飯僧。雲棲蓮池大師卽夜夢異人，至晨，率其徒迎于山下，見孝子，異之，曰：「是可以當矣。」時孝子遺像在竹籠中，既而主炊僧得之，始知爲孝子也。問大師何以知之？曰：「視其人顔温而容晬，殆全于道者，是以易辨耳。」里人念孝子無子，爲營生墓，而史官董其昌題其石。孝子至崇禎間始卒。

190 童謡

初，崇禎三年，温體仁相，京師童謡云：「崇皇帝，温閣老。」七年，爲首相，京師又有謡云：「崇禎皇帝遭温了。」皆取温、瘟同音之義，俱不吉兆。由是用人不當，流寇猖獗。

191 誌異

二月，海豐雨血。三月，山、陜大饑，民相食。山西自去秋八月至是不雨，大饑，民相食。四月，山西永寧州民蘇倚哥，殺父母，炙而食之。稷川地震如雷。鳳陽總督楊一鵬奏言：「去冬十一月，有異鳥蘗集淮、泗之間，雀喙、鷹翅、兔足、鼠爪，來自西北，千萬爲羣，未嘗棲樹，集于田食二麥。」亦異災也。五月，飛蝗蔽天。六月，江西饑。七月十一日乙未，敍州定遠堡母猪龍洞聞銅鼓聲一日夜。八月，有大星從天墜大同兵營。九月初四丁巳，應天地震。河南大旱。

古今逆子有矣，未聞兼殺父母者也。至于炙而食之，自有天地以來之所無者，而今見之，世運悖逆之氣，于是乎極，而天理人心，至是絶矣！不忍閱，不忍載也。

敍州府屬四川省。

192 清兵入塞

甲戌七月七日辛卯，入大同、張家口。初八日壬辰，入保安、懷來。初九日癸巳，京師戒嚴。十三日丁酉，圍宣府，屯天壽山。十四戊戌，馳入永寧。十六庚子，圍大同左衛，破保安州，殺知州閻生斗。己酉，至朔州，圍渾源州。八月丙辰，破代州，分道進：東至繁峙，中至八角，西至三坌，入崞、代，批云：崞音郭。陷靈丘縣。閏八月辛未，攻保定竹帛口，殺千總張修身，攻宣府萬全左衛，乃出塞。

永寧縣屬延慶州。批云：延慶，北直。崞縣、繁峙屬山西太原府。朔州、渾源州、靈丘縣俱屬大同府。

193 江右四大家

陳際泰，字大士，號方城，撫州府臨川縣人。讀經史，一目數行下。嘗點二十一史，不三月而成，人以爲略，際泰曰：「諸君目鈍，我横看爾。」日或抄數十藝，不少倦，積文萬餘。海内得其文，怪不敢視，自金壇周鍾嘆揚，始翕然宗之。卒淹科目二十餘年，庚午，山陰宋運昌舉第七人。婁東張采深慕之，特請于銓司，往令臨川，朝夕與之游，聯復社諸名流與臨川諸君子，此唱彼和，文風丕盛。甲戌，文震孟拔第二人，授行人，五載不遷。己卯，主貴州試，所校士無足當意者，告歸。不數年，以疾卒。所著有五經讀、太乙山房稿一十五卷。

章世純，字大力，臨川人。性豪放，爲文沈雄弘邁，好步趨先正。補諸生時，見重于湯顯祖、韓敬，既而張采深相契，結聯復社氣誼。天啓辛酉，舉于鄉。赴公車，不利，名且益重。家居，留心時務，不殖生産，足跡遍天下，別特未究其所用云。

羅萬藻，字文止，臨川人。長目修髯，于書無所不閱，閱必至能誦始已。嘗論：「制藝之業今不及古者，由機法不清、名理不真耳。」因與章世純、陳際泰力追先民遺榘，而萬藻更于清真之中寓以澹遠之致。丁卯，倪元璐拔第十六人，元璐咨嗟累日。或問故，元璐曰：「我失大士而後文止耳。」數赴春宮不第，尋卒。

楊維斗謂：「大士文無一不自傳註、大全及先輩中來，特故爲高巍其貌，奔放其勢，幽渺其思，使人不敢以傳註、大全及先輩之跡求之。然非有靈心妙運，則不能也。」

世稱章、羅、陳、艾爲江右四大家，惟大士得一第，而三公者皆以孝廉終其身。嗚呼！文章聲價自足千古，安在甲乙榜之有差等哉！艾南英，字千子。

明季北略卷之十一

崇禎八年乙亥

194 賀王聖劾温體仁

正月，兵部職方主事賀王聖，劾温體仁庸奸誤國，謫外。御史吴履中劾温體仁、王應熊，并及監視内臣，上切責之。

195 罷文震孟

文震孟，字湛持，號文起，蘇之吴縣人。天啟二年壬戌狀元，授修撰。上國步綦艱聖衷宜啟疏，其畧云：「蹙地喪師，無歲不有；敗軍殺將，所在相聞。將使祖宗金甌無缺之宇宙，日消月削，勢將瓦解。東支西潰，又同河決。此皆諸臣誤國，以至於此。明知火之將炎，而處堂自若，但俟火炎而燕飛。亦料水之必沸，而游釜無愁，猶冀水沸而魚躍。此又諸臣之愚而自誤也。」批云：李文静真聖人也。云云。疏奏，上怒，致仕。崇禎戊辰，起侍讀，陞左中允。以逆璫爲忤，復致仕。璫誅，復起。八年七月，講春秋稱旨，特簡入閣辦事。批云：講經入相，可稱明主。十一月，與大學士何吾騶並罷。初，吾騶、震孟欲以工科給事許譽卿補南京太常卿，温體仁與吏部尚書謝陞難之，陞遂疏糾譽卿。震孟止欲奪譽卿俸，體仁不肯，震孟作色，擲筆曰：「即削籍無害！」體仁夕揭上，而吾騶、震孟朝罷矣。

凡劾體仁者，無不見責；爲體仁劾者，無不立罷。除佞如拔石，去賢若轉丸，可爲三歎！

196 宗秩改授

正月，上以祖訓，凡郡王子孫，有文武才能堪任用者，宗人府具以名聞，朝廷考驗，授以職，遷除如常例。侍郎陳子壯上言：「宗秩改授，適開僥倖之門，隳籓規，溷銓政。」上以其沮詔、間親，下於理。明年四月，始得釋。已而宗秩蒞官多不法，公私苦之。

197 各舉所知

八月，上諭：「致治安民，全在守令。命兩京文職三品以下、五品以上，各舉知府一人，無論科第貢監。在内翰林科道，在外撫按司道，各舉州縣官一人，無論貢監吏士。過期不舉，議處失舉連坐。」

198 鄒維璉告歸

鄒維璉，號匪石，新昌人。萬曆丁未進士，爲吏部主事。有刑部主事譚謙益疏薦異才宋明時，維璉上言：「自古及今，未有使鬼役神能破敵成功者。」楊漣擊魏忠賢不勝，維璉疏曰：「王甫侯、李輔國、程元振、仇士良，我朝曹吉祥、劉瑾，無一不誅。且人主卽不肯割棄，天下必有代爲割棄者。漢之張讓、趙忠，靈帝至以父母稱之；唐之田令孜，僖宗以阿父呼之；我朝王振，英廟亦嘗寵之羣臣之上。然而讓、忠、孜、振，何有一人老死牖下，以富貴終？」疏入，忠賢怒，矯旨削籍，遣戍夜郎。崇禎初，起巡撫福建。銅鼓、嶂石、屈塞等之役，血戰八晝夜，俘斬數千級。當國者忌其才，逐之。乙亥，再起兵部侍郎，隨予告歸，尋卒於家。

199 董其昌致仕

董其昌，字玄宰，號思白，華亭人。髫年賦詩，語必驚人。又從莫中江遊，得荆川舉業正派。中萬曆己丑進士，官庶吉士，授編修。訓後學，有蓓蕾數則及十字訣義，望重一時。忤時相，出督學湖廣，陞福建參議。廷臣交章薦，召爲經筵日講。天啓初，擢太僕寺卿。既而讀曹洞語録，有省。崇禎乙亥，以禮部尚書兼太子太保致仕。又二年卒，年八十有二。書畫妙天下，家多姬侍，各具絹素索畫，購其真跡者，得之閨房者爲多。南都予謚文敏。

先伯昔遊楚，適公督學，生童同試。平旦，悉坐號房。公起，步出封門，衆皆立。公諭曰：「童生坐，生員皆坐。」公還位。久之，生童請題，公曰：「題出久矣。」衆始悟。又試一邑，前夕硃書粘署前云：「明日不考文。」次日，諸生俟久，題竟寂然。請之，公曰：「本道昨日已出題於外矣。」衆始爽然而退。

200 曹文詔自刎

時賊大夥在秦，勦撫未定。諸督撫前後數十輩，或被譴去，或逮繫去，或死西市，或戰死、逃死，不可勝計。惟秦督洪承疇勦禦有方，遂自秦撫進五省都督，每逐賊，奔馳往還數千里。母在官舍，過門不入。士卒感其義，争爲效死。楊嗣昌在樞部，忌其才績，意弗善也。正月，賊陷靈臺。二月十二日壬戌，漢中賊陷寧羌。六月初七日乙酉，陷西和。十九日丁酉，免陝西巡撫李喬官，以庸懦玩寇也。以甘學闊巡撫陝西。二十八日丙午，曹文詔力竭自刎。文詔敢鬥，前後殺賊萬計。官軍聞之奪氣。七月十五日癸亥，賊攻陷澄城。八月初五壬午，陷咸陽。

靈臺縣屬平凉府。寧羌州屬漢中府。西和縣屬鞏昌府。

201 河南流寇充斥

正月初六日丁巳，賊陷滎陽，屠汜水，又陷固始。時秦賊數十萬出關，分三十六道，掠郡邑。給事中常自裕上言："中原，天下安危所係，今羣盗充斥，乃僅以左良玉一旅塞新、澠，陳邦治等數營扼汝州，陳永福孤軍堵南陽。賊營鑫屯，以數千官軍東西堵拒，賊何畏而不長驅哉！乞更選邊兵，統以廉勇之將，特選重臣視師，庶腹心不致決裂也。"河南賊復入漢中，陷寧羌。

兵部議調西北邊兵及南兵，發内帑銀二十萬，户餉九十餘萬，命洪承疇統率出關，節制諸路撫鎮，合力勦賊，期以六月。承疇率軍赴河南。時賊往來不定，豫中尤稱要衝，關、陝以東，黄河以南，襄陽以北，延袤數千里，所在馳突。六月，下河南巡撫玄默於獄，謂其葸弱也，而代之者陳必謙。必謙，常熟人，萬曆四十二年癸丑進士。與盧象昇協力勦賊，部鎮諸將左良玉、陳永福、趙國柱等，斬興世王於郟縣，闖世王於白沙，整齊王於宜陽，掃地王於郟，豫患少息。已而赦詔到豫，必謙知其詐，欲令面縛詣軍門。副將王進忠勦賊無功，思以款自効，單騎入賊營，爲賊所殺，必謙竟以此罷。賊又破盧氏。十月十五壬辰，襲陷陝州，攻圍永寧，破冀莊、馮莊等寨及峋峪等十三村。十一月，總兵祖寬破賊於九嵩，賊潰爲二：東走偃、鞏，南走汝州。寬分兵襲擊之，斬首千級。十二月初十日乙酉，賊闖王、曹操數十萬圍光州，昇大砲二十座攻城，燃二砲，城拉然崩頽，城中頃刻火作，賊乘而入，官吏士民屠戮無遺。

滎陽、汜水二縣屬開封府。光州、固始縣屬汝寧府。陝州、嵩縣、鞏縣、偃師縣俱屬河南府。

202 盧象昇戰功

盧象昇，字建斗，號九台，宜興人。少讀史，至睢陽、武穆，輒歎曰：「吾得爲斯人足矣。」登天啓壬戌進士，授户部主事，差清源，舉卓異，陞大名知府，批云：大名府屬北直，唐曰天雄，宋曰大名。遷山東副使。崇禎己巳，募兵勤王。兵退，遷天雄兵備。寇興，馳行郡内，嚴檄州縣繕城治具。率衆往，遇賊數萬，象昇弗卻，中一矢，額傷。又一矢，僕夫斃馬下。象昇且戰且走，會後兵至，乃免。賊衆趨府城，而潛分兵攻滑。批云：滑縣屬大名府。象昇偵知之，戒守城士勿動，選精騎潛出，設伏草莽。賊至，卒發，大敗之，斬級數千。賊相戒曰：「此盧閻王，遇即死，不可犯。」象昇以是有能兵名。賊懼，南渡河，河以南所至殘殄。七年甲戌，賊破鄖陽，命象昇撫鄖，鄖大治。八年乙亥，命象昇撫楚，賊又懼，流河南，總兵祖寬於雒陽等處三戰三捷，斬級二千，軍聲大振。象昇遂晉兵部侍郎，總督直隸、河南、山東、四川等處七省軍務，統關、遼兵，賜尚方劍便宜行事。會乙亥歲杪，滁州攻圍甚急，知州劉大鞏馳檄請救，疾赴援，與賊戰，大敗之。象昇會諸將曰：「兵貴神速，今賊氣已衰，失此不擊，長患安窮？」趣兵乘其後，賊又大敗，遁走承、襄。象昇率衆追之，獨以數百騎入陣中，爲賊圍困二日，賊不敢犯。象昇與諸將約曰：「食盡道窮，留此死，擊不勝亦死，吾當力衝之。」乃率騎疾鬥，擊殺萬人，斷食道。越三日，賊投戈請降。其及之於滁，將盡勦無遺，顧以淮督朱大典莫爲堵截，復逸去。

203 擒爬天王

二月，蘄、黃大盜爬天王，擁衆八百餘人，村人擒之。身長八尺，自言：「天亡我，非我罪也。」

204 流賊陷潁州

賊在江北者，七年甲戌十一月初十日壬戌，陷英山，焚霍山。二邑屬盧州府。英山深邃八百里，賊踞爲窟穴，時出攻掠。八年乙亥正月初九日庚申，賊陷霍丘。十一日壬戌，陷潁州，知州尹夢鰲、通判趙士寬俱闔室死之。時有同守縣丞某及訓導倪可大俱死。尹夢鰲，雲南人，舉人，官潁州，有惠政。正月十一，流寇攻城，夢鰲率民兵登城守禦。十二日，寇掘城脚，傾陷數丈，百姓見勢不支，咸奔避，夢鰲長跪求固守，百姓不從，竟潰散。夢鰲獨持大刀當城傾壞處。賊緣城而上，夢鰲揮刀殺十七人。賊大隊畢登，夢鰲四顧，竟無一人共事者，即投烏龍潭淹死。趙士寬，字汝良，號蒖斐，山東萊州府掖縣人，以官生爲鳳陽通判。時適往壽州，聞賊犯潁，一日夜馳三百里，歸潁城守，甫入而圍合。士寬欲守禦，而州之大家先逃，城内大擾，賊乘以入，士寬赴黑龍潭水死。妻崔氏與二女同縊。州役從死者十餘人。贈光禄寺寺丞。張大同，字同甫，號瑶席，潁州人，兵部尚書鶴鳴長子也。爲太學生，能文，重聲氣，與海内知名士交。流寇破潁州城，鶴鳴避匿他所，大同居本宅，題其門曰："張大相公書房在此。"賊入擒之，强之跪，不屈。問其父何在？曰："要殺便殺，吾父不可得也。"已而張氏奴導賊，於民舍縛鶴鳴歸，拷索藏金，對曰："無。"大同争曰："家財悉我所掌，與父無涉。"賊不聽，搜其室，見皆古玉及陶器，遂劈鶴鳴頂達踵。大同奮臂大駡，賊併欲殺之，旁賊勸曰："既殺其父，姑留其子，但令獻金贖命可也。"大同曰："父死，義不獨生。"駡愈烈。賊先去其鬚，既復斫其半面，駡仍不絶聲，賊支解之。

張鶴鳴立朝，頗爲東林所不與。若大同之慷慨激烈，死忠死孝，幹蠱多矣。

205 賊陷鳳陽

潁州、壽州、霍丘縣俱屬鳳陽府。

先是，七年正月，南京兵部尚書呂維祺，以賊勢猖獗，奏言：「南都、鳳、泗、承天，陵寢所在，乞勑淮撫楊一鵬急爲預備，防賊東犯。」至是，賊自汝寧來，密遣壯士三百人，僞爲商賈、車役，先入鳳陽，或鬻錦帨、椒棗，或爲僧道、乞兒等，分投各宿，隨以重兵繼之。時方元夕，士女如雲，笙歌徹耳。忽火光四起，咸呼曰：「流賊至矣！」百姓狂奔，不啻鷄入釜中，魚遊網内也。是時鳳陽無城可守，雖有總漕楊一鵬駐扎，兵不過二千餘，皆市人，不習戰，賊大至，官軍無一人迎敵者，遂潰。賊焚皇陵，燒享殿，燔松三十萬株，殺守陵太監六十餘人，縱高牆罪宗百餘人。留守朱國巷戰，斬賊二十七人，力竭死。賊渠掃地王、太平王。入府治，知府顏容暄囚服匿獄中，賊縱囚獲之，張蓋鼓吹，杖容暄於堂下，死之。殺推官萬文英等六人，武官四十一人，士民被殺者數萬。剖孕婦，注嬰兒於槊，焚公私邸舍二萬餘間，光燭百里。賊渠列幟，自標「古元真龍皇帝」，恣掠三日。太監盧九德、總兵楊御蕃以川兵三千救鳳陽，南京參將焦某率兵亦至。賊卜於神祠，不利，剖神像而去，拔營南下，趨廬州。

萬文英，字仲實，江西南昌人。子萬元亨，字爾嘉，小字芳生，幼穎異，十歲通五經，十五補博士弟子員，從父文英司理鳳陽。流寇從姑山、永城來犯，時文英有母喪，聞訃，業辭上官，行有日矣，適因哀毁過甚，卧疾案牘房。忽人馬洶湧，喧聲如沸，文英急問爲誰？左右曰：「燈市鬧。」時蓋元夕也。俄而，賊已及司理署矣，左右曰：「賊，賊！」覘之，則流寇也。文英曰：「吾必以死殉國。」强起披衣，然病甚，輒起輒仆。于是賊急索理官安在？元亨泣語父曰：「吾不得復事吾父矣！」急着青衫出，大呼曰：「死賊，若索官何爲？吾乃官也。」賊遂厲聲脇之，元亨大駡不絶聲，賊首怒甚，命旁賊加刃，所持乃庖人食刀，刀無鍔，割不能斷脰，至數十割，元亨乃死。死惟呼「阿爹！阿爹！」賊不知鄉音爲何，卒以此爲理官也，遂置文英而去。方元亨青衫大呼，其師萬思尹出視之，賊併執思尹，將加刃，元亨抗聲曰：「若所欲得者官耳，何與渠事！」賊亦卒舍思尹。元亨死時，年僅十六齡云。總漕、中丞以其事聞於朝。已，閱視科臣林、淮揚按臣張覆覈之，請得旌揚如例。然前載文英被害，而此云置文英而去者，或置後而死者歟？

傅烈婦，孝感人，歸户部主事程良孺，翰林侍讀程正揆之母。舒烈婦卽正揆元配也。先是正揆爲侍讀時，良孺守庾鳳陽，批云：庾，倉也。傅氏偕舒氏以從。俄，傅病，正揆性至孝，連章請假，請致仕，請終養，僉不許。於是徑疏陳乞，不待掌院代題。温體仁謂非例，意弗善，正揆曰：「某獨子也，非特功名雞肋，卽性命亦等鴻毛耳。」旋得旨省親，遂於甲戌冬出京，至乙亥正月十日抵鳳陽，僅五日而賊變作。良孺固無守土責，或有勸徙臨淮者，傅氏曰：「鳳陽無城，民心易動，一動則無民，無民則無鳳，無鳳則無陵，我將焉往？」顧謂正揆曰：「盍去諸？」正揆哭曰：「兒爲省父母來，今有變，挈妻子去，非情也。有生死，追隨膝下已耳。」十五日早，殺聲沸天，正揆微服破垣出，匿母妻眷屬於署之左塘茅屋中，良孺獨死守倉儲，而以勑印付傅氏負之。是夜，賊肆焚屋，火焰逼人。正揆失父母妻子所在，痛哭呼號，獨攜一僕，曰蔣，曰申，出入賊營偵伺消息，凡三晝夜，白刃加頸者數十次，幸免。當被執時，賊魁問：「陵內多寶乎？」正揆曰：「太祖登極後始巍煥改觀，其初不過尋常墳墓耳，但有官軍環衞，而無珍寶內藏。」賊乃已。子大年，止十三歲，亦擄去。祖孫、父子、夫婦、兄弟無得全者。未幾賊去，倉儲無恙。正揆覓得母妻於血肉狼藉中，時傅氏額中一刀，手斷一指，眼受一棍；舒氏面中三刀，身中十二刀，兩手臂截二指，僵卧牆角，聲氣如絲。移就一室，敷以創藥，卒不效，相繼俱卒。明年，子大年自鳳翔府乘間逸歸。十五年壬午，具疏請卹，奉旨俱贈恭人，建坊旌表。正撰字端伯。

二月，巡按鳳陽御史吴振纓，疏奏鳳陽之變，是日上當經筵，特傳免，素服避殿，親祭告太廟，命百官修省。逮巡撫鳳陽都御史楊一鵬並吴振纓下獄。一鵬論死，棄西市；振纓遣戍。給事中許譽卿四疏，糾劾温體仁擬旨淮撫不必移鎮，以致誤陵。給事中何楷以一鵬爲輔臣王應熊座師，並糾應熊，應熊竟以此罷相。侍讀倪元璐上言：「盜賊之禍震及祖陵，國家大辱極矣！陛下罪己之詔非徒空言，今民最苦無若催科，未敢冀停加派，惟請自崇禎七年以前，一應逋負悉可改從折色。此二者於下誠益，於上無損，民之脱此，猶湯火也。至發弊而追數十年之事，糾章一上，蔓延不休，扳貽而旁及數千里之人，部文一下，寃號四徹，誰有以民間此苦告之陛下者？及今不圖，日蔓一日，必至無地非兵，無民非賊，刀劍多於牛犢，阡陌決爲戰場，陛下亦安得執空板而問諸兵燹之區哉？」上是之。乙未，命侍郎朱大典總督漕運，巡撫鳳陽，同洪承疇協剿。三月，給事中常白裕上言：「皇上赫然震怒，調兵七萬，其實不過五萬，且分之各處，未足遏賊。鳳陽焚刧四日，而馬爌至歸德；圍解三日，而鄧玘來潁、亳；安、廬之賊返旆而北，尤世威等信尚杳然，賀人龍等各處淫掠，所謂賊梳而軍櫛也。乞嚴飭之，以申軍法。」十月，上避殿撤樂，下罪己之詔曰：「朕以涼德，纘承大統，不期倚用匪人，邊乃三入，寇則七年，師徒暴露，黎庶顛連，國帑匱詘而征調未已，閭閻凋敝而加派難停，中夜思惟，不勝愧憤。今年正月，流氛震驚皇陵，祖恫民怨，責實在朕。今調劾兵，留新餉，立護元元，務在此舉。惟是行間文武吏士，勞苦饑寒，深切朕念，念其風餐露宿，朕亦不忍安卧深宮；念其飲水食粗，朕不忍獨享甘旨；念其披堅冒險，朕不忍獨衣文繡。擇兹十月三日，避居武英殿，減膳撤樂。非典禮事，惟以青衣從事，與我行間文武吏士甘苦共之，以寇平之日爲止。文武官其各省愆淬厲，用回天心，以救民命。」十一月，賊被祖寬所擊，敗衄東南，進逼鳳陽，朱大典率兵馳壽州。十二月，城鳳陽。

民間坟墓尚知愛護，况天子祖陵乎？其無城者，或恐王氣洩耳。然賊勢强熾，當國者不置重兵固守，徒以羸卒二千，委之一鵬，鳥獸散宜矣！第戎伏於莽，如鬼如蜮，正守臣枕戈之時，而猶作燈市之樂，真處堂之燕雀耳！斬一鵬而成體仁，斯用刑乃當。否則，何以服應熊、振纓之心，並何以服天下之心乎？

是時，流賊殺戮之慘，亘古未聞，有縛人之夫與父而淫其妻女，然後殺之者；有驅人之父淫其女以爲戲，而後殺之者；甚至裸孕婦於前，共卜其腹中男女，剖而驗之以爲戲，一試不已，至再至三者；又甚至以大鍋煎油，擲孩子於内，觀其跳躍啼號以爲樂者；又甚至綁人於地，生剖其腹，實以米豆，牽羣羊而争飼之，取人之血，和米麥爲粥，以餵馬驢，使之腹壯而能衝敵者；所擄子女千百，臨行不能多帶，盡殺之而去，或殺人而雜以蘆葦、薪木，堆城下，縱火焚之，令穢氣煙燄薰逼城上，守城兵士立仆者。上聞之震怒，勒限六月平賊。

自太祖百五十餘年，始有劉、趙之亂，雖蹂躪諸省，未聞殘惡如此。自武宗以迄於今，百有餘年，承平既久，小民不識兵革，天降殺魔，刈人如草，當是時天地爲黑矣。然静參帝心，無非爲清朝前驅耳。嗟嗟！斯民何不幸而罹此刼也？庚戌六月初五日記。

206 方震孺守壽州 并傳

方震孺，字孩未，直隸桐城人，遷壽州。母孔孺人夢正學先生來，寤而生公，因以命名。稍長，穎異，骨肉皆香。舉萬曆癸丑進士，授福建沙縣令，擢湖廣道御史。熹廟初，請逐忠賢、遠客氏。忠賢甥傅應星奪齊民妻，震孺案之，下獄，忠賢恚甚。會遼陽不守，震孺一日十三疏，每五鼓即撾公卿門，籌畫痛哭。又自請犒師齎邮，方竣而按遼之命下矣。比受事，疏言：「廣寧情形，毋論戰不成戰，併亦守不成守。」又言：「經、撫心同手異，疆事必致大壞。」時鄒忠介移書問遼事，震孺手復，末云：「能依孺以羅一貴、劉徵爲大將，用精兵三萬守鎮武，可保廣寧十年無事，不則必亡。」會主者僅與兵五千人，震孺移忠介書曰：「鎮武不守，廣寧無幸矣！」壬戌正月，清兵夜渡坌河，巡撫棄廣寧走。大帥祖大壽擁殘兵駐覺華島上，震孺曰：「若媾祖兵以攻榆關，豈有幸哉？」帥都司張國卿航海見大壽，曰：「將軍歸，相保富貴；不歸，孺請以頸血濺將軍！」大壽遂擕粻十萬、兵數萬西歸。主事吴淳夫、徐大化逢璫意，論震孺攘差，下部議。鄒元標曰：「御史保全山海無過，且有社稷功。」尋乞歸。乙丑，給事中郭興治論震孺河西贓私，忠賢矯旨逮問，揚言赤族，先焚震孺宅，僮多爛死，親故鳥獸散。震孺至京詔獄，坐贓六千四百，日一杖比。揚州守劉鐸在獄，禱青詞自祈，璫誣以咒詛，摘震孺與鐸交通，擬斬。不數日當棄市，先一夕，與惠世揚忼慨悲歌，天明，忽傳皇太子生，得免。毅宗登極，特釋世揚、震孺於獄，科道交章請不次擢用，而長山劉鴻訓柄國，欲索重賄，震孺不可，自謂：「與楊、左同被煅煉，一時下獄共十七人，今僅得兩人在。白骨再肉，華表重來，若再作宦海汨沒之想，便是冥頑不靈男子。」自是息影杜門，日事禪誦，絕口不談仕進事。癸酉、甲戌間，流寇充斥，大江以北，人無固志。乙亥正月，潁、霍告陷，賊至壽州。時壽守土無一官，父老子弟請震孺爲城守計。震孺破家給士乘城拒守，捍禦諸具，一夕皆備。未幾，萬衆肉薄環攻，震孺親冒矢石，用砲殲厥渠魁。又縋城出死士劫其營，斬獲無算，賊乃駭遁。及丙子冬，再犯和、含，道經壽界，去城不三里，而卒不敢正視也。撫軍史可法上其功，當擢用，因冢宰有小嫌，僅補嶺西參議。未幾，有湯、楊二將踞廉州以叛，總制沈猶龍委南韶道王孫蘭往禦，孫蘭縊死，震孺單騎直入其營，諭以禍福，率兵皆降，全廣得安。不半載，擢爲廣西巡撫，蓋出於上意也。弘光立，震孺拜疏，願親提兵過河，與賊一決。馬士英、阮大鋮見之，曰：「彼來，吾輩無幸矣！」遂矯詔云：「撫臣勤王，不得自行。」震孺鬱鬱失志，每自言曰：「南都諸臣忍忘先帝仇乎？吾當爲先帝驅螻蟻耳！」病遽不起，索筆題詩，有「一痛橋山幸回首，麻衣如雪見先皇」之句。仲子惟馨，仕闖兵部司務，署篆瑞金，其上封事有曰：「蕭王爲將而不爲天子，此光武所以覆舊物也；宋高爲天子而不爲將，此紹興所以終南渡也。」時謂名言。清兵南下，痛哭疾走南雄，委頓逆旅，嘔血而卒。子居易，髮覆額，亦不顧回里，隨死之。

乙亥，亳州知州何燮被執不屈，爲賊寸磔。

亳、壽二州俱屬鳳陽府。

207 吴大朴守廬州

正月，張獻忠自鳳陽趨廬州，圍之。知府吴大朴率軍民固守，晝夜拒戰。城内街市，悉用磚石包簷環砌，儼如衖然。壁間多作隙牖，使强壯内伏，操戈偵伺。凡灰瓶、火砲、藥鎗、噴鎗以及滚木等，無不悉備。賊薄城，城上發百子炮，擊殺千百人，而攻圍益急。大朴登城周望，四面皆賊，其勢甚鋭，急發火砲及滚侖木，復擊死無算。間有勇壯洞城入者，四圍皆壁，馬不得旋。屋内伏兵對刺之，賊欲返刺，輒以壁蔽，不得施其技，無不立斃，賊衆始懼。攻擊七晝夜，城中隨機應之，賊無如之何，乃退。然大朴以戰守勞苦，目幾喪明。長子亦多材畧，分任軍旅事。大朴即昔年令吾錫者。康熙初，有自廬州圍城中來者，語予云：「崇禎八年正月十四日，賊首混天王等圍廬數日。城中有許宦妾，邊産也，善騎射。賊攻城急，妾馳城上窺救。時賊將二大王已登月城，守者發砲，寂然無聲，衆大懼。許妾曰：『未祭砲耳。』即嚙指出血，旋灑炮上以祭之，躬自爇火，砲應時而震，擊毁城樓半截，二大王立斃，賊遂遁走。至今廬州民間有『一砲打死二大王』之謡。」是歲十二月十七日，李賊自成復攻廬州，凡六日不破，解圍去。及十四年辛巳復攻，迨十五年五月始破。大朴號澹玄，河南光州固始人，天啟壬戌進士，初，令無錫。

昔武宗時，劉、趙倡亂，許逵守山東濟南府樂陵縣，曾以包砌屋壁却賊，大朴殆得其遺智歟？至許妾嚙指一事，即南八男兒之烈，何以加茲。

208 賊陷巢縣 親見者述

賊既去廬州，正月二十一日至柘臯刼掠。柘臯，巢地也，距縣六十里，難民奔告。邑令嚴某，浙之雙林人，素酷，得報猶不信，乃曰：「此响馬盜耳，何流賊之有？」反笞之。已而遣二人偵視。二十二日甲戌卯候，嚴令肩輿出，將閉城，經養濟院，猝遇兩騎，手執紅旗，自北門馳入，隸役見之驚走，嚴令趨匿院内，街衢寂無一人。二騎馳至南門，俄返，即有五騎從行。頃之，復有五騎一隊，絡繹擁附者甚衆。賊登城，執旗四拂，巷肆中争出應之，皆賊潛伏城内者，凡平日鬻帽、貿布、星相、卜醫之屬，無不皆是，須臾二百餘人。已而後隊大至，約三千人。初，執旗二人自南門返，見院前遺轎，詰令所在，衆出之，賊挾至縣，嚴令罵曰：「死囚！汝今殺我，後必有人斬汝！」賊怒，殺之，年甫四十耳。妻某氏，長子年二十，俱被害。次子年十二，幼子九歲，僕負之越垣而逸。長女年十八，次女十六，有殊色，賊携懷中使捧觴，女舉盃擊賊面，且詈曰：「死賊！汝惡貫滿盈，天子將發兵勦汝。任汝殺我，吾何懼哉！」賊大怒，舉刀殺之。一云擄去。陸孝廉、趙主事俱被殺，凡殺百姓千餘人。賊初至即舉火，先索騾馬，次索金銀、子女，婦人悉貫以索，閉于縣内，大肆淫穢。釋囚數百，願從之去者即與衣食。二十三駐一日，二十四日將往舒城，四門舉火，三砲拔營去。至十二月二十四日庚子，賊自廬復至巢。知縣王明德，江右人，鑒于嚴令，豫備小舟南關，聞賊至，即登舟走，百姓奔竄。賊入城無所得，焚舍數處而去。後庚辰、辛巳兩年，賊復至巢。則巢邑之被難凡四矣。

209 章可試守舒城

正月二十四日乙亥，賊攻舒城。知縣章可試塞三門，開西門，誘賊入，陷于坑，奔潰，死千人。因掠霍山、合肥縣裸婦人數千，詈于城下，少媿沮卽磔之。攻三日而去。嗟嗟！婦人何罪，裸之磔之，賊至凶惡，一至于此！

210 賊襲廬江

正月二十七日戊寅，賊自舒城抵廬江，邑人具幣求免，僞許之，夜襲城，城陷。

211 賊陷無爲州

正月二十八日己卯，賊至無爲州，使偏裨野掠，與鄉兵戰，敗，乃駐營池河。張守備率兵出禦，以衆寡不敵而敗，被殺，兵盡殲焉，池河千户某亦歿于陣，州遂陷。

無爲州、巢縣與合肥、舒城、廬江、霍山四縣，俱屬廬州府。

212 包文達宿松死節

包文達，字行甫，其先江夏人，以開國靖難北征功，世襲蘇州衛指揮同知。父世爵，有才畧，官未幾，歿漕事。文達厲志好學，年二十襲職，在官凡十五年。乙亥正月，流寇犯安慶，巡撫張國維命從征，文達治酒延親知，語曰：「受國恩三百年，此身亦欲用之。」入內別母，再拜而出。登舟，見朽甲鈍戈，歎息者再。既渡江，二月二日癸未，賊陷潛山，警益急，國維命文達疾驅至皖。時統兵官凡四人，有忌文達者，獨令居後，資糒缺絶。未幾，督進者羽書星下。既抵賊所，人馬飢疲，擬爨而前，謀人人殊。偶得賊哨一騎，傾其橐，出白金若干，争析者方雜然聚譁，尋報賊零散易襲，躍馬争出，文達諫不聽，從之行。諸軍素苦諸弁朘削，人有離心，賊伏四起，遂鳥獸竄，火器被雨，亦不效。從者引文達退，文達不可，策馬奮進。故善射，亟發矢，矢盡，脇中流矢墮馬，强起拔矢，揮刀再戰。援絶力竭，賊迫令卸甲降，文達瞋目怒駡，賊砍其左臂，斷首而去，笑且駡曰：「吾所至風靡，吴兒何能爲，乃奮螳臂當我！獨如包某，猶不失爲一將耳。」士人悲其死，廟祭其地，鄉賢士大夫吴默、張世偉輩，皆爲文哭之，而諸生金俊明紀其事。

213　石電戰死

石電，常熟人，世爲丐，僑居長洲之彩雲里。崇禎八年，流寇躪中都，圍桐城，江南震動。電所與游同志陳英，從指揮包文達往援，要電與俱，電曰：「吾老矣，不食軍門升斗粟，奚而往？」英曰：「我輩平居以汝爲眉目，汝不往，是無渠帥也，幸强爲一行。」電曰：「諾。」襆被而出，終不反顧。二月十二日，追賊于宿松，我師恃勇輕進，陷賊伏中，文達死之。電與英分左右翼搏賊，自辰至晡，殺賊無算。英躓被擒，電大呼往救，賊圍之數重，電力盡，舍鎗手弓，射殺數人。賊羣斫之，頭既斷，猶僵立爲擊刺狀，良久乃仆。皖人招其魂，祀之余忠宣廟下。電身長髭赤，能挽强超距，尤精于鎗法。有善鎗者，典衣裹糧，不遠數百里，盡其技而後已，遂以鎗名。江南虞山錢謙益紀其事。

二月初四乙酉，賊陷羅田。紀云：「英山縣，古羅田地。」未知即此否？

宿松、潛山、桐城三縣俱屬安慶府。安慶，春秋時爲皖國，故今稱安慶爲皖。又潛山縣有皖山，乃皖伯始封地也。又懷寧、太湖二縣，漢俱稱皖縣，吴稱懷寧爲皖城，然則皖者，安慶地也。

214 黎弘業和州自縊 附馬如蛟

十二月二十四日庚子，賊犯含山。含山縣屬和州。民聞賊至，遁走，城遂空。賊知士民奔匿和州，即率衆往，二十六日至和。知州黎弘業，廣州順德人，率軍民固守，凡含山百姓入城者，俱不容出。約邑紳馬如蛟等，出金犒士。賊攻城，發砲擊之，傷賊頗衆，賊遂移營十里，三日不攻。初，賊未至時，闔城久不寢，至是復晝夜拒戰，疲甚，見賊營稍遠，咸有懈心，晝雖守堞，晚即各歸。二十八日，賊率精鋭，用梯攻城。城上發砲，擊殺百餘人。賊復頂方桌掘城，城上擲薪焚燬。是夕三鼓，風雪漸急，賊用大砲擊西門，守者不能支，多潰走，賊蟻附而登。弘業回署縊，書壁云：「爲官不負民，爲臣不負君。忠孝誠已盡，死生安足論！」學正康正諫、總管周廷儒、訓導趙世選俱死之。正諫，徽州祁門人。

馬如蛟，字騰仲，號訥齋，和州人。天啟壬戌進士，與倪元璐、黄道周同出韓太史日纘門，授山陰令，所食米悉自和輦致。戊辰，擢入爲侍御史。己巳，巡按四川。辛未，巡漕，以武闈貽累，落職歸，佐父歲施槽數百，前後焚券甚衆。又族人耕者，予田；讀者，予塾；生者，予聚；死者，予藏，和人以爲范文正再見云。甲戌，丁艱。乙亥十二月二十六日，賊寇和州。如蛟涕泣誓衆，散家貲練鄉勇，佐黎弘業嬰城固守。二十七日，賊騎遶圍三匝，頂門搭梯，晝夜環攻，如蛟用砲擊死數百人。賊計窮，將引去，忽颶風大作，燈火風沙掩面不見，守者皆墮，城遂陷。如蛟曰：「事迫矣！坐以待斃，何益乎？」急下令，相從擊賊者予百金。須臾，得壯士百人，鼓勇巷戰，良久力屈，奔水次，當可渡，渡且生矣，如蛟曰：「清流湯湯，不照偷生顏面。」卒力戰死之。兄運尹如虬、諸生如虹及男婦死者十有四人。事聞，詔贈太僕寺卿，蔭一子爲國子生。魯可藻，和州人，其言失城本末，曰「人心未收，關隘未守，奸細未誅，亂民未靖」云。

賊駐和州四日，至九年正月初四乃去，屠戮甚衆。民共走南京，守臣恐賊混入，不許過江。誠厄運也。李操江遣兵守江，令王守備詣和州偵賊，于江濱見一乞兒，貌甚修偉，兩童子隨行，年可十二三，擒之，索其體，肱內刺賊號太河第八攢天龍，乃入金陵爲間者。兩童子亦善騎射，皆猾賊也。解至南京誅之。賊是春寇全椒陳家市。及破和以後，復掠烏江，百姓奔竄，前阻大江，後有追賊，多躍入江中死。康熙三年閏六月二十一日，和州庠友雍爾玉語予曰：「敝州遇流寇之難，殺人十之九，閭里凋蕪，有不忍言者。」

賊破和州，其魁混天王與徒黨酣飲，使美人侑觴，既醉偕寢。及覺，呼之不得，令左右秉燭四覓，已縊矣，賊嗟嘆良久。已而褫其衣，投之坑内。又有甘氏，江北智婦人也，年少而美，以家富不能速遷。賊信急，豫取巴豆藏之。已而被掠，賊將欲污之，甘氏辭曰：「今佳麗甚多，先與爲歡，遲我三日，永侍箕箒，何必速耶？」賊訊之，甘氏曰：「身不潔耳。」乃已。又數日，復求合，更以陰腫紿之，又止。賊以甘美艷，慮爲二王得，甘氏曰：「君勿憂，吾有計在。」乃以鱔血及膏藥等傅面，果免。又誘賊將曰：「吾與汝義爲夫婦，此非容身地，宜他避乃可。」賊將從之，遂攜輕寶潛遁。一日，密以巴豆進賊，賊暴死。甘將貲寶昇歸，與夫復合，爲鉅富云。此出野記。

215 李維樾守江浦

江浦縣屬應天府，距和州六十里。乙亥十二月三十日，賊渠八大王自和趨至，圍西門，又圍南北兩門，惟大東、小東二門不圍。知縣李維樾登陴防禦。南京遣游擊汪迪吉以千人駐浦口；又游擊蔣都，蘇人，以五百人踞城中，合鄉兵固守，分詰奸細。如諜人入，僞稱江北人，則令汪軍解北語者詰之；僞稱江南人，則令蔣軍習南音者詰之。一日城中獲諜，僞稱南人，使蔣軍訊問，不能出一言，立梟示。城内賊悉擒斬訖，諜遂絶。外賊猶未知，忽數人登堞，有屠兒誘之，執其手，抽刀斷臂墮下，賊始知諜洩，乃退。李維樾追賊鏖戰，奮臂大呼，所向辟易，賊衆宵遁。後維樾與蔣都等俱陞賞有差。弘光朝，維樾陞科道。康熙己酉三月十三日，江浦人劉肇名述。

流寇蹂躪南省，如潁州、鳳陽、巢縣、舒城、廬江、無爲州、和州等處，所至破滅，屠戮人民不可勝計。其僅存者，不過壽州與廬州耳。然廬州猶或城堅易守，至于江浦，斗大孤城，靴尖可倒，乃能固守無虞，抑且追賊鏖戰，李公膽智高人一等矣。庚戌六月七日筆。

216 鄭芝龍擊劉香老

初，芝龍爲海盜，天啟七年，犯閩中銅山、中左等處。崇禎元年五月招之，九月芝龍降于巡撫熊文燦，授以游擊。五年壬申十一月，劉香老犯福建小埕，芝龍擊走之。六年，海盜劉香老犯長樂。甲戌四月，又寇海豐。乙亥四月，芝龍合粵兵擊劉香老于田尾遠洋。香老脇兵備道洪雲蒸出船止兵，雲蒸大呼曰：「我矢死報國，亟擊勿失！」遂遇害。香老勢蹙，自焚溺死。康承祖、夏之木、張一傑脱歸。十三年八月，加芝龍總兵。芝龍既俘劉香，海氛頗息，因以海利交通朝貴，寖以大顯。

芝龍，泉州人。泉州郡城南三十里安平鎮，芝龍府在焉。芝龍幼習海，知海情，凡海盜皆故盟，或出門下。自就撫後，海舶不得鄭氏令旗不能往來。每一舶例入三千金，歲入千萬計，芝龍以此富敵國。自築城于安平，海梢直通卧内，可泊船，徑達海。其守城兵自給餉，不取于官，旗幟鮮明，戈甲堅利。凡賊遁入海者，檄付芝龍，取之如寄。

217 鄭芝龍小傳

芝龍，號飛黄，福建漳州府漳鎮人，離府六十里，濱于海。父翔宇，祖壽寰，世府掾。飛黄行居四，三兄亦府掾。飛黄年十八，早緣掾缺上役，已擇吉有期矣。父多妾媵，其生第六子之母，與飛黄搆别情。一日，爲飛黄理髪，飛黄以手插入其裙腰，調情意密。父自後走出，飛黄提縮勢急，裙帶爲絶，父目擊，持棍怒逐，飛黄奔上飄洋船，時蓋泊其舍傍也。父怒方篤，聲言尋出殺之，急切不得歸，洋船又刻期掛帆，飛黄懇巨商帶往日本。飛黄固姣好色媚，愛之者非一商，遂與俱往。至則各商有發貨、置貨之煩，飛黄獨無所事，日就島主宴飲歌舞。時島主家有文君，悦之，即國姓鄭成功之母也。贅入爲日本人婿。來艘已返，且未歸，生一子，國姓也。再一年，前艘與客又至，乃隻身附歸。至中途，爲海盜所刼，飛黄亦隨船貨作千金，分與主寨之賊，賊嬖之。海盜有十寨，寨各有主。停一年，飛黄之主有疾，疾且痼，九主爲之宰牲療祭。飛黄乃泣求其主：「明日祭後必會飲，乞衆力爲我放一洋，獲之有無、多寡，皆我之命，煩緩頰懇之。」主如言，衆各欣然。刼四艘，貨物皆自暹邏來者，每艘約二十餘萬。九主重信義，盡畀飛黄，飛黄之富逾十寨矣。海中以富爲尊，其主亦就殂，飛黄遂爲十主中之一。時則通家耗，輦金還家，置蘇、杭細軟、兩京大内寶玩，興販琉球、朝鮮、真臘、占城、三佛齊等國，兼掠犯東粤潮、惠、廣、肇，福浙汀、閩、台、紹等處，此天啟初年事也。閩、粤兩撫爲勦除策，各遣海道張濬、李芳枝二人先駐海涯，揚旗震鼓，以集調土、漢等兵，不逾三夕，兩道臣爲飛黄取入海寨。二撫悔恨無策，勦撫並淆，不得不上聞。飛黄亦日醉二道臣于洪波中，恐之侮之，絶不甚危之。三月餘，主撫之旨下頒，且設漳鎮參將府之座以待飛黄，飛黄遂挾二道臣登涯就職矣。兩撫以脱卸爲事，仍叙功加部銜、宫保不等，飛黄又多所贈，至喜也。其在海九寨，爲主者爲劉香，蹈飛黄故轍，爲海邊患。飛黄則盡力窘之，幾窮逼其無挽泊處。香甚恨焉，訪飛黄在漳鎮，盡遣其黨圍其居而擒焉。飛黄見曰：「吾爲岸上貪官污吏所束縛，正欲仍來入夥。」問舟泊何處，即先遣家眷登入，復盡捲家之所有歸船。飛黄又曰：「室中酒肉甚多，何不暢飲而去？」乃令治具，取其精腆者咨爲飽渥，碗酒塊肉，數指輪拳，至醉而酩酊者，隨身之刀各倒地卧壁不顧矣。忽聞鑼响，頭皆落地。飛黄取上家眷、什物，解其衣甲，衣我家丁，駕彼之船，挺立船頭。劉香遥望本船衣飾與飛黄，大喜而呼曰：「來矣！」飛黄亦應曰：「來矣！」即躍上岸，乘其不備，舉刀便斫。劉香既殺，餘皆跪拜投降，海上從此太平，往來各國皆飛黄旗號，滄海大洋如内地矣。撫按又爲報功，因陞漳、潮兩府副總兵。後至崇禎末年，百計營求，欲得福閩全省正總兵，齎銀十萬至京師，大小司馬手長膽怯，不敢也。至十七年三月，此銀爲流賊所得。至弘光朝，馬士英晉之以五等之爵，封靖海侯矣。至隆武朝，疏陳「有子在日本」，隆武召歸，竟立爲己子，賜國姓矣。不久，飛黄亦即歸大清。此芝龍族婿翁吉爐所述。

遺聞云：芝龍有弟芝虎，勇冠三軍，以征劉香殁于海。次鴻逵，次芝豹。一門聲勢，烜赫東南。

218 孝子馮時化

馮時化，無錫人。讀書遇忠孝事，輒欣慕執鞭。母病殆，焚香祝天，剜肉調羹，母飲之立痊。時化嘗拾遺金，懍護三日，伺其人返之。隱德至行，殆今人而古處者歟？

219 旌貞女鄭氏

按氏鄭惟順女，幼字詞臣馬世奇長子瑜。聞瑜病殁，驟掣一刀截髮，奪而復掣者三，防之密，終不得截，遂以首抵火，焚髮幾盡，且哭且踊，跽告祖母及母，求過夫家執喪。母猶豫，卽擲身墜樓求死。母知志不可奪，聞于夫家。時瑜父世奇官京師，祖希尹卽具禮往迎。入門後，縞衣練服，執三年喪，却甘飲蓼，砥志堅苦。瑜葬，凴棺悲慟，道路哀之。順治戊子，學臣蘇銓疏題建坊旌表。

馬世奇自京爲文寄哭子曰：「吾自聞兒媳矢志從一，每心幸兒之有婦。而又聞諸愛人以姑息者，恐未必能令兒之終有婦也。而今兒果有婦矣！」

220 陸貞女柏操

女陸氏，武進人，貢生陸卿鵠女，大司馬完學女孫也。完學初第，卽以外家杭貞女狀白巡方使，得上聞，贈旌，卽夢杭入室而女生。幼許字同邑趙燭遠，趙舞勺爲諸生，有文名。女少穎異，十齡，手録女誡及列女傳，心向往之。崇禎乙亥，趙生年十七，殀，女聞變，饘粥不入口者數日。擇十二月二十四日庚子往趙，縗絰拜生柩下，哽咽幾絶。才處梵課，間作小詩，檢其遺編除夕云：「夫婦一生今夕終，道義千秋今日始。」語氣凛凛。中秋、重九、拜像、誦經、焚香諸詩俱佳，不及載。稿中一詞云：「世上光陰，百年一息，厚愛深情，終須一別，痴兒女綢繆偏切。何似我，生來夫婦不相識，恩義成空說。萬種緣，都付勾消一筆!」壬子冬，病勢亟，有老尼誘以披剃，冀得少延者。女曰：「吾久稱未亡人，豈復貪餘年？且披剃何以入趙穴?」疾將革，戒侍婢勿慟，遂瞑。時癸未正月，卒年二十有六。

221 三峰大師傳

師名法藏，字於密，無錫蘇氏子也。父蘭，母周氏，家世奉齋。師生而穎異，有大志。十五，過德慶庵，禮佛心動，遂出家。然性高曠，不事事，留心筆墨間，鬮題拈韻，與同里薛廉憲敷政輩相倡和。每自言：「四十當悟道，六十歲死矣。」二十九歲，見高峰語録，開卷悵然，若能記憶，遂決志參禪。是歲，受戒于雲棲。又十年，受具于靈谷。又明年，住海虞之三峰。如是十餘年中，虛檐破壁，草舍蘿牆，食豆滓，衣補綴，不以爲苦。嘗參「萬法歸一，一歸何處」話，目不交睫，脇不至席，以未有悟入，惶懼泣不禁，至欲養髮入醫卜，不受十方茶飯，俟參透再來。其懼罪福如此。萬曆壬子，師年四十，必以得悟爲期。適有老宿朗泉者，閉不語關。師入與相拜，拜下，忽暈眩，吐痰斗許，一睡五日，不知人事。會窗外有二僧夾籬折大竹，聲若迅雷，師自枕上躍起，頓得心空。至夜，聞兩堂課誦鐘鼓之音，如在自己身中，歷歷落落，毫無間隔，覺得身遍虛空，坐一夜如彈指。凡祖師言句，一時會盡。自此觸處皆悟，轉悟轉深。嘗參「三玄要」四十餘日，痰癰發于左臂，自腫及潰，了不經意。後脱衣，膿血膠凍，始覺。師與覺範所著臨濟正宗，意旨符契，覺公無後，意欲遥嗣之。又復携杖笠，由浙東遡匡廬。時禪風絶響，于是閉門，研極五宗之妙，著五宗原。于是海内衲子望風雲集，太倉之慧壽、吴門之北禪，迎師開法，師以威音以後，不許無師自任。所至不正位，不登座，惟隨宜啓發而已。或指見五乳憨公，師曰：「此老固菩薩人，然我所欲嗣者臨濟兒孫，豈可因彼盛名更吾志哉？」後聞天童悟和尚出世金粟，師策杖從之，往復印證，粟竟手書源流，以信拂付焉。既而杭之安隱請雲門湛和尚開法，湛見師語録，曰：「此古佛再來也。」邀師爲第一座。師至，而湛先示寂，檀衆遂請師開堂。自此玄風大暢，縱其機辯，以接四方學者。天啓丁卯，住玄墓聖恩寺，間游他方，緇素擁護，羅拜道側者幾萬計。時有不得志于師者，間師于天童，造作語言，幾成聚訟，然非天童與師意也。甲戌六月，歸故里，重瘞父母以竣其志。乙亥六月，病脾，寢數月。侍者問：「如何是身後事？」師曰：「床頭老鼠偷殘藥，壁上孤燈照舊衣。」遂酣睡。至中夜，沐浴更衣，泊然而逝。師上堂四十餘會，度徒百餘，受戒萬衆，得法者十一人：一默成、問石乘、在可證、頂目徹、澹予垣、剖石璧、于磐鴻、具德禮、繼起儲、慧刃銛、潭吉忍。宰官居士，皈依遍天下，其最醉心法乳者，文文肅、姚文毅、周忠介、蔡忠襄、金太史聲、熊黃門開元、劉孝廉道貞，而孝廉尤稱入室。所著有語録、廣録、弘戒法儀、五宗原傳于世。

三峰，無錫五牧人，卽蘇漢月也。初爲應付，後歸禪。其登壇講論，皆取辦于四書、五經。曾記其尋討一「理」字云：「是無着當字，又是極切實字，總是三代以後人少不得，三代以前人用不着，此所以四書、五經上無此一字。」雖飽宿，往往爲其所難，真辯才也。

222 清兵

八年己亥二月丙寅，攻宣府水泉口。七月二十七日辛亥，引還。

223 誌異

七月己酉朔，山西汾州府臨縣大雨雹三日，積二尺餘，傷稼。九月二十五日壬申，熒惑犯太微。

明季北略卷之十二

崇禎九年丙子

224 陳啟新疏三大病根

正月，特簡淮安衛三科武舉陳啟新爲吏科給事中。先是，啟新伏闕獻疏，其畧曰：「朝廷有三大病根：以科目取人，一病根也。據其文章，孝弟與堯、舜同轍，仁義與孔、孟爭衡，及考政事，則恣其貪，任其酷，前所言者皆紙上空談。蓋其幼學之時，父師所教，則皆謂讀書可致富致貴，故進步止知榮身榮親，誰更思行其致君、澤民之道哉？臣所以效賈生之哭者此也。以資格取人，一病根也。考國初，典史馮堅任僉都，貢士彭友信任布政，秀才曾太授尚書，何嘗以資格限之？至嘉靖時猶三途並用，獨今惟尚文之一途。即一途且分界地，貢士官止于貢，舉人官止于舉。貢者明知前途無路，取如是，不取如是，毋寧多取；舉者明知歷任有限，清如是，貪亦如是，毋寧貪求。若進士，則又知天下之爵，皆其砧几之物；天下之士，皆其朋比中人。煉成一氣，打成一片，横行莫之問，放誕莫之稽，取憑其取，與遂其求，又安得官不貪、吏不污耶？偶有一清廉自愛者，則共道其矯，共駭其異，不去之不已。臣所以效賈誼之痛哭者此也。以推知行取科道，又一病根也。知縣者民之父母，入仕之初尚畏簡書，自應謹飭。今一選知推，便不思愛養，梃政兼施，貪酷相濟。所以然者，良由行取爲科道也。彼受任時，先以科道自居，謂異日能舉劾人，能榮辱人。及至守巡司府，竟以科道相待，謂彼異日可顯我，可斥我，結交可爲膀臂，投契可爲奥援，畏敬之不暇，又何敢侮其意、制其行乎？故虐民、剥民、顛倒民、凌彂民，無不肆其所欲，可憐此蚩蚩之氓，叩閽無路，赴訴無門，欲不爲盗得乎？臣所以效賈誼之痛哭者此也。國家受此三大病痛，由是章句無用，黨羽日盛，惟利是好，非情不行，竟成一迷局，舉世盡醉夢于其中而不醒矣！嘗見青衿子，朝不謀夕，一叨鄉薦，便無窮舉人，及登甲科，遂鐘鳴鼎食，肥馬輕裘，非數百萬則數十萬，試思此胡爲乎來哉？嗟嗟！古云：『財不在下則在上。』使其在下也，今日輸賦税，明日輸加派，猶有入之之日。卽使在上，今日發内帑，明日發京庫，猶有出之之時。今何不幸，而盡奪于中之縉紳乎？則何日而得其出，而流通于世乎？不獨不出也，彼且身無賦、産無徭、田無糧、物無税，且庇護奸民之賦徭、糧税，其入之正未艾也。卽或有時而出，非買科第，則買地方、買遷陞，而出一，無不入千，天下有數之財，豈堪此乎？上好下甚，日趨日極，今天下危矣！若病根不除，則盗賊必不能息，勢不以皇上之天下斷送于章句腐儒之手不止也。臣所以席藁跪伏于大明門外，引領待死，上陳治病之藥言有四：一當速停科目，以黜虚文；一當速舉孝廉，以崇實行；一當速罷知推行取科道，以除積年横恣之陋習；一當速蠲災傷錢糧，以蘇屢歲無告之顛連。由此真才自出，風俗還醇，而世臻上理矣。」灑灑五千餘言，皆切時弊。上嘉異之，故特有是命。時政府覘知上意，必有闢門特達之典，故令啟新上書，特借以搏擊善類。啟新既進，惟從事敝車羸馬以逢迎上意，而政府有求皆不應，恨之，不見信任。

225 劉宗周論時政

正月，以劉宗周爲工部右侍郎。三月，宗周上言：「皇上卽位之初，銳意太平，而施爲次第之間，未得其要：屬意邊疆，而賊臣以五年爲期之説進，遂至戎馬生郊，震及宗社，而朝廷始有積輕士大夫之心矣。由是廠衛司譏防，而告密之風熾；詔獄及卿士，而堂簾之情違。人人救過不給，而欺罔之習轉甚；事事仰承獨斷，而諂諛之風日長。甚至參劾之法，惟重徵輸，官愈貪，民愈困，而賦愈逋。總理之外，復設監紀，權愈分，法愈廢，而盜愈多。夫君臣相與，至難也。得一文震孟，以單詞報罷矣；得一陳子壯，又以過戇下獄矣。市井雜流，乃得操其訛説，投間抵隙，以希進用，而國事尚可問哉？乞皇上體上天生物之心，而不徒用風雷；念祖宗學古之益，而不至輕信改作。以寬大養人才，以拊循結人心。而且還內庭以掃除之役，正慉帥以失律之誅，愼宗賢以改秩之授。特頒尺一，遣廷臣賫內帑巡行郡國，爲招撫使，赦其無罪而流亡者；嵩責撫鎮陳師險隘，堅壁清野，聽其窮而自歸。誅渠之外，不殺一人，此聖人治天下之明效也。武生新授吏科給事中陳啟新，一言投契，立置清華，此誠盛事。臣愚謂宜先令以冠帶辦事黃門，稍如試御史例，俟數月後，果有忠言奇計，實授未晚。不然，如名器可惜何？」疏入不報。

226 錢士升論李璡搜括之議

四月，武生李璡奏致治在足國，請搜括巨室助餉。大學士錢士升擬下之法司，不聽。士升上言：

「比者借端倖進，實繁有徒。而李璡者，乃倡爲縉紳豪右報名輸官，欲行手實籍没之法，此皆衰世亂政，而敢陳于聖人之前，小人無忌憚一至于此！且所惡于富者，兼併小民耳，郡邑之有富家，亦貧民衣食之源也。以兵荒之故，歸罪富家，而籍没之，此秦始皇所不行于巴清，漢武帝所不行于卜式者也。此議一倡，亡命無賴之徒，相率而與富家爲難，大亂自此始矣！」已而温體仁以上欲通言路，竟改擬。上仍切責士升，以密勿大臣卽欲要譽，已足致之，毋庸汲汲。時福建右衛經歷吴化鯤訐奏士升弟士晉，體仁亦擬嚴旨，士升遂乞罷，許之。

227 詹爾選救錢士升

御史詹爾選上言：「大學士錢士升引咎回籍，明乎輔臣以執争去也，皇上宜鼓舞之不暇，顧以爲要譽耶？人臣而沽名，義所不敢也。乃人主不以名義鼓天下，使其臣爲尸禄保寵，習爲寡廉鮮耻之世，又豈國家所利哉？天下明知一切苟且之政，拊心愧恨，有難殫述。輔臣不過偶因一事，代天下請命耳，而竟鬱志以去。所日與皇上處者，惟此刻薄不識大體之徒，毁成法而釀隱憂，天下事尚可言哉？」上召見廷臣于英武殿，怒詹爾選，詰之，聲色俱厲。爾選從容奏對，不爲詘。上問如何爲苟且？對曰：「卽捐助一事，亦苟且也。」反覆數百言，且曰：「臣死不足惜，皇上幸聽臣，事尚可爲。卽不聽臣，言可留爲他日之思。」上益怒，欲下之獄。閣臣申救良久，命項繫直廬，下都御史論罪。

228 倪元璐論參薦

四月，國子監祭酒倪元璐上言：「昨見黄安縣學生鄒華妄行薦舉，列及臣名，不勝驚異。陛下求賢若渴，本期宣幽燭隱，而宵人干進，薄孔、孟爲粃糠，網簪纓爲桃李。吴化鯤，部民也，參及撫按；鄒華，下士也，薦及朝紳。如是而望朝廷之上昂首伸眉，豈可得乎？」上是之。七月，元璐罷，誠意伯劉孔昭參其以妾冒妻封也。有旨冠帶閒住。

229 劉宗周罷

四月，大學士温體仁等各捐俸市馬，從闗寧太監高起潛之請也。劉宗周上言：「一歲之間，助陵工，助城工，又助馬價，亦可報稱于萬一，而時奉急公之旨。諸臣于此，毋乃沾沾有市心乎？惟皇上罷得已之役，停不急之務，節省愛養，不徒爲一切旦夕之計，亦何事屑屑以利爲言乎？」不聽，宗周尋報罷。

230 文場兼武

四月，命鄉、會試二三場兼武經書算，放榜後習騎射。

此制科一變也。然是秋舅氏舉孝廉，次年聯捷，鄉、會兩場，俱未聞試武。及十三年庚辰，魏藻德榜，始有習射之事。豈令始于丙子，而行于庚辰耶？

231 童生瞿昌獻白兔

四月，四川重慶府鳌縣童生瞿昌進獻白兔，上嫌其獻瑞瀆奏，逐回籍。

232 成德下獄

五月，逮滋陽縣知縣成德下錦衣衛獄。德性剛激，出文震孟之門。震孟罷，連章攻體仁，凡十五上，盡發其奸。母張氏伺體仁輿出，輒道詬之。後移獄刑部，戍延綏。

233 謫金光宸

八月，召廷臣於平臺。初，御史金光宸參通州兵部右侍郎仇維禎，首敘內臣功爲借援，又請罷內臣督兵，上勿善也。是日，怒詰之曰：「仇維禎方至通州，爾卽借題沽名！」欲重治之，適大雷雨，議謫。

234 清兵入塞

丙子二月，清兵薄大同馬蓮口。四月二十，又薄大同宣府塞下。六月廿六，入喜峯口，巡關御史王肇坤死之。七月，功居庸關昌平北路，上分遣諸內臣李國輔等各守關隘，以張元佐爲兵部右侍郎，鎮守昌平，司禮太監魏國徵守天壽山。國徵卽日往，上語閣臣曰：「內臣卽日就道，而侍郎三日未出，何怪朕之用内臣耶！」初六丁未，清兵深入，掠山西。初八己酉，間道過昌平，降丁内應，城陷，總兵巢丕昌降，主事王桂、趙悦，太監王希忠等皆被殺，焚天壽山德陵。初九庚戌，引還良鄉。十六丁巳，攻寶坻，入之，殺知縣趙國鼎。二十二癸亥，入定興，殺家居少卿鹿善繼，又入房山。都城戒嚴，斗米三百錢。上憂之，召廷臣于平臺問方畧，户部尚書侯恂言禁市沽，左都御史唐世濟言破格用人，刑部侍郎朱大啟請列營城外爲守禦，吏科都給事中顔繼祖言收養京民細弱。上諭：「莫若甃助爲便。」八月初八己卯，入文安、永清，分攻諸縣。十四乙酉，攻香河，回涿州陷順義，知縣上官藎自經。三十日辛丑，掠雄縣而北，攻陷城堡甚衆。九月，命總理盧象昇總督各鎮兵入援。時象昇方追賊至鄖西，聞警，以師入衛，因改象昇總督宣大、山西軍務。是月初一壬寅，清兵從建昌冷口還，命取所掠子女皆艷裝乘騎，奏樂凱歸。斫寨上木以白書之，榜于道曰：「各官免送。」守將崔秉德請率兵遏歸路，總監高起潛不敢進，揚言「當半渡擊之」。偵騎報師已盡行，四日，起潛始進石門山，報斬三級。初九庚戌，清兵攻山海關之一片石，巡撫馮任禦却之。

235 鹿善繼定興被殺

鹿善繼，字伯順，號乾嶽，北直保定府定興縣人。萬曆四十一年癸丑進士，與吴郡周順昌、吴橋范景文襆被蕭寺，雞鳴風雨，以節義相期勉，選户部山東司主事。毅宗立，陞太常寺少卿，未三載，告歸。九年丙子七月，清兵破定興，善繼方移疾村居，念定興當涿南保北，背障神京，遂辭邱墓，令子化麟侍父于鄉，援兵登陴。七日城破，善繼守南門，兵從西北隅上，挾刃索衣，善繼不可，兵怒，斫公三刀，復射一矢而死。明年正月，子化麟伏闕上書，言：「臣父以無備之城，必破之邑，獨堅誓死之心，衡拒方張之敵，不獨城存與存，効勿去之義，抑欲人戰家守，折南下之謀。」疏上，下部。部覆，得旨贈大理寺卿，廕一子入監讀書，專祠賜謚，予祭造墳，恤終之典無不備，蓋異數也。是冬，化麟亦以苦次哀痛死。善繼死時年六十有二。甲申，謚忠節，賜祠額曰「忠烈」。

定興之守，是猶捧一簣以塞潰川，挽杯水以澆烈焰，欲不俱盡，得乎？

順義、良鄉、寶坻、文安、永清、香河、房山七縣，昌平州、涿州，俱屬順天府。天壽山在順天府北。天壽以諸陵名。居庸關亦在順天府北，淮南子曰：「天下有九塞，居庸其一。」雄縣、定興縣俱屬北直保定府。

236 敘守京功

十月，賜太監曹化淳等綵幣，以各進馬也。敘京師城守功，太監張國元、曹化淳蔭指揮僉事，各世襲。

乙亥十一月，太監高起潛弟廕錦衣衛中所正百户世襲。丙子六月，命司禮監太監曹化淳同法司録囚。至于清兵大入，則遣李國輔、魏國徵等分守，及退，而張國元、曹化淳敘功。嗚呼！朝廷雖乏人，奈何與刀鋸之餘共天下事哉！吾知忠臣良將之心，於是乎灰矣。六月十一書。

237 劉宗周疏責温體仁

十月，前工部右侍郎劉宗周上言：「往者袁崇煥誤國，其他不過爲法受過耳，小人競起而修門戶之怨，舉朝士之異己者概坐煥黨，次第置之重典。自此小人進，君子退，中官用事，而外臣浸疏。今日之禍，實己已釀成之也。且張鳳翼溺職中樞，而與之專征，何以服王洽之死？丁魁楚失事于邊，而與之戴罪，何以服劉策之死？諸鎮巡勤王之師，争先入衛者幾人，何以服耿如杞之死？豈昔之爲異己驅除者，今不難以同己互相容隱歟？臣于是知小人之禍人國無已時也。皇上惡私交，而臣下多以告訐進；皇上録清節，而臣下多以曲謹容；皇上崇勵精，而臣下奔走承順以爲恭；皇上崇綜覈，而臣下瑣屑苛求以示察。究其用心，無往不出于身家利禄。皇上不察而用之，則聚天下之小人立于朝，而有所不覺矣。嗚呼！八年之間誰秉國成，臣不能爲首揆温體仁解矣。」

是歲，清兵二月入邊，九月出塞，所過郡邑無不殘破，官軍畏之如虎，加以流寇縱横，歲飢民散，天下之勢已成瓦解。當事者雖卧薪嘗膽、枕戈擊楫，成敗尚未可知，而猶泄泄從事，譬之搆巢焚室之下，奏樂漏舟之中，欲不亡得乎？烏程諸人，誠不得辭其罪矣！用賓筆。

238 謝陞罷職

十月，吏部尚書謝陞罷。先是，上命吏部指奏數年銓政大弊，吏部覆奏不稱旨，上切責之，曰：「爾部職專用人，推舉不效，乃反稱綱目太密，使中外束手；且平時陞轉，必優京卿甲科，乃云京卿未必勝外官，甲榜未必勝乙榜。如此游移，豈大臣實心體國之道？」故謝陞罷職。十一月，下左都御史唐世濟于獄，以薦霍維華也，上以維華逆案世濟蒙蔽耳。逆案上所手定。十月，起守制楊嗣昌爲兵部尚書。

239 常自裕論流寇

丙子正月，給事中常自裕上言：「流寇數十萬，最强無過闖王，彼多番、漢降丁，堅甲鐵騎，洪承疇、盧象昇即日報斬獲，不過別管小隊耳，於闖勢曾無損也。督理兩臣，宜令耑圍闖王，而餘賊自破竹矣。」

是時流寇數十萬，殺人如草，官軍敗沒不知幾許。諸鎮臣偶得小勝，獲零賊數十百級，便詡爲功，能毋爲賊人竊笑乎？況此數十百級，尚未知是賊是民。若洪、盧兩臣，則固賊所素畏，當時稱曰：「洪兵、盧兵，賊聞其至輒他徙。」乃自裕猶有此議，真洞見軍中積弊者。至圍闖而餘自破，誠「擒賊須擒王」之策，然闖王亦豈易圍耶？此議事、任事之分也。

240 熊文燦代盧象昇

丙子夏六月，休兵。象昇疾走秦關，與總督洪承疇議事。時秦中之賊方熾，豫中之賊又來，凡臨潼、邠州、渭南、韓城、華州等處，承疇隨地嚴兵阻賊，象昇又屢獲奇勝，釜魚阱獸，賊旦暮可平。乃温體仁忌功，象昇忽受命勤王，未幾改宣大總督，而以熊文燦代之。文燦惟迎合中朝爲事，一意招撫，賊勢復烈。蓋體仁以象昇爲南人，不習邊塞，改置重地增其擔負，緩則敝之，急則殺之，此其積念也。後象昇果戰死松、杏，承疇尋亦改督薊遼。

241 孫傳庭擒高迎祥

正月廿三日己巳，陝賊陷麟游。二月，過天星乞降，陝撫甘學闊受之。尋延、河劫掠如故。三月，山西賊陷和順。十八日癸亥，甘學闊削籍聽勘，以孫傳庭代之。五月十一癸丑，過天星復叛於延安。七月十一癸丑，陝賊陷成縣。十九日壬戌，孫傳庭擊賊於盩厔，大破之，擒賊首闖王高迎祥及劉哲等，獻俘闕下，磔於市。十月，漢南賊陷褒城。

高迎祥爲流寇之魁，縱横秦、晉者十載，流毒不可勝計，傳庭一旦得而擒之，亦甚快矣！雖其後有潼關之敗，而此功亦何可掩歟？

麟游縣屬鳳翔府。成縣屬鞏昌。盩厔縣屬西安府。褒城縣屬漢中府。

242 李自成入西川

高迎祥既擒，自成竄西川，走苗城。十月初四日，冲梨樹、埡日等關，副將孔全斌等遁，於是破寧羌，攻廣元。逆宗朱廷一者，時爲參軍，株守保寧，坐視不救，遂直犯成都。蜀撫王維章聽其突入，不能扼禦，自成往來階、徽間。維章逮問伏法。

寧羌州屬漢中府。廣元縣屬四川保寧府。階州、徽州屬陝鞏昌府。

243 河南光山之敗

丙子正月廿六日壬申，賊陷閿鄉。上用經畧侍郎王家禎巡撫河南。時宛南、裕、舞一帶，巨寇鴟張，踞蟠龍山，負嵎爲勢。不一年，家禎旋罷去，陞河北道常道立代之。蓋道立幼在楊鶴衙齋，與嗣昌善，嗣昌時以本兵入閣也。上又憂賊不即平，命内臣盧九德、劉元斌率禁旅出討，八月，抵河南。九德號雙泉，揚州人，性勤幹，諳練兵機，其把牌中軍黃得功、宋紀，皆驍勇絶倫。官兵剿賊于真陽縣之張家灣，追至光山。千總張國柱被圍，遊擊苗有才救之，而山下雪積坑深，方欲收兵，賊大隊齊發，呼囉囉爲號，四面合圍，官兵大敗。大略劇賊人有副馬，疲則易之，蹻捷如飛。官兵用步卒尾之，重趼而至，賊已逸去。喘息未定，他警又告。故將士不勝勞苦，終無成功。是年賊勢益熾。

真陽、光山二縣俱屬河南汝寧府。

244 左良玉鄢陵之捷

丙子秋，河南賊首老獁獁、許文沖、王九仁、王成龍、薛仁貴等，連營七十里，所在焚掠，其勢張甚。八月二十六日，掠扶溝等縣鄉野，火光徹天，四夜不息。時左良玉病新痊，率兵三千往鄢陵，有楚紳某復資精鋭五百人。會獲諜者，訊之，乃曰：「大帥居大營，夜間發火亦大；小帥居小營，夜間發火亦小。」

蓋百姓菽豆新登，賊至夜聚而焚之，各營遥望火焰猛烈者，即知大帥所居，凡日中所殺兵民、所掠子女及金幣幾何，俱往報功，賊帥開營檢納。小帥營前火勢稍微，諸賊一望可辨。又有赤白二旗爲號。良玉得其實，即大張旗幟，廣啟營門，伏甲士于内，將菽草爇之，光可燭天。賊見火烟勃起，謂大帥所在，咸趨至獻功，良玉納之。審閲甫畢，暗舉一號，壯士突出，擒二十八人，斬之。守營賊見報功者良久不還，竊疑之。良玉乘夜親率精鋭掩襲，賊不之備，大敗。獲銀盔九，即分賚將士。是夕，追殺數十里，騎賊逸去，步賊遁走不及，或伏鄉野複牆，或匿草間花地。及明，百姓遍索田園中，悉擒出斬之，凡殺數千人，屍横遍野。時獲一婦人，美而艷，首飾金珠甚盛，服白紬衣，白綾裹足。良玉問曰：「汝何方人？」婦曰：「山西平陽人。」良玉曰：「幾何歲矣？」曰：「三十二歲。」問：「從賊幾何年矣？」曰：「三年。」又問：「丈夫何人？今安在？」曰：「夫號薛仁貴，已死于練司地方矣。」薛仁貴者，居恒素衣銀胄，其兵旗甲俱用白色，望之如雪，故號薛仁貴。驍勇善戰，軍中稱爲「白袍將軍」。廷訊既畢，令出斬之。肌色如玉，獨尻下既黑且堅，以乘馬三年故也。諸兵分取珠寶，剖其腹，將心肺炙而食之。是役也，賊衆折傷，潰而爲二。老狪狪一股奔鄭州，許文冲一股奔陳州沈丘。後良玉追至鄭州，老狪狪遣人詈而誘之，良玉怒，追入夾山，誤爲賊圍，久之不解，糧盡援絶。良玉將自刎，麾下千總洪機，年二十七，猛勇絶倫，急止之，曰：「將軍何爲若是？某願奮死潰圍！」良玉遂與並馬鏖搏，兵從之，百姓踞山上，飛擲磚石以助兵勢，由此開路，良玉突圍而出。然山徑多石，洪機馬蹶，身被重傷，出圍三日乃死。良玉悲慟，殺馬祭之，設醮而去。良玉字崑山，遼陽人。其爲將也，軍法頗寬，凡掠子女金帛，俱不之究，但諭之云：「汝只爲我殺賊述者。

耳。」鄢陵之役，所得貨寶俱賞士卒，而己纖毫不取，其得衆以此。此吾鄉人昔年在豫時，親所見聞而述者。

良玉駐軍楚、豫，一諸生篤于伉儷，訴兵掠其妻，良玉命諳瞥親索。已而得之，入白良玉。其妻嫌生之貧，而躭于兵之富逸也，竟不肯認。良玉不能決，問生曰：「既爲汝妻，知體中有暗記否？」生曰：「曾記乳下有一黑子。」良玉驗之，果信，謂生曰：「彼既不以汝爲夫，汝何必以彼爲妻耶？軍中婦人不少，任汝所擇。」生泣拜而出，檢一婦以去。行不三里，忽一騎飛至，贈生以囊，啟視之，乃良玉所斬惡婦首級也，生大驚泣謝，一時傳以爲快。然所至淫掠，豈能如一笠一釜必斬之師哉？六月十二筆。

扶溝、鄢陵、沈丘三縣及鄭州、陳州俱屬開封府。

245 楚中流寇焚竹山

丙子二月，鄖、襄賊犯竹山。竹山縣屬湖廣鄖陽府，自七年爲賊屠陷，至八年，知縣黄應鵬僅栖草舍數椽。至是賊復至，應鵬棄城走。賊入據城，有徵糧六百石，盡爲賊食。食盡，焚縣治而去，爲空城矣。

三月廿七日甲戌，撫治鄖陽宋祖舜削籍，以追寇失利，亡其符印故也。以苗胙土撫鄖陽。十月，河南賊陷襄陽。十二月，以鄖、襄賊逞，罷撫治苗胙土，以陳良訓代之。

當時猾賊强逞，雖宿將猶不能制，而以白面書生當之，庸有濟乎？紛紛代易，徒擾民耳！

246 張獻忠陷應城 附雲夢

丙子十二月初六日戊申，獻忠至應城，士民登陴守。獻忠引衆自東馳西，繞城而過，竟不攻圍。百姓大喜，謂賊已去，甚輕之，不設備。獻忠距西門十里駐營，休息士馬。次日，寂然不動。當時民未習兵，不知其計，有探騎至，輒登城辱詈之，而賊如故，止困西南兩門，而虚其東北，欲俟出走伏兵邀擊耳。愚民反笑其無能，益驕且惰。越三日，有一僧，勇而寡謀，聞徐翰林家有鐵甲，取服之，率衆千餘，開城出戰。賊望其至，佯棄輜重走，鄉愚嗜利，争取之。獻忠度其離城數里，旋馬突至，斬僧，縱騎大殺，鄉兵無有遺者，遂長驅城下，使勇士數人用梯登城。守者見賊猝上，悉驚潰，截斷東北兩門鎖鑰出走，而賊騎已由西南繞東北矣，殺戮萬計，縣令某死之。此十二月初十事。凡居八日，殺掠一空，至十八始去。尋圍雲夢，時城内多山西賈客，與衆約曰：「若等登城固守，慎勿喧囂，賊有所問，我輩應答。」衆從之。俄而賊衆以牛皮自蔽，攻掘城下。城上力士用長鐵鈎，或掀揭之，或提取之，砲石雜發，賊不敢近，攻八日而去。此應城人述。

語云：「鷙鳥將擊，必伏其形。」兵家之説也。愚僧之死宜矣，彼百姓亦何罪歟？至雲夢之守，則深得静以待動，逸以待勞之意。

應城、雲夢二縣俱屬楚之德安府。

247 宜城張烈婦詈賊

烈婦何氏，湖廣宜城人。幼頎而慧，長歸諸生張聯奎，故貧士，婦早夜操作，不避寒暑。崇禎丙子，寇迫宜城，聯奎偕婦及子順童，入城避難。聯奎以顧父旋返，獨婦母子踉蹌行。將屆城，賊轉近，男女奔避如蟻。婦坐舁中，自念矛鏑如雨下，奔亦死，不奔亦死，與其辱身而死，毋寧引頭當刃，忍痛須臾，全名萬古，呱呱兒弗顧也。時順童甫七歲，性至孝，戀母舁前，堅不去，賊騎蜂擁，哀呼母不絕聲。賊以婦貌都也，揮順奪之。婦伸領求斫，抗聲詈賊。賊不能屈，殺之。順童毫無怖狀，伏地抱屍，哀聲徹天，臨刑猶駡賊，兩手挽母衣不釋。是日，天地晦冥，陰風慘厲，見者哀之。撫按爲請卹于朝。

宜城縣屬襄陽府。

248 劉大鞏守滁州

丙子正月，賊連營數十里攻滁州，太僕寺卿李覺斯、知州劉大鞏督率士民固守。賊雲梯衝棚，穴地填濠，百道環攻。城上火砲交發，奪其雲梯燔之。賊死者甚衆，斂兵稍退，掠村落婦女數百人，裸而沓淫之。已，盡斷其頭，環嚮堞，植其跗而倒埋之，露其下私，以厭諸砲。城上燃砲，砲皆迸裂，或喑不鳴，城中惶懼。覺斯命取民間圊牏婦人溺器亦數百枚，懸堞外嚮，以厭勝之，燃砲始發，賊復大創。賊怒，攻益急。時總理盧象昇師次鳳陽，諸道兵畢集，劉大鞏馳檄請救。初八甲寅，象昇合諸路兵援滁州，戰于城東五里橋，賊大潰，象昇麾軍追之，逐北五十里，屍相枕藉。漕撫朱大典遣將截之，斬六百餘級。賊西向鳳陽，犯園陵。大典與總兵楊御藩列營陵牆，賊不敢攻，遂渡河掠懷遠。十七日癸亥，賊陷懷遠。大典兵至，賊焚廬舍北渡。十九日乙丑，陷靈壁，進逼泗州。二十一日戊辰，陷蕭縣。滁、陽敗北之賊，副將祖大樂兩敗之于永城，斬賊首混天王，賊精鋭散亡大半。二月初四日己卯，賊陷太湖。十一日丙戌，陷潛山。

附記　賊首混天王聞滁州饒裕，至滁州，觀形勢平曠，可以藏兵，遂至，遇孫遊擊軍，斬劇賊開山虎。混世王直前，孫遊擊被鞭而敗。時象昇援兵未至，有守將某出戰，賊圍殺之，州民大懼，閉城不出。南京本兵呂維祺遣王守備援之。此出野記。

前言朱大典莫爲堵截，賊逸去。此言遣將截之者何？蓋雖截而不能大獲耳。是歲流寇益横，自山、陝而楚、豫，而江北，所在見告。當事諸臣勦之不能勝，潛議招撫，于是五月下詔大赦山、陜脇從羣盜，令地方官多方安插，以消反側，違者重治之。以賊之老窟在秦、趙故也。然亦無可奈何之計，豈勝算哉！六月十四筆。

十月，命採平陽、鳳翔諸鑛以儲國用。自昔大猷之世，未聞採鑛以足用者。至于搜括助馬等事，無非言利小人逢君所欲，不顧貽禍宗社生民。然則思廟之體仁，其猶宋神宗之安石歟？

泗州與懷遠、靈壁二縣俱屬鳳陽府。蕭縣屬徐州。永城縣屬河南歸德府。潛山、太湖二縣屬安慶。

249 楊爾銘救史可法　桐城人述

流寇犯安、桐等處，安廬道史可法率衆出禦，距桐城三十餘里，被圍于鹿耳城，甚危。可法謂麾下曰：「事急矣！吾稔知桐城楊令，年少而才，得彼赴救，圍始可解，誰敢馳書者？」一將願往，遂潰圍出。夜半，叩城縋入，出書白楊，且曰：「坐候天明，大事去矣！」然時既倥偬，而士卒復寡，爾銘疑思移刻，疾邀諸紳議事。既至，卽捐其冠帶，易以戎衣，率通邑鄉兵趨救，不必長劍大戟，止令每人各持兩炬，疏行廣隊，整肅而行。賊遙見火光燭天，疑大軍至，卽解圍去，可法得免。既而聞賊將復犯境，親往廬州迎黄得功軍城守，賊僅焚掠郊野而去。未幾，爾銘陞兵憲，仕至廣東道御史云。按楊爾銘，四川敍州府筠連縣人。崇禎甲戌進士，年十四，卽令桐城。冠大，以絹塞後；座高，翹足而升，胥吏甚易之。久之，側冠而出，隸笑曰：「老爺紗幘歪矣。」爾銘大怒，曰：「汝謂吾歪，卽從今日歪始！」投籤于地，悉笞之，遂畏憚焉。

250 誌異

正月，孝陵雷，樹火。二月，山西大饑，人相食。唐王聿鍵奏南陽洊饑，有母烹其女者。六月初三丙子夜，有星大如斗，色赤，芒耀約十丈，自西南流東，聲如雷。

前載子炙父母，此書母烹其女。嗚呼，人道絶矣！

251 孝子彭有源剖肝

彭有源，字信宇，湖廣益陽人，家世製冠爲業。生而木質，不嫺文雅，顧性馴謹，重神明，幼卽虔誦三官、大士諸經，以祈親壽。嘗痛父病篤，刲左臂肉以療其父。踰十年，父卒，奉母吴氏，視父存有加，家卽貧，勉具甘旨。崇禎丙子秋，母病不能起，又疽穿手掌間，孝子悲思。夜見大士入夢，諭以母壽將盡，若得人肝服之，猶可療也。孝子晨起走母所，則母正思羊肝，孝子曰：「是殆神啓也！」乃垂涕跪禱于神。至夜，見大士、三官諸聖瓔珞旛幢而至，孝子驚醒，汗下如雨。乃澡身頂禮，舉手捫心，略得肺肝所在，持刀自刺，一剖而血迸，二剖而膜開，三剖、四剖而內砉然有聲，迨六剖而心出。遂緣心得肺，緣肺得肝，而孝子痛幾九死矣。逾時稍甦，孝子始呼妻至，令速煮肝進母。母不知，欣然下筯，尋得愈。事聞，遠近贊嘆。顧孝子肺，稜稜出在外，瘡口未合，衆爲禱于神。神見夢曰：「是孝子肺收之無難，末世鮮仁孝者，欲出之百日，令世人遍觀之耳！」孝廉王文南傳其事。

崇禎庚午，徐孝婦剖肝爲千古異事，而孝子堪與媲美。又皆楚人，可稱雙絕。予聞廬州有孝子某姓割肝，初刀破皮肉，肉内更有一膜，刺開取肝，進親，親疾愈。又聞湖州南潯鎮有閔孝子者，康熙三年，父疾篤，孝子焚香告天，剖肝進父，父食之，疾愈。士紳聞之，莫不往拜，卽相國金之俊等亦登門拜。其邑人編爲文，歌咏之。

益陽縣屬長沙府。

252 孝子爇火不燃

郭亮，湖廣孝感蹇人子也，目不習詩書，而有至性。天啟四年，母李病，亮籲天乞以身代，遂割右臂肉進母，母食之病愈。崇禎二年，父惟志又病篤，復截左臂肉進父，父病亦起。踰數年，父母卒，祭葬獨任，不累兄弟。或有重其貧而孝者，賵賻，卻不受。墓傍築一塲，編柳爲籬。累壤爲榻，苫塊六年，不解衣理髮。每設祭，則號慟，坐是兩目瞶瞽。流賊過其廬，爇火數四，烟息不燃，駭而問之，知爲孝子家，始下馬羅拜而去。

割股之事，令甲有禁。然以一體論，子之身，原父母之身，非從外授也。曾曰「無毀」，卜曰「能竭」。爲親以愛其身無毀傷者，爲無毀於他人耳。若毀於親，何傷？善乎李侍御鳳翔之言曰：「亦知割股非中正，情到摧傷豈僞爲？」王威寧伯鉞之題捨身崖曰：「此身如何容易捨，捨時除是爲君親。」即此二說，足以論孝子矣。

孝感縣屬德安府。

253 清朝改元

天聰自天啓七年丁卯爲元年，至今歲丙子止，凡在位十年。是歲，崇德立，即改元崇德元年，實爲丙子歲，即清之天聰十年，明之崇禎九年也。

254 陳烈婦傳

烈婦陳氏，吴江沙港人也。陳爲著姓，所歸張生士柏，夭而貧。士柏之兄士松，素無賴，里有豪曰徐洪，聞烈婦之艾，謀置之側室，已與其伯有成言矣，懼烈婦之不從也，賄鄰媪託故宿其家爲内應，統數十人夜襲之，烈婦被掠以去，求死不得。抵徐之家，愈求死，徐亦無可奈何。洪曰：「若不從，當與張程爲妻。」張程者，洪之傭奴也。佯令程收，婦徹夜哭不絶。及明，洪有侄，隣居，婦乃張産，見洪家之卒卒也，往視，聞寃號聲，不忍，就察之，則其内戚也，拔而歸諸其父。烈婦曰：「伯實利其所有，徐不得志于我，終不我置也。」訟之縣。或居間于令，令謬謂與程定情三夕，嫌貧逃歸，則刑其手而繫之獄，且令其父償伯之所得。烈婦曰：「既罪矣，且又誣我，不再訟則寃不白。」適巡方御史路振飛按部松江，與其父走松江訴之。御史披其牘，反復窮詰，不准爲理，烈婦遂伏地。御史命之起，不應。怪之，令視之，則剸刃於頸，而兩手按之，死矣。御史大驚，疾命醫，已不可救。閲其衣，衣盡複，遍紉其周折之處，而厚以纏束，堅緻不可復動。御史出拾金爲周身之具。捕徐洪、張士松等斃之獄。松江許給諫譽卿露緘致御史書，爲烈婦暴寃，且曰：「不脛而走，流傳長安，稱柏臺之下有刎死之少婦，奈何不聞之上也？」于是御史疏于朝，罪狀令，令不一月暴死郡城舟中。而徐洪、張士松之黨有漏網者，復爲震雷擊死。

255 許給事上按臺書

日者吴門未及晉謁，仰荷祖臺折節先施，復失倒屣，罪甚！自祖臺按部以來，三吴墨吏有望風解綬之意，曷勝敬服。昨聞吴江烈婦事最慘，觀其紉衣佩刃，寧死不辱，比夫從容就義，殆聖賢所爲，雖豪傑猶難之，況閨中一女子乎？使國家得如烈婦數人，將何事不可做，又何患小人内亂而夷敵外訌也？聞讞者枉法狥囑，誣以姦情，齒之辱之，致貞烈之氣挫折不堪，寧向堦前一席地自刎明志。嗟乎！世未有死難之貪夫，乃有死節之淫婦哉？此六月飛霜、三年不雨之變，復見於兹矣。事關風化節義，讞者囑者，公行無忌，蓋清朝所當首誅，度祖臺必旦夕拜疏。以昔日埋輪之丰采，特振今日持斧之威稜，不待不肖陳詞之畢矣。第恐百足之蟲，多方爲漏網之計，僅以此婦之夫兄抵罪了局，則烈婦含寃，貪人得志，有負祖臺激揚至意耳。況此事喧傳，不脛而走，若不題參，或流聞長安，妄疑柏臺之下何以有刎死之少婦，似祖臺又斷不可不明白入告也。不肖第杜門省愆，不欲饒舌，而一腔公憤，不容自已，輒敢露緘以聞，惟賜裁察。

明季北略卷之十三

崇禎十年丁丑

256 温體仁擬旨逮錢瞿

正月，常熟縣民張從儒，訐奏前禮部右侍郎錢謙益、科臣瞿式耜，謂「二臣喜怒操人才進退之權，賄賂握江南死生之柄。三黨九族，無不詐之人；興販通番，無不爲之事。甚至侵國帑，謗朝廷，危社稷。止因門生故舊列于要津，鳴冤無地；宦幹豪奴滿于道路，洩忿何從。」奏上，温體仁擬旨，逮錢謙益、瞿式耜下刑部獄。先是，奸民陳履謙争産，求二宦關説，不允，懷恨，遂唆從儒訐奏。既奉旨提問，履謙等得志，遂揑造「欵曹和温」等虚詞，多方嚇詐。欵曹者，謂謙益嘗作故太監王安祠記，曹化淳出王安門，宜欵之；和温者，謂温與謙益有隙，宜和之。曹化淳訪知之，憤發其奸。至是，刑部尚書鄭三俊審出真情，陳履謙、張從儒各打一百棍，立枷三月死。謙益等尋釋歸。

257 陸文聲奏復社

三月，太倉州監生陸文聲陳「風俗之弊，皆原于士子，太倉庶吉士張溥、前臨川知縣張采倡復社以亂天下」，命南直提學倪元珙查究。元珙回奏，極言文聲之妄，稱：「東吴精進之學，復社爲最著，大都誠心質行，講藝談經，互相琢磨，文必先正，品必賢良，無慚名教。大都陸文聲有憾于婁東，故借復社爲名耳。」上責其蒙飾，降光禄寺録事。

張溥，字天如，號西銘。兒時，奇慧好學如成人，日讀書數千言。年十五，喪父，奉母金居西郭。十九，補諸生。同邑吴偉業從受易，與張采創立復社，聯絡吴、越俊秀。崇禎辛未成進士第七人，除庶吉士。觸執政要人怒，乞假歸。要人招陸文聲以社黨入奏，而蘇州司李某復訐溥，牽連六七年，以暴病卒。後御史劉熙祚、給事姜埰交章訟冤，奉旨所著書呈進，天下傳而頌之。有七録齋集，史論一編、二編及論畧、春秋三書、十三經合纂、歷代文典、文乘、通鑑紀事本末、宋、元紀事本末、古文互删、漢魏百三名家、歷代名臣奏議等書行世。

倪元珙，號三蘭，浙江上虞人。天啟壬戌進士，歷仕至蘇松學政，降録事，尋陞光禄寺寺丞。卒于家。

258 李如燦直言下獄

四月，諭百官求直言，給事中李如燦上言：「國家祖制，千古稱善。自軍不用而兵設，民始不得安其身；自屯不畊而餉興，農始不得有其食。有兵不練，兵增而餉益匱；有餉不核，餉多而兵愈冒。比者核實之使四出，而掊克屢聞，占冒不減，可謂有政事乎？魏呈潤、詹爾選、李化龍、劉宗周皆以一鳴輒斥，今下明詔求直言，倘赦其前愚，收之左右，是直言不求而自至也。若夫輔成君道，尤在相臣，今此瞻彼顧，結黨狥私，又何怪水旱盜賊之屢見哉？」上怒，下如燦于獄。左諭德黃道周上言：「陛下下詔求直言，而建言者輒斥；清刑獄，而下獄者旋聞。大臣雖清强，曾何益理亂之數！」上不懌，切責之。

259 楊光先參陳啟新

四月，新安衛千户楊光先疏參陳啟新，并及温體仁，舁棺自隨，謂：「啟新荷皇上獨斷，拔之泥淖之中，置之言路之首，宜致皇上爲商周，啟新爲築説。乃鄙夫既得，患失心生，稱量利害，口與言違，正世俗所謂『説真方，賣假藥』之小人也。按啟新原疏所指諸大病根，今當首申前議以拯斯民，何受事以來，絶無一字談及？何當日在局外，則自謂旁觀最清；一入局中，頓鶻突也？臣今所言清屯贖鍰，皆啟新未結之局，皆啟新分内之事，如啟新不知弊源，是爲不智；知而不言，是爲不忠。人臣不忠，罪當死；不智，而以浮詞誑皇上，騙美官，亦當死。啟新本太倉州軍士，嘗充漕司書辦。前啟新五千餘言，不出『破情面』三字，而原任山西布政樊良樞，是其刑司服役之故主，則特疏引薦，情面乎？不情面乎？最可駭者，書辦被殺，何關國體重輕，何與諫垣名節？乃以申明賞罰爲胡爾儀等請卹，非貪其一千四百金之賄何耶？今胡爾儀見在闕臣衙門供役，而啟新謂之已死，是與指鹿爲馬何異？啟新罪不容于死矣！至若首輔温體仁，自與啟新不同，治國平天下是其責，持危扶顛是其任，休休有容是其技。體仁柄國以來，邊騎兩薄都城，流賊各省延蔓，平治之績安在？國危于上，而不求所以安；民怨于下，而不思所以卹，扶持之責安在？忠告之言不受，睚眦之怨不忘，休休之量安在？三者無一，誠殆哉一個臣也！惟有引罪以去，庶幾不誤人國。乃悠悠忽忽，一利不興，一害不除，靦顔戀棧，若不斷送盡天下蒼生不已也。」上責其瀆陳。陳啟新疏辯，有旨責其「軍國大事，竟無一言陳奏，着降二級，照舊供職。」光先屢參啟新，上怒其恣臆亂政，廷杖，戍遼東。及十五年壬午八月，時啟新爲刑科右給事中，匿喪被劾，下撫按訊之，尋遁。

260 朱國弼劾温體仁

四月，撫寧侯朱國弼劾温體仁狥私左都御史唐世濟，又劾體仁受霍維華賂，令唐世濟發端。上慰諭體仁，奪國弼侯爵，世濟亦戍邊。

六月，體仁引疾免，賜金幣，遣行人護歸。初，體仁以讁發錢謙益受主知，遂入相。時上英明，憤廷臣苞苴亡狀，體仁惟斤斤自守，不殖貨賄，故上始終信之。至是，庇私黨，排異己，與舉朝爲仇，攻者無虚日，故免歸。

261 高起潛行部

四月，總監高起潛行部，永平道劉景耀、關内道楊於國俱耻行屬禮，上疏求免。上謂：「總監原以總督體統行事。」罷於國，降景耀二級，以後監司皆莫敢争。七月，工部員外郎方璽上言：「皇上親擒魏忠賢而手刃之，豈溺情閹豎者？不過以外廷諸臣無一可用，而借才及之。况人臣苟知報答，何論内外？

内臣既徼兹曠典，孰不欲棄捐頂踵以酬我皇上者？不必緦緦過計也。」給事中何楷駁其通内呈身，吏部請削其籍，上手改降三級，調外。

262 責臣罪己

閏四月，大旱，久祈不雨，聖諭責臣罪己曰：「帝德好生，降罰必有所致。久祈不應，乃朕躬之悃誠未能上達，朝廷之德澤不能下沾。如張官設吏，原爲治國安民，今出仕專爲身謀，居官有同貿易。催錢糧先比火耗，完正額又欲羨餘。甚至已經蠲免，悖旨私徵。纔議繕修，乘機自潤。或召買不給價值，或驛遞詭名轎擡，或差派則賣富殃貧，或理讞則以直爲枉。阿堵違心，則敲扑任意；囊橐既富，則解網念工。撫按之薦劾失真，要津之毁譽倒置。又如勳戚不知厭足，縱貪橫于京畿；鄉宦滅棄防維，肆侵凌于閭里，納無賴爲爪牙，受奸民之投獻，不肖官吏畏勢而曲承，積惡衙蠹生端而勾引。嗟此小民，誰能安枕？似此種種，足干天和。積過良深，所以挽回不易。都着洗滌肺肝，共竭悃誠，仰祇天意。」

263 楊嗣昌建議均輸

羣盜盤踞江北，廷議大發兵，計臣苦于無餉。兵部尚書楊嗣昌建議，因改糧爲均輸，以濟軍食。因加賦二萬兩。下詔曰：「暫累吾民一年，除此腹心大患。」

264 史可法巡撫安廬

七月，以史可法爲右僉都御史，巡撫安、廬、池、太等處軍務。時以寇患，故創設。明年戊寅六月，可法以憂歸。

史可法，號道鄰，河南祥符縣人。崇禎戊辰進士。爲安廬道六載，廉敏而愛民，貪吏望風解綬。至是，即擢安廬巡撫，洵東南之保障也。

265 聖駕巡城

京師時見聖駕郊天、祭地、祀日、夕月、幸學、籍田、大閱、祫祭、上陵等，外此則會典所不載，禮制所不詳。崇禎丁丑八月，上欲巡城，批云：北京城上素無窩鋪，傳姚廣孝等云：「城上若有窩鋪，如有惡星宿，天下亂矣。」故不設窩鋪，以風水不利耳。崇禎九年七月，清兵深入至順天房山縣，都城戒嚴。太監等建言：「城上草舖守城，甚苦。」乃于城上始建窩鋪。北京內外凡九門，每門約三里餘，每里一舖，約三十舖，僅半間屋大。每舖開銷錢糧三千金，約費十萬金矣。上見册，曰：「安用許多？」遂欲巡視京城云云。勅禮兵二部：「覈舊例，二祖至今無有也，以事瑣非至尊所宜親。二祖列宗豈不注念城池哉？各有所司故耳。茲于八月廿六、廿七兩日，親履內外城。」鹵簿之整嚴，軍容之辟易，非草莽人所得指點。但內外城脚、沿衢擺設戎裝軍士，約用六十萬，一切在京人等、京營主將，俱已厚值僱其侍立，厮役無人，貨鬻無人，各衚衕閴如矣。又大內所發于金吾一應衣飾器用，恐備臨時指取，非數之可計；其一事一物，又非止一人可值。如蕭大亨之武蔭蕭松菴，錦衣僉書也，内止派其領值醬色縐紗深衣一襲，尚衣局派發爲單、爲夾、爲花様各别，爲身袖長短大小，共九十件。每件黄包夾板，一人捧之，則用九十人矣。色色皆然，幾萬萬人爲之趨蹌奔走者兩日夜，究竟于城工一無所益。遥望禄米倉漕糧露積，繫計臣二人于獄，後杖斃其一，汪明際是也。明際，寧國人，戊午孝廉。

是舉也，斃兩事外之人。戎政尚書陸問禮之僕，以戎政禮宜驂乘，其僕仰窺膳品，一銅拳椎死。僕固陸所不欲其隨身者也。

天下有大寇，不思保四境之外，而圖數十里之城，城亦安足恃哉？卽有修葺，亦兵、工二部事耳，豈萬乘所宜親履者？且自天子以至軍民，數十萬衆奔走兩日夜，服用移繞于外。亂亡之兆，已于此見矣！

266 黄道周七不如

十月，定東宫官屬。先是，黄道周自陳七不如，謂：「品行不如劉宗周，至性不如倪元璐，遠見深慮不如魏呈潤，犯顔敢諫不如詹爾選，老成足備顧問不如陳繼儒，朴心醇行不如李如㸌、傅朝佑，文章氣節不如錢謙益、鄭鄤。」有旨責其「顛倒是非，甚至蔑倫杖母名教罪人猶曰不如，是何肺腸？着回將話來。」于是道周復疏辯，謂：「臣與鄭鄤同爲庶常時，文震孟疏論魏忠賢，鄭鄤抗疏任之，削籍入山。每以臣爲怯，臣心愧之也；每執筆不能明白，輒思鄭鄤，以爲不如，真不如也。蓋以此自砭，亦以此分規，非爲累臣地也。」上念道周起廢不久，有旨不究。至是，定東宮官屬，右諭德項煜、編修楊廷麟交讓道周，閣臣以道周有不如鄭鄤語，謂其意見偏，寢之。給事中馮元飈言：「道周忠足以動聖鑒，而不能得執政之心，恐天下後世有以議閣臣之得失也。」不聽。

魏呈潤，號倩石，龍溪人。崇禎戊辰進士，官給事中。傅朝祐，字右君，江西臨川人。萬曆壬子解元，天啟壬戌進士，授中書。庚午選兵科給事中，陞刑科。丁丑以諫言革職下獄，賜杖卒。當給事中章正宸以劾王應熊下獄，莊鰲獻以言時弊降黜，朝佑申救曰：「皇上之逮二臣，不啻風雷之振秋籜，視之若輕；而舉朝見逮二臣，不啻霜雪之損嘉禾，關係特重。」又劾太監王坤，併咎首輔云云。

267 鍾譚

鍾惺，字伯敬，號退谷，湖廣承天府景陵縣人。父一貫，以貢爲武進訓導。惺爲諸生十二年，嘗不利。萬曆癸卯，舉于鄉，庚戌成進士，授行人，改工部主事。上疏請南，得南禮部，督學福建一年，以父憂去職。大計中人言，服闋不起，卒于家。惺貌羸寢甚，性深靜，不樂與俗人接，或時對面坐起，若無睹者。同官飲集，衆方歡洽，獨渺然若失，無酬酢賓主禮，人以是陽敬而實深忌之。然亦由是得謝絶人事，耑積思于書史。當是時，歷下久死，瑯琊亦没，楚公安之書盛行，其意以詩主性情，期自適，何空取古蹈襲爲？遂與同邑譚元春取古詩至唐，爲詩歸一選，剥新領秘，别開堂奧，奮筆去取，讀之，足使夸者去浮，鈍夫長慧。而持先進典型者不悦也，因刻爲書，反覆破之，惺笑而不問。嘗改南時，僦秦淮水閣，閉户讀史，有所見出入輒筆之，久漸成帙，題曰史懷，于古人多所翻駁。每游人午夜棹回，曲倦酒盡，兩岸寂無聲，而猶有一燈熒熒，守筆墨不收者，則喈然伯敬也，東南人士以此稱真好學者。所至名山川必游，使蜀，歷三峽；入東魯，登高觀日出；過閩，陟武夷，盤桓忘返。年四十八九，以爲讀書不讀内典，如乞丐食，終非自爨。男子住世數十年，不明生死大事，貿貿而去，一妄庸人耳。乃研精楞嚴，著如説十卷。没之前三日，告于佛，受五戒，法名斷殘，發來生願而没，時年五十六。生平簡易，不治威儀。嘗游虎丘，遭兩公子見侮，羣壯作提搦趨榻勢，亟趨避之。明日，傳刺有兩書生求見，肅衣冠，書幣恭謹，以文字稱弟子，則向人也。爲細閲其文，不復言，其人大慚而退。子肆夏，年十四爲諸生，穎邁，先卒，惺竟無子。所著有隱秀軒集。

公書既行于世，諸評斷小語，皆布流海内，竊附者或僞託以傳。當詩歸初盛播，士以不談竟陵爲俗，王李之幟，幾爲盡拔。及其後，遂吐棄厭薄者。然而刈蕘除礫，表章幽遺，尋微之功，又曷可少哉？

譚元春，字友夏，少喜言詩，頗規摹昭明選體，落筆輒肖。已，復去之，學盛唐。時鍾伯敬禮部不易許可，獨推元春，引爲莫逆交。會同安蔡復一分憲楚中，伯敬爲言譚子，蔡得其詩文讀之，亟稱善，至躬造元春寒河，談讌終日，于是聲名益盛。既傷風雅頽喪，始敗于浮誇，中傷于險僻俚俗，遂與伯敬爲詩歸一選，期在澹永，海内稱鍾譚，由此且目之爲竟陵體矣。久困諸生，西安徐日久令江夏，深賞其文。錢唐葛寅亮督楚學，拔元春，稱「逸才出羣」，擊節嘆異。後貢禮部，入北闈，試不偶，是時名遍天下矣。所著書流行國門，羣少年稟爲師匠。而元春性喜游，又遭遇坎坷，偃蹇不得志，不能俯頭角猥陋從籬壁間呻吟，則愈縱其氣于舟車。所至追尋佳山水，躡屐扶筇，窮極幽勝，著之篇詠，一時名流豪隽，相與把臂接塵，談論風生，其車服聲伎玩好諸費，俱取足贈遺。久而歸，歸卽復游。性本孝友，傷其先人早逝，母日老，雖善游，時歸定省。母弟五人，皆嫻筆墨，互爲師友。母兄弟妹，食必同席，人直供一日。薄暮，取酒相對，談學業世事，母喜出聽，自置餅餌蔬醴，佐元春兄弟酌啖問辨以爲樂。而元春困頓久，性不柔耐，嘗嘆息曰：「何必富貴爲！」然而感慨多矣，中懷橫集，屢起屢抑，始信「據枯食槁而死不悔」之難也。生平最深知如鍾、蔡，又相繼淪没。天啓丁卯，年且踰四十，始爲主司李明睿拔楚闈第一，天下莫不喜其隽而悲其晚，且冀幸詩能窮人之説或以元春不驗也。隨丁母憂，服闋，一上春宮，不第。取莊生南華訂之，篇有評，署名遇莊。丁丑，赴公車，抱病，卒于途。所攜篋中書無爲收者，强半散失，海内聞而悲之。督學高世泰祀之鄉賢。

北略一書，多誌時事。而鍾譚無事可誌，亦書之者何？誌其人之可傳也。元春卒于丁丑，故載入此卷。伯敬雖稍前，則因元春及之。予素聞天下有鍾譚，而不得其本末，兹特合書于此。嗟嗟！天下士不知我，與我不知天下士，豈非均爲有生之所深耻者哉！六月十六筆。

268 陝西李自成諸賊

丁丑正月，諸賊混天星侵軼商洛，李自成縱橫西河，過天星盤踞汧隴，獨行狼在漢南，蝎子塊在河西，與西番合謀。十月，過天星、李自成入蜀，混天猴、蝎子塊隨之。川兵大敗混、蝎于廣元，斬首千餘級。

269 李巖歸自成

李巖，河南開封府杞縣人。天啟七年丁卯孝廉，有文武才。弟牟，庠士。父某，進士，故世稱巖爲李公子。家富而豪，好施尚義。時頻年旱飢，邑令宋某催科不息，百姓流離，巖進曰：「暫休徵比，設法賑給。」宋令曰：「楊閣部飛檄雨下，若不徵比，將何以應？至于賑濟飢民，本縣錢糧匱乏，止有分派富户耳。」巖退，捐米二百餘石。無賴子聞之，遂糾數十人譁于富室，引李公子爲例，不從，輒焚掠。有力者白宋令出示禁戢，宋方不悦巖，即發牒傳諭：「速速解散，各圖生理，不許借名求賑，恃衆要挾。如違，即係亂民，嚴拿究罪。」飢民擊碎令牌，羣集署前，大呼曰：「吾輩終須餓死，不如共掠。」宋令急邀巖議，巖曰：「速諭暫免徵催，并勸富室出米，減價官糶，則猶可及止也。」宋從之。衆曰：「吾等姑去，如無米，當再至耳。」宋聞之而懼，謂：「巖發粟市恩，以致衆叛。倘異日復至，其奈之何？」遂申報按察司，云：「舉人李巖謀爲不軌，私散家財，買衆心以圖大舉，打差辱官，不容比較。恐滋蔓難圖，禍生不測，乞申撫按，以戢奸宄，以靖地方。」按察司據縣申文撫按，即批宋：「密拿李巖監禁，毋得輕縱。」宋遂拘巖下獄。百姓共怒曰：「爲我而累李公子，忍乎？」羣赴縣殺宋，劫巖出獄，重犯俱釋，倉庫一空。巖謂衆曰：「汝等救我，誠爲厚意。然事甚大，罪在不赦，不如歸李闖王，可以免禍而致富貴。」衆從之。巖遣弟牟率家口先行，隨一炬而去，城中止餘衙役數十人及民二三百而已。巖見自成，即勸假行仁義，禁兵淫殺，收人心以圖大事，自成深然之。巖後薦同年牛金星等，歸者甚衆，自成兵勢益强。巖遣黨僞爲商賈，廣布流言，稱自成仁義之師，不殺不掠，又不納糧。愚民信之，惟恐自成不至，望風思降矣。

予幼時聞賊信急，咸云李公子亂，而不知有李自成。及自成入京，世猶疑即李公子，而不知李公子乃李巖也。故詳誌之。

270 王忠軍噪

丁丑二月，山西總兵王忠以兵援河南，稱病數月不進，一軍噪而歸。給事中凌義渠論之，詔逮忠入都。十三日乙酉，命陝撫孫傳庭總理河南。

十一月，兵部尚書楊嗣昌請限勦賊之期，合各撫鎮分任，斷截要害地方，提兵合勦，從之。

271 賊犯荆州

丁丑閏四月初四日壬寅，以熊文燦爲兵部尚書，總理軍務，督勦流寇。時文燦新平閩寇，有威望，故有是命。五月，鄖襄賊犯荆州，焚荆州墳園。十二月，以戴東旻撫治鄖陽。

272 胡光翰戰死

胡光翰，湖廣鄖陽府鄖縣諸生，性英烈。處鄉里，睹不平事，往往毅然身任之。崇禎十年，流寇猖獗，襄、鄖爲墟。光翰乃約鄉父老，爲撫按陳寇禍，慷慨涕泗，激以忠義，歃血糾集鄉勇，立約束而部署之。自是賊過其堡者，相戒不敢犯。會有奸徒管某者，爲賊導以攻堡，光翰竭力捍禦。久之，糧盡勢迫，援兵莫發，仰天太息曰：「吾糾合諸衆，冀得保全鄉里父老及宗族子弟耳。今事敗，當事素怖賊，脱聞吾等圍急，掩耳床下伏耳，豈能相援？死矣，復何道！」衆皆掩面哭不止。越日，光翰語其徒曰：「吾爲若先，萬一得突圍出。即不然，吾往以死當賊，諸君乘間走可也。」乃率衆衝陣。戰良久，賊益四面蝟集，力不支，猶手格殺數賊，被創死之。

予聞之楚友云：賊畏死甚于人，諸屠破邑，見衆持梃聚立，即詭言：「若遽釋梃，當貸若死。」不聽，則亦不敢近，有怒焉馳馬去耳。〔一〕使鄉野小民盡如胡公，而當事者肯犄角救援，則賊安能蹂躪殘破，入無人境乎？胡公敗由管奸，何異李陵事？後先不爽耶！撫議成于熊文燦，樞部楊嗣昌從中主之，遂竭東南之力，不能奏車攻之功，海内困竭，皇陵震動，將祖宗金甌無缺之天下，斷送賊手。嗚乎！誰生厲階，至今爲梗，恨不請尚方劍戮佞臣屍矣！

〔校記〕

〔一〕「有怒焉馳馬去耳」句中「怒焉」原作「怒馬」，疑誤，此從通行本改。

273 賊擾江北

丁丑正月，總兵秦翼明、楊世恩等敗賊于應山，斬級五百。又逐于麻、黄間。賊潰爲四，一股西犯德安，一股東趨南直，朱大典馳赴之。俄而楚賊盡在江北，而豫賊老狪狪、闖塌天等亦自光、固而南會之。蘇松巡撫張國維駐師京口，沿江戒嚴。賊禮醮于大山寺，薦拔亡者，遂分屯大江、小江、皇甫、常山諸地，沿江營火，夜燭數十里，儀真、六合人民俱倚檐而立。

當時賊勢如此，江左之急可知，然卒保無虞者，斯豈人力歟？曹丕有言：「大哉江乎！天之所以限南北也。」吾于此益信。不然，東南半壁，爲賊所糜爛久矣。然民之生于三吴，倖全首領于刼運者，亦天也，命也，不可不自幸也！六月十七日筆。

麻城、黄岡二邑屬楚黄州府。

274 左良玉立功驕蹇

丁丑二月，左良玉大破賊于舒城、六安，連戰三捷。秦翼明敗賊于細石嶺，擒賊首二人。賊潛竄大山中，張國維檄良玉入山搜捕。良玉新立功，驕蹇不奉調。國維三檄之，始自舒城進發，賊已飽掠出境。凌義渠劾之，詔革良玉職，令殺賊自贖。

六安州屬廬州。

275 賊圍安慶

賊至安慶立營，次日攻城。都督洪正春選卒三千、鄉兵二千，使潘中軍率之出戰，賊合圍而殺之，副將程龍以火藥含笑自焚死，我兵大敗。賊追至城下，圍之。正春白史可法出兵，可法督士民堅守不戰。賊攻城，城上箭砲雜發，傷賊甚衆。苦攻十四日不破，賊乃退。十月，入舒城，參將張一龍勝之于昝家岡，獲其頭目摇天動等。副將孫應元勝之于烏紗山，斬五十餘級。太監劉斌率京營兵鏖戰竟日，追殺七十餘里，號哭震天，殺賊五百四十二級，賊遁入山。十二月癸巳，賊陷靈璧。

276 陳于王自刎

陳于王，字丹衷，世爲武進人。先世以明初從征有功，授蘇州衛千户，得世襲。于王幼業儒，身長七尺。萬曆壬子、乙卯，一再登武科，授守備，擒海盜翁元、李稍等，陞崇明都司。復有茶山王王一爵等倡亂，聚衆數千，竄穴大海，金山、川沙、柘林等地幾無寧日。官兵勦賊于羊山嘴，勢不敵，退泊金山，請檄崇明添兵協勦。于王選舟師數十艘，戰賊于羊山殿前，用磨盤銃擊之，賊稍却。已而，復持短刀躍入賊舟，殺賊無數，生擒盜首一爵，餘潰散。當道交章薦之，威名日盛。崇禎初，巡撫曹文衡補遊擊，繼曹者爲張國維及巡按祁彪佳，皆奇其才。時寇氛遍江北，因命于王爲遊擊，守六合；蔣若來爲守備，守江浦，互相犄角，斬賊李乘龍等百人，賊宵遁去。復犯宿松，于王弟國計及包文達、錢士選等，以兵二千人赴剿，賊衆勢大，遂敗績，文達、士選俱戰死。于王不見國計，飛馬殺入賊圍，救出，回至安慶。嗣後永生洲參將程龍及于王等，復與賊戰太湖豐家店。相拒數日，程龍營被賊放火，延燒銃藥，賊掩殺至，于王手執大刀，奮勇先登，如摧枯拉朽。然久戰重傷，諸將意欲規避，翼于王以行。于王曰：「此吾死所也，復何之！」遂大呼曰：「力竭矣！」向北面四拜，拔刀自刎死。數日後，賊退，部將張伯昌檢獲其屍，身如刻畫，面色如生。江浦、安慶爲之立廟塑像。事聞，贈昭勇將軍，廕子以千户加二級，立廟宣武場祀之。弟國計，號丹廷，有膽智，兩中武舉，累著戰功，擢太湖營都司，擒劇盜宋毛三、朱老虎等無算。後放情詩酒以卒。

經畧熊廷弼嘗稱于王國士無雙，薦授三岔河副總兵。時天啓元年七月事。將赴任，適代庖守備張嗣忠至，與之同宴。亡何，張暴卒，而張子誤聽千户濮定國譖，遂誣于王毒死其父，繫獄。越七年，曹文衡知其寃且才，立釋之，卒殉國難。國士之稱，洵非溢譽也。

277 諸將死難

是年，賊寇安慶，我兵敗走，諸將死事者，程龍、陳于王以外不一，如把總詹鵬衝鋒陷陣，聞兵潰，以首觸石而死；把總王希韓素廉勇得衆，及力盡，猶率部下拔營血戰而死；把總王猷力能扛鼎，殺賊數多，爲賊衆合圍生擒，臠分其肉而死；守備王弘猷勢窘被執，賊喜其技勇，將留之，弘猷不屈，大罵，至于鋸齒斷足，猶不絶聲而死；守備莫顯驊新得武科，不願會試，自請討賊，陷陣而死；把總唐世龍因事已去，不肯獨歸離險，鏖戰馬蹶，被砍而死；千總王定遠經革戍皖，累報獲功，而一目不視，虛擲前勞以死；千總周嘉方一月新婚，慷慨請纓，力戰陣亡，而少婦王氏善哭其夫，卒絶粒投繯以死。其他若張全斌、俞文夔、顧應宗、蔣逵、潘象謙、季靖，俱先後同事死。

流寇發難以來，武臣逃遁者固多，而死事者亦不少。然其名或著或不著者，士固有幸有不幸也。

278 賊陷六合

六合雖斗大邑，乃金陵門户也，素無城。崇禎九年，巡撫張國維以流寇孔棘，使邑令鄭同玄築城。同玄以財力不逮，止建土城一座。明年丁丑，國維出巡，見而責之，發金辦造磚城，尚未興役，而賊已至矣。初，賊陷廬、鳳等處，雖窟居英、霍，睥睨六合已久。同玄本浙人，素無幹畧，謂賊尚在數百里外，不設備。游擊常某，蜀人，武藝超軼，鎮守本邑，然麾下僅七百人耳。時有永生洲兵與之不協，終日相訌，同玄不爲解紛。國維聞之，賊未至數日，以令箭提永生洲兵，故其守志益懈。浙江御史某將北上，以滁州賊阻，還與同玄言：「賊勢甚熾，宜備之。」同玄猶大言：「敝邑兵多將廣，何憂賊乎！」御史走間道，由揚州去。及風鶴益甚，同玄猶出諭張大將士之盛，令百姓勿動。然亦疑信相半，偵騎四出，杳無蹤跡。至七月十七日，諸商微聞賊信急，密備餱糧，篝燈不寐。夜半探望，見將士率兵林立，嘖嘖偶語，忽覩諸商民，呼而問故，衆答曰：「聞流賊將至耳。」一把總慰之云：「此訛言也，且有我兵在，若等歸寢，勿憂。」然識者終不之信，假寐以俟。十八日黎明，忽砲聲連震，衆大驚，賊騎由西門突至。時永生洲兵以張撫曾提，俱無戰志，止將冶浦橋焚斷，阻賊不過河而已。獨常游擊率衆數百往禦，中道遁走已半。甫及西門，而賊之驍騎已至。常嚴陣拒之，賊不得入，忽大聲曰：「從東門去罷！」常聞之，令後隊分兵往守。賊見陣動，前鋒十七騎突前，後兵先潰，常知勢不可支，遂大呼曰：「保不得矣，百姓速走，予保南門耳！」且戰且卻，賊騎稍阻，民得奔趨橋南。及常退至浮橋，賊亦隨至。兵悉南渡，常獨殿後，從者僅五人而已。賊直逼橋次，常右手提鞭禦賊，左手拔橋，一驍騎馳至，持刀砍常，常急避馬下，舉鞭撲殺之。羣賊大至，擁馬墮河，飛矢如蝟。常揮鞭，厥聲錚錚然，紛紛雨下。蓋龍津浮橋延袤十餘丈，用板平鋪，而屬以鐵索者。時橋板雖拔斷，鐵索猶繫，常以佩刀截之，賊乃不得渡。然倏忽間一矢中股，又一矢洞頰矣。浮橋既斷，兵與賊距河相詈，遥望驍賊立馬上疾馳，雖樓垣高峻，一躍輒登，入内恣掠。有服紅袍者坐輿中，役貧民運取百物。見富室，則取人油浸箒，爇而燭之，遇有藏金，則火輒滅。又以水沃寢室，速燥者其下有金，以土浮耳。其取無遺策如此。凡掠二日而去。先是，賊去六合甚遠，偵騎不遇而返，皆云無賊。及是，充斥于道，不知者猶啟户問賊所在，被殺甚衆。蓋賊殺人，以荳實其腹，與馬食之。馬大肥捷，一晝夜行三百里。如欲破遠城，則近城過而不攻。及遠城既破，始旋兵以取近城。蓋遠者謂近賊之城尚未報破，必不越之而來，往往不爲備；近者又謂賊衆已過，可不嚴守。所以賊每乘人不意而兩取之，計亦狡矣。當時非常之力戰，不獨居橋北者盡罹鋒鏑，即走橋南者亦必供賊之蹂躪矣。常亦大有造于棠邑也哉！厥後行至蕪湖，箭瘡迸發而死，惜夫！鄭同玄聞賊至，箭衣小帽，從役五人，騎而逸去。後以失地事諉罪于典史，殺之，同玄止罷官而已。先叔君衡公時在六合，親遇其難，述此。

六合爲應天屬邑，使當事者知賊勢日盛，豫築堅城，以二千人守之，亦不至于敗。乃既無城矣，復不多駐兵，徒以數百人當十倍之賊，是明以人民委賊也。至愚劣之同玄，賊未至，則不思築城及和兩軍；賊既至，則微服先去，乃猶諉罪逃死，朝廷之三尺安在？然賊陷六合，他書俱不之載，意留都大臣以賊犯畿邑，不便于己，或未嘗實以上聞也。予思天下以賊情蒙蔽者多矣，可謂三歎！六月十八筆。

六合既陷，被殺頗多，道上白晝鬼號。衆懼，厲聲震喝，終不止。惟大呼曰：「流賊至矣！」輒無聲。又小兒夜啼，父母懼之曰：「勿啼，流賊來矣！」兒亦止。然則流寇之禍，不獨人畏之，鬼亦畏之；不獨老者、壯者畏之，即小兒亦畏之矣。亦異也！此二事，皆自六合來而述者。

279 誌異

丁丑閏四月初十戊申，山西汾州府武鄉、沁源二縣大雨雹，大者如象，次如牛。是年大旱。七月，賊破六合。八月後，每日日落時，紅光從東南脚下映照半天如火，對照人面盡赤，約三月餘。時省臣引京房傳謂之「日空」，應兵起。齊魯、吴越占候家謂之「血霞」，則大旱、大兵之明徵也。是歲，浦口西北山中，有人頭鳥萬餘，皆在伏龍山一帶，身足如鶴，頭縮而不伸，胸前有玄文一道如人面，歇三日後莫知所之。或又云頭似人，披髮長鬢，鄉人見之有驚死者，人皆以爲怪。七月以下二事，出六合新誌。

予謂披髮長鬢，乃華、彝混一之徵也。觀左傳「被髮而祭」可知矣。

280 清兵

丁丑十年二月，清兵破朝鮮，國王李倧走，命總兵陳洪範援之。壬申，清兵自雲從島至鐵山，招皮島總兵沈冬魁，不聽，尋陷皮島。

明季北略卷之十四

崇禎十一年戊寅

281 玄帝降乩

正月，翰林及都察院接出聖上平臺，詔百官起大數問天下事，仙降云：「九九氣運遷，涇水河邊，渭水河邊，投秦入楚鬧幽燕。兵過數番，寇過數番，搶奪公卿入長安。軍苦何堪，民苦何堪，父母妻子相拋閃。家家皇天，人人皇天，大水灌魏失秦川。流寇數載卽息，紅頂又將發烟。虎兔之間干戈亂，龍蛇之際是荒年。」聖上又問，玄帝書云：「等閑不管閒，漢朝將相在眼前。」「九九氣運」，言運之將盡也。「大水灌魏」，應決汴梁事。「失秦川」，應失西安事。「紅頂」，應清朝來也。末二句言戊寅、己卯卽該大亂，庚辰、辛巳該大荒也。語語應着。觀此，則知世之治亂，莫不有數存焉。六月十九。

282 張任學改總兵

戊寅二月，河南巡按張任學改都督僉事、總兵官，鎮守河南。先是，任學覬得巡撫，且欲薦丹陽知縣張放，因極詆諸鎮兵不足恃，盛稱文吏有奇才，可禦寇。及承兹命，意大沮悔。尋被逮。

283 城蘆溝

二月，城蘆溝，名拱極城。太監督役，掠途人受工，民力爲憊。城既成，向北京一門題額曰順治門，向保定府一門題額云永昌門。數之前定如此，異矣。批云：細書二行，乃乙卯十月四日西蜀李崑水述者，時在京親見也。

去京四十里，西南有蘆溝河，本桑乾河也，俗又呼渾河。有橋跨蘆溝河上，爲蘆溝橋，金明昌初建。「蘆溝曉月」爲京師八景之一，所城即此，至于掠途人受工，民力竭矣。况是歲十月，高起潛兵敗于蘆溝橋。苟無其人，雖有堅城，亦安足恃哉！

284 黄道周經筵應對

三月，上御經筵畢，召諸臣問保舉、考選孰爲得人？少詹黄道周對：「樹人如樹木，須養之數十年。近來人才遠不及古，况摧殘之後，必深加培養。」又曰：「立朝之才，存乎心術；治邊之才，存乎形勢。先年督撫未按形勢，隨賊奔走，事既不效，輒謂兵餉不足。其實新舊餉約千二百萬，可養四十萬之師。今寧錦三協，師僅十六萬，似不煩別求勦寇之用也。」庶子黄景昉請宥鄭三俊，上曰：「三俊蒙狥，雖清何濟！」會南京應天府丞徐石麒亦上言鄭三俊清節，上因釋之。三俊爲司寇，敝衣一篋，爨烟不給。以擬獄輕得罪，上亦素知之，故得放還。

285 曾就義兵食對

戊寅三月，上御左順門，召考選諸臣問兵食計。曾就義對曰：「百姓之困，皆由吏之不廉。使守令俱廉，即稍從加派，以濟軍興，未爲不可。」上拔第一。未幾，即有勦餉、練餉之加。

道周謂餉不煩別求，就義則云加派濟軍，君子、小人，義利之分如此。然就義一言投契，即拔第一，思廟好尚可知矣。

286 楊嗣昌論熒惑

戊寅四月己酉丑刻，熒惑去月僅七八寸，退至尾初度，漸入心宿。兵部尚書楊嗣昌上言：「古今變異，月食五星，史不絕書，然亦觀其時。昔漢元帝建武二十三年，月食火星，明年呼韓單于款五原塞。明帝永平二年，日食火星，皇后馬氏德貫後宮，明帝圖畫功臣于雲臺。唐憲宗元和七年，月食熒惑，其年田興以魏博來降。宋太祖太平興國三年，月掩熒惑，明年興師滅北漢，遂征契丹，連年兵敗。今者月食火星，猶幸在尾，內則陰宮，外則陰國。皇上修德召和，必有災而不害者。」給事中何楷糾之，言：「古人謂月變修刑。」又言：「禮虧，則罸見熒惑。誠欲修刑，莫如右禮；誠欲右禮，莫若修刑。楊嗣昌縷縷援引，出何典記？其言欵塞者，欲借以伸通市之說也；其言元和者，欲借以伸招撫之說也；其言太平興國連年兵敗者，欲借以伸不敢用兵之說也。附會誠巧，矯誣實甚。至所述永平皇后等語，一篇之中，三致意焉，臣更不知其所指斥矣。」嗣昌復疏自理，但言科臣以危機中臣，不復及通市、招撫事。户部主事李鳳鳴亦言：「火星逆行，常而非變。」給事中解學尹糾其諂。然實考嗣昌所引，年月俱謬。

按紀畧：「四月十六日己酉夜，熒惑去月僅七八寸。至曉，逆行尾八度，掩于月。至五月初五日丁卯夜，熒惑退至尾初度，漸入心宿」云。予少時每夕見月角一星烺而赤，相距五寸許，竊疑何若是之近也。越三日，仰觀如故。或語予云：「此星在月上，大不佳，當主天下亂。」予心誌之。

287 何楷劾楊嗣昌忘親

六月，以楊嗣昌入閣辦事，仍署兵部。七月，嗣昌母服纔五月，有旨：「嗣昌大祀、大慶暨傳制、頒詔諸大典不與，朝講、召見如常服隨班。」給事中何楷劾嗣昌忘親，上切責之。先是，吏部會推閣員，止及詞臣資序，上不允，命并及在籍守制者，蓋嗣昌爲陳新甲地也。已而特召新甲爲兵部右侍郎，總督宣大。黄道周上言：「朝廷卽乏人，豈無一定策效謀者，而必破非常之格以奉不祥之人？」上不懌。

288 黄道周平臺抗辯

七月，召羣臣于平臺，上問黄道周曰：「無所爲而爲之謂天理，有所爲而爲之謂人欲。爾前疏適當枚卜不用之時，果無所爲乎？」道周對曰：「天人止是義利，臣心爲國家，不爲功名，自信其無所爲。」上曰：「前月推陳新甲何不言？」對曰：「時御史林蘭友、給事何楷皆有疏，二人臣同鄉，恐涉嫌疑耳。」上曰：

「今遂無嫌乎？」道周對曰：「天下綱常，邊疆大計，失今不言，後將無及，非私也。」上曰：「清雖美德，不可傲物遂非，惟伯夷爲聖之清。若小廉曲謹，是廉，非清也。」道周曰：「伯夷忠孝，故孔子許其仁。」上怒其强說。道周又極詆楊嗣昌，嗣昌奏曰：「臣不生于空桑，豈遂不知父母？臣嘗再疏，而明旨迫切。道周學行，臣實企仰之。今謂不如鄭鄤，臣始歎息絶望。鄭杖母，行同梟獍，批云：惡鳥爲梟，惡獸爲獍。鴟梟食母，獍獸食父。道周又不如鄤，何言綱常也？」道周曰：「臣言文章不如鄭鄤。」上責其朋比，道周曰：「衆惡必察，何敢爲比！」上曰：「孔子誅少正卯，當時亦稱聞人，惟行僻而堅，言僞而辯，不免孔子之誅。」道周曰：「少正卯欺世盜名，臣無此心。臣今日不盡言，則臣負陛下；陛下今日殺臣，則陛下負臣。」上曰：「爾讀書有年，衹成佞耳！」叱去。道周叩頭起，復奏曰：「忠佞二字，臣不敢不辨。夫臣在君父之前獨立敢言爲佞，豈在君父之前讒諂面諛者爲忠乎？忠佞不分，則邪正混淆，何以致治？」上怒甚，嗣昌乞優容之，上曰：「朕亦優容多矣。」諸臣退，上召回，諭以毋黨同伐異，宜共修職業。翰林院修撰劉同升、編修趙士春、給事中何楷、試御史林蘭友，各疏救道周，劾楊嗣昌，俱謫調有差。

289 張縉彦論兵情賊勢

戊寅三月，户部主事張縉彦上言：「臣任清澗知縣，于兵情賊勢，親見有素。蓋賊之得勢在流，而賊之失勢在止；賊之長技在分，而賊之窮技在合；賊之乘時在秋夏，而賊之失時在冬春。昔大賊王嘉胤破河西，據其城，曹文詔等奪門斫殺，而嘉胤殲。李老柴破中都，據其城，巡撫練國事督兵攻圍，而老柴擒。神一元破寧塞，據其城，左光先等與戰，而一元死。譚雄破安塞，據其城，王承恩等攻圍，而譚雄誅。此皆守而不去之賊，故速其死也。過天星、老狪狪、混十萬等所破城邑無算，官軍未至，旋卽奔逸，此皆流而不居之賊，故緩死也。賊入晉、豫，分頭成部，自秦及汝、雒，以至江北，無處不被賊。豈賊真有數十百萬？蓋分股以披其黨，牽制我兵，故見多也。前總督陳奇瑜，驅天下之賊盡入漢中，出棧道關，正可一鼓而滅，乃以招安致敗，不可復收。古人以八日而平賊數萬者，利其合也。夏秋之間，芻糧盡在場圃，足供士馬之資。冬春，非破城攻堡不能得食，官兵促之則尤易，故時有利有不利也。今欲破賊，惟在亂其所長而使之短，破其所得而使之失，直截以攻之，分爲兩軍，一追一駐，賊當之必破矣。賊黨雖衆，大都觀望，其先倡者不過一二支。故盡一股則論賞，不必事平彙敍；縱一股卽論罰，不許報級塞責。誠如此，賊不望風而靡未之有也。」上是之。

抵掌而談情勢，不減伏波聚米圖，賊在目中矣。雖末路敗名，而其言不可廢也。十九日下午筆。

290 陝賊勦降略盡

五月，奪總督洪承疇尚書爵，仍以侍郎總督；左光先、曹應蛟並奪五級，限五月盡賊。至八月，承疇報陝西賊勦降略盡，命出關向河南、湖廣。

限五月盡賊，而八月卽盡，何其速也！維時賊分流半天下，曷嘗勦降盡之乎！不過走犯他方耳。上以速期，而下卽以速應，大抵然矣。六月二十日筆。

291 豫楚屢捷

戊寅正月，巡撫常道立奏賊犯鄧州，焚燬周王八塋。總理熊文燦報賊困英山，合九路之兵會勦，賊從德黃一路潛遁。楚撫俞應桂逮問。豫撫常道立招撫闖塌天等。闖塌天本名劉國能，性至孝，就撫乃奉其母命也。晉撫宋賢奏混十萬等賊，乘虛竊渡，攻剋五塔、圪塔等寨，攻圍陝州等處，官兵禦卻之，賊拔營遠遁。二月，官兵三戰三捷，敗賊于鎮平縣，生擒草上飛、獨脚虎等，斬扒天虎等四人。賊渡河間、光山等處，結連曹操及托天王、整世王、混世王、十天王、紫微星、過天星、飛虎八家大賊；來商城、固始界，欲上潁、霍等處爲度暑計。太監盧九德分布官兵迎擊，大敗賊于山石橋，擒賊抵地虎、黑旋風等。三月，巡道張天經又敗賊于黃福店，斬獲無算，招降賊首飛天師等。五月，總兵左光先又三敗賊于大寨地方。六月，陳永福又大敗之于饒良鎮。嗣是官兵又敗之于宜陽連莊、雍家莊、林家莊等處，左良玉又大敗之于高坡，混十萬帶傷遁，妻子囚執入省。混十萬本名侯世範，亦旋降。九月，内臣盧九德扼之于襄，撫臣常道立擊之于鄧，監軍張大經、總兵劉澤清、左良玉、張任學擊之于襄、承、隨、棗、汝、許。十月，張任學又敗之于高莊。賊南北無路，轉戰敗逃，凡曹操、革裡眼、托天王、過天星等賊在豫在楚者，無不分頭鼠竄。

鎮平縣屬河南南陽府。鄧州亦屬南陽。棗陽縣屬湖廣承天府。

292 王燾隨州自縊

王燾，南直崑山人。萬曆戊午舉人，崇禎時爲湖廣德安府隨州知州。戊寅二月，賊首張獻忠合衆數十萬圍城，燾親冒矢石，斬獲千級，城守益堅，賊有「隨州紙城變作鐵城」之號，移營遁去。撫按交上其功，爲守禦第一。後賊挾恨，復以數十萬至關廂。守將王必用先挾家丁遁，城遂陷。燾身被數創，猶率家人巷戰。勢不可支，始北面再拜自縊死。時朝廷咎燾以一死塞責，故無卹典。弘光時始諡忠愍，又與蔡忠襄懋德立祠其鄉，賜名雙忠。蔡亦崑山人。

293 張獻忠請降

戊寅正月，左良玉、陳洪範大破賊于鄖西，張獻忠尋請降。初，獻忠自良、涿噪而爲盜，洪範捕獲，異其貌而釋之。至是懷舊恩，乞降于洪範，請率所部殺賊自効，總理熊文燦承制撫之。獻忠狡而多計，羣賊每以爲的。文燦議餉二萬人，獻忠乞餉十萬人，文燦遲延不能決。獻忠寄家口于穀城，入據守之，分屯羣賊于四郊。

鄖西縣屬湖廣鄖陽府。穀城縣屬襄陽府。良鄉縣與涿州俱屬北直順天府。

294 羅汝才乞撫

九月，熊文燦次于襄陽，遣將擊賊于雙溝，大破之，羣賊四逸，惟曹操獨留内淅山中，守險自保。文燦檄左良玉、陳洪範招安羣賊。十月，清兵敗高起潛于蘆溝橋，京師戒嚴，召孫傳庭于陝西、洪承疇于三邊，于是承疇、傳庭率諸將合兵五萬，先後出潼關入援。賊曹操聞之，謂爲勦己也，率九營從鄖陽淺渚亂流而涉，突走均州，叩大和山提督太監李維政乞撫。維政言于文燦，文燦乃檄止諸軍，曹操九營皆就撫。文燦上言請貸其罪，授游擊將軍，令諸將宴于迎恩官署，供億甚備。曹操名羅汝才。汝才既撫，分屯羣賊于房、竹，保障四邑，自言不願爲官，並不食餉，願爲百姓，耕田此中而已。文燦一切羈縻，檄汝才解散脇從，簡壯勇從征立功。汝才不聽，因與鄖、均諸邑居民，分地錯壤而居。時張獻忠亦就撫，屯穀城，汝才遥與爲聲援。撫治鄖陽戴東旻奏曰：「曹操就撫，不從解散之令，願爲百姓耕田，此目前盗鈴之説耳。張獻忠入據穀城，屢檄不前，將俟民間田熟，分其夏秋之糧，稍不遂意，干戈遂起。荆、襄重地，今數省大寇環聚二三百里，羽翼已成，將有不可言者。然各賊盡聚鄖地，四面合圍，實有釜魚阱獸之勢。以理臣各鎮現在兵馬，再令督臣發秦兵由興安馳赴，協同掃蕩，此實蕩平之機也。」

295 清兵入燕齊

戊寅二月，清兵攻宣平府羊房膳堡。九月，召西人大舉分入。副總兵丁志詳、竇濬等來援，清兵稍引而南。冬十月，盧象昇襲之，不克。甲辰，高起潛兵敗，京師戒嚴，召各撫入援。十一月初三辛酉，京師閉門守。癸亥，掠良鄉、涿州。初九丁卯，薄景州，入高陽，少師孫承宗死之。己酉，入衡水、武邑諸州縣，又破威縣，殺家居翰林王建極，至内丘，知縣高翔漢力守，乃退。甲子，薄德州，分道渡河，合于濟寧。十二月，盧象昇戰于賈莊，敗績，死之。改洪承疇薊遼總督。至明年二月，清兵捆載而東，迂道北還，西至清山口，總兵陳國威于喜峰擊却之。

景州屬北直河間府。衡水、武邑二縣屬真定府。威縣屬廣平府。内丘縣屬順德府。德州屬山東濟南府。濟寧州屬兖州府。高陽縣屬北直保定府，隋之滿洲是也。

296 孫承宗殉節

孫承宗，字稚繩，號愷陽，北直高陽人。萬曆甲辰進士，廷試第二。庚戌，取士錢謙益等。乙卯，主考應天。天啓元年，陞少詹。二年，陞禮部右侍郎，尋遷兵部尚書，兼東閣大學士。時二月十二日也。廣寧淪潰，王在晉代熊廷弼經畧遼東，請築重關于山海關之八里舖，謂：「外關卽破，内關尚可守，而外關之兵無可逃。爲工四千餘丈，爲費百萬，而城樓諸費不與焉。」承宗曰：「守寧遠者，所以守關門。退處于關，則永平動摇，京師震動，勢必大亂。八里舖去關門未及一舍地，是山海爲孤注也。」役遂罷。自請行邊，上御門臨送，賜劍坐蟒。既蒞任，開屯築堡，招徠流移百萬，又練軍得精兵五萬。凡經營四年，闢地四百里。魏忠賢與羣小畏忌之，誣左袒東林。五年，勒致仕歸。崇禎二年，清兵入，特起原官。辛未，十七疏乞休，賜金幣馳驛歸，以力謝欵議，與樞臣熊明遇、首輔周延儒之議左也。戊寅十一月十二日，清兵薄高陽城，承宗率邑紳誓死登陴，顧土城低脆，外援不至，清兵晝夜環攻，石盡矢竭，力不能支。承宗守北門，謂家人曰：「我死此矣！汝輩各自逃生。」家人環泣不忍去。城既破，清兵掖之去，入城南老營中，用葦席藉地，望闕叩頭，叱持繯者趣縊，俄乃絶，年八十。子孫凡十九人，皆力戰從死。事聞，先帝震悼。薛國觀靳其卹典，弗肯與。久之，南都追贈太傅，謚文忠。承宗鐵面劍眉，鬚髯戟張，聲如鼓鐘，殷動牆壁。年三十餘爲舉子，游塞下，知要害。凡史官在禁近者，皆俯躬低聲，涵養相體，謂之「女兒官」。承宗獨不然，講筵獻替，務爲激切剴直。所著文集一百卷及弔二十五忠詩行世。

297 盧象昇戰死

戊寅，象昇丁外艱，會北兵入，麻衣草履，奉詔督師。陛見，上叩方畧，奏曰：「臣意主戰。」上變色，久乃懌，曰：「朝廷原未言撫，所謂撫，乃外廷之議。」象昇曰：「敵之所患，著著宜防。逼陵寢以震人心，一可慮；趨神京以撼根本，二可慮；分出畿南，剽發旁郡，扼我糧道，三可慮。厚集我兵備之，則寡發而多失；分兵以四應，則散出而無功。兵少則不備，食少則生亂，此禦之難也。」上壯之，命出與楊嗣昌議。象昇一主戰，嗣昌消沮，齗齗不能語，徒戒勿浪戰。象昇起別，還昌平，令諸大帥各選勁，約于十月十五日夜分，四路十面襲敵營，刀必見血，人必帶傷，馬必喘汗，違者斬。觀軍使遣書泥之，謂：「聞雪夜下蔡州，未聞以月夜，且奇師尤宜用寡。」種種阻撓。象昇疏請分兵，嗣昌撥宣、雲、晉三鎮屬之，號稱二萬，以短兵氣。象昇刻期戰，誓師鞏華，淋漓慷慨，涕泣如雨。嗣昌不能平，思阻之，擬稟令赴通，就總監高起潛。象昇不赴，嗣昌遂疏云：「敵南下，督應趨通就監；敵未下，監應趨京就督。」象昇歎曰：「樞部不過欲總監撓我師期耳！」恚甚。會嗣昌赴軍中，厲聲責數沮師養患罪，謂：「公等堅意言撫，獨不聞城下之盟，春秋恥之乎？且某叨劍印，長安口舌如風，倘唯唯從議，袁崇煥之禍立至。縱不畏禍，寧不念衰衣引紼之身，既不能移孝作忠，奮身報國，將忠孝胥失，盡喪本來，何顏面立人世乎？」嗣昌色戰，奮言曰：「公直以尚方劍加吾頸耶？」象昇曰：「尚方劍須從己頸下過，如不殲敵，未易加人。若舍戰言撫，養禍辱身，非某所能知也。」嗣昌遁言：「從來無撫議。」象昇曰：「周元忠赴北講撫，經數日往來，始事于薊門督監，受戒于樞部京營，通國共聞，將復誰諱？」周元忠者，賣卜雙瞽人也，與遼人熟識，故遣之。北兵云：「此事重大，何無專官？遣廢疾來，直玩侮耳！」欲斬元忠，乞哀乃止。當是時，象昇加尚書級，兵氣盛，旬日間克復州邑甚衆。嗣昌忌功，輒從中止。編修楊廷麟奏曰：「南仲在内，李綱無功；潛善秉成，宗澤隕恨。國有若人，非封疆福。」疏上，謫軍前贊畫。象昇謂廷麟曰：「敵勢盛廣，兵趨之，不走陵，即走京。我京兵寡食乏，不戰，敵益輕我；戰，即生他端。公爲我往真定，與撫按乞糧，我且悉兵乘死以報國矣。」遂統騎五千，上下千里，三軍乏食，空腹而馳。象昇哀懇疾呼莫之救。晨出帳，四面拜曰：「吾與爾將士共受朝廷恩，患不得死，勿患不得生。」衆皆泣，不忍仰視。于是拔寨起，兼程至賈莊屯營，率五千人擊北兵，射一騎。北兵合圍進，呼軍疾馳，奔衝入，北兵退。象昇諭將士曰：「今雖勝，彼必憤，集諸騎乘吾，爾毋怠！」越明日，北兵率衆衝我營，象昇顧左右曰：「誰爲我取彼者？」總兵虎大威馳卒摧之，不勝，且卻。象昇大呼曰：「虎將軍，今吾輩效命秋，無自愛！」乃招後騎皆往。象昇奮刀入，擊殺十餘人，身中二矢二刃，呼不已，曰：「關羽斷頭，馬援裹革，在此時矣！」馬蹶陣亡。時戊寅十二月十二日。從死爲僕顧顯、掌牧楊陸凱。踰四年，詔贈户部尚書，謚忠烈，予祭葬，賜廕，恩禮有加云。一云象昇與嗣昌不合，援斷糧絶，軍士飲冰七日而無叛志，困甚。象昇服小軍衣，尚書印縛肘後，被流矢死，與洪承疇立廟北京，四時致祭。

象昇所以死有六：一與嗣昌相左，二與起潛不協，三以弱當强，四以寡擊衆，五無餉，六無援。然後五者皆嗣昌奸謀所致。雖然，殺象昇之身于一時者，嗣昌也；成象昇之名于千載者，亦嗣昌也。君子正不必爲小人咎矣！

宜興陳生語予曰：「象昇父雅與一地師善，爲擇一地于山，四圍皆石，惟中獨土，名曰石山土穴。及啓土，下有一石筍，其鋒如劍，堅不可去。地師命置柩于上，且曰：『後世當出顯官而忠者。』盧父曰：『子爲忠臣，亦何不可！』遂葬之。出象昇、象觀等兄弟。」然則地師亦非常人也哉！六月二十一日筆。

298 劉廷訓吴橋死難

劉廷訓，字式伯，順天通州人，以歲貢選河間之吴橋訓導。戊寅十月，北兵入，與令堅守。三月，初以偏師來，輒引去。已而，盡鋭力攻，令縋城遁去。廷訓入學舍，麾其妾：「趣去，我將止死！」屬其稚孫名增者于所善僧隆貴。介而趨南城，誓守者曰：「守死，逃亦死，曷若守死，爲滿城忠義鬼乎？」守者哭曰：「願爲公死守。」三日夜，城三隅擾亂，獨城南晏然。北兵肉搏而登，如牆引射，矢注衣甲，血朱殷，穴胸而出，濡縷屬于屨，猶束胸拒戰，連中六矢，乃仆。踰月，其子發棺更殮，面如生，鬚髯奕奕奮舉。喪之歸也，諸生數百道哭，小民皆剪紙買漿以奠。時年六十有五。

299　鄧藩錫不屈

鄧藩錫，字晉伯，號雲中，南直金壇人。初生時，父和臺夢馭鶴人昇一孩，曰：「是子超超，藩輔之苗。西山其頹，東山其高。」因名藩錫。年十七，讀巡、遠傳，流涕終日。天啓辛酉登賢書，崇禎甲戌成進士。當知兗州時，但攜一稚子一妾以行。抵郡纔四十餘日，北兵數萬已集城下，乃請魯王曰：「臣聞城之不守，皆由城内貴家自惜金錢，自愛安樂，而令窶人傭子登陴擊柝，遂多敗事。王能出金以犒死士，城猶可存，命猶可保。不然，大事一去，玉石皆燼矣。」王不聽。藩錫自出金勞介士，夜縋城下，發大砲，擊殺千人。北兵力攻南門，總兵某内應，城遂破，被縛。北帥加刃其頸，曰：「不降醢矣！」藩錫大駡不屈。北帥怒，脇令拜，藩錫故翹其足，乃先斷其一足，支解而灼之。其妾攜一子自投于井。事聞，贈太僕寺卿。甲戌中，時夢踔一脚，負牆而立，至是始驗。

300　孫士美深州自刎

孫士美，號澹如，南直清浦人。幼奇穎絶倫，讀書目十行下。每屈指古人，至唐張中丞、宋李侍郎等，歎羡不置。父訥亦勗之曰：「凡爲烈士，當如是矣！」天啟辛酉鄉薦，累上公車輒報罷。士美憤然曰：「烈丈夫寧以一第榮哉？苟獲膺半秩報君親，差不負平日自命古人意足矣！當世士大夫，豈乏取高第，登要津，而碌碌以終，不自表見，等于尋常無聞之人者哉！」卒以孝廉謁選，秉鐸舒城。自論文課士外，絶無竿牘私。舒固彈丸邑，然江、淮孔道，亦南北一要衝也。甲戌正月，賊渡河而南，江北大震。久之，賊焚正陽，去舒二百餘里。未幾，困六安，去舒僅百里。又未幾，賊且薄城下。時邑令謁淮在道，士民洶洶，城無固志。士美冒矢石，督戰守，自聞變以至賊退凡七十餘日。夫廬屬八邑，肥、六俱有高城、深溝、屯糧、衛卒，獨舒斗大孤城，懸處四衝之地，兵餉兩絶。然卒以獲全，不至爲廬、巢續者，士美力也。丙子，以前績擢知深州。戊寅十一月，滹沱冰合，清兵三萬薄城而營。十三日夜，率死士段容嗣等襲之，斬其帥。十四日，來攻益急。十五日卯刻，舁雲車數十，緣城東南，攀堞直上，又督將士格殺無算，勢稍卻。忽用矢以火射城樓，烈焰烟騰，守者迷眩，不知所爲，因乘勢力攻，城遂陷。士美北向拜，自刎于城之蕪蔞亭。時父訥在署，年七十餘，聞之歎曰：「吾曩者以忠孝勉若子。忠孝無二致，死忠是即死孝。吾即未拜官，然以子貴封，亦臣也，不死何以謝君，并何以謝吾子！」頃之，亦遇害。一家死者十有五人。事聞，贈太僕少卿。

301 宋學朱濟南被圍

宋學朱，字用晦，號旭初，南直長洲人。崇禎庚午舉鄉薦，辛未成進士，初授南工部主事，會有鑄錢差，差之事吏爲政，弊若摶沙，一洗滌之。每曰：「把絲易紛，處脂易膩也。」戊寅，巡按山東，疏彈楊嗣昌、唐世濟等。八月，出都。十一月，巡歷章丘。會報北兵入省，遂星夜冒圍馳入濟南，未至，北兵已過德州。而省城標兵三千，先隨巡撫遠駐北直，城中止留老弱鄉兵五百及萊兵七百而已。學朱至，親率司道登城捍禦，時以奇兵出擊，重圍稍解。相守六旬，不解帶，不交睫，頭髮盡白。上求援七疏，時楊嗣昌爲樞輔，留中不報。高起潛擁精騎翱翔隣境，不發一援。北兵數十萬薄城。城外西北隅憑水爲濠，險固易守，獨東南一望平沃。與兵使周之訓親守南門，身犯矢石，北兵不得上。每釃酒城頭，夜分握手語，欷歔達旦。己卯正月初二早，北兵攻西北城甚急，雲梯擁上。學朱率卒躍馬，循城而西，衝鋒救援，刃中于面，被執不屈，乃懸城樓之竿殺之。須臾，縱火焚樓，尸遂燼。之訓亦死之。撫按請卹，嗣昌啣怨不許。弘光初，贈大理寺卿。子三：長德宸，次德宜，又次德宏。德宜，順治乙未進士，編修。德宏，辛卯舉人。

或云己卯歲學朱曾歸，族人欲見之，夜即縋城遁去爲僧，實未死也。六月廿二筆。

302 鄧謙磔死

鄧謙，字少于，湖廣德安府孝感縣人。幼慕于忠肅公爲人，每誦其集，至「一腔熱血不知竟灑何地」等語，輒斫几狂叫，因自號以見志。崇禎戊辰成進士，戊寅爲山東參政。是冬，濟南再困，援枹登陴，露立十晝夜，矢盡石窮。俄而登兵千餘入援者爲内應，忽大風晝晦，城陷。謙手架大砲，執勁弓，斬射多人。既力不支，被執磔死。母黄氏匿民間，亦不食死。兩子俱穉，爲擒去。逾年，仲子自北逃歸，甫十歲，輿櫬旋里。事聞，贈中憲大夫，謚忠毅。督學高世泰檄入鄉賢祠。時有劉化光，濟南歷城縣人，與子漢儀俱孝廉，破家守城，率鄉兵巷戰，格殺無數。尋以大隊環攻，箭如飛蝗，化光弗卻。及城破，化光頭砍三刀、腰中二鎗、背中數箭，漢儀亦頭砍三刀、身中七箭，死之。同時又有李應薦，東昌府恩縣人，進士，授御史，以欽案削職歸，捐資募勇，登陴守禦。比城陷，應薦身中一鎗，猶率家丁格鬥。及被執，厲聲大罵，斫二刀斷一指而死。

303 廬州芝蔴湖浮碑記

清明時節開花，四野干戈亂如麻。夫子一齊回去，胡兒一個歸家。空中現出一枝花，死在西江月下。若要四方寧靜，殺到洪基便罷。

304 又碑

熒惑犯南斗，八九年來天子下殿走。江東界上虹光起，河北黎民日日憂。且莫愁，且莫愁，紫薇高照晴心州。直待月露化當道，天下英雄盡出頭。

是歲三月，新鄉雨黑水。「熒惑」句，應是年四月有熒惑之變。「八九年」句，應甲申十七年事。「虹光」句，應弘光也。數之前定如此。

305 蘇州井中鐵匣

崇禎十一年戊寅，蘇州承天寺井中屢有白氣冲上，使人入井淘之，得一鐵匣，封緘甚固。發視，內藏心史一部，自宋端宗起，迄元成宗止，皆言宋政寬厚及元人殺戮等事，乃宋末鄭思肖所作。思肖，字所南。是時端宗景炎止三年，帝昺祥興僅二年，餘卽元世祖至元三十五年、成宗元貞十三年耳。所南史内所載數十年事，俱書景炎幾年，不用至元、元貞等號。所南名思肖者，思趙也，自矢今生不能復趙，願來世與趙云云。時蘇州巡撫張國維見而異之，梓行于世。然則心史作于三百年前，而出于三百年後，天蓋隱示以明之將復爲宋也歟？

元世祖在位三十五年，實承正統十六年，則心史約三十餘年事。此書一時盛行，須再覈其起止。

306 錢肅樂和心史詩併跋　徒胡枯奴渝

肅樂，字希聲，浙之鄞縣人。崇禎丁丑進士。時爲太倉知州，和鄭所南心史韵十首，止録其六，〔一〕併有跋一篇附後。張、錢二公，一梓其史，一和其詩，厥後品節亦不愧所南云。

一

崖山舟覆已無徒，四面江河盡屬胡。井火沉劉烟欲斷，隰苓思美望終枯。衰年殘夢依吾主，冷眼狂歌駡逆奴。鍔鍔霜鋒書井底，心光血字豈容渝？

二

時事知非夢亦徒，年來每飯未忘胡。十三門裏秋聲冷，百二關中王氣枯。欲迓龍輿歸帝子，願清虎穴走匈奴。子山饒有江南賦，吟罷凄然不忍渝。

三

嘯呼山澤與誰徒，短髮蕭蕭愧曼胡。錦里湖光風霧慘，帝城月色管弦枯。銅駝荆棘先悲汝，蟋蟀平章不門奴。坐使腥風污草木，忍看龍劍匣中渝。

四

未忍烟波絲釣徒，獨攜一劍寶風胡。馬嵬道上春雲暗，凝碧池邊秋草枯。七日申胥能復楚，三年文種乞爲奴。英雄定有陰符策，不信夢夢天意渝。

五

殷戈猶未倒前徒，向日鵷行遍解胡。金策賜秦天尚醉，銅人遷鄴水爲枯。獻符盡是稱功德，却帝何人笑婢奴。獨有誓詞延萬劫，石風金火不能渝。

六

燕市長吟豈酒徒，筑聲欲借抵強胡。動人鐘鼓書猶在，沸地笙歌骨已枯。三輔道旁争待漢，隴西門下耻降奴。烹魚誰是同心者，舊苑芝蘭應未渝。

叫呼日月狂偏甚，痛哭英雄淚欲枯。四海無王還戴宋，一腔有血肯爲奴。……

魂號故國血應碧，淚灑西風鬢欲枯。有恨離騷托湘水，無情錦句覓奚奴。……

啣泥小燕争歸暖，戢翼寒蟬獨集枯。筆續春秋書續楚，匣開風雨勢驅奴。……

西山採蕨歌猶壯，東魯悲麟筆幾枯。……

士君子不可一日遭心史之事，不可一日不存心史之心。此心之失，則人而禽矣！白日而昏夜矣！文字召妖，口舌戰血矣！金鑠而石穿矣！此心之存，則人而天矣！一日而千古矣！詩文而史矣！亦經矣！亦圖籙矣！眢井爲名山之藏，石匣有甲丁之護矣！心之重于人也如是。今聖天子在上，政教翔治，士大夫皆崇尚節義，歲以戊寅，而鄭所南心史見于承天寺井中。撫公張大人梓以行世，海内見先生之史者，無不知先生之心矣。然此心非獨先生有也，余以暇日偶覽斯編，成詩十律，豈敢附吟咏之末，亦以性情所鍾，不能自絶。世有觀者，得位置希聲于行道乞人之列足矣。

〔校記〕

〔一〕按所録實有十首，唯後四首未全録而已。

307 蝗

八月十六日，吾錫飛蝗蔽天，自西北來，往東南去，凡六日，至二十一日止。十月廿六，打搶王中訒家中罄盡。

明季北略卷之十五

崇禎十二年己卯

308 内臣

正月，敍緝奸功，東廠太監王之心、曹化淳廕錦衣衛百户。七月，以司禮監太監張榮提督九門。戒午門、端門諸内臣延接朝士。

屢蔭子弟，頻用提督，内臣聲勢亦赫奕矣。雖戒勿接朝士，其能禁乎？六月廿三新秋筆。

309 王承恩哭夢

上屢夢神人書一「有」字于其掌中，覺而異之，宣問朝臣，衆皆稱賀，謂賊平之兆，獨内臣王承恩大哭，羣臣愕然，上亦驚問，承恩曰：「皇上赦奴婢不死，始敢言。」上曰：「汝無罪，直言無隱。」承恩奏曰：「以奴婢推之，神人顯告我皇，大明江山將失過半。」上詰之，承恩叩首曰：「蓋『有』字，上半截是大字少一捺，下半截是明字少一日，合而觀之，大不成大，明不成明，殆大明缺陷之意。神人示以賊寇可虞之幾矣，願皇上熟思之。」上不懌。或云朝臣徐某推夢吉凶，亦與承恩之説同。

310 鄭二陽兵餉對

三月，召參議鄭二陽于平臺，問練兵措餉之計，對曰：「大抵額設之兵，原有額餉，但求實練，則兵不虛冒，餉自足用，是覈兵即足餉也。若兵不實練，雖措餉何益！」上問措餉，對曰：「諸臣條例盡之矣，在得人。得人則利歸公家，否則在私室。」又曰：「臣見州縣多破殘，宜下寬大之詔，收拾人心。」上稱善，擢僉都御史。

五月，出帑金三十萬濟餉，仍命後償之。又山西按察副使魏士章，請遣京官搜括天下錢糧充餉，從之。六月，禮部尚書林欲楫請覈僧道贍地，毀淫祠，括絕田充餉。初，戊寅十一月，括廢銅鑄錢。至是己卯十一月，前庶吉士張居請行銅鈔，從之。嗟嗟！言利紛紛，總非大道。

311 建設齋醮

己卯四月，諭釋輕繫。時上頗于内庭建設齋醮，給事中張垛上言：「宗社之安危，必非佛氏之禍福。正德初年，遣太監驅馳西域，可爲鑒戒。」不聽。

312 京城浚濠

四月，京城浚濠，廣五丈，深三丈。給事中夏尚絅上言：「連年塞垣失守，門庭無恙。若使塹水足拒，則去年通、德、滄、濟，其爲廣川巨浸何限，而揚鞭飛渡，如入無人，則控扼險要，在人不在險明矣。今擲此百萬于水濱，孰若用之于嚴疆，使敵騎不得躪入哉！」不聽。

313　吴昌時恨薛國觀

六月，考選科道，左懋第等給事中，詹時雨等試御史，吴昌時等并各部主事。昌時首擬吏部，疏上，上自手定先後，示以不測。昌時得禮部主事，謂薛國觀所爲，恨之。

314　磔鄭鄤

鄭鄤，常州横林人。鄤繼母，大學士吴宗達女弟也。鄤薄于宗達，宗達因揭其杖母蒸妾，温體仁入告，遂逮鄤下獄。此崇禎八年十一月事。至是己卯八月，磔鄤于市。先是，宗達揭後，中書舍人許曦奏鄤不孝瀆倫，又與體仁疏合，因詔獄。刑部尚書馮英會問，奏稱：「據原參，謂鄭鄤假箕仙幻術，蠱惑伊父鄭振先無端披剃，又假箕仙批詞，迫其父以杖母。」亦未嘗直指鄤之杖母也。又稱「鄤有才名」，語近回護。上怒，責其狥私，着吏部議處。法司再定鄤罪，擬辟，上命加等，故磔于市。鄤初選庶吉士，有直諫聲，文震孟、黄道周皆與之遊。體仁欲借鄤以傾震孟、道周，讞駁逾重，而鄤居鄉多不法，遂罹此慘禍。

聞鄤家居時，來往者莫不重其名。一日，宗達子説入泮事，爲鄤奪去，宗達謂輕己，憾之。黄道周雅重鄤，攜夫人過，嘗宿其家，見鄤妻布衣，内室惟列紡織具，佯作道學狀。又事母極恭。夫人告道周，道周益賢之，而竟不悟其僞也。

315 鄭鄤本末

天下事起于微渺而情涉婦人者，其禍發也最大而烈，如鄭峚陽之敗名斲身是也。峚陽爲進士鄭振先之子，進士鄭振光之侄，大宗伯孫淇澳之壻，大學士吳區聞之甥。年十八而舉于鄉，二十八而成進士，選庶常，揭大璫，一時聲譽峻峭而鴻遠。乃峚陽幼時心非母氏之妬，及其長也，見母氏之虐于婢，尤虐于垂髫之婢，益甚非之；甚至不欲見且聞，棄家離母，躡足深山者三年。時有巫嫗者，能降神，爲來生禍福挽休咎，婦女翕然信之，不啻大士之敬，閻羅之畏也。峚陽欲挽母氏之殘虐而卽于寬慈，謂非可口舌諍、利害陳也，惟借神道設教因果報應之說，庶可以改革之，遂敬延其嫗以與母相見。嫗則設壇升座，兩炬熒煌，初憑而俯，繼呻而噫，忽張眉突眼，雙掌震几，作漢語而呼曰：「鄭門吳氏還不速跪！」峚陽欲尊其說而聳母氏之聽也，急先母而跪。母以峚陽讀書明理，素倔强于鬼神之說，今且懾服致跪，而悔禍之心大萌矣，亦繼峚陽而跪。而嫗于是歷數虐婢之含冤，冥訴之多詞，母則不欲其繁指也，嫗則漢語揚聲以實之，又嚴察速報以恐懼之。峚陽急下轉語曰：「固知罪矣！今惟求解罪。」嫗固不可，母則百其顙至地，沾其淚滿襟矣。峚陽則下直語曰：「陰司現今作何果報？」嫗曰：「罰他十幾世爲苦婢，大限只在百日内，其死婢十幾位，作夫人以菹之耳。」由是母顙之下直如搗蒜，聲從淚出，惟命求解。峚陽則又下轉語曰：「果報與現報孰重？」嫗曰：「現報十倍之矣。」岑陽曰：「今求現報以消冥愆，可乎？」嫗曰：「折算耳。」母懇求，嫗曰：「惡疾耳。」母懇求，嫗曰：「減食失目耳。」母又懇求，岑陽爲之中解曰：「現前賜杖，受責之後不蹈前非可乎？」嫗曰：「子係貴人，説准允從。爾母過世仍爲一品夫人，諸婢亦超生去。」母則喜從天降，俯伏請杖，雖百奚辭。嫗曰：「應杖八十。心服改過折半，子貴親榮饒半，痛打二十，以贖前罪。」而執杖爲岑陽，又出自巫語，于是杖母之説遂成鐵案。時在十八歲四月初旬事。

至其媳也，爲辛未進士韓鍾勷之女。鍾勷授長沙府湘陰縣知縣，三年中飲冰茹蘖，將行取矣。忽一日上府考察，小轎出于曲巷，前導傘夫衝入刺史節隊，刺史取而笞之二十。韓亦不甚介意，復回寓所，更其從人，再詣巡方之轅門，凡州縣之候見者，俱蝟集鵠俟，共駭何遲？對以前故。時辛未榜有八人在中，而蘇、常四府又居其六，各忿然震怒曰：「以老顙知府而欺吾將行取之知推，非世局也。彼決在此候見，亟取其吏書人役，各責四十板以懲其冒妄。」時受責者五人，而板則二百矣。知府不能容，傳鼓哀禀，哭訴辭官。後各隨隊進謁，獨湘陰縣還其揭帖，不得面陳。停府三日，方在調停，而知府以氣厥而死，子竟出執命狀，巡方不得不白簡從事。韓亦歸而杜門，悶躁之極，夫人忽發舊疾，數日告殂；原止一子，年已數歲，聰慧異常，亦于斯時痘殤；韓則困守内衙，悲鬱數日亦死。或云：一月前，斫截一株極大老樹，樹根流血，身便不快，此又事之有據者。其女向允岑陽之子之聘，今自湘陰歸，雖無父母兄弟之可依，尚有乃祖之可恃也，自應聽其祖翁鞠育，乃岑陽則以湘陰之歸帑，爲子舍之裝奩，年尚未笄，托言童養，掃室以居之。從來隨嫁之婢女，自應年卑于主，然亦必選擇勤慎，如嫻于禮、訥于口者，方得相宜遣侍，今則闔門從入，稂莠無分矣；遠歸從嫁，奸貞莫辨矣；船載捆携，多寡咸入矣。李下之嫌，固當凛如秋肅；童養之言，亦不宜親形口角，使新臺有因。然則韓女之自經，踵父母兄弟之刼運；崟陽之被讒，緣婢妾奶婦之雜處也。若必求其事以實之，則鑿矣。

至姦妹一事，崟陽不幸有此妹，又不幸而此妹復適于錢氏之子。婦人無行，何所不有！人之好談無行之婦人，何所不加！此歐陽永叔因一詞而訾其失行也。若爲崟陽白此議也，其惟質之神明而可。

崟陽諱鄤，常州横林人，壬戌科文震孟榜進士。文甫就職，上聖學疏，會留中，鄭又論之，謂「留中不發，必有伏戎援奥之奸」。時魏孽初萌，遂降級調外，各閒居就里。後先帝登極，俱還職，文已大拜，鄭猶里居。計後登樞，在廷在野，歲月均也，稜角不無太露，而兩院之重情關説以千百計者，必歸之；方面有司黜涉，憑其一言；覆命計典，時必先爲請正，而後送閱其本稿。又諸生科歲，儒童泮取，督學之所嚴重，其關節者，片紙靈于勅語矣。名高厚實，兩踞其巔，天且忌之矣。又以伊舅孫淇老屢徵不起，需之偕行耳。七年七月，淇老以大宗伯召，擬出山，由水程進，崟陽則從陸而赴闕，忌孫者因而忌鄭，以孤孫之黨，竟繫獄。時大金吾吴孟明引二子庚臣、世臣，即于禁獄授教，先課一藝，擊節讚賞，決其登第。孟明極其奉之，供膳服御，精腆逾至尊，在崟陽一人入口之費，日必罄六金。參之者發其杖母也，竟無訊讞之期。淹至三年，京師夏旱，諭各衙門陳弊政，宣冤抑，吴孟明奏曰：「臣衙門冤抑，自有法司平允，非所敢預聞。但有幽禁三年，無人爲之雪理如鄭鄤者，或當釋放，以召天和者也。」疏入，則蒙極嚴之旨，謂：「杖母逆倫，干憲非輕，如果無辜，向無人爲之申理？着常州府人在京者從公回話。」時臺中三人：劉光斗、劉呈瑞、王章也，正在憂虞，而光斗内艱之信至。適有武進落魄生員許曦，與管紹寧同入泮，無聊至京，會際考武英殿中書，管因取許，每月支俸米一石，一無事事，猶未題授實職，非官而似官之流也。主計者代爲草疏，實其杖母，再指姦媳、姦妹以佐之。其疏先一日奏進，于劉則曰：「臣本世家子，父母課讀，寸晷爲惜。自六歲從師，至二十歲聯捷，從未敢一刻擅出書館。鄭鄤之事，窗外無聞也。」王則曰：「臣本農家子，離城百里，鄭鄤之事，係宦室閨門，草野耳目，實未聞見。」兩疏後一日封上，預屬政府于許疏法司嚴訊。劉、王則曰：「已有旨了也。」初審覆疏，以「事屬影響，言出謗忌，革職太輕，遣戍太重，惟候聖裁。」旨以刑杖未加責猾，殉問官褫之，繼則嚴苛索詳事。因破情面，衡律例逆倫罪欵，法無輕貰矣。旨意尚以親屬未經面質，議擬猶然疏縱，獄案未定，湔奪降罰，且次第于西曹。至十二年八月初六日，凡詞中之男婦老幼，聽勘于公庭。韓媳之祖，以望八之年，匐匍嚴刑之側，詢其姦媳，但云「一憑法臺明斷」，餘皆不敢出誣枉二字。大辟竟成矣。韓翁甫出，殞絶輿尸矣。至二十六日黎明，臠割之旨乃下，外擬原不至是。許曦是早來，促同往西市，俗所云甘石橋下四牌樓是也。時尚無一人，止有地方夫攄地搭廠，與竪一有丫之木在東牌坊下。舊規，殺在西而剮在東也，廠則坐總憲、司寇、秋卿之類。少停，行刑之役俱提一小筐，筐内藏貯鐵鈎與利刃，時出其刀與鈎穎，以砂石磨礪之。辰巳二刻，人集如山，屋皆人覆，聲亦嘈雜殊甚。崟陽停于南牌樓下，坐筐籃中，科頭跣足，對一童子囑付家事，絮絮不已。傍人云：「西城察院未到，尚緩片刻。」稍停，從人叢中舁之而入，遥望木丫，尚聞其「這是何説」者連詞。于極鼎沸中，忽聞宣讀聖旨，結句聲高：「照律應剮三千六百刀。」劊手百人，羣而和之，如雷震然，人盡股慄也。砲聲響後，人皆跂足引領，頓高尺許，擁擠之極，亦原無所見。下刀之始不知若何，但見有丫之木，指大之繩勒其中，一人高踞其後，伸手垂下，取肝臟二事，置之丫巔，衆不勝駭懼。忽又將繩引下，而崟陽之頭突然而舉，時已斬矣。則轉其面而親于木，背尚全體，叢而割者如蝟。須臾，小紅旗向東馳報，風飛電走，云以刀數報入大内也。午餘事完，天亦暗慘之極。歸途所見，買生肉以爲瘡癤藥料者，遍長安市。二十年前之文章氣節、功名顯宦，竟與參朮甘皮同奏膚功，亦大奇矣。

鄤在獄，以萬金乞周奎通皇后關説。一日上入宫，后曰：「聞得常州鄭鄤」，語未畢，上即目視之曰：「汝在宫中，那裏曉得鄭鄤？」后懼而止。鄤聞將磔，執筆畫一大圈于紙上，如乾形，已而塗黑，無些子白，其意謂有天無日，蓋怨上也。鄤幼時遇一瞽者，善揣骨，初云翰林也，遞及脛，訝曰：「翰林而骨碎，何也？後必有刑。」鄤體最肥，頗似豕形，故喜財色。一日駕舟下鄉，富家有訟事，欲取之，其人紿之入，即鍵户扃扉，引至密室，置凳一、刀一、鹽盆一，欲殺之，鄤大駭乞命。久之，書廿詞而釋，所乘舟亦拔起焚去，衆聞而快之，鄤終不能害。鄤以母故，慫父披剃，避居浙之某寺，鄤以青年從之，飲食起居無不同也。里中諸少年疑僧之徒爲尼，欲執之。令聞至寺，見振先即下拜，衆大驚。蓋令乃振先之門生也。同時有錢用光，與父鉞甫争婢事，以佩刀誤刺之。用光以祖廕，爲應天州判。又有陸自嶽，令廣東還，經山中，妻被盗掠，自嶽佯言死。後其妻歸，自嶽縊之。三姓同里，故鄉人作口號云：「毘陵三窵角：杖母、弑父、殺妻。」

316 郝敬卒

郝敬，字仲輿，號楚望，湖廣承天府京山縣人。父承健，以鄉薦爲肅寧令。母夢大蛇若龍，嚙左脾入腹而娠，生敬，五歲卽工偶句。萬曆戊子舉人，己丑成進士，令永嘉，以治行擢禮科給事中，疏論輔臣内官，遂謫江陰令，致仕歸。年四十，卜窀穸，作輓歌。至七十四，召形家擇日卜地，盛衣冠髮爪于櫝，荷鍤兆所，告后土，請以今年爲死年，今辰爲葬辰，他時勿更擇日。誅茅啟坎，子婦逮下，徹緣素冠裳，葬櫝而封，樹石自題「明給事中郝敬之墓」。旁用石匣，函著書三百二十四卷以殉。刻生葬文，告姻黨。至己卯，年八十二，冬日，蚤起衣冠。晡，忽不懌，命内外掃，沐浴，隱几坐，草札別友人，稱「郝敬頓首絶筆」。親朋錯愕來，户外屨滿。危坐木榻，拱手爲別，語止，笑乘鯖車出。至西山，從容下輿，索筆題堂柱曰：「升沈難定，但深壑藏舟，夜半憑誰有力；來去自繇，如驚風飄瓦，天公于我何心！」少頃，屬纊而絶。

公謫江陰，題聯于庭云：「坐上有嘉賓，談笑風流吳季札；江干逢逐客，交游意氣楚春申。」又咏詩十章，多感慨不平意，勒于君山，有「酒逢歡笑無天性，思至哀吟有鬼工」之句，邑人誦之。予昔應試澄江，嘗攜筆登山，摹其六以歸。六月廿五筆。

317 陳繼儒卒

陳繼儒，字仲醇，號眉公，南直華亭人。少英異，好讀書。長，長于詩歌、文辭，頃刻萬言。弱冠補諸生，年二十八，裂其冠，投呈郡長，有云：「住世出世，喧静各别；禄養色養，潛見則同。揣摩一世，直如對鏡空花；收拾半生，皆作出山小草。」一郡驚其言。當事勉留，卒不聽。退而躬奉菽水，結茅小崑山之陽，修竹白雲，焚香宴坐，豁如也。父殁，哀毁欲死，負土爲壘。弟之子、姊之孤，賴之得存。時顧端文、高忠憲招繼儒入講社，繼儒曰：「願士大夫有此行，不必有此名。」所知交遍天下，四方求文者，履日滿户外。然絶妄漁，愧干請，嘗云：「王公布衣之交，僅存一綫於天壤，寧使訝其不來，毋使厭其不去。」又云：「躑躅公庭，必爲雙鶴所笑。」郡守李三式其廬，謝不見。既，李以事去，繼儒送之千里，勞藉如平生歡。而方岳貢尤神交二十年。一時撫按交章奏薦，請照吴與弼例，特行徵聘。屢奉俞旨，固辭不就，惟與山水爲緣。每當春秋佳日，月夕花晨，非操舸龍潭，即卜築曠野，一時名姝騷客，輻湊而至。或匿蒹葭蘋藻間，長歌短笛，鷗鷺驚翔，累日經旬，興盡方止。己卯，病卒，得年八十有二。藏無餅金，惟留遺編數卷。未殁前，召子孫賓朋曰：「汝曹逮死而祭我，不若生前醉我一杯酒。」于是羣從雁行洗爵，次第而獻，如俎豆狀，繼儒仰天大嚼，叱曰：「何不爲哭泣之哀？」左右皆大慟，或爲薤歌以佐觴，歌愈悲，酒愈進，繼儒喜而起舞，簪帽以花，婆娑佻達，盡醉乃罷。將瞑目，又暢言無鬼之旨，鼓掌大笑而逝。所著有秘笈品外文集幾百卷行世。

當啟、禎間，婦人豎子，無不知有眉公者，至飲食器皿，悉以眉公名，比于東坡學士矣。其與董思白交最厚，在前喆中，又比沈石田之于王文恪公云。先是，王徵君穉登文章翰墨妙天下，交游在公卿間，差似眉公，而蒲輪不就，爲巖穴光，眉公加人一等矣。

318 術士鄭仰田

鄭字仰田，惠安人。少椎魯，不解治生，父母賤惡之，逃之嶺南，爲寺僧種菜，面黧黑，補衣百結。有老僧，長眉皓髮，目光如水，呼仰田而指寺僧曰：「汝等皆不及也！」寺僧怒，逐仰田，旬日無所歸，號泣于野外。老僧迎謂曰：「吾遲子久矣。」偕入深山中，授以拆字歌訣。月餘，遂能識字，因授以青囊、袖中、壬遁、射覆諸家之術，無所不通曉。天啟初，將卜相，南樂指「全」字爲占，仰田曰：「全字從人、從王，王四畫，當相四人。」問其姓名，曰：「全字省三畫爲土，當有姓帶土者；省四畫爲丁，當有姓丁者；省兩畫，縱橫爲木，當有名屬木者；以所省之文全歸之，當有名全者。」已而，拜莆田、貴池、元城、涿州四相，一如其言。晉江李焻與閹黨吳淳夫有郄，指「吞」字以問，仰田曰：「彼勢能吞汝，非小敵也。從天、從口，非其人吳姓乎？」曰：「然。然則何如？」仰田曰：「吳以口爲頭，彼頭已落地矣，汝何憂！」踰年而吳伏法。魏閹召仰田問數，仰田蓬頭突鬢，踉蹌而往，長揖就坐。閹指「囚」字以問，羣閹侍列，皆愕眙失色。仰田徐應曰：「囚字，國中一人也。」閹大喜。仰田出謂人曰：「囚則誠囚也，吾詭詞以逃死耳。」之白門，閹勢益熾，俞少卿密扣之，仰田方晝卧屋梁下，上有斷綆下垂，仰田指之曰：「如此矣。」未幾，閹果自經。丙子冬，前知錢謙益有難，自閩來吳，復入燕，爲刺探獄情緩急。時年八十二矣，行及奔馬，兩壯士尾之不能及。謂謙益曰：「七日彼當下位，公獄解矣，然必明年而後出。」後一一不爽。己卯春，謂家人曰：

「明日有羣僧叩門乞食，具數人飧以待，吾亦相隨往矣。」質明，沐浴更衣。羣僧至，飯畢入坐，端坐而逝。

惠安縣屬福建泉州府。

319 左良玉破豫賊

己卯正月廿五日癸未，河南巡撫常道立削籍，以縱寇渡河也，以李仙風代之。二月，左良玉大破河南賊飛虎劉國能于許州，國能降。三月，良玉大破賊于南陽府之内鄉縣。上聞其兵淫掠，責之。四月初四日辛卯，良玉再破賊于河南之鎮城。廿三日庚戌，賊李萬慶率衆四千，解甲詣内鄉城下，降于良玉。

前卷載常道立招撫劉國能，出遺聞；此載良玉二月破賊，國能降，出史畧，年月頗異。或去年道立招國能，有就撫意；至是又爲良玉所破，其降始決耳。非一書自相矛盾，蓋並誌之，一以傳疑，一以俟考也。餘亦倣此。六月廿六筆。

320 張獻忠復叛

己卯三月，漕撫中軍劉良佐有光山之捷，安廬巡道湯開遠有舒城三捷，賊漸西奔，張獻忠、曹操因入房、竹山中。房縣、竹山縣俱屬湖廣鄖陽府。初，獻忠假官兵旗襲南陽，屯南關，左良玉適至，疑而召之，獻窘，逸去。良玉追及，兩馬相望，一箭中其眉心，一箭釘其中指于弓靶，獻倉皇間，良玉舉刀劈其面，血流被甲。孫可望力前格之，得免，逃至麻城，良玉追勦之。一晝夜行七百里，至襄陽府之穀城縣，戊寅正月初九夜，破之，出示民曰：「本營志在匡亂，已逐闖兵遠遁，本營釋甲歸朝。」乃拘耆老具結。遣可望以碧玉長尺餘者二方，圓徑寸珠二枚，賄熊文燦請降。〔一〕文燦許焉，以僉事張大經監其軍。文燦庸鄙無能，駐節襄陽，于後圃種蔬，日用數十人灌溉。時旱，郡邑申文祈雨，文燦批云：「園蔬茁茂，禾苗何以獨枯？不過奸民爲逋糧地耳。」其設施如此。良玉謀于巡按林銘球、巡道王瑞旃，欲誘執獻，文燦曰：「殺降不祥。」力庇之，乃移其營于城内。獻恃文燦，益無忌，私練士卒，造軍器。穀城諸生徐以顯一見如故，教以孫、吴兵法。又乞職銜，索月餉，且請澠、陝、盧、靈、閿五州縣，屯馬步兵六千。己卯春，獻忠叛形愈著，良玉請討之，文燦故彰露其事，使獻知之，强留良玉飲餞，稽延時日。獻從容盡運兵械入房山，文燦始催出兵，則獻已叛矣。是時文燦招撫十三家賊，蜂屯蟻聚中州一帶，旋撫旋叛。巡撫徐一范謂「可勦之機會，與能勦之物力，都從撫裏錯過。」良不誣也。五月，獻忠既叛，殺穀城令阮之鈿。之鈿臨殁，瀝血書絶命詞。羅汝才九營並起，應獻忠。獻忠脅御史林銘球上書求封于襄陽，〔二〕銘球不從，遂殺之。七月，張、羅二賊合于房縣。良玉聞變，曰：「經略縱虎負嵎，使我攖之不去，必以逗遛罪我。」令旗至，即冒暑進兵，遇伏，大敗而還，失其符印。良玉列其狀，上革文燦職，良玉亦降職，令殺賊自贖。

錫紳徐調元戊寅令黄岡，嘗云：「獻既就撫，文燦疏奏留中不下。獻性如猿猴，不耐久静，嘗于城外，將几案叠起，每日自下而上，循環不已，如教猱升木，無一息停。雖天性好動，亦借此自練，併以練士卒耳。時文燦疏久不報，獻從將十人馳入城，問縣令阮之鈿曰：『廷議云何？』阮迎其意曰：『將軍不日大拜，且封侯矣。』獻乃去。如是者數次。已越月，疏終不下。獻偵所請多不遂，乃密謀叛，復馳入縣，詰阮如前，阮驚恐無措。獻知其謬，大怒曰：『汝誘我耶？』顧左右曰：『抓他頭來！』即斬首去，遂叛。」

「仕途捷徑無過賊，將相奇謀只是招。」宋人之言，若爲文燦輩寫照！

〔校記〕

〔一〕「乃拘耆老具結」至「睄熊文燦請降」句疑脱「獻忠」二字。

〔二〕「林銘球」原訛作「林鳴球」，今據前文及明史卷三〇九張獻忠傳改，本篇後同，不另註。

321 房景春父子死節

房景春，字和滿，南直江都人。萬曆壬子舉人。崇禎辛未，就教鹽城，罷歸，遷黄州照磨，署篆黄安。甫二日，而賊掩至，誓以身與城存亡。戰守八晝夜，賊遁去。戊寅，陞房縣知縣。時熊文燦招九營大寇交斥鄖屬，而羅汝才、白貴、黑雲祥三營介馬入房，逼據西關。景春知事不可爲，與主簿朱邦聞、遊擊楊道選内修守具，外定盟書，苟安旦夕。己卯五月，張獻忠突入房。蓋獻忠已破穀城，縣令阮之鈿死，遂乘勝鼓行而西，而新插三營羣起嚮應，城中兵羸餉缺。景春血書寸紙，遣人縋城出求救，不報。獻忠逼讓城，景春曰：「吾頭可斷，城不可讓也。」賊益攻，景春發砲殲賊，賊以棺覆首，四面環圍。守門指揮張三錫爲内應，城陷。楊道選巷戰死，景春被執，勸降不從，命拽出斬之。子生員鳴鸞抱父屍哭駡，賊復手刃。僕陳宜亦被殺。朱邦聞與其家人俱不屈死。事聞，贈景春太僕寺卿，鳴鸞與陳宜俱祔祀。

死忠死孝，日月光昭，景春、鳴鸞之節烈矣！至若道選、邦聞，寧與令君同日而死，不與叛逆同日而生，豈非皆不二心之臣哉！

322 楊嗣昌代熊文燦

初，熊文燦與大學士楊嗣昌深相結納，嗣昌冀文燦成功，以結上知。文燦既敗，嗣昌内不自安，請督師南討，上甚慰勞之。八月十七日壬戌，命嗣昌督師討賊，賜尚方劍，并督師輔臣銀印，給帑金四萬，賞功牌千五百，蟒紵緋絹各五百。九月初五日丁卯，嗣昌陛辭，上宴于平臺後殿，手觴嗣昌三爵，賜以詩，勒于文廟，親賦鐃歌二首贈行。命會兵十萬，給本折色銀二萬兩。出師之隆，莫盛于此。御史張肯堂請著爲令：「有創爲撫説者，議出編氓行伍，以奸細論；議出道將紳衿，以通賊論；議出督府鎮帥，以誤國論。」疏入，嗣昌弗善也。嗣昌首倡聚斂一議，加勦餉三百萬兩，又加練餉七百三十餘萬兩，合舊派每年加二千三百萬，以致民窮盜起。至是，力以滅賊自任。冬十月，嗣昌至襄陽，入熊文燦軍，詔逮文燦入京，論死，棄西市。丙子，拜左良玉平賊將軍。良玉所部多降將，嗣昌謂可倚以辦賊，爲請于上，故有是命。賊初聞嗣昌出，頗心怖。及嗣昌抵任，踵襲文燦招撫故智，謀以鄖事委鄖撫袁繼咸，楚事委楚撫宋一鶴。一鶴貪懦巧諂，以嗣昌父名鶴，投揭自署其名曰「一鳥」，楚人争傳笑之。嗣昌對守年餘，一籌莫展。自撤白虎之險，縱賊入川，賊勢益張，不可收拾。嗣昌妄聽楊卓然之説，謂「獻賊難圖，革、左易撫」，輒思舍難就易，檄左良玉趨皖，駕言「川中零賊，不足復煩大兵」，軍中咸知失計。良玉探識其奸，率兵竟去，連發十九檄追之，不返。賊復出，無當闖者矣。且賊由西北陸走襄陽，而嗣昌由西南水走夷陵，歧路相避，猶飾稱鞭長不及。甚至地方失事，匿不上聞，而又虛設捷級，動云寇不足慮。瀘州知州蘇瓊等死于賊，嗣昌復砍其頭，充級報功，羣賊愈無所憚。當是時，楚撫代罷不常。戊寅十一年六月，逮楚撫余應桂，以方孔炤代之。至十三年正月，逮孔炤，命宋一鶴代之。十二年己卯四月朔戊子，鄖陽撫治戴東旻免，以王鰲永代之。至十三年，罷鰲永，以袁繼咸代之。代易紛紛，迄無成功，只爲猾賊笑耳。

嗣昌抵任以下，兼十三年事在内，因上文而併及之耳，閲楚撫一行可知。

323 賊間

十月，遼將黄得功、川將杜先春屢戰却賊，賊每避其軍。是月，賊多購蘄、黄人爲間，或携藥囊、著蔡爲醫卜，或談青鳥姑布星家言，或爲緇流黄冠，或爲乞丐戲術，分布江、皖諸境覘虛實，時時突出焚掠，相持逾年，流毒四境。

324 蟒蛇倉碑

南京蟒蛇倉無風自倒，內有石碑，劉基題云：「甲申年來日月枯，十八孩兒闖帝都。困龍脱骨升天去，入堂羣鼠暫相呼。中興帝主登南極，勤王俠士出三吴。三百十年豐瑞足，再逢古月紹皇圖。丕、丕、丕！八月中秋絶，呵、呵、呵！此時纔見真消息。」

己卯歲，我鄉傳誦此碑，咸云天下將亂矣。不出五年，語語皆應，豈非數歟！六月念七筆。

325 誌異

二月己巳，保寧天鳴。三月，高淳旱蝗。冬十月，彗星見，諭停刑。十二月十三日乙未，蕭縣山鳴。是年兩京、河南、山東、山西、陝西旱飢。

七月二十五日，吾邑飛蝗蔽天，所集之地，禾莖立盡。當事設法捕捉，斗米易斗蝗，小民争捕之，或焚或瘞，不啻萬萬計。餘種未殄，民猶苦飢。

十二月，吾錫南門網船婦，一胎生三子：初九日生一，初十日生一，十一日又生一。亦異事也。

明季北略卷之十六

崇禎十三年庚辰

326 賑民

閏正月，命巡城御史煮粥賑饑，發帑金八千賑真定，發帑金六千賑山東。二月，風霾亢旱，詔求直言。三月，分賑畿南三萬金。是日雨。又賑京師貧民各錢二百。七月，發帑金二萬賑順天、保定。八月，發倉粟賑河東饑民。九月，命有司祭難民，瘞暴骸。冬十月，出帑金萬兩市舊棉衣二萬，給京師窮民。

己卯、庚辰之際，中外交訌，上念窮民罹災，蠲賑屢下，而有司骫法侵蠹如故，真可恨也！六月廿六筆。

327 策貢士

三月，策貢士于建極殿，賜魏藻德第一。先是，閏正月，上召貢士四十八人於文華殿，上問：「邊隅多警，何以報仇雪耻？」藻德對曰：「使大小諸臣皆知所耻，則功業自建。」娓娓數百言。藻德，通州人。

更自言戊寅守城功，上心識之。至是優拔第一。

新進士召對，上特拔趙玉森等五人爲翰林，周正儒五人爲科臣，吳邦直五人爲御史，俱批「應對詳明」。又拔吕陽等十三人爲吏兵二部主事，俱批「應對稍明」。賜下第舉人無錫華廷獻、江陰徐亮工等爲進士，時稱「欽賜進士」。

太祖吳元年，置翰林院，以陶安爲翰林學士。洪武十八年，始定翰林官制。永樂二年甲申科，擇會元楊相等五十一人，及善書易流等十人，俱改庶吉士。次年正月，復命解縉選庶吉士楊相、武進段民等二十八人于文淵閣肄業，時人謂之「二十八宿」。舊制，庶吉士間一科考選，額定二十八人。自萬曆十一年癸未李廷機榜，始令每科考選，以二十二人爲額，故數科來翰林官至百餘員，皆無所事事，惟揚揚長安道上，拜客飲酒而已。崇禎甲戌、丁丑兩科，始不選庶吉士，以知推有異政者擢入翰林，亦制之一變也。至庚辰新科進士召對，上問：「君有難，當云何？」錫人趙玉森對曰：「萬歲，臣殉死。」上頷之，因問四事，玉森對且泣，遂拔翰林，時稱「欽賜翰林」，旗杆半黄半朱，衆榮之。或云：故例，每科翰林選十八人。惟兩京及浙各選二人，餘每省一人；每科選科道，每省一人。凡有大政，必合十三省人酌議，故備知天下得失，此制之善也。及崇禎辛未以後，始不考選，惟取知推爲翰林、科道矣。迨癸未科，復考庶吉士。後乙酉隆武立，復改庶吉士爲庶萃士云。

四月，命考選大典，須科、貢兼取，以收人才之用。已而吏部考選不列舉貢，特命貢士并歲貢二百六十三人，俱補部寺司屬。推官知縣不爲例。

命朝臣及撫按各舉將材。

明制最重進士，可仕至六部。進士中，翰林爲最。一入翰林，則不屈膝，雖拱揖，腰背不甚折，所以養相體也。舉人止可仕至太守而已。故進士觀舉人頗卑，雖同處不甚欵接。至歲貢廕官，又無論矣。若武職則微甚，雖大至總戎，自文臣視之，抑末也。思廟命科、貢兼取，可謂一洗舊習。然二百六十三人俱補部寺司屬，得毋更矯太甚乎？

328 黄道周廷杖

庚辰四月，黄道周以前召對忤旨，謫江西布政司都事，巡撫解學龍薦舉之，疏例下部，聞有簽貼其旁激上怒者，上遂以道周「黨邪亂政」，學龍「狥私」，遣緹騎扭逮。道周先還閩，聞信，馳詣南昌，諸士紳慰問，不答；陰醵金爲贈，不納，觀者皆哭。至京，與學龍各杖八十，下刑部獄。黄景昉趨視之，道周創雖重，神氣未損，獨以虧體辱親爲言。越數日，户部主事葉廷秀救疏上，杖一百，削籍爲民。廷秀，濮州人，講程、朱學，與道周初未相識。疏上，自分必死，旂尉至，卽與偕行。將拜杖，言笑自若，覽杖者亦爲心折。道周久繫，醫治稍痊，而太學生涂仲吉又上疏曰：「黄道周通籍二十載，半居墳廬，稽古著書，一生學力，止知君親。雖言嘗過戇，而志實忠純。今喘息僅存，猶讀書不倦。此臣不爲道周惜，而爲皇上天下萬世惜也。昔唐太宗恨魏徵之面折，至欲殺而終不果。漢武帝惡汲黯之直諫，雖遠出而實優容。皇上欲遠法堯、舜，奈何出漢、唐主下？斷不宜以黨人輕議學行才品之臣也。」通政司格之，不上。仲吉并劾通政使施邦曜。上怒，下獄，亦杖一百，論戍。復詔道周、學龍對北司簿，仍即家逮廷秀。廷訊日，葉問：「孰爲閩黄公者？」道周、學龍皆恨相見晚。北司帥逼供黨與，煅煉極酷，無所得，謬指數員塞責。有崑山諸生朱永明者，持百錢將遺仲吉，亦在繫中，並送部擬罪。

按旂尉至南昌，闔郡惶懼。姚知府面送公禮五百金，又私禮三百金。夥長袁從先一百金，又錦衣酒席，折程、折席共三十金，又分犒金吾管家及長隨六人二十餘金。時舅氏慎三胡公爲司李，六月十六送三十金。蓋道周爲沈延嘉之房師，沈又爲舅氏之房師也。姜曰廣送六兩，楊廷麟送二十兩。餘如臬司吴、守道潘、高安令蔡、豐城令郝等，俱有助金，約千兩。有諸生彭士望持走京師，爲黄、解部中用。部内不取，彭攜還，絲毫無染，送黄夫人，夫人以大義辭之。送解家，解不受。繼送舅氏，舅氏以爲公費，竟無所私焉。此一役也。可謂江右之高義，亦可謂千古之高義也已。六月二十八日筆。

329 徐石麒對三事

五月，召廷臣于平臺，問守邊、救荒、安民三事。通政使徐石麒對以「守邊在農戰互用，救荒在勸民輸粟，安民在省官用賢」。上是之。

330 薛國觀免

庚辰六月，大學士薛國觀免。初，國觀以温體仁援，遂于丁丑八月得入閣，上頗向用之。至是，擬諭失旨，議處致仕。上嘗語國觀朝士婪賄，國觀對曰：「使廠衛得人，朝士何敢黷貨？」時東廠太監王化民在側，汗出浹背。于是專偵其陰事，以至于敗。國觀既削籍，給事中袁愷再疏劾之，言國觀納賄有跡，并及尚書傅永淳、侍郎蔡奕琛等，俱下鎮撫司訊。又下都御史葉有聲于獄，亦以通賄國觀也。時株連頗衆。

331 李振聲請限田

十一月，工部主事李振聲請限品官占田，如一品田十頃、屋百間，其下遞減。下部議。

井田之制善矣，然不可行于後世也。限田之議猶有井田遺意，亦終不能行者，以利于貧賤，而不便于富貴耳。

332 禁蔫

蔫草，本邊塞軍中所用，一可瘮陽，二可辟寒。庚辰，北郡嚴諭禁之，而營軍卽于諭下陳几市蔫，其無忌如此。是歲無錫令龐昌胤亦禁蔫，有人種少許，治之，用賄獲免。時天旱，俗謂龍畏蔫避去，故呼爲「回龍草」。

333 李自成敗而復振

庚辰九月，秦兵大破李自成于函谷，自成衆散畧盡，其部下俱降。自成竄漢南，秦兵蹙之于北，左兵扼之于南，窮蹙不得他逸。食且盡，自經者數四，養子李雙喜救之。自成因令軍中盡殺所掠婦女，以五千騎衝圍而南。時河南大飢，飢民所在爲盜，自成自鄖、均走伊、雒，飢民從者數萬，勢復大振。十一月，陞陝撫丁啟睿總督陝西、三邊、山西、河南軍務。十二月，自成攻永寧，陷之，殺萬安王朱鏳，連破四十八寨，遂陷宜陽，衆至數十萬。李巖爲之謀主，賊每剽掠所獲，散濟飢民，故所至咸歸附之，勢益盛。

先是戊寅，張獻忠、羅汝才九股在房、竹山中，自成來附。獻忠謀殺之，自成覺而逃去，入蜀。己卯，自成自川潛渡入豫，取洛陽。

一云：戊寅，自成寇襄，敗于左師，奔穀城，獻忠資以甲胄，走均。均賊王光恩降朝，勸與之俱，自成不應，去之鄖屏北山中，不出者二年。庚辰，楊嗣昌搜捕之，自成潛逃洛下，飢民從者數萬。

上云己卯入豫，此云庚辰逃洛，疑庚辰爲是。但一云獻謀殺自成，一云獻資自成甲胄，則又疑謀殺爲確。蓋張、李是兩不相下人。六月廿八日筆。

均州屬楚襄陽府。永寧、宜陽二縣屬豫之河南府。

334 楊嗣昌駐襄陽

庚辰閏正月，楊嗣昌奏辟永州推官萬元吉爲軍前監紀，從之。二月十三日甲子，給嗣昌萬金，賜斗牛服，又賜海騮馬一、棗騮馬一、金鞍二。嗣昌駐襄，調兵會勦，以陝西興安一路失期，斬其監軍殷太白。三月，嗣昌次荆門，立大勦營，以新募湖南殺手二千人隸之；更以戲下騎兵爲上將營，新撫降丁皆隸焉，以副將猛如虎將之。日望撤各鎮內監還京。

335 羅汝才入川

二月二十辛未，羅汝才掠信陽，尋陷光州。五月，汝才與過天星等七股盡入蜀，監軍萬元吉扼夔門。已而賊陷大昌，犯夔州。石柱女帥秦良玉發兵援夔州，萬元吉與之合。

按天啟元年，敵攻瀋陽，諸將吳文傑、周敦吉等救之，石柱司秦邦屏先率兵渡河，諸營繼進，邦屏戰死。三月，四川藺賊奢崇明倡亂，遂據重慶府，已而復陷遵義，一方震驚。石柱宣撫司掌印女官秦良玉勤王，時敵厚遺秦氏，求其助兵，秦氏斬使留銀，進兵圍重慶。夫瀋陽戰死，邦屏烈矣，抑男也。至良玉，不過一女子耳，昔圍重慶，今援夔州，其忠勇不愈于鬚眉者哉！六月廿九筆。

大昌縣屬四川夔州府。

336 左良玉大破張獻忠

六月，左良玉遣降將劉國能圍獻于太平縣之瑪瑙山中。獻食盡，分兵四出抄糧，不得糧歸者，盡殺之。未歸者，詣嗣昌降，良玉使國能將之前行，詐稱糧至。獻開營延入，國能大破之，斬首萬級，掃其營壘，擒其妻孥與徐以顯、潘獨鰲等，送襄陽獄。獻忠攀籐越嶺逃去。

良玉前射獻忠眉心，此又擒其妻孥等，可謂二快事。獨是徐、潘爲獻之腹心，既獲，即宜誅之，以絶禍本，乃猶送獄以緩須臾，致賊得生奸計，竊所不解，豈畏獻乎？抑欲招獻乎？苟畏獻，則徐、潘爲獻之謀主，斬之，獻無主矣；若欲招獻，亦姑留妻孥足矣。且獻當日破郡陷邑，殺人如草，雖親王不免，凡有心者，恨不食肉寢皮！顧當事猶惜其妻子，護其黨與，謂之何哉？

圍獻，史畧載二月事。

太平縣屬四川夔州府。

337 楊嗣昌奪印歸印

五月，江北賊陷羅田。羅田縣屬黄州府。六月，副將軍賀人龍等，合秦、蜀諸軍擊賊，大破之。七月，賊小秦王等相率降于楊嗣昌。獻忠、汝才謀渡川西走，諸將會師擊之，營于夔之土地嶺，待人龍兵，三檄不至。初，嗣昌以左良玉進止多不從節制，而人龍所將陝兵驍勇善戰，而多擁降丁，屢破賊有功，思得總兵名號以統轄之，川撫邵捷春爲請于嗣昌，嗣昌乃密疏于朝，請以人龍代良玉，佩將印。既而聞瑪瑙山之捷，復奏留良玉佩將印如故，别加人龍職銜，須後命，人龍怏怏。良玉知之，意亦恨。當獻忠遁伏山中，千餘殘寇可盡，乃良玉以奪印懷慚，人龍復以歸印觖望，遂逡巡不復深入，皆嗣昌失兩帥之心，玩寇故也。癸亥，人龍兵噪而西歸。己巳，官兵敗績。

九月，羅汝才、過天星之入川也凡九股，是時嗣昌已降其八，遂飛章以聞，敍賚文武將吏有差。十月，獻忠、汝才陷大昌。二十五日壬戌，又陷劍州。川兵追之，敗績，執四將以去。

劍州屬四川保寧府。

338 吴卿論兵弊

黄梅貢士吴卿上言：「流賊奸宄出没，尤善偵走，嘗日馳二百里，酗酒耽色，渴睡不醒。若將勇敢，啣枚夜襲，賊不能覺也。今兵不殺賊，反以仇民，窮鄉男婦，匿林逃難，割首獻功，以愚主將，主將以愚監紀，監紀不知，遂奏其功。此弊踵行久矣，所當痛懲者也。」

339 張獻忠圍桐城

陳石舫，樅陽文士。樅陽鎮距桐城百三十里。庚辰，獻忠駐廬州、六安諸處，去桐城三百餘里，時樅楊猶寂然無恙。忽鄉人謂石舫曰：「君能飲吾，當告以機事。」石舫問之，其人曰：「近得密報，獻忠不日且至，君應速走。」石舫猶疑信參半。不意談笑間，賊騎已充斥于前矣，一晝夜行三百里。九月七日，立營于黄山谷讀書臺。臺在山巔，可以眺遠，焚掠三日，凡殺八千餘人，壯勇者驅之攻城。時獻忠大隊距桐城五里結營困之，使偏裨分掠鄉民充軍攻城。其驅掠之法，以精鋭十人執戈前率，使所掠之民隨行，又以武士十人押後，復令騎兵十人左右分列，操刀催督。苟前者已過，後或不續，即殺之，衆懼，疾行。驅至近城，解入老營，雖千百人，不過三十騎督趲。獻坐營中，每人審問，如答應詳明，即留下，文人多不殺。賊有四大營，獻居中，老營外駐三營，猶如鼎足，環護老營。三營者，一名前營，二名中營，三名後營。獻忠戴尖毡帽，服織錦胡桃花衣，軟靴，布毯于地而坐。眉間有箭瘡爲患，時出膿水，二美人侍側，以白綾方數寸，進而拭之，既拂，輒棄綾于地。頃之，眉心復濕，仍拭如前，無一日間。箭瘡即戊寅歲左良玉所射者也，至是已三年，猶時時迸裂。左右驍將二十人，佩刀隨護，碗酒大肉，席地傳飲。時九月初十，爲獻忠生日，各營頭目及本營諸將，皆稱觥上壽。優人侑觴，凡作三闋：第一演關公五關斬六將，第二演韓世忠勤王，第三演尉遲恭三鞭换兩鐗。三奏既畢，八音復舉，美人歌舞雜陳于前。歡飲移時，諸將辭出，獻忠戒之曰：「桐城百姓怨恨我輩，晚間須慎，勿縱飲誤大事。」欵囑再三。諸將曰：「敢不如命！」一揖而退。獻忠自宿老營中心，選美人絶色者二人侍寢。夜嘗不寐，裹甲微行，攜刀巡視，雖左右僕御亦不知所在，其深密如此。所宿之外，第一層，以所掠文士旋繞居之，呼爲相公；第二層，令女子居之，呼爲美人；第三層，使醫士居之，呼爲大夫；第四層，書吏等居之；第五層，勇士固守營門。凡心腹悉隸帳下。有入其老營者，不得遽出。若見文士，則詢其策畧，或當意者，即授之職，賜以符令，使攻取城邑；如無所能而欲還鄉者，輒殺之。所掠士子，知爲本邑人，晝則與之飲食，命婦人承事，似見寵待。及夜，則虞其遁逸，悉縶之，離鄉三百里，始縱而不縛。所掠童子，教以騎射殺人，日間所遣，夜則點名，問今日殺人幾塊，猶云幾個也。童子殺掠或多，獻忠則喜而賞之；若無所殺掠，即笞二十棍。由是所至刼殺一空，百姓恨刺骨，俱呼爲「八賊」，而不稱八大王。小卒掠得金銀，悉獻主將，不許私匿。如藏銀三兩，即殺之，恐有金而逃耳。故貧民室廬既墟，無以度日，皆從之奔掠，用是所至益衆。平居無事，則練習士卒，如十騎兵，即使十步兵或棍手與之搏擊，擊殺馬兵，即以所乘馬賞之，以故騎卒多精鋭。時邑令張洪極固守桐城，獻忠攻之，彌月不破。城爲呂蒙所築，外磚内石，堅甚，攻者止能挖去磚而已，不克穿其石也。獻忠掠鄉郭居民，擒土擔石，高築長堤環攻之，城内用砲擊殺屍和土填入，復以利械授民，驅之前攻。城外土墩，幾與北門齊，賊將踰城入，城中大懼，復發大砲擊殺之，邑之鄉人甚苦，而真賊實未傷一人。時總戎黄得功方鎮廬州，洪極遣人間道求援，得功率衆星馳。獻忠聞之，解圍去，得功追之不及。至今百姓尸祝之。凡獻忠他遁，慮追兵躡至，多以金帛遺地，兵利其所有，亦不窮追，是以大爲民患。賊將去，所幸美人悉手劍之。及抵他邑，所掠美人亦復如前。蓋挈之不能，去之可惜，故其慘毒如此，亦美人之厄運也。當獻忠犯桐城，陳石舫亦在掠中。有湖廣人張義者，昔年同舍生之僮也，至是爲賊將，忽遇石舫，問曰：「相公識我乎？」石舫茫然答曰：「忘之矣。」張曰：「予即曩時在相公家趨事者。毋恐，會須相救。」已而獻忠點名審問，聞上連呼歸順班聲如雷，有文且才者即留中。遞至石舫，張義欲脱之，乃白獻忠曰：「此人無所長，且不能徒步，所獲生口反與之用，不如釋去。」獻忠曰：「吾昔日在廬州，用一人即破一城，豈有文人無用之理？」顧謂石舫曰：「汝欲歸耶？吾即送汝歸耳。」石舫信之，俯伏謝。既而引至一所，百姓甚衆，盡殺之。遞及石舫，張義舉手一摇，行刑者一刀而去。石舫血濺衣體，頹然而仆，然不覺痛，亦異也。時屍横道左，供馬蹂踐，而張義適至，見而問曰：「相公能咳一聲乎？」石舫嗽之有聲，義喜曰：「可救也，喉尚未斷。」令四人舁至私室，且囑曰：「慎勿用膏藥等物，止以舊毡帽邊燒灰傅之，晚間用茶洗去膿穢，久當自愈。」乃去。石舫如其言療之，三月始愈。康熙四年乙巳季夏二十九日，予在樅陽，見石舫項上刀痕環結深甚，詢之，石舫遂詳述前事如此。且云："是歲元旦大雪，樅陽屋上俱有大人足跡長可二尺許，衆皆異之，是秋即罹此變。或謂足跡乃降災之神也。"石舫家于山龕中，藏書萬卷，併樓臺亭屋，悉成灰燼，惜哉！

談笑間數百里猝至，所謂"行千里而不勞者，行于無人之地也。"獻忠得之矣，惜乎用之不善。

前載九月獻忠、汝才陷大昌，今載九月獻忠圍桐城。賊雖善于馳突，恐吳、蜀萬里，未必一月便能分犯，蓋陷大昌者疑爲羅汝才。不然，或史畧所載之月恐有小誤，此出目擊，斷無可疑。七月朔筆。

340 楊卓然議撫

十二月，楚、豫、皖兵大集，賊懼，乞撫。初十日丙辰，監軍楊卓然往賊議之。是歲，賊寇横流四境，雖時有斬獲，屢報招降，然降黨未經解散，而飢民復相煽聚，勢若燎原，莫可撲滅。

341 誌異

庚辰正月十五日丁卯夜，東方黑氣彌空，連三夕。二月壬子朔，杭州城門夜鳴。

六月初三下午，有轎一乘在街坊抄化，其中有一絶小師姑，身長尺許，趺坐于盤中，大頭、大面、大手，有一道婆托在手中，見者皆怪異之，此妖孽也。問其出處，云從浙省而來。

無錫實録云：九月二十三日未申之間，密雲不雨，淅瀝有聲，所雨皆小荳，有紺、紅、黑三種，質甚

堅。民有收之者，來春藝之，有莖而無花實。〔一〕

〔校記〕

〔一〕按「六月初三下午」至「從浙省而來」，及「無錫實録云」至「有莖而無花實」兩段文字，原在歲飢篇，今據原注「此應接前誌異」，移入本篇。

342 歲饑

七月，饑民蠭起，嘯聚大行山應賊。〔一〕是年，兩京、河南、山東、山西、陜西、浙江大旱蝗，人相食，草木俱盡，土寇並起，道路梗塞。

時張真人經錫，舟前二牌云：「值日功曹聽用，天下城隍免參。」邑令龐昌胤敦請祈雨，真人謝曰：「此天庭之掌，非學生敢擅也。如愚力量，止有借水幾尺而已。」頃之，水果暗漲三尺，五日復退。真人入崇安寺，謁三清，次謁井及關神，俱行四叩首禮。餘如張睢陽諸神，不一揖也。

是時比年旱歉，穀貴人饑，予隨内父杭濟之先生讀書于洛社，道中青、赤、黑諸色蟲，長可五寸許，縱横塍畔，幾無下足處，蘩嗽禾菽。予于杭氏齋中，每啜菉荳粥。六月二十一日，予從先生自洛社歸，經全州巷，扉緊閉，聞破落户欲取徐氏耳，遂從村後行。南眺數里，烟焰騰升，咸云焚石塘孫氏也，人情嗷嗷洶洶。廿二、廿三兩日，蕩塘橋貧者相聚數十人，抵有米家傳餐而掠焉，聲言將及吾鎮。

于是本鎮亦集二百人，每人酒一碗、肉四兩餉之，荷戈吶喊，南北繞行。未幾，前之刼掠者次第被擒，笞死無算，鄉村稍得安枕，然貧民無生人之樂矣。卯、辰二秋，旱蝗蔽天，俗謂猛將掌，蟲屬，五鄉悉演戲以禳之。男婦田間鳴金呵逐，裳衣建標，予見而歎曰：「此卽斬木揭竿之象，天下其將亂乎？」及申、酉之際，鄉兵蜂起，卒符其兆。然則治亂之間必先有幾，夢夢者自不覺耳。七月初二筆。

正月初六戊午，雷電交作，大雨三寸。時在大寒，尚未立春，冬行夏令，倒行逆施，其災異之應，在是年六月終，爲百姓城中搶米，延及各鄉俱搶。而究其致搶之因，蓋爲自夏至秋，天無滴雨，米價一兩七錢，而大户又不糶米，激成搶米之變也。

六月初六至初十，五日月下，蝗蟲落落飛過，久旱所致也。七月廿五日下午，飛蝗蔽天而來，自西北往東南，吾錫城中屋上俱盈二三寸，道途父老俱云「目中未見。」廿九下午，蝗飛三日，至八月初二、初四兩日，蔽天而下。十二下午，落落飛過，晚更甚。是年租稅四五分，白米二兩一石。

六月十七，暑甚。是日下午，饑民燒燬馬世奇房屋一帶，亂拳毆碎頭面，血污滿體，以世奇侵去官糶米銀二百兩故也。鄉紳之體，從此大失矣。十七至二十日，鄉城打搶。十八，各店舖搶米，大户俱搶。十九、二十，大搶。廿一，各鄉大搶。廿二日，知縣龐昌胤緝拿亂民一二十人監處，城中始定。廿三日以後，無日不解審亂民，官打死四五十人，而鄉間打死燒死者無算。此等異變，亦一時之刼數也。七月十五，蘇州閶上有富户施姓者，不糶官米，百姓各執器械，斬門而入，殺五十餘人，其家立盡。吳下之變如此。當時承平既久，連歲旱饑，民心蠢蠢思動矣。幸江左柔脆，無强有力者起于其間爲之倡耳。

不然，幾何而不豫、楚也！

自「正月初六」以下，乃辛亥四月十三日補書無錫紀事一段。

〔校記〕

〔一〕「大行山」疑爲「太行山」之誤。

343 山東丐婦

崇禎庚辰，山東諸省皆積歲旱荒，流民咸就食南都。時書鋪廊下卧一秀士，穿舊紬衣，以帕裹巾，傍有少婦，耳垂銀璫，貌極端莊，度亦嫻雅，見往來者，輒伸扇乞錢。或問其從來，曰：「吾山東巨族女，嫁夫纔五日，即相攜行乞到此。夫亦官裔遊庠，今忍餓冒寒，染病不起，只得坐守待盡耳。」或勸以「何不别適人，可得數十金，調理夫愈，則兩命俱活矣。」婦曰：「與失節生，寧守義死。況夫病已深，縱有飲食藥餌，未必痊可。夫亡，誓不獨存，奈何徒喪廉耻乎！」或更詰曰：「何不以銀鐺易米？」曰：「此夫家聘物，不忍棄也。」聞者咸嘆服，競相施助，驟得數金。婦乃購一棺藏寺中，視夫一粥，彼亦一粥；視夫不食，彼亦不食。絶粒者浹旬，夫竟斃。既殮，復乞貲倩工埋訖，舉衣裾兜土，塚未成而遽暈倒，按之，氣絶矣。路人高其義，共買棺與夫同穴殯焉，耳上銀璫尚在。

江左貴人妻女失節敗閑、恬不知耻者，觀此掩面矣。

明季北略卷之十七

崇禎十四年辛巳

344　薛國觀賜死

正月，故大學士薛國觀奏辯袁愷誣劾，出禮部主事吳昌時之意。上不聽。八月，國觀賜死，籍其家。國觀性褊刻，用温體仁薦，自僉憲驟登政府，欲結于上，會上憂用匱乏，因導以借助，曰：「外則鄉紳，臣等任之；內則戚畹，非出自獨斷不可。」微以李武清爲言，遂密旨借四十萬金。李氏盡鬻其所有，追比未已，戚畹人人自危。因皇子病，衆倡爲九蓮菩薩之言，云：「上薄待外戚，行夭折且盡。」上大悔懼。國觀又忤太監王化民，遂敗。

誅中書舍人王陞彥，籍其家。初，國觀以陞彥通賂免官，命伺其卯，則陞彥至，執之下獄。陞彥爲吳昌時甥，臨刑，呼曰：「此舅氏所作，我若有言，卽累名教矣！」時國觀事發于東廠，僉云昌時實啟其機。

上臨御以來，誅經畧袁崇煥、庶吉士鄭鄤、總督楊一鵬、總理熊文燦及兵部尚書陳新甲，賜宰相薛國觀與周延儒縊，可謂英斷矣！

國觀爲大臣，不以正道輔君，而以搜籍進主，害人者徒自害耳。至武清雖富，亦應量酌三四萬金，而遽加十倍，毋乃過乎？況悉醬所有，亦可已矣，猶爾追比，能無寡恩之議耶？七月初二筆。

345 召周延儒

辛巳四月，召前大學士周延儒、張至發、賀逢聖入朝，至發辭不出；逢聖出不久，以病歸；惟延儒受事。初延儒既罷，丹陽監生賀順、虞城侯氏共歛金，屬太監等，冀乘間得復相。至是召用，主事吴昌時之力居多，延儒德之。

延儒之再召也，其子奕封夢故母吴氏被髮悲泣，謂：「爾父切勿赴京，赴必有禍。」奕封覺，以語延儒，延儒不聽，後如夢言。吁，何如至發不出之爲高耶！

是冬十月，特設裕國足民奇謀異勇科，諭朝臣「諮訪徵辟，稱朕破格旁求之意」。夫召宰相而延儒非其人，諭徵辟而奇異不一見，非君負臣，實臣負君耳。七月初三筆。

346 幸學

辛巳八月十九日，上視學，釋奠禮成，步至東西廡，遍閱諸儒先神位，因召禮部侍郎王錫衮、蔣德璟、司成南居仁三臣，諭之曰：「宋儒周、程、張、朱、邵六子，有功聖門最大，今稱以先儒，位在漢、唐諸儒下，禮殊未稱。爾部會同詹、翰等官，議所以尊崇之。至六子格言，卽督令儒臣編纂成書，以弘聖教。」

是歲九月，卽彙集六子諸書，開館編纂。至尊崇位號，廷臣多有章奏，孔尚則云：「朝廷多故，未能一時定議，故未卽奉行。」尚則，宣聖六十四代孫，崇禎庚辰進士。

347 内臣王德化

上幸太學，以重修告成也。先期，司禮監太監王德化，奉命率羣臣習儀，時比之唐魚朝恩講經，元李邦寧釋奠事。

九月，改東廠提督京營者亦稱總督。十一月，禁朝臣私探内閣、通内侍，于是待漏俱露立，毋敢入直舍。十二月，勅停内操，勅内臣無干外政，申戒廷臣毋交通近侍。

上之所嚮，下趨尤甚，率習儀、稱總督，儼以將相之職授璫矣，雖欲禁勅廷臣勿通，豈可得乎？

348 黄道周遣戍

辛巳十二月，黄道周、解學龍遣戍。初，刑部尚書劉澤深擬道周瘴戍，再奏不允，因上言曰：「道周之罪，前兩疏已嚴矣，過此惟有論死。死生之際，臣不敢不慎也。自來論死諸臣，非封疆則貪酷，未有以建言誅者，今以此加道周，道周無封疆、貪酷之失，而有建言受戮之名，在道周固得矣，非我皇上覆載之量也。且皇上所疑者黨耳，黨者見諸實事，道周具疏空言，一二臣工未始不相與也，今且短之，繼而斥之，烏有所謂黨而煩朝廷之大法耶？去年行刑時，忽奉旨停免，今皇上豈有積恨于道周？萬一轉圜動念，而臣已論定，噬臍何及？敢仍以原擬上。」上從之。

先是疏上，屢嚴駁，聲息洶洶，西曹莫必其命。黃景昉拉同鄉蔣德璟、王家彥謁謝陞公請之，陞太息曰：「死矣，遲秋爲幸！」聞之失色。總閣承韓城毒餤之後，餘威尚震。武陵雖以督輔出柄，得遥參宣督，遂入爲中樞，同憾道周前疏刺骨。同年費縣、井研誼漠如，滑縣且下石矣。會周延儒新召至，衆喁喁想望風采。道周前于壬申褫職，屬延儒爲政，頗内愧。至是，諸名流力慫恿之，婉爲開釋，得免死，改永遠戍。道周在獄中，手寫孝經百餘本，流傳爲寶。所著易象正一書，直于血肉淋漓、指節垂斷時成之，二十圖、六十四象，正天心，出月窟，自二三高足外，鮮能傳其學者。董生繁露、邵子皇極方之褊矣。沈酣易象，晚若前知。其以都事里居，不免縲絏。既就逮，送者有「蕭蕭易水」之咏，道周曰：「無憂，但書完三千紙者出矣。」卒驗。戍楚辰州，取道杭之大滌山，與諸生極論朱、陸同異。過九江，病瘧，更取易象正删定之，曰：「後世誰復定此者？」間循省身世，中夜酸凄。自己已出，得褫革；丙子出，得纍繫，九死一生，以望六之年，荷戈赴伍，命也如何？此東崖相公黃景昉述。

武陵，楊嗣昌。井研，陳演。

349 李自成陷河南府 附呂維祺

辛巳正月二十六日壬寅，李自成圍河南府。福王募死士力戰，斬獲頗多。總兵王紹禹兵有呼于城上者，賊亦呼而應之。紹禹兵執副使王胤昌于城上，紹禹馳解之，諸軍曰：「賊在城下，總鎮其如我何？」

揮刀殺守陴數人。賊緣堞而上，叛兵迎之。賊入，福王及世子俱縋城走，士民被殺者數十萬。賊焚福王府，執副使王胤昌已下，俱不死，惟一典史不屈見殺。自成發籓邸及巨室米數萬石、金錢數十萬賑饑民。丁酉，自成跡福王所在，執之，并執前兵部尚書呂維祺。維祺謂王曰：「名義甚重，毋自辱。」內官崔升，甫十三歲，勸王寧死勿屈，抱王不去。賊殺王，并見害。王體肥，重三百餘斤。賊置酒大會，以王爲葅，雜鹿肉食之，號「福禄酒」。王諱常洵，神宗之子。世子諱由崧，即弘光帝，踰城得免，奔于懷慶。又破永寧，殺萬安王。變聞，上震怒，逮總兵王紹禹磔之，籍其家。兵科張縉彥奏：「福王身死社稷，守國大義，日月争光，葬祭宜厚。」從之。吏科章正宸奏：「闖賊從四川來。」兵部尚書陳新甲急奏：「賊自秦來，不自川來。」蓋嗣昌方奏扼賊于川，言從川來，則責在嗣昌也。

呂維祺，字介孺，號豫石，河南府新安縣人。生時有夢月入懷之祥。萬曆壬子、癸丑，聯舉鄉、會。初授兗州司李，蓮妖變起，兗城卒賴以全，魯人肖像祀焉。己未，以卓異徵入，爲吏部郎。天啟甲子，告歸，究心伊、雒性命之學，與馮從吾善，從吾每稱爲明道後一人。會逆魏建祠，勒令鄉紳助工，維祺曰：「士風掃地矣！」卒不與。璫深啣之，因嗾御史誣維祺講學，將中以危法，適熹廟崩，中寢。崇禎戊辰，言官交薦，起尚寶卿，改太常正卿，陞南京兵部尚書。乙亥，賊自汝寧來，走鳳陽，犯皇陵，折而西，陷巢、廬江，一支北出，陷潁州。維祺遣都督趙世臣，以兵三百人守關山，潰走烏衣，南京大震。廷議多咎維祺，遂以考察奪職家居。至是，賊陷雒陽，被執，大罵以死。贈太子少保，廕一子入監。弘光朝，謚忠節。

南京鑄錢，舊有夾鑄之弊，每爐加私銅數十斤，官與匠分之。維祺謂：「速鑄則利在官，遲則夾鑄多而利在下。」舊三十日一鑄，特改十五日一鑄，連放鹽米，共十八日，凡兩月三鑄。停爐之日，必盡放匠役出之，鑄速而私錢少。

二月，自成搜掘富室窖藏，席捲子女玉帛，捆載入山。以書辦邵時昌爲總理官，令守河南府。巡撫李仙風偵知賊去，引兵至城下，時昌閉門拒守。尋開門迎官軍，仙風收時昌斬之。

350 錢祚徵駡賊 附唐啟泰

錢祚徵，字君遠，號錫吾，以舉人歷官至汝州知州。汝爲賊出入孔道，又有土賊萬人依山爲巢。祚徵簡鄉勇衙兵，得千餘人，佯爲城守計。忽夜半開門出，從間道踰山谷，抵其巢。賊方縱酒，不爲備，急擊，大破之。策賊衆難盡誅，乃釋其俘招之，其魁魯加勤等遂降，汝人少休。十四年正月，賊犯汝州，祚徵中流矢，力疾乘城督戰。二月四日，大風霾，城上以砲擊賊，風逆火反，樓堞盡焚，賊乘之入。祚徵被執，大駡不屈，爲賊擊刺無完膚，乃死。

時有唐啟泰，舉人，官至宜陽知縣。十四年，賊陷宜陽，啟泰不屈，遇害。與祚徵皆掖人。

汝州屬河南南陽府。宜陽屬河南府。

351 李自成陷歸德

三月十六日未刻，自成至河南歸德府，舁砲攻城，終夜如雷。十七日辰時，新城破，舊城遂不守。賊入，將城垣拆毁，悉爲平地。賊營延亘六十餘里，上以白布覆幕，望之如荼，使百姓擔百貨入營中。此歸德難民所述。

352 牛宋降自成

辛巳四月，河南府盧氏縣貢士牛金星，向有罪，當戍邊，李巖薦其有計畧，金星遂歸自成。自成以女妻之，授以右相。或云：金星，天啟丁卯舉人，與巖同年，故薦之。一云乙卯，未知孰是。金星引故知劉宗敏爲將軍，又薦術士宋獻策。獻策，河南永城人，善河、洛數。初見自成，袖出一數進曰：「十八孩兒當主神器。」自成大喜，拜軍師。獻策面狹而長，身不滿三尺，其形如鬼，右足跛，出入以杖自扶，軍中呼爲宋孩兒。一云浙人，精于六壬奇門遁法及圖讖諸數學，自成信之如神。餘如拔貢顧君恩等，亦歸自成。賊之羽翼益衆矣。康熙九年七月五日未時地震，時在城中綵舞樹筆記

353 羅汝才合自成

七月，羅汝才不合于張獻忠，自內鄉走鄧州，與李自成合。時自成有衆五十萬，復得汝才，軍

益熾。

354 傅宗龍罵賊

五月，赦兵部尚書傅宗龍，以右侍郎督陝兵討賊。九月初四日丁丑，宗龍與保督楊文岳，合兵擊李自成，敗績，保定兵宵遁，文岳夜奔項城。宗龍兵食盡，乃殺驢馬餉軍。馬驢復盡，殺賊取其屍分噉之。十八辛卯夜，潛勒兵潰圍出，諸軍星散。賊追獲之，執至項城下，賊呼于門曰：「我秦督官軍也，請啟門納秦督。」宗龍大呼曰：「我秦督也，不幸墮賊手，左右皆賊耳，毋爲賊所紿。」賊抽刀擊宗龍，中腦而仆，復厲聲罵賊，斲其耳鼻，死城下。賊獲衣甲器械無算，遂陷項城，屠之。

宗龍可謂志士仁人矣。

項城縣屬開封。

355 劉國能自刎

九月，李自成、羅汝才合兵陷葉縣，降將劉國能守葉，自刎死。其妻先死，其子方八歲，闖賊入城，抱置膝上，欲收養之，不從，自解所帶小刀，亦刎死。復陷泌陽。

劉國能一門死難，實足千古。所最奇者，八歲小兒自刎，史書所未載，以知賊中儘有忠臣義士，惜國家不能早用耳！七月五日書。

葉縣與泌陽俱屬河南南陽府。

356 李自成稱闖王

自成既入洛，撰九問、九勸諸僞詞，號召羣盜，勾引飢民，遂爲闖王。辛巳，自成獨雄一部，汝才改稱曹操營。

予思古之僞號多矣，未有稱闖王者，稱之自高迎祥始，亦字之甚新，而號之創設者矣。或曰：「闖者，馬出門也，屬火。國姓，牛也，屬土。以火剋土，故以馬勝牛也。」一云：「闖者，馬出頭貌。」馬出頭，是「主」字在馬上也，取馬上定天下意。然止可爲馬上之主，不能拱坐稱主也，故宋獻策有云：「我主不過是馬上皇帝。」其意亦見及此矣。蓋僞號初設，莫不有數存焉。然迎祥作逆十載，勢既横且久矣，而世終未聞稱高闖王，僅知有李闖王者，前此猶未甚也。及自成破洛以後而始甚矣。人第知闖王爲自成，而不知始于迎祥，抑第知自成爲闖王，而不知始于卯、辰之際也，故特著之，使世知「闖」之所自，與號「闖」之非無説也。七月初六書。

357 李自成兵逾百萬

十年，張獻忠糾諸賊會李自成，河南諸土寇以兵畢赴，自成衆逾百萬。賊兵逾百萬，勢孔熾矣，宗社危如累卵，當時廷臣猶若處堂燕雀，何哉？

晉人有言：「人不可以無勢。」天下之事，勢而已矣。當獻忠在房、竹，自成附之；及自成復振，獻忠又會之，强弱寧有定乎？

358 左良玉屠臨潁

十月，左良玉兵至臨潁。臨潁爲賊守，良玉攻破，屠之，盡獲賊所掠。自成怒，合兵攻良玉。良玉退保郾城，自成圍之，良玉率兵拒守。賊陷襄城。

臨潁、襄城二縣屬開封。

359 李自成陷襄城

十一月，自成復陷襄城，巡撫汪喬年、守將李萬慶死之。喬年號歲星，遂安人，天啓壬戌進士，官提督三邊僉都御史。先是，喬年于陝西發自成先塚，得小蛇，卽斬以狗，誓師進兵。將援郾城，抵陝縣，時襄城新破，喬年遲疑不敢進，襄城貢生李永祺率邑人出迎官軍。自成聞之，解郾城之圍來迎戰，喬年身中數矢，一軍盡覆，以數百人入城，居守五日，襄城復陷。喬年自刎未死，被執見殺，三萬餘衆盡被屠戮。自成深恨諸生，遂劓刖百九十人。又購永祺，永祺匿免，屠其族人九家。殺守將李萬慶。萬慶乃降將射塌天也，累功至副將，至是自成陷襄城，殺之。詔贈都督同知、榮禄大夫，立祠襄城。

喬年發墓斬蛇，都任剉骨糞瀦，可謂二快。

360 李自成陷南陽

自成再破秦師，獲馬二萬，降秦兵數萬，乘勝圍南陽，數日而陷。總兵猛如虎奮勇出戰，殲賊數千。既城破，猶持短刀巷戰，至唐府門，望北拜，口稱負恩，被賊殺死。唐王遇害。知府丘懋素罵賊不屈，闔室見殺。參將劉士傑、游擊郭關、守備猛先捷俱戰死。太監劉元斌率軍救河南，聞南陽陷，仍擁婦女北去，縱兵大掠，殺樵汲者論功。俄，上命御史清軍，元斌倉皇，悉沈婦女于河。及明年十月，元斌誅，以其縱軍焚刼也。

是歲二月，自成圍開封。督臣丁啓睿率諸將左良玉、虎大威等，集兵朱仙鎮，與自成戰，全師皆潰。六月，闖、曹分兵東、南下，敗官軍于棗陽，復回豫。郾城一戰，賊衆折傷。適十一月汪喬年敗，十二月自成復圍汴，官軍敗績于水坡，賊勢張甚。

361 李自成陷河南州縣 附劉振之等

十二月，李自成連陷洧川、許州、長葛、鄢陵，〔一〕鄢陵知縣劉振之力詘，衣冠再拜，自刎死。賊陷禹州，徽王遇害。自成屯朱仙鎮。時內鄉、鎮平、唐縣、新野俱降于賊，鄧州知州劉振世死焉。〔二〕

劉振之，字而強，號冰壺，慈谿人，曾祖父及兄俱爲名臣。振之弱冠補諸生，崇禎庚午舉人，出黃道周門。三上公車，不售。因愛東陽山水，遂受教諭，陞鄢陵知縣，因言「東陽士風日惡，不久將變起」。甫去，而難作，人服其先見。治鄢陵，以恤民爲務。時流寇充斥，軍士過邑索糧者，迫縣宰萬狀，至縛之去，父老啼號奔救，斂貲以犒，始釋歸。邑中有通賊者，言「城小不支，降之便」。振之正色叱之。城陷，謁先聖，秉笏坐堂上。賊至，索印不與，賊縛置雪中三日，猶罵不絶口。賊斫之十餘刀，乃死。事聞，贈太僕少卿。黄道周額其門曰「忠孝大儒」。振之生平留心聖學，事繼母毛，有古孝行。自己未歲，書片楮藏之笥中，每歲加紙護之。至是，家人啓其封，則「不貪財，不好色，不惜死」三語也。卒年五十六。

人惟財、色二事孽障纏綿，一當生死關頭，便有許多係戀。觀劉公藏笥格言，真所謂「看得破，跳得過」者矣。無慾則剛，亶其然乎！

殷增煇，字含素，商丘人，以賢良辟召，不就。辛巳，賊至，率鄉人捍禦。賊再攻，乃克，被執，不屈死。而鄉官、原任簡討馬剛中，字九如，崇禎甲戌進士，爲賊支解。工部郎中沈試，字君明，官生，遇賊大罵，脅降不從，賊以亂梃擊死。

賊至睢州，鄉宦、通政使李夢宸，號玄駒，崇禎戊辰進士，自縊死。賊皆赴宅羅拜，咸歎爲有德仁人。監軍兵部主事余爵，字天有，潁川人，崇禎辛未進士，率兵援汴，力戰被執，罵賊不屈，與侄敦華同死。

〔校記〕

〔一〕「洧川」原訛作「洧州」，今據明史卷四十二改。

〔二〕「鄧州知州劉振世」原訛作「鄧州知州劉振之」，現據談遷國榷卷九十七改。

362 張獻忠燬驛道

辛巳正月，張獻忠、羅汝才渡達河而東往新開驛，燬驛道，人烟斷絶者七百里。初，賊南竄，萬元吉欲從間道出梓潼，扼歸路以待賊，楊嗣昌不聽，檄諸軍躡賊急追，諸將盡向瀘州。賊折而東返，歸路盡空，不可復遏。賀人龍頓兵廣元不進。十三日己丑，猛如虎率諸將擊賊于開縣，連勝之。獻忠憑高而望，見後軍無繼，因以精鋭繞谷中，出官軍後，馳而下，左軍先潰，士傑等皆戰死。前軍已覆，如虎突戰潰圍出，馬仗、軍符盡失。嗣昌在雲陽，聞開縣失利，始悔不用元吉之謀也。

南北畧編年不編月，故猛如虎戰死一事，已載于前，而此復載之者，前以自成及之，此以編獻忠事及之也。他卷倣此。但自成陷南陽，劉士傑戰死，而此亦載士傑戰死，未知士傑是一是二？

廣元、梓潼二縣屬四川保寧府。開縣、雲陽縣屬四川夔州府。瀘州屬四川。

363 張獻忠陷襄陽

初，庚辰六月，左良玉擒獻忠妻孥與徐以顯、潘獨鰲等，送襄陽獄。襄陽知府王承曾素縱酒漁色，見獻忠妾，悦之，故疏其防。及辛巳，獻忠、汝才走當陽，鄖撫袁繼咸悉兵扼賊于房、竹。賊走宜城，偵襄陽無備，密知楊嗣昌檄至，邀于路，取檄，簡二十騎，僞爲公差。二月初五日己酉夜漏四鼓，叩襄陽城門，巡道張克儉見符驗，啓關。賊既入，即揮刀大呼，殺門者。城中先伏賊百餘，俱起應之，破獄出以顯、獨鰲等。獨鰲者，應山諸生，富而吝，縣令婪其財，使人訐其不法。獨鰲憤甚，越獄投賊，獻之文移，皆出其手。時賊縱火，光燭天，大隊疾馳至，城中大亂，門洞開。初六日庚戌昧爽，賊盡入城，王承曾突圍走。署襄陽事李天覺，城破，北面叩首，置印于案，自縊。推官鄺曰廣被執，大罵不屈，與兵備副使張克儉俱死之。賊焚襄王府端禮門，執襄王，獻忠據坐王宮，坐王堂下，勸之以巵酒，曰：「吾欲斷楊嗣昌頭，而嗣昌遠在蜀，今當借王頭，使嗣昌以陷籓伏法。王其努力，盡此一杯酒！」因縛王殺之，投屍火中。福清王常澄逃免。潛遣人索王屍，已燼，僅拾顱骨數寸以歸。賊殺宮眷并貴陽王常法，盡掠宮女，發銀十五萬以賑饑民。襄陽守兵數千，軍資器械山積，盡爲賊有。初，左良玉屢破賊，掠其輜重，盡蓄之許州，爲獻忠襲取。良玉在鄖，厝家口、貲蓄于襄陽，至是，復盡爲獻忠有。良玉聞之，同鄖撫袁繼咸發兵馳援，已不及。初九癸丑，賊渡江破樊城。十五己未，陷當陽、陝縣。二十一日乙丑，陷光州、新野。

妻孥心腹俱在獄中，獻豈須臾忘之耶？況宜城爲襄陽屬邑，相距當不甚遠，王承曾悦妾疏防，張克儉夜半啓户，抑何愚也！七夕書。

364 楊嗣昌自縊

辛巳三月初二丙子，嗣昌在荆，聞變，慚憤自縊于軍。時河南已陷，福王遇害，嗣昌度不免，遂自盡。廷臣交章論劾，上下其議，禮部侍郎蔣德璟謂其「奸欺誤國，請用嘉靖中仇鸞例，斲棺戮屍」。然上竟不之罪。當嗣昌之在蜀也，安坐順慶公署，題扁自旌，大書「鹽梅上將」。迨瀘州破後，連陷數邑，嗣昌猶在醉夢，命多備索子綁賊，蜀中爭傳笑之。上以襄陽失陷，左良玉違制避賊，削職，戴罪平賊。逮鄖撫袁繼咸入京。繼咸立朝負直聲，督學山西，備兵淮陽、武昌，所至以清惠稱，吏民歌思之，至是，合辭叩閽。繼咸亦出嗣昌手書，明己無罪。尋察其枉，赦之。繼咸號歸侯，江西袁州府宜春縣人，天啓五年乙丑進士。嗣昌既縊，四月甲子，進陝督丁啓睿兵部尚書，代嗣昌督師勦賊。

嗣昌不能制賊，誠爲有罪。然一死亦足塞矣，律以仇鸞，毋乃甚乎？宜上不之罪也。

365 張羅屠隨州 附徐淳

辛巳四月二十五日庚午，張獻忠、羅汝才合兵陷隨州，知州徐淳合門被殺，吏民屠戮不遺，血流成澮。徐淳，字中明，嘉興人。父必達，兵部侍郎。淳通象緯數學。萬曆戊午，以春秋薦于鄉，累試南宮不第，遂赴選，署永嘉縣教諭。劉香餘孽出没海上，淳多出方畧，得寧，因除重慶府推官。督師徵餉萬斛，過五日以尚方劍從事，淳立辨。會蜀人疾其强直，改隨州知州。時獻、闖二賊方熾，隨爲兵衝，淳將行，語其子肇森、肇樑曰：「賊隳突襄、鄧及隨，隨三破之餘，然郢之肩背也。守隨所以衞陵寢，吾必死于此矣」。十三年十月涖隨，與州人歃血關廟，誓以必死。乃繕南城譙樓，寢處其下，慨然謂僚屬曰：「身與公等枕戈待敵，以此樓爲死所矣。」明年辛巳四月，賊陷襄陽，躪德安，獲諜，斬之。賊知有備，悉衆力攻。三走使至郢告急，巡道趙某抵章于地，弗顧。巡撫發一遊擊率兵援隨，趙勒之守郢，留弗遣。淳不食、不解甲三日，再盟於關廟告哀。二十五日，賊急攻南城，潛師八道，隳北城以入。淳遣肇樑埋印廨後牆下，勒馬巷戰，矢貫于頤，刀屬于頰，眼鼻橫斷，墮馬，左手掣佩刀，右手握印箱，賊鎗刀交下，陷胸斷股而死。肇樑趨至，拊尸頓踊，哭且罵，賊驅至老營殺之。且死，疾呼州人，告以埋印處。妾趙氏、王氏，臧獲十八人，皆死。賊驅趙出，不可，先殺其所抱幼女申姑，斷其八指，罵益厲，賊刃之，推土石碎顱而死。淳死之三日，吴人石琳求得其屍，斂之。趙氏屍與申姑相抱不解，胸着布囊，函金剛經三寸許，遂并棺以斂。而肇樑屍卒不可得。巡道以阻援自諱，欲没其死事狀，荆西道力持之，楚撫按乃上其事。肇森亦詣闕陳請。贈太僕少卿，賜祠祭葬，廕一子入監，肇樑祔祭隨、嘉二祠。

戊寅二月，獻忠破隨州，王燾自縊。至是復陷，徐淳死之。王、徐二公，後先濟美，誠足並傳千古，亦不幸中之幸也！然徐死尤烈，而民之罹禍亦更慘矣。夫自寅迄巳，不越四載，被兩獻毒，豈天之厄運使然耶？

366 張獻忠陷泌城等處

辛巳六月初六庚戌，賊陷宿松、英山。獻忠、汝才攻信陽，獲左兵旗幟，令羣賊襲以入泌城，陷之。七月，賊陷潛山。丁啓睿大破賊于麻城，汝才走合自成。總兵黄得功兵叛，西走投獻忠。獻忠陷鄖西。九月，獻忠衆散于南陽，以數百騎奔李自成，自成將殺之，汝才以五百騎資獻忠，獻忠東奔。至十月，獻忠糾賊會自成。

獻之行兵，其來也如風雨之驟至，其去也若鬼蜮之難知，故數月間，或馳江北，或趨楚、豫，蹂躪三省，令官兵奔救不暇，即孫子所云「出其所必趨，趨其所不意。」〔一〕避實擊虛之法，將帥墮其術中而不覺耳。徐以顯嘗教獻忠孫、吴兵法，自是進不可禦，退不可追，事事與虛實一篇相應，真猾賊之難制者。

信陽州屬河南汝寧府。泌城疑即南陽泌陽縣。濳山縣屬安慶府。鄖西屬湖廣鄖陽府。

〔校記〕

〔一〕按「必趨」原訛作「不趨」，據孫子虛實篇改。

367 山東李廷實

辛巳正月二十八日甲辰，山東土賊李廷實、李鼎鉉陷高唐州。時山東盜起，所在嚮應，京畿道梗，省直餉糧數百萬，俱阻于兗州。東平吏胥倡亂，迎賊入城，據之。巡撫王國賓檄總兵劉澤清破東平賊，復其城。二月，東寇益熾，徐、德數千里，白骨縱横，又旱蝗大饑，民父子相食，行人斷絶。己丑，魯王捐金數萬，募兵防盜。三月，革王國賓職，命楊御蕃、劉澤清會兵勦曹、濮賊。五月，設徐、臨、通、渾四鎮護漕，以防東寇。及明年壬午正月，盜始平。

368 河南袁時中

辛巳正月，河南土賊艾一、侯二、侯四嘯聚數千人，封邱知縣擊破之。二月二十一日丙寅，土寇陷新野。二十二日丁卯，陷河陰，據之。游擊高謙攻圍七晝夜，拔之。是月，土賊瓦礶子、一斗穀等盡歸于李自成，合攻開封。五月河南土寇袁時中聚衆至二十萬，入江北，窺鳳、泗，羣盜蟻附，總督朱大典擊敗之，賊棄牲畜宵遁。丁酉，總兵劉良佐簡驍騎追擊五十里，賊大奔，屍撐交橫，棄仗滿阡陌，二十萬衆鳥獸散。及十五年八月，徐鎮游擊趙崇新與時中講撫，爲賊所紿，被殺。時中復佯就撫，詔許之。時中出不備，突入蕭縣，執知縣以去。至十六年五月，時中爲自成所殺，小袁營遂滅。

時中起于草野，至有衆二十萬，雖三載而亡，意其才必有過人者。但市人烏合，故易摧耳。

河陰縣屬開封。

369 泰安土寇

泰安土寇十餘萬，所至燔掠，屠戮嬰稚無遺。抄刼至楊州南沙河店，燬漕船十六艘，復東北行，徐州賊合之，圍豐縣。

370 誌異

辛巳正月二十六日壬寅，黃霧四塞，日青無光，嘉興城聲震如裂，時曰「城愁」。二月，山西偏頭關天鳴。六月，兩京、山東、河南、浙江旱蝗。無錫實録云：立春後積陰連月，霪雨如注，河渠皆溢，二麥損收。及秋，復苦旱，米價騰踴，貧民不能舉火，採槿及草以食，道殣相枕。邑令酌議官糶焉，然擁擠殊甚，强而近者，一日兩糴以市利；弱而遠者，不能得其一焉。

時徽州米價尤貴。其地山浮于田，故苦旱。十三年庚辰，五兩二錢一石。十四、十五兩年，五兩一石。至順治八年辛卯，米缺，七兩五錢一石，猶和糠一斗、水一斗，實米止八斗耳。每日富室人食米三合，婢女俱流境外。

是年，上而江北，下而蘇、杭，饑民相枕于道。六月，米價二兩七錢，後至三兩二錢。麥價二兩二錢，油每斤八分。

明季北略卷之十八

崇禎十五年壬午

371 降座揖相

正月辛未朔，上朝畢，召大學士周延儒、賀逢聖、謝陞入殿，曰：「古聖帝明王，皆崇師道。卿等朕之師也，宗社奠安，惟諸先生是賴。」命東向立，上降座西向揖之，各愧謝。

思廟此舉，禮非其人，徒自貶損耳。然三相之中，惟賀文忠差可無愧。七月八日書。

372 楊仁願論東廠緝事

正月，罷提督京營内臣。御史楊仁願上言：「臣稽高皇帝初無所謂緝事，臣工不法，止于明糾，無陰訐也。臣待罪南城，所見詞訟多假番役，妄稱東廠，誘人作奸，挾仇首告，惟恐其不爲惡，又惟恐其不卽羅于法。揆之皇上泣罪解網之仁，豈不傷哉！伏願先寬東廠，東廠寬則刑法可以漸省。臣更有請：臣子獲罪，檻送闕下可也，若緹騎一出，有資者家門破散，無資者地方歛餽，爲害匪淺。」上是之。諭東廠所緝，止于謀逆亂倫，其作奸犯科，自有司存。并戒錦衣校尉奉使需攬。

東廠緝事，爲害甚烈，仁廟一言而少止，仁人之言其利溥，洵哉！

373 天壇

北京永定門内五里，坐東向西，外圍十里，圓環爲磚城，西對山川壇，其體方，籍田處也。内員殿，琉璃碧瓦如太廟式。中設天位，東設太祖位，位座俱各丈餘，掇級可登。内小龕中置木主，遊人不易入也，司之者太常寺之黄冠。四面窗牖，悉以青藍料絲爲障，大如筯，明亮可愛。至寢殿有龍床，膳殿有食具，更衣殿有椅座，薰沐殿有浴池。一切法物之輝煌，禮數之莊嚴，祭之前十日可縱觀也。内有銅井，以銅鑄成圈，從底套上，水味清冽，飲之沁骨。其地去大内十餘里，當祭之夕，二更時，遥望壇内紅燈上升竿杪，則龍輦舉行。其燈籠徑三丈，高五丈，中坐兩黄冠司之。

天壇中設一黑漆木榻，高二尺許，南面爲天位。榻上置棉花飛絮，以驗天神降臨，如絮稍低，謂爲神至；若絮不動如故，則謂天神未至也。天位東亦設一榻，爲天子位。祭天，牛去其腹中五臟等物，以檀降香實于内，焚之，臭升于天。

374 駕幸地壇

崇禎壬午四月六日，先帝行大社禮。方澤在北城外東北方乾位。先一月，掃除滌拭。十日前，位置各當，凡簠簋籩豆、罇爵鼎斝，與笙磬鐘鼓，俱用黄紗籠覆。薰沐處亦先十日試湯。問禮之士，縱往觀焉。至期，稅樓房于東華門之北，爲壁上觀。初五日辰刻，與觀盛事者束身登樓，肴核酒米亦齎入。午未二刻，坊官、內官、本城西臺于大小民房有户通出入處，悉緘以紅封。先三日，街兩傍，五府撥禁軍，戎裝執刀戟，擠肩對立，自大明門至地壇三十餘里，約用將士三十萬。中闊四丈爲御道，鋪以黃沙，人不得行。一切街衖巷竇，填塞戰車，禁人出入。牆壁窗牖，堊抹紅紙紅泥。人藏于樓上者，爲小飲，爲細語。勑諭者，高脚牌與口宣併。室主人不停囑也。更初，馬駕先過。馬駕者，太祖之神位，樂器用民間之數捺，以二十四馬駕輦而行，執事人役皆紅軍帽。隨後，勳戚、文武、璫寺、金吾，奔走趨蹌，燈光照亮，擁如浪滾。二更餘，鹵簿大駕至矣，萬火燗爍，塵埃蒙混，不甚辨五色。欲觀聖駕者，各養神蓄銳，注閱回鑾，就枕以待。街坊躑躅，終宵不歇也。初六日黎明，馬駕先回。既灌以降，即撤行旋廟，朱鉞、黃麾、錦旗、繡幢約千餘人。少頃，八象蹣跚而來，被飾華錦，自項至尾，明鏡懸垂，背負朱漆葫蘆，巍然雅步，故振蕩其音節，珊佩鏗鏘，令人喝采。過此，勢將極鬧。飛騎報入大內，如燕掠地。刻過四五，軍戎儀衛，各爲整飭，坊官、甲長之類，復灑黃沙。裨將騎逐，叱戒所轄軍士，令其侍立對偶，衣飾器械，再加毖飾嚴齊。于是介冑而馳，結隊而立，各有位次，各有執役。旌旗辟易，劍珮雍和，黃金肘後，白玉瓔橫，真如山陰道上，應接不暇。陪祭文武，急趨大明門內，恭揖候駕，揚鞭恐後，意各争先。從此龍旌、鳳旆、金鉞、銀爪、鐙杖、骨朵、響節、儀鍠，奚啻數萬，行行隊隊，簇簇陳陳，聲從履出，氣從鼻息，遥聞簫韶之奏，中和之樂，紛沓入耳。其宮扇之方圓正側，長短横斜，爲龍翔，爲鳳舞，爲針繡，爲梭織，爲日月雕鏤之體，爲山河繪藻之形，爲神鬼離奇之狀，爲虎豹飛走之勢，以及百花簇就，萬錦裁成。

鳳羽深叢，翠色飛騰晃上下；麟毛順聚，金光照耀閃乾坤。漏塵極其密細，回環轉折處，蛛網爲疏，點綴另加奇巧。剔襯挑攢，狀龍甲無光，鸞鳳顛倒，絨線結成真飛舞；風雲聚會，錦絲滚就，似燕昇八仙慶壽。擎觴捧斝，啓奏笙歌，只少言語。萬國朝皇，玎璫玉佩，跪拜丹墀，如聽歡呼。金片銀條，並玉飾珠粧，體質皆稱貴重；宋錦元綾，與猩紅洋白，聲價俱非纖小。形變萬態，工奇百出，非可言語形容，亦不能牢記一二。至弓弩刀盾，明光奪目。人有云：「凡近聖駕之軍器，皆木爲之，以備壯觀者。」鼓聲漸嚴，駕將至矣。玉輅、大輅，步輦、象輦，皆黄絹爲幌，有兩墨絹曲柄小傘在前，爲朝廷所坐。大鼓、旗纛在後，閴閴按步，行疾而穩。下有一百六十輿夫，肩無高下者。又三里一易其夫者也。前又有數十内寺，舁捧金龍紅轎一座，爲升降輦前所用。前後兩旁，宫扇斜掩，羽旛對障，非樓觀不可。後則璫寺擁簇，如紅雲蔽天。兩街萬户，忽爾齊開，各征逐歸寓，如春社酒闌矣。

375 謝陞削籍

四月，給事中倪仁禎上言：「臣初拜官，例候閣臣謝陞，言及兵餉事，忽曰：『皇上自用聰明，察察爲務，天下俱壞。』陞位極人臣，敢歸罪天子如此！」上怒，命削陞籍。

376 馬士英起用

四月，宥馬士英，起兵部左侍郎兼僉都御史，督鳳陽。士英初撫宣大，以總監王坤論罪。至是，故太常少卿阮大鋮爲營救，故得起用。

377 免稅停刑

二月，發帑金二萬賑山東，免省直十二年以前稅糧，有司混徵者罪，百姓歡呼稱慶。六月，免開封、河南、歸德、汝州去年舊租。諭各省直停刑三年。十月，賜貧民米布。閏十一月，下詔罪己。

378 蔣德璟入相

六月，以蔣德璟、黃景昉、吴甡入閣辦事，且諭責吏部：「會推大典，自當矢公矢慎。今稱詡狥情，如房可壯、張三謨、宋玫並與推舉，豈大臣之道！」

召廷臣于中左門，賜饌。上青袍，太子、定王、永王緋衣侍。上詰吏部尚書李日宣曰：「朕屢諭諸臣，有『寧背君父，不背私交；寧墮職業，不破情面』兩語。昨枚卜，猶濫舉如此，况其他乎！」日宣奏辨。上又責吏科都給事章正宸、河南道御史張煊，閣臣力爲救解，不聽。明日，下日宣等六人于理。日宣等戍邊，可壯等削籍。初，大學士陳演所親廖惟一爲試御史，及考核，托房可壯爲之地，不納，張煊又加厲焉，遂外調。演憾之，適上游西苑，演從，密奏枚卜、大典，皆二人主持，上怒，故有是譴。

379 吴履中論二失

六月，御史吴履中上言：「誤用温體仁、楊嗣昌爲二失。」又曰：「内治缺而後戎馬生，民生促而後盜賊起。今者敵起于外，而政治愈棼；寇起于内，而賦歛愈急，欲無生亂，得乎？」

380 黄道周復官

壬午八月，召還黄道周，仍任少詹事。先是，道周在獄，人謂必不可救。時周延儒承上眷最深，凡上怒莫能回，延儒以微詞解之。至是，上偶言及岳飛事，歎曰：「安得將如岳飛者而用之！」延儒曰：「岳飛自是名將，然其破金人事，史或多溢詞。即如黄道周之爲人，傳之史册，不免曰『其不用也，天下惜之。』」上默然，甫還宫，即傳旨復官。

東崖黄景昉云：「上諭『黄某清操力學，尚堪策勵，特准赦罪還職。』旨下，中外感泣。是役，緣周公于講筵平章他疏，馴及公，余與同里蔣公同贊其説。顧初冀得脱戍籍幸矣，竟復原官，出望表。本聖主乾斷，度越百王之舉，而天下亦以是差亮宜興焉。公疏謝稱病，兼爲解、葉二公祈免。以癸未春抵家。」

附記　初逆閹薰熾，道周作詩曰：「豈有不平事，但存未壞身。隻言天下合，孤影鬼神親。世道餘青史，春風足故人。無多談往蹟，愚叟舊西鄰。」觀此詩，頗與公之行藏相合。

381 誅陳新甲

九月，誅兵部尚書陳新甲，以邊疆多失也。周延儒爲營解，曰：「國法，大司馬兵不臨城不斬。」上曰：「他邊疆卽勿論，僇辱我親籓七，不甚于薄城乎！」不聽。

382 召王應熊

十一月，召大學士王應熊入朝。已而陛見，請老，許之，賜金幣還。先是，周延儒知己漸有異議，故薦以自代，資爲援也。已而上知其非，故賜還。

383 劉宗周言六事

八月，進劉宗周左都御史。十一月，宗周上言六事：一建道揆。京師首善，請立書院以昭聖明致治之本。二貞法守。請立焚錦衣刑具，一切獄詞，專聽法司。三崇國體。大臣自三品而上，犯罪者宜令九卿詳會，乃付司寇；司寇議辟，乃得收繫。此于僇辱之中，不忘禮遇之意。四清伏奸。凡匿名文書，請一切立毀。五懲官邪。京師士大夫與外官交際愈多愈巧，臣必風聞彈劾之。六飭吏治。吏治之敗，無如催科火耗，詞訟贖鍰，已復爲長例矣。至于營陞謝薦，巡方御史尤甚。請以風憲受贓之律，爲回道考察之第一義。上是之。

閏十一月，下禮科給事姜埰于理。時有匿名書二十四氣之説，隱詆朝士。埰上言：「誹語騰謗，必大奸巨慼惡言官而思中之，謂『不重其罪，不能激皇上之怒，箝言官之口。』後將争效寒蟬，壅塞天聽，誰爲皇上言之哉！」上怒，立置獄。

384 劉宗周削籍 附熊開元

閏十一月，召廷臣于中左門，問用督撫之宜，劉宗周對曰：「使貪、使詐，此最悞事。爲督撫者，須先極廉。」上曰：「亦須論才。」又問禦敵，御史楊若橋舉西洋人湯若望習火器，宗周曰：「唐、宋以前並無火器，自有火器，輒依爲勁，誤專在此。」上色不懌，曰：「火器終爲中國長技。」命宗周退。時姜埰、熊開元俱繫獄，宗周又進請釋之，曰：「厰衛不可輕信，是朝廷有私刑也。」上遽怒，仰視屋梁曰：「厰衛俱是朝廷，何公何私？」宗周抗論不屈。都御史金光宸言宗周無他意，上益怒。宗周免冠謝，始命退。既而姜埰、熊開元廷杖，劉宗周削籍，金光宸降調。廷臣疏救，不聽。

熊開元，號魚山，楚之嘉魚人。天啟乙丑進士，令吳江，有廉聲。爲給事中，疏止監視太監王應期出關，降行人司。又劾周延儒專權誤國。上震怒，革職下獄，廷杖八十，遣戍遐方。今祝髮靈巖。

385 定王做書

崇禎十五年八月，定王出閣讀書，訓講爲方以智，做書爲劉明翰。演儀之日，方以貌過莊，王不敢齒；做書則竟其紙而後已，已踰數也。後定三、六、九之期爲兩師進教之日。書堂坐次，方東，劉西，王位正中，教則移坐于王側。方聲壯厲，訓句三四，王止依聲一二，王急向劉呼曰：「劉先生來訓。」内寺啟曰：「禮也，不可更，父皇爺所定。」乃止。王曰：「書做可也。」顧劉來視，則仍書完而出。後期方再移坐，王謂書已讀過。方以卽日應誦之書進上，王則掩卷而背之。其舊規，在內讀熟而後出者，王曰：「方先生可先出，吾與劉先生做書。」方則坐扉外以待。王因問劉父翁，劉云：「皇祖朝直臣。」王歎賞。又曰：「先生如此溫恭，自有好兒孫做狀元。」劉叩謝，手扶起，曰：「你父親做好官，生你好先生，兒孫自然好也。」至日昃，几上兩實金獅書鎮，每重三十兩，又兩玉尺，呼內寺納劉袖中，劉固辭而出。方已候之不耐矣。王入內，啟更兩日期，三六九爲做書，四七十爲訓講。奉旨允之。方之日，不過習故套，又免日居多；劉之日，期以辰刻進，必賜飯點。至第五期，不用做而自書。選中楷式者八字，王自減其一，呈父皇，賞紙，教習官優敘。省中哄然，以爲中字踰格，爲奪嫡之漸，有竟欲露箇者。又一日，挈遊西園，見上馬無鐙，卽以己鐙賜，內寺云：「龍紋不便。」乃命另製方鐙給之。省中又哄然，以爲僭妄，此詞翰內省體，後有知爲定王所與，乃已。又一日，留宴，王言：「日後出封，同先生游西山。我皇祖六歲登基，八歲上陵，爲香山寺寫『青未了』匾，至今尚在。昨日學書大字，體勢甚難。」寺人出「龜龍麟鳳」四大字，劉讚：「端楷。」王謙謙，謂：「不足污先生目。」至起更，徹宴，前燭送歸。又一日，王以八寶金煖手置劉懷。頃之，劉還王座，王曰：「先生攜歸，留與兒孫，見我兩人相與情意。」劉曰：「銘感之私，入之肺腑，不在物件。」王歎賞曰：「劉先生是一錢不要的。天下做官人都像先生，那有流賊！」

386 山東李青山

壬午正月，山東盜平，擒李青山入京。青山本屠人，乘機嘯聚數萬人，屢寇兗州，山左騷動。兵部侍郎張國維單騎詣營撫之，青山出不意，大驚，叩頭乞降。國維察其非常，還部，帥將士疾馳。給事范叔泰、魯府左相俞起蛟拒戰，擒青山，盡降其衆。國維廕一子指揮使。而沂州王明猶擁衆刼掠，國維知監軍丘祖德能辦賊，密授方畧擒之，東方遂寧。

387 王佐聖遵義遇害

王佐聖，字克仲，南直長洲人。弱冠，登壬子賢書。崇禎立，選青溪廣文。辛巳，以張國維薦，擢令蜀遵義，卽楊應龍故地，四面皆夷，抵水西安酋、藺酋巢僅二十里。惟地名新站者，山勢險隘，前臨渭水，爲羣夷入犯所必經，遂創立新城，以扼夷吭。八月，酋首郭士奇、吴尚才擁衆入寇，邊將趙國政戰死，賊遂大肆焚掠。佐聖伏奇兵隘口，擒士奇、尚才等，賊宵遁。壬午四月，酋帥吴尚賢、龍正國率叛夷數萬攻城，佐聖晝夜拒敵。賊鐵騎四集，圍合數重，飛梯越城，囂然震地。佐聖以印付子恪，命服拜闕，危坐公堂。須臾賊至，佐聖裂眦罵賊，遂遇害，猶僵立不仆。未幾，所部義民誓死力戰，勒兵新站，邀賊歸路，盡殲尚賢、正國數萬賊于境内。吴撫黄希憲令春秋祠祭佐聖。

388 孫傳庭殺賀人龍

先是，十一年戊寅冬，清兵入，改陝撫孫傳庭保定總督。傳庭以失聰辭，不許。尋逮之。至是壬午正月，起傳庭兵部侍郎，督陝兵勦寇。四月，傳庭檄召諸將于西安，縛賀人龍斬之，諸將莫不動色，因以人龍兵分隸諸將。人龍，陝西米脂人，與李自成同邑。初以諸生効用，屢殺賊有功，叛將劇賊多歸之。襄城之役，朝廷疑人龍暗與賊通，密勅傳庭殺之。賊聞，酌酒相慶，曰：「賀風子死，取關中如拾芥耳。」

人龍雖有驕蹇之罪，然其功不可掩也。昔楚殺子玉而晉文喜，劉宋殺道濟而魏人慶，趙宋殺武穆而金人賀。國有良將，敵之所畏也。卽有他過，亦當宥之，奈何輕殺之耶？曲端屢立大功，而張浚殺之，載之青史，至今以爲恨。傳庭之于人龍，將毋同？不二載而潼關不守，拾芥之言，洵非誣也！

嗚呼！人臣非有功之難，而居功爲難也。以人龍起諸生，屢破賊，可謂一時之傑。及會師擊獻，三檄不至，兵噪西歸，此豈人臣之道？西安之縛，雖朝廷之過疑，亦人龍自取之也。七月初十書。

389 李自成屠陳州

壬午正月，李自成陷西華。三月朔庚午，自成等攻陳州，副使關永傑戰死城上，鄉紳崔泌之、舉人王受爵等手刃數賊，被執，駡賊死。賊怒，屠陳州。二十二日辛卯，陷睢州、太康。二十六日乙未，陷歸德府，復乘勝陷寧陵、考城。

陳州、太康、西華屬開封。睢州、寧陵、考城屬歸德。

390 李自成決河灌開封

開封卽古大梁，咽喉九州，閫域中夏，水陸都會之地。太祖第五子，初封吳王，國錢塘，尋改封于此，爲周王。先是，崇禎十四年二月十三日戊午，李自成合羣賊圍開封，穴城攻之，七晝夜不息。巡按高名衡率司道官嬰城固守。軍餉告匱，周王出庫金五十萬，買米麥餉守陴者。復懸金募死士，擊死一賊者予五十金，兵民踴躍共擊賊，賊退數舍。豫撫李仙風督諸將至開封，賊退，開封圍解。仙風與高名衡互相訐奏，詔逮仙風，仙風自縊，遂以高名衡巡撫河南。十二月，自成復圍開封，名衡與推官黄澍、總兵陳永福、游擊左明國等力守。周王貯庫金于城頭，擒一賊者予百金，斬一賊者五十金，戰歿者邮其家，傷者以輕重爲差。自成攻圍數日，親帥諸將于承明門下耀武。時永福號稱神箭，從城上射自成，中其左目，幾死，遂收兵不出。已而拔營，屯朱仙鎮，與丁啟睿、左良玉等戰。及十五年壬午四月二十四日癸亥，自成復攻開封，以前兩攻不克，士馬多殺傷，自成乃申約圍而不攻，以坐困之。五月，自成陷開、亳。六月，命侯恂以兵部侍郎總督援勦官兵討賊，與孫傳庭援開封。七月，停河南鄉試，以開封久圍不解也。八月，開封久困食盡，人相食。時羅汝才營亦食盡，謀他徙，自成分糧以餽之，約破開封，以東隅屬汝才，汝才乃留不去。九月，河決開封，勢如山岳，水驟長二丈，士民溺死數十萬。周王府第已没，率宫眷及諸王露棲城上七日夜，督師侯恂以舟師迎王。二十三日庚寅，總兵卜從善以水師至開封城上，推官黄澍紮木爲牌，從王乘夜渡達隄口，得免覆溺。汴梁佳麗甲中州，羣盜心艷之，前後三攻汴，士馬死者無算。賊積恨，矢必拔，久懷灌城之謀，顧以子女珍寶山積，不忍棄之水族。至是，河大決，百姓生齒盡屬波臣矣。黄澍以守禦功，詔授御史。遺聞云：自成決河灌汴，城中諸貴官欲爲自脱計，亦鑿堤引水，汴梁遂陷。名衡等乘舟潰圍走。上念防守勞苦，不深罪，但罷名衡官而已。名衡，字平仲，號鷺磯，山東兗州府沂州人。崇禎辛未進士，授如皋知縣，調興化，考選爲雲南道御史，巡按河南。崇禎辛巳，李自成破雒陽，下汝、郟，乘勝趨汴，自二月十二日至十八日，并力疾攻者七晝夜，名衡百道禦之，賊乃退。上嘉其能，命爲僉都御史，巡撫河南。是冬，賊復圍大梁，名衡固守經年。及汴没，名衡渡河而北。賊解去，得請告歸里。癸未，北兵攻陷沂州，名衡夫婦抗詈不屈，死之。虞山錢謙益弔之，有三良詩。三良者，汪喬年、段增輝暨名衡，而三人皆謙益門人也。黄澍，字仲霖，浙江錢塘籍，南直徽州休寧人。崇禎丁丑進士，授開封推官。賊灌汴時，澍方坐署中，忽報大水至，視之，已及案下矣，大驚，急登高。城將没，白周王曰：「須紮木筏乃可出。」王以是免，甚德之，澍遂得擢御史。

張民表，號林宗，河南中牟人，宫保孟男之子也。萬曆辛卯舉人，十上春官，不第。藏書數萬卷，手自點定。喜飲及草書，好施與，結賓朋，家遂中落。時時往中牟，蕩舟于郭外之南陂，客至即拉與俱，無日無客，無客不醉。頂高冠，飄二帶，帶上繡東坡「半升僅漉淵明酒，三寸纔容子夏冠」之句，每日醉陂頭老杏下。崇禎壬午，寇圍大梁，民表勸當事密檄左良玉趨大梁，背北城而陣，通黄河一線以爲餉道；又當令陳永福兵列城外，勿聽入，入則城中餉竭，勢且民與兵俱盡。皆不聽。圍城五閱月，日夜登陴。水灌城，負先人神主，抱詩文稿三尺許，登木筏。顧求登者衆，不忍卻，移筏就之，筏且沈，乃移筏登屋，屋上人垂綆相接，民表耄，且乏食，數上下者久之，水大至而没，年七十有三。次子允隼及門人文大士皆從焉。長子允集泗水至西城，請救父，罵賊而死。幼子允隽憑浮木，依老僕婦棲屋上，垂兩日夜。老婦餓，欲噉之，急附浮木順流下，得渡舟以免，賴父門人周亮工求得之，撫諸其家。而民表遺骸，則高名衡殮而葬之柳園云。

水入城時，周王有宮女十人抱木，水至殿内，木浮上抵殿脊，十人隨木首觸椽間，穴洞而出，順流而下，衆救之，凡居水中十日矣。

聞守城時，一夕風雨大發，闔城火滅。時火刀、火石俱不可得，有一敢死士能踰城取火，遂得二百四十金。此説雖似不經，然聞之頗確。無錫王某親見。

自成三圍開封，而周王三出多金，激勵將士固守城池，所謂重賞之下必有勇夫也。賢于秦、楚二王擁貲千百萬，拱手餽賊遠矣。然周王所以爲此者無他，見之明耳，謂：「城垣既陷，身且不有，而況于金乎？城苟得保，何患乎無金，豈若作賊子守庫者之愚哉？」

自賊亂以來，殺人不可勝計，其最烈者，無如獻忠之屠武昌，自成之淹汴梁也。夫圖大事者，當以得人爲本，張、李所爲如此，不過黄巢、赤眉之徒耳！天心人心胥失之矣，欲不速亡得乎？吾聞自成矢鏃入睛，牢不可拔，每當陰翳則痛三日，御一女則血不止，其與獻忠眉心膿穢不絶，俱天之所以報其好殺也，其不死也幾希矣！七月廿三日書。

客有開封來者，語予云：「城周四十里，大如南京。而周王則有外羅城，内有紫金城兩座，在府城東南隅共十餘里。王殿俱用琉璃瓦，後有牟山，儼如帝居。清初廢爲貢院，殿磚悉拆，修築新城。王府門舊有石獅二座，高八尺許，今没土中，僅有獅耳數寸露出。開封舊城俱被泥沙圍擁地下，垣形卑甚。清朝卽于墉上加築新城，頗覺高隆。曩時人民輻輳，自流寇决河以來，遂荒蕪矣。城内廬舍茅瓦各半，鄉野瓦房僅十之三耳。」又云：「城陷，開封幾無人。客過汝寧府固始縣，凡行六日，不見一人。途中草長數尺，不虞盜賊，止防狼獸，行者各帶柳木棍一條。時隔河有狼數百，衆大懼，然狼亦畏棍，不敢渡河。」無錫優人王某曾在周王府中教戲，親遇水難，逃歸述云：「水既浸入城，百姓多死，悉棲城堞上，久絶糧，城上俱賣人肉，凡三日夜，周王禁止之。有一人腰下藏炊餅，大如錢，每餅私賣銀一錢二分。凡水面苔藻風浪飄至，争取食之，有得生者；有以布食而生者。若食紙，則人必死。時有一富家，見水大至，急以大櫟二座，用厚紬紮縛，將輕寶繫其下，身藏乾糒，棲于櫟上，順流而下，千有餘里乃得生。」李自成將黄河一決，凡沉没八百里，生民死者不可計。如此凶惡，而欲成大事得乎？

此葉九月廿一補書。

中牟縣屬開封。

391 張氏商丘自焚

張氏，直隸清苑人，配進士梁以樟。庚辰，以樟令太康。辛巳，調商丘。賊犯開封，商丘皇皇。壬午三月，李自成合袁時中、羅汝才等衆百萬攻商丘，以樟與張氏訣曰：「城且陷，我必死。」左右皆掩面泣，張氏亦泣，命老僕楊材積薪環其樓，且告曰：「城陷則火。」時賊帳延袤數十里，晝夜環攻，砲石上擊，人皆披靡。合圍五日，攻益急，會知府某有外心，城遂陷，賊刃以樟仆地。張氏聞之，曰：「吾夫死矣！」遂衣白衣，驅媵婢登樓，繫環于梁，將自縊，呼楊材舉火，材不忍，張氏叱之曰：「事急，使我不速死，汝罪莫贖矣！」材伏地哭，叩頭，舉火，張氏死，三十餘人從死。一子燮，方九歲，隨母登樓，火熾，哀號焰中，老媪急掖之曰：「主人唯此兒，幸得脱歸，以後粱氏。」從樓上推墮兒，僕王政負兒逃。是夕，邑民求以樟于亂屍中，救之復醒，而張氏則死矣。商丘人相與感嘆，立烈婦祠，春秋祀之。粱氏共焚死三十六人。

太康縣屬開封府。商丘縣屬歸德府。

392 李自成屠南陽

九月，孫傳庭率兵至南陽，李自成、羅汝才西行逆之，傳庭設險以待。賊入伏中，高傑、左勷等左右横擊，賊潰東走，追之，賊遂棄甲仗軍資于地，官軍争取之，無復步伍。賊覘知官軍囂，反兵乘之，左軍先潰，諸軍繼之，喪材官將校七十八人，賊倍獲其所喪焉。傳庭以兵敗，上書自劾，詔圖功自贖。十月，自成復陷南陽，屠之。廿四日書。

393 李自成圍汝寧

閏十一月，李自成圍汝寧，雲梯如牆而立，城中矢石俱下，賊戴扉以障矢石，死傷衆而攻不休。一鼓，百道俱登，執楊文岳及僉事王世琮于城上。文岳、世琮厲聲罵賊，賊怒，縛文岳等，以大砲擊之，洞胸糜骨以死。世琮初授河南推官，屢卻賊，射矢貫耳不動，號王鐵耳。賊拔營走確山，向襄陽，掠崇王由橫及世子、諸妃嬪以行。

394 左良玉屯襄陽

左良玉自朱仙鎮南潰，久屯襄陽，諸降卒附之，有衆二十萬，其餼于官者僅二萬五千，餘俱打糧村落，襄人不聊生。

395 李自成陷襄陽

十二月，李自成、羅汝才合兵，由唐縣而西。左良玉大造戰艦于樊，將避賊入郢，襄人怨其淫掠，縱火焚之。良玉怒，掠巨賈舟，載軍資婦女其中，而身率諸軍營于高阜。襄民焚香牛酒以迎賊。初三日戊辰，賊間道至白馬渡，良玉移營拒之，賊不得渡。良玉拔營而南，賊亦不敢逼。自成切齒于良玉，每戰必力，良玉懼，不敢復與争鋒，故恒避之。初四日己巳，襄陽陷。

396 李自成入荆州

時蘄、黄之寇復與自成合，諸渠帥皆戴自成。革則賀一龍，老狪狪則馬守應，胡闖則藺養成，争世王賀錦，治世王劉希堯，皆爲自成偏裨。及破襄陽，自成分兵陷夷陵、宜城、荆門，向荆州。十二月初九日甲戌，偏沅巡撫奉惠王走湘潭，荆州士民開門迎賊，賊入荆州。又合兵鄖陽，令馬守應守夷陵以犯澧、常，賀一龍趨德安以窺黃、麻。

江陰馮生自楚歸，云："偏沅軍門某駐荆州，踞上流重地，扼楚、蜀咽喉，賊來不過擄掠鄉鎮，非敢睥睨荆州也。乃賊未來時，而城中風鶴日甚，偏撫奉惠王出城，官民各鳥驚獸散。臘月十六，賊至城下，不費一矢，而自古力戰苦争之荆州，唾手而得之矣。余輩至岳州，見惠王僦居于民舍，偏撫借寓于民房，竟不敢窺荆州一步。"噫，何畏寇之甚也！

夷陵州屬荆州。宜城縣屬襄陽。荆門州屬承天。湘潭縣屬長沙。澧州屬岳州。常，常德府。麻城縣屬黃州府。

397 左兵擾武昌

馮生云："舟至蘭溪，見有自上流來者，傳言武昌兵亂。將近武昌，聞左兵數萬從漢口搶船渡江，漢口居民逃散，江上舟楫不行。余船昏夜趁風過武昌，泊金沙洲。時臘月十八日也。天明，見紛紛逃難者如蟻，皆南走，舟中攜老穉婦女啼號徙竄者，絡繹皆是。相傳左兵所過，奸淫剽掠，雞犬不留。武昌城下，居民一空。又明日，已掠金沙洲矣。"

398 左良玉避李自成

良玉與自成相距于朱仙鎮，麾下近二十萬，鄖撫王永祚在内，良玉在外，約爲固守。一夕，良玉忽攜大衆遁去，城中遂不可守。自成尾之南下，荆、襄一帶次第陷没，而良玉亦無駐足之地矣。與監軍道王石雲相善，作書謀寄家眷于武昌。及家眷至，而良玉與衆兵俱至，搶渡，竟不可遏，而大江南北，慘毒不忍言。城中士民咸咎良玉召寇，乘夜殺其監紀，石雲亦不敢問。石雲，諱揚基，南直安慶府潛山縣人。天啟五年乙丑進士。

予思當時自成兵勢固强，然良玉以二十萬衆，攻之雖不足，守之則有餘，何爲乎宵遁哉？吁！大帥如此，天下事概可知矣！廿四日書。

399 王永祚投江

鄖撫王澄川微服走，爲左兵所獲，賄以二十金，始脱。又被獲，遂自投江，流至二里，得漁人救免，潛住武昌城外。

400 梁玄昌家難

梁玄昌，浙江人，選四川敍州府筠連縣知縣，攜家赴任。蜡月，舟過武昌，上荆州，爲賊所獲，家屬二十餘口，死者十七人，女與婿皆與焉。玄昌僅與一幼子赴水逃脱，踉蹌凄切之狀，不忍言説。

右五段皆馮生所述。時馮從張有譽宦蜀，故知其事如此。内父杭濟之先生筆于遊記云。

401 張獻忠陷舒城

正月十一日辛巳，賊陷潛山。二月，陷全椒。四月初三日壬寅，張獻忠陷舒城。此皆壬午年事。舒城無令，參將孔廷訓同編修胡守恒率民共守。後廷訓降于賊，勾賊以洞車穴城，穿者數處，守恒督民補塞之。賊射書脅降，守恒燔其書于城上。越三日，城陷，賊執守恒，刃其腹，被數十創以死。獻忠改舒城曰得勝州。初六日乙巳，陷六安。六安州亦屬廬州府。

有本州諸生韓光祖被賊執去，賊以刃脅光祖，光祖抗言：「生平讀書，止知節義，城破身亡，誓不偷生！」賊怒，斷喉碎屍殺之。妻武氏投火死，媳李氏及一妹與一女，共投于井。子妾李氏，遭賊割腹刳胎，受禍最慘。次子定策，孫日曦，身被數鎗，罵賊死。而援勦守備王希韓轉戰深入，被獲見殺。

韓光祖死難事，野乘接書胡守恒，故予續此，則本州疑即廬州。

胡守恒，廬州府人，宋胡瑗二十一世孫也。崇禎戊辰進士，是榜同姓三人，胡守恒、胡士昌及無錫胡之竑也，雖爲各府，俱稱安定先生後，遂通譜焉。守恒初授浙江湖州府推官，選擢編修。死節一事，實不負上知云。七月二十六日筆。

當時賊窟在英、霍二邑，二邑屬廬州，廬爲賊出入要道，窺伺久矣。然城堅而守固，雖攻圍數次，不能遽拔。于是日在舒、巢諸下邑大肆焚殺，巢邑之破慘矣！更有最慘而不忍言者，莫如舒城。舒城，廬之屬邑也，賊踞城中凡八閱月，人民廬舍，蕩然如洗，止留一片白地而已，慘哉！康熙六年夏，有葉客述此，自言昔年在舒、巢等處親見者。

402 張獻忠襲廬州

壬午五月初六日甲戌，獻忠襲破廬州。適督學使者以較士至郡，獻忠遣賊數百人，負書卷，衣青衿，雜應試者以進。甲戌夜，獻忠疾馳入郡，城中賊縱火應之，遂陷。各官俱走，惟知府鄭履祥死之。六月十五日癸丑，逮安廬巡撫鄭二陽、鳳陽總督高光斗，以馬士英提督鳳陽軍務。二陽，河南鄢陵縣人，萬曆己未進士。盧謙，號芳菱，廬州人。萬曆甲辰進士，授永豐知縣，考選爲御史。甲寅，巡按真定，丁艱歸。服除補職，督學順天。崇禎十五年，流寇破廬州，官紳士庶，或避或降。時謙已在籍，獨服其命服，整冠束帶，危坐宅之中門。賊至，欲屈抑之，坐如故。百方挫折，畧不爲動，張目厲聲叱曰：「吾朝廷大僚，豈肯受辱于鼠狗！若輩死亡無日，尚敢凌侮長官耶？」罵不止，遂遇害。詔贈光禄寺卿，廕子，予祭葬如例。

先是崇禎八年，混天王等攻廬七日，知府吴大朴固守不下，賊乃去。至是，張獻忠聞學使將按廬，遣賊作商賈，分伏城内。俄學使信牌至，獻忠截取之，使壯士僞爲書役迎學使，中途刺死，自乘高車，令諸將扶擁而入，復以精兵易矜服隨之，一似諸生迎學使狀。時廬州匝月賊無動靜，防禦稍疏。忽報學使入境，急啟門出迎，肩輿已近城矣，從者數百人，皆青衣儒冠。及入，三砲甫畢，衷甲忽見，俱執短刀突起。時，事在倉猝，咸惶遽失措，各鳥獸散。所伏之賊，亦應時而發，大肆燬殺。向之號爲「鐵廬州」者，不終朝失之矣。

明之所以失天下者，止因用貪鄙無能之輩耳。當獻忠四月陷六安，六安爲廬之屬州，勢孔亟矣，學使猶若承平按臨，致賊得以乘其隙，迂腐至此，不亡何待！昔人大敵在前，尚戎服講老子，卒至國亡身死，爲千古笑，這都是一班不知生死的人！

403 賀一龍陷無爲州

五月初八日丙子，革賊陷無爲州，士民投河死者無算。潁州參將李栩偵知之，伏兵東南二十里。左至，栩以騎兵迎戰，伏兵起，繞其後奮擊，敗之，斬首千餘。

革則賀一龍，已載于前，是賀一龍乃革賊也。而此上云革賊，下云左至，是左卽革賊也。他卷又載革、左，革疑革裡眼，左爲左金王，又似兩人。是一是二，未知孰是，姑書以俟考。革裡眼是賀一龍，左金王是藺養成。

404 革裡眼入英霍

六月，革裡眼諸賊入六安英、霍諸山中，倚林樾度夏，秋爽復出，歲以爲常。安、廬州縣官吏咸携印篆，艤舟理事，城中荆榛滿路，無復人烟。

405 張獻忠僭號改元

六月，張獻忠襲陷廬江。七月六日甲戌，毁廬州城。八月初四日辛丑，獻忠大治舟艦于巢湖，習水師。十五日壬子，獻忠復陷六安，盡斷州民一臂，男左女右。獻忠謀渡江，入南京，遂僭號改元，刻僞寶，選自宫男子，僞署總兵以下官。

406 黄得功逐賊

九月，黄得功、劉良佐逐賊于潛山山中，夜半譟而升，賊驚起失措，踰崖跳澗四潰，追奔六十里，斬首萬級，奪騾馬數萬。十月，劉良佐再破獻忠于安慶。

407 張獻忠陷太湖

十二月二十一日丙戌，張獻忠陷無爲州，復陷黄梅。二十七日壬辰，陷太湖。

無爲州屬廬州府。潛山、太湖二縣屬安慶府。黄梅縣屬湖廣黄州府。

408 洪承疇降清

遼地自東海濱西至薊鎮，沿邊凡千四百里。明初廢郡縣置衛，以備敵。萬曆四十三年冬，西南有星，狀如關刀，久之變爲彗，其形如帚，光茫顯爍，凡見百日，而遼陽陷。四十六年戊午，彗復見，而瀋陽又失。蓋彗乃除舊布新之象也。崇禎十一年正月中旬，遼陽見日圍于弓内，有矢射之，或云此名「日三環」，主天下兵起。是歲遼陽旱蝗，秋禾啖盡。清兵陷山東濟南，擄德王，殺遼東金總戎。十二年，遼陽復旱蝗，秋稻靡遺。十三年，遼陽大飢，父子相食，斗米一千二百，值銀壹兩七錢。然斗斛三倍吾鄉，約六兩一石。十四年辛巳夏，麥大熟，百姓稍蘇，而洪承疇提兵東征矣。先是十三年庚辰，清據遼陽，內臣高起潛等不能禦，繫獄，遂擢承疇經畧遼東。承疇字亨九，福建泉州府南安縣人。萬曆四十四年丙辰進士，總督三秦，屢破流寇有功。至是，聞總戎祖大壽被圍錦州，遂于十四年二月提兵，八月往援，與清相拒四閱月。至十一月退還，分守各衛。及明年壬午二月，會兵共計二十萬，復東。時清師二十四萬，聞承疇將至，分兵圍錦州，以大衆禦之。承疇率師趨寧遠。東三十五里爲高橋堡，又三十五里至塔山，更五十里及杏山，復五十里抵松山，過此五十里則爲裹紅山，去錦州僅三十里。錦州東俱屬清地。裡紅山上有石城一座，清兵固守。山下平原，承疇將駐營，清兵憑高發砲，洪師四面受敵，難以立營，乃退下。既而選卒十三萬，遣總兵官吳三桂、唐通等十三人將之，復進，三戰三捷，清帥退六十里，分守各隘，上疏請兵。四王親率精騎萬三千馳至，先祭天地，次祭海，已而登山觀兵，見洪陣嚴整，嘆曰：「人言承疇善用兵，信然，宜我諸將憚之也。」營北八十里有北山，延亘數十里，四王登其巔，橫窺洪陣久之，見大衆集前，後隊頗疏，猛省曰：「此陣有前權而無後守，可破也。」遂星夜令軍士，將北山頂中劈爲二，狀如刀脊，遇石輒命鑿去，凡深入八尺，上廣一丈二尺，而下隘甚，僅可容趾，馬不能渡，人不能登，有墮者，無着足處，不得躍起。濠長三十里，以兵守之。時塔山已爲清據，誅殺殆盡。其西亦濬一濠，即以土築堡，凡五十里，直接杏山，亦以兵堅守，絶中國之援。惟南濱于海，不必濠守，而東則清地也。濠守既成，糧援路絶，有刈薪汲水者，輒爲邏卒所殺，大軍俱不敢出濠。初鑿時，承疇不之覺，已而知爲所困，然已不能争矣，遂上書求援，凡十有八疏。高起潛恐承疇有功，力抑之，使不得奏。然清之據險斷援以困洪師，固可謂人謀盡善矣，而天意尤有異者，南海潮頭頓起四十餘里，兵不得安營。承疇知事急，移師西旋，清兵尾其後。師近濠，吴三桂等督衆填壕而過，守者射之，矢如雨下，衆不能支，遂大潰，俱南走海濱，爲清軍所逼，十三萬衆盡溺死。三桂與唐通及麾下材官五百人，乘間突圍而出，其餘總兵官如曹變蛟、馬如龍等十有一人，俱歿于陣。變蛟昔鎮西安，有禦賊功，衆咸惜之。清主既覆洪師，遂破松山，獲承疇。承疇不屈，命之跪，承疇曰：「吾天朝大臣，豈拜小邦王子乎！」清主壯而釋之。此崇禎十五年九月二十日事。清復急攻錦州，祖大壽聞承疇敗，大懼，欲降。城中有降夷三千，不從，欲殺大壽一門。降夷者，山北近遼陽人，中國之外爲降夷，降夷之外卽清地，夾處兩國間，故遼東呼爲「夾道之人」。近爲清朝所逼，歸附中國，稱降夷，俱控弦習戰之士，居大壽麾下，食大糧，頗得其力。至是，大壽知不利于己，密遺書清帥，誘之出城，收其衣甲，犒以酒食，盡殺之，大壽乃降。順治初尚在北京，年八十四矣。大壽既降，錦州被屠，穉子少婦，悉爲兵掠。至今江南鎮江多錦州婦人，俱遼兵攜至者。錦州既失，是冬清兵入山東，陷兖州府，殺魯王。十六年癸未春，遼陽中、左、前、後衛，俱没于清，全遼盡陷。高起潛上疏移吴三桂鎮山海關。承疇子某走京師，擊登聞鼓，上始知有十八疏，謝其殉難，立祠于京祭之，廕其一子。至今遼人呼是役爲洪承疇跨海東征云。康熙四年五月，予在鎮江，遇遼人唐奉山，自言昔在承疇軍中，親見其事如此。

祖大壽，字復宇，滁州籍，寧遠衛指揮，掛征遼前鋒將軍印、總兵官、左都督。康熙五年，子祖永烈爲將軍，鎮蘇州，其軍甚恣，蘇人大被其毒。永烈兄弟俱爲將。吴三桂，遼東前屯指揮，欽差鎮守寧遠中左、中右等處地方團練總兵官、右軍都督府都督同知。唐通，字達軒，陝西西安府涇陽縣人，欽差鎮守薊鎮西協等處地方，專管石、古、曹、牆四路，左軍都督府右都督。

前載十一年十月高起潛敗，十二月改洪承疇薊遼總督，而此云十三年事，蓋總督在十一年，而援錦或十三年也。

409 清兵入塞

十三年庚辰三月，清兵至義州。十四年三月二十一日丙申，清兵大舉入塞，祖大壽合諸軍禦之于錦州，清兵引退。十五年十一月，清兵大舉入塞，二十四日庚寅，入薊州。閏十一月初六日壬寅，攻河間。明日，分兵向臨清，入霸州，僉事趙輝死之。初九日乙巳，入文安。初十丙午，自青縣趨長蘆。十二日戊申，入臨清。十六日壬子，入阜城、景州。十八日甲寅，入河間，參議趙珽、知府顏胤紹、知縣陳三接死之。二十二日戊午，攻東昌，劉澤清禦之，遂西。二十五日辛酉，自臨清分五道攻掠各郡縣。十二月初九甲戌，入沭陽。初十乙亥，入沂州、豐縣，殺知縣劉光先。戊寅，破蒙陰、泗水、鄒縣。十二月二日丁卯，自長垣趨曹、濮，别將抵青州，入臨淄，知縣文昌時闔署自焚死。十六年二月，入登、萊，合軍。三月，入順德，殺知府吉孔嘉。

霸州、薊州與文安縣俱屬順天府。景州、青縣屬北直河間府。沂州、曹州、鄒縣、曲阜、泗水俱屬山東兖州府。臨清州屬東昌府。臨淄、蒙陰二縣屬青州府。長垣縣屬北直大名府。

410 姜瀉里死難

姜瀉里，字爾岷，別號漢洲，山東萊陽人，給諫埰、行人垓父也。關中文太青先生翔鳳令萊陽，獨奇其文，首置之。久之不售。天啟末，逆璫建祠，趨者蟻附，瀉里危言侃侃，以此得過，有司或且跡之，急攜家入山，變姓名，爲人耕傭。辛未，子埰成進士，令真州。庚辰，子垓亦舉南宮。瀉里嘗與舊識云：「滄海横流，竊懼我輩欲長守邱壠亦不可得耳。」未幾，北師入薄萊城下，瀉里發砲，中北帥首，北兵爲退舍。亡何，北兵夜襲城，瀉里率親丁巷戰，刃中于臂，被執，索金帛自贖，瀉里曰：「吾兒爲清官，聞天下。吾受國恩，死卽死，安得俯仰乞命！」遂遇害，時年六十有一。季子坡從城東趨至，抱父屍大駡，被執去，夜舉火爇北帳，北帥覺，臠殺之。諸姊妹俱死。訃至，給諫埰方以言事下獄，垓嘆血上書，臺省交疏請釋埰歸治喪，上乃詔褒嘉一門義烈，命冢臣議優典，而史官黄道周誌其墓。

有刀鋸之心者，不墮魄于雷霆；具松柏之志者，不渝音于風雨，姜公父子之謂也。七月廿八書。

411 宋玫殉節 附張瑶

宋玫，字文玉，號九青，山東萊陽人。父繼登，官憲副，以廉能稱。玫登天啟乙丑進士，初令柘城，尋調杞縣，以治行高等，與開封司理張瑶争考選，得吏科給事中，抗章正色。旋丁艱歸，服闋，補職。崇禎丙子，偕吴偉業主湖廣試，得士萬曰吉、周壽明、黄正色、黄文旦等。尋進刑科都給事，遷太常卿。已，由大理卿晉至少司空。壬午枚卜，會推玫與蔣德璟、黄景昉、吴甡、房可壯、張三謨。尋以召對不稱旨，又爲蜚語所中，上疑比私植黨，下玫與房、張于獄，革職歸。亡何，北兵入，東省雲擾。玫與同宗、吏部應亨輩經畫守禦，不遺餘力。及城陷，縛玫與應亨相對拷榜，體無完膚，玫始終不屈，遂見殺。張瑶，山東人，進士，開封府推官。會登兵變，城破，被執，瑶揮石相擊，遂遇害。其妻及子四人，俱投井死。

是年，又有大名副使朱廷焕，山東人，進士。闖將劉宗敏傳牌至，廷焕髮指，擊碎之，與紳士分守各門。尋賊至，圍攻，被執不屈，賊縛桅杆殺之。又有壽光知縣李耿，順天人，進士，亦以城破殺死。

宋公早貴，任清要，列卿秩，名位顯赫，然竟用蒙難死。予角去齒，造物者固多缺陷乎？然而捐生殉節，垂芳千古，則天之厚公又獨至矣。

412 張宏德貽禍萊陽

工科曾應選言：「萊陽之破，以東門鄉紳張宏德利賊之退盡，追鄉民犒賞，痛笞而窘迫之，一家發難，闔邑罹殃。清至，令宏德自指其藏，得百萬金，然後闔門就戮。」

自黄巾、緑林禍起，中原數千里，桑麻一空，鐘鳴鼎食之家，尤被其慘毒。此無他，銅山金穴，既爲鼠輩所心艷；而攘利專欲、漁獵封殖，鄉黨切齒久矣。論者以爲出爾反爾，有天道焉，不盡陽九數也。

萊陽屬登州府。

413 造船航海

崇禎十五年十月二十日，北兵闌入，縱横于河間、真定間，一日報陷名城二十六處，至危急也。兵科都給事中曾應遴，時最錚錚，首建策曰「航海攻心」，謂：「造船三千，發兵六萬，于登、萊東涯航海渡遼，在敵知之，必速歸救，不攻而自去矣。」首揆票擬「特嘉計畫之妙，該部看議速奏。」工部覆曰：「造船固係臣衙門責任，但會典舊例，因兵事興工者，同兵部分理其役。臣部止認造一千五百。」上允之，着同兵工二部作速起工，而擔半卸于兵部矣。然起工估計，仍是工部職掌，造船三千，每船價值計銀二千兩，共應支銷錢糧六百萬。工部于估計疏曰：「臣部現今庫藏如洗，分任船費亦須三百萬，計無所措，事又在必行，日夕籌躇。有河南、開封等府，積欠臣部料價銀七百幾十萬，合無將此一項聽臣那借，卽日馬上差人，再限刻起解，以爲造船之費可也。」時開封河堤爲流賊所决，城郭現在水底。上又允之，急移咨兵部，促三百萬以需起工之用。兵部則曰：「用兵所需，臣部安敢推委？但造船三百萬，非撚指可就。況當此庫藏如洗，外解阻絶，巧婦安能爲無米之炊？臣查鳳陽等府，欠臣部馬價銀八十餘萬，催其陸續先解，以應工部造船支費。此現在錢糧，無煩設處者也。」上又允之。工部初意，實欲向兵部措銀幾萬，爲起工搭廠規模，不謂兵部止移空文一紙，竟同本部之游戲浮詞。乃乞憐于户部，大司農曰：「現今山東路梗，刻刻有庚癸之虞，自救不暇也。」轉叩冏卿，又以勤王四集，冏藏與廐肆皆空。乃告窘于東西江米巷紬布二商，令執票于留都、蘇、杭官庫兑銀，應者及百而止，人有千餘，數不上半萬也。亦以零星而止。時已爲閏十一月中，北兵則入山東，連破兖、青二府，州縣小城，在所不計。造船之價銀，兩奉旨，其事則究歸工部。工部恐爲建議者參其泄泄從事，乃爲脱殼之謀，以神其變化，上一疏曰：「造船之費，兩部雖經擘畫，奈今九門晝閉，工商裹足，油釘板木，無從置買，匠作舵手，亦無從覓僱。而行兵之事，又刻不容緩。如之奈何？爲今之計，臣部適差造船主事朱正色前往淮安船廠，合無令之帶往廠中，則物料現備，匠工叢擁，商賈湊集，可以計日成功，省臣建議，不致徒托之空言也。」上又允之。時爲十二月初也。此事已實責在朱正色一身，正色若非金蟬，寧不畏軍法從事？誰知正色之計更妙，談之侃侃，聽之鑿鑿，其疏言曰：「造船攻心，省臣妙算；同仇之恨，人所同心。但臣所督造者，由閘運糧腹裹之船，非乘風破浪航海之船也。航海與腹裹，板木不同，釘鐵不同，式樣不同，帆舵不同，索纜器用不同，人夫師手操駕作用不同。今欲爲此，必須資材于閩、廣，營造于海涯，耑勅彼處兩撫計日完工，即從海上駕往而北，以勷大事。因材因地，理勢之必然，臣非敢爲膜外視也。」疏上，准移勅兩廣督臺與福建開府矣。舊例，省臣上疏，不逾五日落旨；部覆省臣疏，大約十日內。至部屬奏章，則候旨一月也。朱正色之旨，得之于十六年二月初旬，都察院請勅移咨，又已爲二月終矣。至是年九月初，見閩、粵兩撫會稿，各具疏報，先極贊科臣之策之妙，後言臣等拮据料理，極欲起工建造，但今北兵已出，海宇澄清，造船之説，不必議可也。奉聖旨：「是。」

414 誌異

壬午閏十一月二十四日庚申亥刻，拱極殿刀仗有光火一寸許。

徐亮工，字虞欽，江陰人。崇禎庚辰欽賜進士，授陝西延安府吴堡知縣。時秦寇日熾。其地有怪鳥，鳥身人面蓬首，若飛至縣，或鳴或棲，不久流賊必至，而城被屠矣。鳥狀如梟。

無錫實録云：夏秋之交，疫癘大作，萬民凋瘵，兼之凶荒相繼，殯殮爲艱，枯骸暴露，幾遍郊野。

憶是歲春大飢，予隨内父杭濟之先生讀書于舅氏，聞有飢者自沈于河。一日，二母舅進書齋云：「今日西門橋又有一婦人攜三歲兒投擲河中矣，以不忍其子之飢也。」言之慘然。時死者甚衆，凡途間貧人，傾仆即死，腹内空虚故耳。家孟伯雄館於蘇之沈氏，時米每石三兩餘，百姓大飢。紗縠停造，織機坊内，一夕餓死紡户十七人，其他可知。

415 附記 無錫諸生逐令

明季，無錫諸生每歲免糧銀五錢。無田可免者，則與之銀，謂之「扣散米」。待士可謂厚矣。時知縣龐昌胤，字爾祚，號再玉，四川順慶府西充縣人。崇禎丁丑進士。米不時發，諸生杜景燿等，約同學舁昌胤出西門。故事，縣令出西門，即不得復入。時諸生將紙大書云：「逐出無錫知縣一名龐昌胤，不許復入。」用硃筆傍豎，粘于蘆蓆，爲牌擎之。將吏役笞散，扶昌胤出，即閉城。昌胤訴于撫臣，撫臣調爲嘉定令。久之，止逮五六人，革其衿，竟不置重典，亦異也。此雖龐令之過，而諸生之横亦太甚矣！時以流寇蹂躪江北，而江南頻年洊饑，故當事姑息如此。不四年，清初役隸威加衿士，非復昔日優文之象矣。迨順治十七年庚子，撫臣朱國治以錢糧事奏銷，三吳紳衿多黜，是勢極而反，天蓋有以報之也。無錫日記云：五月初三，秀才羣閧縣堂，打碎堂上紗厨。龍教官跪諸秀才，秀才亦跪教官，一時異事。又通邑市民毁碎龐中尊轎傘，執器圍住馬素脩家。龐中尊方巾、白布直身，步至西門下船，狼狽極矣！是夜仍進縣門，可笑之甚！初五下午，秀才又哄縣堂。及夜，中尊遁去。是歲秋闈，龐令居然入簾，上官之無法紀如此！日記一行，辛亥四月十三日書。

中國史學基本典籍叢刊

明季北略

下

〔清〕計六奇 撰
魏得良 任道斌 點校

中華書局

明季北略卷之十九

崇禎十六年癸未

416 元旦失朝 新史

廷臣待漏，待天子也。恐天子早臨，廷臣先天子而待漏也。待漏之時，鼓未嚴；鼓嚴而肅班矣。肅班而鳴鐘，鐘歇而聖駕登殿，靜鞭響矣。鞭響而兩班廷臣有容無息，有意無聲，仰瞻殿上，祇見千百紅袍，掀袖示令而已。乃癸未年春正之朔，聖駕升殿，文班止一首揆周延儒，武班止一勳臣。延儒奏以坐門勞苦，起少遲，今又爲鳴鐘。舊例，鐘鳴則東西長安門俱閉，朝臣皆擁擠在外。因諭啓門，而到者仍寥寥，鴻臚未可唱齊班。久之，來者作踉蹌狀，十少五六，勉成禮焉。延儒上揭云：「政本怠弛，以致廷臣慢誤，乞奪俸自臣等始。」得旨姑免。

417 祭十二陵 新史

登天壽山，上陵也。癸未二月，已禁足京城百五十日。緣九門晝閉，出入非令箭，則詰問住居、爲某事，詳登之。甕城內方十丈地，將城門閘板橫平架起，爲經摺「卍」字紋，行者如釋道之穿方，紆迴轉折，遲遲乃出。若徑走，則無俟片刻也。蓋爲此者，以防北兵直擣、奸細窺伺，皆坐門文武之經略，亦愚矣哉！十二陵，每陵遣三品官主祭，陪祭則六品以下二人，又勳戚一人爲擔土加墳事，舊例也。余隨少司馬馮鄴仙上德陵，將入紅門，輿騎俱輟，總戎戎裝，率兵萬二千人跪迎，軍容壯麗，營伍整嚴，觀美則無踰，擊撞恐未任也，以精神全注衣甲故耳。紅門之左設兩鑼，徑有五尺，聲如雷發。入則反得乘騎。神宗定陵最近外，凡入者先瞻焉。外竪大方石碑一座，細睨之，四面無字，各陵皆然。内有饗殿九楹，殿内祭品豐潔，樂器飭齊，俱籠以黄紗幔；後則露臺一座，臺設大爐，燭高約二丈餘。玄門扃閉，梓宫所由入也。墓門在西側，白石爲之，闊五尺，高亦約二丈，厚尺許，向外之釘蕾即于本石上鐫出，突起二寸餘，位置星列，每扇約二百。所加之土預貯于門右，一担一土簣，壘皆抹紅在焉。祭畢，勳臣親自肩乘，凡三上，餘則總戎繼之，則六上。拾級登玄宫之巔，爲殿五楹，中立硃漆方石碑，高丈有五尺，廣四尺，金書「神宗皇帝之定陵」七字。爲垜、爲壁、爲地，皆竹葉瑪瑙石甃之。後則寶頂，草樹蒙茸，不可入矣。出由西行，經長陵，成祖也，爲主穴，居中。再西爲永陵，世宗也。規式各陵無二，惟永陵之松，多偃地而延蔓，如蛇如藤。過河越澗，行者履跨其上，皆剔牙松。松鼠成羣以萬計，獐兔狡躍，鵲鸛驚飛，如連昌宫久閉也。康陵則在三十里外，三面皆邊牆外地。凡上此陵，必先一日行。翼日遊玉泉寺山，以泉石勝。西十里，遊香山，山以殿刹勝。來青軒可坐視九門雙闕，偉觀也。下山游碧雲，金碧煇煌，川巖崒嵂，兩者兼之，觀止矣！

天壽山之得名，世謂御體所藏故也，不知太宗一日駐蹕飲酒，適當萬壽之期，羣臣等上壽，美其名耳。

418 周延儒 附吴昌時

癸未三月，改禮部儀制主事吴昌時爲吏部文選主事，署郎中事。昌時好結納，通太監王化民等，欲轉銓司。吏部尚書鄭三俊問鄉人徐石麒，答曰：「君子也。」三俊遂薦于上。蓋石麒畏昌時機深，故譽之，而三俊不知。例轉給事中范士髦等四人、御史陳藎等六人。故事，例轉科一、道二，昌時特廣其數，意脅臺省爲驅除地也。四月，御史祁彪佳劾昌時紊制弄權，御史徐殿臣、賀登選各疏參之。鄭三俊自引咎罷，以誤薦吴昌時也。

四月，時清兵久在内地，上特命周延儒以閣部督師，斷其歸路，務期盡勦，無令生還。然清兵勢大，畏不敢逼。適天氣漸炎，清兵大掠而還。延儒偵知之，奏捷，加封太師。有山人題詩譏之曰：「虜畏炎熇歸思催，黄金紅粉盡駝回。出關一月無消息，昨日元戎報捷來。」既而臺省交章論列延儒受賄縱敵出口，上頷之。

五月，延儒放歸。給事中郝絅，復參昌時及禮部郎中周仲璉「竊權附勢，納賄行私，内閣票擬機密，每事先知。總之，延儒天下之罪人，而昌時、仲璉又延儒之罪人也。」御史蔣拱宸、何綸亦交劾之。

七月，召山東兵備雷演祚與山東總督范志完，面質于中左門。先是，演祚入朝，面奏志完在山東縱兵淫掠，及金銀鞍馬行賄，上命逮訊。至是逮至面質。上問行賄京師狀，演祚歷歷有指。上問演祚曰：

「爾言稱功頌德遍于班聯者，誰也？」演祚曰：「周延儒招權納賄，如起廢清獄蠲租，自以爲功，考選科道，盡收門下。凡求總兵巡撫，必先通賄幕客董廷獻，然後得之。」上怒，即命逮董廷獻。又問志完鞍馬何所餽，志完謝無有。上斥其妄，因問御史吳履中：「爾在天津，察志完云何？」履中對如演祚言，尋誅志完。

上自訊吳昌時於中左門，拷掠至折脛乃止。徵周延儒聽勘。初，延儒再召時，庶吉士張溥、馬世奇以公論感動之，故其所舉措盡反前事，向之所排，更援而進之，上亦虛己以聽。溥既没，世奇遠權勢，不入都，延儒左右皆昌時輩，以至于敗。

十二月，誅吏部文選司郎中吳昌時。前大學士周延儒有罪，賜死。延儒當中外交訌，無能爲上畫一籌，然受主眷深，故其罷内監，撤廠衛。諸璫日夜乘間媒孽，上俱不信，延儒益忽之。迨視師行邊，上意稍移，而諸璫乃盡發其蒙蔽狀，上始信之。至是吳昌時事，聖怒遂不可回矣。

延儒之再召也，以賄進，亦以賄敗；以内官進，亦以内官敗；以昌時進，亦以昌時敗。八月十一書。世謂清兵被困于山東，糧絶，輸金延儒，乃撤師得出，咸以此爲延儒罪。夫以清兵之強而欲困之，似難矣。然予聞一老兵云：「一日清兵迷失道，誤入淖泥中，諸將喜而困之。延儒檄至，縱焉。上逮張國維，國維過蘇，蘇人生祭而哭之。國維曰：『勿憂也，吾現有周相手書在，此令吾放敵者。』至京，國維果免。」

419 周延儒續記

宜興再召，通內而贄幣帛者，馮涿州也；奔走而靈線索者，太倉張溥、嘉興吳昌時也。擘畫兩年，綸綍始下，時爲崇禎十四年之二月。六月陛見，相得甚歡，呼先生而不名。首復詿誤舉人，廣天下取士額；次釋漕欠解户，並蠲民間積逋。會憂旱，禁獄、戍遣以下悉還家。再陳「兵殘歲歉處，減現年兩稅；於宗室保舉，破格拔異才；修練儲備，嚴覈討實」事，凡捍禦、凡民生、凡用人理財，無不極其討究、極其調劑；至望恩請卹、昭忠銘節等事，向期期不予，覆核至再；以限於格、限於分、阻滯停閣者，沛然弗吝，天下仰望風采。考選四十六位，悉登臺省以示寵，人亦樂歸之，誦太師者無間口。使天意向平，安在非救時之宰相！時吳昌時職儀制，必欲調文選，握百僚遴次黜陟權。奈正郎從無調部例，昌時浼延儒，必欲得而後已。延儒查例，世宗時文選病故，武庫正郎調入；又天啟朝鄒維璉服石，以職方郎調稽勳，援兩故事。冢宰鄭三俊素不肯依違於延儒者，以昌時故而具題。批云：鄭三俊向因初入都時，訪時賢於總憲劉宗周念臺、理正徐石麒虞求，皆云「昌時君子人也」，遂信之。十五年八月入司，時當臺省年例。故例，省一臺二，無踰額者。昌時則臺十省六，省爲范士髦韜菴、李士焜又白等，臺爲陳藎鳴遲、姚應翀磊齋等也，一時哄然。然昌時辣手初試，延儒主裁於上，惟弭耳就職耳。昌時於是事權在手，呼吸通天，爲所欲爲矣。昌時與張溥同爲畫策建功人，淮安道上張溥破腹，昌時以一劑送入九泉，忌延儒密室有兩人也，其忍心如此。壬午十月二十日，爲延儒半百之誕辰，擬舉觴，大內周后以皇親雲路批云：周奎之字。通譜，備壽儀；外廷則盡文武、遍海內爲延儒添籌矣。不意初十下午，有北兵進口之説，延儒不信，曰：「邊塞將佐爲糧儲刼司農，常套也。」十一、十二兩日，果寂然，延儒以坦衷處之。十三日早辰，薊州難民踉蹌而來，小保定告陷，北兵大隊南下矣。蓋北兵實係初十日五更破薊州，即闔其四門，內不得出，外無馳報，故京中以爲無是説也。十三日早辰，齎所掠而出口者向北，方發硎而揚其刃者馳南，畿輔左右，獸駭禽飛。先帝震怒，謂：「邊將不足恃，邊撫無可依，更恨郵牒無聞，塘報不發，兩撫一鎮，悉逮而繫之獄，誅之。」怒猶未釋。兩撫，馬成名、潘永圖；一鎮，唐鉞也。上日坐文華殿，勅有獻策，直入毋禁。董心葵輩親承聖語。批云：董名廷獻，布衣也。後有一逃奴，貂裘錦衣入見，亦蒙賜點。主乃勳衞，當獲特奏，梟之而止。九門晝閉，文武坐門外，入羽書，一日曾陷二十六名城。延儒爲之無色，聊效楊嗣昌故智，使僧道百人，建大法道場於石虎衚衕口上，唪誦法華經第七卷。十一月、閏十一月、十二月，滿城人如處甕中。十六年正月朔日，禮應輯瑞，十三省方岳無一至者。二月春闈，亦無言及。至三月初，外來者聯鑣路慶平安。內應出者，有三選文武給憑未領，及外轉陞出司府等官，不下五百餘人，亦俱結隊而去。日有信回，批云：遠近日有次涿鹿等信。北兵並未相值。延儒則又謂：「北兵跡沓，如京中之雪，春風飄蕩，無踪可覓也。」批云：去冬所入勁兵，已潛出常久，皆駭疑。至四月初三日，飽颺之報至矣。蓋北兵自十月入內，至今年二月，日將二百，身不解甲，鞍不離馬，困乏極矣，乃于三月初一入莒州城，養馬于野，人皆休卧。所獲金銀子女，再爲束縛。如是者匝月，所以出入人俱未遇北兵也。莒州境四面高山，春暮草茂，宜牧馬云。四月初五日下午，先帝臨平臺，召三相國，詞色俱厲，云：「朕欲親征！」延儒跪曰：「臣願代皇上。」上不言，仰視，側搖其首。延儒起，陳演繼之曰：「首輔閣務殷繁，臣可去。」上仍側搖不言。陳起，蔣德璟下跪曰：「臣實可去。」上又側搖如前。蔣起，延儒再跪請出，上冷笑曰：「先生既果願去，朕在宮中看過奇門，正在此刻，一出朝門，卽向東行，慎勿西轉！」批云：知延儒寓在西也。當時不得不謝恩而出。東至齊化門，權宿城樓，題請隨征科道：兵科方士亮、御史蔣拱宸、兵部職方尹民興、户部劉嘉績。勤王已到四鎮：劉澤清、唐通、周遇吉、黄得功，亦隨行。初六日至通州，而北兵之自南而出，東起津門，西至涿鹿，亘三百餘里，橫排齊擁，車載騾馱，不盡自蘆溝橋一處渡河也。遠近城樓之砲，日夜不絕響。延儒在通城，則受四鎮之拜師，四鎮則輪設絳帳之脯席；隨征四臣，從延儒而傳食四鎮，四鎮又赴隨征四臣而陪酌延儒。延儒之客席已遍，先主爵于勤王四鎮，祝凱歌；後洗盞于隨征四臣，祝紀録，一月來日未遑也。朝晚進二疏題，皆飛報大捷，實未嘗出城數武，爲濠外窺一矢相加遺也。後人有「賣放出口」之説，不亦寃哉！五月初六日，北兵無留影，延儒同日夕會飲者慶太平。又四日，整歸鞭，時爲初十上午。先入文華殿，陛見歡迎，親手扶握，慰勞備至。告假休沐，不允。十五日，賚閣臣羊酒，陳、蔣辭，謂：「伴食無狀，貽我皇憂，方負愧。」遂收成命。延儒亦效辭，竟同陳、蔣准允。時涪州知州武進吴方思蓼堪入覲在京，見邸抄，頓足致慮曰：「聖眷替矣！」十八日，諭禮、吏、兵三部，查閣臣視師凱旋優禮之宴如何隆重，各兩進其儀，俱駁情禮未合。二十三日午刻，傳諭大小九卿，申刻平臺候旨。屆期接出，則「首輔周延儒奸貪詐僞，大負朕躬，着議處回奏。」時延儒尚卧内閣，兩人扶出，小轎而歸。明日，各臣會集西掖右府空室，向得其顧盼而驕語衆庭者，今則不啻口詈之矣。旨意落，于勳戚疏亦畧存體，餘皆已有旨也。六月初一，辭陛于前門之碁盤街，仍賜銀一百兩爲路費。後參之者日甚，在當日之最暱者尤甚，如袁彭年之類，批云：字特丘。彼各自爲地，恐他人參之也。蔣拱宸則又有説。批云：字圖巖。考選時意欲得省，時值一萬，蔣只具六千，批云：蔣具未半。以西臺與之，恨焉，亦以同鄉及門之誼過望宜興也。朋比一疏，并及昌時。批云：事欸多實吴昌時。七月二十五，親審文華殿。即日緹騎南下逮延儒。十月初八抵京，寓順城門外之二廟。自疏願戍衝邊，不報。十二月初七日五更，延儒賜縊，昌時棄市。齎勅大金吾駱養性，向在閣日，金吾必拜延儒爲老師，以便稱呼。今延儒囑付乃弟後日事，絮聒不已。駱欲回奏，恐遲刻，則閤其楄而跪于中庭，亟呼曰：「老師，天明矣！老師，天明矣！」回奏，即日得旨，復來解縊。若十三年之薛國觀，則停解一月，蟲出户外也。延儒再召之局方結。涿州馮銓與延儒同年，年相若，木天時有同衾之好，後結兒女親。己巳逆案居前列，今爲延儒致力者，冀寬一網復然計也。奈先帝于此舉最爲得意，急投不得，緩引不得，延儒亦竭盡苦心，三年來如一日，竟無從啟齒，不謂徒以身殉也。

延儒再召，卜行有日矣。一夕，夢故妻吴氏大哭于前曰：「切勿入京，入必有禍！」延儒勿信而行，果符所夢。或云其子奕封夢母云此。

420 審吴昌時 昌時字來之甲戌進士

明朝會試十八房簾官，舊例八翰林、六内科、吏禮與兵之職方，其一人爲户、刑、工三部輪值者。職方郎之所以必與，以其勞而責重，三年海晏，軍國荷賴，會簾一席酬之，世宗以來皆然也。癸未科，春闈愆期，擬于八月舉行。職方尹民興，楚人也，至七月，誓不覆一疏，恐逢聖怒，不得入場，競競捧玉，得門生而後快。二十五日，先帝忽御文華殿，親讞蔣拱宸參周延儒與吴昌時朋比爲奸疏，疏中所及之名，凡延儒四月視師時題請隨身兵科方士亮、兵部尹民興、户部劉嘉績，臺中卽蔣拱宸也，皆與審。又延儒門客董心葵亦在焉。取東廠及錦衣衞刑具以候。昌時受刑，已盡全套，疏内諸款皆承認。又問董心葵：「延儒得銀起用爲幾人？」曰：「不記也。」時御案有縉紳一簿，自上擲下，則福建道施元徵一葉獻上，遂啟奏曰：「福寧道施元徵是也。」時遂提騎南下。昌時亦撼拱宸曰：「羅山大敗，皇上發銀三千，在邊口收贖難民難婦，兵部又差齎銀官兵二千。今兵銀竟無隻影，爾固隨征，亦以飛報大捷奏，非欺君而何？」拱宸曰：「羅山奔北，初交兵固有失銀之事，後各將用命，仍復大捷。」先帝震怒，曰：「那有敗而復勝之理！」喝聲打，司刑者將拱宸當頭一下，紗帽爲裂。先帝憤恨，推倒案桌，迅爾回宮。跪審諸人，一無發落。錦衣衞慮卽覆審，俱不放縱，盡其人而繫之獄。尹民興不得回部，大司馬張伯鯨以職方印照例送協贊員外王永積。後永積遂謀入會簾，所謂事在人爲也。

羅山縣屬河南汝寧府。

421 董心葵大俠

董心葵，武進人。農無力，商無本，工無藝，士無學，見貧賤人憐之，見富貴人驕之。復嗜賭，呼盧客盈座，以朱提之多寡次上下。客誚之，曰：「你見吾有銀百萬，與天子座講金華殿也！」其志念如此。

年踰三十，糊口幾不週，乃爲一友坐糧艘至京，且攜家室。達則借寓于長巷中，時蓋熹廟初年也。與一篦頭劉姓者，各內室而合外門。心葵之妻與劉之妻結爲姊妹，彼有一女，董有一子，盟有婚媾。心葵則浮浪以度日，給口之外，不能贏一銖。劉姓者，魏忠賢微時素爲櫛沐，得時後，則無從望見顏色。一日，魏遊海淘，爲野便，劉適過其傍，亟呼之曰：「劉篦頭不來服事我？」劉跪禀云：「不敢！」魏最喜與故人話舊，亦喜所識窮乏示恩施與，乃問曰：「爾識字否？」對曰：「不能。」曰：「數目字可曉？」曰：「幼時曾讀千字文、百家姓，十百千萬，能舉筆搦之。」魏曰：「可矣！吾欲於琉璃橋北蓋造無梁藥王廟一座，爾主收塼收灰，發價記數，明日到衙門領銀。」劉叩首而去。歸，商之心葵，共肩其任。爲之召窑户，課灰商，搆匠工，畫規式，擘畫董率，期年而後成。在魏費銀二萬，而支放領取，劉俱自爲主裁，不與心葵分權；在心葵亦無從稽其羡入。事成之後，劉仍爲舊業而已。一日，京師中有姓冉者，事關人命，詞入東廠。魏心利其富，冉因劉篦頭介紹，通冉駙馬爲一族，以駙馬而寢其事。魏心啣之，細訪駙馬之來由，則劉之指教也，因大怒，喚入東廠，拳勇致其命，竟不得歸其尸，心葵與劉妻無從詢耗。一月後，妻亦殞于室。心葵襄理喪事，後併其室爲一家，不意床下覆金一釜，計三千金，方悟劉爲大有心人，其以我爲浮浪，共事一年而不同心以示也。家計雖窘，不敢輕發。一日，偶入順城門，過石虎衚衕，見有延陵會館，門欹牆折，入內縱觀，草滿階除，壁掃龍蛇，坐屋見天，傾廊積地。蓋緣神、熹二宗四五十年，連爲道學先生居寓，初則門楅爲薪，繼而椽柱不惜，前人葦蓆遮穿漏，後人則拆三并二，儉嗇鄙陋官於此屋争品，屋亦因此官而告頹，風雨之際，反應走出以避，狂驟更防傾倒以全性命。心葵曰：「此奇貨可居也。」乃罄其三千而整葺焉，門楣輪奐，堂宇宏深，邃室仍分內外，卧榻各有東西，秋壑之半閒，牙籤之架可插；郿塢之金穴，百萬之藏莫窺。真是金馬玉堂之紫府，宣麻調鼎之沙堤。延陵尊爵，屈指伊誰！時陽羨之周，將介枚卜，敦請而恭共主室，始而駭，繼而感，後則安焉。敬之愛之，尊之好之，千金萬金之托，一言九鼎之信，內外事委任而授教焉。由是三公八座，上揖其履；翰銓臺省，恭聽其聲。戚畹、勳班，常爲好會之主爵；廠司、璫衞，時領樗蒲之旺梢。考選講盈千盈萬，金諾有袖手挽回；廠審係出生入死，當場慣微言解散。凡進長安之牘必投之，以爲主人庭脫之轄；晚設之衾室爲穿，而借廡寺院者半城。竣局領札與解鞍陳情者，趾相錯也。然心葵亦溫溫自守，絕不作矜張狀。大小禮節，必曲致以友朋之誼。至其家，和好如歸，宿之再宿必懇留，窮途亦肯贈。仕宦中往還，甚有負其千百者。幹辦之能，周后知之，內廷衣飾，時勑尚衣咨其料理。皇親雲路，則又倚爲左右手。如是者二十年。又最所不可及者，不願以一官羈其身，布衣而已。十五年壬午十月初十日，北兵闌入。十三日，始知確報。先帝震怒，御文華殿，有獻策者許直入，閽卒阻之者斬。董心葵以布衣進，賜坐賜點。問修練儲備，外州縣果否實做？今何堵禦趨勸王？心葵亦無他策，以套語奏，叩辭。宣諭事急再進，竟成禮退。向日夢語，竟如其言也。延儒再召，曾再遣槖歸，公郎每責賫槖之僕，謂「賄致多金，必奴輩誑誘」。後遂留京邸，盡寄心葵家，三年中亦不計數矣。延儒于十六年六月初一日出都，行李故爲蕭減，筐箱幾件，亦借張餘東主客司印封，所藏於心葵家者無限也。後盡歸之流賊。心葵爲蔣拱宸疏下獄，城陷而獄釋。順治三四年，有外來兵馬，不過三十餘人，宿其外庭，索食索料，心葵應不給，因相哄，心葵曰：「爾殺我！」彼則曰：「殺則何如！」遂殺焉。

兵亦他去，不知何來也。

422 宋應亨不屈

宋應亨，字長元，山東萊陽人。中天啟乙丑進士，初令清豐，擢禮部主客司主事，遷吏部，歷驗封、考功、稽勳、文選四署，尋轉稽勳郎，甲戌歸。踰六年，長子成進士，授杭州理刑。應亨教之曰：「毋束濕，毋草菅，毋長莠。」崇禎十五年閏十一月，清兵破臨清，應亨率士民守萊陽。北隅單弱，捐千金建甕城，浹旬而畢。清兵至，應亨獨當一面，懸賞購死士，夜劫營，兵拔圍去。十六年二月初五日，大衆掩至，避北城不攻。次日辰時，由城東北緣雲梯上。應亨平巾箭衣，驅家僮巷戰。家人勸令易帽，不可。戰良久，家僮死者三十餘人，應亨項中一刀，被執，不屈以死。後太史王崇簡弔之以詩云：「拜手松楸酒一杯，傷心灑泣踏蒼苔。寒林風起山光動，哀壑雲移海氣來。泉路幾年空夙恨，人間此日有餘哀。高蹤已自成千古，夕影淒淒照草萊。」聞者傷之。應亨死後，詔贈太僕寺少卿。長子名璜，字玉仲，登庚辰榜。次名琬，字玉叔，中丁亥進士，尤善詩，陝西、浙江副使。

423 北都崩解情景 附記

崇禎末年，在京者有「只圖今日，不過明朝」之意，貧富貴賤，各自爲心，每云：「韃子、流賊到門，我卽開城請進。」不獨私有其意，而且公有其言，已成崩解之勢矣。午未間，清兵入，京都戒嚴，上發內帑錢數萬，命諸營千總每人領錢幾千，分授守城兵，每兵二十錢。兵領出，以指彈錢曰：「皇帝要性命，令我輩守城，此錢止可買五六燒餅而已。」既而内不發錢，使京中富家出錢養兵，如百金之家出銀五錢，即妓家亦出五錢，上云：「一家豈無二三妓，其家可出五錢。」以故人心益離，而事日壞，謂「皇帝欲守天下，而徵及妓銀」。時事可知矣！後李自成破京，取銀十七庫而去。公遠親見述此。

當時政敝民玩如此，甲酉之變，不察可燭。

424 蔣臣奏行鈔法

癸未六月，召見桐城諸生蔣臣于中左門，臣言鈔法曰：「經費之條，銀、錢、鈔三分用之。納銀賣鈔者，以九錢七分爲一金，民間不用，以違法論。不出五年，天下之金錢盡歸内帑矣。」給事中馬嘉植疏争之。

425 搗錢造鈔 新史

從來京師錢價，紋銀一兩，買錢六百，其貴賤只在零十與二十之間。自崇禎踐祚，與日俱遷。至十六年，賣至二千矣。夏秋間二千幾百矣。宣問賤之所由來，云：「私錢摻入過多。」乃于九門特點御史九員督理其事。街衢錢桌，有私錢一文，笞二文，徒三文，遣四文外，斬矣。其價限定一兩六百，多一文亦斬。復設石臼鐵杵，一見私錢，不暇入爐鎔化，即刻搗碎，以絶其影。有挾入，搜獲必斬。小民貿易存剩，許送納御史臺，獎之。令至嚴也。臼設官坐以待，自朝至暮。半月來，小民無捨錢之俠腸，商販無觸網之奸棍，清對無聊，各西臺不得不出自己橐，買私錢以搗之。辰出午飯，必使班役持錢三四千、或五六千不等，日費兩許，將碎錢積于臼杵之間，爲人觀看。匝月餘，舉以報命，云：「私錢收完，錢價頒定。」塞責而已。而民間之錢價，下趨無抵也。凡賣錢諸處，對面現付，必如欽限，如一兩可買二千四百，其一千八百則于桌下私授，或少轉來取，以廠衛多人，曾有照常交市擒去梟首故也。于是決意行鈔，省中條議鈔有十便、十妙之說：一造之之費省，一行之之途廣，一齎之也輕，一藏之也簡，一無成色之好醜，一無稱兑之輕重，一革銀匠之奸偷，一杜盜賊之窺伺，一錢不用而用鈔，其銅可鑄軍器，一銀不用而用鈔，其銀可入內帑。上大喜，即刻造鈔，立發儀制司從來解入之硃卷，與宗師優劣科歲試卷，爲鈔質之資本，押工部收領；限日搭廠，撥官選匠計工。如有阻其事者，法同十罪。工部查二祖時典故，造鈔工料，紙六皮四。皮者，樺皮也。産于遼東。今有紙而無皮，無從下手。乃令工部召商，商人皆京師大俠棍，具疏願領銀百萬往遼買回。上又責之工部，工部又庫洗上告。時流賊渡河之信已確已之。崇禎十六年十一月中事也。又明熹宗時，一省中條議：「錢本爲銅，請禁天下婦人不許用鏡，可省銅幾萬。」蓋其做秀才時，家止有銅鏡一面也。此輩與之共理天下，有不煤山也哉！

426 上用銅錫木器

癸未十月，上自用銅錫木器，屏金銀。命文武諸臣各崇省約，士庶不得衣錦繡珠玉。

427 李自成陷承天 附蕭漢

癸未正月，李自成陷湖廣承天府，巡撫宋一鶴守城，下城巷戰，揮刃擊殺數賊死。一鶴，號鶴峯，順天宛平籍，北直保定府清苑縣人。崇禎三年庚午舉人，巡撫都御史。承天破，標下有願負之出奔者，一鶴堅持不肯，卒自刎死。江陰馮生在楚蜀時，又聞被執罵賊死。鍾祥知縣蕭漢，有賢聲，賊戒其部曰：「殺賢令者死！」乃幽之寺中，戒諸僧曰：「令若死，當屠爾寺！」僧謹視之。漢曰：「吾盡吾道，不礙汝法。」遂自縊。

蕭漢，號象石，江西南豐人。崇禎丁丑進士，授鍾祥知縣，五載俸滿，行取。聞襄籓陷，自誓曰：「士見危授命，豈容卸擔！」遂以護陵保土，自請于撫按免覲。壬午十二月十一日，賊逼境，破關廂，人咸失色，漢奮臂呼曰：「此正鍾令效死日也！」入署，奠辭家廟，出絹帨，勸令衆媵自經，曰：「男忠女烈，各宜自盡。吾不能庇城中億萬生靈，敢愛此三十二口并兩雛乎？」于是揚鞭直走，擐甲登陴，重懸賞格，殺賊三千餘級。越六日，賊復大合，幾百萬，薄內城，相持五晝夜。至癸未元旦，漢擲劍向北泣拜曰：「臣力竭矣！」急衝圍奔陵，賊亦踵至。漢挺身大呼：「鍾祥知縣在此，不得擅驚陵寢！」賊卒挾之前，漢引頸就刃，賊曰：「砍首！」應云：「即砍。」賊曰：「剝皮！」應云：「即剝。」賊遣僞官玄圭說降，以管夷吾、劉青田爲言，漢應之曰：「管仲不死，有母在；我則白雲望斷，惟知向日。郁離子痛鱗介之易我衣裳，從龍淮右；我正值聖主英明，金甌無缺，事不相同。死即死耳，勿復言！」賊憚而重之，不忍殺，批片紙，令亂箭射死蕭知縣。漢袒胸以受，寂無半鏃相加。旋有票送吉祥寺僧寮，至則羅列美饌，小賊一人主之。漢大罵不食，求死轉急，覓死且不可得。偶于圓定僧榻覓剃刀藏之，因取敝紙，書楊椒山「浩氣還太虛，丹心炤千古。平生未了事，留作忠魂補」。又別録「夷、齊死後君臣薄，力爲君王固首陽」兩言。紙窮，投筆起，復拾土塊，從壁畫「鍾祥縣令蕭漢願死此寺」十字，隨時對壁自刎，血横濺字。時正月初五日也。士民治櫬致誄，就寺地瘞之。

賊陷承天府，改曰揚武州，遣僞將王克生決顯陵求寶，僞陽武知州張聯奎多備鍬鋤，獻策求歡。賊方舉事，歘風雷大作，晝晦，聯奎見金甲將手持金爪，當頂一擊，卽昏迷跌地，口鼻流血，一夜而死。聯奎，宜城諸生。其妻何氏，固以貌都，爲賊所執，守節不從，慷慨遇難者也。克生抓去，不知所在，衆賊驚散。闖大懼，遂不敢動。一云諸賊發陵，忽大聲起山谷，若雷震，賊懼而止。分兵陷潛江、京山諸縣。何氏守節而死，聯奎媚賊而亦死，一流芳，一遺臭也。然聯奎大損名節，有負其妻，當頂一擊，快矣哉！閱此，知州官不如縣令、男子不如婦人遠矣！

京山、潛江二縣俱屬承天府，而鍾祥爲承天府之首縣。

428 附記二異

二異者何？一墓中人，一無頭人也。賊陷楚、豫諸省，每決陵求寶。一日發陵，得二美人，蓋宫妃新殉葬而猶未死者。美人復見天日，喜甚，既出穴，大笑而卒。以久閉玄室，陰風土氣沁入肌骨，腹餒體柔，一遇風日，陽氣卽散也。

流寇盛時，鋤刈人民無虚日。一人遠歸，距家三十餘里，天雨且暮，投宿野邸。旅主云：「舍後有屋兩間，予弟宿内，恐驚若耳。」其人曰：「予生平無所畏，獨畏汝弟耶？」及進，門閉，扣之不應，門忽啟，心怪之。及入視，啟户人乃無首者，其人大駭而仆。旅主笑曰：「汝云不懼，何乃爾乎？」因慰之曰：「勿畏也，昔吾弟遇流寇，斬首而去。時麞鹿諸獸羣集，將衆尸分噉，遞及吾弟，一神人止之曰：『勿食，此人録上無名，尚有四年陽壽，不應死。』羣獸散去。弟因自撫其首，已無矣，喉間止一硬管而已。昏夜趨歸，與予同卧，談遇賊事甚悉。及旦，予見弟無首，大駭，然竟不死。饑則啾啾有聲，用茶匙沃食管中，飽則無聲矣。又能織蓆。」亦異事也。

昔唐崔廣宗爲張守珪所殺，仍不死，饑渴卽畫地作字。世情不替，更生一男。四五年後，忽畫地云：「後日當死。」及期，果卒。

監左砮龍舒嘗言親戚遊蜀，路經湖溪，晚投一店，忽見左側一人無首，駭以爲鬼。主人曰：「不須驚，此人也，往年因患瘰癧，頭忽墜脱，不死。自此每所需，則以手畫，日以粥湯灌之，故至今猶存耳。」

宋紹興二十五年，忠翊郎刁端禮隨卲運使往江西，經嚴州淳安道上，憩于潘姓家，聞旁舍嘖嘖有聲，窺之，乃一無頭人織草屨，運手快疾。刁大驚，潘生曰：「此吾父翁也。宣和庚子，嘗遭方賊之亂，斬首而死，手足猶能動，肌體皆温，不忍殮殯，用藥傅斷處。其後瘡愈，别生一竅，欲飲食則啾啾然，徐濩以粥湯，故賴以活，今三十六年，翁已七十矣。」

無頭而活，其説近誕，恐世不之信，故附載三事于後，乃知古今奇異，何所不有！

429 李自成屠黄陂

癸未正月十日乙巳，賊陷雲夢。十一日丙午，陷孝感。十二日丁未，李自成、羅汝才至黄陂，知縣懷印走，賊設僞令。黄陂士民殺僞官，賊怒，反兵屠之，夷城垣爲平地。十三日戊申，陷景陵，賊將别陷德安。自成馳檄黄州，指斥乘輿，僞托仁義，以誘遠近，僞示有「三年免征，一民不殺」之語，愚民皆惑之。李巖復私作民謡，令黨誦之，云：「穿他娘，喫他娘，開了大門迎闖王，闖王來時不納糧。」以故所至風靡。黄州守將棄城東下，掠江上客舟，大擾江南北。方國安諸將屯漢口。

雲夢、孝感二縣屬德安府。黄陂縣屬黄州府。

430 左良玉避自成

正月，李自成大隊逼漢陽，左良玉率衆二十萬，自金沙渚下九江，遂至蕪湖。良玉既避賊東下，沿江縱掠，降將叛兵，所在蜂擁，俱冒左兵攻剽，南都大震，留守諸軍盡列沿江兩岸，不問爲兵爲賊，皆擊之。良玉列狀上兵部自白，兵稍戢，羣賊始散。

三月，傳制：「襄城失守，明法具在，左良玉憫其久勞行間，責令圖功自贖；方國安、陳可立革職，充爲事官殺賊。」

431 馬世奇入對

癸未，李自成、張獻忠益熾。上不時召對羣臣，馬世奇對曰：「今闖、獻並負滔天之逆，而治獻易，治闖難。蓋獻人之所畏，闖人之所附。非附闖也，苦兵也：一苦于楊嗣昌之兵；而人不得守其城壘；再苦于宋一鶴之兵，而人不得有其室家；三苦于左良玉之兵，而人之居者、行者俱不得安保其身命矣。賊知人心之所苦，特借勦兵安民爲辭，一時愚民被惑，望風投降。而賊又爲散財賑貧，發粟賑飢，以結其志，遂至視賊如歸，人忘忠義。其實賊何能破各州縣，各州縣自甘心從賊耳。故目前勝着，須從收拾人心始。收拾人心，須從督撫鎮將約束部伍，令兵不虐民、民不苦兵始。」

上載李自成馳檄誘民，及左兵擾民等事，故特録此。

432 徐標入對

癸未五月，召巡撫保定右都御史徐標入對，標曰：「臣自江淮來數千里，見城陷處蕩然一空，卽有完城，僅餘四壁，蓬蒿滿路，雞犬無聲，曾不見一耕者。土地、人民如今有幾？皇上亦何以致治乎？」上欷歔泣下。標又曰：「天下以邊疆爲門户，門户固，則堂奥安。其要致備内治、重守令，守令賢，則政簡刑清而盜自息。」復上言屯田及車戰諸策，上皆善之。標受事不久，而數數召見，蓋閔念飢民，欲得其詳也。

是月，給事中吳甘來上言：「諸撫臣借名護籓，實棄城走。乞勅諭各籓，并覈王永祚等棄城之罪。」上不問。

保定府屬北直。

433 李貞罵賊

二月初六日庚午，李自成遣賊攻麻城，城空無人。十九日癸未，自成攻陝縣，知縣李貞率士民堅守。賊一鼓而拔，縱兵大殺，李貞厲聲叱曰：「驅百姓死守者知縣耳，妄殺何爲？」罵賊不已。自成怒，褫其衣，倒懸于樹。貞大呼曰：「高皇帝有靈，我必訴上帝以殺賊！」賊斷其舌，剮之。母喬氏及妻俱死。

434 李自成陷常德

二月，湖廣土寇陷澧州、常德，又陷武崗州，殺岷王。時湖廣諸蠻獠俱伺隙，土寇勾引攻掠，盡歸于自成。三月，澧州土賊勾自成，陷常德。批云：「三月初十外，破常德。」常德富强甲湖廣，積粟支十年。官吏遇賊皆奔，士民無固志，遂陷。自是辰、岳諸府相繼告陷，而雲、貴路梗矣。

435 李自成襲殺左革

癸未三月十日，自成襲殺革裡眼、左金王，併其衆。時羣賊俱歸自成，聽其約束，惟左、革二賊，恃其衆不相下。自成因置酒宴之，殺于席上。革里眼名賀一龍。

436 李自成殺羅汝才

三月，自成屯襄陽，命羅汝才攻鄖陽，久不下，多死，汝才所部怨自成。初，汝才聞顯陵之異，以天命未改，潛謀歸順，欲殺自成獻功。尋以印馬分營，起自成疑。至是四月，自成數十騎突入汝才營，汝才卧未起，入帳中斬其頭。汝才一軍皆譁，自成以大隊兵脇之，七日乃定，併其衆。汝才，陝西延安人，多智而狡，賊中號爲曹操。初隸高迎祥，後合獻忠，又合自成，折節下之。自成兵長于攻，汝才兵長于戰，相倚爲用。每破城，自成取六，汝才取四。羣賊推自成爲「奉天倡義大元帥」，號汝才爲「代天撫民德威大將軍」。汝才嗜聲色，所至郡邑，輒擇子女之美者，後房數百，女樂數部，珍食山積，酣燕歌舞。自成每噱之曰：「酒色之徒也！」以山東人玄珪爲謀主，每事取決焉。自成并殺珪。汝才死，所部多散亡。自部將楊承祖，素驍勇，率衆盡走鄖陽，投守臣徐起元。起元守鄖數年，處强敵之間，竟保殘疆無恙，皆羅兵力也。獨在澧聞變，自成調其兵回襄，不從。五月，自成復攻袁時中，殺之，小袁營遂滅。自後，止闖，獻兩大賊陸沈中原矣。

他書載三月十一日甲辰，自成殺汝才，而史畧與編年則載四月内。予謂自成三月初十殺革、左，明日復殺汝才，恐未必如此之速也。八月十四書。

437 李自成擅號設官

癸未四月，自成既廣收部曲，羣賊俱奉號令，遂據襄陽，號曰襄京。其餘所掠郡縣，俱改易名號。初，自成流刼秦、晉、楚、豫，攻剽半天下，然志樂狗盜，所至焚蕩屠夷。既而連陷荆、襄、鄖、郢，席卷河南，有衆百萬，始思據有城邑，擅名號矣。修襄王宮殿，設官分職，自稱「倡義大元帥」，爲一品；權將軍，二品；制將軍，三品；果毅，四品；威武，五品，皆將軍。七品，掌旅；八品，部總；九品，哨總。所授將帥田見秀、劉宗敏、賀錦、張鼐、黨守素、辛思宗、客可成、李友、任繼忠、吴光義、劉芳亮、劉希堯、李過自成親侄等，共兵二百三十餘隊，總計馬步兵六百餘萬。每隊立一標旂，行營望之而走。標營用白旗，纛皆用黑，左右前後分用黑、白、紅、黃色，而纛隨之。自壬午年夏破荆，初改防禦使、府尹、州牧、縣尹。至癸未正月，欽天監博士楊永裕投自成，更設六政府侍郎、郎中、從事諸官屬，侍郎則喻上猷、蕭應坤、楊承裕，郎中徐丘、王家柱、鄧巖忠，從事顧君恩、郭附龍、傅朝升，防禦則孟長庚、陳藎、李之綱、吴大鴈、黃閣、金有章，府尹則張虞機、姚胤錫、牛佺、劉蘇、鄧璉、劉茂先。又使任光榮守荆，藺養成守夷陵，王文耀守澧，白旺守安陸，葉雲林守荆門，謝世龍守漢川，馬世大守景陵，高一功守信陽，周鳳梧守禹州。兵鋒所至，人心惶惶，皆棄城奔走，大江南北，人無固志。

自成封崇王爲襄陽伯，邵陵、保寧、肅寧諸王俱降賊，改封伯。喻上猷薦列荆州紳士，自成下檄徵之，江陵舉人陳萬策、李開先在所薦中。僞檄下，萬策自經，開先觸牆死。楊永裕勸進，牛金星不可，乃止。

夷陵州屬荊州府。澧州屬岳州府。安陸縣屬德安府。漢川縣屬漢陽府。景陵縣、荊門州俱屬承天府。信陽縣屬河南汝寧府。

438 鄖陽古劍

癸未三月初七日庚子，鄖陽府天馬山崩，出古劍一口，上書云：「包家大，奴兒弓，神機妙火震浮空。馬陷門內木子死，羅掛灘頭傌瞞凶。九九數盡，取出青鋒。洪武二十二年，青田劉基造。」四月初六日，行都司地平板下，尋出火藥四十六簍、鉛子六簍，上書「包都司製。以此擊賊，殆無虛發」。按劉青田卒于洪武八年，今古劍之説，不知何據？然是月十一日，羅汝才即被殺。尋自成犯鄖，敗去。則「馬陷」句似應李闖，「羅掛」句似應羅汝才曹操也。

439 高斗樞守鄖陽

鄖陽隣界秦、蜀，左右荊、襄，楚之極孤危地也。自鄖撫南奔，賊日夜耽耽，環攻之者動經旬月，賴荊南道高斗樞竭力守禦。四月初旬，賊數萬至城下，四面皆築高臺，爲坐困計。我兵盡毁其臺，又銃炮傷賊萬餘，賊乃遁去。以次漸復均州、穀城等州縣，又傳檄四方，諭以賊必可滅，好義士民，多有應之者。

440 李自成陷保康

四月丁酉，自成陷保康，知縣石維壇死之。保康縣屬鄖陽。辛丑，自成遣僞將之禹州，禹州守將先期具禮迎賊，賊設僞官之任。廿一日甲申，下詔厲將士討賊，告諭天下。

是月初一甲子起，有癸酉，無丁酉；有丁丑，無辛丑，再考。

441 顧君恩議取關中

癸未五月，李自成在襄陽所造宮殿皆傾塌，遂移屯鄧州，益兵攻鄖陽，爲官軍所敗。復退屯襄陽，與羣賊議所向，牛金星請先取河北，直搗京師；楊永裕欲先據留都，斷漕運。獨顧君恩曰：「否，否！先據留京，勢居下流，難濟大事，其策失之緩；直搗京師，萬一不勝，退無所歸，其策失之急。不如先取關中，爲元帥桑梓之邦，建國立業，然後旁略三邊，攻取山西，後向京師，進退有餘，方爲全策。」自成從其計，遂拘鐵工，晝夜造鐵鈎、釘各萬餘，謀入潼關，踰越山險。先是，自成好掠，牛金星勸以不殺，遂嚴戢其下，民間稍安堵，輒相誑惑，無有固志。六月，自成大造舟艦于荆、襄。

顧君恩，拔貢，爲僞吏政府選郎。後自成入秦，取趙、破京師，俱如君恩計，亦賊之有才智者。

張獻忠欲入蜀，先于巢湖習水師；李自成謀取秦，佯于荆、襄造舟艦，俱欲止南兵不上，且使秦、蜀不戒也。二賊聲東擊西，詭計畧同。

鄧州屬河南南陽府。

442 孫傳庭攻拔唐縣

癸未五月，詔孫傳庭作速勦寇。六月十五丁丑，立賞格，購李自成萬金，爵通侯；購張獻忠五千金，官極品，世襲錦衣指揮；餘各有差。進孫傳庭兵部尚書，總制勦賊軍務，仍總制三邊，鑄總師七省之印。九月八日己亥，傳庭次汝州，僞都督李養純率所部降，知賊并兵守寶豐，傳庭遂攻寶豐。十一日壬寅，自成來援，白廣恩、高傑等戰却之。傳庭曰：「寶豐不即下，而賊救大至，則腹背受敵矣。」親督諸軍，悉力攻拔之，斬僞州牧陳可新等數千級，遂以大兵搗唐縣。時賊家口盡在唐縣，賊發精騎來援，官軍已入城，盡殺賊家口，賊滿營痛哭，誓殺官兵。

官兵禦賊以來有三快事：一擒高迎祥，一射自成目，三殺賊家口，三者傳庭實居其二。後雖有潼關之敗，然兩大功不可没也。但養純之降，實爲通賊張本。古云：「受降如受敵。」奈何輕信以致敗耶！

寶豐縣、唐縣俱屬河南南陽府。

443 孫傳庭逐李自成

孫傳庭既拔唐縣，壬寅自朱仙鎮而南，大雨六日，糧車日行三十里，士馬俱飢。或勸旋師就運，傳庭曰：「軍已行，即還亦飢，要當破一縣就食耳。」十三日甲辰，復陝縣，縣俱窮民，集騾羊二百餘，頃刻食盡。自成將步騎萬餘逆戰，官兵前鋒擊斷自成坐纛，進逐之，自成奔襄陽。

此戰差强人意。八月十五日書。

444 孫傳庭汝州大敗

癸未九月，大雨連旬，孫傳庭軍乏食。二十一日壬子，兵譟于汝州，降盜陰通自成。二十二日癸丑，自成率精騎大至，官軍接戰，陷賊伏中，賊乘之，官軍大敗，自成驅大隊疾追，一日馳走四百里，官軍死亡四萬餘人，喪其軍資數萬。傳庭故將家子，然不知兵，好大言，九邊精鋭悉隸麾下，又據潼關之險。自成欲誘致之，每戰輒匿精鋭，驅難民當前，因是多所斬獲。傳庭志益驕，屢疏奏捷，且上言：「有自賊中逃回者，言賊聞臣名皆驚潰。臣誓肅清楚、豫，不以一賊遺君父憂。」上信之，因召對羣臣，出傳庭疏示衆。兵部侍郎張鳳翔獨言：「賊素狡，多詐，示弱不可信。且傳庭所統皆良將勁兵，不如爲陛下留此家當。」上目攝之。羣臣窺上意，争請命傳庭進勦。至是果敗，乃削傳庭職，充爲事官，扼守潼關。加白廣恩陝西總兵官，提兵援勦。進士程源疏言：「殲大寇必圖大舉，合數十萬之衆，八面而齊攻之，誰應援、誰聲實、誰牽制、誰批腹，着着照應，使之疲于奔命，救接不暇，然後可一鼓而擒。乞勅傳庭憑關固守，勿事浪戰。」書奏，不省。

大雨乏食，天時人事可知。然聞岳家軍猝遇敵不動，故撼之甚難，未有一日走數百里者。即自成敢于疾追，亦熟知官軍無紀律耳。不然，彼獨不畏陷于伏乎？是秋，馬世奇主武闈，策畧云：「彼之情形在我如濃霧，而我之情形在彼如列炬。」此之謂也。雖然，乏食軍譟，先自敗矣，豈必待盜之通賊哉！

前所載官兵敗賊，或斬首數十，或數百，至千餘而止矣，卽追逐亦不過數十里已耳。夫以數萬及數十萬之賊，而僅斬其百千，亦何關勝負？況未必殺賊精鋭，或以良民冒功乎！茲之一敗，則馳走四百里，死亡四萬餘，何多寡遠近相去若是？軍形賊勢，强弱勝負，于是乎見矣！

445 李自成入潼關

十月二日壬戌，一隻虎陷閿鄉，卽自成侄李過也，疾走至潼關，獲督師大纛。初六日丙寅，以纛給守關者，承間突入，潼關陷，官軍大潰。一云孫傳庭率兵十六萬，與賊大戰于潼關，賊將劉宗敏用誘兵計，將良民居前，佯輸數陣，傳庭遂輕之。十月初六日，開關延敵，賊伏精鋭關前，驍將賀錦、辛思宗、谷可成、劉希堯、任繼榮十餘人，俟傳庭追入伏中，砲發，伏兵四起圍困。又先以五千賊詐降，至時內外夾攻，我兵大潰，傳庭單騎走。賊遂入潼關，竟抵西安，西安不守。時蓋十月十一日也。十五日，自成卽王位。既定西安，卽發兵十萬，金銀五十餘車，往甘肅、延綏、臨洮等處。

自成西行陷華陰，傳庭及白廣恩退屯渭南。自成合衆數十萬陷渭南，屠之。傳庭歿于陣，渭南知縣楊暄被執，不屈死。自成陷華州。初八戊辰，陷商州，商雒巡道黃世清死之，自成屠商州。二十四日乙酉，陷臨潼，巡撫馮師孔不屈，死之。西安陷，按察使黄絅自盡，指揮崔爾遠投井死，秦府長史章世炯自經死，紳士死者甚衆。原任山東巡按御史王道純、都司吏邱從周等，俱駡賊死。參政田時震不受僞職死。解元席增光、宗室舉人朱誼泉，俱投井死。原任磁州巡道祝萬齡，深衣大帶，至關中書院斯道中天閣下，哭拜宣聖，從容自經死。僉事王徵，七日不食死。餘吏民皆相率降于賊。

初，自成席捲楚、豫，雖有大志，然地四通，皆戰場，所得郡縣，官軍旋復之。至是入秦，據百二山河，遂不可制。居秦王府，僞授秦王存樞權將軍。批云：秦王，太祖第二子，洪武三年封。世子妃劉氏曰：「國破家亡，願求一死。」自成遣歸外家。秦藩擁資千萬，富甲天下。賊之犯秦也，户部尚書倪元璐奏曰：「天下諸藩，無如秦、晉之險，用武國也。宜諭兩藩，能任殺賊，不妨假以大將之權。如不知兵，宜悉輸所有，與其齎盜，何如享軍，賊平之後，益封兩藩各一子如親王，亦足以報之。」書上，不報。至西安陷，秦藩府庫盡爲賊所有。自成分徇諸縣，蒲城知縣朱一統抱印投井死。自成改西安爲長安府，榜掠巨室助餉。十一月，考校州縣生員，一等與六政府屬，二等與州縣，三等與佐貳。

446 孫傳庭夫婦死難 附喬元柱等

孫傳庭，號白谷，代州人。長身伉爽，才武絶人，能左右射。中萬曆己未進士，授永城知縣，調商丘，有能名。甲子，爲同考官。行取吏部主事，歷封、功、勳、選四司員外郎中，爲順天府丞。以邊才擢右僉都御史，巡撫陝西。癸未，加兵部尚書，賜尚方劍，總制各省，督師勦寇。會天霪雨，糧糗不繼，師大潰，潼關陷。公獨身橫刀衝賊陣以殁，從騎俱散，不能得其屍。公之出也，自念必死，顧語張夫人，夫人曰：「丈夫報國耳，無憂我。」西安破，率二女六妾沈于井，揮其八歲兒以去。兒踰牆避賊，墜民舍中，有老翁者善衣食之。二年，公長子世瑞重趼入秦，得夫人屍，貌如生。老翁歸以弟，相扶還，見者泣下，蓋公素有德秦人云。標下監軍道副使喬元桂同日死之。元桂，定襄人也。同里進士馮訥生作潼關行紀其事云。是時潼關既破，三秦頓失，西安知府簡仁瑞，四川人，舉人，被擒不屈，罵賊最烈，賊揮爲數截死。都司書辦丘從周遮道罵賊，賊擒至，罵愈厲；剜其眼，罵如故；割其舌，去其齒，寸磔之，罵始絶。秦府左長史章尚絅投印井中，赴秦府端禮門外，再拜自縊死。

傳庭死事本末，得之梅邨吴偉業。前載章世絅，此載章尚絅，意尚絅爲是。

447 吴從義赴井

吴從義，字裕强，浙之山陰人。曾夢長者撫其背，曰：「歲寒松栢，其在斯乎！余字而歲青。」寤遂更焉。崇禎十二年己卯，舉順天鄉試。十三年，進士，遷長安令。秦地兵荒洊至，千緡不能得升粟，公設法賑貸，秦民賴之以生。廷議以寇盜充斥，裁縣簿，設練總，募邑中丁壯隸之。公躬自訓練，與標兵夾攻南山寇，獲其渠子午曹張，諸鎮乃寧。時李自成蹂躪豫、楚，秦與壤接，詔督師孫傳庭移鎮西安以衛秦，而援豫兵十餘萬俱集長安，刀槽、草豆、戰車、戈矛之屬，俱出民間。公憫焉，除宗紳衿士應免外，餘如寄莊各田概行編派，而民少甦。居平，食簋不逾二，飲不至醉，冬裘夏葛必敝方更。癸未春，舉卓異。

冬十月，孫傳庭喪師雒陽，潼關不守，長安勢如累卵。公佐撫軍議戰守，分汛南門，十餘日而賊至。十一日，東門陷，撫軍馮師孔死之。衆扶公下，至城北關神廟，易冠服，從容望闕叩首，赴井中死。秦士民聞之，號呼震天，如失父母，卽賊亦爲嘆息墮淚。事聞，贈山西按察司僉事，蔭一子。

448 黄絅一門盡節

黄絅，字季侯，河南光州人，與兄丁未進士袞並擅機、雲之譽。中天啟壬戌進士，初授南宫知縣。五年考最，授兵部主事，出爲紹興知府，旋丁艱歸。會賊寇光州，公廬墓入山，僅以身免。長子諸生彝如，率家僮巷戰，駡賊致殺。妹黄氏亦遇害。丁丑，陞公臨鞏兵備副使，建番、漢合勦之策，大敗賊於河。洪承疇奇其功，特疏題薦。尋轉洮岷參政。壬午，陞按察使。及癸未，自成大舉破潼關，公赴井死之，夫人王氏同殉。巡按御史金毓峒、監軍御史霍達聞於朝，上以忠烈可嘉，下部卽日從優議䘏，贈太常寺正卿，廕孫恂入監讀書。

449 焦源溥駡賊 附焦源清

焦源溥，字逢源，號涵一，陝西三原人。少穎悟絶倫，稍長，研理學，尚節義，最慕漢之武侯、唐之鄴侯，骨相非凡。萬曆三十七年己酉，舉於鄉。四十一年癸丑，成進士。初受沙河知縣，尋調濬縣。庚申，以卓異薦，擢四川道御史。官舍蕭然如禪室，或諷公何太儉，公曰：「不聞長齋御史乎！」凡在西臺，封事數上。熹廟登極，盈廷聚訟三案事，公危言正論，舉朝側目。甲子，巡按真、保，以忤要人意，例轉河南憲副，備兵盧、鳳。未幾，移疾歸。己巳，起補山西。庚午，遷參政。所至愛民如子，不取屬吏寸絲尺縑。甲戌，以才望特擢爲都察院副都御史，巡撫大同。既蒞任，簡軍實、修馬政、築城壘、謹斥堠。慎擇將領，以忠、勇、勤爲上，毋取恢然者，曰：「猶之相馬，不舉肥也。」亡何，中蜚語歸。癸未冬，自成入西安，召諸邑縉紳授僞職，乃以總督官銜延公，脅之去。見自成，公罵曰：「爾爲賊，吾恨不手刃爾，乃欲誘我耶？吾朝廷大臣，有死無二，幸速見殺！」賊閉之室中三日，罵益厲，公美鬚髯皆上指，目眥盡裂。賊稍近，公舉手擊之。將殺公，公詈不絕聲，賊拔其舌，支解死。時十二月十九日也。按臣霍達爲請卹於朝。

公從兄源清，號湛一，萬曆丁未進士，除户部江西司主事，歷員外郎中、廣平知府、山西山東副使、四川參政、山東按察使、山西左布政，陞都察院右僉都御史，巡撫宣府。罷官里居，年七十，始舉一子。賊入境，不屈，自經。二公皆以清品聞，而源溥尤尚氣節，爲臺中好直言，諫草傳天下。

三原縣屬西安府。

450 南企仲罵賊 一刻南師仲

南企仲，號弦蒲，渭南人。萬曆庚辰進士，仕至南京吏部尚書。年九十矣，陷賊，大罵不屈，不食兩日死。其子禮部主事南居業，號冢嶺，萬曆甲辰進士，不屈被殺。

焦公以兄弟死難，南公以父子殉節，其地同，其貴同，而其時與烈又同，誌于青史，美哉！八月十七書。

451 中部知縣朱新達

十月，李自成既破西安，遂掠鄜、延。中部知縣朱新達知城小不支，先令妻妾自縊。一妾少，尚未配合，新達遣之去。妾不可，垂泣甘縊，然後新達自經死。

史畧一刻華㻁，野乘又刻朱新鏶，事同而名各異，須再考之。甲申正月二十，監軍霍達恭報秦中殉難諸臣，有朱新達妻妾，則朱爲是。

中部縣屬延安府。

452 余應桂總督陝西

癸未十月二十九日庚寅，上始聞潼關失守，以兵部侍郎余應桂總督陝西三邊，收拾邊兵，相機勦寇。應桂聞命，飲泣陛辭曰：「不益兵餉，雖去何益？」上默然，發帑金五萬給軍。應桂遷延河上，不進。時朝議以應桂爲總督，而命御史霍達監其軍。達，秦人也，夙負才畧，習知地利土著，故用之。十一月初三日，上召對，諭以「有真勦，然後有真撫；有好將，自有好兵；有好有司，自有好百姓。在爾實心爲之。」命達作速前去料理。達痛哭敷陳，言：「西安若在，臣不惜死以報皇上。」比至，則僞官充斥，赴任無地。

453 李自成祭墓

十一月，自成大會羣賊，戎馬萬匹，旌旗數十里，於米脂祭墓。以五百騎按行鳳翔，守將誘而殲之。自成怒，攻鳳翔，陷之，屠其城。

自成祭墓，而戎馬旌旗之盛如此，雖不可云晝錦，亦一時賊中之雄者。

454 榆林諸將殉義

十一月十二日壬寅，李自成發金數萬，招榆林諸將，以大寇繼之。備兵副使都任、原任總兵王世顯、侯拱極、尤世威、惠顯等，歛各堡精鋭入鎮城，大集將士，問之曰：「若等守乎，降乎？」各言効死無二。推世威爲長，主號令，繕甲兵。自成遣僞官説三日，不聽，自成怒。十五日乙巳，賊四面環攻，城上强弩叠射，賊死屍山積。更發大砲擊之，賊稍却。十六日丙午，賊攻寧夏，鎮兵逆戰，三勝之，殺賊精鋭數千。自成歸西安，益發兵攻寧夏，陷榆林，守道都任合門自經。原任總兵尤世威舉家百口，付之烈焰；自揮刀突戰，死街心。原任總兵侯世禄、侯拱極、王學書、王世欽、王世國、李昌期，原任副將翟文、常懷德、李登龍、張發、楊明，原任游擊孫貴、龍養崑，原任守備白慎衡、全家敍，現任游擊傅德、惠憲、潘國臣、李國奇、晏維新、陳二典、劉芳馨、劉廷杰、文侯國，現任守備尤勉、惠漸、賀天雷、楊以偉，掌印指揮李文焜，皆不屈死。時諸將各率所部巷戰，殺賊千計。賊大至，殺傷殆盡，無一降者。闔城婦女俱自盡。諸將死事者數百人。而鄉紳死難，則有誥封副都御史朱誉德等。榆林爲天下勁兵處，頻年餉絶，軍士飢困，而殫義殉城，志不少挫。榆林既屠，賊搗寧夏，寧夏官兵迎降。三邊俱没，賊無後顧，遂長驅而東矣。脱是時中樞稍知兵，當賊困榆關，急請濟師爲犄角，可令賊奪氣。乃一籌莫展，束手待斃，可謂國有人乎？

秦地稱山河百二，讀無衣、小戎諸賦，猶想見慷慨激烈之概。生斯地與官斯土者，被其風氣，大節著焉。雖謂與華峯比高，涇水比潔可也。嗚呼，壯哉！文臣讀書明理，而朝廷復優待之，其殉節宜矣。至於武將何知？且文臣平日視同走狗，宜非降則遁耳，乃不爲賊誘，可爲異矣！至無一人降者，則又異甚。尤可異者，婦人女子，亦知賊至不過被掠已耳，非甚不獲已，未有甘心引決者，竟至闔城自盡，其貞風勁節，真古今所未聞也。

榆林地臨河套，朔北緊關；寧夏邊陲要路，負山阻河，二衛既失，賊遂由秦越晉，勢如破竹矣。

455 李自成屠慶陽

自成既破榆林，遂攻慶陽府。城中堅守四日，力不支，城陷，守道段復興、知府董琬、推官靳居聖、鄉紳太常少卿麻禧皆死之。居聖，字淑孔，長垣人，進士，城破自刎。自成屠慶陽，執韓王，批云：韓王，太祖第二十子，初封開原，永樂八年改封。大張僞榜，移檄河南郡縣。俄還兵西安。此十月事。

慶陽屬陝西。

456 鄧太妙賦詩 附記

鄧太妙，故寧河武順王之裔，三水文翔鳳太青之繼室也。崇禎初年，太青以太僕少卿家居，武恭人殁，謀續娶。家園有並頭蓮之瑞，作嘉蓮詩七言今體四百餘首。鄧之父才其女，而告之曰：「此真可以壻汝矣。」太青喜，遂委禽焉。既歸於文，春秋佳日，奉太夫人版輿出遊，登車弔古，夫婦唱酬，筆墨飛動，争先鬥捷。太青有三出西郊記，讀者艷之。甲戌，太青得風疾。至壬午春，不起。鄧爲文以祭，敍致詳悉，關中文士争傳寫之。癸未冬，闖、陝蹂躪，鄧以才華爲寇盜所知，淪於闖，遁於秦，流離於幽、冀，郵牆旅壁，潑墨留題。嘗賦秋思一絶云：「蒹葭一望碧連山，嫋嫋輕風拂翠鬟。秋色亦知亡國恨，却教落葉盡成斑。」

三秦一失，不獨忠臣義士抱天墜之憂，即婦人女子亦懷亡國之恨，故附記鄧太妙一事。八月十八日書。

457 李自成陷平陽

十二月初五日，自成發兵入漢中，復反兵至韓城渡河。二十日庚辰，陷平陽，吏民皆降。蒲州鎮將高杰聞自成渡河，於是退兵澤州，沿途大掠。自成殺西河王等三百人。山西郡縣聞賊至，望風迎欵。

韓城縣屬西安府。澤州屬山西汾州府。〔一〕蒲州屬平陽府。

〔校記〕

〔一〕此處誤。查明史地理志:「澤州,洪武初,以州治晉城縣省入。二年直隸行中書省。九年直隸布政司。領縣四。」

458 李自成陷甘州

十二月,自成遣賊陷甘州,甘肅巡撫李日瑞、總兵郭天吉、同知藍臺等並死之。西寧衛尚堅守不下,至明年甲申二月,詐降,殺僞官賀錦等。

當時西安既陷,三秦無不望風歸款,獨西寧堅守不下,非有良將勁兵,何以能此?惜乎主者姓氏未著也。若李、郭諸公,則固名垂千古矣!十八下午書。

右所載多自成癸未年事,以下則獻忠事爲多。

甘州屬陝西行都司,漢爲酒泉郡,西魏曰甘州,國朝置陝西行都指揮使司,領衛十二,而甘州左、右、中、前、後五衛俱附郭。西寧衛亦十二衛之一,其地饒沃,萬山環拱,凡祁連、焉支、崆峒、昆侖、蘇武、三危諸山皆在屬內,弱水亦在甘州,黑水則在肅州。甘肅者蓋合甘州衛與肅州衛而言之也。

459 張獻忠屠蘄州

時李自成陷承天，據襄陽，所在棄城走，獻忠因得乘機攻取。先是，壬午六月破黃安，十二月破黃梅，至是癸未正月，張獻忠襲陷蘄州。次日，令縉紳、孝廉、文學悉冠帶自東門入，由西門出，盡殺之。遂屠蘄州，留婦女毀城，稍不力，即殺之。

蘄州與黃安、黃梅二縣俱屬黃州府。

460 張獻忠屠蘄水

癸未三月，鄉宦周之任勾引張獻忠，初四丁酉，獻忠遂陷蘄水，屠其城。道臣許文岐被執不屈，殺於麻城。邑有饒宦，獻忠未至時，蘄水官府謀集鄉兵守禦，饒宦不從，謂鄉兵徒擾民耳。賊勢孔亟，官兵請於各宦，每宦養兵三名，饒宦曰：「我窮宦，不能養也。」既而城破，獻忠集城中商民士宦於教場而盡殺之。後及於饒，饒夫婦跪請曰：「願出金二十萬免死。」獻忠括其家，得三十萬，卒殺之。

野乘云：督糧道參政許文岐爲賊所執，求死不得，瞥見從賊衆多繫黃、麻，密告以忠義，暗約從中擊賊，以柳圈爲號。適爲逆矜王固懷泄其事，批云：固懷與許有舊恨。遂被害。臨刑歎曰：「吾所以旦夕不死者，正爲此耳。今既無成，天也！」含笑而卒。

王固懷附賊以殺忠臣，真矜中禽獸也。至饒宦以三十萬貲而不肯養三兵，其愚鄙可恨，獻忠殺之，快矣！但百姓亦何罪哉？八月廿五日上午書。

蘄水縣屬黃州府。

461 張獻忠陷黃州 附易道暹

癸未三月丙寅，張獻忠疾馳至黃州，乘大霧攻城。黎明，城陷，副使樊維城罵賊，洞胸死。維城，固孝介公玉衡侄，而玉衡之子也。貢生馮雲路，力學著書，精禪理，徵辟不就。獻忠慕其名，强起之，雲路不屈而死。其門生諸生汪陛延亦死。諸生易爲瑚父道暹，名重海內，前已與次子爲璉罵賊死。至是，爲瑚亦死之。獻忠據府自稱西王，黃陂鄉宦歐陽玖迎降。尋陷羅田。

樊維城號紫蓋，黃岡人。父玉衡爲給諫，以建言國本遣戍。公中萬曆己未進士，授海鹽知縣，歷遷至福建副使。崇禎癸未，張獻忠破黃岡，公被執，大罵不屈，死之。

易道暹，字曦侯，湖廣黃岡人。爲諸生，以文章、俠烈名海內，博涉羣書。賊逼黃岡，長子爲瑚請避，而公所著四書易傳、詩徵諸書，卷帙浩繁；又所購求四方瑰文秘册，多年汗牛，不忍舍去。因貽書友曰：「不聞天下亂，元道自著書。」卒不去。俄而賊益近，爲瑚奉母走青峯巖，公亦令僕團奴擔書，偕幼子爲璉他徙。未及里許遇賊，賊問何人，公紿以遠方書賈。賊云：「汝易曦侯，何欺我？」公曰：「汝既知我，幸聽一言。村中財物足飽汝腹，幸無殺人焚舍。」賊怒曰：「汝不畏死，尚爲村人言耶？汝遍遊，熟道里，肯從我，共享富貴。不則立死！」公亦罵曰：「死賊！汝爲中國百姓，一旦爲賊，殺人無算，覆載不容，大兵四合，生磔汝肉，何富貴之有！」賊益怒，遣騎縛公於段家店，殺之。爲璉同日遇害。督學水佳胤祀公父子鄉賢祠。

黄陂、羅田二縣俱屬黄州府。

462 黄州異僧

異僧，黄州人，平日專念阿彌陀佛，晝夜不徹。隨其所見，皆稱阿彌陀佛，如見張姓者，則曰「張阿彌陀佛」；見李姓者，則曰「李阿彌陀佛」；路上見雞，則曰「尖嘴阿彌陀佛」；山中見虎，則曰「大嘴阿彌陀佛」；見人吹笛，則曰「長阿彌陀佛」；見人打鼓，則曰「響阿彌陀佛」。凡其所見，無非「阿彌陀佛」者。癸未，總兵黄鼎守黄州府城，師於途中大聲念佛，衝黄鼎道，軍士執之登城。適獻忠攻黄州，師亦留城上。夜間念佛，頻呼軍士醒睡，軍士恨之，縛而投之城下，未幾，復在城上，念佛如故，如此者四。每東城下，則西城上；西城下，則東城上。中軍官白於總戎，始禮重焉。

山中獵人得一大虎，師募之放生，獵人云：「汝償我三十金，便可放虎。」師止得四金，與之，獵户云：「汝能執虎耳三匝，而虎不食汝，則與汝虎。」師遂授記，隨執虎耳三匝，乃縱虎逸去。是夕，虎遂皈依師，師與虎同居黄麻山金剛洞中。太監盧九德提兵過黄州，至山中訪之，欲見虎。師語虎，虎止示其首。九德欲見全虎，師復喚虎出，虎乃大叫躍出，九德亦皈依焉。

黄州大飢，人相食。師出城外，飢民持刀，叱師捨身充飢。師解衣示衆云：「汝俟我念佛千聲，汝即食我。」念佛至八百，汝輩即扼我心，吾尚能念完二百聲，以足千聲佛也。」念至三百聲，衆不能待，即欲推刃，忽有兵馬從空中來，飢民驚散，而師已在城中矣。

一日街上見一雞，師念阿彌陀佛，雞亦隨聲念佛。

463 張獻忠入麻城

癸未四月，張獻忠破麻城，從賊大逆則劣生周文江居首，文江爲獻忠兵部尚書。有原任錦衣衛遣戍劉僑，托文江進二美妾，併金銀器皿、玉杯古玩數萬金於獻忠。獻忠用僑爲錦衣衛都督。教諭蕭頌聖自殺。

楚生某祝髮居吾邑，康熙初遇於蓮蓉庵，予問楚事，生云：「麻城鄉宦梅之翰，萬曆間進士，天啟時爲陽和總督。蓋陽和堡屬九邊大同地。時張獻忠居麾下爲游擊，之翰見其勇猛過人，善待之。及崇禎時，之翰已物故，獻忠引衆過其里居，設祭而去，絶不擾民。至癸未四月，麻城宦僕李人會聚衆叛主，城中大亂，合萬人據之，不通出入。鄉野亦起兵數萬，圍困半月，不克。然鄉兵日益，而城內乏糧，事且迫。李人會大懼，聞獻忠駐兵蘄州，夜半，遣人縋城下，由間道請救。時獻忠步卒多降李自成，麾下止有騎士七千人而已，適欲出掠，未定所趨，聞麻城使者至，大喜，卽刻期進兵。鄉兵聞之，各解圍走，獻忠遂入麻城。城中降者五萬七千人，獻忠別立一軍，號爲『新營』，選勇士將之，勢復大振。已而獻忠去，衆悉從之。五月，破武昌，皆此軍力也。」

是歲二月，自成遣將陷麻城，城中虛無人。越兩月而獻忠入。豈麻民刼數有不可逃者歟？且賊勢稍衰，每逢人助，是天心猶未厭亂也。八月廿六書。

464 張獻忠屠武昌 附崔文榮 賀逢聖

癸未五月，總兵方國安率兵扼蘄州，武昌武備廢弛，闖、獻交窺江漢。時議募兵守城，而庫藏空絀；楚王有積金百萬，三司請貸，王不應。大學士賀逢聖家居，倡義捐貲募兵。適承天、德安潰兵俱下，楚王盡募之爲軍鋒，以長史徐學顏領之，號「楚府兵」。獻忠沿江而上，破漢陽，臨江欲渡。武昌大震，議撤江上兵嬰城守。參將崔文榮曰：「守城不如守江，守江不如守漢。磨盤、煤炭諸洲，淺不過馬腹，縱之飛渡，而嬰城坐困，非策也。」議者不從。賊果從煤炭洲而渡，直逼城下，文榮禦之，小有斬獲。賊攻武勝門，文榮率諸軍拒之，多殺傷。壬戌，楚府新募兵爲賊內應，開門迎賊，文榮躍馬持矛，大呼殺賊，賊攢刺之，洞腋死。賀逢聖與文榮俱守武勝門，城陷，歸，衣冠北向再拜，以巨舟載其家，出墩子湖，至中流，鑿舟，全家溺死。逢聖屍沉百七十日不壞，十一月始葬。楚府長史徐學顏方署江夏縣，與賊格鬥，左臂斷，右手尚持刀不仆，爲賊支解，合門殉難二十餘人。都司朱士鼎被執，賊强以爲總兵官，士鼎戟手大罵，賊斷其左右手，棄之江濱。士鼎縛草于臂，作書畢，乃死。興都留守沈壽崇及武昌通判李毓英、武昌知縣鄒逢吉、嘉魚知縣王良鑑皆死。批云：「黄澍疏：『沈壽崇偶以詿誤，爲按臣李振聲所參，方杜門候旨，賊入城，吉服冠帶，望北叩首，正襟危坐，賊刃之，遂剖其腹焉。』」楚宗多從賊者。獻忠執楚王，盡取宮中積金百餘萬，輦載數百車不盡，楚人以是咸憾王之愚也。獻忠以簁輿籠王，沉之西湖，湖水涌沸，久之乃死，賊亦異之。王之先乃太祖第六子，洪武三年封，至是始遭難，其富可知。賊屠僇士民數萬，投屍于江。尚餘數萬人，縱之出城，以鐵騎圍而蹙之江中，浮屍蔽江而下，武昌魚幾不可食。其餘民數百，多刖斷手足，鑿毁目鼻，無一全形者。獻忠遂據武昌府，僭稱武昌曰京城，僞設六部五府，鑄「西王之寶」，開科取士，殿試取三十人爲進士，授郡縣官。初，李自成兵臨漢陽，不克。聞獻忠取之，自成怒，榜示遠近曰：「有能擒獻忠以獻者，賞千金。」及聞取武昌，復遣人賀之曰：「老狪狪已降，曹、革、左皆被殺，行將及汝矣。」獻忠懼，卑辭以答，求彼此爲援，多賫金寶，報使於自成，自成留其使，獻忠恨之。

遺聞載賊從鴨蛋洲渡，武昌知縣鄒逢吉死之；而史畧則云從煤炭洲而渡，洲名未知孰是？

賀逢聖，字克由，號對揚，武昌江夏人。父亨陽，潛心理學，所著有思聰録、人模樣等書。公爲諸生，受知督學鄒廸光，而熊尚文尤奇公，與熊廷弼並見賞愛。或問二公才優劣，答曰：「賀生夏瑚、商璉，熊生干將、莫邪。」後其言竟不爽。廷弼領解額，公不舉，廸光贈以五十金，爲三年膏火計。萬曆癸卯，捷賢書，屢上春官，不第，選應城教諭。丙辰，登進士，殿試第二人，除編修。壬戌，分試，得華允誠等。公居鄉，與廷弼頗不合。後廷弼將被罪，楚紳梅之煥，滿朝薦白廷弼寃，疑公意有異同，公曰：「詎以小嫌介意！」遂援筆具草，而已不可救矣。會楊忠烈劾忠賢，忠賢切齒楚人，猶慕公清望，語之曰：「各省直建生祠，惟貴鄉湖廣實無功德。」公對：「此地方官事，非某所敢知。」璫默然，遂借南畿主試之推，削公籍。崇禎初，補南京祭酒。丙子，入内閣。戊寅，致仕。後二年，再召入，與首輔金谿不合，批云：金谿縣屬江西撫州府。〔一〕尋告歸。上召便殿宴餞，公伏地悲泣，上亦惻然動容。同官陳演大呼曰：「逢聖有罪，不可引動天淚！」公掩涕起，特賜冠履坐，蟒衣一襲，遣官護送回籍。時壬午歲也。明年癸未，賊破蘄州黄、麻，烽火連鄂城，武昌大震，公以死守勸當事。其門人大冶尹如翁心憂公，批云：尹如翁，大冶人。特馳三百里往謁，挾一僧帽、一袈裟，微諷之，公以「見危授命」對。五月十九日，獻忠攻武昌，三日不下。會報監軍王揚基陞鄖撫，遽移營渡江，兵勢單弱，賊遂從漢陽門入，城陷，乃廿二日也。公服御賜冠履蟒衣，詣楚王府，將奉王同死。至則籓府爲獻忠竊據，王已不知所在，公遂見執，乃曰：「我欲親見獻賊，罵之而死。」衆不令得見，公乃北向五叩頭畢，投緇陽橋下死。夫人危氏、子覲明死之。仲子光明守八分山墓，聞難來奔，又死之。兩子媳：一曾氏、一陳氏，孫三人，皆死之。一僕萱命，相依七日，竟死之。合門就義者二十餘人。公既歿，大吏招魂祭葬。八閱月而屍始出，面目如生，冠纓不絕。諸生尹如翁歸大冶，城破被執，亦不屈死。其父孝廉珩，博學負氣節，先避地吴中。公死，上感悼，命禮官議卹，會遭國變。南京謚公文忠。

江陰馮生云：賊將盡殺城中男女，逢聖謂之曰：「汝何不殺我，免殺許多百姓。」賊不忍加害，送至獻忠老營，亦不忍殺。逢聖曰：「速殺我一人，其餘百姓無罪。」獻忠曰：「依汝言，全了他屍罷。」蓋欲驅民入江耳。此與前傳小異。

一云：獻忠以武昌民衆不能頓殺，開城驅之入江，爇香三枝，與衆刻期，如香盡而猶在城内者，盡殺之。民争趨出，蹂死萬計。不能出者，殺之。凡驅民三十萬，溺之于江，江水盡赤，浮屍千里。予是時聞有流至鎮江者，真人間大凶賊也！有自楚來者云：獻忠將屠武昌，時大雨如注，雷聲轟烈。獻忠馳馬周呼曰：「上天怒得緊了，何不快殺！」遂如砍截瓜菜者。然數十萬衆不能遽殺，乃啟城逼入江中。獻忠每自云：「我是黃巢後一人。」又云：「我比黃巢殺人更多些[一]。」其兇忍殘暴無復人理如此！

時武昌一人，居平好善，素誦金剛經。城破，躍入江中，止見桑田，初不知水也。步行三十里，至青山夾登岸，抵家竟無恙。人咸異之，即己亦不知其故也。至今猶在，益力行善事云。楚生述。一云：逢聖朝服投江死，門生大冶諸生尹如翁從之。是賀、尹同死也。而此云歸大冶云云，似小異。

前載賀公以巨舟載全家溺死，是一門同日死也。而野乘所載，止云同日危夫人、子覲明死之，餘先後不一，似與史畧小異。姑兼記之。

先是崇禎五年，襄陽地震，武昌震而且陷。及十五年壬午冬，自成破襄陽，至是，獻忠又屠武昌，俱不出一紀。然則地道本靜，而震動不已，是失其常矣，能無災變乎？八月廿九書。

興國州與江夏、武昌、嘉魚、大冶四縣，俱屬武昌府。

〔校記〕

〔一〕此句「金谿」原訛作「勃谿」，今據眉批及曹氏所藏抄本改。

465 張獻忠大敗

癸未六月，諭平賊將軍左良玉專勦張獻忠，毋老師靡餉。八月五日丙寅，諸軍齊壓武昌而軍，獻忠出戰，大敗，遂復漢陽并諸屬縣。

復漢陽幸矣，而不書，乃書獻忠大敗者何？蓋深喜之也，喜獻忠之敗過于復漢陽也。

466 李乾德岳州三捷

癸未八月，張獻忠陷咸寧、蒲圻。二邑屬武昌府，距岳州二百里。沅撫李乾德、總兵孔希貴移屯岳州，居民他避，令軍士詐爲居民，開門迎賊。賊入城，伏發，賊盡殲。留四賊，割一耳，貫箭，縱回以辱賊。獻忠怒，益兵進攻。乾德虛立營壘，于道旁林中植旗幟、伏大砲，積薪其上。賊以火攻之，延燒積薪，砲發，斃賊數百。賊益怒，水陸並進。乾德飾戰艦中流，向賊營，度矢石可及，即止不進，賊連弩射之。乾德度賊矢砲既盡，水陸奮擊，三戰三捷。獻忠乃悉衆二十萬圍岳州，百道俱攻。八月五日，力屈，城陷，乾德、希貴走長沙。八月初七日戊辰，賊前鋒至湘陰，湘陰民俱空城走。獻忠欲北渡，卜于洞庭湖神，不吉。三卜，神終不許。十九日庚辰，獻忠斂舟湘潭數千艘，將北渡。忽大風起，覆舟百餘，溺死數千人，因復還岳州，盡殺所掠婦女，投屍江中。焚其舟，火延四十里，江水夜明如晝，遂陸行向長沙。

李乾德雖不能殉難，然三戰三捷，功亦足暴于天下矣。至于大風覆舟，神之惡賊可知。八月三十日書。

湘陰、湘潭二縣俱屬長沙府。

467 蔡道憲續傳

公之先居于泉，父維忠，以功曹爲府幕。生三子：伯鍾殿，仲道宜，俱庠士。公諱道憲，字元白，號江門。崇禎癸酉，年十七，補弟子員，卽登賢書。丁丑，成進士，授滇南司李，中途丁憂歸。辛巳，改李星沙。時堵胤錫爲郡守，相助爲理。壬午十月，公有事于會，堵以覲行，過公小樓，秉燭而語。公謂堵曰：「子烏得去？子去，是無星沙也。」堵亦曰：「子速歸署，死而後已，吾子勉之！」自此兩人別去。十二月，賊陷荆、承。癸未五月，陷武昌。七月，陷岳州。一時名籓重臣，大帥勁卒，俱潰于長，莫能自固。有廣鎮尹先民者，夙稱能弁，公結以衞。時民已大奔，一城内外，皆絳衣游悍，且掠且市。又文武率屬相扞不和。賊朝渡，夕潰，尹降。公督戰不支，乃下馬釋戎服，整衣冠，北面拜泣曰：「臣不職，以死謝至尊。」爲賊所執，賊降階語曰：「我素知公，公勿苦。」公怒罵，賊縛公，公益罵，釋而又縛者三。迺嗾降將尹欵語公，公瞋目直視曰：「爾爲衞律耶？朝廷何負爾而反！」奮縛，揕尹胸而搏之。賊數萬咸股栗。公數賊罪，又揚天朝威德，大辱賊。賊乃剮公。公就剮，罵不絕聲。賊皆流涕，發喟曰：「南朝僅見李侍郎也！」批云：「宋欽宗至金營，逼之易服。吏侍李若水抱哭大罵，金人斷其舌而死。相嘆曰：「遼亡，死者十餘人；南朝惟見李侍郎一人。」十二月，賊陷衡、永還，忽拔衆渡江。甲申正月，王師乃恢復。三月，堵公復任，肖像建祠，發喪，率諸同人而哭之。先是，壬午之春，公促夫人侍太夫人歸，私謂堵曰：「吾與子俱處燕在堂也，亂至無日，吾無死所，忍使慈母目見壯子乎？」奮題其壁曰：「許多上將薪誰徙，正在中流楫自悲。」公蓋自期有素矣。生于萬曆乙卯九月廿七，卒于癸未八月廿六日，得年二十有八。配謝氏。子名知遠。以甲申五月二十日，虚葬公于長沙府城南埋靈坡，主喪者親兄道宜，司喪者郡守堵胤錫及别駕周二南也。

丁丑，吾邑秦鏞北上，遇蔡公于儀揚，見公徒步，不乘輿馬，自閩至京師凡數千里，皆陸行，其足力强捷，真世間舉子所未有者。是歲，登進士。辛亥四月初九，社埣王館補書。

468 蔡道憲長沙罵賊 附林國俊 馮一第

崇禎十五年冬，賊襲荆州，鎮臣率兵擁惠王走長沙。明年癸未，武昌陷，巡撫亦率兵千人走長沙。長沙亂，推官蔡道憲以一身經理，支撑其間。八月，岳州陷，鎮臣孔希貴亦率兵萬人走長沙，郡中恇擾。道憲與鎮臣尹先民誓衆固守，躬自持釜甑，出粟餉兵，與希貴相犄角。八月二十三日甲申，獻忠至城下，希貴先走，李乾德奉吉王、惠王走衡州，尹兵大潰。賊至城下，呼推官曰：「吾軍中皆知爾名，可速降，毋自苦！」道憲强弩射之。獻忠怒，攻三日夜而城陷。二十五日丙戌也。希貴、先民俱降于賊。道憲被執，百計誘降，不屈。置小樓中，凡念有四日，令降將尹先民説之，卒不聽，駡不絶口。賊大怒，寸磔之。道憲從容受戮，長嘯一聲，風雨驟至，頭臚已斷，兩瞳子尚炯炯不瞑，賊亦駭愕。時爲十一月。道憲年纔二十九。弘光朝贈太僕卿，謚忠烈。先是，道憲涖長沙之明日，夢李芾來謁，道憲異之。及殉難，因與李芾合祀，名其祠曰二忠。

蔡道憲，號江門，福建泉州晉江人。崇禎丁丑進士，授長沙府推官。時獻賊猖獗，公乃作書告兄曰：「親老矣，兄好事之，弟與此城俱存亡耳！」爲官時有詩云：「湘中司理濕青衫，半日齋居十日嚴。」聞者悲之。公被執時，有健卒林國俊等九人，追侍道憲不去。賊勸道憲降，國俊曰：「如吾主可降，亦去矣，不至今日。」賊云：「爾不降，亦不得生！」國俊曰：「若我輩願生，亦去矣，不至今日。」賊遂並殺之。內有四卒奮然曰：「願且延旦夕，葬主骸而後死。」賊義而許之。于是四卒解衣裹骸，葬于南郭，葬畢自經。

與道憲同死者，知府周二南，舉人馮一第。一第，字根公，長沙人，天啓丁卯舉人，以詩名湖南。城破，根公走湘鄉，將乞師酉陽以圖賊。賊僞守聞，遣人執其母兄求之。根公不忍其母兄，乃出至長沙就縛。將殺之，一老僧伏地哭，請免根公。乃斷兩手置營中，一夕死。湘鄉人果逐其僞令，出湘潭與賊戰，不利，而聞大軍自醴陵來，賊乃棄長沙走，其母兄竟得免云。

謝良琦，號獻菴，粤西孝廉，歷仕有賢能聲，蓋博雅君子也。其記江門死，在十一月，除小樓二十四日外，又何遥隔也！謝曰：「知先生事者蓋鮮，故急爲表出之。」且係以詩曰：「大厦原非一木撑，荔椒空自哭先生。狼煙已誓忠臣死，魚素先申孝子情。柴市從容天地淚，常山刀鋸古今名。不知三載官衙夢，冥漠初能鑒至誠。」則謝公之考江門必確矣。

按李芾，宋臣，知潭州。除夕，元兵破城，合門殉難，謚忠節。謝詩末句，蓋指夢芾而言。

按酉陽城乃辰州府城也。辰州有大酉山，在府城西北，道書第二十六洞天，上有龍湫，禱雨卽應。又有小酉山，石穴中舊有藏書千卷，相傳避秦人隱此。世稱二酉是也。

人世最重莫如身命，士大夫所以殉難者，亦以節不可失，名不可敗，故不得已舍此而取彼也。若林國俊等，渺然一卒耳，何關名節，乃能視死如歸，非烈丈夫能如是乎？勿謂行伍中無人也！九月朔書。

湘鄉、醴陵二縣屬長沙。

469 史可敬叛降張獻忠

史可敬，長沙人，由進士擢給事中，丁艱在家，豪橫黨里，里人仇之，毁其室。可敬思欲報復，遂降獻忠。獻忠授以都憲，鎮守常德地方。可敬恣意殺戮，常德人受荼毒者莫不切齒。獻忠既去，士人卽縛之以獻軍門，并搜獲其手書，皆教獻忠定計取辰、沅、靖等處事也。其稱獻忠，動曰「陛下」，曰「新朝」，曰「聖主」，皆見之于箋表。偏撫于解至日笞七十，下靖州獄。獄内凡五人，皆僞官，可敬其一也。

470 趙某歸張獻忠

趙某，長沙人，膂力絶倫，能倒曳兩水牛走。崇禎時，中武進士。當北上，中途遇響馬，擊殺數人，乃免。及歸，知盜甚盛，恐爲所害，遂隱居不出。至是獻忠犯長沙，其兵分數十人，各爲隊伍，四出刼糧，忽遇趙某，被撲而走，歸營不敢言。已而復益百人馳至，趙怒曰：「前僅笞汝以警若輩，今將殺汝等矣！」舉刀相向。賊懼其勇，各駭而退，還白獻忠。獻忠問安在？諸卒告之。獻知爲將材可用，遣騎士厚幣往迎。趙度賊去，必糾衆復至，整甲礪刃以俟。忽見旌旂載道，車騎如雲，鼓吹引前，武夫擁後，金幣列庭，遜辭徵聘。趙以事出非望，大喜，遂歸獻忠。時麾下勇猛數人，悉爲義子，賜姓稱王。若序後先，則趙應列末位。而趙自負所長，欲較武藝之優劣，以定爵秩之崇卑。孫可望聞之，卽出，願與相較。獻忠恐傷其一，使徒手搏戰。于是兩人乘馬，東西分立，彼此顧盼，不敢遽交。久之，金鼓一震，兩馬相對突前。趙度可望必舉手相交，不意可望馳至，竟不舉手，並轡相挨而過，猝以肩臂向趙一推，趙不及備，卽墮。然以力大，兩足夾于鞍上，身卽于馬腹下倒穿而過，仍躍馬上，竟不及地，其蹻捷如此。獻忠見之，謂可望雖勝，然可謂鬥智而非鬥力，使再試之。二人馳馬如前，趙俟其至，將可望懷中一握而舉，兩足遂懸，馬卽空鞍飛去。諸軍喝采，獻忠等大加歎賞，遂以趙爲二王，可望爲三王，李定國爲四王。將士稱趙「二千歲」，孫「三千歲」，李「四千歲」。後獻忠欲入川，慮軍士多攜婦人，道險難行，密與諸將議殺妻妾，以令三軍，咸有難色。獨趙先殺妻子，獻忠大悅。入川久之，獻忠忽發狂疾，召趙至前跪之。趙曰：「小臣無罪，何見責如此？」獻忠使左右四人，畫趙背爲棋枰，趙乃死。諸生以下，皆驚疑欲散。獻忠知事不諧，遂傳位可望。可望密鴆獻忠，而總其兵權云。

以趙某之雄武，使將相舉而用之，足以保障郡邑，竟投置以資獻忠，是如虎添翼也。然驍勇如趙某，不爲國家建奇功以垂千古，乃甘爲獻忠用，復殺妻子以求媚，其不得死也宜哉！

471 朱國柱常德罵賊

朱國柱，雲南臨安府人。天啟元年辛酉舉人，授常德同知。崇禎癸未秋，獻忠犯常德，勢不可支，士民請出城以避賊鋒，國柱曰：「城亡與亡，安所避焉！」遂整衣冠，升堂正坐，罵賊不屈，獻忠殺之。先是，崇禎七年甲戌七月，常德裏城夜忽地震，其聲烘然，百姓驚起，疑爲賊至，屋脊毀墮。或謂龍過，而又無雨。頃之復響，聲如染石，杌杌鉉鉉，始知地震。震過復響，一晝夜凡十有八震。有小鎮鄒溪，居民三十家，震時陷没地中。常德陷死二百餘人，城上女牆悉皆傾倒。時所陷之地不一，下陷時有污水如墨，倒射而上。自十月以及明年乙亥正月，又兩震焉。越十年，爲癸未，獻忠破常德。甚矣，災異之可畏也！常德人口述。

472 楊夫人罵賊

夫人朱氏，湖廣武陵人，薊遼巡撫楊鶴無山公夫人也。賊執夫人，夫人罵曰：「吾天朝命婦，豈從爾亂賊哉！」遂死之。

武陵縣屬常德府。

473 張鵬翼衡陽罵賊

癸未八月二十九日庚寅，張獻忠襲陷衡州，桂王及吉、德二王走永州府。張鵬翼，四川順慶府西充縣人，由拔貢任湖廣衡陽知縣。獻忠破城，鵬翼罵賊不屈，縛擲中流。鵬翼，他書載明翼。衡陽屬衡州府。此外死難者，湖南道參議陳璸，亦忠義凜凜烈丈夫也。璸，福建鎮海人，進士。

474 劉熙祚永州罵賊

九月，獻忠拆桂王府殿材至長沙造宮殿。遣兵追三王，至永州，湖南巡按劉熙祚督水師禦之，遣兵護三王入廣西，而自入州死守。奸人開門迎賊，熙祚被執。賊欲脇降之，不屈，閉目絶食。題絶命詞于永陽驛壁，罵賊不已，遂遇害。于是全楚皆陷，獻忠歸長沙，開科取士，分兵狥諸郡縣。

傳曰：熙祚，字仲緝，號劬思，常州武進人。幼而孤。中天啟四年甲子舉人，再試再蹶，公曰：「丈夫貴自植立耳，豈必科目不朽人也？」謁選，得興寧令，擢湖廣御史。與左良玉握手欷歔，勉以忠義，將士聞而泣下。癸未，巡按湖南。至永州，會部院莊祖誨催餉四集，賊乘之。祖誨先行，委公殿後。賊望見偏裨跪白馬前，知爲重臣，突執公擁之去。賊欲降之，公不屈，遂自絶飲食。賊必欲降之，將授爲侍郎，加以蟒服，堅不受，惟罵賊不置口。獻賊怒，縛至宗師館，備加楚毒，以繩曳倒拖地上，血肉狼藉，終不屈，遂害公于寧鄉神廟，破腹刳臟而死。時癸未九月十六日也。批云：黄澍疏：「九月初七殉節永陽。」〔一〕有絶命詩，授小吏陳緯置髻中佚出。緯走郴，遇部將，出詩鐫之。弘光朝贈左都御史，謚忠毅。公弟永祚，字叔遠，號宛穀，貢生，廷試第一，歷官至興化府同知。闖中立，再遷至按察司僉事。聞建寧失守，拊膺慟哭以卒。此得之公甥薛堆山云。公廕一子，予祭葬，祀毘陵四忠祠。公子名晉蕃，舉孝廉，負氣節，有父風。

〔校記〕

〔一〕曹氏所藏抄本「九月初七」作「九月廿七」。

475 題詩永陽驛署壁

軍書倥偬已逾年，家室迢遥久别顔。嶺北骷髏驚作壘，湖南宫殿倏成烟。鵑血不沾無塚骨，烏啼偏集有狐田。死生遲速皆前定，堅此丹心映楚天。

故園隔别又經年，今顔非復昔時顔。山川草木皆含淚，貔虎旌旗盡作烟。老婦漫勞尋蝶夢，兒孫切莫種書田。萇弘化碧非奇事，留取孤忠向九天。

人逾五十不爲夭，一世功名今日了。精忠血噴九霄空，萬古乾坤終不老。

生趣太濃，貽羞天下後世；死關所斷，留馨宗黨子孫。刀鋸在前，鼎鑊在後，莫謂可憂可慘；天地在上，鬼神在旁，惟有勿懼勿撓。

義胆烈肝，自有生來天賦已定；忠君報國，從學問中體認得真。

臨難日，有一分兒女情，便俯頸不前；見危時，有千分精忠義，始指肝可剖。

劉忠毅之死，野乘云：公護諸籓冒死斷後，爲賊追縛，檻送獻營，一也。史畧云：入州死守，奸人開門迎賊，公被執，二也。而陳皇士則云：爲莊祖誨殿後，突執去。三也。三者之中，當以陳説爲是，蓋陳聞之堆山者，以甥談舅，其事必確。九月初三書。

476 張獻忠復陷岳州

先是八月，獻忠陷岳州。九月，駐長沙。至十一月，獻忠復遣賊將下岳州，沿江設伏，藏輕舟于汊港，以巨艦載重貲順流下。官軍邀擊之，賊佯走。官軍争利，泝流上，盡奪其貲入舟，舟重不能速行，賊輕舟四出，圍之夾擊，殺溺無算。岳州軍民空城走，賊遂陷之。賊既得岳，所謂洞庭之險與我共之，于湖南一帶，如數節而後迎刃解矣。

獻忠此計，所謂利而誘之，亂而取之也。惜乎庸將不知！

477 張獻忠陷江西郡縣

時獻忠已陷全楚，而江西袁、吉一帶，面面與楚相通。賊從萍鄉、萬載、永新三路突犯，安福、吉水俱破。十月初四日甲子，賊陷萬載、袁州。十四日甲戌，左良玉遣將復袁州。十八日戊寅，吉安及諸縣同日而陷，賊設僞官，改吉安爲親安府，廬陵爲順民縣。復陷袁州。十二月，獻忠遣兵陷建昌，又陷撫州、南豐。

辛丑歲仲秋十一日，舅氏曰：「昔在南昌時，聞獻賊破吉安只一人耳。」予問之，舅氏曰：「當日賊遣一騎飛至城下，城門固閉，守者登城望之，謂：『止一賊耳，亦何能爲！』皆聚觀于上，竟不設備。時有一樹生于城之半壁，賊平日已熟睹，至是飛奔其下，手持鐵鉤鉤樹，一躍而上，大呼殺人，止殺一人，衆皆驚潰。賊即下城，復殺守門一人，衆遂狂奔。時賊大衆亦疾馳城下矣，即開門迎入。須臾，城門復閉，不容出入，集城中士民，令之投降，凡二日，乃定。始發銃三聲，萬人吶喊三聲，四城鼓樂喧填，門始洞開。然則賊破吉安，不過一人力耳。一賊破一城，天下事忍言哉？」

先君子曰：「予在江西，有高士張逍遥隱居廬山虎洞，能前知禍福，衆號爲張半仙。獻破吉安等處，全省大震。撫臣解學龍、按臣郭都賢各遣使入山詢問世事，逍遥子曰：『今尚無害，越三年，天下必大亂。』至癸未十一月，江督吕大器果復吉安。而申、酉之際難言之矣。」萍鄉、萬載二縣屬袁州府。永新、安福、廬陵、吉水四縣屬吉安府。南豐縣屬建昌府，若建昌縣則屬南康府也。

478 袁州兵荒

前載獻忠陷袁州，從史之説也。乃袁州老僧則云：崇禎之季，張獻忠圍城，駕雲梯而上，守者以砲擊之，折其梯，下座乃倒，賊始退。此一刼也。明年，獻忠又至，圍之，亦不克，復去。此二刼也。弘光元年春，旱。本州一年二熟，時禾苗悉枯死。宜春爲首縣，邑令朱某，年纔十九，征糧不息，百姓共攜枯秧擲于庭，挐持朱令出詣田中親視，且曰：「禾已枯死，尚征糧耶？」譁甚。朱令慚怒。時左良玉駐臨江，朱與之善，密馳書告云：「宜春已反。」良玉即提兵自分宜殺入，百姓猶未覺，大被屠戮。此三刼也。朱令復征，尋罷去。順治四年丁亥，大旱，城中絶粒四日，湖廣米至，始得生。此四刼也。明年戊子，大疫。此五刼也。經此五刼，民生凋敝，至今城中止存千室，地多丘墟。有驛政道及兵千人鎮守本州云。

當時兵賦雜沓，荒寇交至，民不聊生。内翰方以智不勝感愴，作田稼荒一詞，以悲時事，云：「田稼荒，農夫亡，老幼走者死道傍。走入他鄉亦餓死，朝廷加派猶不止。壯者晝伏夜行歸，歸看雞犬人家非，賊去尚餘一茅屋，官軍又來燒不足。」此實事也，可爲三歎。以智，字密之，桐城人。崇禎庚辰進士，清至，祝髮，居江西廬山開先寺。

479 南昌猛虎

南昌府西門外撫州街，長亘十里，百貨彙集。癸未九月中，一人聞廳中有聲，啟視，見一虎蹲于檯下，以尾擊檯，檯爲之裂，其人大驚，急掩門而出，呼衆執械圍聚，將後屏門敲擊呼喊。虎躍于屋，衆號呼喚鬧，聲沸如雷。虎于屋上東西徐步，殊不畏人，口惟哈哈有聲，無敢犯者。有一健卒前攖，臂被爪而墮。更有一人私計，須用鉛彈銃打，時亦無此具。其人雜于儔衆中，虎忽從屋巔躍下，噙其人于曠野，咬爲兩截。衆因虎在地，各逞杖棍，遂立斃焉。後戊子歲，金、王兵起，撫州街焚毁，片瓦隻椽不存，火蓋起于虎蹲之廳也。

480 左良玉復武昌等處

癸未八月，上命江、鳳、黔、粵各督及鄖、皖、江、沅各撫合兵勦賊。方獻忠壬午之破武昌也，左良玉避其鋒，擁兵九江不敢逼。及獻既入蜀，良玉畧定武昌、澧陵、長沙、湘潭、湘陰并湖南一帶，又復岳州、監利、石首、公安、〔一〕德安、隨州等處。十一月，詔太監何志孔勞良玉軍，以恢楚有功，加良玉少師，蔭一子，吏士各陞秩，大賚各軍。詔良玉移鎮武昌。良玉令馬士秀等復臨湘、岳州，令馬進忠等復袁州，盡誅諸僞官。

賊來我去，賊去我來，猶如白日鼠，見人輒避，夜間乘人寢寐，復出盜米。良玉爲將，何以異此！而乃加官、蔭子，能不愧乎？然僞官盡誅，稍洩積忿。九月初四書。

醴陵縣屬長沙。臨湘縣屬岳州。監利、石首二縣屬荆州府。

〔校記〕

〔一〕按「公安」原訛作「上安」，今據明史卷四十四地理志及卷二七三左良玉傳改。

481 劉承胤復衡沙

劉承胤，南京人，黎靖參將，加副總衘，年四十餘，力能使八十觔鐵棍，故綽號劉鐵棍。黔陽至靖州一帶，以迄苗子，俱慕其德威。士民之家，俱書「恩主劉總爺」牌位香燭供奉之者，無一户不然。獻忠南侵，被劉殺賊，衡、沙一路，次第克復，皆劉力也。

此據新紀所載。承胤可云名將矣，惜乎末路之恣也，以知爲將善保功名爲難。

482 呂大器復江西郡縣

癸未秋季，總督呂大器復袁州、萍鄉、萬載、吉安、廬陵、吉水、永新、太和、安福等處。大器沈毅知兵，方入援時，路過峽江，城門四閉。聞是官兵，反行遮殺。呂以「八王兵到」，〔一〕開門出迎，手持縣印，口稱「千歲，備有大馬二十五匹，糧草無數，新舊知縣俱已拿下，聽候發落」。大器立取奸民梟示之，次第恢復。

太和、安福二縣屬吉安府。

〔校記〕

〔一〕「呂」字下疑脱一「詐」字，當作「呂詐以八王兵到」。按八王指張獻忠。

483 胡公平三縣土寇

公諱時亨，號慎三，無錫人，予之舅氏也。崇禎丁丑，禮闈第四人，授江西南昌司李。先是戊寅秋，賊張普微作亂于撫州、〔二〕新建、廣昌等處，撫臣解學龍主撫，按臣邢紹德主勦，委公監軍。公設計擒斬首從百餘，賊遂解散。及壬午冬，李肅七、李肅十因捕役入鄉詐害良民，爲之不平，乃撲殺之。恐被逮，遂糾柯源嵩陳友諒遺孽反。越兩月，有諸生余士藻，本遼産，善騎射，工火藥。里有貧子，每日外出，炊飯輒失，心疑憐人所竊。一日隔河陰伺，見白犬入户，返逐之，犬趨爨下，忽不見，掘之，得兵書寶劍。士藻遂以是造神語惑衆，建將臺高五丈，觀星望氣，爲三寨總主，自號靖海天王，二李雖勇，皆出其下。又與其黨李東陽、慈林、劉心一、胡地十、柏梅、余木十、李嚴二、李成、鄭孔一、張華九等，僞立十二天王、十八羅漢、二十四天罡、三十六地煞等號，嘯聚數千，俱戴紅巾，盤踞靖安、奉新、安義三縣，焚殺淫掠，殆無虚日。癸未正月，撫臣張鳳翮發兵六千，檄兵備陳起龍監軍。二月二十二日，進師。賊大至，將士多殁于陣。後起龍力不支，將印送公而去。四月，公密約南康同知金孔器設伏進攻，兵氣始振。賊素服公威德，十八日貽書云：「胡刑爺愛民如子，真是公祖父母。倘如廣陵守之單騎入寨，郭子儀之至誠感敵，衆願投戈迎候。」二十八日，羣賊集樟樹河北，公單騎往，賊即竪「歸命安農」旗，頂香羅拜。公給免死牒千紙，衆謝而退。有諸生舒春陽、涂鼎調等，與吴勝八同里，李東陽以勝八勇猛，娶其妹以結之。公令涂生潛問勝八，立功自贖。勝八于午節乘龍舟，醉後斬賊矮虎等。五月十日，縛東陽來獻。靖安營將欲襲爲己功，忽于中途引兵奪殺，東陽逸去，于是再議會勦。十六日出師，公督陣，三縣犄角，焚寨十餘所，斬首百餘級，奪回子女軍器無算，兵威大振。乃參將袁斌獨欲見勇，乘醉輕進，賊伏發，馬驚墜斃，兵氣復挫。二十日，賊逼靖城，公啟門督師，先令武寧營張獻政設伏招賊，用白紙扇一招，發伏射死李東陽。又與都司何其賢等，令諸將二十人，統兵五千及鄉勇三千，出師于奉新之石子岡、靖安之解家橋與安義之桐城等處，腹背夾擊。于是賊渠閔辰一等懼，乃降。李肅七見事敗，將遁。公知胡地十乃十二天王之一，甚驍勇，招之至，勞之以酒，使擒肅七；復遣勇士數人從之，伏山谷間酣飲。肅七乘花馬自奉新出走，猝見胡地十等聚飲，卽下馬謂之曰：「爾輩伏此非爲吾耶？然吾亦是好男子，豈待汝擒哉！」因與衆同飲，盡酣，遂解兩臂銀鐲數十股及腰下猫兒眼諸寶與衆，曰：「各分取之。諸公得吾首，可以獻功，吾請自刎君前。」語畢，遂拔刀自刭，衆割其首級以還。其首大尺有二寸。六月四日，設計擒余士藻，檻車解省。至十三日，賊黨盡斬其渠來獻，餘衆悉降。凡投誠者，感公不殺之恩，俱改胡姓，願事左右。公收其勇猛三十人，餘遣歸農，悉洒淚而退。

〔校記〕

〔一〕「先是戊寅秋，賊張普微」句，曹氏所藏抄本作「先是戊寅，妖賊張普微」。

484 沈萬登復汝寧

癸未五月，河南所在擒斬僞官。及十月初一日辛酉，副總兵沈萬登復汝寧。萬登，汝寧大俠也，聚鄉勇萬餘人。李自成僞授威武大將軍，不受。鳳督馬士英承制授萬登副總兵。是月，官兵進勦汝寧，一路僞官土寇俱盡，河南稍寧。時以自成方入潼關故也。

485 王漢戰死

王漢，字子房，萊州掖縣人。崇禎十年進士，除高平知縣，調河內。巨寇劉二將以正月三日攻濟源，濟源告急，公佯不應。于除夕，出賊不意赴之，以元旦登天壇山。山陡絶數仭，遊者或用數人以布牽挽，乃登。公獨持刀，前行直上，擒劉二，人服公勇。乘大雪至山西，破妖僧智善。夜半渡河，破賊楊六郎。李自成圍汴，不通音問，公之死士能達書于巡撫高公。十五年三月，行取入都，與蘇京、王燮同召對于德政殿，稱旨，命三臣皆以試御史監軍。公監左鎮，保督湖、川、鄖兵，與督臣侯恂援汴，所監凡五萬九千，然已潰散大半。八月朔，夜半，襲賊于范家灘，斬一紅甲賊目。檄諸將合勦，公自走襄陽，督左良玉兵救汴。至潼關，而巡方之命下。未幾，巡撫河南，密計圖賊，而劉超難作。超，永城人，中河南武解元，跛而知書，爲貴州總兵，坐罪免。壬午，上疏言兵計，中樞陳新甲用爲河南總兵。以私怨殺鄉紳御史魏景琦一家三十餘人，懼罪，招納土賊，據城謀叛。密旨以策授公討之，爲兵部洩之于超，超得爲備。公以癸未正月十九日率兵抵永城，環而攻之。二十日四鼓，奪其北門。超在東門，倚樓爲寨自保。公見兵大捷，乃單騎入北門，大呼：「勿殺百姓！」天忽雨，兵少卻，擁突門下，公爲賊刃所及，參將陳治邦、游擊連光耀父子及家人劉璽、張金皆戰死。游擊馬魁復力戰入城，負公屍以出，面如生。上聞，贈兵部尚書，蔭一子錦衣衛百户世襲。而擒劉超至京師磔之，奉旨傳首九邊。

486 宋光祖賊傷

搖黃賊破岳池，知縣宋光祖傷而未死，家眷死者二十七人。有父年七十餘，亦與難。妻妾並被擄去。此癸未七月廿三日事也。岳池縣屬四川順慶府。

487 荆偉被殺

墊江令荆偉，丹陽人，由明經選授今職。因與本縣一鄉紳有所稱貸，鄉紳挾此，每多干求，求每輒應。偶有一二事未遂，即啣恨，搆土賊入城，欲殺令。令聞之，半夜出堂，將面諭解散，衆賊蜂擁直入，面中數鎗而死。一子隨任，尚幼，未知何日扶櫬還里也。墊江縣屬四川重慶府遠州。

488 羅尚文殺僧

羅尚文，四川叙州府人。向年流寇入川，被參于楊嗣昌，令戴罪立功，事在按察司勘問。方提兵三千往川北勦賊，至廣安，值潾水賊亂，甘宗師之子某，領家眷避賊于中城山之僧寺，僧疑爲奪己之産，遂殺之，併淫其妾媵。尚文提兵入山，殺二百餘人，盡燬其山寺，而渠魁未獲。越明日，尚文死，或云好殺之報也。甘宗師諱學濶，即向年督學江南者。其先姓明氏，即國初降王明玉珍之後。子孫數以萬計，俱改姓甘，散處于川，而宗師則居潾水云。潾水縣屬順慶府。

489 四川犯官

自崇禎十年流寇犯川，郡邑殘破，有司得瓦全者無幾。至己卯、庚辰之際，慘禍尤甚。聞賊來犯，士民先期避去，官府僅守空城。城破，則家屬盡殲，官被殺者亦甚衆。幸不致死，朝廷復以棄城置重典，武官自總鎮以下至千百總，文官自巡撫以下至補職教官，纍纍逮繫處斬，徙流者不可勝計。

490 三籓賊禍

他處籓禍，聞而未見。舊年至岳州，則惠王播遷于民舍矣；過臨湘，則唐王飄流于江上矣；今往川北，見瑞王顛連情狀，不忍言説。自西安既陷，漢中風鶴，有趙總鎮標下兵乘機搶刼，先掠民家，遂及王府。府積帑金八十萬，一時俱盡。宮中眷屬，不知存亡。瑞王僅與一妃逃出，王無車輦，將桌作轎，兩人肩之；妃乘馬，奔至保寧，保寧閉關不納，乃暫住舟中，飄泊河上。頭戴小帽，身著青布箭衣，口喃喃惟誦阿彌陀佛，他無所言。聞惠、桂兩籓亦然，爲賊窮追，狼狽入粤，其光景必更有可憐者。三籓皆神宗皇帝子也，遂至此哉！

自宋光祖至此五事，皆内父杭濟之先生手記。蓋午未間，江陰紳張有譽爲四川按察使，有馮生吉甫從之，歸以語先生者。

491 誌異

癸未二月二十四日戊子，京師大風霾。是夜，天津城門不啟自開。

夏秋之際，每夕月角上有一大星，炯炯逼之。或曰此星甚凶，天下其亂乎？

吳貞啟，字元行，宜興人。崇禎十年丁丑會元，選廣東督學。癸未，疾甚。一夕，見冥王行一牒至，云：「天下將亂，着善人先死。」貞啟遂處分後事，尋卒，而天下亦大亂矣。

有自京中來者云：七月二十三日夜，雷震太廟，電霆風雨，一夜不息。明晨，槅柵毀折，神位爐燭，無不傾圮在地。主牌係實金，后冠珠寶結成，外有雕龍木匣覆套，費各三萬，時紊擲在地。簡出兩空函，英廟與后者，查係司之者私藏在家，斬之。

八月至十月，京城内外號癘瘩病。兵科曹良直方與客對坐，舉茶打恭，不起而殂。兵部朱希萊拜客急回，入室而殂。宜興吳彥昇授溫州通判，一僕先卒，一僕買棺而卒于賣棺處。有一友姓鮑，勸移寓，隨行李去，入門而殂。吳速看視，亦即殂。又金吾錢晉明同客對談，言未絕而殂。少停，其夫人同婢僕輩，一刻間殂十五人。又兩騎馬人，前後講話，後人再問前人，前人已殂，手猶揚鞭垂下。又一閽門俱殂，其家頗富，偷兒二人，一俯于屋簷，一入其室，將衣飾包遞上，在簷外者已纍纍，而下尚盈積，一賊擎一包托起，一賊接其包引上，上下俱死，手各執包，包亦不落地。又一長班，方剪銀蹲下，不立而死。又一新婚家，方合巹，在床久不出，啟幃，殞于床之兩頭。沿街小户，收掩十之五六，街坊間的兒爲之絕影。有棺無棺，九門計數，二十餘萬也。凡客游、宦游，無不預寫家書，恐不及作囑語。大內亦然。張天師輯瑞入都，出春明不遠，急追入，諭其書符噴呪，唪經清解，眠宿禁中者一月，而死亡不減。發內帑四千，三千買棺，一千治藥，竟不給。十月中，有閩人補選縣佐者，能看膝後灣處有筋，若紫色，無救；紅則挑之出血，可無患，來就看者日以萬計。後霜雪漸繁，勢遂衰。閩人以京中雜職與之，後聞爲流賊所殺。張天師以留京日久，乞一寓，不敢望如孔聖公之衙門宏敞，畧可容足，三年一覲，居有定所，聖旨不允。又自置一寓，乞聖旨給匾，貽後日子孫百世光，聖旨亦不允。惡其不能驅鬼也。

十一月初六日，先帝親祭穀神于社稷壇。已就位，陳詞方畢，行初奠禮，忽暴風自地發，庭燎祭燭，一時傾滅，不得亞獻成禮。先帝于黑暗中恐防不測，急上輦回宮。文武陪祭及各執事，舉手扶肩如無目者，相攜相喚，出西長安門，而後得引歸之燭。

癸未春，以清兵入塞，未開禮闈，及秋暮始行。有自京師來者云：「今年場中有一異事。」予問之，彼云：「有術士入場，見得第者皆有紅旗一，半無首；其不第者則竪綠旗一，首領皆全。因謂進士如塞翁得馬，未必非禍。今賊勢日熾，天下事未知何如耳！」已而，與選者地鄰賊境，身名或多不全，其言始驗。是科狀元楊廷鑑，常州人。常州城龜形，舊有讖云：「龜若出頭龍脫殼。」如出鼎元，則有易君之事。果應甲申之變。

先君子曰：「山東曲阜縣，聞聖廟中有泣聲，入視之，見宣聖兩淚交流，衆皆驚異，報于曲阜令。令親詣廟中省視，見聖淚尚未乾，不勝駭懼，焚香拜祝。」夫子殆有天地反覆之憂乎？予嘗問馬大林此事有無，大林曰：「吾昔年見邸報有此。」

是歲，無錫有自北都歸者，道經山東，忽晝晦，有如黑夜，咫尺不辨。久之，見若紅霧四起，黑漸收，逡巡間復歸明朗，咸驚異之。

時有知天文者，寓江陰徐宦家，每夜半啟門而出，達旦乃還。僕怪之，白于主。徐曰：「今夕竊尾其後，視所之。」是夜，其人復出，僕密隨之，見其人仰天周覽，徘徊久之。忽西北方白氣一道，冲天而起，其人大詫曰：「異哉！此氣不祥，莫非天下其將失矣？」乃還。次日，僕以告主。徐以兩京尚無恙，乃曰：「此妄言爾。」不之信。既而其人辭去。或云此徽人也，惜失其姓名。

新世弘勳云：癸未八月，皇極殿内忽聞一聲爆裂，見猩血如注，出自殿庭，一沾人衣，穢氣難聞，妖氛眯目，雖當白晝，即覺昏憒。凡朝臣以及内監宮妃，莫不恐怖。此段辛亥四月十一日社埈補記。

是年春，北京有警，朝覲會試之典俱停。至八月初九，始會試頭場。亦變例也。四月十三補記。

492 左良玉始末

漢陽王世顯著

左良玉，字崑山，山西汾州人，爲馬氏家僮。馬故山右著姓，以武功世其家。崇禎壬申年間，陳洪謐尹其地，左以隸給事之，器其勇，寵異有加。每宿直堂廡中，同輩覘其卧處，遺遺爲虎跡，實與韓蘄王同，因薦之直指傅括蒼公，初署爲偏裨將。維時諸大賊已芽孽其間，良玉每戰輒先登，銳不可當。夜則擐甲而寢，鈴作枕，數起巡軍中，所向有功。積數年，累官至總戎，益用命，殺賊無算，所降賊以數十萬計。賊魁過天星、一斗粟、混十萬、小秦王、革裏眼咸歸焉。子丑年間，盧九臺以楚撫晉總制，方略素嫻，良玉奉指授，與諸大賊有朱仙鎮之戰，電掃霆擊，威名幾與岳忠武等。旋以不戒，爲諸賊所襲，伍譁而不整，乘夜遁行數十里，見旌旗如堵牆，以爲墮賊伏，計必不免，一軍色如土。遣騎偵之，知爲曹操羅玄珪者。羅固有心人也，傳語云：「將軍且前行，幸遇我，保無阻；非我，虀粉矣！」良玉因得走保許州，軍復振。引軍援南陽，獻賊乘間攻破許昌，屠良玉之妻若子無噍類，火十日不絶。當是時，盧公調守邊，熊文燦以兵書來繼。諸賊慴熊海上降鄭威，大有慴伏意。諸賊時惟獻爲大，獻首降焉，安插于襄之穀城，良玉屢欲殺之，而文燦持不可，其意蓋欲以獻爲招，而不知獻之不爲鄭也。獻旋叛，緹騎逮熊去，伏國法。武陵楊相國嗣昌原薦熊，熊事敗，身請行軍。先帝爲推轂寵其行，贈詩、賜上方，天語叮嚀，聞者感泣。比至軍，鎮襄陽，良玉委心事之。嗣昌出，則橐鞬前導；坐，則良玉與宋兵備一鶴，一文一武，班列左右勿敢懈。嗣昌自髫年成進士，輒喜談方略，饒有救時才。至是，布算已周，密檄秦、豫、蜀各撫鎮引兵扼賊衝；襄、鄧、鄖、竹間守如鐵桶，疑若鳥飛不過者。忽一日嗣昌憶竹山某口且有罅漏，亟檄某將屯其地，未至，而賊已鑿山開道而出矣。賊即逸，意在逃死，未敢遽抗我師。襄守王承曾日事荒嬉，以文法厚繩良玉。良玉養子夢庚中微法，承曾苛校之。良玉怒，遣數十卒破子械，捲甲而去。于時嗣昌方出治兵，良玉去之二日，獻忠遂以十八騎入襄城，火襄宮，殺襄王矣！蓋自是而天下之事勢已變，良玉之心志叵測矣！嗣昌憤事垂成而忽失，嘔血死。此壬午秋事也。冬十有二月，良玉率所部三十六營抵武漢，江夏賀相國引大義切責，良玉色沮。先是，即有吞江漢、趨金陵之意，慴相國不敢動，且未至大驕蹇，監司與抗禮，守令通名刺而已。闖逆于十二月以百萬之衆窺郢，良玉懼不敢救。癸未元日，郢城陷，顯陵莽爲賊區矣，良玉聞之膽墮地。癸未正月望後，疾引兵蔽江而下，馬步散走，所過村落，悉爲丘墟；水師遇舟輒掠，不則焚艖艘，焚且盡。梁谿高彙旃以督學事竣，考滿南還，走卒咸知名舟，不敢近。驛傳王君暗遣丁役護家屬而南，兵登舟，肆辱無免者。横殺至皖，返江州，遂駐節焉。越四月，闖逆遣偏將白旺掩取漢陽，守令望風避蘆葦中，居民盡潰，賊恣取金帛而去。是時，猶有數營駐省會，與漢陽隔水而陣，以驛傳禁，不敢發一砲一矢。至五月五日，獻逆由黄州渡江，遷延旬時，乃水陸分道而上。越一日，集武昌，匝圍三日夜。以伏奸在内，月晦，城遂潰，自楚籓、賀相國以迨土著、客寓之家，死者數百萬人。嗚呼！獻逆所畏者惟良玉，江之去黄僅三百里，使肯出偏師以綴之，賊何由徑渡？生靈之塗炭，豈至若斯之酷哉？相傳獻之破省，輦金帛啗良玉，且請限期。越兩月，限滿，獻逆遂揚帆走湖南。八月四日，良玉前鋒五營抵省，餘賊亦先期焚糧糗去，或先或後，若相避然。九月，全師來駐省。先帝欲以恩賞激勸之，不忍討其罪，且嘉奬恢復功，錫以寧南伯爵。至是，乃益驕蹇不可制。是時，撫軍爲何雲從先生，按臣爲黄仲霖，恩威兼濟，賀馭有方，雖以江北撫軍、舊驛傳王揚基者錯置其間，紀綱猶未大陵夷也。然諸降將故賊性，各以恢復名獲陞賞，志驕氣盈。副將以下，每出則導從千百騎，金爐銀拂，僭擬王者。良玉擁虚號于上，衆陽尊之若神明，遇時節慶賀，珠玉珍玩而外，牛羊馬豕，細及鶉雀，各數十籠。良玉每膳用厨丁三百六十人，人司一味，味竊山海之産。嗟乎！先帝方以此日減膳素食、茹茶集蓼，徒供若屬驕奢之用，可勝嘆哉！良玉日坐高臺，飾以雲龍，監司匍伏，執手板、走角門；守令膝行而前，有所呈稟，仍膝而退，終事首莫敢昂。有方伯王公驥者，甫蒞任，聞其如是，即日掛冠去。良玉出其馬醫楊某爲武昌郡守，開寧南學，漸欲辟置境内官屬，如田承嗣、李希烈故事。甲申三月，聞先帝之變，何撫軍、黄直指日爲位哭，義感三軍。良玉亦思有以自効。及監國事定，柄政者舉措失宜，良玉復肆無少忌，高拱優游，尸居不事事。顯陵陷賊中且一年，不切掃除奠酧之憤。孝感則有田賊，雲夢則有高賊，處肘腋間不百里，以三十六營之衆，環顧莫敢先發。惟左協惠登相，故所號過天星者，銳然以復陵寢爲意，曾統所部深入，苦無後援，無功而還。他若藉口恢復者，沿途則散行殺掠，遇衣冠則火圍之，即得金，必支解。觸賊境，見一殘丐、一懦農，輒哄然而退。顧每一敗，晉一爵；敗愈甚，爵愈崇。是時，良玉已晉侯爵，三十六營之帥，無不人人腰玉者。健奴悍僕，一竄名其中，即轄制其主；市井無賴，擁黄蓋、持鐵鎖者遍郊野。嘻，其極矣！乙酉三月，聞闖逆奔潰至豫，度必入楚，謀避匿，故以清君側爲名，于三月二十一日掠武漢城，焚官署、民舍殆盡，殺戮之慘，刀刃且缺，婦女之俘載者滿舟中。黄直指爲挾之而南，何撫軍擁至舟，憤激投水，救起登岸，左軍亂，不暇再顧，舟奮迅争發。殘民萬餘，簇擁何輿至通山城中，漸次抵湖以南。良玉至九江，羣帥破九江城，傳非良玉意，故摽膺而死。蓋良玉自受降諸賊來，兵勢雖張，威權漸損，養子夢庚，跳梁滋甚，良玉久已爲土木偶人，而又無忠義之氣以激發衆心，宜其及于敗，而身死不贖也。死後，各帥自署侯伯，營荻港。爲黄大將軍所創，事不詳，退至九江。清兵自襄、樊下，各帥遂迎降。惟惠登相以孤軍逆流而上，欲走洞庭，而痁發死矣。嗚呼，豈非天哉！向使良玉不棄襄陽，則上游不失；移守郢城，則顯陵未遽淪没；不通獻逆，則楚省不陷；不棄楚省，則江淮猶有捍蔽之恃。則是陵寢蒙塵，藩王駢戮，江南半壁如入無人之境，皆老賊之爲之也。故壞天下者，左良玉也。

篇内有可疑者，如降賊約數萬而云數十萬；革裹眼未聞歸而云歸。稱之過者，則云幾與岳忠武等；貶之過者，則云通獻賊。楊嗣昌僨事而云有救時才，及縊而云嘔血死。又云良玉欲吞江、漢不敢近高舟，用厨丁三百六十人、人司一味，及摽膺而死，皆不可深信者也。獻忠殺武昌三十萬而云數百萬，所載悉異。予謂張、李大亂十載，諸將或死、或降、或遁，不可勝計，而良玉能與之戰，遲久獨存，亦將材也。大抵驕蹇則有之，以爲壞天下，則過矣！庚戌十月廿一日評。

493 張獻忠入楚始末

獻逆于諸賊中初號最強，甲戌年卽躪入楚地，衆已數十萬。是時，先帝嚴明，各郡邑城守猶堅。丙子，率衆攻黃陂，縣令李師沆百計禦之，卒無恙。前抵漢陽境之灄口，距郡僅三十里，隔一衣帶水。有遊擊周將軍，率兵數百輒射却，不敢渡。野掠攫食，尚未及略地也。續蘄州、廣濟兵力不支，批云：蘄州、廣濟縣俱屬黃州府。爲所陷，刼庫藏，括富室，飽所欲，旋棄去。後轉入襄、鄧。熊文燦者，用楊相國嗣昌薦，以司馬銜經略七省事。熊曾爲兩廣總制，招降鄭氏兄弟，方叔威名，赫赫荆蠻間，賊聞之已奪氣。熊僑居黃之蘄水，統所帥兵將過里門，值獻賊結營蘄之郊外，卽與合戰，賊勢披靡，所斬獲以數萬計。蘄、黃之人述龍潭一戰，比于和尚原、采石磯云。賊益震慴，還保栲栳山中。熊出師，屢戰屢捷，賊遂請降。先帝亦雅意招撫，熊便宜納之，收獻忠置麾下，或晨跪床前啓事，畜如兒若隸。左帥良玉欲殺之以絶禍本，獻意微動，即遁去，熊且得罪矣。楊自念所舉不效，力請行軍，先帝許諾，御製詩一章，行推轂禮，命百官郊餞之。楊抵楚鎮襄陽，旌旗壓壘一變，宰相威望重，且饒才略，羣帥咸用命。賊逃入川、陜山中，檄秦、豫、蜀各撫鎮分扼其衝，襄、郢間布算益密，賊號呼空山中，連日無所得食，謀鑿一間道，從竹山出。楊已籌畫及此，急遣一才將堵截之，先半日而賊出矣。楊治兵在外，襄守王承曾方日聚冶童十數人，衣紅半臂，抹粉施朱，歌舞其側。左帥養子夢庚中微法，重繩以罪，左大怒，拔營去，襄城遂失。獻脱命之餘，勢力尚微，得襄，賊出不意，更肆猖獗，且曰：「不殺襄王，則楊相之頭不斷也。」于是襄王遂遇害，楊果死。由是盤踞蘄、黄間，蘄、黄之歸之者半境内。癸未五月朔，賊已破黄州，據之。兵備王質駐壽昌，與黄對峙，江面闊僅五里，猶喜觀競渡，沈醉不醒，守江軍士亦俱醉，賊遂紅抹頭，綵其舟，若競渡狀，旁三五舟若觀渡者，比登岸，大呼，我衆悉潰，賊全營以次而濟。業抵南岸，會城可一日而達，猶疑畏不敢進。相傳賊輦金寶賂左帥于江州，許以楚省，且約兩月必退，賊遂水陸齊發，大集于武昌郊外，攻且急。滇兵主將黄朝宣與撫標湯執中等，猶有二萬精兵聚城内，黄老將有膽略，出戰輒勝。是時撫軍殺人，驛傳王君揚基素暴且怯，〔一〕又重卹前此家屬被辱，時楚狂生曾結一聯云：「監軍妻女被軍姦，欲陷城以洩此恨。」因有湖北撫軍之命，遂移舟，婆娑江上，棄城守事不理。宗兵數千，亦結束請戰，苦乏餉，楚籓庫積千萬，吝不與一金。死賊進士毛祈蕃、舉人謝鳳洲者，比數籓。吏爲内應，城遂以五月三十日陷矣。先是，賀相國逢聖一月前夢金甲神致語：「會城將有大難，若無城守責，盍去諸？」賀叱之。後三日又來云：「若不信，來晨起視存問白石坊中梁且斷，以此爲驗。」賀志益堅，遂與當道諸公謀守城益嚴。黃州明經馮漸卿諱雲路者，佐其議，歷詆某某爲奸細。王驛傳格不聽。城陷，馮罵賊死。相國號呼二祖列宗，頓足數四，卽氣絕。賊疑僞死，遣人舁至，驗其果然，令將去，衆賊遂投之滋陽橋水下。大索城中三日，縱殺之，血流成渠。楚籓年八十餘，尚未死，以肩輿棄之江。賊衆傳云：「江水沸，且數回。」餘人猶百萬，獻逆忽下令曰：「可齊詣社壇聽遣發。」衆喜有更生望，舊匿深所者俱出赴之。賊衆刀劍夾兩傍，以利刃列其後，魚貫累累，迫之江中，江水爲之不流。月餘，油浮寸許，無敢飲江者。漢陽守令望風遁，初幸無殺戮慘。六月念外，拏舟漢之湖河中，舟計七千，戮死溺死者無算。賊富黃白金，用以啗愚民，呼萬歲。衣冠之倫，相率朝謁，希厚賞。袖黃金出，輒揚揚然色喜。開科取士，前鼎甲，次進士，次茂才。與是選者，封識揭其門，自詡開國勛。八月四日，有某者，父尚述禎祥、誇佐命，而左兵已泊舟漢江矣。賊故與左帥通，獻逆先五日趨岳陽而南，餘賊亦以是早焚積聚去。賊計詭秘，民間無知者。左前鋒五帥爲馬進忠、馬士秀、王永成輩，總統則方將軍國安，而章于野先生實監其軍，以故軍有律，不侵犯民間，民賴以安。九月，黃直指同左帥大營至，紀綱肅然。倣六等，定從逆罪，自僞官授首外，餘笞責罰鍰有差。有唐監紀某者，初入省，掠賀相國壽藏匿邸舍，至是治其他罪，壽藏因籍入，相國屍卽以是日得之滋陽橋側，面色如生，歷暑伏數月不敗，出壽藏殮之，旁有刻識，則相國舊所自製物也，異哉！初，獻賊沿江上，日牽挽數十里，左未嘗遣一騎躡之。至長沙、衡陽，殺戮更倍。長沙司理蔡江門諱道憲者，罵賊不屈，賊令割殺之，且割且罵，噀血及賊而死。被獻難者蔡公暨按臣劉公熙祚兩人而已。賊復由常德走荆州。荆州屬闖逆僞防禦孟守其地，畏獻餤，亦避去。獻開科取士，如在省會時。經月，欲棄荆入蜀，遣騎作長圍，始自三百里至二百里，繼自二百里至百里，合圍掩殺，靡有孑遺。山崖水涯中，存者蓋亦僅矣。由此長驅入蜀，而劍閣不守。

〔校記〕

〔一〕「驛傳王君揚基素暴且怯」句，「揚基」二字原空缺，現據曹氏所藏抄本補入。

494 李自成入楚始末

闖之陰狡，較衆賊爲甚，規畫亦與衆賊小異，不喜掠野，專攻城，得城即守。辛巳、壬午即取楚德安郡屬邑，各委腹心分守之。孝感、雲夢距會城僅百里，會城宿有重兵，不敢言及恢復事。即偶有大師壓其境，賊將禦之有餘力。先是，傳闖逆同衆賊受鄧、曹、虎、左諸大將之創，匿深山中，僅餘八騎出見獻逆，獻以其無能，怒欲斬之，以左右救解免。旋與騾馬二百頭。闖方日坐古廟中，手書一册，賊衆訝其迂，闖曰：「聊以收放心耳。」徐出行，收他所潰兵二千餘，勢復振，嗣後遂有圖大之志，略定河南地。以壬午冬，率衆百萬趨郢城。是時舊兵備宋公一鶴晉撫軍，引兵晝守陵寢策，鍾祥令蕭公雲濤諱漢者，倡守河之議，謂宜于豐樂河扼其要，賊無能衝突；總兵官錢朝選争欲退保城中。方集議，而賊衆已抵城下矣。城闊兵少，曠難守，士民助登陴。宋撫軍、蕭鍾祥、沈留守復多方激勵之，衆志益固，守益嚴。正月元日，闖下令攻益急，謂不即日破城，將校各以次受死。闖固嚴酷罰必，賊蟻附登城，砲擊且死。有果毅將軍白旺，攀絙而上，遂登焉。宋撫軍不屈死，沈留守血戰死。賊素聞蕭鍾祥賢名，欲生致之。蕭公引佩刀自刎，賊至，奪其刀，蕭公罵賊不已。賊義之，不加害，強輿至寺中。以多賊監護，求死不得，五日不食，伺防賊稍懈，遇所識老僧，覓一薙刀，喜曰：「得死所矣！」遂自裁。賊感其忠，厚殮以瘞之。死闖難者，蕭公爲至烈。留守沈公名壽崇者，亦並堪不朽。宋撫軍所謂能以晚蓋者也。按臣李振聲，米脂人，與闖同里閈，首倡降，賊畀之招降旁邑，掛「湖北巡按」銀牌于頸，恬不爲羞。闖逆欲乘勝直擣金陵，大衆已抵漢川之劉家隔。羅玄珪號曹操者，力勸先北後南。蓋曹久有歸正心，故設辭以誤其計。闖果返，至郢，知其詒己也，酒殺之，并其衆。徐以偏師攻沔州。章于野先生方爲司牧，多方備禦，賊不敢驟近城。馬二州雪如，故將種，與其一子二女出禦賊于河，殺賊以數千百計，力竭援絶，父子兄妹同時俱戰死。馬固所稱左大帥之故主也。章先生在外收兵，城且空，賊甫入卽出，畏墮伏，不敢留，批云：空城不宜久留，防伏也，爲將須知。亦未嘗設官焉。先二年，已取荆州，僞防禦孟，以舉人污賊，羅致荆之紳士不少遺。進士喻上猷、舉人金有章，其死心從逆，大放毒手者也。餘依違者亦多。當是時，而能潔身遠遁，固人傑也哉！癸未夏，闖返關中。乙酉三月，以北兵追躡其後，〔一〕倀傖走荆州。不數日，抵楚省，儀衛詔令，〔二〕猶擬帝制，故示整暇，爲武漢置官吏。及聞北兵之逼，携所親信九騎逃去，賊衆驚呼曰：「駕發矣！」奔潰如雷。闖取道通山，欲前趨豫章。行至咸寧村中，遇田父持鳥槍捕鹿虎，見騎來，意其潰賊，發銃斃一賊下馬死，驗其狀，眇一目，袒衣幅舄咸繡龍其上，靴間有課本，猶不審其遂爲闖也。後九騎相率請降于北。有連侯、澤侯、翼侯、定侯同辭稱闖死于咸寧田父手，靴間課本，所用馬上占吉凶者。先年童謡有云：「流賊攘攘，死在湖廣。」茲言信矣。四侯者旋叛去。有一枝虎名李璟者，衆二十萬，據常德，受堵牧游先生招撫，署爲「忠貞營」，今猶存。

此係嘉興丁丑進士曹秋岳諱溶原本，然有可疑者四：他本載玄珪爲羅汝才謀主，而茲云羅玄珪，則兩人合爲一矣。可疑一也。自成趨北，乃顧君恩之策，而茲云曹操力勸，後知給己而殺之。可疑二也。他本載自成病死羅公山，清試士亦有賀表。茲云被田父銃斃。可疑三也。他本俱載自成侄一隻虎李過降騰蛟，而茲云一枝虎名李璟，受堵牧游招撫。可疑四也。總之，所見異詞，所聞異詞，姑並誌之，以俟後考。此與左良玉始末、張獻忠入楚始末及何堵事略，俱曹秋岳本。康熙九年庚戌十一月初十長至日，彩舞榭書。

〔校記〕

〔一〕「乙酉三月，以北兵追躡其後」句，原誤作「乙酉初，獻以北兵追躡其後」，現據曹氏所藏抄本改。

〔二〕「儀衛詔令」之「詔」字，原已蛀損，現據曹氏所藏抄本補入。

明季北略卷之二十

崇禎十七年甲申

495 元旦文武亂朝班

京師文臣俱寓西城，而朝班則列于東；武臣俱寓東城，而朝班則列于西。甲申元旦，上視朝最早，止一大金吾立班。時鐘聲已絶，金吾啟奏：「羣臣不聞鐘鼓聲，謂聖駕未出，來者益遲。」令再鳴鐘，啟東西門，遠近聞之，自皆疾馳。」乃諭鳴鐘，且勿歇，門永不閉，又久無至者。乃欲先謁太廟，後受朝，呼駕鑾輿。蓋駕輿馬與立仗馬約用百餘，時又一無備，將長安門外朝官所乘馬悉驅入端門，將欲登輦，司禮又恐外馬不馴，或多蹄嚙，奏止之。又諭受朝而後拜廟，再登座以候。文武官從東西長安門入者，以天顏正視，竟不敢過中門，文則直入武班，從螭頭下傴僂而入東班；武亦直入文班，從螭頭下蹲俯而入西班。有新科榜眼宋之繩父名劼者，以召對稱旨，寵仕職方贊畫，品最高偉，亦龜行而過于東班。受朝後，聖駕入廟，六品以下官不應陪祭者，馬以掠入而步回，總非佳兆。不出百日，上手撞鐘，百官無一至者，兆已見于此矣。獨可異者，三月二十一日，百官朝賀李賊，擁擠争進，被棍撲逐，門久不啟，露立以俟。吁！何前倨而後恭也，是可誅矣！

496 風變地震

正月初一庚寅，大風霾，震屋揚沙，咫尺不見。占曰：「風從乾起，主暴兵至，城破。」時鳳陽守陵谷國珍奏報地震。

497 降乩

上以風震，有憂色，沐浴焚香，拜天默禱曰：「方今天下大亂，欲求真仙下降，直言朕之江山得失，不必隱秘。」仙卽降乩曰：「帝問天下事，官貪吏要錢。八方七處亂，十爨九無烟。黎民苦中苦，乾坤顛倒顛。干戈從此起，休想太平年。」上見詩，默然不悦。

498 清朝改元 正月初一

建州定國號曰「大清」，改元順治。清主立，尚幼，叔九王理國，稱攝政王。以遼人范文程爲大學士。

初二辛卯，兵部奏：「蕪湖關爲兵踞止，商旅不通，國税全虧。」

499 李自成僭號

初三日壬辰，李自成稱王于西安，僭國號曰「大順」，年號永昌。以宋獻策爲軍師，牛金星爲丞相。

設六政府，各尚書一人，侍郎二人，左侍郎則皆隨征。吏之宋企郊、户之楊建烈、兵之喻上猷、禮之鞏焴、刑之陸之祺、工之李振聲等，皆明臣之降附者。

是日，自成遣劉宗敏、李過等，率衆二萬爲前鋒，所過皆破。自成得報，曰：「可長驅矣！」遂留文官并武將李友等數人守西安，自率馬步五十萬，與諸將從禹門渡河，掠河東、河津、稷山、滎河、臨晉、絳州，一路俱陷。垣曲知縣遞降表。一云：自成初二發兵，至廿四癸丑過河，平陽州縣盡逃，諸將皆遁。

自成移牒兵部約戰，言三月十日至兵部。執牒者則京師人，自涿州還，值逆旅客，予十金代投，兵部以爲詐，斬之。

500 李明睿議南遷　正月初三

上召左中允李明睿陛見。明睿，南昌人，以總憲李邦華、總督吕大器特薦，起田間，至是召對德政殿。上問禦寇急策，明睿請屏左右密陳，趨進御案，言：「臣自蒙召以來，探聽賊信頗惡，今且近逼畿甸，此誠危急存亡之秋，只有南遷一策，可緩目前之急。」上曰：「此事重，未可易言。」以手指天，言：「上天未知如何？」明睿曰：「天命微密，當内斷聖心，勿致噬臍之憂。」上四顧無人，云：「此事我已久欲行，因無人贊襄，故遲至今。汝意與朕合，但外邊諸臣不從，奈何？此事重大，爾且密之，切不可輕洩，洩則罪坐汝。」上還宮，賜宴文昭閣。及太原陷，明睿復疏勸，上深許之，下部速議。而兵科給事中光時亨首參爲邪說，言：「不殺明睿，不足以安人心！」上曰：「光時亨阻朕南行，本應處斬，姑饒這遭。」然而南遷之議寢矣。

憶昔天啓二年壬戌，無錫馬世奇以會議抵京，時羽書頻奏，高攀龍首詢南遷一事，世奇對曰：「此議一興，則都城頓搖矣，且南方氣弱難久。」攀龍曰：「廷論恐累上蒙塵耳。」馬公當國變時，書中稱「光含萬」，其意略同。

501 曾應遴言撥亂之策

初四癸巳，工科曾應遴言：「今之紳富，皆衣租食税，安坐而吸百姓之髓者，平日操奇赢以愚民，而獨擁其利，臨事欲貧民出氣力相護，無是理也。秦籓之富甲天下，賊破西安，府庫不下千百萬，悉以資賊。倘其平日少所取民，有事多發犒士，未必遂至于此。今之紳富，亦宜稍捐以賑貧，亦救民撥亂之策也。」

502 福嗣王奏

初五甲午，福嗣王奏：「王寶實係無存。」蓋爲世子時，自竊以送賊者。邮保定監軍任棟死事，贈光禄卿。

503 議撤寧遠

初六乙未，工科高翔漢言：「自出口來數月，忽接遼撫黎玉田、永撫李希沆揭，稱復有入寇情形。寧遠逼近，不可示以單弱，而調兵南征，豈稱勝算？」

時吏科都給事中吳麟徵請棄山海關外寧遠、前屯二城，徙吳三桂入關，屯宿近郊以衛京師。批云：麟徵之請，似在二月李邦華請南遷下。廷臣皆以棄地非策，不敢主其議。

自前、後屯失守，寧遠孤懸二百里外，三面皆絶域，守禦極難。且寇氛日迫，三輔震恐，則撤兵歸守關門，挑選鋭士西行遏寇，亦救亂之一策。閣臣持之不可，批云：閣臣陳演。事竟寢，蓋泥于前説而不知變也。按東陲戍兵，崇禎初年，經畧臣有棄寧遠、守關門之策，是時方内安寧，無故棄邊地、失天險，是漢棄涼州之議也，故識者謂爲非計。至末年，寇躪中原，名都大藩潰陷相望，而關外所存止于六城，緩急輕重，大異昔日，而庸臣膠柱之見，猶不知釋疆埸之憂，救堂奥之急，卒至强寇壓境，始議撤兵，而相去數百里，十六日入關，二十日抵豐潤，而京師陷矣，悲夫！

504 曾應遴奏江右事

初七丙申，兵科曾應遴言：「臣鄉江右，自橋頭失守，而賊從永破吉；插嶺兵破，而賊破萍及袁。吕大器禍急不能駕馭左帥，臣早已言之。今江督更置之時，即合閩、越之力，以供虔鎮。副將鄭鴻逵，與芝龍爲兄弟，緩急可不煩檄調。有云益王走閩中，建昌潰于十一月初二日，撫州、南豐同陷于初七。并有言贛失守者。而虔撫之報杳然莫必，諸臣真同醉夢矣！

保定撫徐奏：「義衿陳延祚破家養士，厚捐全城。」

505 李自成陷平陽

初八丁酉，自成陷平陽，沿河州縣望風瓦解，皆置僞官，有防禦使、大尹等官。初九戊戌，山西逃兵南下，江北震恐，路振飛派兵防河，副將金聲桓守徐，周仕鳳守泗，周爾敬守清口。

506 何騰蛟

十二辛丑，漕撫路振飛言：「淮徐道何騰蛟整頓徐方有功，今陞楚撫，已成之緒恐廢。有同知范鳴珂，二十年安于府倅，恬守可知，卽以補騰蛟缺，可稱並美。」

507 元宵賊入城

北京每歲正月初八燃燈起，至十八日止，作元宵節。是年，連夕皎月，九門不閉，金鼓震天，每門自城外入者以千百計，皆以昏候鬧元宵爲名，達旦不出。守者曰：「何每夕見其入。而不見其出也？」時鬧元宵，賊俱腰纏數百金，既入城，大者買將，小者買兵，各守城上。部内貪其厚賄，竟不核也。及三月賊至，離城二里許，守城賊多置鐵子砲中，不向下擊，而向上發，俱打空中，不傷一賊。久之，賊度鐵子已盡，乃悉薄城。城上已無鐵子，砲徒乾響而已。衆議往工部請箭，行未及，賊用高木續接，緯以紬布，使健兒魚貫而登，守者不拒，反以手援入。賊既上，發三砲，守者悉脱衣反服，俱平日號衣也。見有不反服者，即以刀砍之，遂大潰。蓋元宵九門分股頻進，賊已萬千伏城内矣。

無錫王季重入朝房，腰間銀帶被人割去。朝内有偷兒，時事可知矣。附記。

508　李建泰督師

李建泰，字復余，山西曲沃縣人。天啟五年乙丑進士。崇禎季年，爲大學士。甲申正月，上憂寇，批云：上憂寇，張縉彦以居庸、紫荊、倒馬三關，天險足恃爲慰。于臨朝日向閣臣興歎曰：「賊勢如此，閫外無人承任，府庫殫竭，將如之何？卿等能無爲朕分憂哉？」建泰進曰：「主憂如此，臣敢不竭駑力。臣晉人，頗知賊中事，願以家財佐軍，可資萬人數月之糧。臣請提兵西行。」上大喜，慰勞再四，曰：「卿若行，朕當仿古推轂禮，親餞之郊，不敢輕也。」十六乙巳，建泰揭請出師，因題用衛貞固、凌駉、郭中傑。上諭：「卿即整裝就行，具見忠奮。所請，吏部即用所需旂牌勘合，照例速給。」建泰又曰：「進士石嶐願單騎走陜北，連甘肅、寧夏之兵，外連羌部，召募忠勇，勸輸義餉，勦寇立功。否亦内守西河，扼吭延安，使賊不得東渡。」上悦，欲用石嶐，建泰曰：「俟臣西行，酌而用之。」二十己酉，郭中傑實授副總兵，督輔中軍旗鼓。上命查大明集禮中遣將授鉞告廟禮，看議安行。二十三壬子，建泰揭薦布衣羅天錦，如議用。介松年着以科銜催餉有功，實授。二十六日乙卯，上命建泰出師，行遣將禮。寅時，命駙馬都尉萬煒以特牲告太廟。卯時，上臨軒，廷授建泰節劍，殿櫟響聲大作，如摧折然。巳時，備法駕御正陽門，親餞。官軍旗旛十餘萬，自午門外排至正陽門外，旌旗金鼓甚盛。文武百官，聞召俱至，列席十九，文東武西，御席居中。御用金臺爵皆嵌大寶石，是累朝重器；諸臣則皆金杯也。命五府掌印侯伯、內閣六部都察院掌印官及京營總協侍坐，鴻臚贊禮，御史糾儀，大漢將軍侍衛，設宴作樂，上親遞酒三杯，曰：「先生此去，如朕親行。」即以三杯賜之。復出御撰手勑獎諭，親臨正陽用寶以賜。內璫爲掛紅簪花，鼓樂導尚方劍而出。上目送之，良久返駕。是日大風揚沙，占曰：「不利行師。」太監韓贊周奏南京地震。建泰乘肩輿，甫出宣武門，輿杠忽折，識者憂之。諸臣又公餞于護國寺，建泰意氣英英，言方入寺時，視其印綬忽發大如斗，同官相與賀曰：「此指日成功，取『金印如斗』兆也。」授進士凌駉職方司主事，隨輔臣監軍。西洋人湯若望隨行，修火攻、水利。進士程源私于凌駉曰：「此行也，兼程抵太原，收拾三晉，猶可濟也。若三晉失守，無能爲矣。」二十七丙辰，建泰奏：「微臣馳往太原，因揭救河東分守李正修。」上命金毓峒監軍赴晉，允正修赦罪，督輔軍前效用。建泰出都，道聞山西烽火甚急，家存亡未卜，益遲遲其行，日行止三十里。師次涿州，營兵三千逃回。行至順德府廣宗縣，紳衿城守不納，攻破之，殺鄉紳王佐，笞知縣張弘基。是日，即移兵出城。二十九戊午，建泰聞家被焚掠，爲之奪氣。兵過東光不戢，士民閉城拒守。建泰怒，留攻三日，破之。二月初九戊辰，御書親勑建泰，曰：「朕仰承天命，繼祖弘圖，自戊辰至今甲申，十有七年。兵荒連歲，民罹兵戈，流毒直省。今卿代朕親征，鼓勵忠勇，選拔雄傑。其驕怯逗玩之將，貪酷倡逃之吏，當以尚方劍從事。行間一切調度賞罰，俱不中制。卿宜臨事而懼，好謀而成，真勦真撫，早蕩妖氛，旋師奏凱，封侯晉爵，勒銘鼎鐘。須將代朕至意，遍行示諭。」建泰初承寵命，恃有家財，足可佐軍。已聞家破，進退失措，又不敢上辭，惟逡巡畿内而已。十五甲戌，賊探馬至太安驛，傳達京師，中樞持議，請敕督輔綢繆布置。時建泰尚在河間也。又請敕臨、德、通、津、昌、密六處，悉聽督輔調遣。三月初五癸巳，建泰病甚，兵潰。初十戊戌，寧武報至，畿輔震動。程源謂魏藻德曰：「建泰何爲尚住河間？其標下總兵馬稔有兵萬人，令速赴居庸，與唐通協守，猶可以鎮撫萬一。」不聽。京師破，建泰入城，賊禮遇之。批云：一云建泰在保定府，稱病三日。賊至，郭中傑縋城降賊，告城無備禦。城破，執建泰，取勅書、劍、印等焚之，三金杯取去。

聞賊急，建泰遁匿。未幾，降自成，爲相。清朝至，建泰與謝陞、馮銓俱爲内院大學士。及姜瓖起兵，又召建泰爲相。瓖敗，清執之。建泰有妾五十人，逃歸，語之曰：「吾今必死，汝輩有一人肯從吾否？」諸妾俱掩面而笑，竊相謂曰：「汝固應死，吾等謂何？」建泰尋被殺。其身長而色黑，鬍髯。昔崇禎丙子，建泰主試江南，九日，大宴雨花臺，百官送之。建泰坐轎中，歎曰：「不覺又重陽矣！」蓋感日月之易遷，知其貪生之念重也。九月二十四日書。

甲乙史載：上傳正月二十六日，行遣將禮及大漢侍衛云云。廿七，上御正陽門樓，親餞，有「如朕親行」等語。

東光縣屬河間府。

509 上諭

十七丙午，諭兵部：「山東土寇出没，外解梗阻，撫按全無奏聞。著即掃蕩以通餉道。」又諭：「寇患地方，人心不固，聞警逃避，法紀蕩然。亟行賞罰，用示勸懲。如山西保德州固守有功，已命破格敍擢。其倡逃者，不論宗室官紳，立行拿問。」

510 彭琯奏

十八丁未，工科彭琯奏：「往者逆賊犯楚，實由人心惑于『三年免征，一民不殺』之僞示耳。又見撫臣李乾德懸示免征，益復勇躍。倘皇上大下蠲詔，通行曉諭，更當何如？近傳十六、十七年寬赦，何如寬之十八年，使賊滅後，猶有餘力。并奇荒赤地通行酌免，使老幼捧檄泣下，非目前第一義乎？武昌破時，沿江積屍千里。州縣收復，原任官戴罪不敢任事，必待選補。選補之臣，功名與性命較，則輕，決不赴任，罪以規避而止，何益于地方之緩急？請查陷城各官，除門迎、先逃外，調補無官地方，以聯絡人心，似爲切要。」

511 馬士英奏

十九戊申，鳳督馬士英奏：「太湖疏防失守。」中書張同敞奏：「翅豐破𥨊，是兵非賊。」命該部行檄督撫，卽擒梟示。總兵高傑言：「逆寇業已渡晉。」有旨：「看郡邑失守情形，撫按嚴飭何在？高傑既稱兵精，卽當聽調，賈勇破賊，何待大兵四集？」鄖陽推官朱翊辨奏：「周士奇以鄖人監鄖，棄城先遁。」平陽鎮臣陳尚知投賊爲前驅。

512 東陽許都

二十己酉，上海舉人何剛言：「忠義智勇之士，在浙則有東陽、義烏，昔時名將、勁兵，多出其地。臣熟知東陽生員許都，天性忠孝，素裕韜鈐，一見知人，能與士卒同甘苦，乞用許都，以作率東義、徽歙二方之奇才，臣願以布衣奔走聯絡，悉遵戚繼光法，申詳約束，開導忠義，一歲之餘，可使赴湯蹈火。臣見進士姚奇胤、夏供祐，桐城生員周岐，陝西生員劉湘客，山西舉人韓林，皆憂時有心。乞頒手詔，會天下豪傑，則忠義智勇，連袂而起助皇上建業矣。」廿二日辛亥，上諭吏、兵、刑三部：「舉人何剛條奏，儘多可採。著授職方主事，卽令往東陽、義烏聯絡義勇，練成勁旅，以資勦寇之用。又允何剛奏，許都、姚奇胤作何委用，該部速議。」二月廿二辛巳，御史吴邦臣奏浙寇立剪，諭部：「陳子龍、蔣若來才長定亂，作何優異？」先是，東陽之變，實主許都。都故副院弘綱之孫，任俠好義，遠近信服。縣令姚孫榘貪虐殘民，借名備亂，横派各户輸金，而坐都以萬。都家實中産，勉輸數百金，自詣告竭。孫榘大怒，摘都所刻社稿姓氏，謂是結黨造反。桎梏之時，輸金者盈庭，閧然沸亂。有姚生者，執孫榘于座，按之階下笞之，羣擁許都爲主。巡按御史左光先聞變，卽調台州行勦，所至屠掠。東陽、湯溪、蘭溪民各保鄉寨拒敵，官兵大敗。光先遂以許都反聞，集兵處餉，人人倖功。杭州推官陳子龍謂都實非反者，遣生員蔣若來賫書諭之，都即率同事十三人詣杭投獄。子龍爲之請，光先不許，悉斬之，盡隱孫槃之過，命之復任。三月初六甲午，吏部奏大寇就殲，有旨：「陳子龍定變可嘉，著授兵科給事中。」

513 劉孔昭殺叔

廿三壬子，操江劉孔昭殺其叔萊臣。萊臣應襲嫡嗣，爲孔昭父藎臣僭襲，孔昭復冒之。及官操江，遂捕萊臣，斃之獄。

是日，賊破趙城。

514 廿四癸丑

內閣陳演三年考滿，加少保、吏部、建極殿，廕子中書。兵部奏李輔明抗□死戰，〔一〕特贈左都督，予諡。真定參將李茂春報：「流寇過河，平陽府縣開門盡逃，高傑兵搶掠河東一帶。」張縉彥言：「臣浙自舊撫熊奮渭潦倒之後，海上僅足一旅，民壯則多人奴役占，鄉勇則虛應故事，將領則總纛虛懸，參、游以下皆紈袴，儲備則鋒朽藥銷，餉供則奇荒大疫，道殣相望，豈直一方之利害而已！」縉彥于正月初四，自兵科都給事陞兵部尚書。是夜，星入月中，占云：「星入月中，國破君亡。」

〔校記〕

〔一〕此處原空缺，通行本作「賊」字。

515 廿六乙卯

諭兵部：「淮揚爲南北咽喉，宜有重兵防扼。著漕督、鹽法二臣增募。」南京地震。

516 廿八丁巳

始傳平陽之陷，都人大震。陳演揭救在獄諸臣，命限十日審結，其方士亮、姜埰、尹民興、龔鼎孳保出。

517 三十己未

晉王奏晉疆萬分危急。塘報賊陷閿鄉。

518 李自成僞封

二月初一庚申，上平旦視朝，忽得僞封，啟之，其詞甚悖，末云：「限三月望日至順天會同館暫繳。」一時相顧失色。

是日，命工部尚書范景文、禮部侍郎丘瑜，並兼東閣大學士。諭吏部：「曾櫻名城屢陷，革職提問。」

初二辛酉，大同總兵張報逆賊闖關。自成破汾州。

初三壬戌，兵科韓如愈言：「晉寇訛傳。」時，晉已殘破，諸臣相戒不欲上聞。總兵周昌吉奏：「保德嬰城固守，內有豪衿把持。」懷慶夜變，福王同母走出東門，棄母兵間，狼狽走衞輝，依潞王。

初四癸亥，諭部院：「言官論事，須明白直陳，近來多埋伏隱語，殊非告君之體，着嚴行警戒。」姜埰允予謫戍邊遠，蔣拱宸、方士亮、尹民興從輕擬杖。

初五甲子，命迎護益藩歸國。山西糧儲道程奏：「晉省鹽課，欠至七十餘萬。」予劉之綸謚。

519 李自成僞檄

初六乙丑，賊圍太原。時余應桂初聞平陽破，諸將皆遁，太原無一兵守城。賊圍三日，以數人上城，開門而入。賊移檄遠近，有云：「君非甚暗，孤立而煬蔽恒多；臣盡營私，比黨而公忠絕少。甚至賄通宮府，朝廷之威福日移；利入戚紳，閭左之脂膏盡竭。」又云：「公侯皆食肉紈袴，而倚爲腹心；宦官悉齕糠犬豚，而借其耳目。獄囚纍纍，士無報禮之思；征斂重重，民有偕亡之恨。」人讀之多爲扼腕，而朝臣若處夢中，惟薦某人營某缺，門户苞苴是務，有識之士，無不寒心。

上諭户部：「邊餉甚棘，外解不至，皆由有司急贓贖而緩錢糧，不嚴立賞罰，何以勸懲！以後在內責成部科，在外責成巡按，痛禁索耗。完足者陞四品京堂，未完九分者革職。」中書張同敞奏：「楚、豫僞官，多係紳衿從賊，宜示教官，以諸生忠逆爲功罪。」下部酌議。

初七丙寅，總督余應桂報晉中瓦解。徽州鄉勇拒殺黔兵。

520 蔡懋德太原死節 附畢拱辰 應時盛

初八丁卯，李自成陷太原。先是，賊破榆關，長河二千五百里之防，晉獨當之，賊衆眈眈窺渡。巡撫蔡懋德駐防蒲澤，且南北策應，大慶、風陵兩挫賊鋒。癸未冬，保德州告急，歸鎮省城。守河道將聞警奔潰，巡按御史汪宗友特糾其懦。奉旨革任聽勘，以郭景昌代之，未至，副將陳尚智投賊爲前驅。總督余應桂畏賊甚，遲迴河上，一無所爲。甲申正月二十九日，賊從沙渦竟渡，三晉遂成破竹之勢，既陷平陽。二月初六，圍太原。太原無重兵爲守，賊馬步號五十萬，或勸懋德移鎮候代，可以卸責，懋德不可，誓衆死守，登陴拒敵，矢石火藥，傷賊甚衆。遣牙下驍將朱孔訓、牛勇督兵五千出戰，孔訓傷于砲，牛勇陷陣死，一軍皆没，城中奪氣，賊攻圍三日。初七，大風霾，燈火無光。初八丁卯，城東南角樓砲裂焚燬，風沙陡作，對面莫辨。守門將張雄爲賊内應，賊以數人乘昏夜大風，從東北角登城，城遂陷。懋德草遺疏，授贊畫知縣賈士璋，間道奏京師，引佩刀欲自刎，爲衆所奪。中軍應時盛扶公上馬，欲衛出城，懋德躍下馬曰：「吾封疆之臣，應死封疆，汝輩自去。」衆强之，懋德大呼曰：「汝等欲陷吾不忠耶？」遂至書院三立祠，惟時盛相隨，懋德南向自縊，軀輕，氣未絶，時盛解鐵甲覆其身，候氣絶，亦東向自刎死。

時甲申二月初八日也。蓋時盛以遼諸生爲懋德識拔，隸幕下。見草遺疏，即歸寓殺其妻妾與十四歲子，期以死殉，卒如所志。批云：一云應時盛見賊登城，歸謂妻子曰：「天意助賊，人力不能守。蔡撫院忠義自矢，我已誓天與之相從，汝皆隨我爲厲鬼殺賊。」手刃妻孥四人，即回撫院座前，同時被執，罵賊而死。文武將吏與懋德同死者，布政趙建極、巡按陳純德、按察副使毛文炳及府縣各官四十六人，賊尸之于街巷。懋德，字公虞，號雲怡，蘇州崑山人。批云：懋德嘗面囑周遇吉曰：「寧武關爲京關咽喉，汝能死守，吾亦瞑目。」遇吉用是悉力抗拒。萬曆丙午舉人，時十八歲耳。己未進士，司理杭州。秩滿，授儀曹郎，出爲江右督學。其備兵嘉、湖，巨寇屠阿丑流毒四省，公授幕署許世威方畧，擒之青石橋。分守湖南，以計擒湖賊齊天王等。烈皇帝知公才，召對稱旨，擢公巡撫山西。公既死，闖賊恨公不降，驗屍時加刃斷頸。公標將段可達收公屍，掬土掩之。賊退，始入棺。公稱漢月師入室弟子，故在危城中語人曰：「吾學道多年，已勘了生死，今日正吾致命時也。」子方炳，頗卓犖。甲申冬，得旨謚忠襄，予贈廕，與邑人王燾立祠，賜名雙忠，應時盛並祔祀。燾事在戊寅二月。

畢拱辰，字星伯，號湖目，萊州衛人。萬曆丙辰進士，歷仕至按察司僉事，改山西，分巡冀、寧。賊入太原，執公至僞將軍劉所，脅之降，公山立不動，遂遇害，與蔡懋德、趙建極三屍同棄晉王府西墀下。越八日，賊去，材官段可達以牆土覆之。公無子，無人爲請卹者。丁雄飛與陳皇士云：「公生平最好書，官南曹時，相過輒屏騶從，同至書廊，簡閱書史。或從街口地上攤殘籍中偶得數葉，則大喜。署中無事，終日讀古。嘗以書相餉，受人餉者，必以其人所未見者報之。家中積書幾萬卷。性清執，不善事上官，以故通籍二十年，尚浮沉郎官。尤通曉曆法，所著有義俠紀事等書。」

西安爲秦省，太原爲晉省，二府既陷，秦、晉隨之，長戈指闕矣。

啟禎録一刻方伯朱忠，須考。

521 張履旋投崖

張履旋，舉人，吏部尚書張慎言之子也。僞官至山西汾州府陽城縣，執履旋拷銀，履旋義不受辱，貽書父慎言曰：「與其虧體以辱親，不如殺身以明志。」遂投崖而死。批云：此應入初二日内。弘光朝贈御史。

初九戊辰，劉澤清移鎮彰德。録陳郡屠戮，贈闕永傑等少卿。

初十己巳，閣臣蔣德璟以病，召對不能趨赴。

十一庚午，諭吏部：「平陽副使李士焜等七人，先逃後返，已經革職，着戴罪料理，圖功自贖。」

十二辛未，順天撫楊奏飢民焚掠。批云：一云自成是日至黎城，他將陷臨晉。諭刑部：「張國維中樞溺職，一徒豈足蔽辜？」又諭：「吴昌時依律處斬，馮源等附近充軍，財産並罪輔周延儒贓産，籍没充餉。」又諭：「周延儒見賄忘法，本當全没財産，量追十二萬，着周正儀、周奕封完納；吴昌時量追五萬，俱免籍没。」高傑縱兵東下，鳳督馬士英迎駐徐州。十五甲戌，賊探馬至大安驛傳達京師。賊遣僞官于山東、河南州縣，各處代任。每官先遣牌至州縣，士民各苦征輸之急，痛恨舊官，各借勢逐之，執香迎導，遠近風聞若狂。

522 山西全陷

十六日乙亥，李自成至忻州，官民迎降。進攻代州，五臺知縣投降，地方官有載牛酒以迎者，有備子女以獻者。總兵周遇吉守代州，出奇奮擊，連戰十餘日，殺賊萬餘。自成合諸路賊進攻，遇吉兵少食盡，退守寧武關。賊陷懷慶，抵固關，分趨真定、保定。上至是始聞山西全陷，命跡訪諸王。分遣太監高起潛等十人監制寧前、通津各鎮。張縉彥疏言：「今日糧餉中斷，士馬虧折，督撫各官，危擔欲卸，若一時添内臣十員，不惟物力不繼，抑且事權分掣，反使督撫藉口。」批云：甲乙史張疏在二月廿九日。上不聽。

上諭院部：「寇氛入晉，畿輔戒嚴，固圉安民，全在察吏。該撫按將所屬官嚴加甄別，必清謹循良、素爲民戴者，可許留任，責令募練鄉勇，整備城守。如貪殘及闒冗者，勒令去職，或選賢能，竟行推補。」

523 馬嘉植疏

十七丙子，吏科馬嘉植言：「皇上亦知孫傳庭僨事之因乎？守關原自有餘，大言一鼓蕩平，明知不可爲而僥倖爲之，以塞前言，是以進退失據。今不復以覆轍爲戒，而空拳徒膺，萬一晉陽與淮陽俱震，則爲禍愈激，非知彼知己着數也。臺臣陳丹衷借兵土司之説，尤當商量。以數世豢養之兵，尚不能必其用命，而向鑾夷責大義，此實難矣！況不能裹糧景從，則搜括不加倍乎？百姓見兵過尚摇手閉户，狼兵一來，保無驚竄乎？狼子驕悍，兩粤之間，又增多事矣！」

户科介松年言：「士節不振，廉耻風微，倡逃迎降，出自衿紳，深可痛憤！亟宜崇奬節烈，以收拾人心。」上是之。

十八丁丑，河南巡按蘇京報賊窺懷慶。賊騎已叩固關，將逼真定。真、保之間，全憑道路之口，京中嚴戒妄言。

524 堪任督撫諸臣

十九戊寅，吏部題堪任督撫諸臣：沈迅、魏公韓、孫肇興、朱家仕、萬元吉、馬鳴騄、楊毓楫、何楷、聶明楷、周光、夏允、許譽卿、汪心淵、毛九華、蔣允儀、王道純、詹爾選、黄宗昌、鄭之尹、王守履、李長春、毛羽健。

二十己卯，太康伯張國紀進銀一萬兩，命進封侯爵。廿一庚辰，驟寒，大雪，凍死人無數。兵部塘報：太原、汾州、潞安連陷。諭亟訪各籓諸王下落。諭河南總兵土國寶加意整頓，立功自贖。命内官閻國輔等，賫餉往薊、寧等處分給。諭吏部：「朕念豫、楚殘破，州縣料理需人，各撫按官自爲挑選，不拘科目雜流、生員布衣，但才能濟變，即與填用。有能倡義募兵，恢復一州縣者，即授知州知縣。功懋懋賞，朕不爾靳。」分敕内官監制各鎮：寧前，高起潛；通津、臨德，盧維寧；真保，方正化；宣府，杜勛；順德、彰德；王夢洵；大名、廣平，閻思印；衛輝、懷慶，牛文炳；大同，楊茂林；薊鎮中協，李宗化；西協，張澤民。兵部報：鄭、魯之間土寇團聚。廿二辛巳，差内官王坤、科臣韓如愈巡歷地方，催解京邊正項，並改折贓贖及周延儒、吴昌時、朱大典等贓銀督解。諭刑部：「張國維附和罪輔，朦蔽君上，本當重治，念方士亮等輕擬，著免罪候用。」河南巡按蘇京報賊逼澤州，催任濬速到任。

525 賊陷真定

廿三壬午，賊陷真定。先是，知府丘茂華聞賊警，先遣家屬出城，撫臣徐標執茂華下獄。標麾下中軍官伺標登城晝守禦，劫縛出城外，殺之。劈獄，請茂華出，茂華遂檄所屬州縣，豫叛待賊。數日，而賊始以數騎入城，收帑籍。地距京城止三百里，寂然無言者。

徐標，號鶴洲，濟寧人。天啟乙丑進士，巡撫保定右副都御史，守真定，斬賊使，碎僞牌。

廿五甲申，總兵劉澤清請于青、登諸山開礦煎銀，着巡按設法。

廿六乙酉，進魏藻德禮部尚書、文淵閣大學士，總督河道屯練。進方岳貢户部尚書兼兵部尚書、文淵閣大學士，總督漕運屯練，往濟寧。旋以敵報甚急，或言各官不可令出，出即潛逃，遂止藻德等不遣。

禮部奏桂、惠二籓同走粤，着賫璽書慰問。

徵天下勤王。

526 李邦華議南遷

先是，都察院左都御史李邦華與左庶子李明睿私議南遷，上親行與東宫孰便？明睿曰：「太子少不更事，稟命則不威，專命則不敬，不如皇上親行爲便。」至是，上命府部大臣各條戰守事宜，上候于文華殿。邦華、明睿與少詹事項煜，各言南遷及東宫監撫南京，上驟覽之，怒甚，曰：「諸臣平日所言若何？今國家至此，無一忠臣義士爲朝廷分憂，而謀乃若此！夫國君死社稷，乃古今之正。朕志已定，毋復多言！」

527 附記南遷得失

或問南遷得失何如？予應之曰：「當自成踰秦入晉，勢已破竹，惟南遷一策，或可稍延歲月。而光時亨以爲邪説，其事遂寢，天下恨之。然景泰時，也先入寇，徐有貞亦倡此説，時未之從，卒能固守卻敵，宗社晏然。時亨亦持是見耳。使以時亨之説爲非，則國君死社稷之義謂何？必以邦華之説爲非，則徽、欽羅繫組之辱可乎？二者得失，必有辨之者，似光説稍長。然問今日將相，果能如宗、于輩否？不能，則遷國圖存，未始非救變之一策，而時亨目之爲邪，過矣！且先帝身殉社稷，假令時亨駡賊而死，雖不足以贖陷君之罪，尚可稍白始志之靡他，而竟躬先從賊，雖寸磔亦何以謝帝于地下乎？是守國之説，乃欲借孤注以邀名，而非所以忠君也。邦華以身殉國，是南遷之議，乃所以愛君，而非以避死也。獨是明睿親行之策，亦有未盡善者。使上驟行于賊未至時，則人心駭懼，都城勢將瓦解，後世必謂輕棄其國；若上遷于賊之將至時，則長途荆棘，未免爲賊所伺，而有狼狽之憂。故爲上計，不如死守社稷，得古今君道之正。若太子者，天下之本，宜及賊遠畿甸時，令大臣默擁南行，以鎮根本之地，以繫天下之心。設北都有急，亦可號召東南，爲勤王之舉；卽不然，亦不至父子一網打盡。且非獨太子宜南，卽永、定二王，亦宜分籓浙、粤，伏意外之圖。奈何一堂聚處，如燕巢于幕，禍及而不知也哉？且明睿謂太子之行，有專命、稟命之礙，不知天下事有可權者。昔唐玄宗避蜀，卽使肅宗收兵靈武，雖欲克復兩京，亦以安、史勢急，恐一旦不測，父子同盡耳。今日之事，何以異此？竊謂上宜守北，太子宜南行，似爲兩得。雖然，謀之善不善，事之成不成者，人也，亦天也。」庚戌九月廿六用賓評。

528 余應桂請調諸將

前總督陝西余應桂上言：「賊衆號百萬，非天下全力勦之不可。請調天下鎮將，如左良玉、吴三桂並高傑、唐通、周遇吉、黄得功、曹友義、馬科、張天禄、馬岱、劉澤清、土國寶、劉良佐、葛汝芝及副將丘磊、惠登相、王光恩、孔希賢、金守亮等，齊赴軍前，會師真、保之間。督撫之外，加一督師，如史可法、王永吉其人者，賜以尚方，懸公侯之賞，以鼓勵之，庶賊可滅也。」

賊勢甚盛，諸臣終日呶呶，未曾説着痛癢，惟此疏切要可用，惜乎已晚！

廿九戊子，大學士陳演面陳引退，許之。先是，上憂秦寇，演謂無足慮。至是不自安，故求去。上賜路費五十兩，馳驛歸。時道路梗塞，演以貲富不敢出京，遷延半月而及禍。前廿六日書首輔陳演、次輔蔣德璟俱准回籍，至是辭朝也。

批余應桂疏：「應桂既不入秦，又不防河，何故往來介、霍間？中軍鼓譟，庸怯可知。」諭兵部：「寇氛孔棘，秦所式不候交代，輒自離任；任濬久報赴任，一味退縮，俱着革職，濬充爲事官管事。」

529 三月己丑朔 張鏻請監國南京

李自成入畿輔，京師滿城洶洶，傳賊且至，而廷臣上下相蒙，政府中樞終日會官羣訟，揚揚得意如平時。上命部院廠衛司捕各官譏察奸宄，申嚴保甲之法，巷設邏卒，禁夜行，巡視倉庫草場。魏藻德請自出京議餉，諭以「在閣佐理，兵餉着黃希憲、路振飛加意。」召前兵部尚書張國維、庶吉士史可程、進士朱長治、陳州諸生張鏻來中左門〔一〕，鏻言三策，首請太子監國南京，擇耆臣輔之。諭府部：「寇氛孔棘，戒嚴城守。」

昌平民譟，焚刼官民舍一空。宣府告急，命鎮朔將軍王承胤偵賊所向。命遣戍有罪内官朱晉等八人，俱釋罪閑住。

〔校記〕

〔一〕「陳州」原訛作「陳川」，現據明清進士題名録索引及談遷國榷卷一〇〇改。

530 初二日庚寅

上召府部、錦衣、詹翰、科道等至中極殿，問禦寇之策，奏對者三十餘人，有言「守門乏員，當今之急，無如考選科道」。餘皆練兵、加餉套語，賜茶而退。命内監及各官分守九門，稽出入。京城武備積弛，禁兵皆南征，太倉久罄。至是，命襄城伯李國楨提督城守，守西直門。各門勳臣一、卿亞二。諭文武輸助。初議僉民兵，魏藻德曰：「民畏賊，如一人走，大事去矣。」上然之，禁民上城。全晉之破陷始聞。何謙以兵變聞，命謙帶罪安職。淮撫路振飛練義勇，各保坊村。

531 初三日辛卯 李建泰請南遷

李建泰上書請駕南遷，願奉太子先行。上召對平臺，諭閣臣曰：「李建泰有疏勸朕南遷。國君死社稷，朕將何往？」大學士范景文、都御史李邦華、少詹項煜請先奉太子撫軍江南。給事中光時亨大聲曰：「奉太子往南，諸臣意欲何爲？將欲爲唐肅宗靈武故事乎？」景文等遂不敢言。上復問戰守之策，衆臣默然，上歎曰：「朕非亡國之君，諸臣盡亡國之臣爾！」遂拂袖起。

命福建撫按送益王回籓。時韓王亦避地屬縣，令速返國，以資屏障。先是，詔諭籓王捐貲守國，乃益府寇未薄城，長史推官輒倡借護籓遠遁，而撫按不發兵助守，且令權避。益府暫駐邵武，地方官宜供應護送回國，毋致失所。命張國維往督浙直兵餉。

甲乙史載李邦華之請在初六日。

532 初四日壬辰 帝星落　封諸將

欽天監奏帝星下移，詔百官修省。詔封各總兵：吴三桂平南伯，左良玉寧南伯，唐通定西伯，黄得功靖南伯，給敕印。劉澤清實陞一級。劉良佐、周遇吉、高傑、馬岱、馬科、姜宣、孔希貴、黄蜚、葛汝芝、高第、許定國、王承胤、劉芳名、李棲鳳、曹友義、杜允登、趙光遠、卜從吉、楊御蕃各陞署一級。督撫馬士英、王永吉、黎玉田、李希沆分别應實署。福、周、潞、崇四王，各棄籓南奔。衛帥卜從吉南奔，駐宿遷。內閣蔣德璟引退，准馳驛回籍。

533 初五日癸巳

上命李國楨練京營兵，守西直門。封疆重犯俱許贖贖。又設黄綾册，募百官蠲助。

534 初六日甲午

始棄寧遠，徵吴三桂、王永吉率兵入衛。又召唐通、劉澤清率兵入衛。批云：三桂、澤清不奉詔。澤清前命移鎮彰德，因縱掠臨清南奔。惟唐通以八千人入衛，命同太監杜之秩協守居庸關。賞通銀四十兩，大紅蟒衣紵絲二表裏；其官兵八千八百二人，內庫發銀四千五百兩，每兵五錢。

甲乙史載：初七，唐通陛見，上慰勞再三，協守云云。大同告急，命內官謝文舉火速赴任。諭部院：「近來庶績廢弛，治功罔奏，總由上官不行料理，司官祇聽吏胥，積蠹相仍，惟賄是視，以致流弊不可勝言。今後堂官務要正己率屬，左右侍郎分任料理，不得優游藏拙。如司官闒冗，一任吏書及假手濟貪、賄跡有據者，即指參拿問。」

535 周遇吉寧武大戰

李自成薄寧武關，傳檄：五日不下，且屠。總兵周遇吉悉力拒守，大砲擊傷萬餘人。會火藥盡，或言：「賊勢重，可款也。」遇吉曰：「戰三日，殺賊且萬，若輩何怯邪？然勝之，一軍皆爲忠義；萬一不支，縛我以獻，若輩可無恙。」于是開門奮擊，殺賊數千人。賊懼，欲遁。或爲賊策曰：「我衆彼寡，但使主客分別，以十擊一，蔑不勝矣！」請去帽爲識，見戴帽者擊之，遞出戰，不二日可殲也。」賊引兵復進，迭戰，脫帽以自別，我兵大敗，遇吉闔室自焚，揮短刀力鬥，被流矢，牙兵且盡，見執，罵賊，縛于市磔焉。遂屠寧武，嬰穉不遺。自成既殺遇吉，嘆曰：「使守將盡周將軍者，吾安得至此！」遺聞云：「遇吉夫婦臨陣，殲賊無數。」抄本云：「遇吉設奇制敵，每戰必勝，自成懼。遇吉夜率壯士二百，縋城入賊營，賊大敗，退二十里。持半月，而姜瓖等救兵不至。三月初一日，城陷，遇吉率民兵巷戰，手殺數百人，力竭被獲，不屈而死。」

536 周遇吉傳 附配劉氏

周遇吉，號萃庵，錦州衛人也。樵史作錦衣衛指揮籍。鎮守山西，兼關門、代州三關總兵官、太子少師、中軍都督府左都督，夙稱戰將。夫人劉氏，驍勇多能。賊勢狓猖，請益鎮兵二千，部覆以副將熊通統之。甫至河干，叛將陳尚志迎賊，即令熊通歸鎮說降，公怒叱之曰：「吾受朝廷大恩，豈若爾輩叛逆！爾領兵二千，不能堵賊，反爲賊作說客耶？」立斬之，令標下提塘都司楊志榮傳首京師，併請救兵。時甲申二月十二日也。十五日賊逼寧武。蓋賊自破太原後，乘勝席捲，勢如破竹，志意甚驕，其視寧武一關，既非雄險，而兵力又微，直摧枯拉朽耳。公晝夜練兵，更選城中壯勇，得數千人，激以忠義，迎而邀之。賊不爲備，其前驅皆難民，斬殺已盡，搗其中堅，復殲賊精鋭不可數計。賊鋒雖挫不却，屢戰，始薄城下。每戰，賊傷甚多。公日則列兵城外，以戰爲守；夜則收兵入城，登陴擊打，賊死又無算。我砲既盡，賊得舁大砲擊城，援兵不至，計無如何。公密令健兵伏巷，開門誘賊。賊進城及萬餘，即將城門閘下，伏兵四起，殺賊無噍類，傷四驍將。闖賊大恨，擁步兵環攻四晝夜，力不能支，城陷，公復躬先巷戰。城中兵民感公忠義，雖兒童婦女，無一人受屈者，悉爲賊屠。公傷重被執，罵不絕口。賊縛之教場旗竿上，亂箭射之，共臠其肉。一作自刎。是時，署中男子相繼出戰，死亡畧盡，夫人劉氏率家中婦女數十人，據山頭公署，登屋而射，每一箭死一賊，賊不敢迫，縱火環燒，劉氏合宅盡作灰燼。廿五日，賊集頭目計曰：「寧武雖破，受創已深，自此達京，尚有大同兵十萬、宣府兵十萬、居庸兵二十萬、陽和等鎮兵合二十萬，盡如寧武，詎有才遺哉？不若且回陝休息，另走他途。」已刻期明早班師，更深，忽有大同總兵姜瓖差人賫降表至，賊喜甚，設宴厚欵。甫坐定，而宣府總兵王通亦然，且以百騎來迎。賊謬謂天與，優答二鎮，豫加封爵，一意長驅。亡何，居庸及各鎮總兵白邦正、劉芳名等，并昌平文武，相次乞降，迎表颷集。比賊陷京城，多有半面與失手足者，皆寧武所砍傷，莫不嚙指以告人，謂：「周總兵真好漢，殺我等數萬人。若再有此一鎮，我主安得到此？」楊志榮出揭備陳顛末，都督陳洪範上其事，贈太保，謚忠武，祀旌忠祠。

嗟乎！周忠武之殉難，闔門親屬，盡化烟塵；合鎮兵民，悉罹鋒刃，死後賊猶嚙指而畏，則前此未聞。尤異者，劉夫人之親率婦女，憑牆射賊，卒與全家俱燼，壯哉！李小有有云：「以視親執桴鼓之蘄王夫人，勇矣，愧無其烈；以視夫婦同死之趙昂發妻，烈矣，愧無其勇。」知言哉！

抄本載：三月初一，寧武陷。遺聞載：二月初八丙申陷。編年載：陳演乞休後。甲乙史載：三月初九丁酉，屠寧武。他本第云三月，而不誌日。獨本傳載：二月廿四五屠寧武，以楊志榮出揭備陳顛末。則本傳似爲有據。庚戌九月二十八日書。

537 初七賊陷大同

乙未，李自成陷大同，知府董復、鄉宦韓霖俱降。初，賊揚言降者不殺，兵民皆欲降。撫臣衞景瑗罵賊被磔，張國維率數騎南行。文學李若葵闔家九人自縊，先題曰「一門完節」。

538 衞景瑗傳

衞景瑗，字仲玉，號帶黃，陝西韓城人。天啓乙丑進士，除河南府推官，擢山西道御史。劾閹臣周延儒，朝論稱之。壬午，陞僉都御史，巡撫大同。甲申二月，李自成陷太原，督臣王繼謨望風遁。賊至寧武，周遇吉告急，公趣大同鎮姜瓖提兵往救，瓖持兩端不行，寧武陷。三月一日，賊至大同，瓖以城降，執公去。見自成，不屈，據地坐，大呼皇上而哭。自成曰：「忠臣也，勿殺。」公起，以頭觸石，血淋漓，賊拘之營中。六日，公自經于海會寺，冠服南面哭，稽首而絕。延安推官顧咸正爲之誌曰：「綱目書劉公韐自經于金軍，以爲金不能以威屈韐，而韐自經云爾。衞公有老母，又當賊方陽慕公，不殺，若可以無死，而公持義益決，從容自裁，可不謂之得正矣乎！若夫封疆之故，蓋難言之。其時邊兵缺餉已八月，而鎮臣内畔，雖有善者，無如之何矣。」南京贈公兵部尚書，謚忠毅。

一載天啟壬戌進士，賊至，被執。命之跪，不肯，曰：「此膝不屈第二人，卽當殺我！」賊禁之別室，終不屈，自縊死。

539 初八宣府陷

丙申，自成陷宣府。時叛將白廣恩以書約總兵姜瓖降，監視太監杜勳緋袍八騶，出城三十里，迎賊入城。賊揚言「降者不殺」，軍民聚謀籍籍。巡撫朱之馮懸賞勞軍守城，無一應者，三命之，咸叩頭曰：

「願中丞聽軍民納欵，可保一城性命。」之馮獨行巡城，見紅衣大砲，曰：「汝曹試發之，可殺數百人，賊雖殺我，無恨矣！」衆又不聽。之馮不得已，乃自起燃火，兵民競挽其手。之馮憤甚，乃奪士卒刀自刎。宣府軍民俱迎降于賊。監軍霍達走回京。是日，大風霾，晝晦。甲乙史云：執撫臣朱之馮，殺之。

兵科韓如愈奉差往省直催餉，行至山東東昌府戴家廟，劉澤清遣兵殺之，曰：「尚能論我主將否也？」淮撫路振飛坐河岸，以令箭約各籓船魚貫進口，預給鋪行供應。

540 朱之馮傳

朱之馮，字樂三，號勉齋，順天大興人也。天啟乙丑進士，巡撫宣府。甲申三月，賊逼畿輔。時宣鎮總兵王通，已潛遣騎賫降表迎賊矣，而公尚勞苦登陴，與通分城而守，各畫東西爲界。賊信急，飛章上告。城中忽布訛言，謂「公疑宣人謀叛，請兵屠城」。值上撥援兵二十萬，旦夕且至，人心益懼。而又傳「賊所過秋毫無犯，發帑賑貧，赦糧蘇困，真若沛上亭長、太原公子復出矣」。兵民望賊愈急。十二日，賊全隊抵城下。公方登城捍禦，見左右皆星散，禁之不止，惟存七八人環守公側，意叵測。俄報賊已從南門入，滿城結綵，或帛或布，無者繼以紙。百姓胸前皆粘「順民」二字，焚香跪接，賊騎已充斥街衢。公憤甚，令將大砲舁轉，欲向城中擊之，慢不應。公不得已，自起拽砲，見藥線孔牢下鐵釘，知事已不可爲，即索佩刀自盡，亦爲左右所匿，意在擒公獻賊，居爲首功也。公南面仰天哭曰：「太祖高皇帝、成祖文皇帝、今上皇帝，臣不意天命人心，一旦至此！臣死必爲厲鬼殲賊，以報國恩。」哭已，五拜，以繩繫頸。二三僕立在側，並無一言及後事，遂縊死城樓簷下，衆棄其屍于濠中。次早，賊大肆淫掠而去。十四日，始有好義者收殮之。濠邊狼犬夥多，屍經宿無不傷，惟公已兩日夜，面目肢體完好無恙。未幾而李鑑等義兵起。

李鑑，成都人，由進士初爲分巡口北道。遇事敢爲，有膽畧。既擢宣撫，尋罷去，以公代，時尚留宣。賊既破城，權將軍檄徵紳弁大姓，貫以五木，備極慘毒，酷索金錢，鑑亦不免，啣賊刺骨，人心怨恨。至四月杪，籍籍言賊已爲吴三桂借兵殺敗。鑑因糾集數千人，于五月初五日昧旦，圍各衙門，立擒權將軍、果毅將軍及防禦使、州牧等僞官。是日，即設大行皇帝位，發喪哭臨，隨將僞官梟首刳心，祭饗先帝。衆各瀝血飲酒誓師。隨奉公柩入察院改殮，易以厚棺。謂屍必腐敗，擬用白綾纏裹。及啟櫬，顔色如生，毫無潰壞。垂幕中堂，次第哭奠。三日後，築墳葬之，墓碣巍然尚在。南都贈兵部尚書，謚忠壯。

前載「初八，宣府陷」；而此傳則云「十二，賊抵城下」。前衞傳載「三月一日賊至大同，姜瓖以城降」；而此則云「初八，白廣恩約瓖降」。至朱之馮之死，一云自刎，一云賊殺之。而傳則云縊死，似各不同。總之善讀書者，不論時日之錯與死法之殊，只看事之有無與品之忠逆耳！慎毋笑予書無定見也。以後悉倣此例。庚戌九月二十九日書。

541 初九陽和陷

丁酉，賊陷陽和。陽和堡即在大同之西，道臣于重華出城十里迎降。重華，青城人，以邊材薦任者。□兵信屢至，内閣或蹙額相向，或談笑如常。范景文數舉南遷之議，方、魏以爲惑衆，力止勿言。本兵張縉彦别無布置，但出示沿街擺砲設兵，扎營各衕衕口，日置城上懸簾，以待賊至而已。上諭户部：「寇氛孔急，京師糧糗宜儲，目前米價甚平，尤當乘時勸糴。凡勳監、戚畹諸臣，及鄉紳、富室、商賈人等，積粟私家，上報數目貯存 不必納入公庾，以千石爲率。有好義之家積至三千石以上者，從優旌敘。遇有緩急，照原價發糶，不係捐輸。」又諭：「援兵需馬甚殷，勛戚文武各家，有强壯馬匹，不拘數目，連鞍轡進助，事平優敘。」召見庶常于中左門，特命陳名夏爲修撰，兼户兵科。給太監王國治火藥。有僞選淮安知府鞏克順遣牌至淮，巡按王燮碎其牌，捆責其人逐之。

542 初十徵戚璫助餉

戊戌，霸州道報至，始聞真定之陷。寧武報至，畿輔震動。吴三桂以寧遠降清。高起潛棄關走西山。王永吉請嚴居庸關守禦。山東總兵劉澤清虚報捷，賞銀五十兩。又詭言墮馬致傷，復賞藥資四十兩、蟒衣紵絲二表裏，命即扼真定。澤清不從，即于是日大掠臨清，統兵南下，所至焚劫一空。

上按籍，令勳戚、大璫助餉。進封戚臣嘉定伯周奎爲侯。遣太監徐高宣詔求助，謂：「休戚相關，無如戚臣，務宜首倡，自五萬至十萬，協力設處，以備緩急。」奎謝曰：「老臣安得多金？」高泣諭再三，奎堅辭。高拂然起曰：「老皇親如此鄙吝，大事去矣，廣蓄多產何益？」奎不得已，奏捐萬金。上少之，勒其二萬。奎密書皇后求助，后勉應以五千金，令奎以私蓄足其額。奎匿宮中所畀二千金，僅輸三千。太監曹化淳、王永祚助至三萬、五萬。王之心富第一，上面諭之，對以家計消乏，僅獻萬金。諸內官各大書于門曰：「此房急賣。」復雜出雕鏤玩好諸物陳于市，以求售。後賊拷夾王之心，追十五萬，他金銀器玩稱是；周奎抄見銀五十二萬，珍幣復數十萬，人皆快之。惟太康伯張國紀輸二萬，餘不及也。又議前三門巨室各輸糧給軍，且贍其妻孥，使無內顧。諸巨室多不樂而止。

淮口擒僞官鞏克順，按臣王燮斬以殉衆。燮自任守河，託撫臣路振飛守城，士民恃以屹然。

543 十一頒罪己詔

己亥，上頒罪己詔，曰：「朕嗣守鴻緒，十有七年。深念上帝陟降之威，祖宗付託之重，宵旦兢惕，罔敢怠荒。乃者災害頻仍，流氛日熾，忘累世之豢養，肆廿載之凶殘，赦之益驕，撫而輒叛。甚至有受其煽惑，頓忘敵愾者。朕爲民父母，不得而卵翼之；民爲朕赤子，不得而懷保之，坐令秦、豫丘墟，江、楚腥穢。罪非朕躬，誰任其責？所以使民罹鋒鏑，蹈水火，血流成壑，骸積成山者，皆朕之過也。使民輸芻輓粟，居送行齎，加賦多無藝之征，預支有稱貸之苦者，又朕之過也。使民室如懸罄，田盡污萊，望烟火而無門，號冷風而絶命者，又朕之過也。使民日月告凶，旱潦荐至，師旅頻仍，疫厲爲殃，上干天地之和，下叢室家之怨者，又朕之過也。至于任大臣而不法，用小臣而不廉，言官首鼠而議不清，武將驕懦而功不奏，皆由朕撫馭失道，誠感未孚。終夜以思，跼蹐無地，用是大告天下，朕自今痛加創艾，深省夙愆，要在惜人才以培元氣，守舊制以息煩囂，行不忍之政以收人心，蠲額外之科以養民力。念用兵征餉原非得已，各撫按官急飭有司，多方勸輸，無失撫字。倘有擅加耗羨，朦混私征，又濫罰淫刑，致民不堪命者，立行拿問。其有流亡來歸，除盡豁逋賦，仍加安插賑濟，毋致失所。至于罪廢諸臣，有公忠正直、廉潔幹才、尚堪用者，不拘文武，着吏、兵二部確核推用。草澤豪傑之士，有恢復一郡一邑者，分官世襲，功等開疆。即陷没脅從之流，能舍逆反正，率衆來歸，准許赦罪立功；若能擒斬闖、獻，仍予通侯之賞。於戲！忠君愛國，人有同心；雪恥除凶，誰無公憤！尚懷祖宗之厚澤，助成底定之大功，思克厥愆，歷告朕意。」批云：此詔載在二月十二日，然詔有三，姑書于此。

時賊乘勢直下，人心震懼。朝廷日日召對，皆「練兵按餉不及」套語。大僚且挾持羣下，欲使箝口不言，而庶臣猶有因召對欲希冀者。每對，大僚但稱待罪，庶臣多默然。上見舉朝無人，對罷，未嘗不痛哭回宫。在廷諸臣，惟議閉門，不許人出入，一無所爲。城中人人自危。賊復以掠金誘我兵，我又兵餉不繼，士卒解體。馬世奇每罷朝，輒歎曰：「不可爲矣！」命秉筆太監王承恩提督内外京城；總督薊遼王永吉節制各鎮兵將，一切調度機宜、進退將吏、賞罰功罪等，俱聽便宜行事，吏、兵二部給發空劄五百張，軍前應用，敕印即行撥鑄。給城軍半歲之糧。批云：一云給九門守者人百錢，似真。賊警益逼，廷臣有勸上南遷者，上大怒曰：「諸卿平日專營門户，不肯爲朝廷出力。今日死守，夫復何言？」諭兵部曰：「都城守備有餘，援兵四集，何難刻期滅賊？敢有訛言惑衆及私發家眷出城者，擒治。各衙門詞訟，暫行停止。監鋪各犯應釋者，速行省放。」吏部會議，凡罪廢諸臣，各復冠帶開釋，以收拾人心。周王薨于湖嘴舟中。

544 十二昌平陷

庚子，賊破昌平州，諸軍皆降。總兵李守鑅駡賊不屈，手格殺數人，人不能執。諸賊圍之，守鑅拔刀自刎。

順天巡撫楊鶚出巡，易服遁。督學陳純德臨遵化，中道走回京。李國楨每事遜王承恩，科臣戴明説劾之。

545 十三城門設砲

辛丑，各城門分設紅衣大砲，給守門兵人黄錢一百。左都李邦華榜諭：訛言抵罪。吏部李遇知爲御史涂必泓所論，謝病不出。

546 十四孝陵夜哭

壬寅，南京孝陵夜哭。自三月初一日起，日色兩旬無光。是夜，風色陰慘，沙塵刮天。召舊司禮太監曹化淳戴罪守城。上密旨收葬魏忠賢遺骸。化淳者事忠賢，奏言：「忠賢若在，時事必不至此。」故旨云云。

547 十五居庸關陷

居庸關在順天府之北，淮南子所謂「天下有九塞，居庸其一」是也。十五日癸卯，風霾，日色益晦。正陽門外關神廟旗杆，中劈爲兩，横于道上，一時閧傳關帝厭世，已出都門，于三日前先託夢聖上者。亦大異矣！

賊自柳溝抵居庸關。柳溝天塹，百人可守，竟不設備。總兵唐通、太監杜之秩等迎降，撫臣何謙僞死，私遁。朝廷發三大營屯齊化門外，李國楨坐城樓，無所主張，惟以太監王相堯統領。總兵馬岱自殺其妻子，疾走山海關，謂王永吉曰：「事勢如此，何以自安？」遂度關投吳三桂。是日，勳衞、卿貳、科道各官，始分直坐門。時京師以西諸郡縣望風瓦解，將吏或降或遁。僞權將軍劉宗敏移檄至京師，云：「定于十八日入城，至幽州會同館暫繳。」京師大震。自成行牌郡縣，云：「知會鄉村人民不必驚慌，如我兵到，俱各公平交易，斷不淫污搶掠。放頭銃即要正印官迎接，二銃要鄉宦迎接，三銃要百姓迎接。」仁和王載周王柩南行。

548 十六報賊焚十二陵 長永　獻熙　景宣　裕統　茂成　泰弘　康德　永嘉　昭隆

甲辰黎明，昌平陷，十二陵享殿悉焚，伐松柏。分兵掠通州糧儲，傳檄至京師。上方御殿，召考選諸臣問裕餉、安人，滋陽知縣黃國琦對曰：「裕餉不在搜括，在節愼；安人繫于聖心，聖心安，則人亦安矣。」上首肯，卽命授給事中。餘以次對，未及一半，忽秘封入，上覽之色變，卽起入內。諸臣立俟移刻，命俱退，始知爲昌平失守也。是夜，賊自沙河而進，直犯平則門，竟夜焚掠，火光燭天。京師內外城堞凡十五萬四千有奇，時登陴守城，止羸弱五六萬人，內閹數千人。守陴不充，又無炊具，市飯爲餐。餉久闕，僅人給百錢，無不解體。而賊自破中原，旋收秦、晉，久窺畿輔空虛，潛遣其黨輦金錢、氈罽，飾爲大賈，列肆于都門。更遣奸黨挾貲，充衙門掾吏，專刺陰事，纖悉必知。都中日遣撥馬探之，賊黨卽指示告賊，賊掠之入營，厚賄結之，撥馬多降賊，無一騎還者。有數百騎至齊化門，迤平子門而西，營兵屯近郊者詰之，曰：「陽和兵之勤王者。」實皆賊候騎也。時人心洶洶，皆言天子南狩，有內官數十騎擁護出得勝門矣。守門皆內官爲政，卿貳、勳戚不得上，莫有料理者。賊檄南下，清河、沭陽、邳州皆除僞官。

他本載昌平十二破，李守鑅死。而甲乙史載十二李守鑅死，十六昌平陷。予謂十二殺守鑅，則昌平之破可知，載十六者，十六始報上耳。九月三十書。

549 十七賊圍京

乙巳，上早朝，召文武諸臣商略。上泣下，諸臣亦相向泣，束手無策，或言馮銓當起，或言霍維華、楊維垣當用；方、魏請封劉澤清爲東安伯，上皆不應，俛首書御案十二大字，有「文武官個個可殺，百姓不可殺」語，密示司禮太監王之心，隨卽拭去。吴履中請釋繫禁諸臣納贖，出董象恒、鄭二陽、曾櫻于獄，復章正宸、瞿式耜官帶。昧爽，開西直門納避難者，內官坐城上，以令箭下，門立啟，無敢詰問。勳戚大臣惟坐視而已。漏下巳刻，急足叩城下曰：「遠塵衝天，寇深矣！」守城內臣使騎探之，報曰：「哨騎也。」不爲意。日且午，有五六十騎，彎弓貫矢，突至西直門，大呼開門，始知寇至。守卒亟發砲，斃二十騎，難民死數十人，門始閉。須臾，賊大至，方報過蘆溝橋。俄攻平則、彰義等門矣。城外三大營皆潰降，火車巨砲、蒺藜鹿角皆爲賊有。賊反砲攻城，轟聲震地。賊衣黃甲，四面如黃雲蔽野。京軍五月無糧，一時驅守，率多不至。又守陴軍皆貴近家詭名冒糧，臨時倩窮人代投，僅給黃錢百文。外城二堵一卒，內城五堵一卒，率飢疲不堪任。異時敵至，或去城百里，近亦數十里，營卒登陴，率皆沈湎歌呼，未嘗望見敵。今猝遇賊，城上下砲交發，如萬雷轟烈，天地震慴，城外火光際天，人人惶急，莫知所措。士大夫相見，唯唯否否，或曰「無害」，或曰「奈何」，惟議巡街閉門，無一勝算也。是旦，午門內外寂無一人。頃之，范景文、周鳳翔、馬世奇等至，俱侍班，上退朝。諸臣見事急，聚語殿門。襄城伯李國楨奉命督京營守城，忽匹馬馳至，汗浹霑衣，時已不解袍數日夜矣。下馬，衣帶被佚，衆皆愕然。內侍猶呵止國楨，國楨曰：「此何時也？君臣卽求相見，不可多得矣！」俄傳宣入便殿，上迎問守城事如何。國楨伏地哭奏曰：「守城軍不用命矣！鞭一人起，一人復臥如故，奈何皇上？」上泣曰：「諸臣誤朕至此！」于是一時文武及內官數十人，相持慟哭仆地，聲徹殿陛。上哭回宮。國楨出，馳去，衆亦散。上因命內臣俱守城，譁曰：「諸文武何爲？」且言：「官止內操，我甲械俱無，奈何？」亦有曰：「我輩月食五十萬，效死固當。」乃請如己巳歲所派數。申刻，命各監內官至小豎俱乘城，凡數千人。上括中外庫金二十萬犒軍。是日，細民有痛哭輸金者，或三百金，或四百金，各授錦衣衛千户。賊攻平則門，踰時止。遣叛監杜之秩縋城入見當軸，議割西北一帶，并犒軍銀百萬兩，皆咋舌相視，亦不敢聞于上。或請留杜，杜云：「營中有親籓，不反命者屠矣！」遂縱去。此段出大事記，與杜勳語畧同。杜監有二，或卽勳，事未可知，姑并記以俟考。

550 十八日申刻外城陷

丙午早，喧傳勤王兵到，蓋唐通叛兵詭言索餉也。時黃沙障天，忽而淒風苦雨。良久，冰雹雷電交至，人情益惶懼。九門禁守，不通往來，道無行人。賊攻城益急，砲聲益甚，軍民皆無固志。緣城廨舍傾圮，流矢雨集，墜城中如蝟。賊仰語守兵曰：「亟開門，否且屠矣！」守者懼，空砲向外，不實鉛子，徒以硝焰鳴之，猶揮手示賊。賊稍退，砲乃發，惟有空響而已。賊驅居民負木石填濠，急攻。我發「萬人敵」大砲，誤傷數十人，守者驚潰，盡傳城陷，闔城號哭奔竄。賊駕飛梯攻西直、平子、得勝三門，批云：平子門卽平則門，俗呼爲則。勢甚危急。太常少卿吳麟徵累土填西直門。時左諭德楊士聰、衛胤文入直，語閣臣：「左良玉、吳三桂俱封，而遺劉澤清，且臨清地近，可虞也。」揭上，封澤清東平伯。李邦華至正陽門，欲登城，中貴拒之。是日，上又召對歎息，與閣臣言：「不如大家在奉先殿完事。」李自成對彰義門設座，晉王、代王左右席地坐，太監杜勳侍其下，呼：「城上人莫射，我杜勳也。可縋下一人以語。」守者曰：「留一人下爲質，請公上。」勳曰：「我杜勳無所畏，何質爲？」提督太監王承恩縋之上，同入大內，盛稱「賊衆強盛，鋒不可當，皇上可自爲計」。遂進琴絃及綾帨，上艴然起。守陵太監申芝秀自昌平降賊，亦縋上入見，備述賊犯上不道語，請遜位，上怒叱之。諸内臣請留勳，勳曰：「有秦、晉二王爲質，不反，則二王不免矣！」乃縱之出，仍縋下。勳語守璫王則堯、褚憲章輩曰：「吾黨富貴自在也。」初聞勳殉難，贈司禮監太監，廕錦衣衛指揮僉事，立祠。至是，方知勳固從賊爲逆也。城下坎牆聲急，王承恩砲擊之，連斃數人。王化成等飲酒自若。上下詔親征，召駙馬都尉鞏永固，謀以家丁護太子南行。對曰：「臣等安敢私蓄家丁？即有之，何足當賊？」乃罷。賊攻西直門不克，攻彰義門。申刻，門忽啟，蓋太監曹化淳所開。得勝、平子二門亦隨破，或云王相堯等内應也。自成率羣賊大隊疾馳入，沿途殺掠，官軍悉鳥獸散。前大學士蔣德璟宿會館，被創。批云：蔣易服潛遁。上亟召閣臣入，曰：「卿等知外城破乎？」曰：「不知。」上曰：「事亟矣，今出何策？」俱曰：「陛下之福，自當亡慮。如其不利，臣等巷戰，誓不負國！」命退。

諸本皆云「十八，彰義門啟」。惟甲乙史云「十七夜漏半，曹化淳開彰義門，迎賊入。守城勛衛盡逃，外城已陷，而内城竟不知。至十八日近暮，宣武橋南火起，始知外城之陷。更餘，傳入大内」。似覺真確。而十八之説頗詳，且從者衆，故予亦從之。

551 十八夜周皇后縊坤寧宮

上聞外城破，徘徊殿庭。是夕，上不能寢。更餘，一閹奔告内城陷，上曰：「大營兵安在？李國楨安在？」答曰：「大營兵散矣，皇上宜急走！」其人即出，呼之不應。上即同王承恩幸南宮，登萬歲山，望烽火燭天，徘徊踰時，回乾清宮，硃書諭内閣：「命成國公朱純臣提督内外諸軍事，夾輔東宮。」内臣持至閣。

因命進酒，與周后、袁妃同坐，痛飲數金杯，慷慨訣絶，歎曰：「苦我民爾！」以太子、永王、定王分送外戚周、田二氏，語皇后曰：「大事去矣！」各泣下，宮人環泣，上揮去，令各爲計。皇后頓首曰：「妾事陛下十有八年，卒不聽一語，至有今日。」拊太子、二王慟甚，叮嚀再三，遣之出。隨返坤寧宮自經，上視之曰：「好！好！」召長公主至，年十五矣。公主號哭不已，上歎曰：「汝奈何生我家？」左袖掩面，右手揮刀，主以手格，斷左臂，悶絶于地，未殊死，手慄而止。宮中喧傳皇爺動刀矣。上又巡西宮，命所寵袁貴妃自經，繩斷，墮地復蘇，上拔劍刃其肩，三砍，而上亦手軟。因遍召所御妃嬪數人，俱親殺之。復遣宮人逼張太后並娘娘速死。乃召王承恩入，語移時，對飲，命亟出整内員爲出亡計。少頃，微服，易承恩靴，出中南門，時已三更矣。手持三眼鎗，雜内豎數十人，皆騎而持斧，出東華門，至齊化門，内監守門者疑有内變，將砲矢相向，不得南奔，乃從衚衕遶出城，上望見正陽門城上已懸白籠燈三碗。白籠燈者，自一至三，以表寇信之緩急者也，知大事已去。時成國公朱純臣守齊化門，因至其第問計，而純臣猶在外赴宴，閽人辭焉，上歎罵而去。走安定門，門堅不可啟，天將曙矣，乃回。

是日福王寓湖嘴杜光紹園。

552 三月十九帝崩煤山

丁未五鼓，上御前殿，與二人手自鳴鐘集百官，無一至者。遂散遣内員，手携王承恩入内苑，人皆莫知。上登萬歲山之壽皇亭，即煤山之紅閣也。亭新成，先帝爲閱内操特建者。時上逡巡久之，歎曰：

「吾待士亦不薄，今日至此，羣臣何無一人相從，如先朝靖難時有程濟其人者乎？」已而太息曰：「想此輩不知，故不能遽至耳。」遂自經于亭之海棠樹下。太監王承恩對面縊死。遺聞云：「司禮太監王之心跪帝膝前，引帶扼脰同死。」然承恩似確。時宮中沸哭如雷，狂奔無復門限。比曉，太子雜宮人走叩周奎府門。奎卧未起，門役不肯傳報，乃走匿内官外舍。初，上之出至南宮也，使人詣懿安皇后所，勸后自裁，倉卒不得達。兩宮已自盡，宮人號泣出走，宮中大亂，懿安皇后青衣蒙頭，徒步走入朱純臣第。尚衣監何新入宮，見長公主斷肩仆地，與宮人救之而甦。公主曰：「父皇賜我死，我何敢偷生？」何新曰：「賊已將入，恐公主遭其辱，且至國丈府中避之。」乃負之出。

是午，共見白光起東北，閃爍久之，蓋帝之靈氣上達于天也。

553 李自成入北京内城

丁未子刻，上既入後苑，内門大開，宮人、小内相紛紛奔出東華門。厰衛猶禁訛言，執送金吾所。昧爽，陰雲四合，城外煙焰障天，微雨不絶，霧迷。俄微雪，城陷。或謂先有人伏内，通太監曹化淳弟曹二公内應開門。一云：太監王相堯率内兵千人，開宣武門出迎賊。賊將劉宗敏整軍入，軍容甚肅。錦衣吴孟明遇之于宣武大街，猶謂援兵，問之，乃知是賊。太監曹化淳同兵部尚書張縉彦，開彰義門迎賊。一云：張縉彦坐正陽門，朱純臣守齊化門，一時俱開，二臣迎門拜降。聞城中火起，順成、齊化、東直三門，一時俱開，賊先入東直門。一云：辰刻，得勝、平則、順成、齊化、正陽五門，一時俱開。聞賊所掠刺綉帷褥等，則以裹十四、五歲童子馳馬市中爲樂。蓋攻城每用先登也。京城壁立數仞，峻甚，清再至，俱不能仰攻。賊砍楊樹爲雲梯，漏下五鼓，使孩兒軍從東北猱升以上。孩兒軍者，卽所云「剪毛賊」也，賊中年少童子習殺掠，閔不畏死者也。守卒見童子至，哄然蟻墜，脱衣委刀，惟恐知其爲兵卒者。夫賊能用童子爲軍，而國家養軍數十萬，不獲一童子之用，何哉？大抵京城之陷，多由奸人内應耳！賊于數年前，先用西人開典賣貨于京中，又乘國家開鬻爵之令，輦金易憑文扎付爲護身符，人莫能詰，而新募軍卒皆其布黨也。是辰，錦衣大堂尚出示禁訛言，而城中坑厠皆賊矣。城中人往來疾馳，哭聲動地。守城者俱下，賊登陴。兵部侍郎張伯鯨走匿民舍。賊騎塞巷，大呼民間速獻騾馬。時閣臣魏藻德方傳單斂犒兵銀，方岳貢、范景文適傳導至西長安門，見人鼎沸，卽回寓。賊千騎入正陽門投矢，令人持歸閉門，得免死。無錫張僕聞賊呼云：「百姓不許開門，開門便殺！」衆遂閉户。此初入時也。已而，賊大呼：「開門者不殺！」于是士民各執香立門，賊過伏迎，門上俱粘「順民」，大書「永昌元年順天王萬萬歲」。賊經象房橋，羣象哀鳴，淚下如雨。午刻，李自成氈笠縹衣，乘烏駮馬，擁精騎百餘，由得勝門入，轉大明門，遂進紫金城。僞軍師宋獻策、僞内閣牛金星及宋企郊等五騎從之。僞將劉宗敏、李牟，副將田化龍、李岩等，分將各兵。自成從西長安門入，彎弓仰天大笑，自恃百發百中，射長安牌坊，祝曰：「若射中間字上，天下太平。」一箭射在瓦楞内。宋獻策姑慰之曰：「射在溝中，以淮爲界。」其實爲空虛之處，一旦成空，乃必亡之兆耳。自成貌奇陋，眇一目。至承天門，顧盼自得。見「承天之門」四字，欲藉以惑衆，復彎弓指門榜，大聲語諸賊曰：「我能爲天下主，則一矢射中四字中心。」射之，不中，中「天」字下，俯首不樂。牛金星趨進曰：「中其下，當中分天下。」自成喜，投弓而笑。太監王德化率内員三百人，先迎于得勝門。自成令照常管司禮監。各監局印官迎亦如之。城未破時，宋獻策占云：「十八大雨，十九辰時破城。若辰時不破，卽日全軍俱返，待六年始破。」

時有常州人與友飲于北都肆中，有小厮年可十四五，在側獻酒。主謂之曰：「晚餐須早，要登城守陴。」時以無兵，俱將此輩應點耳。飲頃之，忽傳云：「城陷矣！」衆驚，猶未之信，遂還寓。已而遇賊，賊索金，對以無有，遂折案足夾之。

是日，淮安西門外有馬兵突至，刼掠婦女。幼妓燕順詈拒，被殺。鄉民大憤，羣聚與門，始知爲馬士英標兵。

554 二十戊申李自成入宮

賊盡放馬兵入城，亂入人家。諸將軍望高門大第卽入據之。劉宗敏據田弘過第，李牟據周奎第。李自成入宮，問帝所在，大索宮中不得。僞尚璽卿黎某進曰：「此必匿民間，非重賞嚴誅不可得。今日大事，不可忽也。」乃下令：「獻帝者賞萬金，封伯爵；匿者夷族。」劉宗敏、牛金星出示：「仰明朝文武百官，俱于次日入朝，先具脚色手本，青衣小帽赴府報名。願回籍者，聽其自便；願服官者，量才擢用；抗違不出者，罪大辟；藏匿之家，一并連坐。〔一〕禁民間諱自成等字。」賊先差人赴五府六部并各衙門，令各長班俱將本官報名，因此無一人得脱。

自成同劉宗敏等數十騎入大内，太監杜之秩、曹化淳等率黨爲前導，自成責之曰：「汝曹背主獻城，皆當斬！」秩等伏地叩首曰：「惟能識天命，故如此。」自成叱之曰：「饒死，去！」

一云：叛監杜秩亨選宦官以供使令，自成集選百餘人，餘皆散去。

〔校記〕

〔一〕「一井」原訛作「一井」，今據通行本改。

555 内臣獻太子

賊大索先帝、太子、二王，搜得太子、定王于内官外舍。太子送劉宗敏收視，定王送李牟收視。永王不知所在。賊封定王爲宅安公。

内臣獻太子，自成留之西宫，封爲宋王。太子不爲屈。初，太子走詣周奎第，奎卧未起，叩門不得入，因走匿内官外舍，至是獻之。自成命之跪，太子怒曰：「吾豈爲若屈耶？」自成曰：「汝父何在？」曰：「死壽寧宫矣。」自成曰：「汝家何以失天下？」曰：「以誤用賊臣周延儒等。」自成笑曰：「汝亦明白。」太子問曰：「何不速殺我？」自成曰：「汝無罪，我豈妄殺？」太子曰：「如是，當聽我一言：一不可驚我祖宗陵寢，二速以皇禮葬我父皇、母后，三不可殺戮我百姓。」又曰：「文武百官最無義，明日必至朝賀。」次日，朝賀者果一千三百餘人。自成歎曰：「此輩不義如此，天下安得不亂！」于是始動殺戮之念。

556 宫人魏費節義

時宫人大亂，諸賊帥率其騎，皆擐甲執兵，先入清宫。諸宫人逸出，遇賊復入。宫人魏氏大呼曰：「賊入大内，我輩必遭其污，有志者早爲計。」遂躍入御河死。頃間，從死者積一二百人。宫人費氏年十六，投眢井。賊鈎出之，見其姿容，争相奪。費氏紿曰：「我長公主也，若不得無禮，必告汝主。」羣賊擁之見自成。自成命内官審之，非是，賞部校羅賊。批云：費氏本意謂一見自成必得近，近則可殺之矣。惜乎誤中副車！真奇女子也！羅攜出，費氏復紿曰：「我實天潢之胤，義難苟合，惟將軍擇吉成禮，死生惟命。」賊喜，置酒極歡。費氏懷利刃，俟賊醉，斷其喉，立死。因自刎。自成大驚，令收葬之。批云：自成大驚者，以初意欲自取，幾爲羅賊耳！掌書宫人杜氏、陳氏、竇氏，爲自成所録，而竇氏甚寵，號曰竇妃。又有張氏，亦嬖之。自成集宫女，分賜隨來諸賊，每賊各三十人。牛金星、宋獻策等，亦各數人。

557 贊費氏詩

紿賊拚生貞烈姬，心如鐵石豈能移！恨無滅闖回天手，剥盡奸雄萬刼皮。

558 諸女出宫詩三十首〔一〕

天邊比翼地連枝，一旦恩情結所思。曾記沉香亭北語，至今空説並肩時。一

滿殿如花甲盡犀，隊分左右暗聞韲。堪憐武子教成後，偏說姑蘇入會稽。二

浣紗溪上半莓苔，曾醉吴宫合巹杯。今日扁舟五湖去，此身清濁訴憑誰？三

若耶歌舞說西施，風月吴宫盡黍離。釵燕不教啣舊寵，新粧重學畫眉兒。四

黛螺香裏笑嫣含，隴月秦花酒半酣。楚嬪不知羞影在，凉州簫鼓話江南。五

自訴嬌嬈非昧恩，娥眉不掃守長門。争如落葉隨流水，得近凡夫勝至尊。六

新樣宫花巧自裁，嬌嬈名字莫疑猜。殿前供奉新恩重，羞認温家舊鏡臺。七

玉色蛾眉望後塵，錦袍新占六宫春。可憐别殿陳歌舞，猶是長生月下人。八

紫苑深春鎖落花，館娃宫址屬誰家？君恩輕逐東流逝，還說當年未破瓜。九

恩私深淺不須疑，别有相知心自宜。悦己可容隨遇是，征袍紅葉總情癡。十

團扇行吟事已陳，長門不復賦佳人。舊家姐妹休相憶，珍重恩波又一新。十一

憶昔靈和侍玉顔，傾宫誰不妬恩偏。無端捲地西風起，甘掃娥眉戴二天。十二

莫嘆關山别恨多，離宫移植亦恩波。縱然乞得新人寵，不似平臺笑語和。十三

蛾眉一夕染征塵，慚說君恩别處新。馬上暗將殘鏡照，漂流羞見舊宫人。十四

六宫寵冠亦徒然，君自看花花自妍。拜别昭陽理鸞鏡，恩波一盼一回鮮。十五

承寵還分卧内符，傍人争認舊羅敷。兒家春色隨時變，未許尊前唱鷓鴣。十六

不惜黄金買畫圖，得陪長樂未云孤。而今别有琵琶調，還憶毛延壽也無？十七

桃花馬上石榴裙，鴉翅低從兩鬢分。誰愛風流高格調，入羌應不數昭君。十八
雲間翡翠一雙飛，水剪雙眸霧剪衣。一笑陽城人便惑，不須重唱舊宮詞。十九
七夕瓊筵往事陳，競傳河鼓謝星津。年年媚景歸何處，要解連環別與人。二十
明媚何曾讓玉環，側身西望出秦關。天涯地角愁多少，匼匝千山與萬山。廿一
笑倚東窗白玉床，驪宮重換舞衣裳。西施不及燒殘燭，猶爲君王泣數行。廿二
自有閑花一面春，臉檀眉黛一時新。殷勤爲報梁家婦，休把啼粧賺後人。廿三
倚檻繁花帶露開，承恩先賜夜明苔。含情一向春風笑，魏帝休誇薛夜來。廿四
武帝宮人淚滿懷，驚嗟猶夢合歡鞋。香開何處無由見，玉瘦花殘萬事乖。廿五
漢國明妃去不還，朝朝馬策與刀環。篋中雖有菱花鏡，羞對他人照舊顏。廿六
吹秋嗚咽離聲管，低眉深念嫁牽牛。不如村婦知時節，争作夫妻得到頭。廿七

〔校記〕

〔一〕按原缺三首，實祇二十七首。

559後人姜女嘆二首

數年以來，朱門嬌媛，窮巷幽姿，盡于流寇者多矣！玉碎香消，花殘月缺，非止辱以當爐，抑且

供其換馬。去則弱絮風中，住則幽蘭霜裏。紫玉成烟，白花飛蝶。時惟静夜，聽遠笛以哀秋；獨坐清宵，對孤燈而泣雨。爲惜泠翠之摧殘，牽情異城；更恨怨紅之零落，墮節終天。聊與嗟于翰墨，遂致嘆于咏歌。

畫欄荳蔻紅珠掌，深閨蕙質藏銀幌。煮麝煎膏盡日閒，等閒不受春光攘。阿母工夫事事宜，兒家門户軟簾垂。玉鏡時開雲母鏁，雕籠戲畫雪兒眉。長廊跳脱看年命，沉香供奉花情性。鸞帶原隨碧玉簫，縑絲譜出嬌羞政。一自梳粧青漆樓，深深似海不知愁。蛤帳更闌銀箭咽，菱囊星曉篆烟浮。丫鬟偷唱鶯聲低，欲透春情惜羅綺。明月千金一寸心，綉床顛倒無心理。誰知撾鼓起風塵，燕子花阡泣鬼神。赤眉定奪蛾眉案，驚破誰家蝶夢人。蕭娘齊去淚如雨，可憐吒利誰相語。顔色從來誤妾身，舊時甲第蒼涼處。半疑半訝縶雕鞍，玉肢野外不勝寒。闞山潦倒蟬鬢亂，半夜由他趁所歡。此生薄命長已矣，往事依稀恨如此。茄度清宵淚暗流，淚流盡是良家子。猶記當時養鳳凰，須臾結髮從犬羊。侍兒後騎離前騎，姐妹他鄉念故鄉。斜插小靴鬆黑鬢，玉手纖纖執雕鞘。含羞蓄憤被風霜，馬上回身時欲殞。昔日豪華稱莫當，腥風一入斷人腸。縱然速作荒燐鬼，猶帶餘羶向北邙。一朝紅粉同時盡，秦楚燕齊香玉隕。豈無阿閣理青塵，亦有卧房同幻蜃。落魄佳人復奈何，我聞此事動悲歌。江南兒女多情思，笑傍王孫拭翠娥。一

幽巷年年惜顔色，枳花竹葉長相憶。遠山淡掃宜不宜，夜夜荆釵愁嘆息。可憐十五未嫁人，玉顔寂寂低斂顰。春樹採桑溪水曲，宵燈織素鄰東隣。蕩子結婚重名姓，豪家幾遍明珠聘。但見西施住若

耶。豈有郎君輕玉鏡。蹉跎愛惜度年光，眉黛何如怨恨長。蝴蝶飛來嬌不語，鴛鴦獨宿夜偏涼。裁紈貼勝心情倦，荆榛門户羞歌扇。家對寒塘裊碧絲，愛遊僻徑看花面。何處鳴金動地來，一齊驅向馬虺隤。錦營賊帥相思夢，罽帳賢王合卺杯。蔡琰聲悲十八曲，家少黄金誰見贖。丁香枝上不禁春，血淚明眸空斷續。回思往事更傷心，欲覓征鴻寄信音。妾身不望生還好，傳語家中漫搗砧。晨聞異樂心長斷，當風塞上瞻星漢。數盡江邊春燕歸，又看絶域秋鴻亂。故鄉人遇意殷勤，爲説家園兩地分。父母荒郊何處别，長兄聞道又從軍。生嗟薄命隨流水，玉門關外何時死？新粧莫保遭亂離，夢魂驚顫胡如此！爲惜名香爲惜花，鸞書鼠筆淚交加。佳人莫怨無情種，且抱琵琶營裏撾。鐵菱鹿角香魂塹，陰山借作定婚店。落葉浮萍去不回，雕鞍生把紅兒殮。惆悵曾無古押衙，刼取園陵小内家。止餘睩老含糊眼，哭遍邊城百萬花。二

560 曹静照宫詞

曹静照，字月士，宛平人，以泰昌元年選良家女入宫。自成犯闕，隨劉内官至金陵，爲比丘尼。在掖廷二十五年，作宫詞百首，多記三朝事實。薙染後，遂謝筆墨。兹録其六首：

掬面東風只自知，燕花牌子手中持。椒房領得金龍紙，勅寫先皇御製詩。一

一樹寒花冒雪開，幽香寂寂映樓臺。女官争簇傳呼近，知是鸞宫選侍來。二

寶粧雲髻軃金衣，嬌小豐姿傍玉扉。新入未諳宫禁事，低頭先拜段純妃。三

口敕傳宣幸玉熙，樂工先候九龍池。裝成傀儡新番戲，盡日開簾看水嬉。四
閱遍司農水旱書，君王減膳復齋居。御厨阿監新承旨，明日羹湯不進魚。五
儉德慈恩上古稀，他方織錦盡停機。赭黄御服重經澣，内直才人著布衣。六

561 廿一得先帝遺魄

己酉午刻，得先帝凶問，縊于煤山，乃以雙扉同舁母后二屍出，送至魏國公坊下。上以髮覆面，服白袷短藍衣，玄色鑲邊，白綿紬背心，白紬褲。左足跣，右足有綾襪、紅方舄。衣前有御筆血詔，云：「朕自登極十七年，致魯叩内地四次，逆賊直逼京師。雖朕薄德匪躬，上干天咎，然皆諸臣之誤朕也。朕死無面目見祖宗于地下，去朕冠冕，以髮覆面，任賊分裂朕屍，勿傷百姓一人。」又墨書一行云：「百官俱赴東宫行在。」蓋上未崩時，硃書諭内閣，託成國公朱純臣輔太子，故上書此，猶謂閣臣已得硃諭也，不知内臣持硃諭至閣，閣臣已散，置几上而反報，上已不知所在矣，文武羣臣無一人知者，外人喧傳以爲駕已出也。賊見墨詔，因有疑于純臣，立命誅之，籍其家。

甲乙史云：詔云：「因失江山，無面目見祖宗于地下，不敢終于正寢。」載在廿二日，止言墨書，不云血詔。

日星不晦録云：上嚙指出血，書于衣袂曰：「朕之失天下，皆因文官不合心，武官不用命，以致如此。文武可殺，百姓不可殺。」

未時，逆賊發錢二貫，遣太監市柳木棺，枕以土塊，停于東華門外施茶菴，覆以蓬廠。有兩僧誦經，老太監四五人。王太監極薄一棺，亦在其旁。百官莫敢往哭，惟襄城伯李國楨與兵部郎成德、主事劉養貞，撫棺大慟。國楨哭求諸臣公疏，請葬先帝成禮。適僞文諭院顧君恩自內出，呈稿求其上達。君恩答云：「諸公半屬沽名，豈盡爲舊朝廷起見也！」碎其疏，擲之。已而殿上青衣持一硃批云：「帝禮葬，王禮祭。二子待以杞、宋之禮。」百官又求以帝禮祭。少頃，青衣傳云：「准行了。」二十三日辛亥，乃改殯先帝后，出梓宮二，以丹漆殯先帝，黝漆殯先后。加帝翼善冠，袞玉滲金靴；后袍帶亦如之。設祭一壇，自成亦出，四拜垂淚。順天府僞府尹行昌平州，撥夫造壙。于四月初三日發引，初四日安葬，擡柩止二三十人。賊數騎從得勝門送出，草草掩于田貴妃墳內。皇太子及二王俱出拜，但不令易服。凡從逆官往拜，賊亦不禁，然至者甚少。諸臣哭拜者三十人，拜而不哭者六十九人，餘皆睥睨過之，惟主事劉養貞以頭觸地，大慟。

大事記云：藁葬西山長陵之斜，惟襄城一人往送。是時，天地昏慘，大風颺沙如震號，日色黯淡無光。都城內外，黑風蒙隱不散，皇極殿作白色。

562 劉青田繪圖

初，燕都之遷鼎也，大內有密室，劉誠意留秘記，鐍鍵甚固，相誡非大變勿啟。癸未秋，清兵圍城，先帝欲啟視，掌印內臣叩頭固諫，不聽。室中惟一櫃，發之，得繪圖三軸：第一軸，繪文武百官數千，俱手執朝服朝冠，披髮亂走。上詰問，内臣叩頭答云：「或恐官多法亂。」第二軸，繪兵將倒戈棄甲，窮民負襁奔逃。上又問，内臣又叩頭答云：「想軍民背叛也。」上勃然變色。内臣請止，上必欲再展第三軸，軸中像酷肖聖容，身穿白背心，右足跣，左足有襪、履，披髮中懸。于今日分毫不爽。内臣曾密言于國丈，且囑勿洩。有長洲縣官生陳仁錫子濟生，假館嘉定府，確有與聞。豈非厄運有定乎！仁錫，字明卿，號芝臺。濟生，字皇士。

或語予云：「當張、李之日熾也，南都史可法屢上表章，上亦時閱。一夕，方覽奏疏，忽見一人麻衣前立，上怪，問曰：『禁内深嚴，安有若人？』命左右執之。閹豎突前，其人徐行去。羣逐之，其人奔至庫門，郎入内不見。諸璫視門，則又固閉，不勝駭異。還報上，上親幸其地，見一密室，乃劉青田所封，緘鎖甚固。上啟視，見三軸云云。」

563 後人紀先帝英烈詩三十七首

追痛吾皇稱至仁，忍聞遺詔恤生民。簪紳忠孝今何在？文武衣冠更不倫。舉國徒知推僞主，普天誰解念王臣？啼猿聲斷悲難盡，忼慨何緣致此身！一

江闕昨夜北風腥，遥望長安落大星。不信簪纓皆擁戴，何堪犬豕踞朝廷！數行哀詔神人泣，百丈妖氛日月暝。待旦枕戈雙眦裂，冰天淚灑劍峰青。二

寸寸輿圖血戰新，中原赤野走荒燐。山河耻重憑誰洗，君父恩深不復陳。萬國衣冠酣肉食，九重

金甲薦征塵。請纓若獲殲兇逆，淚灑諸陵滿冀濱。三

恨滿京華幾日銷，東風啼血下江潮。漢家陵闕銅駝哭，周室山川離黍謠。望帝歸魂思杜宇，湘妃埋淚怨瓊簫。龍樓鍾鼓今安在？惟有烏鴉早晚朝。四

桓靈猶足滅黃巾，顛倒興亡未是真。不信鬼神扶盜賊，直疑堯舜失天人。一成已料能光夏，三户行看必滅秦。炎火一嘘終耀漢，真人白水正艱辛。五

文祖雄籌親代邊，萬方九鼎恃幽燕。賊非楚項興何暴，帝愧唐玄暫不遷。社稷暫墟終禹地，人民長痛絶堯天。龍顏蒙髮乾坤黑，從此應皆不旦年。六

荆棘銅駝何處尋？空餘霜骨葬寒林。千官争製新王表，四海誰存報主心？文信全軀難藉口，常山斷舌幾嗣音。累朝德澤今安在？斫地呼天淚滿襟。七

極目干戈涕黯然，龍髯一逝杳難攀。逆氛横絶三千里，聖澤恩覃十七年。我望雲旗空萬雉，誰將露布指殘燕？遺弓尚切敷天痛，忍看丘墟社稷捐。八

萬砲環城圍已重，天王力竭寇乘墉。南牙宰相方安枕，河上將軍自鼓鐘。手劍割恩英絶代，血書誅佞恨難容。堂堂殉國諸賢魄，好共皇靈質祖宗。九

騎尾歸天正氣臨，三年碧血灑華簪。素車白馬靈晨慟，黃閣烏臺鬼夜吟。地下君臣應有意，人間朝野獨何心？離騷痛讀神憔悴，未敢招魂撫座琴。十

誰將勁弩射天狼，灑淚新亭痛不忘。一夜長星横帝座，兩行血字詔穹蒼。雨鈴還自歸南苑，鸚鵡

猶能説上皇。怪殺鼎湖龍莫挽，六宫春草斷人腸！十一

神州豺虎任縱横，陽九如何厄聖明。人説朝中惟有黨，我疑闖外直無兵。賊軍半着黄巾號，天吏先銜白璧迎。安得請纓抒國恨，沈舟此去斬長鯨！十二

淚盡包胥見亟痕，素威碧落慘乾坤。三千組甲回天義，百萬投鞭驗史論。恨海許填精衛力，血枝難遣杜鵑魂。朝來幸有卿雲頌，辛苦前籌應至尊。十三

死恩從逆滿朝端，别有英雄食馬肝。甕底敢稱秦日月，雲中新拭漢衣冠。天門六月驚飛雪，神壘三申特斬豻。哭到先皇陵十四，忠魂血淚不曾乾。十四

新亭風景又何云？野老深山哭舊君。無計攀龍留帝御，何年繫馬拜堯墳？秦廷七日孤臣淚，江上六千君子軍。獨有書生無一用，猶能草檄復讎文。十五

銅馬連羣壓帝畿，殿廷猶是百官非。柏門霧苦弭金節，櫝圃風期覆玉衣。百尺龍樓愁頓毁，萬年麐繫痛誰依？狂生欲效秦廷哭，只恐高官舉扇揮。十六

才名久已播中州，瞥飲狂泉陷濁流。獨柳尚虚丞相哭，長楊先滿大夫羞。情傷天寶生摩詰，氣塞黄明活日休。踏遍北邙誰不死，貞心忍爾付金樓。十七

胘篋無端竊禁鈎，華林驚看緑林游。甲輕未見齊熊耳，肉薄何曾驅兔頭？磨劍茂陵幽有怒，指戈天闕杞無憂。符家尚爾知言戰，□□兜鍪刻死休。〔一〕十八

傳聞冀北捷書新，屬國鳴弦戰氣振。收復東京回鶻旅，馳驅帝室畫麟身。兩甄痛飲葡萄酒，萬騎

争騰苜蓿春。不道天山無箭後，行間尚有納肝人。十九
擁纛前驅被羽升，横金何補玉山崩。朱英列幕疑如火，白望從戎喜執冰。高會軍中携趙婦，長齋閤内禮胡僧。孟明白乙仍留骨，枉告殽函有二陵。二十
送往方悲俄事居，羣飛海水怨淪胥。初平郎吏行采梠，長樂宫人試捕魚。漫叩承明争主客，閒尋啓事較遷除。王驩將相何年講，陸賈于今懶上書。廿一
勸進敷天奉一人，金根葱鬱氣方新。中原板蕩非無主，江左風華幸有臣。代邸傳來休坐甲，橋陵冠盡正含辛。〔三〕次山曲筆何須記，靈武初年喜即真。廿二
父母吞聲泣路旁，猶聞上相瑣瑯鐺。清流白馬誰收骨，明月銅駝幾斷腸。眢井蒼凉沈碧血，烏臺慘淡落星芒。忠魂地下還携手，却勝南朝一侍郎。廿三
十日長安大索錢，滿城狐鼠亂如烟。黄昏殿上呼盧飲，白晝街頭擁婦眠。投閣獻書新待詔，開門執板故中涓。更憐凝碧池邊宴，若個傷心聽管弦。廿四
臨風北望淚斑斑，髮指簪纓盡靦顔。最恨中郎多嘆息，更羞長樂老癡頑。黄貂插帽平明入，墨綬懸腰暮夜還。此輩髑髏應唾面，鬚眉何敢向人間。廿五
聞道將軍夜度遼，捷書先報繫飛梟。兩河笳鼓寒金甲，三輔旌旗暗玉橋。殺賊豈煩唐葉護，無家不獨漢嫖姚。故京陵樹多遺恨，賴有孤忠答聖朝。廿六
敷天左袒氣填膺，直斬樓蘭嘆未能。漢賊當年不兩立，宋唐累葉並中興。白衣應下衡山嶺，赤幟

誰揚函谷陵。聽説臨洮多子弟，蕭蕭鐵馬盡超騰。廿七

金陵千古帝王州，再造艱辛正杞憂。趙魏山川勞北顧，瀟湘烟火入邊愁。上書急欲和平勃，下詔先須破李牛。我愧建炎常廢卷，雲臺將相亦人謀。廿八

于今益信作君難，宵旰殷憂肯自安？但聽鼓鼙思將帥，那知犬豕冒衣冠。平生未辨常山舌，倉猝誰懷弘演肝？博浪愧無椎一擊，空將血淚向人彈。廿九

南歸人盡説京華，語語驚心哭暮笳。城外腥風先滅火，帳中淫雨不揚沙。馬嘶腸斷津門月，鵑泣魂依上苑花。漢祚再興文叔事，雲臺名蹟屬誰家？三十

中原赤子正愁兵，天道無知奪聖明。賊幕揚旌新將士，僞廷抱笏舊公卿。從來雜沓藏忠佞，到此分明見濁清。笑殺深源高士輩，良心喪盡失虛名。卅一

長安歘忽變沙場，妖氣橫干日月光。血字夜流槐署壁，忠魂晨嘯鐵冠堂。誰爲故國文丞相，賴有南朝李侍郎。殺賊未能先厲鬼，天心世事兩茫茫。卅二

國事悠悠孰指陳，山河今日痛沈淪。增兵到處徒招寇，徵餉多年但剥民。駡賊不聞持節使，美新偏屬草玄人。乾坤豈遂無男子？羞逐漁郎去問津。卅三

廿載干戈戰骨多，捐糜養卒竟如何？年來關内皆戎服，夜半城頭盡楚歌。禁柳烟迷悲力士，宮衣血染哭湘娥。莫言建武非真主，濟北曾生九穗禾。卅四

纍若盈廷號百僚，養成豺虎勝天驕。癡頑老子甘從賊，驃騎將軍獨渡遼。聽説三韓能助國，相傳

「四皓」亦還朝。當今凱奏難全信，積憤填胸且暫消。卅五

拜澤先朝痛舊京，不徒草莽一書生。向悲張掖空污笏，敢學終軍浪請纓。灑涕銅駝新鬼哭，傷心金馬野狐行。何當仗策隨明主，重整園陵誦太平。卅六

愁翻夏日十分寒，設像徬徨不下餐。面目何輕生死重，功名較易夢魂難。一經未試君臣定，四海如濤雨露酸。賈少無從談學術，人心印板悼長安。卅七

〔校記〕

〔一〕原缺二字。

〔二〕「冠盡」疑爲「冠蓋」之誤。

564 又附七絶詩八首

關河百二控燕幽，烽火連天震鳳樓。父老東南争望幸，願移仙仗出延秋。一

犬戎歷歲恣憑陵，猶向紅牆拜定陵。誰似么麽甘萬死，攘將螂臂觸天崩。二

恭儉焦勞十七年，未央問夜不曾眠。初無大庫璠杯積，何事鑾輿狩奉天。三

八駿遥聞踏碧空，遍城猿鶴與沙蟲。爲思靈武當年事，六合徵兵鑄大同。四

八年乙亥拔賢良，草莽微臣對建章。縹緲曾瞻天上闕，氤氳尚憶殿中香。五

風聞消息事悲酸，易水蕭蕭五月寒。大地舉頭難見日，更于何處望長安？六
玉輦仙游家國非，朝天此日失宵衣。遺民泣逐羣烏去，夢繞燕山帶血歸。七
傾聽徽音去已遐，空留雙烈在明家。雲車應積敷天恨，簪盡人間白奈花。八

565 諸臣投職名

廿一，百官報名者甚衆，以擁擠故，被守門長班用棍打逐。早起，承天門不開，露坐以俟，賊卒競辱之，竟日無食。有云：「肚雖饑餓，心甚安樂。」賊初入時，縉紳恐以冠裳賈禍，悉毁其進賢冠。及二十日，見賊報名，僞主笑口頓開，從梨園中覓冠，一冠之費踰三四金。廿一日，各穿本等吉服入朝。陳演、朱純臣勸進，不得入。近午，王德化自内出，以張縉彦誤國，批其頰。户部侍郎黨崇雅、給事介松年、御史柳寅東，各方巾色衣，自西長安騎馬入内。蓋黨、柳在通州降，介在保定迎降也。督輔李建泰亦于是日入城，賊禮遇之。

566 廿二庚戌

主事大足劉養貞于皇極殿叩頭，請誅誤國奸臣張縉彦、魏藻德、陳演，賊云：「先朝時何不言？」立斥之。

567 劉貢士曉天文秘數

是日，叛監杜秩亨選擇諸內臣以供自成使令。先是，有劉貢士者，江西吉水縣人，往來京師，授徒二十年，中貴多出其門。又精堪輿，兼曉天文秘數。甲申聽選，夜觀天象，知國家不利，不敢赴選，寓門生杜秩亨家。三月，聞自成猖獗，與秩亨夜登園中高阜，仰觀天象，連呼云：「不好！不好！主上有難。」秩亨問曰：「門生趨避何如？」劉怒曰：「汝曹食君之祿，應盡忠報國，乃問吉凶，得毋有異心乎？吾未受職，猶可遠遁免禍。」次日，出平子門，不知所之。至是，秩亨果叛。

568 廿三辛亥諸臣點名

百官囚服立午門外，約四千餘人，凡遇賊黨，咸强笑深揖。及矮宋至，數人跪問新主出朝未？宋謾罵曰：「汝曹不戮爲幸，些時豈不耐耶？」衆恧然却步。日晡，自成出，據黼座；牛金星、劉宗敏、李過、白廣恩、官撫民、梁甫、董天成、馬岱、姜瓖并宋企郊、張璘然、鞏焴、侯恂、黎志陞、葉初春等，左右兩班列坐。初，侯恂下獄，三月二十賊出之，都司董心葵亦自獄出，備言中國情形及江南勢要，自成大賞之。時董心葵爲首，率領百官朝見，自成特呼心葵，再三稱慰，留聽用。聞迎降者皆係李賊代爲賄買得雋，而心葵諸人爲之通線者也，故率先降賊。自成戴尖頂白氈帽，藍布上馬衣，躡鞹靴，坐于殿左；僞弘文舘大學士牛金星坐于殿右檻上。鴻臚以次唱名，由西而東，魏藻德首向自成叩頭求用云云。牛金星將舊縉紳一册置于地下，執筆任意花點，應遲者用軍法。怒詞臣衛胤文、楊昌祚、林增志、宋之繩等削髮，令人盡拔其餘毛，詈云：「既已披剃，何又報名？」衆皆失色。自成對劉、李、牛、顧諸賊云：「各官于城破日，能死便是忠臣。若身體髮膚受之父母，不敢毀傷，削髮之人，不忠不孝，留他怎的！」至晚，金星令人以手摩官之頂，曰一雙、兩雙，以覈其數。既點訖，獨拔九十二名，遣兵士押送僞吏政府宋企郊聽用。人分三等授官，大都新科者居多，人物豐偉者爲上。不入選者，每官用馬兵二人，執刀押候。忽傳僞旨云：「押往西四牌坊去！」即用鐵鏈串鎖，每五人一串，各兵馳馬驅逐，如羊豕然。行稍遲者，刀背亂下，至有仆地暈倒踏作肉泥者。中道，忽又傳一僞旨云：「前朝各犯官，俱送權將軍劉府中聽候施行。」既押到，劉宗敏方挾妓懽呼，不暇審鞫，仍命各兵守視，以俟來朝。各官囚服羈縶，腹餒甚，即强項大僚，有拾兵士餕餘以緩死者。家人輩謂主人已戮，是夜羣聚合謀，挾重貲而逃者不計其數。

是日點名完，凡用者分付在外，聽候榜文。下午出榜，選授弘文館掌院何瑞徵，編修周鍾，大理卿劉大鞏，寺丞項煜，兵諫光時亨，禮政府從事韓霖、吴文幟，國子學録錢位坤等，共九十二名。第二榜特選兵政府左侍郎左懋泰，鎮守山海關等處地方。第三榜特授宛平縣歸順舉人王仙芑山東濰縣令。第四榜補選各省州牧吴箎、傅學禹等，各省縣令朱國壽、王之鳳等，共五十名。

秀才朝賀，僞尚書宋企郊叱曰：「朝賀大典，安用若輩！速回讀書，候新天子頒行考試。」數日後，果試諸生，首題「天與之」，次題「大雨方數千里」。

廿八日，候選官見宋企郊，求授衙門。企郊曰：「諸職銜俱前朝所考授，新主另有一番規制，恐不能盡循舊例。」諸人力懇一體選授，企郊曰：「諸公好不解事，新天子御極，自當另用一番人。前所考試，不過安衆人之心耳！以予爲諸公謀，不如歸去爲上。」諸人既絕望，于是以漸逃歸。

大事記云：宋企郊登堂點官，三日一選。隨賊西來生員及僞將，俱移送吏政選州縣。企郊亦肯做情，讓人逃回。

569 廿四日壬子

劉宗敏以人試新夾棍，夾其隨來書役二人于天街，次日卽死。夾木俱有棱，鐵釘相連，皆入京造者。宗敏門立二柱，磔人無虛日。日便服入西華門，止四騎前導。

大事記云：二十四日，賊欲僭位，纔上座，卽呼頭痛如劈，昏絶輒顛下。後三上殿，皆如前。又見數丈長白衣人前立，華蓋幡龍鬣爪俱動，懼而止。是日，賊驅勛衞武職官，綁至平則門外斬首。

570 李自成改制度

明朝制度，賊任意紛更，「閣」改「天祐」等名，六部尚書爲政府，翰林院爲弘文舘，詹事府不用，文選司爲文諭院，御史爲直指，給事中爲諫議，主事爲從政，布政爲統會，巡撫爲節度使，按察爲防禦使。一云兵備改防禦使，尚寶爲尚契司，太常、鴻臚俱屬禮政，太僕寺爲驗馬寺，通政使爲知政使，中書爲書寫房，府爲尹，州爲牧，縣爲令。凡銓選，皆宋企郊主之。武臣守備爲守領，把總爲守旅。太監止用一千人。公服領尚方，以雲爲級：一品雲一，二品雲二，乃至九品，雲悉如之。帶用犀銀角，三等。廢輿乘馬。大篆曰「符」，小篆曰「契」。先鑄永昌錢，字不成文。又鑄九璽，不成。

賊改印爲契，用小篆。有一降官進言于僞尚書曰：「契宜用大篆，不宜用小篆。」賊大罵曰：「奴才，我前番已要殺你，今又來多口討死耶？」

又四月初一日，改大明門爲大順門。須冠服，大僚加雉羽于冠，服方領。收各牙牌，自務明光安令成字。

571 保定始陷

時畿内各屬望風歸順，惟保定猶誓死拒戰，至四面環攻，力竭不支，二十四日方陷。一時死難諸臣，則有知府何復，萊州人，甲戌進士，方到，未任，親放藥罐，被火燒死；同知邵宗立，聞變即刻投繯；太監方正化，城頭被殺。鄉紳則原任光祿寺少卿張羅彥自縊；進士張羅俊罵賊遇害；武進士張羅輔城破巷戰，手刃數人，以及于難。張氏婦女、幼子、老少，一門死者二十餘人。都指揮劉忠嗣罵不絕口，身被數槍，至死不屈。舉人張翬抗賊被殺，〔一〕高涇被執，殺死水中，劉會昌與御史金毓峒，另有傳。

東村老人曰：自殺與被殺，同爲捐生之人也。一捐生，則名義兩全，忠節不失，其于此生無愧，于一代有光矣。惜乎！匹夫匹婦名湮没而死者甚多不傳耳。

大事記云：「宰相李建泰守保定，賊至，即命中軍縋城迎降。」史略云：「賊犯保定，李建泰已病，中軍郭中傑縋城降賊，兵潰。賊入保定，建泰被執。」雖所載異詞，要之建泰身爲宰相，不如小臣之殉節，而保定之堅守，亦勝于京師之易破多矣！十月十五書。

〔校記〕

〔一〕曹氏所藏抄本此處有無名氏眉批云：「一作張爾翬。」

572 廿五癸丑拷夾百官

甲乙史云：有稽勳司持刺召京紳劉餘祐、孫承澤，甫卽席，卽問劉借四萬金，孫二萬，且曰：「宜早辦，若遲二日，卽不得從容矣。」午後，喚諸文官進內點名，幽閉飢餓一日夜。至次早點過，共綁八百餘員，五人一連，俱押鎖至田皇親府中，着劉宗敏用夾棍拷打，招認贓銀，凡十晝夜。又拿京城富商居民，極刑追逼，死者千餘人。一云：諸臣黎明候起，日中劉宗敏始出，逐一唱名坐贓，重者數萬，輕亦及千。有沈學録最貧，亦追認至五百金，餘可知矣。輸不及數，押令稱貸于前門官店，店主人卽無一面，券立，不敢不應。有見其券者，書云：「某官同妻某氏，借救命銀若干。」凡追贓，皆劉敏政、李牟二僞都督主其事，至卽夾拷。有一御史潛入劉宗敏府中，竟爲幕客，歌唱狎暱，獨免于刑。凡降賊官有年少面白者，爲賊輩戲弄百端，甚至作龍陽。野史云：賊派餉各官，無論用否，俱責如言，不辦卽夾。有夾于各營官兵，有夾于監押健兒，人人皆得用刑。限內閣十萬，部院、京堂、錦衣帥七萬，科道、吏部郎五萬、三萬，翰林一萬，部曹千計，勳戚無定數，人財並盡，英國公慘死最酷。自廿二至廿六日，滿街徧捉士大夫拘繫，行路之人如湯雞在鍋。廿七日，牛金星點名會極門，用者從東華門出，送吏政府收用，列名部門外；

不用者從西華門出，兵露刃排馬，押繫劉、李二賊私寓。鎮撫司梁清宏及史館辨事、衞幕雜流夾，俱竟日夜不放。廿八日，用者高冠鮮服，揚揚長安道；不用者夾逼金錢，號哭之聲慘徹街坊。受刑諸臣，先後不一。楊汝成獻美婢獲免，不留用。張忻未刑而刑其妻子，輸銀萬兩始釋。郝晉輸銀五十兩，釋不用。王都三次受夾，三次輸銀，釋夾卽死。顧鉉被夾，其僕竊貲以逃，賊將遁時，索賄無應，受害。夾之甚者，大臣則李遇知、王正志，詞臣則楊昌祚、林增志、衞胤文；其未甚者，金之俊、王鰲永、張維機、胡世安、李明睿也。高斗光首被追銀，欲夾，其子請代，得免。張胤翔、雷躍龍、沈維炳、方拱乾、楊士聰、趙士錦、李士淳、劉明偀、吴邦臣，不夾收繫。四月初一日，宋獻策云：「天象慘冽，日色無光，亟宜停刑。」初七日，自成過宗敏寓，見庭院夾三百多人，哀號半絶。自成云：「天象示警，宋軍師言當省刑，宜酌放之。」此中縉紳十之一，餘皆雜流武弁，及効勞辦事人，釋千餘人，然死者過半矣。宗敏進所追銀萬萬。李牟刑寬，所進不及半，以己所有凑償，人皆稱之。初八日乙丑，賊盡釋諸繫者，于是吴履中、張鳳翔等盡數南歸。御史馮垣候用，梁清宏體肥，釋夾卽死。

賊初入城，不甚殺戮。數日後，大肆殺戮，卽降而受官者，諸賊將長班審問。如云某官有金，卽鎖去拷打。一賊拷過，又被他賊鎖去，拷打不休。每賊將一人，領長班五十名，緝訪官民藏蓄。長班一人，每日限訪過一件，名曰「公剌」。

賊兵大索時，厚結長班及無賴子，使爲鄉導。本地鄉紳如周鏘、劉餘祐、梁以樟、米萬鍾、吴邦臣、沈自彰等，咸蜂聚其家，恣意掠取，與籍没無異。至青衿白户，稍立門牆，無幸脱者。賊兵滿路，手攜麻索，見面稍魁肥，即疑有財，繫頸徵賄。有中道借貸而釋者，亦有押至其家，任其揀擇而後釋者。若縛至劉宗敏僞府，便無生理。

賊初破城，先假張殺戮之禁，云：「如有淫掠民間者，立行凌遲！」假將犯罪之寇殺死四人，分爲五段。據稱以淫殺之故也。民間誤信，遂安心開張店市，嘻嘻自若。自貸贓事起，金銀既罄，繼以紬段，疋僅一金，而商人錢貨爲之一空。賊之巧于行刼如此。四五日後，恣行殺掠，先令十家一保，如有一家逃亡者，十家同斬。十家之内有富户者，闖賊自行點取籍没；其中下之家，聽各賊分掠。又民間馬騾銅器，俱責令輸營。于是滿城百姓，家家傾竭。

凡拷夾百官，大抵家資萬金者，過追二三萬，數稍不滿，再行嚴比，夾打炮烙，備極慘毒，不死不休。如願降者，帶歸秦中，存亡莫測。

燕都日紀云：三月廿一日，百官投到日，凡勳衛懿戚等官，暫令精兵押出，聽住民房，仍聚一隅，不許星散，有信宿不見米粒者。廿四日，賊點勳衛武職官五百餘員，綁至平則門外斬首。

凡追贓輸納，見銀加二；首飾十不當一；珠玉玩好，一概擲棄；衣服極新者，准價錢許；大段匹不及兩，紗羅減之。前門商鋪，凡有鄉親株連，無不搜括立盡，如蝗蝻集野，草木爲空。

賊黨有夙怨，無不立報。如總兵王朴重辟在獄，子琦以千金託陳君美營幹，君美以好語欺琦而没其金。至是，琦在賊營，遣人召君美，君美猶恃父執，欣然往謁。琦數其罪，縛而臠割之。

大事記云：三月廿二日，錦州僞官執鄉紳曹吏部殺之，没其家。僞官多山西洪洞人，皆生員之無籍者，奸淫貪殺，民不欲生。

573 姦淫

賊初入城，先拏娼妓小唱，漸及良家女。良子弟臉稍白者，輒爲拏去，或哀求還家，仍以賊隨之。婦女淫污死者，井洿梁屋皆滿。

賊兵初入人家，曰借鍋爨。少焉，曰借床眠。頃之，曰借汝妻女姊妹作伴。藏匿者，押男子遍搜，不得不止。愛則摟置馬上，有一賊挾三四人者，又有身摟一人，而餘馬挾帶二三人者，不從則死，從而不當意者亦死，一人而不堪衆嬲者亦死。安福衚衕一夜婦女死者三百七十餘人。降官妻妾俱不能免，悉怨悔，欲逃，難脱走。惟殉難諸臣家眷，賊兵絶不敢犯。

北路凡受僞府縣官，遇賊兵過，先搜民間婦女供應，稍或不足，兵卽以刀背亂下，僞官苦不可言。美者攜去，惡者棄下，仍命本官云：「留待後來者用。」婦女供役之苦如此。偷生者少，雖死節者亦不得清潔耳。

燕都日紀云：賊將各踞巨室，籍没子女爲樂；而兵士充塞巷陌，以搜馬搜銅爲名，沿門淫掠。稍違言，兵在其頸。門衛甚嚴，卽欲兔脱而不得也。不顧青天白日，恣行淫戲。

大事記云：至有八賊輪姦一幼女，立刻而斃。又有一士子女被姦，告之賊官，賊官先喚女，囑曰：「汝若認姦，便斬汝頭！」及審，女不敢認，遂坐誣，殺此士子，而賊黨恣肆無極矣。

新世弘勳云：賊兵每得一婦女，即舁擁城上，挨次行姦，循環不已，婦人即時殞命。或遇賊將過，恐被責，竟向城外拋下。辛亥四月十二社埲王館補書此。

574 三月廿六勸進本末

先是廿三日，朱純臣、陳演率百官勸進，不得入。廿五日，僞禮政鞏焴示隨駕各官，率耆老上表勸進。焴故陝西提學僉事也。至次日廿六甲寅，爲勸進之始，其表有云：「比堯舜而多武功，邁湯武而無慚德。」周鍾自侈爲得意之語。四月初一日，宋獻策奏帝星不明，速宜登位。初三日，鴻臚官在繫者，悉復原官，習儀以候即位。時四月三六九日，官民三次勸進。牛金星云：「大位未正，恐事有中變。」勸自成會同禮政府鞏焴出示：定十七日舉此大事，百官十二日午門前演禮，十三日皇極殿演禮，十五日頒詔，十六日幸學宮，行釋菜禮，文武百官俱往圜丘，候郊天、加袞冕，併行祀廟、定功等禮，遷太祖神位于歷代帝王廟，其餘太廟神主盡行燒燬。此示一出，降臣鞏焴不俟臨期，竟于四月初四日入太廟，將太祖神主捧出，送入帝王廟，其餘立時燒去，京師無不唾罵。

或持黃袍示賊，賊目不可開；引至皇極殿，金臺金頂雕龍若將下噉，輒目眩頭痛。雖云三六九日朝集，然遲遲未正南面者以此。往代篡竊之輩，殿或搖，地或陷，咎徵亦胡可誣也。

賊僞製一盒，刻永昌年月日于中，密置大內，令人簡得，詐稱符命。又詐飾番僧數人，稱西域某國，知新天子登極，入賀。

先是四月初，牛、鞏出示，定十二演禮。忽東報急，十二日，自成出京。廿六日回京。廿七日忽傳登極，預設鹵簿于城外，百官朝賀。

甲乙史云：廿九日，李自成稱皇帝位于武英殿，追尊七代考妣爲帝后。六政府各一敕書，稱「大順國永昌元年」。

575 選陞降臣

甲乙史云：三月廿六日，選陞四品以下百餘人：詞林則楊觀光、梁兆陽改侍郎，項煜改太常寺丞，韓四維降修撰，薛所蘊改司業，何瑞徵、高爾儼、方以智、傅鼎銓、楊廷鑑、陳名夏如故，張之奇爲順慶府尹；六科則申芝芳、朱徽、劉昌、戴明説、彭琯、孫承澤、金煉色、光時亨、時敏改科爲諫議，止時敏改爲縣令；御史改直指使，則朱朗鑅、張懋爵、蔡鵬霄、裴希度、涂必泓、韓文銓、陳羽白；吏部改從事，則沈自彰、熊文舉、郭萬象、王顯、楊玄錫。其餘大理卿劉大鞏、光禄卿李元鼎、太常卿吴家周、鴻臚卿張魯、驗馬卿宋學顯、尚契卿葉初春、學録錢位坤、助教李森先，皆改授者。凡銓選皆宋企郊主之。

576 廿七吴三桂攻山海關

吴三桂挾清騎叩山海關，賊將不能禦。此甲乙史。

577 廿八日丙辰

内官降賊者自宫中出，皆云李賊雖爲首，然總有二十餘人，俱抗衡不相下，凡事皆衆共謀之。時僞國公劉宗敏，以争我叛將白廣恩故，遂生心。及京城陷，逆闖多擁金帛，自豐積，宗敏覬之不獲，心益離。出大事記。

578 程源移書勉唐廷彦 天津事

初，三月二十日，天津兵道原毓宗倡降，進士程源以書勉餉部唐廷彦忠孝大義，且云：「馮津撫倡義，曹帥友義亦有心人。今糧廣兵衆，據賊腹而俟恢復，中興之奇勳也。」唐請源入城議戰守，比源至城頭，防海兵大噪，刼餉庫盡，毆廷彦幾死。先是，馮元飈爲天津撫臣，聞京城變，聚將士，泣血誓勿二，門下已無一人應之。津道原毓宗，秦之蒲人，赴官時遇賊，賊禮之厚，留母爲質，因縱之，許内應。比至津，即張皇賊勢相離間。及都門報至，率紳士先表迎降，兵民皆從風而靡，大揭黄旗城櫓，署之曰「天壁民順」。因而津民各用片紙，書「民順」，綴門前。總兵曹友義單騎斬關出，毓宗率兵邀截之，逼元飈迎賊，元飈不屈。副將金斌、總兵婁光先、指揮楊維翰俱叛，稱表降。二十一日，金斌移營演武場，源復就見説之。唐廷彦傷重移至，馮元飈皆在。羣諭以大義起兵，不動；斌且勸廷彦留幕下。源先機退，急以書諭從賊、圖南二意，爲千載榮辱之關，不可不決。唐回書云：「重傷難存，自仄無能報國，惟一死而已。家慈年八十有三，吾兄過敝邑，幸婉曲慰之，有子死國，勿過傷也。」彦止一子，方八月，源欲竭力保全回籍，彦不從。傷哉！

579 程源移書丘祖德

二十八日，程源移書山東撫臣丘祖德曰：「我皇上未有失德，頃緣諸臣泄泄，餉缺兵單，致賊淪我神京，殞我君父，普天率土，同此悲號。」又云：「江南財賦之地，子弟多豪，賊不先窺而以貽我，彼豈能舍步騎而與我争長江之險耶？況有我蜀據其首，走西安纔七日也，而楚、豫横其腹，甘、寧蝕其心，江東老成尚有人，義旗一舉，彼擣此擊，克復直指顧耳。而議者不察，以賊爲有成焉，其亦借賊爲富貴之資也。」

580 廿九程源移書曹友義

程源又移書天津鎮將曹友義曰：「天地反覆，三光晦蒙，痛哉！食君之禄，誤君之事，若是矣。前寓天津，已與將軍見及此。彼時相商，便將天津一派爲託，將軍亦毅然不讓，今兹胡然大失哉？昨泊津門，乃知兵以無餉故，爲原毓宗誘去。然將軍所部健丁五百如父子，今雖叛去，其心必不忘將軍也。目下僞官佈列，皆爲無籍，各州縣無一兵爲守者，卽使收捕擒斬，大功計日可集。嗟乎！鼎湖龍去，青宫纍囚，簌天掩泣之時，正臣子捐軀之日，無負國恩，不污史筆，勉旃自愛！」

581 四月初一戊午

甲乙史云：四月初一日，畿内、山東、河南守令，多秦、晉亡賴，單身赴任，恣意威虐，首稱助餉，衿紳受脅，少忤而辱隨之。又徵少艾，專待郵傳。人始憤痛思舊矣。

582 初四辛酉

燕都日紀云：牛金星吉服至吏政府，同宋企郊考試舉人，出天下歸仁焉、蒞中國而撫四夷也、自天祐之、吉無不利等題，搜簡封門，就試者約七八十人，大率本地舉人居多。又有僞示云：「各省直鄉試候旨定期，即于中秋舉行。」初五日，僞相府揭曉，取實授舉人五十名，餘俱革退。三考吏員及監生紛紛告考，俱不准。一云：順天僞府尹考試童生，出天與之及大雨數千里；批云：天與題見前。考生員，出若大旱之望雲霓也。次日，即發案。

583 初五壬戌

山東郡縣寇賊充斥、臨淄、濟南尤甚，行道不通。僞將董學禮奉權將軍命，率兵南下。僞將白某往天津一路催餉。而北直等處，皆有大小智勇果毅僞將軍分駐。

584 初六癸亥

李自成召父老至武英殿，問民疾苦。濟南撫標中軍梅某叛，推官鐘性樸死之。甲乙史云自殺。

初七甲子

武定州東南市皆賊。

初八乙丑

濱州城外皆賊，殺人如麻，行乞不免。

初九丙寅

馬部將莊朝梁刼單縣，爲民所殺。

初十丁卯

賊盤禄米倉并大通橋、光禄寺等倉積米，見數造册。

585
十一戊辰殺勳戚大臣

初，四月朔，賊聞東師日進，懼甚，躬叩劉宗敏、李牟，求其出禦。劉、李耽樂已久，殊無鬥志。逆闖乃下令十三日親征。至是東行之期已定，取勳戚大臣皆殺之。于是内閣陳演、定國徐允禎等，諸戚畹官都指揮以上、錦衣堂上官，俱死。方岳貢、丘瑜予繩自縊。以戚畹女婦配給軍卒。又押諸絷官至宗敏寓前，纍纍坐于路側，徐次取殺。一内官自言輸銀千兩、黄金九十兩，亦殺之。三鼓，乃釋餘人，翰林楊士聰等始脱。

586 十二己巳自成東行

李自成出正陽門，太子衣緑隨後，馬尾相銜，劉宗敏繼後。惟留李牟、牛金星守京師。

587 十四日辛未私示

西長安街有私示云：「明朝天數未盡，人思效忠，于本月二十日立東宫爲帝，改元義興。」初，劉宗敏嘗誅私示處居民數十家，今粘黄牆上，無所用。由是駭懼，密聞于自成。

大事記云：山東高苑縣知縣蘇方，秦之漢中人，頗有智畧，陰養死士二百名，圖南渡。方在秦兩戰自成，中其肋，告以李賊不足爲狀甚悉。又言秦縉紳士爲賊辱，皆如都中云。

588 十五壬申降臣思逃

李自成至密雲。何瑞徵以望日參牛金星，金星諭以訛言四起，各自謹慎，無事少出。由是降賊者皆生悔心，人思竊逃矣。

大事記云：新城土賊王銘盤，以數千横行韓家樹一帶，道路爲梗。是時，韓、王、張三姓舉義，合兵得數千人。事稍遲，聞賊猝至，乃掠舟西行入海。

589 十六癸酉載金入秦

賊拘銀匠數百人，凡所掠金銀，俱傾成大磚，以騾馬駱駝馱往陝西。舊有鎮庫金積年不用者三千七百萬錠，錠皆五伯兩，鐫有「永樂」字，每馱二錠，不用包裹。談遷曰：「三千七百萬錠，損其奇零，即可兩年加派，乃今日考成，明日搜括，海内騷然，而扃鑰如故，豈先帝未覩遺籍耶？不勝追慨矣。」

予謂果有如此多金，須騾馬一千八百五十萬方可載之，即循環交負，亦非計月可畢，則知斯言未可信也。十一月十一日書。

590 十七甲戌自成至永平

李自成至永平。總督王永吉以三十騎，戎裝乘馬，間道南下。癸未進士王道成，山西平陽人，城破即降賊，賊授青州防禦使，單騎到任。城中人皆請命，相視不敢動。時衡藩尚在城，百姓自亂，無能擁衛者。

591 十九丙子東報急

東報益急，留守賊于京城内大搜兵器，由是城門益嚴。

592 廿五壬午示備登極儀物

僞禮政府示：「主上不日東還，該衙門速備登極儀物。」

593 廿六癸未自成回京

李自成回京。有朱師欽者，慶藩宗室，爲香河知縣，棄官走吴橋，僞防禦闞傑囚之于德州。傑與州牧吴徵文征比餉銀酷急。貢官馬元騄暗相糾結諸生謝陛，一呼而起，殺傑、徵文，出師欽爲主，權稱濟王，移告遠近，殺逐僞官，來附者四十餘州縣。大事記云：兖、青、登、萊等處，堅壁自守。

594 廿七甲申縱兵淫掠

賊縱其下大肆淫掠，無一家得免者。

595 廿八乙酉

泊頭秀才郭樹家富，賊械入京去。

廿九丙戌

李自成稱帝。午後，運草入宫，處處皆滿。

596 四月三十日自成西奔

丁亥昧爽，李自成西奔，羣賊皆從。劉宗敏先與吴三桂戰，時已射傷，卧長桌上，用被疊覆手足而出。隨來舊官皆有軍護，新用者無之。薛所藴以宋軍師密令得出。牌諭百姓出城避魯，數十里之外即遭殺掠。賊先于宮中列炮放火，各私寓亦放火。零賊飛馬殺人，百姓各以牀几窒塞巷口，或持梃小巷，突出擊之。須臾，九樓城外皆火，賊東西馳，不得出，至暮，胥斃。城外草場之火，與宮中火相映，徹夜如白日。

程源云：賊兵盡從齊化門出，自成仍穿箭衣，但多一黄蓋耳。從賊僞官俱于齊化門叩頭，賊傳免送。後隊至午刻盡出。又云：酉戌間，逆闖擁大兵出前門，止留殘卒數千，在内放火。三十日天明，宮殿及太廟俱被焚燬，止存武英一殿，宮女復逃出無數。大内尚有重大器物，無賴小民于煨燼中取攫無遺。午間，九門亦火，止留大明門及正陽門、東西江米巷一帶未燒，蓋賊留一面出路也。其未出者，悉爲百姓所殺，凡二千餘人。樵史云：賊焚五鳳樓，九門放火，火光燭天，號哭之聲，聞數十里。

賊無他伎倆，到處先用賊黨扮作往來客商，四處傳布，説賊「不殺人，不愛財，不奸淫，不搶掠。平買平賣，蠲免錢糧，且將富家銀錢，分賑窮民。頗重斯文秀才，迎者先賞銀幣，嗣即考較，一等作府，二等作縣」。時復見選來府縣僞官，多係山、陝秀才，益信爲真。于是不通秀才皆望做官，無知窮民皆望得錢，拖欠錢糧者皆望蠲免。真、保間民謡，有「開了大門迎闖王，闖王來時不納糧」等語。因此賊計得售，賊膽益張，只以三四人或四五人，便來到任，詭言：「大兵在後即至。」地方官聞風先遁，而僞官儼然南面矣。

賊不識字，其僞勅書、告示多别字，如「廢弛」訛「費弛」，「事務」訛「事騖」。有户部吴篪爲賊用，復其官，賊每呼其名爲「吴虎」云。

賊兵入城者四十餘萬，各肆擄掠，自成或禁之，輒譁曰：「皇帝讓汝做，金銀婦女不讓我輩耶？」賊謀刼漕，漕河中涸。賊得花缸，去花以爲馬槽。犀杯無用，大者以搗蒜，小者當油盞。

東村老人曰：「自成入京，大類赤眉、黄巢，蓋盗賊之性，本無霸王之畧。或者天厭内外諸臣貪風熾盛，特生此惡魔以蕩滌之耳！」辛亥四月十一書。

597 李自成祖墓

先是，陝西參政都任憤李賊所至掘陵塚，甫蒞延安，即拘李氏宗而詰自成父母骸骼何在，初噤不吐，則大呼：「吾將盡掘李氏墓！」始有報者。發視，則膚色如生，骨且有肉，乃刃剉而糞瀦之。

598 李自成謠讖

宋獻策云：「我主止可爲馬上王，溷過幾年而已。」又云：「遇秦而興，遇魯而亡。」又前月掘一石碑，云：「流人順河干，陷在十八灘；若要上雲天，墮落鴈門關。」又口謡云：「自成割據非天子，馬上登基未許年。」以後諸讖概可信矣。

599 李自成鑄錢

嘗思錢者，飢不可食，寒不可衣，又非耳目之玩好，而乃名之爲「寶」，亦自有説，蓋關乎時之盛衰者也。前代無論矣，即崇禎季年，私錢盛行，大如鵝眼，每貫八分。予竊謂賤之至此，寶失其寶矣。且錢背俱鑄一馬形，是隱示崇禎之後即有闖寇也。然闖寇之不久，亦可于錢驗之。昔自成于山西鑄錢，不成；至京又鑄，文轉成「太昌」。又鑄九璽，復不成。豈非寶之所在，神有司之者乎？有西安人語予曰：「自成之錢，既重且大，民間不便，亦不甚用。」予問之秦客，曰：「其錢與今大異，輕重不一，每一錢有半兩重者，作銀一分；一兩重者，作銀三分；一兩半重者，作銀五分；二兩重者，作銀一錢。極輕五錢起，至二兩重乃止，百姓欲市零星之物，極爲不便，以增減太多故耳。凡用者，俱將錢懸于項上，不許藏腰袖中。及清兵入秦，百姓悉棄錢于地而不取。然則『通寶』者，通行于世方爲寶，人間不行，豈足爲寶乎？」按民間偶有一二細錢，此假錢，非自成所鑄。予聞馬瑞之母，見小錢而歎明衰，真有識哉！辛亥四月十二日，用賓氏書于王館。

600 吴三桂請兵始末

吴三桂，字長白，高郵人，遼東中後所籍，膂力絶倫。父襄，字兩環，起家武科，官都指揮使，鎮守寧遠。部下有精兵四萬，遼民七八萬，皆耐搏戰。而彝丁突騎數千，尤爲雄悍，敵望之輒遁。崇禎十七年正月，調襄入京，提督御營。初朝議撤寧遠，守關門。三桂與薊督王永吉、遼撫黎玉田等，謂「遼東前後衛復失，寧遠勢孤難守，宜撤寧遠兵民入守關門，卽京師猝有寇警，關門之援，旦夕可至」。上下其議，給事中吳麟徵言撤之便，一時廷論羣譁，諸閣臣尤相左，言：「無故棄三百里，臣等不敢任其咎。」事遂寢。迨寇患急，朝廷悔之，屢下旨撤督臣永吉。三月，封三桂平南伯，徵兵入援，三桂不卽行。及三月初旬，始出關，徙寧遠五十萬衆，日行數十里。十六日入關，二十日抵豐潤，京師陷矣。三桂聞變，頓兵山海。先是十六年春，田皇親遊南京，挈名妓陳沅、顧壽而北。田還京病死，三桂使人持千金買陳沅去。自成入京，劉宗敏繫吳襄，索沅不得，拷掠酷甚。三桂聞之，益募兵至七千。三月二十七日，將自成守邊兵二萬盡行砍殺，止餘三十二人，賊將負重傷逃歸，三桂遂據山海關。報至，自成遣叛將唐通統兵往禦，又遣叛將白廣恩統兵往永平救援。二十九日，自成使唐通與文武二人犒師，銀四萬，賫吳襄手書招三桂，曰：「汝以皇恩特簡，得專閫任，非眞累戰功、歷年歲也，不過爲强敵在前，非有異恩激勸不足誘致英士，此管子所以行素賞之計，而漢高一見韓、彭卽予重任，蓋類此也。今爾徒飭軍容，選蠕觀望，使李兵長驅直入，既無批亢擣虛之謀，復乏形格勢禁之力。事機已去，天命難回，吾君已逝，爾父須臾。嗚呼！識時務者亦可以知變計矣。昔徐元直棄漢歸魏，不爲不忠；子胥違楚適吳，不爲不孝。然以二者揆之，爲子胥難，爲元直易。我爲爾計，不若反手啣璧，負鑕輿棺，及今早降，不失通侯之賞，而猶全孝子之名。萬一徒恃憤驕，全無節制，主客之勢既殊，衆寡之形不敵，頓甲堅城，一朝殲盡，使爾父無辜並受戮辱，身名俱喪，臣子均失，不亦大可痛哉！語云：『知子者莫若父。』吾不能爲趙奢，而爾殆有疑于括也，故爲爾計。至囑，至囑！」是書本牛金星作，使吴襄書者。唐通至三桂營，言「老總兵新主十分優禮，專待將軍共圖大業，以作開國元勳」。且言「東宫無恙」。三桂得書，怒曰：「逆賊如此無禮！我吴三桂堂堂丈夫，豈背降此逆賊，受萬世唾罵？忠孝不能兩全。」叱左右將來使斬之。又云：「吾忠不成忠，孝不成孝，何顏立天地間乎？有自刎而已！」帳下止之。參將馮有威進曰：「吾輩願效死殺賊。今不如收其金幣，散犒士卒，然後起兵，使彼不及備，何必殺此僞官。」三桂從之，遂佯喜曰：「願一見東宫而卽降。」報書復命。賊計以定王往，卽日遣賊將挈定王赴唐通營。時洪承疇與三桂舅氏祖大壽俱已降仕清朝，三桂遂往乞師，清主許之。四月初四辛酉，三桂破山海關，唐通迎降。定王已至三桂軍，三桂檄自成云：「必得太子而後止兵。」致書絶父云：「不肖男三桂泣血百拜，上父親大人膝下：兒以父蔭，熟聞義訓，得待罪戎行，日夜勵志，冀得一當，以酬聖眷。屬邊警方急，寧遠巨鎮，爲國門户，淪陷幾盡。兒方力圖恢復，以爲李賊猖獗，不久卽當撲滅，恐往復道路，兩失事機，故爾暫稽時日。不意我國無人，望風而靡。吾父督理御營，勢非小弱，巍巍萬雉，何致一二日内便已失墮？使兒捲甲赴闕，事已後期，可悲，可恨！側聞聖主晏駕，臣民僇辱，不勝眦裂。猶意吾父素負忠義，大勢雖去，猶當奪椎一擊，誓不俱生。不則刎頸闕下，以殉國難，使兒縞素號慟，寢戈復仇，不濟則以死繼之，豈非忠孝媲美乎！何乃隱忍偷生，訓以非義，既無孝寬禦寇之才，復愧平原罵賊之勇。夫元直荏苒，爲母罪人；王陵、趙苞二公，並著英烈。我父嚄唶宿將，矯矯王臣，反愧巾幗女子！父既不能爲忠臣，兒亦安能爲孝子乎？兒與父訣，請自今日。父不早圖，賊雖置父鼎俎之旁以誘三桂，不顧也。男三桂再百拜。」初九丙寅，自成得書，大怒，卽盡戮吴襄家口三十餘人，下令親征。十三日庚午，與劉宗敏、九大帥等，率兵四十萬，號八十萬，出京往戰，沿途七百里。三桂聞之，痛哭誓師，刻期勦賊，軍聲大振。時自成前鋒四萬先至關，三桂與之十三戰，勝負相當。十五壬申，自成至密雲。十七日甲戌，自成大隊至永平。三桂兵頗少，與自成對陣，日昃不遑暇食，遂結虚營于關外，使百姓詭爲軍士，多執旗鼓守之，私易士卒入城飲食。頃之，自成薄外營，將營中老弱盡行殺死，長驅城下，圍之數匝。又從關西一片石出口，東突外城，薄關内。三桂見自成勢大，難與争鋒，先已請兵滿洲，至是趣之至。清之九王，卽攝政王也，已與英王、裕王發兵十餘萬，將欲入塞，途遇三桂使者，疑之，與英、裕兩王計曰：「豈三桂知我南來，故設此誘耶？且吾嘗三圍彼都，不能遽克，自成一舉破之，其智勇必有過人者。今統大衆親至，志不在小，得毋乘戰勝精甲，有窺遼之意乎？不如分兵固守四境，以觀動静。」三帥咸有懼色，遂頓兵不進，駐營于歡喜嶺，高張旗幟，休息士卒，遣使往三桂營覘之。三桂復遣使往請，九王猶未信。請之者三，九王始信，而兵猶未卽行。三桂遣使者相望于道，凡往返八次，而全軍始至，共十四萬騎。三桂知清兵已在關外，遂突圍出外城，馳入清壁中見九王，稱臣，遂髡其首，以白馬祭天，烏牛祭地，歃血斬衣，折箭爲誓。三桂爲前鋒，九王總重兵居後隊。英王張左翼，統二萬騎，從西水關入；裕王張右翼，亦統二萬騎，從東水關入。于是三桂復入關，盡髡其民，開關延敵。然迫于戰期，兵尚未盡薙髮，恐無以辨，夜半，密令軍士以白布裂爲三幅，闊如三指，纒之于身，以爲暗記。然布亦不能猝辦，卽以裹足布裂用之。約清兵見三指布者卽勿殺。蓋三數與白色者，取三桂及長白兵縞素之意也。然九王多謀，不肯先與自成輕戰。十九日丙子，使三桂爲前鋒，與自成大戰于關內一片石，一以觀三桂之誠僞，一以覘自成之强弱，欲坐收漁人之利。日暮戰罷，九王始信。二十日丁丑，三桂、自成兩軍復合戰。戰方酣，九王使鐵騎數萬，以白標爲號，繞出吴兵之右，鋭不可當。自成隨數十騎，挾太子方登廟岡觀戰，有僧進曰：「此非吴兵，必東兵也，宜急避之。」〔一〕已而見白標軍如風發潮湧，所到之處，無不披靡，闖兵大敗。自成狼狽遁，雖劉宗敏勇冠三軍，亦中流矢，負重傷而回。時闖兵入都，恣意淫掠，身各懷重貲，無有鬥志，故爾大敗，屍横八十餘里，馬無置足處，所棄輜重不可勝計。然吴兵檢賊屍內，有數十金，猶可私取，若百金以外，則不敢匿，必獻之于帥，恐懷金既多，則不肯力戰而思逃也。二十一日戊寅，自成駐兵永平，三桂使人議和，并請太子。自成命張若麒奉太子赴三桂軍中，請各止戰，三桂允之，約自成回軍「速離京城，吾將奉太子即位」。自成請如約。既盟，自成遂旋師，三桂頓兵不前，是以自成得安行。二十六日癸未，自成回京。三桂棄定王于永平，專擁太子，整軍而行，一路移檄，播告遠近。自成聞報，驅百姓于崇文、宣武門外，毁拆民房及牛馬墻。二十七日，三桂傳帖至京，言「義兵不日入城，凡我臣民爲先帝服喪，整備迎候東宫」。三十日丁亥，自成西奔。五月戊子朔，皇太子在三桂軍中，傳諭京中官民，各宜整肅静俟，士民大喜相慶。三桂兵至榆河，清國帥檄其西行追賊。三桂請護太子入都，帥不許。三桂夜送太子于高起潛所。或云潛逸于民間，陰導之入皇姑寺。西江米巷諸商，合貲爲三桂家發喪，每棺衣衾各費百兩。初二日己丑，三桂兵追至定州清水河下岸，斬賊將谷大成，祖光先墮馬折足，自成屢北，北京城中俱延頸望太子至。初三庚寅，北京諸臣迎候于朝陽門外，傳呼奉太子至，多官望塵俯伏。及登輿，乃胡服，頎且鬈者，知非東宫也，各駭愕而退。及城門，吴兵前導者城上已滿插白標矣。清國來者乃攝政王，入居武英殿，侍郎王鰲永從入見，見上下同坐于地，乃潛走出。至初五日壬辰，沈維炳、王鰲永、金之俊投職名入内，攝政王令各官俱照舊。又具勸進表上之，攝政王閉門不出，其内院大學士范文程接見，笑曰：「此未是皇帝，吾國皇帝去歲已登極矣，何勸進之有？」于是傳攝政王令：自初六癸巳始，爲先帝設位帝王廟，哭臨三日。隨議謚號、議葬隧，俟事畢削髮。禮部侍郎楊汝成稱典禮浩繁，不能獨任，王問漢官何人最賢？沈維炳等推舉李明睿，即命爲禮部左侍郎。明睿以病辭，王曰：「爾朝皇帝尚未收殮，明日即欲令京城官民人等哭臨，無神主，何以哭臨？無謚號，何以題神主？」明睿聞言大慟，王義之，即命議謚于朝房，謚先帝爲懷宗端皇帝，周皇后爲烈皇后，安奉神主于帝王廟。初六至初八三日，百姓哀號，如喪考妣。尋命造陵，衆以田皇妃墳弘敞壯麗，明睿啓先帝于中台，周皇后居左，田皇妃居右。甲乙史云：初五日，庶吉士高珩、李呈祥訪王鰲永議號，鰲永曰：「今日何所逃，素夷狄行乎夷狄耳。」高、李出城被劫，因留滯通灣。范文程召詞林官，止高爾儼應命。議修崇禎史，爾儼曰：「詹、翰一體，請盡召之。」明日，何瑞徵等皆入。楊昌祚、林增志以重傷告假，范許之。范，上虞人，瀋陽衛籍。其祖鑛，兵部尚書。自瀋陽陷，歷官至此。每日坐午門右決事，同坐三人，中乃真□也。〔二〕故學士倪元璐家人具呈扶柩回籍，范差官執令箭送至通灣。倪夫人肩輿出城，如曠見焉。吴三桂追自成于保定，勝之。明日，追至定州，奪其駝馬。又三日，及于真定，逐之出故關而止。李自成過關，方整隊西行。〔三〕初六日癸巳，北京爲哭臨先帝之始，五城御史監肅諸儀。曹溶等五人，因攝政王有照舊之言，儼然卽真。朱朗鑅者，宗室子，書示稱「順治元年奉旨」，若先更易者。仕賊如熊文舉、楊枝起、朱徽等，咸同哭臨。五月初七日甲午，清國封吴三桂爲平西王。楊仕聰家眷出北城，門生方大猷以家丁護送。大猷者，薊州監軍，隨三桂降清，令守通州也。十一日戊戌，清國令虛燕城之半以屯兵，盡驅民出城。自是縉紳雜出，概不致詰。十二日己亥，三桂旋師入燕。十五日壬寅，攝政王登武英殿，受朝賀。王出示京城，令官民除服薙頭，衣冠悉遵大清之制。自是京城内外盡皆薙髮。自洪武戊申年至此，凡二百七十八年云。

楊仕聰曰：「三桂西不能制順，東不能抗清，姑静俟焉以待順、清相遇，徐觀鷸蚌之持，亦未爲大失也。乃束身歸清，予以復仇之名，使得闌入，順雖西遁，而京師爲清有矣。東宫、定王禍不旋踵，吴襄被戮，殃及全家，揆之忠孝，有何當焉？南中不察，而沾沾三桂之功，吾不知其何功也？若以此爲功，然則盤踞二東，忽焉南牧，渡河涉江，金陵不守，亦謂三桂有功于明歟？」

錢敷曰：「陳沅身價千金，皆有司敲扑萬民之膏血也，遂以殺吴襄一家，不血刃而易中國之天下，其果傾城何如？以一婦人而忠孝兩病矣！」

予按吴襄之被殺也，一載自成得書，殺襄家屬，而繫襄東行。迨戰敗，卽梟吴襄首，懸之高旂而返兵。如是則戰時尚未殺也。然戰敗甫殺襄，三桂何忍使人議和？是不可信者一也。一云自成回京後，聞三桂移檄遠近，而殺襄，是殺襄又在議和後也。則議和時，襄尚在自成所，三桂何不一言及之？且未聞交質之説，是不可信者二也。史畧、遺聞俱載自成初出兵時所殺，似爲近之。康熙十年二月初三社塂王館書。批云：甲乙史載殺吳襄乃四月廿六日回京後也。須考。

〔校記〕

〔一〕「此非吳兵，必東兵也，宜急避之」句，曹氏所藏抄本作「此非吳兵，必東慉也，上位宜急避之」。按「慉」爲「虜」之諧音。

〔二〕原空缺，疑爲「虜」字，當指攝政王多爾袞。

〔三〕「李自成過關，方整隊西行」句，曹氏所藏抄本作「李自成過闕於，整隊西行」。

601 附記野史

吳三桂欲倡義復仇，以衆寡不敵，遂親往大清國請兵十萬，爲朝廷雪耻。清主不允，三桂力懇。清主曰：「明朝文臣素無信義，將軍欲建大功，本國何難發兵助陣。但恐功成之後，不知將軍置身何地耳？」三桂曰：「桂父子受朝廷厚恩，今日爲巨寇弑逆，士庶傷心，神人共憤。桂聞勇士不怯死而滅名，忠臣不先家而後國。今君后俱遭慘弑，桂食君之禄，焉有坐視之理？如吾主所言，必計成敗而後行，是有覬覦于衷也。桂今日誓死報國，雖肝腦塗地，亦所不辭，安問其他！」清主曰：「將軍姑退，明日再議。」次晨，三桂披髮掛孝，復謁清主，痛哭哀懇，清主遂發兵，三桂因斬關而入。自成聞之，遣使以吳襄手書及檄文招之，檄云：「大順國王應運龍興，豪傑響附，唐通、祖光先等知天命有在，回面革心，朕嘉其志，俱賜綵緞二十疋、黄金二十金、白金四十兩，所將兵卒，先給四月兵糧，俟立功日，量功陞賞。抗命周遇吉等身具五刑，全家誅戮。刑賞昭然，判若白黑。爾等當審時度勢，棄昏就明。身享令名，功垂奕世，孰與棄身逆命，妻子戮辱？大福不再，後悔噬臍。檄到須知。」三桂得書，不悅，遂答書以絕父。自成復使唐通往。通見三桂曰：「將軍久在邊關，功高汗馬，豈意奸臣敗事，國喪君亡，天下生靈塗炭久矣！今新主豁達宏博，羅致英豪，雖無堯、舜之仁，頗有湯、武之德。渴慕將軍盛望，一見卽當封拜，位在諸臣之上矣。」三桂佯喜曰：「前日使者言之無緒，使我一時忿躁，遂致決裂如此。今家君見在羈囚，恐旦夕不保，桂方悔恨，幸將軍駕臨，自當改絃易轍，共建百世之功。但東國之兵已入內地，勢難挽回，惟一戰敗之，然後可捲甲趨朝耳。」通曰：「通雖駑弱，願隨鞭鐙。」三桂曰：「但桂業與東國有約，若回兵直指，無以爲辭，煩大兵先出，東兵恃桂相助，戰必無謀，我兵出其不意，從後夾攻，一戰可滅矣。」通大喜，率兵出關，與清合戰，大敗退走。吳營忽砲發，吳兵殺出，內外受敵，通遁走。三桂沿途遍張告示云：「欽差鎮守遼東等處地方總兵官平西伯吳示：爲復大仇、殲大寇以奠神京、以安黎庶事。切痛先皇被弒，亙古奇殃。劇寇狓猖，往代未有。凡屬臣僚士庶，能不碎首隕心？今義兵不日來京，爾紳衿百姓，須各穿縞素，協力會勦。所過地方，俱要應接糧草。務期罄擣巢穴，纖芥無遺，庶使克復神京，奠安宗社，乾坤再整，日月重光。特示。」

又榜文一道：「平西親王吳，爲安撫殘黎以救民生事：照得逆闖李自成戕主賊民，窺竊神器，滔天罪惡，罄竹難書。荷蒙大清朝垂念歷世舊好，特命攝政王殿下大興問罪之師，懷綏萬邦，用躋和平之域。仁聲所播，義無拂命。第慮遐遠之區，訛傳舛錯，不特有辜大清戢暴安民之意，致安黎庶反受執迷殞身之禍。今攝政王簡選虎賁數十萬，擁戴西洋大砲數百位，絡繹南下，相應榜諭，以醒愚蒙。爲此示仰一帶地方官生軍民人等，務期仰體大清朝安民德意，速速投誠皈命，各安職業，共保身家，毋得執拗迷謬，自罹玉石俱焚之慘，未便。特諭。順治元年四月廿六日榜。」自成聞之，遂殺吴襄全家。語牛金星曰：「北兵勢大，城中人心未定，我兵豈可久屯在此？即十北京，不敵一秦中險固，爲今之策，不若退處關西，以圖堅守。」金星曰：「大内金銀搜括已盡，但皇居壯麗，焉肯棄擲他人？不如付之一炬，以作咸陽故事，即後世議我輩者，亦不失爲楚霸王之英豪。」自成從之，遂于宫中四處積聚竹木、桐油、硝黄等件，以備舉火之用。百姓聞知，大駭。自成于四月廿九日西走，闔宫放火。僞官惟山、陝、河南、北直人併前選用者隨行，餘見賊勢衰敗，四散逃歸。侍讀楊觀光不肯從行，自成怒，殺于順城門外。制將軍谷大成統兵五千距後，自成率大隊自齊化門出。途中大肆殺掠，婦女懸樑投井者無算，百姓官紳踐踏死者，積尸成堆。自成被三桂追逐，自蘆溝橋至固安縣百餘里，遍地盔甲衣服。

明季北略卷之二十一上

602 殉難文臣目次

㉑ 兵部員外金鉉 〔五四八〕

殉難文臣 二十一人

① 范景文 十九日投井

崇禎十七年甲申三月十九日丁未，李自成陷北京，烈皇帝崩于煤山，文臣死難者二十有一人，內閣惟范文貞公。公諱景文，字夢章，號質公，北直河間府吳橋縣人。父永年，南寧太守，爲德于鄉，有「佛子」稱。公生而端亮，行醇謹。諸生時，卽以天下爲己任。登萬曆四十一年癸丑進士，授東昌府推官，署其門曰：「不受囑，不受饋。」衆稱「不二公」，獄多平反。時值大飢，條荒政，躬自賑恤，全活以億萬計。己未，擢吏部稽勳司主事。庚申，署選事，歷文選員外、驗封郎中。時光宗登極，旬月中，公所推擢皆先朝耆舊，世所目「威鳳祥麟」者。天啓甲子，逆閹竊柄，公上疏請清仕路、養仕節，謂「天地人材，當爲天地惜之；朝廷名器，當爲朝廷守之；天下萬世是非公論，當與天下萬世共之」。言皆剴切，爲時所忌。南樂相魏廣微以鄉曲故，欲招致公，卒不可得。比當例推，璫先授意部堂，芟除清流周忠毅、李忠毅輩，批云：周宗建、李應昇。又周朝瑞亦謚忠毅。公争執不少狥，忠賢大怒。尋移疾歸，杜門卻掃，視世榮一切淡如。至感憤時事，則裂眦拳几案，痛惋交集。時周忠介被逮，鋃璫就北寺獄，誣贓數千，公洗橐百計代償，欲脫之于死。雖禍幾不測，竟罔恤，其好義急難類如此。毅宗初，起太常少卿，尋巡撫中州。己巳之難，公不待詔命，帥師勤王。京師圍解，陞少司馬，移鎮昌平，告歸。久之，陞南大司馬，參贊機務。時賊在英、盧，留都岌岌。南額兵八萬人，堪戰者不滿萬。公定營制，簡家丁，治樓船，練火器，部曲改觀，于是乎有援池、援滁、援盧之師。江浦之役，賊烽夜照江水，不能以片羽飛渡，實慴公方畧。公之建置，謂「非戰無以爲守，非守江無以守京、守陵，非守江北無以守江南」。疏數十上，决幾呼吸，瞭然列眉。時武陵相楊嗣昌奪情視事，詞臣黄公道周等執義廷諍，杖謫纍纍。公抗疏力救，謂：「道周等國家有數人物，用之猶懼其晚，棄之何得其益！乃共推碩果，遂嗟抱蔓，殊堪惋惜。」疏上，先帝震怒，除名爲民。已而復思之，特起爲大司空。甲申，拜東閣大學士。時賊勢已亟，公蒿目時艱，中夜輒涕零，謂：「身爲大臣，不能仗劍爲天子擊賊，雖死奚益？顧非是無以報聖明萬一。」三月十七日，召對，公已絕粒三日矣，飲泣入告，聲不能續。及京城陷，羣譁上南遷，公賦絕命詩，有「翠華迷草露，淮水漲烟澌」之句，遂自經于妻陸氏靈前。家人趙蘭芳解之，復賦詩二首，有云：「誰言信國非男子，延息移時何所爲！」拜闕號哭，潛赴龍泉巷古井死。時死節二十餘人，公爲最先，絕不知上凶問云。其妾亦自經。南都贈公太傅，謚文貞，首祀旌忠祠。公之詩古直豪邁，稜稜露爽，遇國步艱難，故多悽戾之辭。有冰堅堂草及列朝詩選本録若干首。

論曰：燕京之變，處鼎鉉一席者纍纍也，鄙夫如井研者弗論，甚有對策大廷，先帝首拔第一人，不四年驟躋宰相，圖國士報宜百倍豫讓，一旦賊臨，望風屈膝，卒死賊手，其爲天子知人累大矣！微公一人，毅然不屈，蹈義而死，不幾令萬世下笑烈皇帝時端揆無人哉！

又曰：公既不聞鼎湖之信，顧傳蜀道之行，斯時倘以扈駕爲名，尚可以無死。而公決然一死，不復狐疑，蓋公素志定也。彼隱忍偷生者無論，亦有本欲死，而一時稍遷延，後遂不及死，卒不免辱身敗名，然後知決然一死者之無憾也。夫成仁取義，固非懷濡忍之志、萌計較之私者所能爲哉！公之一死，可與宋室文山並美千古。康熙十年二月初四日社埄王館書。

②倪元璐 十九日縊

倪元璐，字汝玉，號鴻寶，浙江紹興上虞人。父暕，萬曆甲戌進士，官至太守，有能名。公少卽穎異絕倫，弱冠舉于鄉。天啟二年壬戌，成進士，才名噪天下。與少詹黃公道周並出韓太史日纘門下，一時推爲雙璧。選入庶常，尋授編修。時魏璫用事，公鄉人多貴顯者，公骫髀木天，無所附麗。媚璫者方請建祠國學，與先聖並列，公奉命典江右試，獨以「皜皜乎不可尚已」命題，同事爲公咋舌。棘撤而璫已敗，故公得免禍，海內亦以此重公。璫雖誅，諸黨猶踞要地，欲終錮林下諸賢，乃借東林爲題，又立孫黨、趙黨、熊黨、鄒黨之目，以一網清流。公上疏力爭，別白貞邪，破除門戶，遂爲人側目。黃公道周以建言與時相忤，選經筵官，不與。公疏請以己秩讓黃公，由此益爲當事所枘鑿。稍遷南國子司業。崇禎辛未，同考禮闈，典武試，公上疏制實八策、制虛八策，譏切朝政，中有云：「治之根本，惟在絲綸，勿以大猷付之悠忽，勿以瑣務示其周詳。恩怨不橫于胸，好惡必循人性。毋徒傷元氣，而情面仍存；毋浮慕精明，而叢脞實甚。凡侃言必有深慮，毋一筆抹殺以遏羣謀；凡至慮必有定歸，毋雙票游移以嘗上意。毋以意見仇獨立之士，毋以聲顏拒來告之人。如此則才識自生，勛猷自著。」皆深中政府膏肓，遂决不能容公，授意勛臣劉孔昭，孔昭以私憾，借封典事劾公，銓司承望風旨，協力下石，公遂罷歸。壬午，北邊告警，流寇橫于中原。上思公才，乃以兵部侍郎兼學士召。及陛見，公條賊情邊事甚悉，稱旨，仍命具本以聞。公上疏，言「制東邊宜分東西二路，而并力攻東路，東破則西自解」。言「圖闖賊，宜以九江爲中權，武昌爲前茅，淮、揚爲後勁。又宜假督撫以利權，一切屯鑄鹺榷之務，悉聽便宜」。又爲邊防用間一疏，大意在誘插，使不與東合，先用羈縻之術，徐爲招徠之計。上皆嘉納。尋以國計匱乏，擢公户部尚書。公以浙人例不爲户部，固辭，不許。召至中左門，謂曰：「卿志性才猷，非諸臣比，勉爲朕任勞。」公乃受事，殫精握算，宵旦焦勞。言利者進開採之策，公疏言開礦有六害，議遂寢。癸未冬，逆賊破秦，公奏：「賊既入秦，則圖賊不在秦而在晉。晉有備，而後進可戰，退可守。請蠲沿河租稅，取其半以資防禦。多築敵臺，汰冗兵，厚死士。」上嘉納之。未及用，賊尋陷山西。甲申二月，政府謂詞臣不任錢穀，勸上解公部務，還講筵。三月丁未，京師陷，公紗幘絳衣，北向拜闕，曰：「臣爲大臣，不能保國，臣之罪也！」又南向再拜，遥辭母太夫人。旋易便服，至書齋，索酒，招二友爲别。于漢壽亭侯像前，獻像三爵，亦自浮滿，盡三大白。所親皆勸公効文丞相權忍耻，出外舉兵，再圖匡復。公怒，指壽亭侯像曰：「使吾生存，有何面目對此君！」或言：「太夫人在堂，亦不爲之地耶？」公默然，一淚及顴而止。既而曰：「老母八十四矣，而猶康健，夫復何憾！」乃題案曰：「南都尚可爲，死吾分也！慎勿棺衾，以志吾痛。」因謂家人曰：「卽欲殮，必俟大行殮，方收吾屍。」于是步出，至廳事，南面坐，乃投繯。衆僕尚欲解之，一老僕哭止之，曰：「此吾主成名之日也，囑付已再三矣！」久乃絕，玉箸雙墜幾尺，舌藏眸歛，顏色如生。是午，有賊騎突入，問公安在，則陳尸于堂矣，乃愕然馳去。頃之，有僞職王方弼者頒示，且傳令箭至寓，曰：「忠義之門，勿行騷擾。」由此家人獲安。公子會覃不忍違遺命，乃俟先帝殮，始闔棺。賊無不太息，稱真忠臣者。一門殉節，共十有三人。一云：妾王氏、幼子迄無恙。公文章精華深刻，至性所激，紙立字飛，故獲其片言，比于天球弘璧。獎借後進，保護聲氣，士無賢不肖，皆願出公門牆。殉難諸賢中，惟公尤爲世所哀痛。南都贈公太保，謚文正，祀旌忠祠。

論曰：古今易名之典，以「文正」爲難。明興數百年，惟餘姚、長沙，皆撰席也。北都死事，乃得公與劉中允。長沙高文典册，且爲一代風雅開先，顧委蛇逆瑾，雖匡救彌縫，厥功不小，亦來枉道之譏。餘姚、中允渾金璞玉，傳信千秋。惟公以懷蛟吐鳳之才，兼化碧貫虹之節，長沙遜正，劉、謝讓文，尊名壹惠，未有如公之尤愜者。且使美新仇國，不得自附于藝苑笙簧，孤鳳鳴而鴟鸇息，公諸著譔之謂矣。然則公不獨爲正人增華，尤爲文人吐氣哉！

陳文莊仁錫與公同年同館，嘗言公爲人倫師表，又負經濟才，洵爲定論。然受知主上，卒不能盡其用，僅以節義終，悲夫！文集有奏疏代言、講章應本行世，詩則有憶草諸種。

③ 李邦華

李邦華，字懋明，江西吉安吉水人。萬曆三十二年甲辰進士，授知涇縣。壬子，擢御史，巡按浙江，有風節。時甘陵南北部之隙已啟，羣小争攻東林、西北諸正人。公爲鄒忠介門人，又同里，人多忌之。公又別白邪正，不少假借，遂倡流言，目公與周起元輩五人爲「五鬼」。既而德清秉政，逐東林、西北無虛日。或勸公少委蛇其間，公曰：「寧爲偏枯之學問，莫作反覆之小人。」時論益忌公。丁巳，出爲山東參政，病免。天啟元年，卽家起光祿少卿，屢以病請。二年，陞僉都御史，巡撫天津。三年，陞兵部右侍郎。四年，復稱病歸。時魏忠賢用事，崔呈秀等欲舉諸名賢一網盡之，作天鑒、同志、點將等錄。天鑒錄公名居前。督輔孫承宗擁重兵在關外，請入朝面奏邊事。或言承宗且興晉陽之甲，公爲內主。忠賢怖，矯旨勒承宗還鎮。御史倪文煥遂疏論公東林死黨，革職，謫戍嶺南。崇禎元年，起工部左侍郎，卽督河道，陞兵部右侍郎，復以病去。己巳，起南京兵部尚書，丁憂。癸未，起南京都察院都御史，再疏堅辭。聞京城困，辭家日，爲文告先臨淮王，矢以身殉。時獻賊陷武昌，駸及江右，公上保東南策，謂：「長江衣帶，非僅僅守九江、守安慶可恃無恐，今宜增兵以扼險。江撫駐九江，贑撫駐吉安，以壯虎豹當關之勢。往來策應，責在監司。」上嘉納之。會掌院劉宗周以救科臣熊開元，忤旨罷職，朝論謂總憲百司之長，非端方元老不堪任，特簡公爲左都御史以代之。公既涖任，申明憲約，榜絕餽遺，疏薦成勇、葉廷秀「清風亮節，可當大用」。甲申，賊勢急，上日一召對。公密奏：「請皇上固守社稷，守死勿去。效仁廟故事，命皇太子撫軍舊京。」又密疏二王分封江南，以壯東南之勢。上心動。批云：此議實獲我心。俄而中允李明睿議南遷，科臣光時亨劾之，朝議大閧，遂併寢監國、分封之議，而大事去矣！至三月十五日，賊已逼京師，公趨閣中奏請發帑，召集朝紳鄉衮居民，不問大小老弱，悉令守城，親冒矢石，以固吾圉。乃首相魏藻德尚作退食夔龍態，候久不出，出而僅曰：「事未必至此，老先生且姑待。」公爾時聲色俱厲，痛哭流涕以道，卒不悟也。十八日，賊攻城甚急，無兵無餉，羸卒守堞，中官爲政，奸細滿城。公言既不得行，復躬率諸御史上城巡視，諸璫矢石拒之，不許入。公道遇太常卿吳麟徵，握手揮涕，誓死國難。十九日，聞上變，公南向痛哭，携册印冠帶，入吉安會同館，對文丞相再拜矢志，題絕命詩，有云：「人生自古誰無死，留取丹心照汗青。今日騎箕天上去，兒孫百代仰芳名。」又自贊云：「堂堂丈夫，聖賢爲徒。忠孝大節，矢死靡他。遭國不造，空負名譽。臨危授命，庶無媿吾。君恩莫報，鑒此癡愚。」題畢，遂自縊死，屍五日後乃得殮云。公性介特，寡言笑，不尚華侈，舉止嚴重。居官四十餘年，重名節，勵廉隅，蕭然寒素。雖位望崇隆，爲海内山斗，退然不勝。至值事變，臨利害，屹然如山，不可摇奪。南都贈公吏部尚書，謚忠文，祀旌忠祠。

論曰：忠文公固理學經濟、忠節兼全之名臣也。虞山錢謙益云：「忠文三莅戎政，大有建白，惜不得伸其志。」迨賊逼京師，欲奉太子南渡，朝議紛紜，卒至莫救。忠言不用，而以死繼之，所謂竭其股肱之力，而繼之以忠貞者也。公請皇儲撫軍，俟旨之夜，作詩有云：「五龍候日影，一馬聽江聲。」及請二王分封，亦有詩云：「剪桐天子貴，畫策老臣才。」慷慨悲歌，聲淚迸咽。彼時亨固罪不容于死，若通州相又可勝寸磔哉！

一云：公聞難，嘆曰：「主辱臣死，臣之分也，夫復何辭！但得爲東宮導一去路，死庶可無憾已矣，勢不可爲矣！」乃題壁「堂堂」云云。因走入文丞相祠，再拜，吟「人生」云云，大笑三聲，縊死，三日顏色不變。賊至，見其冠帶危坐，争前執之，乃知其死，驚避去。諸書載文祠縊，啓禎録載自文祠返寓縊，或云文祠飲藥卒。

④施邦曜

施邦曜，字爾韜，號四明，浙江紹興餘姚人。萬曆己未進士，除武學教授，陞國子監博士、工部營繕司主事。天啟甲子，典雲南試，遷員外郎。丁丑，出爲漳州知府，以廉幹稱。擢本省布政司參政，四川按察司使。崇禎戊寅，進光禄寺卿、通政使，免官。癸未，起都察院左副都御史。公見人心瓦解，寇賊所至，非降則逃。所以然者，由官吏朘削，早失民心，以致臨事潰散，此有司罪也。察司之責，在巡按御史，于是上實圖察吏安民疏，大畧言：「巡按權重，憲綱所載，明言奸貪蠹政害民者，隨即拿問。又六品以下官有犯，取問明白，從公決斷，以實奏聞。今巡按考察官吏，但呼名過堂，未見拿問一人。即有一二參劾，需之復命。近即有不時參劾之旨，不過取一二單寒者塞責。今民命倒懸，在于呼吸，安得爲此文具？考察官吏，必須當面發落，某官稱職，留任；某官不稱職，斥逐；某官奸貪蠹政害民，拏問。巡歷府縣，立時分別，庶幾人情震悚。然其要又在反求諸身，必贓罰不取，土儀不問，謝薦不收，先自治而後可以治人。否則受贓之律身先犯之，惡能以法繩人？」又曰：「得一良吏，勝得一良將；去一貪吏，卽去一民賊。」奏上，天子嘉之，勅巡按御史依奏着實舉行。甲申春，賊逼京師，公慷慨自誓曰：「此臣子授命之日也！」既城破，問僕曰：「倪尚書安在？偵之！」還報曰：「自盡矣。」公紿之曰：「若等候此，吾卽往冠服視倪也。」入內，久不出，探之，已自縊死，題詩于几曰：「愧無半策匡時難，但有微軀報主恩。」南都贈公左都御史，諡忠介，祀旌忠祠。總憲劉公宗周哭以詩曰：「淮南一別煥垂寒，再拜班荊話屢酸。國難敢忘嫠婦緯，時危轉憶菜根盤。身擔風紀綱常重，節自平生問學安。白馬岩前池畔草，永存規矩奉輪般。」

編年載：公縊時，僕解之復蘇，公叱曰：「若知大義，毋久留我！」乃更飲藥而卒。然他書俱載縊。

二月初八書。

先帝升遐，九列中最先自盡者倪文正與公，皆越人。後又得一周文節。二十有一人之中，而紹興乃三人。其後則劉都憲、祁僉都、余庶子等，不絕書也。蓋浙東諸郡中，紹興士大夫尤以文章氣節自負云。建文死難諸臣多出江西，數年來亦復然，而越州次之，吳及閩又次之。嗚呼，盛矣！

自縊諸賢，宛轉數四，未免葛藤。惟忠介最爲直捷，從容慷慨，兩兼之矣。

⑤ 凌義渠 二十日縊

凌義渠，字駿甫，號茗柯，浙江烏程人，世以雕龍擅譽。公修髯頎立，如高霞孤映，明月獨舉。所爲制舉義，吐棄陳言，特標玄勝。長齋學佛，于世味泊如也。自其爲諸生，卽已稱菰蘆第一流。天啟甲子，中式。乙丑，登進士，謁選得行人。崇禎庚午，考選授禮科給事中。時當國者爲公梓里密戚，主眷方隆，人争傍附以進。公皂囊白簡，侃侃發舒，無少瞻顧。賊氛漸熾，公目擊心恫，上疏極論其事，謂：「滅賊之明旨屢更，而逆焰滔天如故；率土之搜求既罄，而師徒不競如故。就外之布置言之，有能灼知賊之飢飽虛實、來路去路、隨時據實入告、不事虛飾者乎？有能置零級弗報、慷慨擐甲、刻時刻日、誓不與賊共戴者乎？就内之調度言之，有能力祛文法拘牽之弊，舉一切事權專任一人，聽其自操自縱，置小小利鈍不問者乎？有能排羣策而獨持一斷，實實使閫外知所稟命，截然不入游移者乎？以争在呼吸之軍機，而既俟成命，又俟部覆，又俟部咨，費許多周折，卽費許多時日，比馳至行間，而面目全非，先着已不在手矣。以信賞必罰之軍政，而歆以爵賞者無虛日，懼以顯戮者亦無虛日，繁多易褻，積久生玩，恐温文自此不靈，而嚴檄亦因之不震矣！」後國事潰敗，皆如其言。甲戌，轉禮科右給事，磨勘癸酉試卷。河南貴公子曹鳳禎以賄得中式，公閱其卷，皆小兒號嗄語，因塗乙滿紙，擬從黜革，爲同事所尼。丙子，以户科左給事主考山東，得士爲盛，如王中丞漢，則先公殉義者也。尋首兵垣，而掌吏垣某，與鳳禎爲姻好，啣公舊事，以年例，外遷公爲閩臬。公引義就職，無一言。同官不平，發其事，上命取鳳禎卷入覽，知公持正不阿，遂革鳳禎舉人，并削吏垣某籍。公雖暫淹外服，譽望益重，由閩臬轉三吳兵備使者。三吳財賦重地，公身處脂膏，懸魚拔薤，清風兩袖，惟取吴士帖括，手自甲乙，梓以問世。不卑初學，不狥壇坫，鈎玄拔韵，盡汰時蹊，風味遐迥，論者以爲永嘉末之正始音。已遷山東布政使，尋擢南京光禄卿。癸未，擢大理卿，而國變作矣。時寇以三月乙巳犯都城，丁未昧旦，公趨長安門，則無人門焉者，拱立達曙，門竟不啟，乃返就舍。俄報城陷，人馬羣嘶，街巷填咽。公端坐旅次，神色灑然，鬚髯怒張。無何，鼎沸稍定，東魯門人李某趨謁公，以龍馭賓天告。公聞之矍立，負牆號泣動地；舉首觸柱，血淋漓沾襟袖。李大驚，牽衣力持，勸無過激。公曰：「君爲社稷死，則死之；爲社稷亡，則亡之。死吾分也，復何辭！」李援古曲喻，請留身有待。公曰：「此不過欲緩我須臾死耳。身受國恩，二十載于茲，宮車晏駕，孤臣雖欲獨生，義所不忍！」李抱公泣，公厲聲曰：「與若道義交，當共相勗勵，何兒女泣爲？」李拜辭去。公立燈下，顧諸書籍，歎曰：「噫！我手澤在是，忍捐棄賊手，俾涴我青編！」乃命悉取火焚所評隲書及生平著述。蓋公生平無他嗜，獨嗜書，自其對公車，出入京華，跋涉八閩，使岷藩，典魯試，鎮吳臬，屏齊邦，縹緗纍纍十餘笥，靡弗躬飾以從。退食暇，輒手一編，雖酬應如蝟毛，不廢。聞某所有異書，即殫精竭貲，百計購取。至是，盡付煨燼。于是公客及諸僮僕知公志堅且決，潛取其室中繩械器皿盡匿之。公怒曰：「爾輩若此，我詎無死法耶？」指前几曰：「方觚稜稜，與頭俱碎耳！」客力阻之，不得，乃設爲庭闈情至語動公。公改容謝曰：「吾固痛心，然身已許君，義不能兩全也。」夜既嚮晨，會有言升遐未實者，僕遽以告，公徒跣出舍，道逢鄉故，知凶問已確，遂急奔回，索冠服。僕以青綉衣進，公卻之，命易緋袍，設香案，僕皆遮立不動。公曰：「我一生僦居蔬食，於物無所戀，且世界中亦何物可戀者？今遇國難，此我正命秋也。趣辦事，無濡遲！」因正笏向闕拜，復南望遙拜，草上尊人書，有「盡忠卽所以盡孝，男視死如歸，含笑入地」語。筆墨瑩然，點畫不苟。以書授僕，且云：「我魂先歸侍左右矣。」僕人環跪涕泣，請後命。公曰：「死後可書我柩云『死節孤臣凌義渠之柩』，如是而已。」遂就縊。時年五十二。南都贈公刑部尚書，諡忠清，祀旌忠祠。

附記公壻茅曦蔚所述公之紀畧

李某，係公丙子典試所取士，以上崩告，公痛哭曰：「我五十年讀書明義，二十載受國厚恩，君亡與亡，復何他說！」李以公觸柱，跪抱不釋。公大聲曰：「汝今與我同殉，方是男子！」李泣去。記室趙振之、家人馮相、金升悉匿繩械等物，公曰：「爾輩若此，我惟罵賊死耳！」復指前几曰：「此桌有方稜，觸腦貫顱，豈不更慘？」趙以封公別時珍重語諫公，公亦頷首曰：「此自關心，然死後忠魂，頃刻到家，依父左右矣！」燈下顧見諸書而歎，悉簡平生所著述及所評隲諸書，堆階下，親火之。及明，聞凶問已確，號泣，索冠服，家人不動，公曰：「爾輩只看我一生茹素食淡，何物可戀？豈是怖死貪生人？我志決，勿多遲時刻也。」遂作書辭父云：「盡忠卽所以盡孝，男視死如歸，已含笑入地下矣！但父親衰年無靠，病妻弱子，不堪回想耳。十兒容默，放他不下，七弟犀渠可善撫之。然兒卽以此情達之皇上，庶知孤臣一腔熱血也。」公自子丑通籍以來，負郭僅有半百，環堵止屬賃居。敭歷中外二十年，鵠視諫垣十餘載，骨鯁屢及乘輿，籌邊符于聚米。去國一疏，先王改容。嗟乎！爲國不顧家，無地可投湘水；抱心死歸視，有天應炤燕山。批云：一作「爲國忘家，捨生取義」。

前傳固文，然後紀亦多切語，故並録之。

⑥ 王家彥

兵部右侍郎王家彥，號尊五，福建興化莆田人。爲人高視闊步，有大志，不拘小節。與人談義俠事，輒心向往，謂：「丈夫自期待，應如漢伏波將軍，居恒不忘馬革裹屍，齪齪者無庸也。」天啟辛酉、壬戌，聯舉鄉、會，筮仕開化縣尹。下車，召諸父老謂曰：「昔人以刺史、縣令爲親民官，所關利病不細。吾承天子命，令茲土，期與若等更始。若等其敬聽令言，毋徒驕蹇取戾。」衆曰：「諾。」一年，取利民者行之，其有不便輒爲釐之。民無遠近，不謀而同曰：「神君哉！」甲子，分省試，矢必得人，爲天子報。入闈，歎曰：「魚目溷投，夜光莫辨，瓊琚似玉，碧盧難名。雖然，顧鑒澄何如耳！」比撤棘，獨公所得士稱知名。乙丑，調蘭谿，有惠政，一如其令開化者。最聞，擢刑科給事中，歷工科右，轉户科左，復轉都給事中。丙子，憂去。服闋，補吏科。公在諫垣十年，彈擊無所避，權貴歛手。時閩賊劉香老等，劫掠同安鎮，幾擾省會。公于是有閩省海防疏，言：「舊制有衛所，軍無別兵，亦無別將，而統于各衛之指揮。每寨設號船，聯絡呼應，復又添設遊擊等官，雖支洋窮灂，戈船相望。今防禦之策，莫若復舊額而練民兵。」識者以爲至論。公尤留意亂本，謂皆貪墨守令朘削民膏，不得衣食，致良民盡走爲盜。因上疏曰：「臣見秦、晉之間，飢民相煽，過都越境，千百成羣。原其始，未有不從一鄉一邑起者。使當時爲守令者早爲之所，取周官十二荒政一一行之，亦未必潰裂四出，一至此也。論者以此實功令使然，催科急者考卓異，督責嚴者稱循良。坐是不肖而墨者，以束濕濟其饕餮。一二賢明之吏，又爲文法所縛，不得展布。雖有召、杜，無從撫字；卽當鄭俠，未敢繪圖。秦、晉之禍，大率由此。今四方非無事也，三楚揭竿，已有其形；閩、越弄兵，且明見告。倘及今不爲早計，不出五年，必至爲秦、晉續。惟陛下少寬文網，俾得展布四體，一意撫綏。詩曰：『不競不絿，敷政優優。』此之謂也。如是而猶有不克承宣，致萑苻勿戢者，卽執守令，治以養寇之罪，其亦何辭？」疏出，天下以爲興平粱肉，救亂藥石，率無過此。公封事百餘上，大抵皆關切利弊，裨補生民。庚辰，晉大理丞。踰年，從左少卿遷太僕。又踰年，擢少司徒。癸未，拜右司馬，協理京營戎政。時國事墮壞，無復可爲，譬猶錮疾之人，扁鵲、倉公不能療之立起。然公蒞任，補救不遺餘策。甲申，賊逼京師，公守安定門，備禦甚力。因中官有與賊通者爲內應，城遂破，賊大擁入。或有諷公亡者，公正色叱曰：「國破身死，吾何足惜！但主上存亡不可知，恨不追隨乘輿，觸死輦前，贖臣子萬一之罪耳！」言畢，北向叩首，以謝先帝；復南向叩首，以謝父母，遂自經死。僕四人扶公櫬歸，道遇賊，得禍尤烈。弘光初，贈公太子少保，謚忠端，祀旌忠祠。

啓禎録云：都城破，賊得公，欲降之，公罵不屈。賊忿甚，提刀段斬之。或云自刎死。編年云：公守德勝門，城陷，自投城下，不死，折臂足。其僕掖入民舍，自縊死。賊燔民舍，焚其一臂，餘體僕收歸。一云：賊斬之城樓，仍以火焚其身。

論曰：國事之壞，半由良民盡走爲盜，然驅之在墨吏。公自爲令至言官，鰓鰓慮此。使在廷早見盡如公，賊禍之酷，豈至是哉？履霜不戒，尋至堅冰，悲夫！

⑦ 孟兆祥 ⑧ 孟章明

孟兆祥，字允吉，號肖形，山西澤州人，家于河間之交河。天啟壬戌進士，授大理寺評事，憂去。丁卯，除原官，主考四川。崇禎己巳，陞吏部稽勳司主事，歷驗封、考功、文選員外郎。辛未，分較會試，所取多名士。時方典選，其門人有以地方請者，公正色拒之，曰：「纔入仕途，便有趨避，後將無所不至。」聞者懼然。顧其松柏之操，晚而益勁。長髯過腹，豐采稜稜，不受要人請託，不通知交聞問，塊然署中，冰霜凜凜，時以爲有包孝肅遺風。尋忤中官意，以事降行人司司副，由光祿寺丞遷少卿、左通政、太僕寺卿。癸未，陞通政使。是年八月，子章明登進士第，觀政，未授職。甲申，陞刑部右侍郎。屬時事日棘，門人司勳郎熊文舉乘間請于公曰：「萬一京都不守，奈何？」公搖手不懌，曰：「莫商量，各人自立主意。」又曰：「子有老親在千里外，又官閒曹，非要職，尚可從容。」熊爲悚然，不敢置對。賊至，守正陽門。城陷，不屈，死于門下。妻何氏亦死。子章明，字顯之，號綱宜，收葬父屍。亟歸，別其妻王氏曰：「吾不忍大人獨死，當死從之。」王氏曰：「君死，妾亦死。」章明以頭蹌地曰：「謝夫人。然夫人須先死。」乃遣其家人盡出，章明視妻縊，取筆大書壁曰：「有侮吾夫婦屍者，吾必爲厲鬼殺之。」妻氣絶，取一扉，置上，加緋衣。又取一扉，置妻左，亦服緋，自經，囑婢曰：「吾死亦置扉上。」遂死。南都贈公刑部尚書，謚忠貞；贈子河南道御史，謚節愍，同祀旌忠祠。而文舉兩次自縊，卒爲門人劉蘭生等救甦。嘗有哭師詩。一云：盛德瞻醇穆，雄文見炳燐。日沉先棄杖，風急但焚輪。舊里碑傳記，虛堂案掩塵。門生羞後死，洒淚志忠臣。

二云：清肅銓規在，程材得士多。尊嚴儀岱嶽，感愴重山河。父子忠同傳，乾坤氣不磨。西州投策痛，涊汗畏經過。

三云：生死從來事，門牆訓迪嚴。志操期逼古，風尚可頑廉。詰曲馮心印，迂回此志淹。悵然羞展卷，孤月墮虚簷。

四云：忍見皇輿蕩，羞稱江海逋。從君臣已老，殉父子非孤。青史芳聲共，坤維正氣扶。招魂餘弟子，風雨泣蒼梧。

論曰：燕京之變，死節文臣二十一人，乃先生父子居其二，洵足奇矣！顧臣爲君死，婦爲夫死，一耳。至于節愍未受一命，而矢心不二，慷慨殉節，尤爲可敬可憐，論者以爲二百餘年特見之事云。

予按山西從賊者衆，獨公父子死節，忠孝一門，真歲寒之松栢歟！辛亥二月七日社埄王館評。

⑨ 馬世奇 二十一日縊

馬世奇，字君常，號素修，南直無錫人。祖濂，嘉靖庚戌進士，桂林守。父希尹，萬曆壬子貢士，太倉儒學。公生穎異，少即與弟孝廉世名攻苦下帷，有「平原二龍」之譽。年十八，爲諸生，三試皆第一，時號「小三元」。嗣後試無不冠軍。所棲齋名澹寧居，與世名日取同門録、尚書義甲乙其中。故丁未、庚戊後，天下爭以澹寧居選藝家貯而户誦焉。天啟元年辛酉，以恩選第一，對大廷。甲子，登賢書。辛未，成進士，改庶常。壬申四月五日，午門賜百官麥餅宴。重九日，皇極門賜糕。故典不行久矣，各賦十章，以志一時之盛。癸酉，授編修。烈皇帝勤政宵衣，三日一視朝，漏鼓四下，輒出御殿，廷臣至，多後期，公獨最先。每闕門未闢，輔臣未至，燈火熒然相對者，公與劉文正公而已。丁丑，分較禮闈，所得吴适、倪長玗等，皆知名士。戊寅，上念二祖列宗本支繁衍，而頻年用兵，百姓勞苦，乃命詞臣分諭諸籓：「務體天子體恤元元之意。」公得山東、湖廣、江西諸籓府，計行二萬里，勅二十王。己卯，主考江右，得士劉渤等一百三人。渤素稱「江西僑、肸」，且丁卯倪文正公所嘗擬第一也。尋丁父艱。壬午十月，北行。時兵日下，舟次淮陰。癸未，至京，遷左春坊左中允。宜興之再召也，公方居家，祖道時，極言「東南民力已竭，當急蠲逋賦，使獲有寧宇」。故宜興入告，遂奉俞旨。及公入都，宜興已去位矣。既而復逮入，賜自裁。門生故吏，所稱入幕借潤者，恐餘波相及，爭避匿去。公獨經紀其後事，不少退縮。主武會試，得士二百人。策畧曰：「今之金注而殙、瓦全而巧者，舟且與淵俱溺，而雍容偷牙檣錦纜之娱；室且與炎偕燼，而偃仰謀鳥革翬飛之固，亦見天下亂有安國，國亂有安家，家亂有安身者乎？」又曰：「今有萬人于此，簡之必有千人可用，雜之萬人中，萬人奔而千人不有其足矣！有千人于此，簡之必有百人可用，雜之千人中，千人葸而百人不有其膽矣！是兵之以多累也。若餉邊年例，二祖時未有也，有之自弘、正間始，然止四十餘萬耳。萬曆而爲倍者十，今而爲十倍者五矣。正額不足，而取盈于加派、于節裁。墩軍之導敵，驛卒之從賊，半以節裁階厲也；飢民之附亂，半以加派走險也。是餉之以多累也。且夫兵多冒餉，餉多冒兵。冒餉而尫羸隸投距之名，吏胥占摧鋒之籍，蒼頭推異軍之號，皆兵也。冒兵而星卜飽從戎之糈，津要割酬士之金，氍毹分陷敵之賞，皆餉也。」又曰：「彼之情形，在我如濃霧；而我之情形，在彼如列炬。幾於謀見而窮，形見而忘者，以人之難知如陰之心，獨于兵用其陽，不知其解也。且兩軍相交，諜在其間，有資彼諜以誤彼者，馬服君之于秦，岳武穆之于金也；有資彼諜以爲我者，李允則之于契丹也。兵無妙于間，間無妙于反間，古之人乃善言慰之，善食遣之，以佐我神出鬼行之奥。而今第以詰奸細爲功，不以用奸細爲畧，又不知其解也。」其策如此。給諫章正宸抗疏，彈相國王應熊，天子將罪之，賴公諍，得廢爲民。烈皇帝英武，彰癉毋赦，而臣下一以蒙蔽爲事，上遂謂在廷無一人。政府部院等，視官如傳舍，事多廢不舉，公嘗歎之。是冬，闖賊入秦、晉，獻賊破楚、蜀，內外帑一空，營兵解體；而廷臣持文法，朋黨賄賂益甚。上不時召對，公言：「用兵以人心爲本，人心樂爲之用，雖寡亦强；人不樂用，雖衆亦弱。今闖、獻並負滔天之逆，而治獻易，治闖難。蓋獻，人之所畏；闖，人之所附。非附闖也，苦兵也。一苦于楊嗣昌之兵，而人不得守其城壘；再苦于宋一鶴之兵，而人不得有其室家；三苦于左良玉之兵，而人之居者、行者，俱不得安保其身命矣！賊知人心之所苦，特借勦兵安民爲辭，一時愚民被惑，望風投降；而賊又爲散財賑貧，發粟賑飢以結其志，遂至視賊如歸，人忘忠義。其實賊何能破各州縣，各州縣自甘心從賊耳！故目前勝着，須從收拾人心始；收拾人心，須從督府、鎮將約束部伍，令兵不虐民，民不苦兵始。至人心轉，賊勢孤，而後相機操縱，勦撫並行，獻、闖皆游釜魚矣。」又言：「今日泄泄讙讙，各持兩可之謀，未定一成之畫，寧可斷送封疆，不肯破除門户。即如楚寇一事，人心作何收拾，左帥作何安頓？眼前督撫畢竟做得做不得？通盤勝算，止争一着，其可再誤乎？」對入，未省。甲申正月，闖報益警，部議各官助銅、助餉、助糴，在朝多借差出外，公銷杯觥、質袍帶應之。三月，賊入畿輔，京師滿城洶洶，傳賊且至，而廷臣上下相蒙，政府中樞終日會官羣訟，揚揚得意如平時。初三日，始議城守。初十日，募官民人等助餉。上日召對百官，大僚且挾持羣下，欲使箝口不言，而庶臣猶有因召對欲希冀者。每對，大僚但稱待罪，庶臣默然而已。上見舉朝如此，對罷，未嘗不痛哭回宮。公每罷朝歸邸，卸袍帶，輒歎曰：「事不可爲矣！」十六日，賊至城下。異時敵至，敵去城百里，近亦數十里，營卒登陴，率皆沉湎歌呼，未嘗望見敵。今乃猝遇賊，城上下砲交發，城外火光際天，人人惶急，莫知所措。士大夫相見，唯唯否否，或曰「無害」，或曰「奈何」，惟議巡街閉門，無一勝算也。十七日旦，公持所撰誥勅詣内閣，午門内外寂無一人。頃之，范文貞、周文節踵至，是日俱侍班。上退朝，諸臣見事急，聚語殿門。十八日雨，道無行人。公邸西偏近城，九門禁守，不通往來，但聞砲聲震響，緣城廨舍傾圮，賊箭墜城中如蝟。是夜，大風驟雨，雷電交作。十九日丁未，天色陰慘。自十六日賊至城下，砲聲晝夜不絶，至是日辰刻，寂然無聲。公曰：「城破矣！」亟出視之，賊騎遍滿道路，城中人往來疾馳，哭聲動地。上已崩煤山，民間未知也，共傳已南幸。公起沐浴，肅衣冠，捧所署司經局印，北面望闕拜曰：「臣未能報國，如何？」起，持印授僕，曰：「上果南幸，即持此問赴行在。」復南向遥拜辭母曰：「母生兒不能養，既不能盡忠，又不能盡孝，欲長依膝下不可得矣！」因泣下，舉家皆哭。時朱李二妾哭失聲，公止之曰：「毋亂人懷！」忽緋衣賊二人露刃馳入，左右走匿。賊睨公，公安坐不動。賊顧四壁蕭然，乃去，公遂同二妾閉一小室中自經。諸僕排户入救之，公及李妾皆復甦，而朱絶矣。僕泣勸曰：「太夫人在，主未可死。頃訪萬歲，昨三鼓時果出齊化門南幸矣。」公曰：「不死，正恐留此身爲太夫人辱耳！且以吾意料，皇上必不南。」先是，兵部郎成德與公同年，壬午至吴中，相與極歡。後成誤聽小人間言，怒而去。久之，自覺其誤，復友善如初。至是，成貽書，以慷慨、從容二義相質，公答書云：「吾輩舍一死别無法，吾不爲其難，誰爲其難者？國家大運，一身大數，總有天主之，天予成仁成義，故無憾也！弟幸老母在家，何以安老。年伯母乎？勉之，吾輩正不必遜古人耳！」乃夜簡書籍，俾僕攜歸。二十戊申，手書二函，一寄弟孝廉，一付子壬玉。俄有朝士數人，微服相過，中有削髮者，謂公曰：「皇上且南，吾輩以此故偷生。君詞臣，可無死。」因涕泣相勸。公曰：「吾意已定，君等休矣！」于是李妾哭而前曰：「妾死主手，當使主殮妾，妾義不後死。」遂立乞紗帨自經死。公命市棺三，以二殯朱、李，指其一棺，謂僕曰：「留此殯我。」于是衆始慚退。公呼諸僕曰：「吾世受國恩，身居祕署，自辛未至今十三年矣。今見國破君亡，爲人臣子，分固應死。太夫人年老，聞信必過哀，歸語吾子，謹事太夫人。吾得正而死，死復有二妾，天之予我厚矣。即皇上未南，南中必有新主，但天下事未知何如耳！」言已，命僕出，起題壁曰：「馬世奇同二妾殉此。」遂自經。諸僕入視之，左手握椅，右手撫几，正襟端坐如生。年六十一。公嘗曰：「疾風知勁，何如勿遇疾風；板蕩識忠，何如勿逢板蕩。」噫，忠矣！其與弟書曰：「玄升一門，四人俱死，吾一室三人，庶可相匹。衙門多有削髮爲僧者，雖于『身體髮膚，受之父母』之義未免有礙，然亦不得已之苦心，彼念主上猶在南也。忠臣不事二君，吾自當以一死報主上，數月前主意已定。所不能恝然者，母親耳！吾幸全受全歸，母親自可無憾，且魂氣無所不之，在天爲日星，在地爲河嶽，固時時周旋母親之側也。江南此時恐亦當無乾净土，念之憤絶！」又與子書云：「京都失守，一籌莫展，真所謂死有餘責。不能恝然者，汝祖母、汝母及汝兄弟耳！忠孝二字，是吾家風，好守之。一妲先死，玉潤後死，女流得之，尤稱殊節，吾可無憾矣。吾文共十二本，文草三卷，經書等五本，俱附歸。我躬不閲，皇恤此事，積習未能忘耳！主上在南，南中或可無事，當力慰祖母，勿以我爲痛；且加餐以延天年可也。諸相知一一寄勗，吾殉國信至，當又費諸君筆墨，其實負愧尚多，名非所貴。但兩侍妾殊節，不可不一表揚耳。玉潤父母，可善待之。吾少時嘗夢詠詩二句：『從今別卻江南日，化作啼鵑帶血歸。』此文文山語也，特與汝識之。舊歲又夢汝祖父語我曰：『汝六十一歲，羈星在命，過不得。』吾以語戴如雲，如雲謂：『必無是事，以申年填起，金星爲恩星也。』今成我以千秋之節，又有兩侍妾爲我添此光彩，亦何必非恩乎！」公六七歲時，父夢抱之北向再拜曰：「臣位至侍郎，不能報國，一死以謝陛下。」慟哭而覺。甲子登賢書，公夜夢高皇帝白衣冠南向，公白衣冠東向侍，相與語，已而相向泣。辛未成進士，報捷之夜，父夢前妻徐孺人曰：「忠臣不事二君，烈女不更二夫。」遂掩袂涕泣而去。公之始終大節，蓋天定云。公弱冠，即受知顧端文公，題其行稿，有「夾輔桑榆」之祝。門人龔廷祥，年三十餘，敝蹝青衫，無能物色者，公一見許爲端人，命子弟執北面禮。南都贈公禮部右侍郎，謚文忠，二妾皆贈以孺人，祀旌忠祠，廕一子入監讀書。弘光時，准禮臣疏請，于京城總建一祠，祀殉難諸臣，賜名旌忠。

侄馬瑞乞假定省，公云：「既冠進賢，雖暫家食，宜爲進業地，毋爲偷閒地。『閒時做得忙時用』一語，蓋三復之！」後又寄書云：「侄妙年高第，甚非詩盟酒社、優游自放之日也。古來名臣大業，得力于郡邑殊多，有其心，則其才無不可擴而至也。」

⑩ 劉理順　十九日縊

劉理順，字復禮，號湛六，河南開封杞縣人。萬曆三十一年癸卯，舉于鄉。凡十上春官，不第，人惜公數奇，公自視夷然。至崇禎甲戌，成進士，廷試第一。先是，擬首李焻，上親閱公卷，稱旨，遂擢冠多士，而李置二甲第一，人爭榮之。公曰：「科名固分內事，昔宋王曾及第，或嘲之，曾曰：『平生志不在溫飽。』今兹之舉，吾懼伊始，何榮爲？」人服其志，謂異時必卓有豎立。初授修撰，丙子，記註起居。己卯，典闈試。其程式皆深于理學，湛于道德之言。踰年，遷諭德。癸未，分考禮闈，所得多文章節義士。甲申三月十九，平旦，公入朝，門未啟。大理卿凌義渠、侍郎吳履中至，傳報賊騎入城，相顧愕然。俄傳上崩，公撫膺慟曰：「理順荷上特簡，無所報效，國事至此，萬死莫贖！」還寓，手書贊于壁曰：「成仁取義，孔、孟所傳，文信踐之，余何不然？既掇巍科，豈可苟全！三忠祠內，無愧前賢。」北面再拜，自縊。妻萬氏，妾李氏，及子孝廉并僕四人，俱殉。一云：并婢僕十八人，闔門縊死。公素爲德維桑，其魁天下也，鄉人書榜于門曰：「天從人願。」至是，賊多中州人，有數百騎至其寓曰：「此吾鄉杞縣劉狀元，居鄉極善，里人無不沐其惠者。吾輩奉李將軍令，正來護衛公，以報厚德，何遽死也！」俱下馬痛哭，羅拜而去。時謂臣死君、妻死夫、子死父、僕死主，一家殉難者，以劉狀元爲最。南都贈公詹事府正詹事，謚曰文正；

妻萬氏，贈淑人，并妾李氏，同祀旌忠祠。

嘗歷考宋、元以來，以狀元及第死事者，于宋得三人：何㮚、文天祥、陳文龍；于元得三人：李黼、泰不華、李齊；而本朝乃五人焉：遜國之時，則有黃侍中觀；土木之難，則有曹文忠鼐；北京之變，則劉文正理順，而浙東有余庶子煌，江右有劉中允同升，先後皆死國事，此亦科名人物之盛，軼于前代者也。余公煌，字武貞，紹興會稽人，天啟乙丑，狀元及第，授翰林院修撰、起居注。時魏閹用事，修三朝要典一書，公以史官連署銜名。崇禎中，歷官中允、諭德，至左庶子。以前事爲論者所齕，不得大用。魯王監國浙東，起拜兵部尚書。北兵至，投水死。劉公同升，字晉卿，吉安吉水人。崇禎丁丑狀元及第，授翰林院修撰。樞輔楊嗣昌之奪情也，上方鋭意滅賊，嚮用之。公與編修趙士春交章劾奏，俱降謫。公補福建按察司知事。復官，陞右中允，起義不克，遂死于峽江。二公死，皆崇禎以後，以科名故，連次書之。

論曰：劉公，其遜國時黃伯瀾後一人哉？不然，並列鼎元，適遭大故，一門靖節，何大致相類也？先後相距，幾三百年，取義成仁，較如一轍。語云：「非常之時，賢者出焉。」其謂是歟！臣死君，忠也；子死父，孝也；妻死夫，節也；僕死主，義也。忠孝節義，萃于一門，可謂盛矣！可謂難矣！而劉公復以狀元及第，兼此四美，尤盛中之盛、難中之難也。馨炤青史，休哉！康熙十年二月六日社埄王館書。

⑾ 吴麟徵

吴麟徵，字來玉，號磊齋，浙江嘉興海鹽人。舉天啟壬戌進士，初任江西建昌司李，丁憂。起補閩之興化，平反出入，獄無寃民，綜核諸屬吏，莫敢以私進，有暮夜卻金風。以治行高等，徵拜吏科給事中。同官章正宸、莊鰲獻以建言忤旨，下獄，公上疏力救。又論：「安民之本，在于守令。守廉，則令不敢貪；守慈，則令不敢虐；守精明，則令不敢叢脞。且爲令者衆，又多操刀學割之徒，故遴別難精；爲守者寡，皆循資積俸而升，故才品易核。願皇上廷推禮遣，凡生民疾苦，吏治臧否，使得自達于天子，迨績成而後加不次之擢。」上不能用。歷兵、刑兩垣，後掌吏垣。見盜賊蠭起，民生凋瘵，屢疏乞身任危疆，竟不見許。庚辰大計，時三吴守令倚要人爲窟穴，吏部拱手莫敢問，公與掌河南道祁公彪佳矢志澄清，凡吞舟漏網者，皆置拾遺白簡中，窮奇饕餮，爲之一清。故事掌吏垣者，計吏事竣，即其月優擢太常。獨公以不至宰相之門，一駁再駁，政輔乞骸，公命始下。此甲申三月初七日也。時寇警且迫，公以十二日受事，十五日奉命坐西直門，十六日甲辰，寇突至城下。公擐甲，衣短衣，寢處城隅。寇攻西北一帶最急，西直尤當賊衝，同守者相繼避去。公遺友人書曰：「時事決裂，一旦至此，同官潛身遠害，某惟致命遂志，自矢而已。」時上下倉皇失措，火攻備禦多不習，公登陴周視，矢叢射如蝟，屹立不稍退，指麾益厲，士卒匱糧已五月，莫肯用命。公夜坐撫病卒，忽墜大砲，破瓦落公案前，椽楹盡倒，公神色不變，手撫如故，士卒皆感泣。十七日乙巳，公親督從者載土石塞門，同守武安侯鄭某、伯張某尚開門納難民，賊數百騎尾其後不覺，公急手施箭砲，賊稍卻，始從公議塞門。城頭宦寺，鮮服怒馬，相羊不驚，高擎青蓋馳走，雜撓守卒，欲擅啟閉。凡坐門諸臣，多不得登城望敵。公奪路上城，見賊忽盡易緋衣，俄而，同守一官亦易緋衣登陴，公怪而目叱之。是夕深更，太監某密遣二卒手箭飛至，斬關求出。公親詰之，語塞，乃厲卻之，俄從德勝門去矣。十八日丙午，賊集城隍，多羸弱男子。公召諸卒諭之：「能殺一賊者，賞五十金。」須臾，健卒數百縋城，格殺賊百餘人，擒十餘人，卽斬之城下。賊分馬步，東西迴顧，狀如欲退，城上歡呼。公曰：「此賊狡耳，必合營至矣。」未幾，果大至，攻益急。戚臣貴臣相與議勢不可支。公請見天子言狀，至西長安門，二鼓矣，門守少宰沈惟炳禁出入，公排門直前，午門遇輔臣魏藻德，引公手曰：「朝廷大福，自無他虞，且夕兵餉且集，公何匆遽爲？」拉公同出。公既不得面聖，復走謁總憲李公邦華，道不可爲狀。相持而泣，遂還西直門。十九丁未黎明，宮人數十百，競從東華門出，城中大擾，訛言天子他幸，城守益弛，賊遂緣德勝門入，守卒盡逸。公急距户自經，爲從者所解，擁公哭，公曰：「我若得一見天子，吾無憾矣！」從者持公走，風塵滿面，卒不能前。入道左三元祠，舉首視屋梁，曰：「吾終此矣！」遂索酒飲，語從人曰：「吾受恩列卿寺，國亡賊入，雖君父消息未真，亦何顏自立！」衆皆哭，公止之，曰：「無亂我方寸，且睡去。」約二鼓，公喉間格格有聲，家人張儉者先覺，共起視，已用舊帨作結自經，急解之，得甦，公曰：「誤我，誤我！」家人泣而請曰：「明旦待祝孝廉至，可一訣。」公許之。蓋祝淵乃公之密友，同鄉舉人，以奏保劉宗周被逮，時留京師也。公遂起，作絶筆云：「祖宗二百七十餘年宗社，一旦而失，雖上有龍亢之悔，下有魚爛之殃，而身居諫垣，不能匡救，法應褫服，殮時用角巾青衣，覆以單衾，墊以布蓆，足矣。棺宜速歸，恐繫先人之望。茫茫泉路，炯炯寸心，所以瞑予目者，又不在乎此也。崇禎十七年三月二十日酉刻，罪臣吴麟徵絶筆。」又寄弟偏沅中丞麟瑞書，則憂江南有事。寄從弟書，則明生平學文山，要窮就窮，要死就死之志。寄諸子，則教以讀書明義理，崇儉朴，不能北面事人義。是日，有同官某，既身許賊，復遣一役招公，謀歸里，公麾役去。已而復來，擠之户外。逆臣高翔漢已受賊署，雅知重公，解説百端，公厲辭卻之，悵悵去。祝孝廉聞狀來視公，公酌酒慷慨與別，相對泣數行下，告孝廉曰：「往予問道山陰劉念臺先生，先生曰：『人之初念，未嘗不善，往往以轉念失之。』授命，予初念也。我會試放榜之夕，夢一人叉手向背，口吟文信國句贈之，云：『山河破碎風飄絮，身世浮沉雨打萍。』問路人，云是劉宗周。我與劉同出，而劉先隱。今山河破碎，不死何爲？我陳整飭江南，樞臣不許；我請身任危疆，冢臣不許。天下事尚可爲，只索待之後人耳！」或曰：「黄冠歸故鄉，今亦可然否？」公笑曰：「文山之言雖爾，文山之事若何？」抵暮，孝廉别公去，遂投繯，移刻乃逝，顔色凜凜，白鬚戟張，三日含瞑如生時。傳賊將甘心殉節者，左右錯愕無所出。倪公元璐六日始殮，許公直舁尸驗視得殮，施公邦曜賴江右曾明經子聿得殮，李公邦華既殮，懼不敢蓋棺。惟孝廉遵公遺命，即日棺殮，卒亦無患。賊既入京，八門齊啟，惟西直堅塞不能開。二十日猶聞砲攻，二十一日始寂然。卒從平子、德勝入，西直尚無恙。後清師至燕，于五月七日遣城西御史某發掘西直門，然後盡開，其有功城守若此。當癸未冬、甲申春間，有撤寧遠、守關門之議，督臣王永吉、樞臣張縉彦、鎮臣吴三桂倡之。天子下其議，惟公言撤之便，一時廷論羣譁之，輔臣陳演、魏藻德尤與公左，次輔方岳貢貽書南司馬史可法，深咎公守關之議，事竟寢。又嘗于壬午冬，陳「整飭江南根本重地，爲京師應援，請假南司馬以權，節制諸帥」，亦爲羣論所格云。南都贈公兵部右侍郎，謚忠節，祀旌忠祠。初，城陷，訛言先帝匿前門外，從者多勸公削髮南遁圖事報國。公語之曰：「我身居諫垣，言不足動主，目擊時危，每欲牽御衣哭陳其詳，自觸而死，以尸爲諫，况國破日乎！」此亦祝淵在座時語。

論曰：燕京之難，殉者數人。然死則死耳，于國事未有濟也。惟公則不然，使「棄寧遠徙吳帥」之說行，上則爲奉天之李晟，次則爲汴都之种師道，無難也，何至封豕長蛇憑陵無忌，覆我宗社，賊我君父哉？即不然，人盡堅守如公，賊頓兵城下，援師漸集，有鳥奔獸潰耳！况得早從公「南司馬節制諸帥」之議，威柄既肅，勤王義旅可一呼集乎！然則世徒以殉節目公，豈爲知公者哉？

⑫ 周鳳翔 二十二日縊

周鳳翔，字儀伯，號巢軒，浙江紹興山陰人。父名思觀，曾封肝救親，批云：封，桂、魁二音。以孝著。公生而有異徵，聰穎絶世，黄中等身之書，流睇可盡；長吉嘔肝之語，叉手能成，識者以大器期之。天啟甲子，鄉試第三名。崇禎戊辰，成進士，選庶吉士。詞林故清署，史臣第雍容以文墨相高，稍涉事，輒引代庖爲解。公獨講求世務人才，相與籍記之，户外屨常滿。每抵掌論天下事，不爲首鼠兩端。橐筆三期，聲稱日出。庚午，晉編修；丙子，典江西試；丁丑，充經筵講官。既入侍金華，退而歎曰：「明主孳孳向學，遜志時敏，而講臣不竭忠悉智，以迪宸聽，非夫也。」中夜拊膺，冀有啟渥。未幾，陞南司業。雍政久弛，師生倚席不講，公釐飭甚詳。已而陞左中允，轉左諭德。時國家多事，公感上恩，每一召對，掀髯昌言，其音琅然，同列悚聽。嘗陳「吏速化則治不成，民重征則盜不息」。每有披陳，上爲傾聽。癸未，分較禮闈，如沈公泓、黄公淳耀，名流皆出其門。每接見，輒以大義相勉。甲申三月，都城陷，賊令各官報名。時公猶未知先帝存殁，欲趨朝蹤跡之。比入陛，見光景大異，同朝諸臣，有憂怖不敢出聲氣者，有相聚偶語者，有面無人色者，有揚揚得意、自詫興朝佐命者，有侈口誦賊功德者。公不覺掩面，痛哭失聲，急趨歸寓所，謂吴公甘來曰：「臣子義在必死，然必得一視大行梓宫，縞素慟哭，乃無憾。」吴然之。二十一日，聞梓宫暴露東華門外，赴哭慟絶，即投金水橋下，水淺不死。歸寓，作書貽父母，曰：「國君死社稷，臣子無不死君父之理。男今日幸不虧辱此身，貽兩大人羞，吾事畢矣！罔極之恩，無以爲報，矢之來生。」復賦絶命詩一首，有「碧血九京依聖主，白頭二老哭忠魂」之句，蓋家猶具慶也，哀哉！向闕再拜，自縊。二妾從之俱死。公爲人明達魁岸，學問博洽，嘗論史曰：「三代而後，漢與外戚共天下，唐與女后、宦官共天下，魏晉以下與膏粱子弟共天下，宋與奸臣共天下，元與族類共天下，我國朝皆無之，可謂盛矣！但邊防海運，最爲今日急務。」又論學曰：「大凡論學不可立黨，立黨則必争，奚能見道？昔者朱、陸之辨，虚心求是也；今日之辨朱、陸，私心求勝也，言愈多而道愈晦。」持論亹亹，聽者忘倦。知其臨難殉節，非由氣激者矣。乙酉，贈公禮部左侍郎，謚文節。

論曰：公死視倪、馬諸公蓋獨後云。然當先帝龍馭上賓，倉皇無知其事者，皆以爲南幸金陵，如明皇奔蜀故事，公不即死，猶庶幾伺間竄逸，得執羈馽以從靈武之駕也。批云：「馽音執，絆馬也。或作縶，又音術。莊子：「連之以縶馽。」然公亦幸以是刻死耳，否則刀鋸在前，桁楊在後，無論辱身屈膝者昧心蒙面，卽刑僇以死，不得從諸君子後矣！公亦慷慨蹈義者哉！公之子周玉忠。

⑬ 汪偉

簡討汪偉，字叔度，號源長，徽州休寧人。其先徙應天，爲上元人。少英俊，崇禎戊辰登進士，授知慈谿縣。縣故巖邑，公以廉平清淨治之，政聲大著。時烈皇帝念邦家多難，木天片席，當預儲勷歷中外、安攘文武之才，爲異日綸扉揆席地，乃詔擇縣令司理治行卓絶者，試其甲乙，入直金華。公名在高等，補翰林院簡討，時人有登仙之羨。公獨思仰報天子拔擢，與爲國掄才、破格用人至意，益摩厲洗濯；留心經濟。尋充東宮講官。每得四方警報，輒撫膺流涕。壬午，東兵長驅淮上，而流寇復破荆、襄，南都日虞震隣。公上憂宗社，下念桑梓，上江防綢繆疏，大畧謂：「留都城週百二十里，無守城之法，止有守江之法。賊自北而來，則淮爲之防；賊自上而下，則九江爲之防。故禦淮卽以禦江，而守九江卽以守金陵。今淮上有督撫史可法，屹然長、淮保障矣。九江一郡，當江、漢之衝，嘗以地形考之，武昌籓蔽九江，九江籓蔽太平，太平籓蔽金陵。宜有重臣駐節武昌，九江則設立督撫，而太平、采石命南京兵部侍郎一員，建牙于此，作聲援而鞏塹壘。武操臣宜駐師新江口，文操臣宜往來巡練江北。浦口江面頗狹，一葦可航，制亦宜如采石，以兵部侍郎分守。城中之守，雖有軍士，粗具名目，難恃無恐。大司馬名爲參贊，於百姓尊而不親，所應急補府尹、府丞之官，重其權，久其任，以聯百萬士民之心。如御史詹爾選、葉樹聲、郭維經、成勇，巡撫袁繼咸、方孔昭，清貞端亮，皆不二心之臣，應擢卿貳，以備江上督撫之選，或酌資俸，以備府尹、府丞之用，必能實心任事，漸有成功。」疏入，報聞。癸未，分較會試，得顧咸建，冠本房。甲申，聞賊漸近都城，遺書友人曰：「京師單弱，不惟不能戰，亦不能守，一死外無他計也。」及賊犯闕，累日不食，謂繼妻耿氏曰：「死吾决矣！」耿氏曰：「苟事不測，請從君死。」城陷，出問乘輿所在，繞宫門者三，則宫人皆逃出矣。遂趨吴給事甘來所，約同殉難。還寓，手書貽子孝廉觀生曰：「嗚呼！我生不辰，丁此國難。講讀之官，既無事權可爲，一得之長，亦不見用，惟有一死以自靖而已！繼室耿氏，少年節烈，矢志不移，乃于城陷之日，恬然從我而死，使萬世之後，知我朝復有趙昂發也。吾兒讀聖賢書，須以忠孝自勉，勿辱先人。老母不能終養，幼子晉生年甫四歲，不能撫之成人，皆吾兒事也。柩不得還，以吾夫婦衣冠招魂，葬之華山張家崗，俾魂魄常得依我父母也。凡我親友，俱爲致聲。天下事有可爲，不可失忠孝念頭也。」書畢，與妻呼酒命酌，大書前人語于壁曰：「志不可屈，身不可降，夫婦同死，節義成雙。」〔一〕因具袍笏，北向拜闕，南向拜母，乃爲兩繯于梁間，公以便就右，耿氏就左。既皆縊，耿氏復揮曰：「止，止！我輩雖在顛沛，夫婦之序不可失也。」復解繯，正左右序而死，人比之「結纓易簀」云。時長子觀生，壬午舉人；晉生，耿氏出。耿氏年僅二十三，以晉生托其弟耿元吉，匿之長班家，後得歸。南都贈公詹事府少詹事，謚文烈，耿氏贈恭人，並祀旌忠祠。蓋烈皇帝朝特簡推知入翰林，死節者惟公一人。而孟進士章明、顧錢塘咸建、劉南昌曙三人，又皆以公門人死節。子觀生，清修潔操，能繼父風。

論曰：唐、宋取士，首重制科，苟不登是選，雖方州將相，不稱榮遇。明庶常之拔，與之相類。但制科妙簡于歷任之後，故文學政事，蓋有兼隆；庶常則釋褐受職石渠、天禄，未免徒以雕龍繡虎之業相目。三百年曠制，至先帝始復，公實膺其選，可不謂殊恩乎！及銅駝荆棘，舘僚自外入者，争匍伏屈膝不暇，非公仗節死義，幾何不笑先帝此舉爲多事哉！典以一人重，信夫！

公嘗書邸壁云：「看世不破，爲世所弄。」公之取義，真能超脱生死者乎？野乘載長子名觀，而啟禎録則云觀生，疑觀爲是，姑並存之以俟考。辛亥二月十一王館書。

⑭ 吴甘來

户科給事中吴甘來，字和受，一字節之，號葦庵，江西瑞州新昌人。少穎卓，甫就塾，即能盡識雲臺二十八將姓氏。長益博綜羣書與議論，證據今古，出入經史百家諸子，若數家珍。弱冠舉于鄉。崇禎戊辰，成進士，與汪公偉同出香山何公吾騶門。初授中書，壬申，擢入刑科，居歲餘，封事凡數十上，悉關國是、君德、人材、民命之大。意有不可，輒力諍，雖權貴人不避，輦下嘖嘖稱真諫議。時大司農畢自嚴詿誤下詔獄，道路咸不平，然當事輒無敢出一言爲訟寃者。公首昌言于朝曰：「漢臣賈誼有云：『簾遠地則堂高，簾近地則堂卑。』三公之貴，天子已改容禮之，不宜復加縲絏。古者刑不上大夫，所以豫遠不敬也。又谷永曰：『記人之功，忘人之過，宜爲君者也。』犬馬有勞于人，尚加帷蓋之賜，况國之功臣哉！今畢公于六卿首膺宫銜，又耑握計務，籌畫儲糈，已閲六載，比之律例，應在議貴議勤。」力爲申救，語大剴切。未幾，讀禮歸。越三年，復補前職。己卯，典闈試，入闈焚香籲天，願得一二奇才如文成、忠肅者，爲國家股肱心膂，聿奏泰寧。比榜發，得士彬彬稱盛，如何公家駒、陳公亨俱名雋。後蒞吳，著政聲云。未幾，請告。癸未，起兵科左，旋掌户科。時中外多故，荆、襄數郡，賊未至，而撫道諸臣率稱護籓以去。公撫膺痛哭曰：「是借題遜遁也，盡若此，則皇上之城社人民誰捍禦者？」因抗章謂：「天子衆建親親，將使籓屏帝室，猝有緩急，捐私倡義，爲朝廷守。詩曰：『宗子維城。』此之謂也。今風鶴纔傳，一朝委去，上之不能設奇振旅，圖殲掃之功；次之不能仗劍登陴，効死守之義，先去以爲民望，而諸臣猶嘵嘵擁衛自功，修練儲備，明旨謂何？今天潢繡錯，所在要區，若悉借護籓爲掩罪地，將「維城」爲可留可去之人，即名都亦可守可去之土，將來功罪不著，賞罰不明，莫此爲甚！惟陛下留意。」疏入，上覽而嗟嘆，然亦無如何也。未幾，分較禮闈，人或爲公得士賀，而公蒿目時艱，不以桃李盈門故色喜也。甲申春，逆寇逼京，公顧其弟泰來曰：「叨爲侍從，義不可辱，成仁取義，願交勉之。」泰來不能從。及城陷，聞帝凶問，公獨沐浴衣冠，自殺。南都贈公太常寺卿，録一子，予祭葬，謚忠節，祀旌忠祠。

公與周鳳翔連寓，賊薄京師，兄禮部員外泰來至寓，執公手泣曰：「事勢至此，奈何？」公曰：「有死無二，義也。」城陷，傳聞聖駕南出，公曰：「上明且決，必不輕出。」家人進飲食，卻之。有勸潛遁者，公曰：「今不能調兵殺賊，顧欲苟全求活耶？」遂作書，以後事囑其兄弟。簡几上有疏草在，曰：「留此恐彰君過。」取火焚之。兄子家儀奔至，公相與慟哭，曰：「我不死無以見志，汝父死無以終養，古者兄弟同難，必存其一。使皇上在，則土木袁彬，遜國程濟皆可爲也。否則，求真人于白水，起斟鄩于有仍，是我雖死猶生也。努力勉之！」遂冠帶，北向拜者五，南向拜者四，賦絕命詩云：「到底誰貽國事憂，疾雷悄悄破城頭。君臣義命乾坤晚，狐兔干戈風雨秋。極目江山空淚灑，傷心仁義一身周。也知此日難爭討，惟取忠肝萬古留。」引佩帶自縊死。史畧、編年所載俱同。啟禎錄云：公語弟泰來曰「吾兄弟受國恩，義不可辱」，云云，雉經而卒。余覽甲申春仕籍，時六垣計數十人，惟公一人死節，餘或逃、或遭刑辱、或污僞命，視公賢不肖何如也！語曰：「主辱臣死。」未聞主死而臣猶可以生者，况于反面事賊，恬不知耻，綱常名教，至申酉之際掃地盡矣，哀哉！

論曰：死固不易哉！吳公兄弟，均受國恩，及城陷，俱烈烈死，寧不與孟忠貞父子並傳！然卒不能，顧士亦各行其志耳。

諸書俱載縊，獨野乘載自殺。泰來，同胞也，後降賊。野乘與啟禎錄俱云公之弟，而編年則云公之兄，俱錄之，以俟考。辛亥二月十二王館書。

⑮ 王章

王章，字漢臣，號芳洲，南直武進人。幼食貧，性至孝，葬父至手自封樹。嘗夢陳烈帝與揖，且告之曰：「公忠孝人也，異時當不徒以功名終。」天啟辛酉，領鄉薦。崇禎戊辰，成進士。榜前數日，公所居里，潮輒至者三，若盤旋狀，居民咄咄稱異事。庚午，令諸暨，不半載頌「神君」。適寇弄兵東海，鄞當其衝，缺善吏，臺使者以公才，爲請于朝。將調鄞，暨民聞之，呼號奔走，願借寇君；而鄞命且下，鄞人來迎者，暨爭逐之。公不獲已，密遣鄞人，而正告暨曰：「若等父事予，而予視若等猶子也，何言去？去亦何忍急？雖然，其若鄞命何？」居有頃，卒去暨如鄞。暨之民德公，常山之崖肖像祠焉。鄞故劇土，廣袤四百一十八里，視暨號難治。公自下車迄底績，凡八年，俗喁喁向風，蓋公治鄞如治暨，而鄞人之德公，亦無異于暨人之德公也。最聞，稍遷工部主事。考選，授陝西道御史，巡甘肅，蓋特恩也。公入關，貪墨望風解綬。由嘉峪抵天山，悉單騎躬行撫賞，番人畏威懷德，至焚香獻酪以去。兩河旱，率屬步禱。不雨，乃爲文檄神廟曰：「御史某奉命西巡，未嘗受一錢、殘一人，至衍雨澤，神殛吾身，毋殄吾民。神血食茲土，不克請帝命，甦此方民，當告天子易爾位，絕爾祀！」檄焚，雨如注下，人呼爲「御史雨」。故例，邊屬較士，率用按監，自隴以西二十五庠，報雋者科一二人，或盡榜不得一士。自公鑒衡，而卯闈捷者六人。凡巡未竣，而封事數十上，悉關軍國大計。至劾內臣殺良冒功，糾甘撫剥民侵餉，罪籓差擾驛陷良，尤侃侃不避權貴。庚辰，讀禮歸。服闋，補河南道。甲申，賊勢孔亟，因陳保江南策，謂：「沿江上下轄諸險隘，宜如邊制聯絡堡墩。州邑巨室，有聞警潛移者，法無赦，仍没其貲充餉。」又上奠畿輔策，謂：「遣西夷以分敵勢，撤邊兵以壯神京，調降丁以搗賊巢。」因薦惠世揚可大任，惜不果用。都御史李邦華謂公負文武畧，題授巡視京營。時二月六日也。既受事，有南下者索家信，公書數字云：「全晉既殘，關門告急，臣子不復問身家矣！皇上真如堯、舜，而下絕無應手之人，奈何？」無他及語。二十六日，真、保破，京師震驚，調營兵五萬軍城外，襄城伯帥之，而公督在城兵，計堞分守，衣不解帶，目不交睫者，凡十五晝夜。三月十八日，賊攻彰義門，公督將士堅壁以守，矢集如雨，弗卻也。城破，入守平則門。向明，諱上崩，軍無固志，公猶手擊二砲傷賊，賊少沮。頃之，城陷。公語同事科臣光時亨曰：「事至此，惟有一死！」時亨曰：「如是死，委同士卒死奚異？莫若入朝覔帝行在，不獲則死，死得所也。」公許諾。時亨遽易服，將强公，公曰：「否，否！子之造朝者，恐同士卒委草莽，期烈烈死也。若去爾冠，易爾服，官不官，卒不卒，奈何？」無易便行。數武，賊騎掩至，叱下馬，時亨遽離鞍韂前立，且請降。賊持刃問公曰：「降否？」公叱之曰：「不降！」賊以刃碎公膝，墜馬，公坐地大罵。賊怒，手刃公，棄走。或謂卽牛金星也。公僕某索公急，望見公怒目張口，一手據地坐，以爲猶生也，亟呼不應，遇害矣。一力士負公抵寓，與之金，返；詢姓名，不答，辭去。賊令死忠者寓毋兵，兵者斬。賊固多秦人，過者輒曰：「此故京營御史居停也，曾巡甘肅，有惠政。」羅拜乃去。夫人姜氏，聞變慟絕。乙酉，贈公大理寺卿，謚忠烈，予祭葬，南都、浙江、毘陵三處建祠，蔭子之柯錦衣世襲。而光時亨卒以降賊棄市。公次子之栻，字瞻卿，入闖爲兵部職方司主事，請終喪，許之，因寓義烏。浙東陷，被擒，不屈以死。蓋常州言父子死節者，稱王氏；鎮江言父子死節者，稱睦氏。

論曰：余聞王公恂恂長者，雖擢巍科，居要職，未嘗以權勢炫耀鄉里。及遇變，慷慨顧叱兇徒，精貫白日，又何卓卓也！使公早從時亨言，易服趨朝，可幸不死，不免于辱身賤行。乃時亨者不死長安，而終死金陵西市，正公廟祀易名時也。人亦何可不爲忠烈哉？

贈公一律

大厦難憑一木支，靡他自許獨登陴。鼓沉夕熖神逾勁，旄落晨星志不移。血濺山陵酬祖澤，魂依宮樹答君知。生來佩盡丸熊教，白刃鋒頭鍊孝思。

附記現形

公之故廬在郡城，自父子殉節後，無人居守。有郡人吴闇者，字孟岩，清朝進士也，適因小恙，欲借其室静息，遂肩輿而入，忽見公紗幘紅袍，自屏後趨出，端坐廳中。吴闇大駭，即返，疾遂甚，未幾卒。然則公之忠靈亦顯赫矣哉！辛亥二月九日王館書。

⑯ 陳良謨

陳良謨，原名天工，字士亮，號寅日，浙江寧波鄞縣人。崇禎辛未，登進士，改今名。父某，没官雲南，以貧故，不能歸櫬。後得第，謁選，求授大理府司理，乃奔喪歸。癸酉，分考鄉闈，舉卓異，入爲四川道御史。己卯，巡按四川，屬吏憚之，不敢爲非。甲申正月，夢拜文文山于堂下，文山揖之，起曰：「公與予先後，人品相同，何爲下拜？」三月十九日，城陷，大書二十字于桌曰：「國運遭陽九，君王遘難時，人臣當殉節，忠孝兩無虧。」仆地昏暈者數四，自是水漿不入口。其族姪一擎勸無死，曰：「吾志非一日矣！」

時有執友李芳泰在旁，公曰：「吾爲國死，義不顧家。止此先君窀穸，老母侍養，嗣繼未定，須一言。」言不足悉，因賦詩云：「中天懸日月，四海所畢照。倏爾陰霧昏，日月失常道。仰觀我明明，薄蝕一時變。」書至此，忽颸風襲牖，曰：「異哉此風！」隨續云：「雹風自南來，光復天心見。大夫百執事，其誰忘明君？媿予沉痾久，床第淹數旬。背城執盡瘁，巷戰杳無聲。如何社稷靈，惜爾順民形。載舟亦覆舟，古今同一轍。順民卽逆民，參觀非一日。蒼蒼不可問，亡國我何存？誓守不二心，一死報君恩。」末題云：「爲子爲臣，不能兩全。慷慨從容，同歸一死。大明監察御史陳良謨書于賊陷北京之日。」遂付李收之。未幾，聞帝崩煤山，大慟曰：「吾所以隱忍至此者，爲帝在也，今已矣。吾死晚矣！死晚矣！」諸僕羅泣，不從。痛飲，扃户，爲繯于梁，欲自縊。有妾時氏，京師人，年十七，甫娶百有三日，端服靚粧候公同盡。公謂之曰：「吾年逾五十，無子，汝今有娠，倘生男以延陳氏血食，汝必勉之。」欲遣人送之母家。時氏曰：「主人死，妾將誰依？臣死君，妾死主，分也。與其爲賊辱，不如無子。請先死以絶君念。」遂入投繯。公別作一繯，與之同盡。諸僕從窗隙泣窺之：公上立，掛藍帕，噴血滿地；時氏以紅絲帶縊于旁。急破窗踰入，公氣未絶，戒「勿動時氏，彼腕力輭，不能卽逝，我緊之，幸盡。汝爲我高其懸，汝送我終，猶吾子也。」諸僕泣曰：「主人此去，定爲正神。」公曰：「然，吾當佑汝。」遂絶。南都贈太僕寺少卿，謚恭愍，時氏贈孺人，同祀旌忠祠。

論曰：恭愍之死，較他人更難，上有老親，下無血胤，而又寵愛在旁，毫不繫戀，真大解脱人。至時孺人，韶顔穉齒，玉節霜標。茲二人者，可謂飛越愛河，游行劍樹，同上天宮者也，豈徒血性決烈也哉！

⑰ 陳純德

御史陳純德，字静生，號澹玄，湖廣永州零陵人。崇禎十三年庚辰，登進士。是榜二甲進士，俱蒙恩召對，稱旨，即除翰林、科、道等職。公以奏對詳明，授福建道御史。癸未，督順天學政。方抵任，以遵化警不能前，遂回京。賊入京，公自縊死。其同以進士召對者，特旨除詞林五人，科、道各五人，共十五人，而死者惟公一人。南京贈太僕寺少卿，謚恭節，祀旌忠祠。

是年死節三御史，二陳公與王忠烈公是也。

編年云：公時提督北直學校，行部至易水，試士未竟，聞都城賊警，即戎裝入都。不數日城陷，自縊。

忠逆史云：各單多注死難，而國難録註二夾留用，非也。大抵被執不屈，以刑死爲真，故註刑辱諸臣内。然諸書俱稱殉難文臣二十有一人，而公咸列其中，且南都明有謚典及賜祀旌忠祠，則公之自縊，斷非無徵可知也，他説概可廢矣！辛亥二月十二下午社埣王館書。

⑱ 申佳胤

申佳胤，字井眉，號素園，北直廣平永年人。天啟辛酉，舉鄉試。崇禎辛未，登進士，出文太史之門，授儀封知縣，三載，調繁杞縣。賊掃地王率萬人環攻杞，公登陴固守，手劍斬一人，乃退，築磚城。以清廉第一稱，擢吏部文選司主事，獎人才，絶奔競，屢上封事，銓政肅然。轉考功員外郎。會公之師文文肅與韓城有隙，中以微法，并及公，降南京國子監博士，陞太僕寺寺丞。甲申二月，以牧事出巡近畿。聞賊薄居庸，分兵自常山入，畿南郡縣望風奔潰，朝臣多藉事引去。左右咸勸公曰：「京師且危，既在外，可無與。」公慨然流涕曰：「我固知京師當不支，其如皇上何？」乃星馳入都。時三月十二事也。知大事已去，以書貽子涵光曰：「行己曰義，順數曰命。義不可背，命不可違，在朝在野，無二道也。天下事壞于貪生畏死，死于疾，死于利，死于刑戮，死于房幃門争，均死也。數者寧死不惜，遇君父大節，縮手垂涕，百計求免，此真不善用死矣。吾受國恩，誓以死報。」是時，其母太安人年近七十，迎養京邸，左右以此爲解。曰：「吾業以身許國，勢難兩全。」十八日，聚賓客爲幼子煜行冠禮，曰：「此宋尹衡州所謂冠帶見先人于地下也。」因以生平所著詩文付之，曰：「吾作官無長物，半生精力盡此矣！」十九日，城破，左右請易服匿他所。公曰：「吾來此何爲者？入而避，何如避而不入。」已聞宫中變，仰天呼聖明者三。視兩僕固守不去，給之曰：「往吾拜客時，擇有善地，可隨行。」至王恭廠，有井泓然，兩僕知其意，急挽之，斷袖躍入。兩僕呼號，垂綆救之，公在下呼曰：「汝等歸慰太安人，君亡與亡，有子作忠臣，莫過慟也！」時年四十有二。未幾，賊從關東潰回，欲肆焚戮，幼子煜挾太安人奪門出，童僕皆從。有傭書徐起鳳者，從公已十年矣，號泣請留，曰：「我等俱去，柩誰與守？」賊果焚民居，及寓，徐跪曰：「吾主以忠死，願弗焚。」賊怒，鞭之。徐叩請愈哀，賊感動，卒不焚。及北兵至，逐居民外徙，徐懼，遍求其同里，得鐫工朱攀桂等二十餘人，舁至天寧寺，故得全，徐之力也。南都詔贈太僕寺少卿，謚節愍，祀旌忠祠。子涵光，高才峻品，與弟煜並以詩文名世。

公一字孔嘉，號濬源。疏請公卹者，爲白侍御公抱一，亦獨行君子云。他本有載公謚者。

論曰：往余遊白門，時素園先生方左遷國博，枉顧旅邸，懽相得也。稔知其少孤，事太安人孝。爲孝廉時，有和丸草。今慷慨赴難，視死如歸，求忠臣必于孝子之門，信夫！吾見神京淪陷，若作宦者，肯遁出都門，便稱高蹈。若先生反從外入，與城存亡，素志已定，非若臨事無可如何，只得一死者比也！特太君高年，或先護送出京，免其驚痛，意愛日之誠，殆有須臾不忍離膝下者乎？

⑲ 許直

許直，字若魯，揚州如皋人。崇禎甲戌進士。初令義烏。戊寅，丁内艱。服闋，補惠來縣。壬午，分考鄉闈，行取吏部驗封司主事。癸未，調文選，尋陞考功司員外郎。公性端介，自爲令時，砥操若冰雪，至是益纖塵不滓。尤加意善類，多方甄引。甲申三月，賊逼京城，公約同官出金饗士，爲死守計。及城破，賊令報名，公曰：「身可殺，志不可奪！」堅不往。時傳上從齊化門出，客羊君輔勸曰：「天子南幸，公宜扈蹕偕行，共圖光復。」公唯之。既而出門一望，曰：「當此四面干戈，駕將焉往？國亂不匡，君危無濟，惟有一死而已。」比聞帝崩，羊生從旁慰解，動以親老子幼。公曰：「有兄在，吾無憂也。今日不死，復何面目趨庭耶？」是夜，爲書報其父，批云：父七旬。曰：「罔極至恩，無可報萬一，惟忠孝大節不敢有虧，以辱吾父。」次及葬母教子，無他語。旋整冠北面拜，已復南面拜，賦詩六章，云：「率土皆臣自聖明，狂氛何事敢縱橫？驅馳安得赳桓力，一斬元凶盡洗兵。貫盈巨罪豈容誅？屠戮腥聞駭毒痛。罄竹南山書不盡，任將寸磔有餘辜。君國深仇慘古今，么麼逆豎偪相侵。微軀自恨無兵柄，殺賊惟殷報主心。在天靈爽念高皇，開闢當年垂裕長。願侍吾皇遄謁帝，祈哀仍使國威揚。一死酬君見血誠，滿腔忠憤痛難平。大仇未復身先殞，漫化啼鵑灑淚盈。擲筆翻然辭世行，老親幼子隔幽明。丹心未雪生前恨，青簡空留死後聲。」書畢，命僕入內室取麻練，令作繯，僕手顫，公斥之出，遂自縊。越旦，啟扉，公一手持練尾，一手上握，神氣如生。客爲稱貸以殮之，蓋公秉銓政時，庭空若水，死之日，案間惟留圖書數卷，無長物也。乙酉，贈公太僕寺卿，謚忠節，祀旌忠祠。

論曰：岳武穆言：「文臣不愛錢，武臣不惜死，則天下太平。」予謂惜死之心，正由于愛錢耳。世豈有賄賂盈庭，苞苴塞路，日坐銅山金穴中牙籌握算，而能于刀鋸鼎鑊時懸崖撒手者乎？然則公之抗節，不待遇難時也，于其爲令、秉銓，一塵不染，知之矣。

許德溥 附記

忠節歿後三年，復有布衣許德溥者死于揚州。德溥，字元博，公之族子，與父之卿皆布衣。德溥意氣不倫，喜談節義，聞烈皇帝崩，大哭數日。揚州陷，又哭數日。每獨坐輒哭，食必以崇禎錢一置几上，祭而後食。一日，讀宋岳鄂王傳，見有「盡忠報國」四大字刺入膚裏，心慕之，乃手持針刺胸，曰「不媿本朝」。又刺其兩臂，曰「生爲明臣，死爲明鬼」。久之，頗聞于人，有告之者，執見縣令，不跪。見巡江御史，亦不跪。命捕其父，乃跪，曰：「吾爲父屈耳。」御史感之，乃免父，第以德溥聞，殺之。臨刑不跪，向西北泣曰：「吾今日得見先帝，吾心畢矣！」德溥生時，每録忠節公絶命詩于扇，讀之，泣數行下，復讀且泣以爲常。

⑳ 成德

兵部郎中成德，字元修，號玄升，順天懷柔籍，山西霍州人。少倜儻有大志，以忠孝自負。爲諸生時，璫焰熾，嘗讀文文肅公擊奸疏，輒斫几狂叫，心儀而足躡之。崇禎辛未，成進士。原名張成德，奉旨復姓。初令嵫陽，有廉能聲。公爲姚文毅所取士，又善文文肅，烏程素不快公。兖州守嘗以派餉屬邑有所私，公與之力争，守亦恨公。會巡方御史，守之同鄉，又烏程私人，遂劾公，被逮，復抗疏論列烏程罪狀，直聲震天下。受杖者三，下詔獄，懸贓六千七百有奇，謫戍榆陽。而公之家寓居順義，時戎馬内侵，破其城，公家人皆避入地窖。父文桂曰：「豈有男女并入一窟中乎！」終不以顛沛違禮。賊至，遇害。批云：一云文桂駡敵死。及賊去，窖中知公父死，于是公妹及妾蕭氏、童氏皆縊死。後十日，公出獄至家，一慟甫畢，旋赴戍所，而公妻劉氏終以追贓逼死于家。批云：公女亦以徵贓逼死。公在戍籍七年，癸未冬，赦還，補令如皋，疏請輸家助國，兼陳有司掊克之爲民害，甚有賣王鹽以充私橐，徵站銀以飽慾谿者，言大剴切。尋陞兵部武庫司主事，轉車駕司員外郎。痛心時事，以幼子夢來託同門友王重，誓以身殉。既受事，益究心戎畧，爲國家桑土計。顧陰雨既臨，綢繆無及。公見年來封疆多變，人皆隱忍苟活，憤發于中，有養節義明廉耻一疏，謂：「宋臣張栻言：『仗節死義之士，當于犯顔敢諫中求之。』在朝廷之上有以養之而已。」又曰：「今者廉耻道喪，由于賞罰不明，死賊者褒揚不亟，則媚賊者服狗彘之衣冠，而恬不知愧也。」上爲之動容。甲申三月，逆闖入都，公即致書同年馬文忠，相約死難，曰：「主憂臣辱，主辱臣死，我等不能匡救，貽禍至此，惟有一死以報國耳！年翁忠孝夙稟，諒有同心也。」又云：「慷慨仗節易，從容就義難，吾輩將爲其難者乎？抑爲其易者乎？弟幸老母舍妹俱在此，老母争欲先引決，弟止之，以慷慨從容二義爲告。弟志在爲其難，懼變起倉卒，我輩無以自明，故復以二義相商也。」及聞帝崩，梓宮暴露東華門下，公往，以鷄酒哭奠。賊怒，露刃脅視之，不爲動，號慟觸階幾死。歸寓，跪母張氏前慟哭。母曰：「我知之矣。」入室，自縊死。未嫁之妹及妾，俱自縊。一子六歲，撲殺之，然後自殺。南都贈公大理寺卿，謚忠毅，祀旌忠祠。母贈淑人。

啟禎録載：公歸寓自盡。野乘則云：哭奠梓宮前，大呼皇上數四，叩首觸階而死。所載各異。傳載：寄幼子于王重，此未破城時也。而編年則云：撲殺幼子。不知是一是二。

臣子之于君父，非可以報施言也，然而知此義者鮮矣。若公之正氣直節而受杖荷戈，家喪亡而身垂死，久乃得補郎署，國家之于公，亦已微矣，卒乃臨難捐軀，盡室隕命，嗚呼難哉！豈非天性忠義，九死不移者歟？

論曰：一夫抗節，古猶稱之。予觀成氏中閨，後先赴死如飴，無復兒女子流連狀，真巾幗而鬚眉者哉！乃若公之始爲循吏，繼爲拂士，終且爲忠臣、爲良友，斯固義炳丹青，名垂竹帛，前史以爲美談，後來仰其徽烈者也！然非是父，鮮舉是子，孰謂醴泉無源，而芝草無根也哉？

野乘云：公妻劉氏并女，以徵贓困死。編年云：母縊死，妻張氏亦死。是前妻劉死于順義，而後妻張死于燕都者也。前兩妾一妹死于順義，而後一妾一妹亦死于燕都。蓋公家前後遘難，父母與妹及妻妾子女併公，死者一門共十有二人。嗚呼！非烈丈夫，其能如是乎？辛亥二月十二王館書。

按懷柔、順義兩縣屬北京順天府。嵫陽縣屬山東之兗州府。

㉑ 金鉉 二十一日投御河

金鉉，字伯玉，號在六，南直武進人，北京留守衛籍。幼穎異，博古能文。年十八，與天啟丁卯順天鄉試第一，崇禎戊辰進士。釋褐後，歸娶。授揚州府學教授，日進諸生闡明濂、洛之學，燕居言行，俱有規格，一時英碩多從之遊，比于胡安定之門。尋陞國子監博士。庚午，陞工部主事，督理軍器，躬自察飭，毖慎有加。當是時，上方鋭意綜核，内臣張彝憲奉敕總理户工兩部錢糧，且建立公署，通國共駭。公特建言請罷，蓋唯恐以此開交結之漸，決廉耻之維，非止爲糜費無益計也。疏入不報。未幾，彝憲移檄，内開「兩部司屬謁見，合照部堂體制」等語。公憤然曰：「不幸而前言驗矣！」又疏糾彝憲「亢顔昧心，妄自尊大，以皇上廸簡之臣子，而令其磬折傴僂，將置自有之堂屬，别行妄誣之儀，去不易之公庭，强抑刑餘之下。臣委質聖朝，自矢無玷，生殺予奪，惟君父命，決不敢匍匐彝憲之庭，致罹交結之條。」奉旨切責。亡何，分稅杭州，未任，隨移疾歸。甫匝月，彝憲以驗放火藥參題，奪職。一時正人君子爲上書白寃者，如禮部周公鑣，刑部曹公荃，并坐降謫。公從此絕意仕進，鍵户讀書，究心物理性命之學，環堵蕭然，不蔽風雨，而躬爨以養父母，課諸弟，抵掌今古，怡然甚樂。客有談及輦上貴人者，即掩耳障面避之。與劉文正理順、陳儀部龍正友善。儀部稱公學行，古人所難。辛巳，丁外艱。甲申，服闋，二月，起補兵部車駕司主事，巡視皇城。甫二十餘日，而寇犯宮闕矣。三月十九早，聞上變，公裂眦罵賊，裹易麻素，表加冠袍，束牙牌，趨信地，入皇城門。有內官同守城者突潰而出，公力挽之，大聲曰：「爾何去？守門固內，反外？」為多人擠奪之，不顧去。公趨大內，且見諸宮人狂奔逸出，公在御河側，解牙牌付家人，四拜，曰：「歸送太夫人。」餘無所言，投入御河。長班急挽之，公怒，以手捶長班，復躍入而死。母章氏、妾王氏、弟鋕，俱赴井死。是時，賊據大內，人不得入。踰月，賊去，見冠袍浮水上，捽公首，無可識認。家人以網環驗實，持歸，配以木身，成殮禮。南都贈公太僕寺卿，謚忠節，祀旌忠祠。

編年云：賊攻城急，公跪母章氏前曰：「兒世受國恩，職任車駕，城破義在必死，得一僻地可以藏母，幸速去！」母曰：「爾受國恩，我獨不受國恩乎？事急，廡下井是吾死所。」公慟哭，即辭母往視事。丁未，歸，至御河橋，聞城陷，望寓再拜，即投入御河。從人拯救，公嚙其臂，急赴深處。時河淺，俛首泥濘死之。家人報至，母章氏年八十，亦投井死。妾王氏，亦隨死。其弟諸生鋕哭曰：「母死我必從死，然母未歸土，未敢死也。」遂棺殮其母，既葬三日，復投井而死。他本所載亦同。批云：孝哉！與孟章明並芳千古。

樞曹一席，職係封疆，或竄或降，不可數計。獨公與成忠毅不屈以死，豈非其平日卓自豎立，不苟阿私，猝遇非常，激昂蹈義哉！故曰：「爭細娛者不可與圖遠利，怯小害者不足與蹈重危。」如公者，前以擊閹，後以死賊，嗚呼烈矣！

〔校記〕

〔一〕曹氏本此處有眉批云：「一云身不可辱，志不可降。」

603 贊諸忠臣詩

共負凌烟萬丈才，諸君懷抱未曾開。請纓欲繼終軍志，沉水空遭屈子哀。唾賊聲聲皆是血，酬君念念盡成灰。九泉莫歎遥穹隔，燦燦光芒入夜臺。一

春殘夜静殞文星，赴焰投崖萬古名。不羡絳帷多弟子，常因銅柱識先生。家藏遺史傳當代，國有忠臣續正聲。更喜閨人先殉難，雙凌浩氣繞銘旌。二

上帝深宫閉九閽，晚虹斜日塞天昏。英才盡作龍蛇蟄，遍地都成虎豹村。纔許誓心安玉壘，已傷殞首向金門。賢豪雖没精靈在，地迥難招自古魂。三

寒空此夜落文星，星落文留萬古名。已覺地靈因昴降，直疑天意棄蒼生。魂歸絶地爲才鬼，國有遺編續正聲。惆悵月中千歲鶴，夜來猶爲唳華亭。四

604 西蜀吴子論

夫人臣委身事主，主憂臣辱，主辱臣死，君存與存，君亡與亡，此乾坤大義，非可以官之大小，并在朝在差、在籍南北作分别觀也。但古今忠義原有二種，死者爲經。亦有采薇行歌，遁跡方外，以終其身；或放浪形骸，不書年號，但書甲子；或以鐵如意慟哭招魂，君子未嘗不哀之。我朝革除之難，方、鐵諸公死爲最烈，如葛衣翁、河西傭、補鍋匠、雪庵和尚，并題詩峨眉亭，皆得以其孤芳至性，動後人之憑弔，慨歎于殘篇斷編中。我國家不幸，罹此凶毒，宗廟震驚，至尊以身死社稷，臣子殉難者，僅北都二十餘人。而在差籍諸大臣，受國深恩者，曾無一人奮決。嗟夫！君臣之義無所逃于天地之間，而得以地之遠近言哉？靖難詔至，有教授同諸生十二人曰：「此明倫堂三字何爲者？」相抱而哭，俱觸柱死。東湖樵夫聞詔，亦赴水死。嗟夫！伊何人歟！伊何人歟！君子不能不三慟云。

予按甲申北都文臣死難而得贈謚者，自范文貞公以下，至金忠節公，凡二十有一人。二十一人内，惟浙江最盛，獨擅其六。其次，南北兩都，各得四人。山西、江西各二人。至河南、湖廣、福建各一人而已。甚矣！殉節之難也。他如山東、陝西、四川、廣東、廣西、雲南、貴州七省，則缺焉未聞。亦足羞矣！噫嘻！斯豈文皇殺戮忠臣之過歟？

康熙十年辛亥，二月十七日社埄王館計天節書。

明季北略卷之二十一下

605 殉難勳戚 七人

① 李國楨傳

李國楨，號兆瑞，豐城人，襲襄城伯。短小犀利，有口才，數上書言兵事。又自請于京營外選練衛所官舍，上甚喜。及商議俸糧，增給不貲，歲費二十餘萬。又請內庫兵仗銃藥甚多，而乞上御書營額，上爲親書「共武堂」賜之。未幾，代恭順侯吳惟英總督京營戎政都督，加太子太保。賊寇京師，公奉旨守城，百計綢繆。三月十六日，公匹馬入殿，汗雨沾衣。內侍以非時止之，公曰：「此時君臣多見一刻，亦一刻事。」諸臣惶懼問故，曰：「守城軍皆疲傲不用命，鞭一人起，則一人復卧，奈何！」上召入，命內侍俱上城。十九日，城破。二十一日，李自成舁帝后梓宮于東華門外，設廠，百官過者，莫進視。公泥首去幘，踉蹌奔赴，跪梓宮前大哭。賊執公見自成，復大哭，以頭觸階，血流被面。賊衆持之，自成以好語誘公，使降。公曰：「有三事，爾從我即降。一祖宗陵寢不可發掘；一須葬先帝以天子禮；一太子、二王不可害，宜待以杞、宋之禮。」再四哀切，自成諾之，扶出。先是，以柳棺殮帝后，因公言，易梓宮。尋爲帝后發喪，以天子禮藁葬于田貴妃陵園，惟公一人斬衰徒步往葬。至陵，襄事畢，慟哭作詩數章，遂于帝后寢前自縊死之。南京贈太子太師，進侯，謚貞武。

一云：葬畢卽自殺。一云：城陷之日，賊執國楨至，初時悍然不跪，賊再以危言恐之曰：「當屠一城人。」國楨乃跪，曰：「吾爲闔城求全也。」未數日，發同諸人追銀，夾二次。已聞朱純臣誅，卽自縊。賊執其夫人，褫其底衣，抱之馬上淫辱，以爲笑樂。

錢敷載誤辱臣云：「國楨掌領營兵，並無實籍，上信任之。一日見上，曰：『臣兵未嘗不强，苦無餉耳。』及外城陷，閹奔告上，上曰：『大營兵何在？李國楨練兵何在？』對曰：『皇上安得有兵？李營兵已散，惟勸皇上走耳！』城陷之日，國禎就擒，追贓殘剝而死。」

沈國元大事記云：「先帝后殮葬，其易棺也，一言太子争之；一言李襄城争之；一言賊初用極非棺，露頓東華門外道傍，諸僚無一言者，亦無一哭者。卽默默趨拜者，亦僅數十人耳。次早，有武官及運糧官百餘人向賊哭訴，賊始易以梓宮，移頓僧人施茶廬篷內。及柩暗從德勝門出，諸僚無一送者，亦無一哭者，遂草草掩于田貴妃墳內。」與諸本所說賊允百官請，用帝禮，及不禁人哭拜，令人押東宮出城往送，葬于長陵之斜者，又皆不同矣。以理推之，襄城世臣，固應有哭諍自刎之義，而未必真也。儲王爲賊所忌，勢不能守喪送葬。此時人情異向，其爲默默，爲草草，或無誣焉。

右質疑一段，應入前二十卷得先帝遺魄內。此因李國楨傳，姑附之。辛亥三月廿五，社埣館中書。

②劉文炳

劉文炳，號淇筠，南直海州人，北直任丘籍，先帝太后姪也。太子太保，晉新樂侯，賜賚獨厚。父繼祖，弟文耀，俱官都督。賊破外城，上召文炳及駙馬鞏永固，各率家丁二十餘人，欲于崇文門突圍出，不得，乃回宫。文炳歎曰：「身爲戚臣，義不受辱，不可不與國同難。」其女弟適李，年未三十而寡，文炳召之歸。城陷，與弟左都督文耀，擇一大井，驅男女子孫及其妹十六人，盡投于内。閉門，令餘丁悉入樓，積薪縱火焚賜宅。火發，乃躍入烈焰中同死。祖母瀛國太夫人，即帝外祖母也，時年九十餘，亦投井死。南都贈文炳太師、恒國公，謚忠壯。弟文耀，贈太保，謚忠果。一載文炳自縊。

南北略一書，或史或鑑，錯采成文，故時而書公，時而書名，未之次定。况據書法，則忠烈諸臣宜先書爵，然後書名，乃爲得體。而此概先書名者，不過備記一人之事，俟付梓，當删定耳。餘仿此。

③周鏡

周鏡，號正我，蘇州人，順天大興籍。官東宫侍衛。聞賊變，母妻一門俱自縊。母卜氏，即先皇后母也。

甲乙史云：「周鏡，國丈嘉定伯周奎之姪也。」未知孰是，須考之。一云：三百餘口一時俱死。

④ 鞏永固

鞏永固，字洪圖，順天大興人。又云順天籍，山東蒲臺人。爲駙馬都尉，加少保。賊困京，欲從帝突圍出，不得。歸家，殺其愛馬，焚其弓刀鎧仗，大書八字于壁曰：「世受國恩，身不可辱。」時安樂公主已先一年卒，停櫬在堂。有親生子女五人，以黄繩繫于靈前柱間，盡取所賜物古玩書畫，環繞殯宫，縱火焚死，然後自縊。一云自剄。南都贈少師，謚貞愍。

⑤ 張慶臻

張慶臻，號鳳華，河南永城人。晉惠安伯，加少師。聞城陷，盡散財物與親戚。置酒，一家聚飲，積薪四圍，全家燔死。南都贈太師，謚忠武。按公必太后兄也。或曰父，考后父名國紀。初傳太后縊，不得其屍。既而有曰：「先帝將走煤山，請太后自裁，太后不從。城陷，爲闖得，後竟西去。」嗟乎！傳言如此，未可盡信。聞后父爲粟監，晨起徵租，見棄女于路，在霜雪中不死，收歸育之。年十四五，姿貌絶世，張欲納爲妾。將入房，見紅光滿室，張暈仆地，如是者三。意必大貴人，始撫爲女。後果正位中宫。崇禎末，民間訛言「熹廟尚有遺孤在宫」。又云「非熹廟所遺」。此皆流寇僞造，故傳布以揺人心者也。讀繁霜、沔水之章，可知千古一轍矣。母后之事，不敢斥言，因附及之。

⑥ 衞時春

衞時春，襲宣城伯。聞變，率妻子共赴大井，合家無一存者。

⑦ 薛濂 附記

薛濂，陽武侯，夾數日，言有藏金在窖，須自發之。賊舁往，已爲别將所踞，舁還，卽死。定西侯、伏羌伯皆死于夾。據此，似應入刑辱臣内。然他本有傳死難者，故附記之。

彰武侯張某，聞變自盡。他傳有王、劉二皇親，未詳名號。又有傳英國公張世澤、清平伯吴遵周、博平侯郭振明、永寧伯王長錫、安鄉伯張光燦、武定侯郭培民、定遠侯鄧文明、西寧侯宋裕德、鎭遠侯顧肇迹、彰武伯楊崇猷、新建伯王先通、南和伯方履泰、永康侯徐錫登、都督李國柱，姑存之。

論曰：勳臣之死，多不可信，蓋爲襲爵地也。況主其事者宗伯，爲吾郡之某某乎！黄金有靈，青史無色矣。若劉、鞏、周、衞、張之五公者，死最烈，亦死最真。然要皆止于歸潔其身而已，究無裨國家也。獨襄城所争三大事，送葬而謚，真死節之第一人哉！平居朝士，無不以科目藐勳戚，卒之勳戚所爲，有遠勝科目者，苟非襄城，不幾寂寂千古耶！

606 殉難臣民 内外二十八人

①周之茂

周之茂，字松如，湖廣麻城人。崇禎甲戌進士，前户部郎。壬午，典試雲南，回陞淮安知府，辭不赴，下獄。踰年宥歸，旋復職。春間北上候補，命未下，爲賊執去，命之跪，不屈，遭梃擊，折臂斷足而死。以未補官，故罕傳者。其里人言之甚確。出抄白。

②王鍾彦

王鍾彦，南直華亭人。天啟丁卯舉人，工部主事。三月十九日，長班促令朝見，鍾彦閉目，入室縊死。賊棄其屍于溝中，運糧把總陳太階親見之。松江府五學諸生有死節公呈。

附記 范方，户部主事。被執，罵賊不屈，砍死。

③于騰蛟

于騰蛟，順天監生，官光禄署丞。冠帶，呼妻亦衣命服，同縊死。

④宋天顯　滕之所　阮文貴

宋天顯，華亭人，監生，官中書舍人。三月十九日，自盡。遺聞云："賊迫書僞詔，天顯擲筆謾罵，觸人，咸投御河死。

階死。」果若所云，賢于周鍾等遠矣。〔一〕以知人貴自立耳，科名何足論哉！又滕之所、阮文貴，亦中書舍

⑤劉有瀾　陳貞達

劉有瀾，字漪若，南宮人。崇禎庚辰進士，官順天府推官。聞城破，卽縊死。他如順天府知事陳貞達，自盡。又順天府學教官五人，同縊明倫堂上，惜遺其名氏。

一載刑辱諸臣，云「劉有瀾不堪打夾，以銀簪刺喉而死。」國變録開「死節」。以此或注從逆，非也。

南宮縣屬北直真定府。

⑥毛維張

毛維張，陽和衛經歷。上命巡城，十九日，被執，送劉宗敏，逼降。維張大罵不屈，云：「吾雖小臣，素明大義，吾首可碎，吾志不可奪。」賊怒甚，夾拶並加，足傷指折，乃死。又有施溥、張應選，官俱經歷。施仰藥死，張投御河死。

⑦王國興

王國興，錦衣衛都指揮使。聞變，自縊死。一云危坐中室，自焚。

⑧ 李若璉

李若璉，順天籍，錦衣衛指揮同知，守崇文門。城陷，作絕命詞云：「死矣卽爲今日事，悲哉何必後人知！」自縊死。其弟若珪，仕清，爲禮部尚書。

⑨ 姚成

姚成，餘姚人，儒士，官副兵馬指揮，自盡。

⑩ 高文采

高文采，錦衣衛千户，守宣武門。城陷，父子一家十七人，俱自殺，屍狼藉于路。

京師之變，文臣大臣縊者有矣，自殺者頗少。予觀高公有四難焉：自殺，一難也；武臣自殺，二難也；小臣自殺，三難也；一家自殺，四難也。嗚呼！非烈丈夫，其能如是乎！辛亥三月廿六日汪館書。

⑪ 王百戶

百户王某，周鍾寓其家，百户勸鍾死，鍾不應，出門欲降。百户挽鍾，帶至斷，鍾不聽，百户自縊。

百户亦奇矣哉！不獨自縊，而且勸鍾，可謂忠臣良友矣。使鍾能聽其言，豈非名與天壤同敝乎！

⑫王承恩

太監王承恩，從帝于煤山。帝崩，承恩再拜慟哭，退而自縊于亭下，與大行相望。南都謚忠愍。

一云：司禮監王之俊，從上死煤山。或云：從死者王之心，而之俊與王德化俱自盡，更詳。王之心南都謚忠愍。又有李鳳翔降賊被殺，亦謚恭壯。

大事記云：「殉從于先帝之旁者，止有內臣一人，或云王承恩，或云王之進，或謂王之俊，或曰王之臣者。」

⑬曹文耀

曹文耀，庠士，原籍蘇州，故進士曹子登之後。妻張氏，生四子，遜、肅、敏、毅；一女，順。張氏率子女哭于家祠。文耀父妾，妻，遜妻李氏，毅妻鄧氏，順及乳母孟，與肅、敏，八人同縊。毅及肅妻周氏，繩斷不死而逃。遜自刎不殊，賊搜其家財，釋之。

⑭張世禧

張世禧，儒士。二子：懋賞、懋官。父子俱自縊。

⑮ 周某

童生周姓，聞帝崩，憤激搥胸，嘔血數升，一慟而絕。又北通州有童生，憤發縊死，惜不傳其姓名。

⑯ 湯文瓊

湯文瓊，菜傭也。見先帝梓宮過，慟哭觸石死。一云：北京布衣湯文瓊，聞煤山之變，感慨自殺。其衣帶所藏有云：「位非文丞相之位，心同文丞相之心。」賊聞之，亦歎其忠義云。南都贈中書舍人，賜祠額曰「旌忠」。

編年云：文瓊聞變，書其身曰「位非」云云。暴屍都市，見者哀之。

⑰ 李小槐

李小槐，順天民也。妻杜氏、二子、一女、一婢，差次縊畢，小槐乃縊。又居民田氏，闔門自焚。或云有田姓，縊于白塔巷，後人入其室，見書籍甚多。京城江米巷口，有傳神者，夫婦同縊。

⑱ 武氏僕

武氏僕某，不詳名姓，素有義風。當其主武愫受賊僞職，索吉服，僕大慟，曰：「奴聞『主憂臣辱，主辱臣死。』今聖駕崩，主人不奔喪哭臨，又取吉服，想見新君乎？餓死事小，失節事大，望三思之。」叩頭出血。愫不聽，且叱之出。僕曰：「主人爲名利所惑，妄意一統，不聽吾言，後必有悔。李賊貪淫無道，上干天怒，下拂民情，不久必敗，吾不忍見主翁之失所也。」不食而卒。愫官僞淮揚防禦使，後爲淮撫路振飛擒解南京，斬之。

一時朝士先幾大義，俱遜此僕。

⑲ 朱廷煥

朱廷煥，字中白，單縣人。崇禎甲戌進士，授工部主事，陞廬州知府，丁憂。服除，補大名，累遷至整飭大名、管理河道馬政驛傳、兵備副使。甲申三月，賊將劉宗敏傳牌招降，公擊碎其牌，鼓勵縉紳士庶，分守各門，防禦嚴肅。不意奸徒勾引，初四日，賊蜂擁環攻，南門破，賊入，公被執。逼降不屈，罵不絕口。賊怒，綁縛桅杆殺之，懸首通衢，合家投井、投繯死。弟廷炳具疏陳情，南都贈公右都御史。公歷仕十年，清慎勤，無一息之違，而忠孝大節，尤所致謹。處上敬而不阿，御下嚴而不刻。在大名時，軍興旁午，公夙夜蒞事，書所行者于壁，而日稽銷之。吏屬警畏，刑獄一清，士民懷德，有古循良風云。

⑳ 方文耀

方文耀，字懷怙，龍溪人。崇禎庚辰進士，授户部主事，歷員外郎中，陞河間府知府。賊陷城，公不屈，賊杖之，大罵不絕口，死之。

㉑ 彭士弘

彭士弘，遼東人，爲南宮知縣。闖賊長驅畿南，所至欵附。公勵士民，飭守具，衆咸謂「賊勢已大，邑小不支。」公曰：「吾奉命守此土，生死以之。奮勇擊賊，縱不勝，死亦瞑目。」衆環泣曰：「臣誼也，如生靈何？」公亦泣曰：「人心如此，大事已去，吾盡吾心耳！」士紳卒迎賊入，公緋衣坐堂上，賊問：「何故不備糧糗？」公眦裂髮指，曰：「我朝廷官，而爲賊備糧何爲？」賊怒，斬之，懸首城門。

封疆之臣，應死封疆。若三公者，可謂無愧厥職矣。抑余聞之友人云：吾鄉某，爲畿南司理，守居庸。聞賊至，往迎二百里。既抵關，闖疑有伏，命某往返關門者數四，始令前騎偵之，果無備，闖乃入。大笑曰：「古所謂『一夫當關，萬人莫敵』者也。使架砲于此，以五百人守之，吾亦豈能過哉？」某亦大笑曰：「此天生臣以資吾主也。」嗚呼！夫獨無封疆之責者乎？視三公何如矣？

㉒ 金毓峒傳

金毓峒，字鶴冲，北直保定完縣人。父諱銓，官司徒，爲萬曆庚辰進士。公少與從子肖孫讀書郎山，慨然有澄清之志。中崇禎甲戌進士，除中書舍人。辛巳秋，以陳漕務稱旨，授湖廣道御史。尋出按秦川，及復命，賊始入函谷。甲申春，召對便殿，旋草詔命監宣大軍。宣、雲告陷，隨奉命督禁旅，扼畿南要害。公馳至保定，散家貲千金犒士卒，爲固守計。時公從子振孫以劍術登武科，相見泣下，爲誓死。振孫者，肖孫弟也。賊圍急，振孫登陴挾矢，殪渠帥數人。兄弟私誓曰：「一旦有變，必從季父遊地下。」公聞之，謂肖孫曰：「死易，存孤難。我以弱子爲托。」肖孫受命。公配王孺人，盡出簪珥以犒士，士益奮。賊欲引去，而三月十九日之信至矣。公痛哭，誓與城俱死。懸銀牌以賞擊賊者，得級無數。二十四日辰刻，城南樓火起，賊乘焰登城，遂陷。振孫躍馬赴賊，曰：「城頭殺爾帥者，我也。」格鬥，斃數人而死，賊支解之。公裂眦罵，提劍斬一緑衣賊，負印北叩首，曰：「臣力竭矣！」投三皇廟古井死。王孺人縊死。姪孫金罍妻陳氏及侍兒桂香，皆投井死。賊大索兩孤，肖孫備受炮烙慘刑，體刺剟無完膚，終以得免。三日後，肖孫收公骸骨，如生，人共義之。

一云：公分守西門，城陷，賊執之，挾入三皇廟，謁僞將，公奮拳毆賊帥，仆之，躍入井中死。振孫登城射賊，多應弦而斃。城陷，衆解戎衣自匿，振孫不肯，曰：「武夫本色也。」賊號于衆曰：「鄉官子弟，可速就刑！」振孫衣裲襠，大呼曰：「我御史金毓峒侄！」云云。賊支解之。肖孫子罍媳陳氏，〔二〕故進士陳士章孫女，年十八，與其祖母張氏、母楊氏、嫂常氏，三世四人，同時投井。張氏抱其孫于懷同下，侍兒桂香等四人亦從而下，皆死。

公嬰城殉守，節比睢陽。至肖孫保孤，無異程嬰，而振孫從死，有如南八。下逮巾幗，從容就義，尤世所難。

㉓ 劉會昌

劉會昌，字凝禧，北直保定清苑人。幼負奇氣，長古文辭。十歲，居父喪，哀如成人禮。崇禎三年，舉于鄉，能任大事，負氣敢往。甲申，闖賊北犯，僞檄數至。時秦、晉及畿南諸郡，望風迎欵。公素負膽畧，倉卒倡義，同鄉紳光禄卿張羅彦暨兄進士羅俊，誓死守禦。三月十九日，北京陷。賊急攻城，至二十四日，賊撤水涸隍，雲梯蜂進，砲矢風發，公率城兵屹然岳立，指揭如平時。適西南城樓爲賊火箭所焚，西北角樓下穿數穴，併力進攻。城破，賊拽公于西關古廟，擁鋒刃，問「京城久破，數省盡降，爾何敢拒？」公裂眦駡曰：「我本布衣，無官責，但恨天下無人，致爾小醜淪陷宗社。欲臠食李自成肉，以報先帝耳！」鬚髮横竪。賊愈憤，夾打三次。然驚其勇，百計誘降，終不屈，遂斷首懸西關街市。鄉人士爲建祠祀之。而羅彦兄弟亦同死最烈云。

㉔ 王與胤

王與胤，字百斯，一字永錫，山東濟南新城人，布政象晉之仲子也。崇禎戊辰進士，選庶吉士，授湖廣道監察御史，巡按河東鹽課、陝西茶馬。督學應天，未出都，以疏劾債帥，忤政府，謫歸。歸侍布政公，家居色養，率諸弟子輩治圃課耕，蕭然物外。甲申三月，聞先帝變，涕泣不食，辭父布政公，沐浴入室，扃户，與夫人于氏、子士和同自縊死。將死時，自作墓銘，敍其家世官職甚詳。士和，字允協，諸生。

先是，新城崇禎中凡再破，其前則五年十一月，而公之從叔父象復，及其子與夔死之。象復，字完初，以保定府同知里居。與夔，字風虞，舉人。聞變，倉卒部勒家人，乘城拒之。城陷，父子皆被執，大罵不屈，見殺。事聞，贈象復光禄寺少卿，與夔知縣。其後則十五年十二月，而公之弟與朋、從弟與玫及與朋子士熊、士雅死之。與玫，字文玉；與朋，字壽三，俱貢士。士熊，字渭濱，舉人。士雅，字大雅，諸生。與朋爲人慷慨，有風烈。每平居，酒酣耳熱，輒談古忠義事，淋漓感激。及警至，簡家丁登陴禦守，並有方畧。城陷被執，二子率家丁救之，亦被執，不屈死。而象復之從子與慧者，當五年破城時，守其父柩不肯去，亂兵脅之跪，不屈，斫之，傷首，執以見其渠，曰："孝子也。"免之歸。頃之，縱火焚城中，且及孝子廬。孝子伏柩而哭，其黨見而憐之，爲斷火道得免。賊既退，孝子行積屍中，求得叔父及兄殮之。于是人翕然稱"孝子"云。孝子，字僧眼，貢士。

論曰：山東科第人物之盛，莫過于新城王氏者，乃其忠孝節烈，萃于一門，此固史册所僅見，足以表東海矣。嗚呼！公以科名重也夫，抑以忠節重也夫？

㉕ 許琰傳

許琰，字玉重，蘇州吴縣人。弱冠，補邑諸生。年十七，剜臂療母張氏疾。母與内戚某割襟爲聘，後其家中落，有富家欲以女妻公者。時公母已亡，公不欲母寒盟地下，卒就原姻。生平磊落不羈，少可多怪。對知己飲，酒酣，則狂歌清嘯。每云："士窮見節，苟值其時，豈可怕死錯過！"甲申四月，京師變至，公素鄉居，聞之，驚且疑，踉蹌入城，至弟璜家，問之果信，乃仰天大慟，誓不與賊俱生。自念力難殲敵，必得卿大夫同心戮力，毀家募士，樹義旗北向，因遍叩羣公門告之，莫有應者。始徬徨欷歔，誓從先帝九原，爲厲鬼殺賊。五月午日，過友人家，見几供葵榴，愀然不樂。復出蒲酒相勸，公怒，擲杯于地，厲聲曰：「今何時哉？我輩讀聖賢書，明大義，靦顏且夕，已非所安，猶欲飲食燕樂如平日乎？」拂衣竟出。于時城中巨室，相率挈妻子、攜輜重，竄避湖山間，公是日歷走其家罵之。初九日，諸生聚哭明倫堂，薦紳孝廉，或至或否，或縞素或常服，甚至有張蓋者，衆羣誶且詈。公哀杖擗踊，哭泣盡哀。十一日，諸生猶哭臨，御史某來謁文廟，鼓樂導從，吉服而入。公望見，大駭，率諸習禮者趨而前，褫其袍帶，責以大義，御史惶悚謝罪去。南都以是月初三日即監國位，遣使布告天下。顧自三月十九先帝賓天，至五月十二，已踰五旬，朝廷尚未發喪。公歎曰：「吾本草莽臣，既與諸生私哭學宮，心已盡，可遄死矣。」乃題詩曰：「正想捐軀報聖君，豈期靈日墜妖氛。忠魂誓向天門哭，立乞神兵掃賊羣。」至夜自縊，家人力救，得不死。及旦，密往福濟觀真武廟暗室投繯。羽士陸某聞屋中有聲，亟出解之，問其里氏，不對。固留之，不可。欲送還，又力卻之。獨步出閶闔，臨河而歎，謂「城市濁流，不足投吾軀，且多人，必見阻」。遂折而南，至胥門，見河廣流深，曰：「此胥江也，吾其畢命于此，與伍相國忠魂上下怒濤乎？」遂躍而入。適潞籓泊舟江干，遥望見，遣人馳救，復不死。王召公問故，時公遍身寫「崇禎聖上」四字，宛轉哀號，告王以情，且言：「君仇不可不報，京師不可不復，逆寇不可不誅，臣子不可不死。吾之爲此，非惡生也，特以愧今之食其禄而不能死其難者。」王大義之。道旁觀者如堵。適友丁鉞武至，强掖歸。家人知其事，咸固守之，欲伺間死，不得，益怒甚，遂晝夜號呼絶粒。勸之食，堅不受，但飲杯酒，曰：「聊以澆吾礌塊也。」五月十九日，語以哀詔至，就庭中北向叩天，哭失聲，遂絶飲，并不復言人間事及身後計。有慰解者曰：「公何自苦。」公張目曰：「聖天子如此慘逝，吾何忍下咽！」廿八日，餒甚作嘔，口授一絶云：「半生磨礪竟成空，國破君亡值眼中。一個書生難殺賊，願爲厲鬼効微忠。」六月朔，胃枯嘔盡，繼之以血。親知以淡飲勸進，怒而大呼曰：「汝欲我偷生耶？」竟嚼爛唇膚。初二日，血又盡矣，喉腫甚，吐舌寸餘。初三日申時，向空三呼先帝，瞋目浩歎而卒。時年五十有一。同人丘民瞻輩爲之棺殮，私謚潛忠先生。一時會弔凡數千人。著書六卷，授丁鉞武。南京贈翰林院五經博士，與湯文瓊並祀旌忠祠。

代皇帝遜國，無位自沉者有東湖樵夫，史逸其名。然安知非通侯重臣，變姓易字，慮禍及宗族，故以死滅跡，未必真書生殉國如許公也。唐禄山之變，甄濟引頸待刃；宋德祐之亡，太學諸生徐應獮舉宅自焚，庶幾與公頡頏。夫濟不死，臣禄山；應獮不死，亦將就食易姓之粟，豈若南都定鼎，正朔如故，公尤可以無死哉？然則公與湯公，真古今獨絶矣！

㉖ 計翼明

翼明家貧好學，博覽羣籍，製藥賣卜自給，終身不娶。嘗居吴門作畫，自號青霞散人。甲申之變，慟哭累日，絶粒以死。

余友周小宗，嘗梓此於類書内。公與許公，同遇國變，同爲吴人，同不食而死。許公已錫祀典，而公事顧少傳者。嗟嗟！士之湮没不彰者，寧有既哉！

㉗ 陳士奇

陳士奇，字平人，福建漳浦人，誕自庚寅。少讀騷「庚寅吾以降」，曰：「我生定之矣。」勒其言以自表。方弱冠，有文名。天啟乙丑，登進士，授中書，假歸。庚午，遷禮部主事。壬申，陞粤西督學使，單車就道，襆被蕭然。遭父喪，歸。甲戌，補重慶兵備。乙亥，轉貴州提學，復丁内艱。庚辰，起贛州兵備。贛故膩地，公一塵不染。而石城、寧化二邑之頑獷，搆訟十年，公至，訊劈之，遂成虞、芮，贛人立祠祀之。辛巳，督學四川，驅車日，即矢諸神明云：「寧剜吾身上肉，毋塞彼寒士門。」謝絶竿牘，得士最盛，時有「學憲廣文」之謡。壬午七月，特擢僉都御史，巡撫四川。公念時事交訌，天子焦勞，食無兼味，行無供帳，門無私覿，而一意繕城治具，以備不虞。冬十月，松潘邊兵以索餉叛，聚衆數萬，莫之敢攖。公嚴詞正色，諭以禍福，衆皆就撫。時蜀中猺黄賊盤踞有年，蠢動川之東北。公先後與道臣陳公其赤、葛公徵奇、郡守王公行儉、巴令王公錫、營將趙榮貴等，凡殺賊于重慶、于順慶、于定遠，設奇夾勦，大獲全勝，斬首凡一千七百有餘級，生擒賊魁馬超、一斗麻、代天王等二十餘人，所救難民以數萬計。猺黄膽喪，奔脱他徙，相戒謂：「陳撫軍勿可犯。」其爲敵憚如此。土寇彭長庚等，聚衆殺令，公設計捕殺之，得其渠魁數百人，置之法。而峽江、洪雅聚衆殺尉，尉固貪墨，致變。公謂「罪不在民」。遣將往諭，兩縣民皆就縛請死，公斬其倡首者，而餘得全活。又蜀素苦白蓮邪教，公以若輩尚不寄人籬下，急之，適驅虎歸山耳。遣將趙榮忠以牛酒招之，其黨遂散。癸未十二月，有旨召公別衙門用，而推代無人；加以闖賊破陝，鄰封岌岌；漢中瑞王避亂入蜀，鎮將趙光遠者，跋扈將軍也，挾兵二萬餘爲衛；并秦民逃奔者，又數萬突至保寧，蜀省大震。公不憚千里，單騎赴保寧。而鎮兵驕悍，視蜀爲弱肉，欲得餉而鬻食之。公大聲呼曰："兵以禦暴，退守平陽關以爲吾捍衛，方宜饗食，吾不惜二萬金以給之。若徒頓此，以洶風鶴，則吾頭可斷，餉亦安可得哉？"趙知不可撼，乃退兵平陽，而與瑞籓約三千騎入渝，民以無譁。至甲申四月，始以川北道龍文光推代。公方作歸計，而聞京師告變矣。時獻賊憑陵，突入夔州。公念國仇，義不俱生，遣水師曾英以火攻殺賊于忠州，擊沉其舟百餘號，賊死以千計。又遣趙榮貴禦賊于梁山，奮斬三百餘級，所獲騾馬弓箭無算。賊恨，悉衆來攻。六月初八日，破涪州。或謂公已謝事，可去。公不可，據重慶以待之。而權已去，手徵石柱土司援兵，不至。與守令歃血，爲死守。十七日，賊以百萬至城下，公解行囊佐軍需，日夜登陴，衣不解帶，以火罐滚砲，擊死賊無數，民無逃降意。至二十日夜，黑雲四布，賊掘地窨，于城角藏火葯數十簏。晨起，以火箭齊射葯處，火發地裂，城遂陷。賊湧入，公被執。獻忠好言勸降，公厲聲曰："吾大臣也，恨不從先帝左右。今死社稷，吾願也，豈有降賊之顏平原乎？速割吾頭，無他言。"痛罵不屈。獻大恚，命曳公出，支解以死。忽震雷四發，烈風暴雨，飄瓦吹砂，大木盡拔，操刀者自相砍，逆獻驚仆。時遇害凡九人：瑞王與從駕守道陳纁、重慶知府王行儉、巴縣知縣王錫、新撫龍文光及諸將領。事在六月二十一日。越日，賊盡取渝民，斫其臂，合三萬七千有餘人。

論曰：獻賊殺戮之慘，固黄巢後所未有也。獨是公以謝事之巡撫，守必陷之危疆，蓋其忠義性成，自讀騷時已定之矣。「豈有降賊之顏平原？」壯哉言乎！凡登朝食禄者，曷不共聞之也！

㉘ 吴繼善

吴繼善，字志衍，南直太倉人。崇禎丁丑進士，授慈谿知縣，丁母艱，未之任。壬午，服闋，補成都。成都在萬里外，時荆、襄陷没，江、鄂道斷，賓客逡巡勸少留，公謂：「此君命也，人臣守官，其敢以利害辭？」乃歷艱險入蜀。卽日啓蜀王，請發帑金爲備禦計。當時蜀事已棘，而籓府金繒積者數百萬，王恡不應。公貽書吴太史偉業，謂「事必不可爲，誓必死于此」。甲申，城陷，公被賊執，駡不絶口，臠而割之。配周氏，子孫慈，俱同殉。僕五郎者，幸免矣，奮曰：「吾主與主母已死，義不忍獨生。」亦慷慨駡詈，盡于主側。一門死者四十餘人。時十一月二十五日也。公博聞辯智，風流警速，手書一覽輒記，下筆灑灑數千言。家本春秋，治三傳，通史、漢諸大家。繼又出入齊、梁，工詩歌，善尺牘，尤愛圖繪，有元人風。下至樗蒲、六博、彈琴、蹴踘，無不畢解。當是時，張公溥以古學振東南，海内文士絡繹奔赴。公性好客，日具數人饌，賓至如歸。每三爵後，詞辯蜂起，雜以諧謔，輒屈其坐。與同宗偉業、克孝、國杰等，以文行相砥礪。生平負志節，急人患難。其成進士也，會里中兒刊章告密，溥爲所搆，勢張甚。公獨鋭身爲營救，卒以免。家居侍太公疾，視湯藥、浣厠牏，衣不解帶者數十日。父既殁，哭泣喪葬，備物盡志，人稱曰「孝」。事長兄，待二弟，友無間言。伉爽曠達，不拘小節。嘗遊黄山，凌絶頂，慨然長嘯，謂：「今天下將亂，大丈夫習勞苦，任艱難，爲國家驅馳奔走，有如此遊矣！」其鋭志强濟如此。公死，無子，國杰經紀其喪，以少子主其祀。

論曰：當燕京既没，聞先生痛哭上書，即籓邸亦心動，而文武大吏無一人肯辦賊。劍門、夔、峽之險，皆已失守，而後驅數千之卒，阻五丈之城，以當百萬之强寇，雖智勇無所施矣。設令公護親籓，竄山谷，屏跡蠻獠間，亦可圖全，而公顧喋血自誓，與此城爲存亡，終至骨肉菹醢，妻兒橫分，以報所受，豈不難哉！

〔校記〕

〔一〕「鍾」字原奪，現據通行本補。

〔二〕「肖孫」原訛作「毓峒」，現據通行本改。

607 烈女　八人

①搖烈孝傳

女搖氏，小名全哥，蕭山人。父士忠，官參將。女生而美姿容，寡言笑，女紅精好，尤知大體。年及笄，未字人。甲申三月，京城陷，有僞權將軍欲納女爲配，女瞠目大吼，曰：「頭可斷，身不可辱也！」賊不聽，乃刑辱其父母弟妹，必欲得女方已。女大哭曰：「女生不能孝侍父母，友愛弟妹，今因女一人而斬搖氏之祀，女罪愈深。」奮身觸柱欲死，爲衆抱持。女慟哭，絕粒。賊怒甚，愈加凌虐，因其父，求死不得。一日乘間，同父及母鮑氏曁弟妹等，俱自縊死。賊歸，見女顏色不變，恨其生不從己，欲污其尸。尸忽自動，賊驚避。尋知女實未死，喜甚，復好言求合。女佯許之，曰：「若殯葬我父母弟妹，方從爾。不然，我即刎死。」賊信其言，乃厚葬之。事畢，女持刀哭罵，將自刎。賊大怒，奪刀亂刺，頃刻而斃。

② 潘鵬妻妾

潘鵬，家資數萬，開生藥坊。妻徐氏，宛平孝廉女；妾楊氏，臨清妓，俱美麗，相得甚歡。每遇花晨月夕，筵間悦洽，楊氏揮撥冰弦，令人神情飛舞。及京城陷，鵬對兩人大哭，徐氏曰：「賊兵姦淫日甚，我等有死而已。」即取砒霜入酒，與楊約曰：「事急，與子偕飲。」忽兩賊至，鵬匿天花板內。賊見二女美，宛轉求歡。徐取酒置几上，賊喜，斟酒勸徐，立飲而盡，面赤身倒。楊曰：「彼素量窄。」賊復勸楊，楊曰：「天性不飲，若將軍有意，請滿飲此杯。」大觥勸賊。賊見壁間琵琶，問楊能彈否，楊即彈以侑酒。二賊大悦，把酒暢飲。須臾毒發，腸痛流血死。鵬急躍下，以羊血灌徐，得甦。徐曰：「均爲毒酒，我得不死，意者其天乎？」鵬曰：「固也。然亦砒石性重下沉，汝先飲，且少，更得羊血解之，是以無恙。若二賊，則天促其亡，非由人巧也。」因集珍寶，詭作男飾他避。後吴三桂兵至，始得遁出京云。

③ 張氏擠賊墮井

城外女子張氏，賊見其美，欲淫之。女紿曰：「我渴甚，取水飲我。」賊信之，至井所，女奮力擠賊墮井，女得奔脱。

④ 張氏投井 吴烈婦

婦張氏，京師長班吴奎妻也，德色皆備。家雖貧，屋宇掃除甚潔。數賊至，欲主其家。婦伏宅後水中，賊去，乃歸尋夫，一賊已據其室矣。猝見婦美，遂留寢，與之淫。比賊熟睡，婦微聞叩門聲，知其夫至，乃潛啓門，迎入，以刀刺賊死，取其財物而逃，道旁遇井，婦泣曰：「烈女不事二夫，昨之偷生不死者，慮君飢寒失所耳。今既獲一面，又有所得，死甘心矣！」奎力阻之，婦曰：「君即不罪妾，妾何面目偷生于世乎？」竟投井死。

⑤ 王氏嚼斷賊舌 吴烈婦

烈婦王氏，歸吴信，世居京師齊化門外，貨紬爲業。烈婦色麗而性剛，賊數十人至，縛信拷掠，欲逼千金，遍體皆傷。烈婦知不免，閉門自縊。一賊劈門救甦，見其美，强姦之。烈婦嚼斷賊舌，賊怒，剖其腹死。賊含血奔竄，口不能言。諸賊時方在外庭拷信，見噴血賊趨出，咸以爲信家有祟，棄之逃去，信乃得脱。斷舌賊不能食而死，以爲烈婦索命云。

⑥李寡婦以湯沃賊

李氏姑媳皆寡居，一賊入其室，索酒飯，見婦艾，調戲之，婦曰："將軍遠來，想已飢渴。"遂置酒共賊暢飲。賊盡醉，酣睡去。兩婦卽烹湯一釜，先佯呼之，賊不動。復擲銅盆于地，賊亦鼾卧如故。遂以蔴索縛其手足，然後老婦以滚湯澆其頂，少婦以鎗刺其喉，賊痛極，暴跳而死。

⑦梁氏雙烈投井

烈婦梁氏，真定人，都諫素洲公之女，鄜延兵憲王公原膴配也。幼讀書，明大義。當甲申賊破都城，烈婦與其小姑名慶者，毁容深藏，乃不爲賊所窺。及賊遁，祖姑許淑人曰："賊遁矣，我輩不乘此還鄉里，將何待？"遂攜以行。踉蹌至彰義門，見婦女有爲賊所驅以行者，有與賊並騎者，有騎而歌笑自若者。烈婦曰："夫非良家婦與？何恬不知耻若此！倘吾爲所掠，則有死而已。然死于道路，何如死于此地之爲愈也。"許淑人曰："吾尾賊，賊不反顧。"烈婦曰："如反顧，奈何？"語慶曰："我死，姑能從乎？"慶曰："願隨嫂死。"烈婦意遂决。視道旁有井，烈婦曰："清泉皓潔，吾與姑得死所矣。"遂攜以投井。慶許賈氏，猶未成婚云。

清宛梁氏，文章科第冠冕畿南，而合門之内，烈婦烈女一時踵出。何其事之罕見歟？然非讀書明大義，烏能如此？「女子不宜識字」，此言真欺我哉！

⑧馬烈婦自剄

烈婦陳氏，父故霸州人，因隨叔徙都門，遂家宣武橋前。名應選，極篤實；母田氏，稱謹馴。姊弟雁行成三，烈婦居其次。幼小時，性淑姿雅，行端言正，奉父得歡心，代母多作勞事，姊弟間不有纖忽乖戾，父母珍視之。既笄，適馬翁子應科，承上無失，御下多寬，輔其夫以勤慎儉約，處家人大小無間言。生一女，甫逾四月。會甲申三月，賊攻都城，人心惶惶，告語者面如土。烈婦姑嫜妯娌，舉欲逃匿，以其方商畧者移時。烈婦以死自矢，獨隨一小刀，無他計也。十九日城陷，賊衆擁入。馬翁家當衢，眷屬愈慌懼，對泣求避處。烈婦正色告其夫云：「大寇作孽，肆行搶掠，女子安所恃，惟有全身速死，有益于汝，無忝所生。且逃遁藏匿，汝等自便。」夫揮涕長泣，展轉不相舍，勉慰解之。門外擾攘急，烈婦在一貯木室，色厲曰：「萬一賊來辱，生則不光，死亦爲晚。」抱女大哭：「我死，兒亦何依？」因力扼死于地，遂于地上坐，以所隨小刀自剄，手猛，刃深入過喉，氣絕。應科他匿得免。越數日，賊稍戢，始得備棺收殮。烈婦面不易生，面痕不淄。葬于黑窑廠之東云。

人惟貪生念重，故臨事張惶。若烈婦存一必死之志，則雖刀鋸在前，鼎鑊在後，處之泰然，豈與優柔煦嚅者等哉！

婦人臨難，死于縊與死于水火，俱爲難事，而自剄更難，豈非與烈丈夫並光天壤乎？四月初七。

明季北略卷之二十二

608 誅戮諸臣

① 朱純臣

朱純臣，字心翼，懷遠人，世爵成國公。賊至，獻門，時守齊化門也。廿一日，與陳演勸進，不得入，世臣中之最逆者。吴鎮兵臨，賊欲迎敵，恐其有變，誅之。初，上未崩時，諭閣札託純臣輔太子，閣中未及宣，自成因此有疑純臣，立命誅之，籍其家。

② 徐允禎

徐允禎，字中玄，世爵定國公，與成國同誅。昔建文之難，其祖以獻門獲爵，今始食其報云。他元勳、戚畹罕有全者，不能盡録。

③ 陳演

陳演，四川成都井研人。天啟壬戌進士，官大學士。既罷官，以多藏不能出都。先是，演責治一僕，僕恨之，遂出首于賊，言：「主家甚富，即如某處有銀四萬八千兩，珠亦盈斗。」賊兵如言往掘，果如數，因是垂涎不已，受刑最慘。僞相牛金星以二鐵索貫其左右手，所至牽以自隨，步稍遲，皮鞭亂下，身無完膚，竟誅死。先是二月，演乞休，上許之，賜金幣。始上憂秦寇，演謂無足慮，至是不自安，求去。然以挾重貲，知都外寇盜充斥，遲遲久之，遂及于難。或云獻銀三萬兩，金三千兩，珠三斗。

余昔見樵史云：賊入京，演語所知曰：「吾昨夢于山上騎龍而飛，返顧無尾。」客以諂言賀之。演喜，頗有妄志。未幾，遂罹禍。

④ 魏藻德

魏藻德，順天通州籍，應天上元人。崇禎庚辰狀元，官大學士。賊點名日，藻德首向自成叩頭求用，自成旁揖之。藻德請試題，自成有所命，藻德聽之不真，又不敢再請，皇遽而起。一日殿上唱名，急呼魏藻德來見，欲爲周延儒等報仇。三呼藻德不應，即命速拏。少頃，以繩繫至，命送僞刑官拷打。劉宗敏責以首輔致亂，藻德曰：「臣本書生，不諳政事，又兼先帝無道，遂至于此。」宗敏怒曰：「汝以書生擢狀元，不三年爲宰相，崇禎有何負汝，詆爲無道？」呼左右批其頰，夾二夾，追出銀一萬七千兩。其妻楞二次，子亦二夾。國變録云：「與演等同誅。」或云：「自勒死。」又云：「飲水一大碗死。」甲乙史云：「四月初二日，魏藻德被夾，五日不釋而死。復逮其子，云無措置，即斬之。」

予觀藻德之對宗敏，宗敏之責藻德，與晉之王衍、石勒酷肖。小人、賊渠，千古一轍。

大事記云：「藻德首向自成叩頭，言『罪臣某參謁，臣三載新進書生，叨任宰輔，大明主不聽臣言，以有今日』。自成旁揖之。」夫藻德庚辰狀元，癸未五月入相，榮貴極矣，無道之言，雖喪心病狂，恐不忍出之口也。辛亥三月廿八書。

⑤ 丘瑜

丘瑜，號鞠懷，宜城人。天啟乙丑進士，歷官至禮部左侍郎，爲東閣大學士。甲申三月，賊逼京城。十八日夜，集議朝房，漏四下回寓，呼其子之敦曰：「事急矣，汝自爲計，吾將從事于奉先殿。」敦請故，公曰：「今日召對，帝言大家在奉先殿完事。」因覓黄絹一方袖之。黎明入朝，見宮人狂出，詢駕，不知所在，而賊馬已遍城矣。公走鐵匠衚衕，遇友人胡季宣，延之入，欲自經，不得隙。日午，之敦至，公曰：「吾死矣。我不過做幾篇文字，得高第，食厚祿，世亂既不能匡，君危又不能救，是天地間罪人，死後當露置平子門外，以爲人臣尸位素餐者戒，不必歸葬也。」敦悲泣，公曰：「勿泣，人生百年亦死，若得其正，死猶生也。語云：『寒疾不汗，五日而死。』設去年染疫，不死乎？汝當讀書，讀書以明道，要識『綱常』兩字。如汝弟從賊偷生，非吾子也。」蓋公次子之陶，于壬午爲曹賊羅汝才所獲，羈之營中，後又歸闖。尋以自成出與孫傳庭迎敵，之陶竊其令箭以逃，竟穿營走出。將渡黄河，盤獲。見闖，陶罵不絕聲，賊怒，剮之。時賊屯河南嵩縣事，公尚不知，故責其偷生云。尋命敦別去，欲俟靜夜投繯。抵暮，長班引賊入胡室，執公行。道遇敦，公袖出絕命詞一紙授之，前有詩云：「百歲春光强半過，勛時力短愧嗚珂。詩書萬卷都無用，惟有先賢正氣歌。」後云：「天崩地圻，我輩讀書明道，豈能苟且求活？一月綸扉，廿年玉署，雖事柄不由己操，而大義安可不立！畢命投繯，暢然無憾，吾兒勉旃忠孝，勿爲過傷。長途孤櫬，勢難自達，到處青山，可埋吾骨，何必故鄉！」等語。是夜，賊擁至窩鋪，用兩賊幫宿，公欲求死不得。尋執見劉宗敏，逼勒助餉，百方毒辱。賊押歸寓，乘間服冰片而死。子之敦，純孝有聞，今流寓湖州。

忠逆史云：丘瑜，湖廣襄陽府宜城縣人。公道單注「夾死」。北遊紀略注「自盡」。而各單又言「與陳演等同日被害」。故注誅戮大臣內。而編年則云「自縊死」。賊既竊踞，一時諸臣盡節稍不決烈，卽被其拘執于朝，極刑搒掠，迫脅獻金，雖多寡不同，俱不免有獻；獻不滿意，仍復受刑；受刑不過，遂求自盡，至此亦已晚矣。與其辱身而死，何如死而身不辱，且兼得令名也。然而議之甚易，爲之實難，人臣到此，不論後先，總之一死，則不失爲君子。辛亥二月十三王館書。

論曰：世之訾丘公者，以其遲死被刑耳。惟是遺筆在未執之前，被執卽城破之日，事與願違，尤當曲諒。若丘公者，余謂縱不得與吴橋比烈，較之井研、通州輩，似難同日而語，而世顧苛求之，可歟？

⑥懶道人善觀氣色

崇禎季年，京師有懶道人，每在東直門關王廟，行止無定，不言姓氏。善觀人氣色，吉凶立驗。錦衣衛指揮張同方甚敬信之，二月中旬，延飲，與之弈，因談禍福。時京師猶宴然，忽勸同方挈家南行。

同方曰：「再二年卽理刑矣，奈何去之？」道人曰：「理刑未必，受刑是實。」同方猶豫不決。又一月，道人來辭，同方曰：「老師去，小子吉凶若何？」道人指飛鴉示曰：「汝觀此鴉，墮下立死。」同方曰：「此不祥兆也，我得免否？」道人曰：「四面八方俱是羅網，貧道前言不信，今救不得矣。」遂往東直門外，飄然而去。同方止憂在朝犯事，遂于衛堂告病乞假。及城陷，同方與武職二百餘人，悉斬于中吉門外，道人之言始驗。其時又有知一禪師，別載于吳昜事內，兹不録。

附記 蔡生，福建人，善天文。崇禎初年，在京師語無錫進士唐孟津曰：「甲申年有變。」時不信，至是驗。

609 刑辱諸臣

官銜列下，別于死難諸臣也。若死難者，則先書官爵，而後書名

①冉興讓

冉興讓，字心淳，直隸虹縣人。駙馬，官少師。夾死。

②劉岱

劉岱，字林岡，河南陝州人。官少傅、左都督。夾死。

③冉孔悅

冉孔悅，字師聖，北直蠡縣人。官都督。夾死。

④駱養性

駱養性，字太如，湖廣永州籍，順天大興人。世襲都指揮使。養性官金吾，坐贓數萬；弟養心、養志，皆受酷刑。

⑤張國紀

張國紀，字憲章，河南祥符人，天啟皇后之父也。官上柱國、少傅，雲鶴服色，太康伯。父子俱夾打，籍没。

⑥周鑑

周鑑，字明原，官都督，加太子太師，國丈嘉定伯奎之子。素有弱疾，以夾死。弟鉉，字文器，指揮僉事、都督同知，一夾僅存。又奎侄銘，字新盤，指揮僉事、都督同知，削髮遁，被獲，亦受夾；奎甥嗣于奎，名鐸，一夾獻銀六百兩，俱不死。時奎房産積蓄盡爲賊有，空手出門，尚疑諸子私殖，不免敲朴如此。勳戚無不受刑，特誌周氏一門以例其餘。

⑦方岳貢

方岳貢，字禹畛，湖廣穀城人。崇禎辛未進士，官大學士。先在松江爲知府，有能聲，以戴罪徵逋，延至十三年庚辰，無級可鐫。閏正月，徵下獄，素走聲氣，故朝中争訟其清，擢爲山東漕運副使。十六年九月，驟陞左副都御史。岳貢上言四事：清言路以收人心，定推遷以養廉耻，責吏治于荒殘，儲將才于部伍。上是之。旋秉衡軸，功名損于治郡。京抄云：「夾獻銀四千兩，布四百疋，尚拷不止，乃獻下江南策。」方公頗自好，必不至此，疑出仇口。雲間何剛等辨揭謂：「公屢自縊，不死，賊騎擁去，逼降，公不屈，詈不已，遂極拷掠，凡二日夜。搜寓所，僅得布袍五襲，犀帶一圍，欽賜元寶二錠。賊大詫曰：『閣老何一貧至此？』于是獨不釋公。繼而李賊過，問：『夾者何人？』賊黨指公名。李曰：『方某清官，安得有金銀？』始得釋。公見東宮，慟哭，東宮曰：『先生救我！』公曰：『臣當忍死以護殿下。』賊怒，于是格不得通。及四月十三日，賊忽擁太子出都。十七日，喧傳太子墜馬死。公撫膺大叫，遂勺水不進。二十六日，整衣冠，絶吭而死。」又似有意爲方公周旋。蜀人吴邦策國變録註「夾二夾，完贓三千兩，不死，留用」。他單又有註「同陳演戮死」者，均不可信。意受刑之後，耻爲賊用而自引決耳。

⑧ 李遇知

李遇知，陝西籍，四川人。萬曆三十八年庚戌進士，官吏部尚書。大事紀云：遇知夾二夾，桚一桚，追出銀四萬六千兩，夾死。

⑨雷躍龍

雷躍龍，雲南籍，應天上元人。萬曆廿三年乙未進士，官吏部侍郎。夾二夾。

⑩沈惟炳

沈惟炳，湖廣德安府孝感縣人。萬曆四十四年丙辰進士，官吏部左侍郎。夾二夾。

⑪張惟機

張惟機，福建晉江人。天啟乙丑進士，官吏部侍郎。夾二夾，頭箍一箍，仍夾其僕二夾。奪賊刀自刎死。見國變録。

能奪刀自刎，可謂烈矣，惜乎其晚也！

⑫金之俊

金之俊，字豈凡，浙江嘉興人。萬曆乙未進士，官兵部添設右侍郎。出撫昌密，被獲，夾二夾，不死，後爲清朝宰相。此公頗有經濟之志，甚爲惜之。甲乙史云：三月廿七日，金之俊輸銀百兩，健兒夾之于室，相與朋飲。

⑬ 陳必謙

陳必謙，南直常熟人。萬曆四十一年癸丑進士，官工部侍郎。夾二次，傷，被幽。同幽者展轉歎息，公枕一石塊，鼾寢如常時。今逃歸。公居鄉素有清正之譽，鄉人聞變時皆策公必死，北來初單亦注「死難」。後大失人望。歸後，遇土賊，傷其掌指，狼狽而免。歸數日，病死。惜哉！

⑭ 王正志

王正志，北直河間府静海人。崇禎戊辰進士，官户部右侍郎，督運西路。國變録云：夾二夾，其子亦一夾、一桚。或開入「從逆」。

⑮ 張忻

張忻，山東萊州府掖縣人。天啟乙丑進士，官刑部尚書。

⑯ 方拱乾

方拱乾，南直桐城人。天啟戊辰進士，官翰林院少詹兼侍讀。聞城破，尚卧床上，引刀割鬚，未及半，爲家人抱持，旋止，竟爲賊執。方以美婢四名賂賊將羅姓者，得免夾。隨爲何瑞徵、楊廷鑑力薦可爲宰相。蓋瑞徵乃其同年，廷鑑其門生也，方家眷悉住廷鑑寓中。四月初二夜，僞尚書張璘然騎至方所，深談良久，云：「不日大用，老先生毋過慮。」此係方一小童逃回南都所言。小童甚佼，羅將復欲得之，方已許贈，此童畏賊逃回。回時，方尚未實授官，但青衣小帽，額貼黃紙「順」字耳。

⑰胡世安

胡世安，四川成都井研人。崇禎戊辰進士，官少詹、侍讀。夾二夾。

⑱衛胤文

衛胤文，字紫菴，陝西西安韓城人。崇禎辛未進士，官諭德。以削髮被獲，夾二夾。

⑲楊昌祚

楊昌祚，南直寧國宣城人。崇禎甲戌進士，官翰林院左中允。以剪髮，夾二夾。

⑳林增志

林增志，字任先，浙江温州瑞安人。崇禎戊辰進士，官翰林院編修。以削髮，夾四夾，甚慘。

㉑宋之繩

宋之繩，南直應天溧陽人。崇禎癸未探花，官翰林院編修。削髮被獲，以楊廷鑑、周鍾力薦于王旗鼓，免夾，囚之。

㉒ 李士淳

李士淳，廣東潮州程鄉人。崇禎戊辰進士，官翰林院編修。夾四夾，甚慘。

㉓ 方以智

方以智，南直桐城人。崇禎庚辰進士，官翰林院簡討，充定王講官。聞變，走出，遇蘇人陳伯明，倉卒通名，相與歎泣。潛走禄米倉後夾衖，見草房側有大井，意欲下投，適擔水者數人至，不果。陳留至寓所一宿。次早，家人同四卒物色及之，則家人懼禍，已代爲報名矣。四卒挾往見僞刑官，逼認獻銀若干，後乘間逃歸。公字密之，清朝至，祝髮不仕。康熙五六年間，居江西廬山開先寺，一時官民敬禮之，稱「大和尚」。氣象雍和，不似昔年講官時嚴肅也。

㉔ 萬發祥

萬發祥，江西臨江新喻人。崇禎癸未庶吉士。國變録云：庶常俱留用，無夾者。萬以塗面粧聾，遂不免。

㉕ **朱徽**

朱徽，江西南昌進賢人。崇禎辛未進士，官刑科給事中。或開「從逆」。

㉖ **彭琯**

彭琯，湖廣永州人。崇禎甲戌進士，官工科給事中。或開「從逆」。

㉗ **陳純德**

予移入殉難内，此不載。

㉘ **馮登垣**

馮登垣，江西瑞州新昌人。崇禎庚辰進士，官浙江道御史。

㉙ **吳邦臣**

吳邦臣，浙江紹興山陰人。崇禎庚辰進士，官山西道御史。

㉚ **鄭楚勳**

鄭楚勳，福建興化莆田人。天啟甲子舉人，官雲南道御史。

㉛ 曹溶

曹溶，字秋岳，浙江嘉興人。崇禎丁丑進士，官御史。予聞公留心著述，欲訪之。

㉜ 吳孳昌

吳孳昌，河南籍，江西南昌人。崇禎庚辰進士，官吏部主事。以削髮，夾二夾。

㉝ 楊玄錫

楊玄錫，字康侯，福建泉州晉江人。崇禎甲戌進士，官吏部主事。十三歲登科，十四歲登甲，榮跻天部，人共羨爲仙佛再世，乃亦包羞忍辱至此，惜哉！或注「從逆」。

㉞ 張鳴駿

張鳴駿，字賡陽，福建漳州龍溪人。崇禎庚辰進士，官户部主事。

㉟ 陸禹思

陸禹思，南直溧陽人。崇禎庚辰特用，官户部郎中。或開「從逆」。

㊱ **彭敦曆**

彭敦曆，南直丹陽人。崇禎庚辰特用，官户部主事。或開「從逆」。

㊲ **朱芾煌**

朱芾煌，湖廣王開人。崇禎甲戌進士，官兵部郎中。

㊳ **劉若宜**

劉若宜，南直懷寧人。崇禎丁丑進士，官兵部主事。懷寧屬鳳陽府。

㊴ **陳鵬舉**

陳鵬舉，湖廣黄州麻城人。天啟丁卯舉人，官刑部員外。不投謁，被執，見僞刑官，叱使跪，不屈，椎擊亂下，幾斃。家人願以身代死，賊義而釋之。

主忠僕義，刑辱中不多見者，宜表而著之，不得概與衆伍而没其品也。辛亥三月廿九日書。

㊵ **李逢申**

李逢申，南直青浦人。萬曆己未進士，官工部郎中。夾三次，或云死。松人以逢申與朱積作對，〔一〕云：「朱帝蒙塵，只爲邪臣早服；李兇張餤，皆因甲歲逢申。」「早服」乃朱積字也。

㊶聶一心

聶一心，四川敘州富順人。崇禎庚午舉人，官工部郎中。

㊷潘同春

潘同春，浙江紹興餘姚人。崇禎丁丑進士，官工部員外郎。或開「從逆」。

㊸趙士錦 有檄

趙士錦，南直常熟人。崇禎丁丑進士，官工部主事。

㊹鄒逢吉

鄒逢吉，江西湖口人。崇禎丁丑進士，官工部主事。夾死。

㊺申濟芳

申濟芳，南直長洲人。官生，官工部主事。不投謁，爲長班所首，被執。賊謂「相國之後，必多蓄」，而濟芳實貧。夾損一足，與陳必謙同幽一兵房中。是夜，死者數人，申亦與焉。守兵以告，有令各發會同館，兵于死者每加五棍而後發。申移至館，館主人見其喉間翕然微動，灌之有氣，適家人來，共省視，乃復活。問其受棍時，全然不覺，惟第五棍稍似有物及身耳。甲乙史云：「四月初九，東報已急，賊人隱之，在縶者盡釋，惟留申濟芳數人，各予繩自縊，死後各人加五棍。濟芳舁歸入殮，復蘇。」

㊻ 孫從度

孫從度，北直保定清苑人。崇禎戊辰進士，官太僕卿。國變録云：夾四夾，追銀四百兩，死于家。

甲乙史云：祭酒孫從度，居金臺會館，病卧。有羅將軍來居，孫遣僕持名刺致意，羅大怒，即騎入內驗疾。孫妻素悍，迎而罵之，羅命以鐵索繫其頸，并舁孫過己寓拷訊，孫立斃；妻七拶百敲，十指俱斷，乃招承史藻寄窖多金，得七千兩，獻于自成，由是翰林皆坐餉萬金。此三月廿三事。

官銜及事，與前稍異，姑存之以俟考。

㊼ 劉明偀

劉明偀，山東東昌恩縣人。崇禎丁丑進士，官中書科掌科事。以削髮，夾二夾。

㊽ **陳翔**

陳翔，福建福州閩縣人。崇禎癸未進士，官中書科。以削髮，夾二夾。

㊾ **郝傑**

郝傑，順天籍，陝西延安綏德州人。崇禎丁丑進士，官行人。以削髮，被夾。

㊿ **謝于宣**

謝于宣，浙江寧波鄞縣人。崇禎癸未進士，官行人。以削髮觸怒，夾三夾，幾死。

51 **劉中藻**

劉中藻，福建福州府福安縣人。崇禎庚辰進士，官行人，素有文名。以抗言願歸籍，觸賊怒，被夾。

後中藻仕于永曆。己丑，清兵至福寧，中藻勢窮自縊，亦殉難之臣也。

52 **龔懋熙**

龔懋熙，四川重慶江津人。崇禎庚辰進士，官太常寺博士。

⑤③ 沈浣先

沈浣先，南直崑山人。舉人，官武學教授。夾損一足，追銀五百兩，廣貸始足。

國變録尚有：鄭逢蘭、范方，俱注「夾一日夜死」；蔡國光、曹惟才，俱注「夾一夾」；何肇元注「夾一夾，逃，復被執」；李起龍注「削髮，夾」。他單所無，附以俟考。又有楊若橋、汪光緒，拘縶未夾。又云：廿一日，點百官名畢，不及冷員。廿二至廿五日，遍拏各官拘縶，亦不及冷員一人，惟呂兆龍廿三日以投水，廿七日陳翔、劉明俁、郝傑、李起龍、謝于宣以削髮，劉中藻以抗言觸怒，并拘縶夾之。其他冷員被收者，皆由賊兵横執，不在點單之數。

⑤④ 劉有瀾

予已書入前卷殉難内，此不録。

幽囚士大夫，用夾棍逼取金錢，此古今未經見之事，亦古今所未有之慘。然賊非有親近于用之臣，而有仇怨于不用之臣也，在點名時，士大夫之自欲用與不自欲用耳。而夾亦有二：在要津清華者，則夾其銀；而在冷員閒散，有觸其怒而夾之者。有已受夾完銀仍求用者，有已削髮而賊必不用之者，有寧忍受夾而不肯到吏部報名者，人品攸分，爲並存之。辛亥三月廿九社埄王館附記。

〔校記〕

〔一〕「松」原作「嵩」，現據曹氏所藏抄本及明史卷四十地理志一改。

610 幸免諸臣

① 周奎

周奎，字雲路，順天籍，南直人，以國丈封嘉定伯。性甚吝，內監奉旨勸助，止輸萬二千金。賊信急，各府俱遷其貲，惟奎晏然不動。城既破，有兵數人到府，奎厚犒之，即去。已而有賊將張姓者至，踞其室。奎夫人卜氏姑媳皆自縊。卜即先后所自出也。諸子皆縛去，兵士辱奎特甚。復有權將軍李至，張避去。李見奎謙讓之極，頗憐之，乃以小屋數間撥與，幸免于刑死。子鉉，夾未死，幼子鐶、鍾，孫澄、清、澤，俱存。外傳奎獻太子以求免，都中絶無此語，出自彼親戚之口，大都以吝招謗耳。一云：李牟數奎平日鄙吝，督令負薪擔水以辱之。殉難實録云：周奎正在求死就縊之際，被賊擒去，送僞刑官，三夾，不死，坐贓七十萬，府第藏庫什物田產俱没入。僞將軍李牟據其宅，幽嘉定伯。

三說不同，並存俟考。

②董象恒

董象恒，南直華亭人。萬曆己未進士，官巡撫。從獄中擬充餉贖罪，釋出，遁。

③周亮工

周亮工，河南祥符籍，江西撫州金谿人。崇禎庚辰進士，官御史。以知縣行取御史，命已下，見勢迫，不任而遁。

④鄭二陽

鄭二陽，號潛菴，河南開封鄢陵人。萬曆己未進士，巡撫安、寧、池、太等處，僉都御史。從獄中釋遁。

⑤曾櫻

曾櫻，號二雲，江西峽江人。萬曆丙辰進士，官巡撫。從獄中釋遁。

予按四川嘉定府有峽江縣，〔一〕而江西臨江府亦有峽江縣。

⑥施元徵

施元徵，南直無錫人。萬曆己未進士，官副使。從獄中出，有賊將魏姓者，是其年家，與一令箭，父子南歸，途中因而獲財，有令箭求其帶南耳。

⑦ **曹鼎臣**

一開潛藏不出。

⑧ **張伯鯨**

張伯鯨，字繩海，南直泰州人。萬曆丙辰進士，官兵部左侍郎。逃最早。

⑨ **王都**

王都，浙江嘉興崇德人。天啟乙丑進士，官太常少卿。

⑩ **汪惟效**

汪惟效，南直徽州祁門人。崇禎辛未進士，官工科都給事中。

⑪ **楊爾銘**

楊爾銘，四川敘州府筠連縣人。崇禎甲戌進士，官廣東道御史。

相向慟哭。

⑫ **周仲璉**

周仲璉，浙江湖州長興人。崇禎甲戌進士，官禮部郎中。削髮爲丐僧而遁。進士程源曾遇于途，

⑬ **蔣臣**

蔣臣，南直安慶桐城人。薦舉，官工部主事。削髮遁。

⑭ **程子奇**

程子奇，江西饒州浮梁人。天啟丁卯舉人，官國子監學正。

⑮ **錢國瑞**

錢國瑞，知縣，行取在京。

⑯ **程兆科**

程兆科，江西廣信府人。崇禎癸未進士，新選行人。

⑰ 談貞艮

談貞良，浙江嘉興人。崇禎癸未，以五經中式。

⑱ 曾五典

曾五典，南直太倉人。崇禎癸未進士。

⑲ 宫偉鏐

宫偉鏐，南直泰州人。崇禎癸未進士。

⑳ 史夏隆

史夏隆，南直宜興人。崇禎癸未進士。

㉑ 王崇簡

王崇簡，順天府人。崇禎癸未進士。

㉒ **施𤩽**

施𤩽，浙江湖州府歸安人。崇禎癸未進士。

㉓ **林䬛**

林䬛，福建福州福清人。崇禎癸未進士。

㉔ **嚴通**

嚴通，福建福州府人。崇禎癸未進士。

右進士俱候選。

〔校記〕

〔一〕「峽江縣」據明史卷四十三地理志載，應作「夾江縣」。

611 從逆諸臣

語云：「人臣無將，將則必誅。」夫一念之違，且有常刑，況公然拜舞賊庭，污其僞命者乎！所以然者，以貪生怖死之心，用觀風望氣之志。方其苟且圖活，亦迫于勢之無奈，迄乎周旋匪類，〔一〕反幾幸賊之有成。肝腸既已全易，要領尚保無恙乎？始焉封疆失事，每每及于寬政，馴致諸臣習于苟免，卽靦顏從逆，可幸無誅。人心一變至此，當事者不盡破私情，大伸國法，恐人倫從此遂晦也。第流言互異，寧無虛實之差；喜事競傳，或出愛憎之口，載名惟有信耳。定獄尚有精心，此則于廷尉之事矣。

〔校記〕

〔一〕「周旋」抄本訛作「周全」，據通行本及曹氏所藏抄本旁注「全擬當作旋」改。

① 楊觀光

楊觀光，山東登州招遠人。崇禎戊辰進士，官右庶子兼侍讀，僞禮政府右侍郎，與梁兆陽、葉初春俱迎闖而授職。國難紀云：「五月初十日，賊召觀光入文華殿，問：『郊天何以不茹葷酒、不近女色、不行刑，亦有說乎？』楊叩頭云：『天人一氣所感，不茹葷酒，欲其心志清明；不近女色，欲其呼吸靈爽；不行刑，欲養天地慈和之氣，以感格上穹。』賊云：『有理，有理！先生說得是。以後先生常進來講講。』留坐待茶，辭出打躬，自成送至簷下，亦答躬。先于廿四日召一次，語不傳。此則四月初二日也。」甲乙史云：「是日，觀光持門生刺見劉宗敏，四轎開棍，儼然都堂。」四月三十日，觀光以家眷隨賊而出，至風臺，被殺。

②楊汝成

楊汝成，南直華亭人。天啟乙丑進士，官禮部侍郎兼侍讀。北來單先開「以老釋歸」，後開「以刑死」。國變録云：「夾一夾，以古玉金壺等物，託周鍾送王旗鼓，仍授職。」而本鄉有討逆單，叙甚詳，縱不無粧點，而從逆近真。

公討檄注云：汝成祖宗世列簪纓，父子踵接翰苑。枝起，其族侄也。汝成初欲得館元，以三千金欠票送顧秉謙，恐不信，央陸伯符作保。背不全還，伊子顧台砥屢次索之。繼以金便壺挽崔呈秀進魏忠賢，遂得收爲義子，典試江右，價定四千。及丁丑科，汝成爲首房，第三題乃「賢者在位」三句，係汝成所擬。因汝成先將題招摇遍賣，都中共知。迨賊破京，汝成先以妾數人送劉宗敏、牛金星，故得不殺。上表有云：「陛下問罪燕都，威行夷夏，弔民江左，澤及昆蟲。伏念臣汝成衰殘無力，願爲放牧之牛；摩頂知恩，甘效識途之馬。」其門生鎖青縉已降賊，呼劉宗敏爲恩主，預求寬典，又力薦于牛金星，得列春鄉。見周鍾，言一統已定，獻江南户口數，賊乃存問。其子時奇、時亮、時憲并奴宋慶等，尤希心内應云云。

③項煜

項煜，字仲昭，號水心，南直吴縣人。天啟乙丑進士，官少詹兼侍讀。僞太常寺丞。賊黨黎志陞，其甲戌所取士也。國難録云：「時京師傳言黎爲賊腹心，薦煜大拜。煜即昌言于衆曰：『大丈夫名節既不全，當立蓋世功名，如魏徵、管仲可也。』乃授太常，意氣沮喪。」奉僞命祀泰山，馳驛過山東，始變服遁，逕走南都，欲入班，被逐。煜素巧宦，初在魏黨，旋媚東林求脱，遂復故物。家起華門，驟致奇富，所居爲假山，徐氏名産，捐萬二千金得之。以詞林清修之席，而一居之侈已如此，其品可知。種怨里閈，化爲煨燼，哀哉！

④ 何瑞徵

何瑞徵，河南汝寧信陽人。崇禎戊辰進士，官少詹兼侍讀。賊考選首名，授僞弘文館學士，教習庶吉士，與韓四維、楊廷鑑、周鍾、魏學濂領班勸進，朝賀最先。後從賊西遁。

甲乙史云：四月初四日，賊以何瑞徵掌弘文館。瑞徵斂庶常裴希度等銀，請牛金星至署飲到任酒。

⑤ 陳名夏

陳名夏字伯史，南直溧陽人。崇禎癸未會元、探花，官編修，兼户、兵兩科都給事中。一妾，京師人，聞變，送妾歸母家，因匿焉。後得煤山凶信，自縊者再，輒爲妾家救解。潛出謀遁，逢賊覘，束縛赴僞都督劉，值不在，乃解僞刑官王所。王遥見呼曰：「公得非溧陽陳伯史先生乎？」陳曰：「然。」王解所縛，揖之，曰：「先生識某否？」曰：「不識也。」王乃山西諸生，數年前曾南游，無所遇，至溧陽，陳曾留一飯，贈程五星，久已忘之矣。至是，王述其事，留寓中飲食之。陳涕泣求去，王曰：「先生大名在外，去將安之？留此當大用。」陳必不可，强留三日，潛出，復爲賊黨所物色。陳自言王君見釋，再押見王，王曰：「吾固言之矣，去必不免。」因復留之。會兒女姻家宋之繩被夾稱貸，賊曰：「汝父方解餉至都，安得貸？」宋父劼爲監軍道僉事，宋急引親家陳爲證，王并寬宋刑，于是陳通賊之名大著。又以王薦，授編修，陳不肯就，日夜求歸。王乃贈其行貲，陰護出城，故陳歸最早。陳以一飯一程之故，以此免死，亦以此蒙惡，豈非天乎！陳自有辨揭，并不敢明言其事。余得北來一友，述之甚悉。然諸單開入從逆，未敢擅爲出脱也，姑附所聞，以俟公論。

清朝初，陳爲宰相，所用巡按秦世禎等悉廉能，當世有陰受其惠者，後以事死。惜哉！辛亥三月三十日書。

⑥ 韓四維

韓四維，順天昌州籍，河南嵩縣人。崇禎辛未進士，官諭德。願輸銀二萬，求爲國子監司業，不得，止授僞弘文院修撰。按司業，四維有何大佳處，而費多金，不過借題媚賊耳。賊亦鄙之，降爲修撰，不亦耻乎！此詞林中最無行者。

庚戌十月，觀音山僧語予云：清朝時，四維寓蘇之觀音山，恣甚，山中各静室僧莫不詐害。俄而座主某因有大事，詣其家，欲避之，且借銀少許，韓僕辭云：「在觀音山。」及往山訪之，又辭「在家」。座主大怒，曰：「吾拚一身扳他罷！」因訶連四維，拘至南京下獄，獄卒以九鏈繫其頸，地俱青石，四維無銀用，凍餒甚，一夕乃死。

⑦ 楊士聰

楊士聰，山東兖州府濟寧州人。崇禎辛未進士，官諭德。僞户政府少堂。徐凝生國難紀云：「親見門粘欽授官銜。」或開「刑辱」。

⑧ 高爾儼

高爾儼，北直河間静海人。崇禎庚辰榜眼，官編修。僞弘文館修撰。

⑨ 楊廷鑑

楊廷鑑，字冰如，號靖山，南直武進人。崇禎癸未狀元，官修撰。剪髮欲遁，不得，降，授僞弘文館修撰。睹記：「僞相牛立薦楊與周鍾草詔，兩人互相争草，幾至攘臂。」以狀元而至于如此，載之青史，不亦羞乎！然則名者，造物之所忌也，惟有福者能享之。

府尹」。

⑩ 張之奇

張之奇，江西建昌新城人。崇禎戊辰進士，官簡討。僞弘文館編修，各單俱同，惟國變録注「順慶府尹」。

⑪ 劉世芳

劉世芳，陝西延安膚施人。崇禎庚辰進士，官簡討。僞弘文館編修。公道單「府尹」，誤。

⑫ 梁兆陽

梁兆陽，廣東廣州府番禺人。崇禎戊辰進士，官簡討。僞兵政府侍郎。二十日，首倡助餉之説，與同志求仕者各寫五千金，託宋企郊先投手本。廿三日，卽召見，叩頭云：「先帝無甚失德，以剛愎自用，故君臣血脈不通，以致萬民塗炭，災害並至。」闖賊云：「朕只爲這幾個百姓，故起義兵。」兆陽又叩頭云：「我皇上救民水火，自秦入晉，歷恒、代抵都，兵不血刃，百姓皆簞食壺漿以迎王師，真神武不殺，直可比隆唐、虞，若湯、武不足道也。臣遭逢盛世，敢不精白一心，以答知遇殊恩。」闖賊大喜，留坐待茶，意甚欵曲。辭時向上打躬，賊亦向下打躬，兆陽平身，賊尚未起，乃復打躬，出語門生貢士伍世魁，因傳于衆。復再召一次，語不傳。兆陽字皆林。

⑬ 趙玉森

趙玉森，字君立，號月潭，南直無錫人。崇禎癸酉舉人，專心邊策。及庚辰，登進士。召對，應答詳明。問及邊事，既對且泣，先帝以爲能，親拔翰林簡討，時謂「欽賜翰林」。始出封藩，衆頗榮之。本鄉公揭云：「十九日，至馬君常太史寓一看，回至同鄉王孫蕙寓所。王云：「百行孝爲先，君家有太公在，且全個孝罷！」遂相攜詣賊報名。途遇張琦、秦汧，與語，意合，乃握手同往。僞四川内江縣令。玉森與宋企郊有舊，求改選山東近地，許之。

⑭ 周鍾

周鍾，字介生，南直金壇人。崇禎癸未庶吉士，僞弘文館簡討。賊中深慕其名，呼爲周先生，勸進表實出其手，逢人便誇「牛老師極爲歎賞」，不止李密謬斥僞朝而已。同館多含涕忍耻，幾幸生還，惟鍾揚揚得意，乘馬拜客，屢過梓宮，揮鞭不顧，一時輩中猶腹誹之。三十年雄踞文壇，聯屬聲氣，一旦名節掃地，書林選刻，刊落名字，文章一道，尚可信乎？甲乙史云：「三月廿三日，庶吉士周鍾、魏學濂有請葬先帝公疏，投文諭院顧君恩，君恩云：『諸君亦是好名之事，俟牛丞相來自奏。』即碎其牘。周鍾者，故金壇名士，爲復社之長。牛金星見之，呼曰：『此周介生先生乎？』命作士見危致命論，大稱賞之。鍾逢人自誇牛老師知遇。

沈國元大事記云：勸進文有云：「比堯、舜而多武功，邁湯、武而無慚德。」甚至斥先帝爲「獨夫」，有「臣子萬不忍言」者，傳爲周鍾筆。又有「存杞、存宋」句，龔鼎孳向人曰：「此語出吾手，周介生想不到此。」

國元又云：人之志趣，無不可以先見其微。復社初立時，余嘗與鍾連床夜話，鍾吶吶不出口，有應無辨，相對殊不快絶。第其下筆，風馳雨驟，天才實駿，入古則未優耳。交不甚雜，深自斂抑，幽貞一如處子。後爲吴昌時數輩牽引，日至險譎，漸干賄利，知不留意澹交，余遂各行其志焉。一人爲社中健足，傳檄逼人，親書生年，索五十金爲贄，余謝之曰：「余與介生舊好，恐不須此。」奸人遂啣恨，百口進讒。及介生雋去，揚揚車馬，無論識與不識，咸以得望見周先生顔行爲幸，嗤余絶物，以觀今日則何如？嗟乎！酒壇酣戰，涉筆時題無「君父」之字，必填「忠孝」之辭。三月十九，古今未有慘變，奈何不一死以殉皇于地下，乃靦顔偷息，屈筆以結賊子之歡？未幾而南都正位，霜簡飛章，讀之無處措面，豈不痛哉！

表云：「比堯、舜更多武功，較湯、武尤無慚德。」又有「獨夫授首，四海歸心」等語，一時相傳，爲士林之羞。

鍾年十三赴院試，題「夫明堂者」，拔第一。與蘇州楊廷樞、徐汧等立復社，名馳海内。崇禎己卯，登鄉薦，爲陳函煇所取士。後楊、徐、陳先後殉難，而鍾以逆見誅，將何以見良師友于九原也？予昔年曾見其「臨大節」句文内有云：「事後易爲智，事前易爲功，所難者獨在臨事時耳！」餘悉忠貞佳句，且推到學識及無欲爲本原。文則佳矣，而臨事一何倒逆也？金壇賀生語予曰：「鍾似楊雄。」意謂勸進與美新等耳。予意「鍾古博不及楊雄，而表文較美新更甚，殆不如也。」賀云：「鍾祖祠顔曰『一門七進士』。一夕，有題其側曰『三代五奸臣』，衆共傳之。」余謂文皇怒方正學不肯草詔，而夷其十族。至是而周鍾與楊廷鑑争草詔，是成祖殺戮忠臣之報也。天心亦巧矣、微矣，於鍾又何誅！辛亥四月初二社埣王館記。

⑮ **朱積**

朱積，南直松江華亭人。崇禎癸未庶吉士。僞弘文舘簡討，僞詔草之任。此亦聲氣中大名士也。

⑯ **史可程**

史可程，河南開封祥符人。崇禎癸未庶吉士。原官。賊逼寫家書于部院史公，遇兵急，不果。即此書果達，閣部史公亦必怒裂之矣。

⑰ **梁清標**

梁清標，北直真定府真定縣人。崇禎癸未庶吉士。原官，一云改外。

⑱ **成克鞏**

成克鞏，北直大名府大名縣人。崇禎癸未庶吉士。原官，一云改外。

⑲ **魯㮚**

魯㮚，批云：㮚，古直字。浙江紹興山陰人。崇禎癸未庶吉士。原官。

⑳ **李化麟**

李化麟，陝西西安韓城人。崇禎癸未庶吉士。原官。

㉑ **張元琳**

張元琳，福建晉江人。崇禎癸未庶吉士。原官，一云防禦使。

㉒ **劉餘謨**

劉餘謨，南直安慶懷寧人。崇禎癸未庶吉士。原職，以貌不當賊意，改順天僞教。

㉓ **李長祥**

李長祥，四川夔州府達州人。崇禎癸未庶吉士。原官，一云改外。

㉔ 趙頖

趙頖，河南開封項城人。崇禎癸未庶吉士。改僞直指使，以牛金星鄉同年，故多所援引。

㉕ 楊棲鶚

楊棲鶚，陝西漢中西鄉人。崇禎癸未庶吉士。僞直指使。

㉖ 魏學濂

魏學濂，字子一，浙江嘉興嘉善人，忠節公大中之仲子，孝子學洢弟也。忠節公遭璫禍死，學洢以身殉。崇禎初元，公徒步入都，伏闕訟寃，又瀝血上疏，劾阮大鋮、傅櫆交通逆閹，實殺諸賢，請論如法。天子改容，邺贈有加，并抵大鋮、櫆罪。公念受國厚恩，又天下多事，思以功名顯，益究心天文、地理、兵農、禮樂、刑律之要，冀一旦得効馳驅，爲報塞地。壬午，舉于鄉。癸未，成進士，授庶吉士。時賊破秦、晉，京師戒嚴，濂與同官吳爾壎、樞曹成德等，日夜涕泣，謀所以捍禦策。時上日一召對，公力請東宮或二王往鎮南服，又言：「當糾合畿輔義士，爲勤王師。」而編修陳名夏曉暢兵事，且習于山左、右豪傑，宜假以事權，令出都號召。」先帝韙之。會朝議未定，而賊勢日迫，公乃遣間使走容城，與孝廉孫奇逢等約，聯絡忠勇赴難。計已定，未報，而賊薄城下。三日，城陷，公出，遇陳名夏、吳爾壎、方以智于金水橋，且曰：「我儕圖一死，所以報先帝。」公曰：「死易爾，顧事有可爲者，我不以有用之身輕一擲也。」因言：「東宮、二王故在，而真、保定間義旅旦暮且至，獨不能少忍須臾待之耶？」既而東宮、二王爲賊所廉得，挾之出，或傳遇害于永平。先所約奇逢等，故遲遲失其期，同事者或拉之還南，公乃嗚咽起立曰：「所以不死者，欲以有爲也。今已矣！濂義不憚一死，以報命九京。夫濂寧不知靡衣媮食之可以苟活乎？今其勢非不能南，顧先帝業殉社稷，身爲侍從之臣，而不獲以身從在天之靈，寧爾宜也？卽不然，先父兄而有知，方談笑俟于地下，濂所不能以素棺白旐附厠先塋之側者，又焉能冲顏靦息，重執爵而酬家廟之前也？且賊既肆焉而謀篡，則必將勸薦紳爲朝賀，而忍復北面乎？行矣自愛，爲謝故人。考叔有母，彥升有兒，固後死者責也！」因爲絕命詩曰：「忠孝千古事，於我只家風。一死輕鴻毛，臨難須從容。有血灑微軀，官卑非侍中。有舌且存之，并遜常山公。因約同志友，延頸受霜鋒。不能張空拳，與彼争雌雄。不能奉龍種，再造成奇功。死且有餘罪，何敢言丹忠！所痛母垂白，七十仍尸饔。未葬凡五喪，留與子姪封。人生誰百年，壽夭死所同。我比兄與弟，我年爲獨豐。高堂無復悲，譬不生阿儂。辭母却就父，生死猶西東。骸骨雖不歸，卽瘞此詩筒。墓木有拱時，清韻入楸松。」又曰：「始聞天子且出亡，繼云亡後放還鄉，既望義旗起四方。三者于今皆已矣，當死不死真羞惶！幾家闔門自焚死，幾人投繯從天子？王章不屈礫城樓，金鉉躍入御溝水。街頭男女不讀書，西城井中何累累？耳聞眼見羨殺人，羨人不已還自嗔。死忠死孝家常事，我竟不死將誰臣？君亡國破雖易代，正統日月虛懸在。待彼篡位我死之，我死固晚免下拜。但恨有書報老親，云兒不死休酸辛。兒今羞惶活不得，爲孃愛此全歸身。」又貽書付子，諄諄以「子孫非甲申以後生者，雖令讀書，但期精通理義，不得仕宦」爲言。書畢，自縊死。公爲人豁達，多大畧，慷慨好義。性至孝，感忠節公詔獄之慘，終身布素，習以爲常。母病幾殆，爲割臂肉和藥以進，乃瘳。談次或及義烈事，輒爲流涕。平生疾惡如仇，至不忍見，見亦不能容。居鄉，閉門掃軌，非公事不與聞。值荒歲，倡議出粟，減價平糶，賴以存活甚衆。又爲道殣給櫬。暑月，躬至貧乏及疾疫者家慰問之，不以爲憚也。子三：允枚、允札、允桓，皆負才英犖，無忝忠孝家風云。

論曰：論人于死生之際，亦難矣哉！甲申之難，有欲死而卽死者，范文貞、倪文正數先生，名垂日月，節炳丹青，允矣！至已死而不死者，方太史密之、龔給諫孝升、吕中翰霖生、楊修撰静山、熊文選雪堂、陳編修百史，之數公者，君子猶當諒其志焉。若夫遲死而竟死，後先無間，忠孝同揆者，惟庶常公一人而已。假令庶常不死，則忠節精靈，騎箕乘尾，往來于霓旌霞葆間者，庶常不得追隨其間，其負家乘而辱清流者，何可道也！乃好事者猶以後死爲口實。善乎文學曹君爾坊之論庶常曰：「結連豪傑，意在報韓；隱忍圖存，冀翼皇嗣。至必死而未死，可歸而不歸，人臣處此，亦極難耳！卒以立孤勿克，感憤自經，雖不成程嬰存趙之功，庶無忝姜維復漢之節。」其言切而痛矣！余故特表之，爲能死者勸，而并以見吴兒好詆，舌劍唇鎗，不顧人禍天刑之隨其後也。

忠逆史云：「學濂，忠臣魏大中子。其兄學洢，事父于獄中，負屍以出，有孝名，早卒。學濂初聞賊急，有老僕經事大中，勸主人盡忠，勿負先老爺一生名節，學濂唯唯。先以事遣此僕歸，遂率先投款。初改外任，以韓霖薦，留用，授僞户政府司務。」睹記云：「親見門粘『家有忠孝世家牌坊』，鄉人怒，欲毁之。或云『逆止一人，無與父兄事』。乃不毁。」北回目擊定案云：「闖賊下令，帶來僞官皆得乘轎及馬，其降官僅許乘驢，穿僞式黄袍，負一僞敕，在草場閲芻，指揮得意，仍領泛浮平浙之敕，差往江南。」本鄉討逆檄極其醜詆，或有溢言，乃其子允枚竟出辨揭，自稱殉難。或者其人近死，而孝子慈孫欲其幽厲改謚也。

甲乙史云：「甲申四月三十日丁亥，庶常魏學濂自縊。學濂素負志節，一時墮誤，知愧而死，亦愈于靦顔求生者矣！」

予聞嘉善人初傳學濂降賊，衆欲焚其故廬，其母忠節公夫人親出拜衆曰：「吾子必當死難，若等姑待之。」衆退。越三日，而京師報至，果于三月廿八日縊死。遂免于燬。

由前傳而觀，則學濂爲忠臣；由從逆以觀，則學濂又爲逆臣。甚矣！論人之難也。以身當其時者，而猶忠邪莫辨，賢逆難分，況傳于千百世之下，而謂有信史乎？要之，譽之者多溢辭，而毁之者亦屬過詆，惟甲乙史所載，實爲學濂定論也。辛亥二月十三社埣書。

嘉興府紳衿公討僞户政府司務檄

反逆僞官魏學濂者，破犁狂犢，食母逆梟。借蟣肝之小技，繫籍名流；挾牛耳之要盟，廣招醜類。當逆闖上犯都城，痛先帝身殉社稷，閣部如范、如倪、如施、如李等，絶脰烈于杲、真；詞林若劉、若馬、若周、若汪等，湛族媿乎張、許。而學濂見六宮之濺血，遑快雲霓；聽百辟之哀號，忻當鼓吹。趨蹡于晉賊韓霖之闥，嗚吠于僞相金星之階，與吴爾壎等聚議，敢言一統無疑；偕陳名夏等授官，私喜獨膺優擢。疏銜爲闖父避諱，受牛賊叱嗤；拜爵頌天命攸歸，作同官領袖。持欽授户正名刺，通謁狐羣；比各門保識錢糧，効忠孽幕。于逆闖定君臣之分，于嶙然聯堂屬之交。合周鍾、朱積之輩，慶復社之同心；對之祺、企郊之儔，羡高官之捷足。刊修儀注，抵掌而馳諛莽、巢；草定詔書，攘臂而斥言杞、宋。心慚父紱，〔一〕緋衣不覺朝褫；魂繞賊廷，玉帶于焉夢錫。改名擬于子駿，圖貴迫於王皮。罪深長腳，逆甚山頭。彼王敦之與茂弘，尚云羣從；若朱俊之遡元晦，亦第孫枝。胡來遺愛，復出房喬；詎期士稚，〔二〕更逢祖約。慨姬旦之不復，鮮畔誰誅；泣石厚于在陳，碏圖莫再。然而三綱未滅，六等猶存。張得一之降王則，首授西曹；達奚珣之事羯胡，腰分東市。今亂臣賊子合爲一人，卽畀虎投豺，難舒衆怒，所應牛五裂尸，寧止鼠十同穴？然或譖蘭金，或禘姻婭，或畏其扶衆而不僵，或慮其黨繁而復逞，緣情面之顧惜，甘狡窟之包藏。中興伊始，法令維嚴，雖吴玠保川，不以曦誅連坐；而李陵降日，須知遷腐無逃。先嗚義鼓，肅聽王章！

稱人可過也，毁人不可過，此等文字，後生家不看也罷。然予録之者，不取其尖利，取其胸中有少許古書耳。所惜者，止欲自逞其筆鋒，全不顧他人之死活也。善讀者知之。二月十三記。

㉗吳爾壎

吳爾壎，浙江嘉興崇德人。崇禎癸未庶吉士。改四川保寧府蒼溪縣僞令。

㉘王自超

王自超，浙江紹興會稽人。崇禎癸未庶吉士。以年老不更事，不用。自超行賄選司楊枝起，乃許補。

附記　聞自超降賊後，祝髮某地。久之，夜歸。妻爲祝孝廉之女，聞叩門聲，問何人？自超曰：「予也。」妻曰：「汝是何人？」自超曰：「豈我音而不辨乎？」妻曰：「固也。第汝受朝廷厚恩，而不思報，反降賊子，大誤矣！既已祝髮，亦休矣，今猶趨歸，又誤也！歸而叩予户，更誤矣！汝不過思兩子耳，汝急去，勿相見也。」竟不啟納。自超慚而去。祝氏嚴督其子讀書，悉能文，不令赴試。亦奇女子也。聞自超年頗少，前載年老，誤也。且聞少不更事，未聞老不更事也，其爲書誤可知，顧事貴闕疑，不敢擅易一字耳。辛亥四月初二書。

㉙姚文然

姚文然，南直安慶桐城人。崇禎癸未庶吉士。以貌不揚，改授密雲縣僞令。

㉚ **劉肇國**

劉肇國，江西吉安安福人。崇禎癸未庶吉士。

㉛ **傅學禹**

傅學禹，湖廣黃州麻城人。崇禎癸未庶吉士。

㉜ **高珩**

高珩，山東青州蒙陰人。崇禎癸未庶吉士。

㉝ **何胤光**

何胤光，河南開封杞縣人。崇禎癸未庶吉士。

㉞ **張立錫**

張立錫，北直保定清苑人。崇禎癸未庶吉士。

㉟ **白胤謙**

白胤謙，山西汾州陽城人。崇禎癸未庶吉士。

㊱ **黃燦**

黃燦，湖廣荆州夷陵人。崇禎癸未庶吉士。

㊲ **劉廷琮**

劉廷琮，廣東番禺人。崇禎癸未庶吉士。

㊳ **吕崇烈**

吕崇烈，山西平陽安邑人。崇禎癸未庶吉士。

㊴ **何九雲**

何九雲，福建晉江人。崇禎癸未庶吉士。以年老不用，幸哉！人固不可無年。

㊵ **張端**

張端，山東萊州掖縣人。崇禎癸未庶吉士。大司寇忻之子也。豈以父受刑辱，屈體求免乎？睹記云「親見門粘『欽授簡討』」。國難記云「縣令」，誤。端後爲清朝宰相。

㊶ 楊明琅

楊明琅，福建泉州晉江人。崇禎癸未庶吉士。

㊷ 龔鼎

龔鼎，雲南永昌保山人。崇禎癸未庶吉士。

㊸ 史垂譽

史垂譽，江西南昌豐城人。崇禎癸未庶吉士。

㊹ 羅憲汶

羅憲汶，江西南昌府南昌縣人。崇禎癸未庶吉士。

㊺ 張家玉

張家玉，廣東廣州府東莞縣人。崇禎癸未庶吉士。三上書于賊，責以大義，請賓而不臣，見賊長揖。賊怒，縛柱上欲刳之，顔色不變，異而釋之。愈欲其降，不可。遣人往拘其父母，乃降，授原官。就其抗顔賊庭，睹死不惕，卽古之烈士，何以加焉！雖爲親改節，以方徐庶，非其例矣。甲乙史云：四月初五，庶吉士張家玉上書於自成，請表章范景文、周鳳翔等，隆禮劉宗周、黄道周等，尊養史可程、魏學濂等。賊怒，縛午門外。家玉請死，不許，凡三日。賊喝欲磔之，復不動。賊云：「當磔其父母。」乃跪求免，仍爲庶吉士。玉，廣東人，父母在籍，未嘗到京，抗怯倏忽，殊自無謂。

張家玉陳情書 附記

前明朝翰林院官謹百拜稱賀于大順皇帝陛下，陳情左右：君王既定鼎于天下，必以尊賢敬德爲基。是故不没人之忠者，所以有忠臣；不没人之孝者，所以有孝子。家玉得君未及一年，有親戚四老。此下文氣不續，似失一葉。君王處此，徑當賓禮之而不臣，且比例于晉處士陶，旌別其門曰「明翰林庶吉士張先生之廬」，庶不傷人臣子之心，不辜爾蒼生之望。不然，臨以刀鋸，設以鼎俎，家玉者形影相笑，從容而樂蹈之。耿耿此心，誓無後悔。

張家玉薦人才書 附記

前明朝翰林院官謹百拜陳情于大順皇帝陛下：忠臣義士，于明爲多；勸義奬忠，于順爲盛。是故如范景文、周鳳翔等，當亟爲明卹贈之，而非但爲明卹贈之。劉宗周、黄道周等，當亟爲明隆禮之，而非但爲明隆禮之。又如史可程、魏學濂等，當亟爲明尊養之，而非但爲明尊養之。何則？明孝著，而順人知有父也；明忠著，而順人知有君也。至若家玉，殷人從周，願學孔子。但區區賓禮而乞縶之以明者，蓋不特見君王之高義，實我欲遂君王之大不寧也。當此多方多士，尚在危疑驚喜之時，莫若將家玉旌而別之，刻其書以布之四方，得一仁人以收拾天下人心，勝精兵十萬可知也。如其不允所請，家玉決不墮泥塗爲班皂羞，歸鄉里爲父母僇，誓殺身爲牲，少備天子大享上帝。刀鋸鼎俎，諒非負氣守節者所隱忍而規避也。榮之辱之惟命，生之死之惟命。

按癸未館選三十六人，俱濟濟賊庭，列在刑辱者止萬發祥一人耳。邇來館試，亦多由逕，不採名節，徵賄原不以品行升，宜其遺玷于史席也。夫木天之職，大者鳳儀講席，啓沃帝心；小者亦蠹飽書林，胚胎相骨，而紛紛從逆，若相訂然，猶謂此途不入中書，何哉？

㊻ 張國泰

張國泰，北直保定新城人。崇禎癸酉舉人，官待詔。

㊼ 高來鳳

高來鳳，陝西韓城人。崇禎丙子舉人，官待詔。

吏部

㊽沈自彰

沈自彰，順天籍，應天上元人。萬曆二十九年辛丑進士，官太常少卿，掌文選司郎中事。國難錄注：夾二夾，留用。

㊾郭萬象

郭萬象，陝西西安高陵人。崇禎甲戌進士，官文選司郎中。僞吏政府考功郎。國難睹記云：親見粘貼欽授職銜于門。

㊿劉廷諫

劉廷諫，順天籍，浙江人。萬曆己未進士，官考功司郎中。改僞府尹。

㉛侯佐

侯佐，山西解州人。崇禎甲戌進士，官驗封司員外。僞吏政府稽勳郎。

㉜左懋泰

左懋泰，字羣諸，山東登州萊陽人。崇禎甲戌進士，官稽勳司郎中。僞兵政府侍郎，鎮守山海關。

⑬熊文舉

熊文舉，號雪堂，江西南昌人。崇禎辛未進士，官稽勳司郎中。僞吏政府驗封郎。國難睹記云：親見門粘。

⑭王顯

王顯，北直廣平曲周人。崇禎丁丑進士，官主事。

別單開有孫節，雲南籍，武進人。子舉人，官司務。

户部

⑮王鰲永

王鰲永，山東濟南淄川人。天啟乙丑進士，官左侍郎，督理錢法。夾二夾，留用。

⑯黨崇雅

黨崇雅，陝西寶雞人。天啟乙丑進士，官右侍郎，督運西路。賄復原官，大張告示：「諭押運漕白糧等官，候新主遣官察盤銷算，擅離提究等因。」

⑰孫襄

孫襄，南直寧國宣城人。崇禎甲戌進士，官郎中。注僞户政府屬。

⑱陳宸誦

陳宸誦，山東濟寧人。崇禎丁丑進士，官郎中。注僞户政府屬。

⑲徐有聲

徐有聲，太醫院籍。崇禎庚辰特用，官郎中。注僞户政府屬。

⑳李申

李申，北直順德南和人。天啟甲子舉人，官員外。注僞户政府屬。

㉑姬琨

姬琨，陝西西安華州人。官生，官員外。注僞户政府屬。

⑥② 賀久邵

賀久邵，湖廣長沙湘鄉人。萬曆四十六年戊午舉人，官主事。僞户政府從事。

⑥③ 陳聯璧

陳聯璧，湖廣襄陽光化人。官生，官主事。僞户政府從事。

⑥④ 介松年

介松年，山西平陽解州人。崇禎辛未進士，官主事。原官。睹記云：「親見門貼。」甲乙史云：「三月廿一日，户侍郎黨崇雅、給事介松年、御史柳寅東，各方巾色衣，自西長安騎馬入内。」蓋黨在通州降，介在保定迎降也。

別單開有吴篪，福建莆田人。崇禎庚辰特用，官郎中。
傅鶩祥，河南汝寧汝陽人。官生，官主事。
南廷鑄，陝西西安渭南人。官生，官郎中。
鄭爾圻，北直保定安肅人。官生，官郎中。
王鳳林，山西平陽芮城人。官生，官員外。

李鍾秀，山西平陽蒲州人。天啟丁卯舉人，官郎中。
王高才，陝西西安三原人。天啟甲子舉人，官員外。
胡之彬，河南汝寧光州人。崇禎甲戌進士，官主事。

禮部

⑮ 涂原

涂原，四川夔州梁山人。崇禎辛未進士，官郎中。注僞政府屬。

⑯ 吳泰來

吳泰來，江西瑞州新昌人。崇禎辛未進士，官員外。僞禮政府從事。此吳甘來同胞也。
一本所生，賢不肖何相去之遠也！禽、跖一家，導、敦同國，涇、渭之分，自古爲然矣。辛亥四月三日書。

⑰ 余忠宸

余忠宸，江西南康都昌人。崇禎丁丑進士，官員外。

⑱ 湯有慶

湯有慶，南直長洲人。崇禎丁丑進士，官主事。僞四川成都安縣令。

⑲ 張琦

張琦，南直無錫人。崇禎甲戌進士，官主事。僞四川梓潼縣令。出都不一日，遇響馬奪印去，索千金爲贖。叩首乞憐，賊磨印角，知是銅，擲還之。

附記 張琦，甲戌項煜所取士也。爲主事，積金四千兩。甲申，其戚陳曰：「賊信急，須藏金。」琦辭以無。已而城破，俱投井內。賊入京，凡衙門諸井，悉淘汲靡遺。時琦唐巾、道袍、道履，坐馬坊草室，擊鯨誦金剛經。所攜一僕一婦，一婢年十三四，俱匿屋後。賊至，謂道人誦經，輒去。迨後婢婦登後屋探望，賊遥見，詰琦曰：「汝是官兒，非道人也。豈有出家人而藏婦人者乎？」遂索草中，得紅袍、銀帶及銀五百兩，併婦婢挈去，琦乃免，未之降賊也。此琦之歌童顧元在京親見述此。趙玉森家居學前，有翰林匾，諸生擊碎之，趙閉户，諸生乃去。復至琦家，時琦尚未南歸，伊郎子寅服麻衣，迎諸生曰：「吾父已死矣。」衆以琦年六十餘，信之，乃散。及十二月，琦歸，子曰：「何以歸爲？」迨明年乙酉，南都有議，清至，乃免。四月三日書。

⑳ 高去奢

高去奢，北直真定寧晉人。崇禎丁丑進士，官主事。

⑺ 葉澍

葉澍，廣西籍，江西南昌豐城人。天啟丁卯舉人，官司務。僞吏政府司務。

別單開有黃熙胤，福建泉州晉江人。崇禎辛未進士，官郎中。

吴之琦，福建晉江人。崇禎丁丑進士，官主事。

兵部

⑿ 張縉彦

張縉彦，字坦公，河南衛輝新鄉人。崇禎辛未進士，官尚書。三月十九日辰時，同太監曹化淳開齊化、東便二門納賊。以入朝，爲太監王德化所擊，鬚盡拔。賊亦鄙之，竟戮死。一云南歸，爲實。

大事紀云：廿一日，内監王德化因先帝未殯，痛哭争之。出朝，見兵部尚書張縉彦，青衣待罪于皇極殿前，叱曰：「汝輩誤國至此，今不急殯先帝，乃復推戴新主耶？」縉彦曰：「此與我何干，自有主之者。」德化憤極，呼從者連擦其頰，〔三〕縉彦掩面垂涕。

附記張一方蔡元吉

張一方，大同人，善騎射，貌瘠而骨勇，望若饑鷹。少從曹文詔勦賊，所在有功。曹没，從豫鎮陳永福守汴，城迄全。陳降賊，一方從之。及賊破京師，分營薊、遵間，乃逸去。時張縉彦朝房自縊，死復甦，自成使牛金星説降，不從，備極榜掠。乃命二賊挾之西行，遇一方于龍泉關，遂與脱身至太原。會賊將大索縉彦，一方與蔡元吉乃投僞將永福，差往河南。永福疑之，留驛符不發。及縉彦計脱，奔豐峪山，著黄冠，走盤駝。地皆土豲，炙人肝而食，賊追捕甚急。忽一方與元吉至，遂脱于難。已而賊捕縉彦于新鄉，一方、元吉潛衛左右。八月五日，擒府縣各僞長，與縉彦入行山之吉崗，歸者萬人。有僞都尉黄來襲，互戰不勝。一方乃伏林中，射殺其長，賊遁去。時一方年三十八，從縉彦南下，至睢陽，殲賊。事聞，授副總兵，駐兵睢陽。疽發而死，縉彦葬之睢陽城中。

蔡元吉，懷慶人。始祖從高帝戰有功，授懷慶衛指揮使。元吉薄武官不爲，入弟子員，與張一方善。賊掠河北，陳永福降，元吉隨永福自匿。至燕雲，度紫荆、龍泉，經太原，皆與一方共。與張縉彦引而南，疏其事，授監紀推官。

右兩人本不列于從逆，予之附之者，見縉彦未嘗爲賊戮耳。四月初四書。

⑬耿章官

耿章官，山東東昌館陶人。崇禎丁丑進士，官員外。注兵政府屬。

⑭朱國壽

朱國壽，順天籍，南直人。崇禎辛未進士，官員外。注兵政屬。

⑮ 方允昌

方允昌，浙江紹興諸暨人。崇禎甲戌進士，官主事。僞兵部員外，督漕江南，乘官舫至宿遷。

別單開有鄒魁明，江西建昌人。天啟丁卯舉人，官員外。

趙開心，湖廣長沙人。崇禎甲戌進士，官員外。

黃紀，四川瀘州人。天啟甲子舉人，官主事。

修廷獻，山東兗州府兗寧州人。崇禎丁丑進士，官主事。

張慎學，山西夏縣人。〔四〕崇禎丁丑進士，官主事。

劉養貞四川邛州大邑縣人。崇禎辛未進士，官主事。三月廿一日，于皇極殿前觸頭痛哭，請誅誤國奸臣張縉彥、魏藻德、陳演，賊云：「先朝時何不早言？」立斥之。後不知下落。

刑部

⑯ 張璘然

張璘然，號松瞻，浙江湖州烏程人。崇禎庚辰進士，官郎中。僞户政府少堂。

⑰ 朱受祜

朱受祐，南直鳳陽懷遠人。官生，官郎中。

⑱ **黄昌胤**

黄昌胤，湖廣常德沅江人。崇禎丁丑進士，官主事。

⑲ **劉慶蕃**

劉慶蕃，北直滄州人。崇禎戊辰進士，官主事。

⑳ **吴文熾**

吴文熾，浙江籍，南直徽州休寧人。崇禎庚辰特用，官主事。

別單開有歸起先，南直常熟人。崇禎癸未進士，新選主事。按起先已丁外艱，阻兵未歸，遂有謂其受職僞防禦或僞令者。再核。復有李登雲。

工部

㉛ **繆沅**

繆沅，字湘芷，浙江錢塘人。崇禎丁丑進士，官主事。僞改國子監助教。

別單開有何復，山東萊州府平度州人。崇禎甲戌進士，官主事。

趙之壐，山西太原樂平人。天啟甲子舉人，官主事。

六科給事

㊷劉昌

劉昌，河南開封祥符人。天啟乙丑進士，官户科左給事中。僞太常寺卿。昌與僞相牛金星同鄉，最用事，百官鑽刺俱借焉。

㊸申芝芳

申芝芳，南直嘉定人。崇禎辛未進士，官禮科。僞諫議。初與行取推官吴适聯姻，及從賊，适絶其婚。

㊹戴明説

戴明説，北直河間滄州人。崇禎甲戌進士，官吏科。僞諫議。方與李襄城拮据守城，明説反特疏糾之，疑先有外心矣。

㊺時敏

時敏，字子求，號修來，南直常熟人。崇禎丁丑進士，官兵科，江西督漕。僞四川宜賓縣令。或云錦州牧，非也。敏當城破時，客問：「作何計較？」敏徐曰：「天下將一統矣。」赴選時，適吏部門閉，叩門大呼曰：「我兵科時敏也。」既受僞選，出都，聞賊敗，遁歸故里。其家已爲里中兒借名焚掠，波及族黨，敏歸，公然張蓋，訟之有司，自稱本科，傲睨閭里。知南都理逆案，攜家遠避去。

一云：士民焚掠敏家，三代四棺俱劈毁。弘光立，赦從逆來歸，敏開屯大瞿山。

⑻ 龔鼎孳

龔鼎孳，南直合肥籍，江西撫州臨川人。崇禎甲戌進士，官兵科。僞直指使。每謂人曰：「我原欲死，奈小妾不肯何？」小妾者，所娶秦淮娼顧媚也。湖廣按臣黄澍有疏。

⑻ 傅振鐸

傅振鐸，江西撫州金谿人。崇禎丁丑進士，官兵科。僞縣令。

⑻ 孫承澤

孫承澤，順天籍，山東青州益都人。官刑科都給事。僞防禦使。

⑧⑨ 光時亨

光時亨，南直桐城籍，祁門人。崇禎甲戌進士，官刑科。僞諫議。北回目擊忠逆定案云：「闖賊召見，面加獎勵，隨諭以原官視事。」時亨寄書其子，有云：「諸葛兄弟分事三國，伍員父子亦事兩朝，我以受恩大順，汝等可改姓「走肖」，仍當勉力讀書，以無負南朝科第。」

⑨⓪ 翁元益

翁元益，南直上海人。崇禎甲戌進士，官刑科。初擬諫議，夜間被賊兵打面腫，宋企郊嫌其貌醜，改四川縣令。

⑨① 郭充

郭充，陝西鞏昌隴西人。崇禎丁丑進士，官刑科。僞政府屬。

⑨② 高翔漢

高翔漢，陝西鳳翔寶雞人。天啟甲子舉人，官工科右。賊入，即用爲都直指，亦以同鄉有薦也。

御史

⑬柳寅東

柳寅東，陝西鞏昌府徽州人。崇禎辛未進士。從天津入賀。

⑭韓文銓

韓文銓，陝西咸寧人。崇禎甲戌進士，官河南道。僞諫議。

⑮熊世懿

熊世懿，湖廣麻城人。崇禎辛未進士，官河南道。僞廬州府尹。別單開「防禦使」，誤。平日講學，鄉人度其必死，竟不然。

⑯蘇京

蘇京，字培阜，山東安東人。崇禎丁丑進士，官江西道。僞防禦使。

淮安府有安東縣，此屬山東，再核。

⑰ 陳羽白

陳羽白，字眉大，福建漳州南靖人。崇禎甲戌進士，官廣東道。僞直指使。

⑱ 蔡鵬霄

蔡鵬霄，福建晉江人。崇禎戊辰進士，官四川道。國難録云：「擬京堂，因無缺，未授。」

⑲ 裴希度

裴希度，字晉卿，山西太原籍，順天遵化人。崇禎甲戌進士，官陝西道。授僞弘文館庶吉士。

⑳ 涂必泓

涂必泓，字印每，江西南昌人。崇禎辛未進士，官貴州道，掌河南道印。僞直指使。睹記云：「親見粘單。」別單開有徐一掄，浙江上虞人。天啟甲子舉人，官山東道。

通政司

⑩ 趙京仕

趙京仕，陝西漢中城固人。天啟壬戌進士，官本司左參議。原官。

⑩宋學顯

宋學顯，南直長洲人。崇禎戊辰進士，官本司右參議。僞驗馬寺卿。國難録注「原官」，非也。

大理寺

⑩吴履中

吴履中，南直金壇人。天啟乙丑進士，官本寺寺丞。國難録云：「夾一夾，託周鍾賄王旗鼓，授大理寺卿。」

⑩錢位坤

錢位坤，南直長洲人。崇禎辛未進士，官本寺右寺正。改僞國子監助教。城未破時，衆以邊才推之，已擬昌平巡撫矣。好官未做，惡名已蒙。國難録云：「初牛賊不用，託周鍾夤緣僞吏政府宋，赴部時向人曰：『我明日此時，便非凡人了。』京中有不凡人傳。」

⑩周蘭

周蘭，河南汝寧羅山人。崇禎庚辰進士，官本寺評事。僞政府屬。

尚寶司

⑯ 吴家周

吴家周，徽州歙縣人，和州籍。天啟乙丑進士，官尚寶卿。僞大理卿。

光禄寺

⑰ 林銘球

林銘球，福建漳州漳浦人。崇禎戊辰進士，官本寺監事。僞防禦使。

中書科

⑱ 吕兆龍

吕兆龍，南直金壇人。崇禎庚辰進士，官中書舍人。僞四川成都府同知。先投御河，爲賊所獲，夾一夾，授官。

⑲ 姜金胤

姜金胤，山東掖縣人。崇禎癸未進士，官中書舍人。僞府尹。

國子監

⑩薛所蘊

薛所蘊，河南懷慶孟縣人。崇禎戊辰進士，官司業。僞祭酒。考監生二次，第一次首題蒞中國而撫四夷也，又題爲厚也高也。一監生破云：「地天交泰，聖人所以大一統也。」薛大喜，遂列第一，惜遺其名。

⑪李森先

李森先，山東掖縣籍，平度人。崇禎庚辰進士，官博士。僞禮政府祠祭司從事。

⑫吴道新

吴道新，南直安慶桐城人。舉人，官助教。僞政府屬。

太僕寺

⑬葉初春

葉初春，字匪岑，江西九江湖口人。崇禎戊辰進士，官本寺卿。僞兵政府少堂。或注「刑政府侍郎」，或注「大理寺丞」，疑誤。聞葉公爲人頗忠厚，然其子作縣，破數百家，人稱「虐葉」，至今咒詛不絕，或亦禍之延也。

⑪④ **李元鼎**

李元鼎，江西吉水人。天啟壬戌進士，官本寺丞。僞太常寺卿。

行人司

⑪⑤ **沈元龍**

沈元龍，南直吴江人。崇禎辛未進士，官光禄寺署丞。僞兵政司。頗用事，爲吴中逋客主人。

⑪⑥ **許作梅**

許作梅，河南新鄉人。崇禎庚辰進士，官行人。僞政府屬。

⑪⑦ **張元輔**

張元輔，山西汾州孝義人。崇禎丁丑進士，官行人。僞學政。國變録注「員外」。

⑪⑧ **李丕著**

李丕著，山西平陽曲沃人。崇禎丁丑進士。授原官。

⑲郝晉

郝晉，山東登州棲霞人。崇禎戊辰進士，官順天府尹。夾二夾，留用。

⑳黃國琦

黃國琦，江西瑞州新昌人。山東滋陽知縣。行取在京，注「縣令」。國難録注「府尹」。

候選癸未進士

㉑胡顯

胡顯，四川井研人。注「縣令」。

㉒武憺

武憺，陝西西安涇陽人。僞徐淮防禦使。

㉓程玉成

程玉成，四川重慶江津人。僞教職。

⑫④ **王爾禄**

王爾禄，北直清苑人。僞教職。

⑫⑤ **楊璥**

楊璥，北直順天人。僞揚州府尹。

⑫⑥ **吴剛思**

吴剛思，南直武進人。僞兵政府從事。

國難録尚有：張鳴駿，注「僞直指」。賀王盛，注「僞太僕寺丞」。王于曜，僞鳳陽府尹。鄒魁明，僞淮安府同知。徐家麟，僞山東防禦使。王阜，僞四川縣令。

⑫⑦ **侯恂**

侯恂，河南歸德商丘人。崇禎戊辰進士，官兵部尚書，坐封疆下獄。僞工政大堂。

⑫⑧ **楊枝起**

楊枝起，松江金山衛人。崇禎甲戌進士，官户科給事中，坐罪輔周延儒案下獄。僞吏政府從事。故事選司最重，謂之「選君」。賊企郊專政，但委唱名侍立，竟日不敢參一語。

⑫⑨ 張若麒

張若麒，字天石，山東萊州府膠州人。崇禎辛未進士，以兵部郎中出監軍，督戰失機，下獄。督兵守關。

一時出獄者甚衆，從逆當不止此，恨不能悉知也。

甲乙史云：三月二十，賊盡放貫城罪囚，張若麒、侯恂送軍參謀。若麒自稱寧、錦之功，又言天下壞于黨人，賊皆然之。都司董心葵亦自獄出，備言中國情形及江南勢要，自成大賞之。

〔校記〕

〔一〕「心慚」原作「心漸」，現據無名氏眉批「漸疑慚字之誤」及通行本改。

〔二〕「士稚」原訛作「士雅」。「士稚」即東晉名將祖逖字，現據晉書卷六十三祖逖傳改。

〔三〕「摖」原作「擦」。曹氏所藏抄本作「摖」，且有眉批「摖音砌，挑取也。又同𢶍，推也」，今據曹氏所藏抄本改。

〔四〕「山西」原訛作「山東」，今據明史卷四十一地理志及明清進士題名碑録索引改。

612 從賊入都諸逆臣附

① 牛金星

牛金星，河南人。天啟丁卯舉人。僞天祐閣大學士。

② 宋企郊

宋企郊，陝西乾州人。〔一〕崇禎戊辰進士，官吏部，同籍。僞吏政府大堂。

③ 顧君恩

顧君恩，拔貢生。僞吏政府選郎。

④ 楊王休

楊王休，北直河間鹽山人。崇禎庚午舉人，官山西潼關兵備。僞户政府大堂。

⑤ 蘇京

蘇京，山東安東人。〔二〕崇禎丁丑進士，官御史，巡按河南。

⑥ **喻上猷**

喻上猷，湖廣籍，江西豐城人。崇禎辛未進士，官御史。

⑦ **鞏焴**

鞏焴，陝西慶陽真寧人。崇禎辛未進士，官河南督學參政。降賊，僞禮政府大堂。

⑧ **傅景星**

傅景星，字夢禎，河南歸德睢州人。崇禎丁丑進士，官平陽知府。僞兵政府大堂。

⑨ **黎志陞**

黎志陞，湖廣岳州華容人。崇禎甲戌進士，官山西督學參議。僞兵政府少堂。

⑩ **安興民**

安興民，天啟丁卯舉人。僞刑政府大堂。

⑪陸之祺

陸之祺，浙江嘉興平湖人。萬曆己未進士，官陝西左布政。僞刑政府左堂。

⑫李振聲

李振聲，陝西米脂人。崇禎甲戌進士。僞工政府大堂。

⑬王學先

王學先，崇禎庚午舉人。僞通政司。

⑭韓霖

韓霖，北直永平府人，舉人。大同陷，降。僞參謀。此故長洲尹韓原善子也，向以禦清自負，今乃爲賊用耳。

⑮王則堯

王則堯，山西翼城人。〔三〕崇禎庚辰進士，官山東布政司參政。僞順天府尹。

⑯ **魏天賞**

魏天賞，僞淮揚運使。

⑰ **王華**

王華，僞崇文館學士。

⑱ **王孫蕙**

王孫蕙，字晦季，南直無錫人。崇禎甲戌進士，欽補大名府濬縣知縣。僞長蘆運使。長洲陳濟生于四月十八日在河西務遇見其舡，與新選僞淮揚運使魏天賞同行，聲勢甚赫。

⑲ **孫以敬**

孫以敬，南直太倉人。崇禎丁丑進士，官長垣知縣。集友人寓所，有同年亦與席，或言城破，尚不信，見街市狂奔狀，友人倉惶辭去，孫了無驚色，徐步歸寓，則賊將已拘家奴矣。問主人何在？不肯言，竟斃杖下。以敬竟投單，爲僞刑政府從事，負此僕矣！以敬美丰儀，善與人交，友人多親愛之。本州有請爲討檄，莫有應者。

⑳顧芬

顧芬，南直無錫人。崇禎丁丑進士，官河間府推官。僞四川成都府同知。

㉑周壽明

周壽明，湖廣蘄水人。崇禎丁丑進士，官北直曲周縣知縣。僞揚州防禦使。

㉒吳達

吳達，南直無錫人。崇禎庚午舉人，官北直邯鄲縣知縣。僞四川巴縣令。

㉓董復

董復，南直武進人。崇禎癸未副榜，官北直保定府推官。僞北直真定州牧。

康熙十年辛亥四月初五日下午，天節子書于社埣之王館。

㉔宋獻策 補遺

獻策通天文，善占驗，有官犯潛匿，按方指示，無不就獲。有識之者，數年前曾在海岱門外起數，或以爲賊間也。天下呼爲宋矮子。四月三日書。

〔校記〕

〔一〕「陝西乾州」原訛作「山西乾州」，旁有後人批改「山」爲「陝」，據明史卷四十二地理志，乾州屬陝西同州，文後原有之注文「一陝西西安有乾州，再核」，今已删去。

〔二〕「山東」二字原缺，今據明清進士題名録索引補。

〔三〕「山西翼城」原訛作「山西冀城」，旁有後人批改「冀」爲「翼」，據明清進士題名録索引及明史卷四十一地理志，「翼城」當。文後原有之注文「聞平陽有翼城縣」今已删去。

613 孔孟討賊文

君臣之義，察乎天地。少之時，誦其詩，讀其書，將爲君子焉。及其壯也，仕則慕君，行乎富貴，尊其位，重其禄，君之視臣如手足，如彼其專也。天作孽，賊民興，一人横行于天下，從之者如歸市。殺人盈野，殺人盈城，今也不幸，至于大故，弑其君者自成也。有大人者，相向而哭，北面稽首再拜，見危授命，守死善道，豈不誠大丈夫哉！有賤丈夫焉，好貨財，私妻子，則疾視其長上之死而不救，不保社稷，不保宗廟。或告之曰：「是誰之過與？」則曰：「非我也，兵也，君無尤焉。」殘賊之人，迎之致敬以有禮，朝將視朝，端章甫，衣夫錦，蚤起而往拜之。將入門，戰戰兢兢，有所恐懼。入門，則不知足之蹈之，手之舞之，尊爲天子。序爵，小大由之，立于惡人之朝，樂莫大焉。出語人曰：「二三子何患乎無君，事是君，則爲容悦者也。」見牛，事之以皮幣，事之以珠玉，爲其爲相與？過宋，則往拜其門，脅肩諂笑，無所不至。繼而有師命，爰整其旅，環而攻之，賊仁者棄甲曳兵而走，百官有司如窮人無所歸，竊負而逃。茫茫然歸，驕其妻妾，無所用恥焉。噫！臣不臣謂之賊，屢憎于人，親戚叛之，鄉人皆惡之，獲罪于天。死之日，狐狸食之，蠅蚋姑嘬之，然後快于心與？迸諸四夷，不亦宜乎！君子曰：「薄乎云爾，乃若其情，斷斷兮罪不容于死！」

甲申之變，降臣頗多，吾邑好事者撮四書成語以嘲之，亦見文思巧妙，故附録焉。四月六日記。

明季北略卷之二十三　補遺

補遺　兵戈只爲災荒起　離叛皆因徵税煩

614 殺星降凡　萬曆

萬曆三十三年乙巳，傳一羽士伏壇，魂至天門，見包拯奏帝曰：「自唐黄巢以後，宋秦檜以來，中界罪犯繁夥，久埋地獄，未正天刑，謹齋表以聞。」帝命九天清獄曹併法勘司會議。時該曹司奏云：「罪犯萬萬，應在刀兵刼内勾銷。着冥司判生人道，遣月孛，天狗、羅睺、計都好殺諸神，降生人世，使攪亂乾坤。」帝甚憫之。太白金星奏請隨行，顧因事救解，遂同下界。時十二月廿五日。大雪六日，至元旦始止，凡五尺。衆晨起，見遍地雪上有巨人足跡及牛馬蹄痕，深尺許，衆大異之。蓋卽月孛諸凶神與所隨妖星馬匹，俱于大雪中下界，托生人世，故所至有足跡。是歲丙午五月，李自成生。

615 李自成生

嘉靖時，陝西米脂縣廣義鄉有李十戈者，初生時，父夢九矢一鎗，自空飛入其室，驚覺，妻舉子。父云：「此子異日當掌握兵權，建功邊塞，鎗矢摠類戈矛，九一適成十數，命名十戈。及長，慷慨好義，年五十二，尚無子。繼妻石氏，年三十餘，復不孕。萬曆三十三年乙巳二月，進香武當，祈嗣。道士梅三島贈藥以歸，石乃孕。丙午，十戈夢一騎突入，長嘯數聲，週繞其室，乃覺。石生自成，因夢一騎入門，乳名闖兒。年十六，夏月，師以雨過雲收，命聯云：「雨過月明，頃刻頓分境界。」自成云：「煙迷霧起，須臾難辨江山。」又秋日，進蟹，師命詠螃蟹詩，自成賦云：「一身甲冑肆横行，滿腹玄黄未易評。慣向秋畦私竊穀，偏于夜斷暗偷營。雙螯恰似鋼叉舉，八股渾如寶劍擎。只怕釣鰲人設餌，捉將沸釜送殘生。」師見詩，謂異時雖有好日，終是亂臣賊子，不獲令終。未幾，自成棄文習武。父死半載，家産悉傾。時縣東有周清，年二十，貌偉有膂力，與妻趙氏以打鐵爲業，火星滿室，衆遂呼爲「滿天星」。自成依之學藝，結爲兄弟。越二載，有鄭某與妻馮氏，有一子一女，起家時止一斗粟，至是頗富，故衆呼其子曰仁爲「一斗粟」，性不羈。女美，以二月生，乳名燕娘，歸自成。已而頻旱，米每石六兩，大饑，盜蠭起。崇禎二年，京師被圍，詔天下勤王，自成遂詣軍門，投爲隊長。兵行四日，餉缺，率諸軍鼓譟，遂遁走。中途遇北來逃兵，欲刼之，自成曰：「予號闖王，名著三秦」，取鎗插入地，去五十步射之，應弦而中，中劈爲兩。衆驚拜，推爲寨長。時旱饑，民人逃竄，自成遂居山爲寇。

616 雲護李自成

予聞李自成始事頗奇。自成初起在河西臨洮間，其黨不多，踰年遂得萬人。撫鎮諸臣舉兵圍之，自成藏入洮河底駐營。時東則洮河，而西則黄河也；南與北官兵固守；且洮河濶大，水勢復甚急，自成入于洮底，無計可出，是走絶地矣。一日，自成棄萬衆于洮中，止率七人，跨馬涉流而渡。岸上守兵遥望黑雲一條，儼如龍然，遊過河去，蓋黑雲擁護自成，竟不見有七騎，亦大異也。自成既渡河，官兵猶不之覺，遂率七騎登岸遠逸。初至鞏昌，次入漢中，次又入蜀之夔州雲陽，後入湖廣，凡突走數千里，衆大聚，遂不可制。

江陰庠士馮吉甫，清初從錫紳張輔至秦之鞏昌歸，予謂必聞自成事，久欲訪之而無暇也。至康熙九年冬，偕秋紹張子往，談次吉甫述此。辛亥四月十二書。

617 羣賊推自成爲王

李自成結九十八寨响馬，内有二十四人爲首，各有混名：

第一名老猘猘孫　昂　第二名洪太太洪用光
第三名翻江龍吕　佐　第四名曹操王林　漢
第五名八大王張獻忠　第六名一條棍張　立
第七名格子眼盛永正　第八名冲天鵬方也仙
第九名梅鐵塊梅遇春　第十名水底龍劉伯清
第十一雙珠豹史　定　第十二潑皮風陸　鋼
第十三一枝花王千子　第十四雨裡金剛王命

第十五五閻王丘正文　第十六掃地王聞人訓
第十七可天飛沙來鳳　第十八善隱身蔡本雄
第十九混天龍馬元龍　第二十穿山猬金庭漢
二十一不粘泥趙　勝　二十二混十萬姜　廉
二十三滿天星周　清　二十四一斗粟鄭曰仁

羣賊共推自成爲大元帥，稱闖王。自成既得衆，謀刼郡縣，張獻忠曰：「欲圖大舉，先資糧餉。」聞人訓曰：「張公言善。」自成于是命孫昂、史定往山西，吕佐、林漢往陜西，聞人訓、方也仙往山東，洪用光、鄭曰仁往南直安慶，馬元龍、王命往滁、和，俱率衆數萬。

618 李岩作勸賑歌

李岩勸縣令出諭停徵，乃崇禎八年七月初四日事。又作勸賑歌，各家勸勉賑濟，歌曰：

年來蝗旱苦頻仍，嚼嚙禾苗歲不登。米價升騰增數倍，黎民處處不聊生。草根木葉權充腹，兒女呱呱相向哭。釜甑塵飛爨絶烟，數日難求一餐粥。官府徵糧縱虎差，豪家索債如狼豺。可憐殘喘存呼吸，魂魄先歸泉壤埋。骷髏遍地積如山，業重難過飢餓關。能不教人數行淚，淚灑還成點血斑。奉勸富家同賑濟，太倉一粒恩無既。枯骨重教得再生，好生一念感天地。天地無私佑善人，善人得厚福長臻。助貧救乏功勛大，德厚流光裕子孫。

619 李岩歸自成

岩初見自成，自成禮之，岩曰：「久欽帳下弘猷，岩恨謁見之晚。」自成曰：「草莽無知，自慚非德，乃承不遠千里而至，益增孤陋兢惕之衷。」岩曰：「將軍冬日在人，莫不忻然鼓舞，是以謹率衆數千，願效前驅。」自成曰：「足下龍虎鴻韜，英雄偉畧，必能與孤共圖義舉，創業開基者也。」遂相得甚歡。

620 宋獻策等歸自成

宋獻策面如猿猴，多智畧，雲遊各省，妄言禍福，謂國運將終，煽惑人民。又傳一語云：「十八孩兒兑上生，自小生來好殺人。」聞自成日强，往歸之。自成亦素聞獻策通術數，故一見如舊識，即屏左右，問攻取事。獻策云：「流人順河干，陷在十八灘。若要上雲天，起自鴈門關。將軍始爲馬上之王，王號闖者已驗其説矣。若推起自鴈門關一語，將軍起義當從此地始也。」自成大喜，稱爲宋軍師而不名。時有將二十一人來歸，呈揭云：

牛金星	河南人	唐啓原	山西人
劉宗敏	山西人	王滸清	山西人
馮　岳	河南人	張　澤	北直人
谷大成	四川人	顧永龍	河南人

李　牟　河南人　　趙　禮　四川人
苗人鳳　陝西人　　吴風典　四川人
祖有光　湖廣人　　管撫民　湖廣人
朱　浦　山東人　　李承元　北直人
孫世康　四川人　　苗之秀　山西人
陳　泯　河南人　　戈　寶　陝西人
王　年　四川人

右所列二十一人，有實者，有隱者，非皆真姓名也，博洽君子自知之。

621 賊將官銜

宋獻策開國大軍師　　牛金星天祐閣大學士
唐啟原提督四路戎馬大元帥
劉宗敏權將軍　　戈　寶正監軍
馮　岳毅將軍　　王　年左監軍
谷大成鋭將軍　　王　賈右監軍
李　岩制將軍　　柏止善果將軍

苗人鳳左先鋒　王濟清龍護將軍
祖有光右先鋒　張　澤豹署將軍
官撫民前先鋒　顧永龍颱將軍
朱　浦壓隊大將軍　吴風典迅將軍
李承元征西將軍　趙　禮右擊將軍
李　牟討北將軍　孫世康協贊將軍
陳　泯鎮東將軍　苗之秀虎賁將軍
張　霖圖南將軍

以上官銜俱自成初時所定，後入荆，復定九等。至姓氏，俱有隱誤者，予雖改正一二，猶未盡較也，當俟付梓時，悉取諸書與同志删核之耳。然野史所紀瑣事，頗多實者。辛亥四月初十日社埄王館書。

622 李岩説自成假行仁義

自成既定僞官，即命谷大成、祖有光等，率衆十萬攻取河南。李岩進曰：「欲圖大事，必先尊賢禮士，除暴恤民。今雖朝廷失政，然先世恩澤在民已久，近緣歲饑賦重，官貪吏猾，是以百姓如陷湯火，所在思亂。我等欲收民心，須托仁義，揚言『大兵到處，開門納降者，秋毫無犯。在任好官仍前任事，若酷虐人民者，即行斬首。一應錢糧，比原額止徵一半』。則百姓自樂歸矣。」自成悉從之。岩密遣黨作商賈，四出傳言「闖王仁義之師，不殺不掠」。又編口號，使小兒歌曰：「喫他娘，穿他娘，開了大門迎闖王，闖王來時不納糧。」又云：「朝求升，暮求合，近來貧漢難存活，早早開門拜闖王，管教大小都歡悅。」時比年饑旱，官府復嚴刑厚歛，一聞童謡，咸望李公子至矣。第愚民認李公子即闖王，而不知闖王乃自成也。李岩曾舉孝廉，其父某，尚書也，故人呼岩爲李公子。

623 左良玉中州之戰

當時河南歸賊甚衆，上命楊嗣昌督師。嗣昌臨行奏曰：「臣當誓死殺賊，二年之内，必有以報陛下，不煩南顧之憂。」且請增兵十萬，增餉一百八十萬。嗣昌提兵二十萬駐楚，調川兵自衛，使張獻忠乘虚入蜀，綿州、劍州等處，屠戮甚慘。嗣昌至蜀，復調豫、楚兵自隨，致李自成因間入河南，殺福王。嗣昌請加左良玉太子太保、平寇大將軍，賜蟒玉，勅協力征勦。嗣昌駐營歸德，遣良玉爲前隊，至武安縣，賊先鋒柏止善突前，良玉麾下遊擊將軍左明國禦之，戰久，忽左營砲發，柏止善驚，被鎗而走。谷大成在陣前，良玉遥謂之曰：「三百年來，朝廷德澤弘深，何負于汝而反耶？」大成曰：「貪佞滿朝，公行賄賂，民間脂髓搜括殆盡，塗炭難言，尚誇德澤乎！」遂戰，良玉佯北，大成逐之，良玉回馬，大成中刀，乃走。

624 劉熙祚死節 弔詩附

張獻忠破襄陽，殺襄王，楊嗣昌自縊。臺省劾良玉縱兵刼掠，玩寇不援，遂降二級，追奪勅命，良玉將士由是不力戰。獻忠知之，遂入漢陽、荆、黄等郡。長驅席捲，勢若破竹。惠、桂二籓遁走，獻忠追之。劉熙祚命中軍王永圖率兵護行，自欲入永州爲堅守計，被賊執，百計誘降，熙祚不屈而詈，獻大怒，遂殺熙祚于長沙府寧鄉縣文廟中。後人有詩贊曰：

昔日真卿駡禄山，至今生氣滿人寰。劉公殉節堪同調，忠烈清名振兩間。

又弔劉詩云

繡斧巡湘舊有名，忽提孤劍出方城。荆南血濺痕猶在，斗北魂升望已深。討賊朝圖黄石畧，勤王夜戰楚江程。可憐身死家猶遠，漢水潺潺盡哭聲。

時全楚悉陷。

625 長沙女子

女子不詳姓氏，年可二十，居長沙城中。賊至城下，兵吏皆逃，唯女執戈登城。城陷，賊入，女即持刀擊賊。賊曰：「衆人不守，汝一女子，何能爲？」女曰：「吾以愧天下之爲男子者！」女有色，賊欲邀之。女瞋目大駡，揮刀戮賊，遂被害。

隻身登陴，事豈有濟，女寧不知之？顧其所爲極奇。凡被賊之地，節烈婦女死者何限，而此獨以奇傳，令鬚眉者聞之，能不慚死哉！

626 李自成圍開封

自成遣權將軍路應標爲大將軍，狄應魁爲先鋒，趙禮爲右擊將軍，王襄爲左攻將軍，發兵三十萬圍開封。黄河水决，闔城盡溺。賊所至望風而潰，止固始縣總兵黄鼎設法堅守，城得全。鼎係六安州人，多膽畧，聞應標等將抵城下，先遣張胤林詐降，密通賊情，招合頗衆。

627 孫傳庭敗

癸未八月，孫傳庭督兵十萬，尅日征勦，奏云：「臣當掃清楚、豫，蕩盡鯨鯢，必不敢遺一賊以貽國家之患，以廑君父之憂。」自成聞之，遣大將軍劉宗敏、征西將軍李承元等禦之，匿其精鋭，先驅良民扮作賊兵冲陣，傳庭與戰，斬首二萬，追奔百餘里。自成又遣李牟率衆詐降，僞云賊中「畏孫爺如虎，止辦奔逃，不敢交鋒」。孫信之，直入其窟。忽賊營大砲一聲，十面伏兵盡發，王師覆没，傳庭走，賊入潼關。

628 程源疏略 防河剿寇附

先是，孫傳庭未敗之日，有新榜進士程源，見賊勢危急，恐傳庭輕戰取敗，即痛切上疏。其畧曰：「臣聞主憂臣辱，古今之通誼也。值今聖明御極，天下豈有難爲之事？顧空言則有之，而實事竟少。賊寇披猖，屢經歲月，俄而報捷，俄而失師，重煩我聖明大慮，則以本謀之未立，而見之未遠也。臣請折衷天下大勢與狡寇本情，而次第謀之。今天下大勢，以西北制東南，以東南奉西北耳。乃者寇起中州，據我腹心，圖我荆、襄諸郡，扼我上游。夫中州之隔神京，限以一河也；荆、襄之去陪京，只十五日也，而不敢即窺者，臣以爲賊之計狡也。計賊渡河，必背顧秦、蜀，窺南又不便騎射，以爲漸圖秦、蜀，則可以安意渡河也；南圖淮、揚，則陪京孤注也。此二策者安危係焉，何可不亟圖之！頃者，孫傳庭以數萬之師，搏數十萬之劇賊，孤軍深入，數以捷聞。臣嘗對所知曰：『此誘敵也。』今果以僨師報命矣！夫撫臣豈非一擔當之臣也？然而兵有犄角，有牽制，有應援，有虛實，豈可以數萬之師搏虎狼之穴哉？臣聞王翦之伐楚也，請兵六十萬人；漢高帝之困項羽也，必俟韓信三十萬師之至。蓋多寡之數，强弱分焉，彼己見焉。今寇雖非楚、項之比，而國家全勝，遠過漢、秦。然殲大寇必大舉，欲大舉則必召數十萬之師，八面齊集而攻之，以分其力。誰應援、誰聲實、誰牽制、誰批腹，着着照應，使之疲於奔命，救接不暇，然後可一鼓而殲之。蓋賊之所忌者分也，我之所恃者合也。聞楚郡僞官請兵于賊，不許，則賊之所忌可知也。今議者又曰：『賊必渡河也。』臣愚以爲賊必不遽渡河，但恐秦兵新敗，賊必乘虛而攻。使傳庭而憑關固守，俟賊頓師城下，智盡能索，師老力疲，而後議取之，猶可爲也。若以新敗之衆，開關延敵，膽恇心怯，必致奔潰。萬一寇闖關而入，三秦一失，賊得耑力渡河，天下事有不忍言者，此臣之所爲痛哭以請也。伏乞飛勑傳庭，閉關嬰城，勿事浪戰，天下幸甚！」書奏，不省。潼關果失。

防河勦寇十欵

程源見三秦失守，具防河勦寇十欵，其畧曰：「臣聞居得爲之地，盡瘁以靖亂者，大臣之事也；居不得爲之地，忘身而進言者，小臣之心也。昔漢當承平之世，書生賈誼猶痛哭流涕以請，況今天下亂形已成，民心將二矣。漕糧將乏，外解將不能至矣。□將逼關，〔一〕寇將渡河，神京孤注矣。言戰無以爲戰，言守難以爲守。臣以爲及此時一一而速圖之，猶能自立也。能自立，然後可以議恢復。此機一失，如既燼而責救火焉，則東南西北之局俱無是處矣。此臣所爲痛哭而請也。

「其一曰：今死賊之據秦而下我嚴城之速也，假仁義以誘之也。其實小民受國家三百年培養以來，以榆林之戰推之，〔二〕其心何嘗一日忘本朝也？迫于死而動于利耳！我誠欲收民心，豈在乎虛文哉？必有實政以感之。陛下誠能下尺一罪己之詔，且分別東南境土，凡被寇之地暫免正供，現在之地量免加派，則小民且曰國家多事如此，而猶我民之依依也，必感奮死守矣。況楚、豫民已剥膚，急追逋逃，未必應也。山右爲神京三輔，過督之，思走險矣。則民心當收者，一也。

「其二曰：民志定，能效死勿去，而後可以言禦寇。禦寇不可浪戰，計必防河。然而二千里之河，豈能處處而防之，非均酌道里，分屯扼要，如常山蛇勢不可。〔三〕然而太分則力單，太遠則缺多，相去寥闊，無從照管。計必沿河一帶多設烽火，如戚繼光傳砲之法可也。而接應巡邏，又當多建飛舸，大設火箭神槍于上，結水寨爲犄角焉，則往來捷疾，可以救援，可以截殺，于以擊半渡而備不虞，庶無誤也。則防河宜備水戰者，二也。

「其三曰：河防備又當謀善後。夫孤軍河上，後勁無聞，古者行師大忌也。是必設兵于太原、平陽之間，爲聲勢應接之計焉。蓋太原東控井陘，南攝沁水，接壤平陽，西北隣延塞、大同，京師之籓蔽也。而平陽之西南俱界黄河，東引澤州，北阻汾陽，又太原之門户也。誠當用宿將、練土兵、積糧芻、增樓櫓、具火攻，爲必不可動之勢，以爲河上聲援，而防河之師庶有據爾。由此而山右郡縣，城守戒嚴亦如之，則金城百二矣。故河北之守宜詳者，三也。

「其四曰：守既詳而後可以議攻。請召天下之兵，捐各省之糧以給之。蓋各省之糧，與其阻于賊而不能入，不如即以之辦賊。然而兵有奇正，固原者，抉賊之腹心者也；寧夏、甘肅者，拊賊之背者也，所當即播明綸，遣使懸賞，指授方略，冒險以固其心者也；漢中者，川、陝之襟喉，賊之後門也，所當速召兩川之精鋭，且屯且攻，以牽其後者也；東都河南者，賊之左掖也，所當勦降土寇，安集遺黎，設鎮將于汴、楚之間，俾之練土著、備扼塞、給牛種、廣屯田，以封潼關者也。夫我患無餉，彼亦豈能空腹而戰哉？惟其如是，而賊後不敢窺川，前不敢渡河，左右不能越楚、豫一步，坐數十萬烏合之衆，食于一隅，自斃之道耳。我乃用間出奇，内外夾勦，一鼓而殲之，此百不失一之算也。故能守而後能戰者，四也。」其五，以淮上設兵南近北遠，欲于濟南駐兵以防阻隔，亦爲要着，不及多載。書奏不省。

〔校記〕

〔一〕原空缺，通行本作「敵」字，按當指清兵。

〔二〕「榆林之戰」，曹氏所藏抄本作「榆林之衆」。

〔三〕「常山蛇勢」，曹氏所藏抄本作「長山蛇勢」。

629 繪圖續記

忽宮中見一少婦，遍體縞素，或當黎明，或遇昏暮，滿宮奔走，宮人逐之急，即不見，衆皆疑懼。時賊勢猖獗，大內舊有秘室，係劉誠意封識，上書云：「凡國有大變，方可開視，不得輕易洩露，以啟禍端。」上欲開封驗視，親至秘室門外，見封識重密，陰風淒慘自空中來，惡霧迷漫從地而起。掌宮太監叩首奏曰：「此乃先天秘機，恐不可輕洩。」上不允，堅欲啓視，即命小監二人揭開。上親步入，黑暗無光，妖氣冲塞鼻端，幾不能立，上與兩班內臣亦有懼意。須臾，室內微有光，視之，乃一朱紅木櫃。上命速開，小豎將金斧砍櫃，內有三軸拋出，看第一軸、第二軸，至第三軸，宛如聖容云云。內臣對曰：「未來之兆，禍福難分，非臣下所能預洩也。雖云屢見不祥，今皇爺仁愛治民，剛斷理政，從來以正勝邪，縱有微眚爲災，是亦不煩深慮。」看畢，上還宮，默然不樂。次日御朝，欽天監奏：「夜來東方有星，名曰長庚，較昔大異，光芒閃爍，有四角，有五角，中有刀劍旗幟、人馬影子，似鬬門象。且倏大倏小，倏長倏縮，倏隱倏現。」又南京科道奏：「鳳陽地震，其聲如吼，一日三震，人人惶惑。」此段前有「殿中血異」，注癸未八月事，連記此，及下詔則云甲申二月，姑載後須分入。

630 頒罪己詔

上以災異迭見，遂頒罪己詔，遍布天下，傳諭內外大小諸臣，通行各省直等衙門，俱要省刑撤樂，不許宴飲，不得迎送。裳服用布製成，專尚朴素，不加華飾。詔云：「奉天承運皇帝詔曰：朕以薄德，迭罹天災，蝗旱頻仍，生民塗炭，寇勢披猖而莫勦，人心渙散以難收，皆由朕罪日深，是致朕心日拙。茲特詔爾朝野諸臣直言無隱，盡諫無私。或禁閉邪心，或開陳善道，務使天心感格，世轉雍熙，庶得朕恪允中，臣民胥慶。爾其欽哉！」此記崇禎十七年二月。

631 召張真人建醮

上既頒詔，復遣使往江西廣信府貴溪縣龍虎山，召三天大法師正一張真人詣京，設延禧萬壽禳妖護國清醮一壇。使者至真人府，見書金字牌云：「正一天師洞府上清宮。」左右聯云：「綱維嶽瀆威權廣，叱咤雷霆號令雄。」天師即帶道籙左贊法真人、道紀右護功真人、驅雷掣電真人、移星換斗真人、飛烏走兔真人、呼風喚雨真人、祛妖除眚真人、宣祥致瑞真人、執劍仙童、握符神將、隨壇擁衛功曹使者一應人員，赴京入朝。上曰：「近來天災屢見，宮禁多妖，皆由朕之不德所致。雖躬行修省，然必賴卿冥通上帝，爲朕敷陳，庶或轉禍成祥，化災爲福。」真人曰：「吾皇引咎自責，以撫天下，如此立念，安有天心不格、殃眚不除、宮禁不寧、兆姓不和之理？臣願竭誠醮事以報聖恩。」上再三慰勞。真人出朝，至萬壽宮中，建羅天大醮。又于附近宮觀寺剎，選僧道各三百人，在壇執事，建醮四十九日。每三日，聖駕躬臨行香祈禱，真人焚疏伏壇，疏曰：「伏以承平既久，禍亂應生，雖理數之自然，亦愆尤之所致。臣等綏臨四海，叨社稷之鴻圖，撫有萬方，荷生民之重寄，殊慚薄德。招譴非輕，咎吝彌深，災殃迭見。臣特自陳六事，禱竊桑林，〔一〕敢用仰叩玄穹，仁敷黔庶，萬方有罪，罪在朕躬；一統無災，災由恩弭。右疏謹獻金闕寥陽玉清上帝。」醮畢，真人俯伏壇前，神遊帝闕。既寤，不敢宣洩，止奏云：「災異妖孽，上帝已命北極佑聖真君緘斬收逐矣。國家綿久，萬子萬孫。」真人即辭歸江右。

予少時，聞張真人過吾錫，傳宮中有妖，上召真人驅擒之耳，即此事也。真人所奏北極佑聖真君，蓋指玄武，玄武被髮仗劍者也。清祖起于東北，辮髮入中國，驅逐自成，頗似之。至萬孫之説，崇禎、弘光、永曆俱萬曆之孫也。天師不敢洩漏天機，故為隱語以奏耳。辛亥四月十一日社埲王館記。

〔校記〕

〔一〕「禱竊桑林」，曹氏所藏抄本作「禱切桑林」。

632 復方國安等原官 附

甲申二月初七，兵部一本官兵捷音事，聖旨：方國安、陳司立、王元誠准復原官。莊朝棟免戍，仍准復遊擊將軍。應元准加實授右都督，馬進忠實授遊擊，毛顯文署遊擊，郭啓貴署參將，徐茂德、桂應登各署遊擊僉書，馬士秀實授都司僉書。

此一段是當年京報附入。

633 李自成傳牌

自成傳牌各處，詭稱「仁義之師，不淫婦女，不殺無辜，不掠資財，所過秋毫無犯。但兵臨城下，不許抗違，第一銃要印官出迎，第二銃要鄉紳投服，第三銃要百姓跪接。如關閉城門，上城拒守，攻破之日，盡情屠戮，寸草不留」。百姓聞之，望風迎降。

三銃云云，已載正略，此詳記之。

634 李自成渡河

自成率兵五十萬，先于沙渦口造大舟三千號，又掠民船萬餘，以載兵馬。自沙渦渡黄河，登岸至山西太原等處。

635 李自成僞詔

詔曰：「上帝監觀，實惟求莫；下民歸往，秖切來蘇。命既靡常，情尤可見。粵惟往代，爰知得失之由；鑑往識今，每恃治忽之故。茲爾明朝，久席泰寧，浸弛綱紀。君非甚黯，孤立而煬蔽恒多；臣盡行私，比黨而公忠絕少。賂通宮府，朝端之威福日移；利擅宗紳，閭左之脂膏殆盡。肆昊天聿窮乎仁愛，致兆民爰苦于祲災。朕起布衣，目擊憔悴之形，身切痌瘝之痛，念茲普天率土，咸罹困窮；詎忍易水、燕山，未甦湯火！躬于恒冀，綏靖黔黎。猶慮爾君若臣未達帝心，未喻朕意，是以質言正告：爾能體天念祖，度德審幾，朕將加惠前人，不吝異數，如杞、如宋，享祀永延，用章爾之孝；有室有家，民人胥慶，用章爾之仁。凡茲百工，勉保乃辟，綿商孫之厚祿，賡嘉客之休聲，克殫厥猷，臣誼靡忒。唯今詔告，允布腹心。君其念哉！罔恫怨于宗公，勿阽危于臣庶；臣其慎哉！尚效忠于君父，廣貽穀于身家。謹詔。」

636 李建泰出師

甲申正月十六，李建泰出師，風沙大起。占候天文書云：「出兵遇風沙，師覆不還家。」

637 贊周遇吉詩

寧武將軍報國恩，呼兵巷戰集雲屯。雎陽力盡身遭戮，忠命還教萬古存。
殺氣彌漫寧武關，將軍號令重如山。忘身死戰神人泣，淚灑千秋信史間。

638 唐通入朝

唐通陛見，上曰：「大寇逆天不法，荼毒生靈。掃蕩奇功，賴卿早奏。」通曰：「么麽黨類，流禍難言。臣藉二祖列聖之威靈，皇上如天之覆庇，願捐軀報効，使元兇大憝速就殲夷。」上悅，慰勞有加，賜金寶綵幣，通謝恩出。

639 白廣恩移書姜瓖約降

侍生某頓首拜：國事如此，台臺稔知，無容置喙矣。但我輩久爲文臣所抑，不啻狗馬之賤，今闖王强盛，奸佞在朝，我輩雖欲樹功，决至反招奇禍。語云：「識時務者謂之俊傑。」不若共建降旗，以圖富貴。台臺諒能鑒其始終，而幡然從事矣。特此奉約，仍乞賜鴻音，以慰下懷。戎事旁午，餘不盡贅。

瓖答書同降。

640 宣府總兵朱之馮

賊將至宣府，朱之馮謂兵民曰：「朝廷三百年恩德在人，死生盡是天數。皇天厚土，〔一〕殺身難報，豈可一旦從賊，失却千秋大義！君親本無二理，汝等須看世上，詎有孝順他人，違逆自己父母者？」衆不從。

〔校記〕

〔一〕「皇天厚土」，曹氏所藏抄本作「皇天水土」。

641 居庸關唐通降

三月十一，大同陷。賊至居庸，唐通迎戰。時賊將李牟率衆四十萬，方戰，忽營中突出一虎，東西冲躍，所至披靡。唐通驚仆，被虎擒噉，賊衆四合，是虎卽以皮御下，乃賊將谷大成僞扮者。通就執，乃降。

642 宋孩兒起數

軍師宋獻策見自成云：「臣觀明朝王氣之絶，當在本月十八日丙午。是日，當有陰霧迷空，淒風苦雨，乃其應驗。十九日辰時，都城必破無疑。若不乘此機會，恐援兵四集，又須遲至六年之後也。更有讖云：『孩兒軍師孩兒兵，孩兒攻戰管教贏。只消出個孩兒陣，孩兒奪取北京城。』據此讖，吾王須用十五六歲者名童子兵攻城，方能濟事。」自成卽點强壯童子五千人，給以器械攻取。

643 杜秩亨議割地

賊遣叛監杜秩亨密奏云：「平分天下，方可息兵。」朝臣皆以爲可。上泣曰：「祖宗費却多少精神，歷盡艱難，創此山河，爲不肖子孫狃于安樂，一旦將地方割去，朕即死歸泉府，亦無面見高皇在天之靈。寧死可也，割地不可！」更深，微行至朱純臣第，乃還。

嗚呼！先帝真有志之君哉！

644 帝后自盡

聖母周皇后手内持節，繞宮巡走，哭曰：「天災已降，大禍臨頭，汝等有志者須速尋門路。」巡走兩遍，歸宮，將自盡。時上率内官四百人欲出，被砲而還，對后泣曰：「大事去矣！」揮宮女各散。至武英殿，各門密召守城官，每門付白燈籠三碗，囑曰：「寇信緩急，自一至三；宮中望此燈爲號。」蓋寇攻城則懸一燈，攻城急則懸二燈，城破則懸三燈也。守門官既出，上至乾清宮，將太子、定王付周皇親，永王付劉皇親，囑曰：「社稷傾覆，使天地祖宗震怒，實爾父之罪也。然朕亦已竭盡心力，其奈文武諸臣各爲私心，不肯後家先國，以致敗壞如此爾！今不必問其禍福，只是合理做去，朕無他慮也。」言畢，上與太子等大哭而別。上復進壽寧宮，見長公主，大哭，砍其臂。到西宮，砍死袁妃。又到坤寧宮，見后自縊。上再登皇極殿，親撞景陽鐘，鐘聲遠振，響遍京城，欲集文武百僚，寂無一人至者。乃手持三眼鎗，率數十人，至前門，見城上白燈已懸三矣。上知天命已去，不可挽回，急遣宮人逼令張太后并李娘娘速死，然後刺血親寫遺詔一封，縫于隨身衣帶内，披髮覆面，衣履不成，竟向宮後煤山自盡。

三燈不待城破即俱懸起，是内應奸計也。

645李自成入京城

三月十八，黄沙障天，旋風刮地，雷雨交作，賊礮砲發，四面連珠砲轟轟不絶。賊造雲梯高五丈，城外週圍布置，凡數百張，令孩兒兵手持短刀，如猿猴狡捷，四面登城，逢人亂砍，城兵見之俱驚潰。百姓喧傳聖駕已出，文武百官俱换小民裝扮，各奔逃。頃刻，兒童婦女啼哭震天，天氣陰霾，日光悽慘。賊兵西進得勝門，東進齊化門，牛金星、李牟兩人領兵上城，一面飛騎數千到正陽門，令城門大開，將所存火器沿城擺列。

牛金星砍死王章〔一〕。

聞賊預先埋伏京城，或賣雜貨，或酒米店，或作星卜，或設帳市藥。時宰相賣官鬻爵，故京城買官者大半是賊，賊由此内應外合，使十七載惕勵憂勤之帝主，龍馭賓天；三百年太平錦綉之江山，金甌墮地。

〔校記〕

〔一〕「牛金星砍死王章」句原缺，現據曹氏所藏抄本補入。

646劉宗敏傳諭

劉宗敏傳諭城中百姓曰：「吾來安你百姓，毋得驚惶。你們須用黃紙寫『順民』二字，粘于額上，并貼門首，卽不殺。」百姓各執香跪迎，門首寫「順民」兩字，又書「永昌元年，順天皇帝萬歲」。

647 李自成入大明門

自成乘雕鞍駿馬，自大明門擁入，望承天門射之，暗祝曰：「若能一統江山，正中『天』字中心。」箭發，中于旁，不悅。牛金星曰：「欲代大明承天，如何反射『天』也。適進大明門，何不射『大明』二字？」自成從大明門進紫禁城，劉宗敏、牛金星等俱隨入。先拿娼婦及歌童小唱各數十人，設宴。士民各戴破帽，服破衣，匿茅舍中。紬絹數件，不能易一敝垢衣。賊又至深宮大殿，開筵演戲。諸賊出入宮闈，奔突禁闥，同坐同食，嘻笑嘈雜，全無統攝。午門任馬兵東西馳騁，褻嫚狼籍。童子兵以所掠錦繡裹身，馳馬市中。

648 僞詔

因獻城甚速，姑免爾民屠戮之苦。爾民各安生理，不許關閉店業。大兵擾害者，治以軍法。

649 僞諭在京文武

吏政府大堂諭：「爲奉旨選授官職事。照得大順鼎新，恭承天眷，凡屬臣庶，應各傾心。爾前朝在京文武官員，限次早一概報名彙察，不願仕者聽其自便，願仕者照前擢用，如抗違不出者大辟處治，藏匿之家一併連坐。仰各遵新旨，共擴皇圖。赴謁宜先，趨選毋後，須至榜者。永昌元年三月廿四日示。」僞政府着長班內外尋搜，不許民間容隱。一家容隱，九家連坐。

金玉不如茅草貴，錦衣何似布衣榮！

650 贊魏宮人等投河詩

恐遭玷污喪清泉，留播芳名億萬年。烈魄豈隨流水去，從教蜃窟作波仙！

651 富户汪箕

汪箕，徽州人也，居京師，家貲數十萬。自成入城，箕自分家室不保，即奏一疏，乃下江南策，願爲先鋒，率兵前進，以效犬馬之勞。自成喜，問宋獻策云：「汪箕可遣否？」宋曰：「此人家貲數百萬，典舖數十處，婢妾頗多，今托言領兵前導，是金蟬脱殼之計也。」自成悟，發僞刑官追贓十萬，三夾，一腦箍，箕不勝刑，命家人取水，飲三碗而死。

652 象泣

一日，象房橋羣象聲如哭泣，大喊不已，淚下如注，天昏地暗，災異迭見。

653 李岩諫自成四事

賊將官紳戮辱已極，以致天愁地慘，百獸哀鳴。制將軍李岩上疏諫賊四事，其畧曰：「一、掃清六宮後，請主上退居公廠，俟工政府修葺洒掃，禮政府擇日，率百官迎請大內，次議登極大禮，選定吉期。先命禮政府定儀制，頒示羣臣演禮。一、文官追贓，除死難歸降外，宜分三等：有貪污者，發刑官嚴追，儘產入官；抗命不降者，刑官追贓既完，仍定其罪；其清廉者，免刑，聽其自輸助餉。一、各營兵馬，仍令退居城外守寨，聽候調遣出征。今主上方登大寶，願以堯舜之仁自愛其身，即以堯舜之德愛及天下。京師百姓熙熙皞皞，方成帝王之治。一切軍兵不宜借住民房，恐失民望。一、各鎮興兵復仇，邊報甚急，國不可一日無君，今擇吉已定，官民仰望登極若大旱之望雲霓。主上不必興師，但遣官招撫各鎮，許以侯封各鎮父子；仍以大國封明太子，令其奉祀宗廟，俾世世朝貢，與國同休。則一統之基可成，而干戈之亂可息矣。」自成見疏，不甚喜，即批疏後「知道了」，竟不行。

654 宋獻策奏削髮諸臣

宋獻策疏畧曰：「明朝削髮奸臣，吏政府不宜授職，此輩既不能捐軀殉難以全忠義，又不肯委身歸順以事真主，顧乃巧立權宜，徘徊歧路。忠節既虧，心跡難料，若委以政事，任以腹心，恐他日有反噬之禍。」云云。自成批云：「削髮奸臣，命法司嚴刑拷問，吏政府不得混敘授職。」

655 宋獻策與李岩議明朝取士之弊

獻策既奏疏，出朝，遇李岩，散步偕行，適見二僧設兩案，供養崇禎靈位，從旁誦經禮懺。降臣繡衣乘馬，呵道而過，竟無慘戚意。岩曰：「何以紗帽反不如和尚？」獻策曰：「此等紗帽原是陋品，非和尚之品能超于若輩也。」岩曰：「明朝選士，由鄉試而會試，由會試而廷試，然後觀政候選，可謂嚴核之至矣，何以國家有事，報効之人不能多見也？」獻策曰：「明朝國政，誤在重制科，循資格，是以國破君亡，鮮見忠義。滿朝公卿，誰不享朝廷高爵厚禄？一旦君父有難，各思自保。其新進者蓋曰：『我功名實非容易，二十年燈窗辛苦，纔博得一紗帽上頭，一事未成，烏有即死之理！』此制科之不得人也。其舊任老成又云：『我官居極品亦非容易，二十年仕途小心，始得至此地位，大臣非止一人，我即獨死無益。』此資格之不得人也。二者皆謂功名是己所致，所以全無感戴朝廷之意，無怪其棄舊事新而漫不相關也。可見如此用人，原不顯朝廷待士之恩，乃欲責其報効，不亦愚哉！其間更有權勢之家狥情面而進者，養成驕慢，一味貪癡，不知孝弟，焉能忠義？又有富豪之族從夤緣而進者，既費資財，思權子母，未習文章，焉知忠義？此邇來取士之大弊也。當事者若能矯其弊而反其政，則朝無倖位，而野無遺賢矣。」岩曰：「適見僧人敬禮舊主，足見其良心不泯。然則釋教亦所當崇歟？」獻策曰：「釋氏本西竺之裔，異端之教，邪說誣民，充塞仁義，不惟愚夫俗子惑于其術，乃至學士大夫亦皆尊其教而趨習之。偶有憤極，則甘披剃而避是非；忽值患難，則入空門而忘君父。叢林寶剎之區，悉爲藏奸納叛之藪。君不得而臣，父不得而子，以布衣而抗王侯，以異端而淆正教，惰慢之風，莫此爲甚！若云誦經有益，則兵臨城下之時，何不誦經退敵？禮懺有功，則君死社稷之日，何不禮懺延年？此釋教之荒謬無稽，而徒費百姓之脂膏以奉之也。所當人其人而火其書，驅天下之遊惰以惜天下之財費，則國用自足，而野無遊民矣。」岩曰：「軍師議論極正，但願主公信從其說，痛洗積習之陋，誠天下國家之幸也。」語畢，各歸營。

656 牛金星遇異僧

牛金星將入朝議登極事，行至長安門外，見一僧，服衲衣，攔街大呼曰：「小僧有緊急事情要告明！」金星問曰：「和尚有何緊事？」僧曰：「崇禎爺是個好皇帝，只爲李家大兵來，就逼他縊死，既奪了明朝江山，又不見太子下落，特來禀問丞相。」金星大怒，左右欲殺之，僧呵呵大笑曰：「和尚只一個頭，砍了值甚麽！汝輩幾萬頭，卻如何？」金星曰：「此癲僧也，勿殺，命之速去。」僧行數武，化陣清風，不知踪跡。

657 自成僞檄

自成陷京師，一面遣人招吴三桂，一面行文招左良玉并高杰、劉澤清等諸將。僞檄云云，具在吴三桂請兵内。

658 自成詐稱符命

宮中忽搜出滲金銅爐及漆盒各一，上刻「永昌元年三月之吉」，人人驚駭。忽果將軍入朝報云：「四夷館有西域番僧十餘人，言語侏㒧，具表文一道，譯出是西天竺國王彌離哆斯滿來賓，聞中國有新天子登位，差來入賀者。」

659 自成改衣服印契

凡文官俱受大將軍節制，一品，冠上插雉尾一，公服用棋盤方領補子，服色文武一樣。改换印章，三品以上爲符，四品以下爲契。

660 公主夢帝后 附記

何新救公主入周奎家，公主思念父皇母后，時時欲絶飲食，左右苦勸勉延。一日假寐，忽見先帝后與王承恩至，曰：「我已訴于上帝，逆賊惡貫滿盈，不久自當消滅，但刼數尚未盡，勾銷亦只在一年餘矣。」語畢，見先帝披髮仗劍，逐殺闖賊，連聲砲响，公主驚覺，以告周奎云。

附記

野史云：「崇禎帝、后，原是牽牛、織女星，又名參、商二星，玉帝以其思凡，降生王宮，尊爲人主。賓天之後，仍至清虚宮掌牛、女之事。李自成等乃月孛、羅、計諸星，本來好殺，故亂天下。」

予謂帝后如此英烈，先世當從賢聖之君，任姒之母轉生，豈止牛、女云乎哉！此齊諸志怪之談，君子所不道也。辛亥四月十二，社埣王館用賓氏記。

661 李自成死羅公山

自成四月三十日西奔，焚五鳳樓，九門放火，火光燭天，號哭之聲聞數十里。聞唐通爲馮有威殺。五月初二，三桂兵追至定州清水河下岸，斬賊將谷大成，左光先墮馬折足，自成屢北。五月五日，率諸將直逼吴營大戰，自辰至酉，互有殺傷。忽狂風起，賊陣旗幟悉仆，自成中箭落馬，還營。自此，且戰且走，三桂亦不急追。牛金星見勢漸失，有他志，忌李岩、李牟得軍民心，欲去之。會報河南歸德府同知陳奇、商丘令賈士俊、定陵令許承蔭、鹿邑令孫澄、考城令范雋、柘城令郭經邦及尚國俊七人，俱被兵部尚書丁啟睿命參將丁啟光擒縛往南京。李岩請率兵恢復，自成許之。金星曰：「李岩此去必不返，叛形已露，不如誅之。」自成信其言，令金星設酒，誘而殺之。宋獻策素善李岩，遂往見劉宗敏，以辭激之。宗敏怒曰：「彼無一箭功，敢擅殺兩大將，須誅之！」由是自成將相離心，獻策他往，宗敏率衆赴河南。自成與李過及驍將數人，率兵十餘萬，自河南至湖廣，欲合張獻忠。渡江抵辰州，知獻忠已入川，遂駐黔陽二十里外。弘光元年正月下旬也。居二十日，百姓苦之。自成聞何騰蛟兵將至，入山閲視要害，見羅公山險峻而廣大，遂分結三大營于其下，爲久駐黔陽之計。但兵餉無兩月支，命劉宗堯等率兵二千渡江，往豫、楚界郡縣刼糧；命辛思忠、楊彥率兵二千，于湖廣沿江府縣刼糧。一夕，自成方寢，大呼曰：「殺，殺，殺！我不懼汝！」竇氏驚問，自成曰：「適夢坐北京殿上，忽見崇禎皇帝與范景文、倪元璐、汪偉、吳襄、周遇吉等數十人，欲執予，予相拒而醒。」〔一〕竇氏曰：「勿異也，疑心生暗鬼耳！」自成甫睡，復夢如前，見文武叱聲如雷，乃寤。次日得疾，李過日進候，由是與竇氏通。自成病益篤，夜半連呼云：「皇帝幸釋我！」遂死。李過以帝禮葬之。

自成死羅公山，清朝有賀表，謂病故也。此實録。

〔校記〕

〔一〕「予相拒而醒」，「拒」原作「振」，現據曹氏所藏抄本改。

662李過降何騰蛟

李自成既死，其侄李過與賀錦、牛佺、任繼宗、劉體仁等共議，諸將俱勸降何騰蛟，李過遂率衆歸之。

一云：李錦號一隻虎，自成侄也。自成死，錦奉自成妻高氏渡洞庭，踞山寨。隆武遣馬吉翔招之，賜錦名赤心；高氏爲忠義夫人。隆武既没，堵胤錫以永曆閣部撫湖南，赤心就招稱臣。然桀鶩甚，在營稱氏爲太后，具疏稱自成爲先帝，朝議隱忍聽之。何騰蛟以閣部督師，輕騎詣赤心營，會師取長沙，封赤心興國侯。

李過雖降，不過名焉而已。世界至此不成世界，朝廷至此不成朝廷，君子讀之，能無三歎耶！康熙十年四月十三日，用賓氏書于社垟之王館。

663 乾清宮碑記

木猴年，青龍月，紅日忽沉明月缺。白頭主人棲雉鷄，赤頭衆子皆流血。一小又一了，眼上一刀丁戊擾。平明騎馬入宮門，散作皇極京城鬧。白虎啣刀斫李花，蓋天一木宮槎枒。牛宿斗宿稱宰輔，君恩不顧徒傷嗟。幸得三張天大口，李花未白不常久。金臺忽死金陵生，東南福至中原立。南明至巳午火微，未申奠定連江西。黄花玉蕊丹桂發，西風吹墜落黄籬。戌邊自然滅，亥子恢京吴騎飛。丑寅連戰三十載，還復寅方建義旗。邯上樓船動當震，青龍天下靖。一朝得，一朝失，東西南北兩邊立。刼戰百官上長安，可憐難渡雁門關。摘盡李花殺盡吴，天青地白歸京都。老人起吴越，耳邊但知十一伯。教他老人頭似雪，汴梁城中建京闕。到此天下方太平，周朝八百人重説，木猴年，青龍月。此碑出，天下裂。

或告予曰：此碑乃永樂時姚廣孝所作，而埋于南京乾清宮者。至甲申三月始出，乃知數之前定也。

664 劉伯温碑記

太祖龍飛十八春，一統山河屬大明。自古乾坤無定主，三百年來有變更。年逢羊馬遼西苦，歲遇鷄猴遍地腥。羴狗拿丙宇山壞，賦稅加增八牛崩。木虎出山如未定，六合同春賀太平。戊午立碑戊午亂，六月藏碑六月沖。先天氣數留爲驗，基敢無知亂刻銘？

665 總論流寇亂天下

自寇之起于崇禎之三四年也，不過飢寒之民嘯聚山谷，所謂「寇」也。比五六七年間，放刼千里，出没無方，此則所謂「流寇」也。迨至十一二年後則不然矣，非復草賊行徑矣。又十四五年後則不然矣，非復竊據行徑矣。夫當其作難之始，爲勦爲撫固亦易耳，奈當事者寡識，竟無成策，可慨也！何者？寇之起自陝之隴右，而是時山以東，亦有登州之亂，耿、孔二人得氣而去，東主推誠任之，竟爲名將，發蹤南來，二人力焉。我復履畝加征，罔顧靡遺，因而賊旗所指，響應滋多。然彼〔一〕時握兵者尚猶中智以上，非無戰勝之威也。乃卿大夫局外易言，刻期責效，終未有成功。迨至話言有問，任用勿專，刼代毅、括代頗，始之以貪鄙之熊文燦，肆虐生靈；繼之以用罔之楊嗣昌，詿誤軍事，于是中原陸沈矣。元惡既憝，盈庭狼顧，陳睿謨龍鍾也，宋一鶴乳臭也，格例緣夤，草草推用，節制無術，將不知兵，兵不能兵。非惟是也，兵之厲民更甚于賊，而楚事乃復大裂矣！是故民怨天怒，饑疫頻仍，同類相食，人死如亂麻。于是李自成起而乘之，據中原，吞江漢，襲三秦，凌晉跨蜀，則民心使然也。夫斂重而民窮，民窮而盜起，此自古皆然，豈待智者而後知哉！明朝制度詳嚴，外戚不司權，宦官不與政，大臣無專制，籓鎮無繼世，夷狄不内處，漢、唐以來之所以致亡者，本朝皆無焉。内重而外輕，君尊而臣卑，法相繩，權相制，雖有奸臣不能作大逆，雖有豪傑不能建奇功。然而取民之制甚煩，養民之制甚畧。愚聞先臣馮琦之言曰：「本朝之患，不在外戚，不在宦官，不在大臣，不在籓鎮、夷狄。他日所爲國家憂，惟在宫府之隔，閭閻之匱耳！」憶丙子歲，予道淮上，見一父老談流寇事云：「此寇不速除，且與國家相終始。」既而歸里，從士大夫飲，聞邸報寇警，士大夫皆言：「草賊也，不足爲大憂。」有書生應言曰：「更歷數年，將無大梟雄乘亂而起者乎？」夫閭閻之匱也，寇盜之患也，五十年之前有名臣馮琦知之，而今人反不知也；十年之前有淮上父老知之，里巷書生知之，而當塗之卿大夫反不知也。噫！今世公卿大夫豈盡鈍根乎？蓋亦留情富貴，未嘗以國家爲念耳。迨至大厦突傾，而燕雀亦遂失其巢也，豈不傷哉！雖然，庸奸之列朝廷也，貪污之遍郡邑也，懦將悍兵之耗餉于營幕，而殘賊猾寇之蹂躪夫海内也，俱天之所以開大清也。嗚呼！天之所廢，天之所興，人孰得而止之？夫亦可存而不論，論而不議也已！四月十六日書。

〔校記〕

〔一〕「何者？寇之起」至「響應滋多。然彼」，原缺，現據曹氏所藏抄本補入。

666 論明季致亂之由

明之所以失天下者，其故有四，而君之失德不與焉。一曰外有强敵。自遼左失陷以來，邊事日急矣。邊事急，不得不增戍。戍增則餉多，而加派之事起，民由是乎貧矣。且頻年動衆，而兵之逃潰者俱嘯聚于山林，此亂之所由始也。二曰内有大寇。使東師日迫而無西顧之憂，猶可以全力稍支勁敵，而無如張、李之徒又起于秦、豫矣。斯時欲以内地戍兵禦賊，則畏懦不能戰；欲使邊兵討賊，則關鎮要衝又未可遽撤。所以左支右吾，而劇賊益横而不可制。三曰天災流行。假流寇擾攘之際，百姓無饑饉之虞，猶或貪生畏死，固守城池，賊勢稍孤耳。奈秦、豫屢歲大饑，齊、楚比年蝗旱，則窮民無生計，止有從賊刼掠，冀緩須臾死已矣。故賊之所至，争先啓門，揖之以入，雖守令亦不能禁；而賊徒益盛，賊勢益張，大亂由是成矣。四曰將相無人。當此天人交困之日，必相如李泌、李綱，將如汾陽、武穆，或可救亂于萬一。而當時又何如也？始以温體仁之忌功而爲首輔，繼以楊嗣昌之庸懦而爲總制，終以張縉彦之無謀而爲本兵，可謂相有人乎？至如所用諸將，不過如唐通、姜瓖、劉澤清、白廣恩之輩，皆愛生惡死，望風逃降者。將相如此，何以禦外侮、除内賊耶？夫是四者，有其一亦足以亂天下，况並見于一時，有不土崩瓦解者乎？試譬之一家，强鄰鬨于門庭，竊盗攘于堂奥，爲有司者復敲肌撲骨以婪其財，而左右僕御莫不抱頭鼠竄而去，則孑孑一主，欲不斃得歟？更喻之人身有疾，東師者腰背之患也，張、李者腹心之患也，水旱螽蝝者傷寒失熱之患也，一身而有三患，勢已難支，更令庸醫調治之，其亡可立而待耳！明季之世，何以異此？然則必何如而後可？曰：止有和、守、戰三策而已。憶自錦州之役，良將勁兵喪殁殆盡，遂致强敵有輕中國心，而邊警日至。使當日以洪承疇爲總制，吴三桂爲總戎，嚴兵固守，勿與之戰，且甘言厚幣以和之，則十餘萬之師，固可保障東方。是則策遼事者，不宜戰而宜和。若乃自成者，賊寇之雄也，勅孫傳庭以重兵踞潼關，勿事浪戰，〔一〕而命盧象昇、周遇吉時出鋭師策應之，則高傑、白廣恩等必不覆潰，而西安固矣。西安固，則自成必不能越晉而入燕。是則爲秦事計者，當以守爲正，而戰爲輔。至于獻忠，一凶殘之賊耳，其勢不逮自成遠甚，則又當以戰爲正，而守爲輔矣。苟令史可法、左良玉、曹文詔、黄得功等，會浙、直兵四面攻之，則可以敗滅。獻忠既破，則良玉二十萬之衆，可與傳庭十六萬之師相爲犄角，内外拒戰，而自成可圖矣。張、李既平，則强鄰雖或深入，亦未必遽至危亡。奈當事者戰守無策，任用乖方，使洪、盧陷于東鄙，傳庭覆于潼關，良玉潰于朱仙，遇吉死于寧武，敵寇交侵，兵民胥叛，釀成大禍而不可救，悲夫！愚觀趙宋之南渡也，兀朮大舉入寇；楊太據洞庭，與劉豫通，欲順流東下；李成又陷襄陽六郡，將自江西陸行趨浙，與太會，是時天下之勢亟矣！設他人當此，必有甲申之禍。幸有武穆者爲制置使以備之，奏「襄陽爲恢復中原根本，當先取六郡以除腹心之疾，然後加兵湖湘，以殄羣盜」。此識先後着者也。未幾，襄陽復，洞庭平，而金兵亦不能爲大患，得以偏安江左者百有五十載，所謂元氣既固，而外疾亦漸除也。惜明季諸人見不及此。此予故作是篇，以悉其致亂之由焉。

康熙十年辛亥四月十五日，予編北畧初成，併書此論以附識之。社埣王館用賓氏草。

〔校記〕

〔一〕「勿事浪戰」句原缺，現據曹氏所藏抄本補入。

667 寄哀時事詩六首

聖主賓天

丕纘鴻圖十七年，堯競舜業勉承乾。戴星勵治開宸幄，愛日勤修御講筵。禮下恩覃宮廪粟，籌邊費竭水衡錢。臨危猶不忘蒼赤，四海何辜隕二天！

聖后死節

坤符毓秀德呈祥，詩誦關雎窈窕章。雅慕聞雞勤脱珥，何慚卜鳳佐垂裳。周家任姒風媲美，虞室英皇躅比芳。璧碎珠沈椒寢寂，悲歌千載淚成行。

祖陵被毁

天闕玄宫累百秋，忽驚兵燹及松楸。祥光昔遶蛟龍卧，殺運今餘鹿豕遊。楚炬秦灰同刼火，唐陵漢寢等荒丘。祠官俎豆何年設？怨氣如虹貫斗牛。

儲君被擄

神京失守煽妖氛，芒掩前星玉石焚。比翼鴛雛驚鎩羽，多情雁序悵離羣。投荒夢斷青宮月，戀闕魂迷紫塞雲。率土只今思敵愾，請纓誰是舊終軍？

宮闕蒙塵

崔巍閶闔倚雲開，屬國琪球次第來。一旦都城騰赤燄，千秋堂陛隔黃埃。銅駝路廢餘荆棘，金馬門空半草萊。回首長安何處是？夕陽古道不勝哀！

簪封失守

蠢爾蚩尤觸不周，天潢傾倒失源流。桐封帶礪空詒燕，花縣衣冠盡沐猴。賜履半成樵牧地，垂衣虛拱帝王州。誰能仗劍殲彝□，〔一〕重見春秋大復讎！

〔校記〕

〔一〕空缺處疑爲「敵」或「狄」字。

明季北略卷之二十四

五朝大事總論 神宗 光宗 熹宗 思宗 弘光

668 國運盛衰

神廟冲齡踐祚，睿哲夙成，慈聖内訓甚肅。輔臣張居正擅而才，以法制天下，朝令夕行。尤留心邊事，初與高拱合策撫俺答，宣、大以西稱寧土矣。用大帥戚繼光爲薊鎮，譚綸爲督撫，一切用舍興建，唯繼光言是從。繼光建城堡、墩臺，相度皆精絶，烽火精明，又素調練浙兵雜邊兵，車馬步亦雜用，虜聞而畏之，不敢窺邊者三十餘年。用大帥李成梁于遼左，敢戰深入，殺虜過當。當是時，九邊晏如，羣吏畏法，庶幾黄龍、地節間。居正驕而悍，好自尊大，又以巍第私其子，身没怨叢，卒禍其家。繼輔政者多避怨，鮮任事。上既壯，益明習庶事，不復委柄於下。操切之後，繼以寬大，人皆樂之。府庫充實，賦歛不苛。士大夫以氣節相矜詡，雖無姚、宋之輔，亦無愧開元間也。自貴妃寵盛，上漸倦勤，御朝日希。迨「國本」論起，而朋黨以分，朝堂水火矣。争國本者，章滿公車，上益厭惡之，斥逐相繼，持論者益堅。上以爲威攝之，不若冥置之，批答日寡，後遂絶不視朝，章疏十九留中矣。郊祀不躬，經筵久輟。推陞者不下，被糾者不處。上之一切鄙夷也，以大臣無足仗也，所用益寡，一人操數柄，益得以持權矣。以言路無可採也」，置之。然章一上，不待旨處分，而被糾者卽去，臺省益恣行矣。庸相方從哲獨居政府，若喜其無能也而安之。然輔臣不能持政，而臺省持之，于是亓詩教、批云：亓，卽其字。趙興邦、官應震、吴亮嗣等，稱「當關虎豹」，放廢天下賢才殆盡。凡中外之得選爲臺省，皆閣不下；舊臺省益復以籠致後進，必入其黨。當時所喧持者，惟禁道學一事，而邊防吏治，俱置不理。賄賂日張，風俗大壞，遼東之難一發，而將驚兵驕，無可支吾。賦加民貧，流寇乘之，土崩瓦解。禍發于天啟、崇禎之代，而所從來久矣。至羣臣背公營私，日甚一日。虜寇之患愈迫，朋黨之攻愈苛，雖持論各有短長，大抵世所謂小人者，皆真小人；而所謂君子者，則未必真君子也。民益貧而吏益寡，風俗日壞，將士不知殺敵，惟知害民；文官不知職業，惟習夤緣。雖以烈皇帝之憂勤，而不能挽回萬一。嗚呼！一日二日萬幾，而可以高卧治乎？高皇帝一日兩視朝，未明而興，夜分而寐，非好勞也；文之日昃不食，良不容已。舜稱無爲，特言其致治云爾，豈以不事事爲無爲哉！乃謂萬曆以寬弛得承平，崇禎以操切致禍亂，抑何悖也！

669 門户大略

自三代而下，代有朋黨：漢之黨人，皆君子也；唐之黨人，小人爲多，然多能者；宋之黨人，君子爲多。然朋黨之論一起，必與國運相終始，迄于敗亡者，以聰明正直之士，世道攸賴，必以黨目之，于是精神智術俱用之相傾軋，而國事坐誤不暇顧也。且指人爲黨者，亦必有黨，此黨衰，彼黨盛，後出者愈不如前，禍延宗社，固其所也。國朝自萬曆以前未有黨名，及四明沈一貫爲相，以才自許，不爲人下，而一時賢者如顧憲成、孫丕揚、鄒元標、趙南星之流，蹇諤自負，與政府每相持。附一貫者多言路，而憲成講學于東林，名流咸樂趨之，此東林之黨所由始也。「國本」論起，一時名流俱以倫序有定，早建爲請，此亦一定之理，言者無可居功，聽者亦無可指爲罪也。而上以爲有意擁立，乃冀他年富貴，故不樂羣臣上請；然卽不請，上亦不行也。使旋請旋得，不獨上無骨肉之猜，并下無氣節之目矣。乃初請不許，再請嚴黜，後遂廷杖累累，務仇賢者而痛懲之；卽上慈愛無他意，而欲靜議論，議論愈煩。于時政府諸臣，惟山陰王家屏、歸德沈鯉與言者合力請，不允，卽忤旨放歸。餘自一貫以及申時行、王錫爵輩，皆以調護爲名，未嘗不婉轉力請于上，而心亦以言者爲多事。上以爲激聒，政府亦以激聒目之，此亦未必有他，亦惟欲上憐其意而不之疑，或幸從其請耳。然請者逆耳，調停者言甘，遂目言者爲黨人矣。時行性寬平，所黜必旋加拔用。而一貫頗持權求勝，受黜者身去而名益高。東林君子之名滿天下，尊其言爲清論，雖朝端亦每以其是非爲低昂。交日益多，而求進者愈雜，始而領袖者皆君子也，繼而好名者、躁進者咸附之，于是淮撫之論起矣。淮撫爲李三才，家居三輔，年少早貴，所至有赫赫聲，但負才而守不潔。及爲淮撫，垂涎大拜，多結游客，日譽于憲成左右，憲成因而悅之，亦爲游揚。糾三才者，卽以爲東林玷；三才挾縱横之術，與言者爲難，公論益詘之，而東林亦受累不小。未幾，妖書之獄起，而清流有累卵之危；挺擊之案起，而兩黨益相水火。妖書者，所謂續憂危竑議也，不知出自誰手，大抵言奪長之事雖難，然當世豪傑如沈四明、某某輩輔成之，言若出于清流之口，將以傾四明輩者，或云此奸人造爲之，以陷郭正域者。郭時有清流領袖之目，政府所最忌也。時上震怒甚，羅織甚嚴，搜正域寓，併偵其左右，危迫之至，卒無迹，遂歸獄于噉生光，而終不得其實也。梃擊者，張差持梃以闖青宮，據稱欲訴二璫于上。璫乃鄭貴妃所遺建野寺者。巡視御史劉廷元報疏云：「觀其狀一似風癲，窺其情大爲叵測。」于是劉光復輩皆主風癲之說，而刑部主事王之寀入獄中鈎得其言，以爲主使出自鄭戚，舉朝喧然，以爲國戚殆有專諸之意。貴妃亦危懼，訴于上，上命自白之東宮。貴妃見東宮，辯之甚力，東宮遂奏懇上出見羣臣，爲之昭白。上與東宮俱諄諄剖明之，遂以二璫及張差成獄，餘置不問。光復倡言上甚慈愛，太子甚忠孝，其言固將順也，而聲甚壯，且越班以言，上未曉其云何，即逮下獄。當張差事起，中外不能無疑，因事發于貴妃之璫，而又直闖東宮，若巧合之。之寀疏稱差言甚鑿鑿，或差恨二璫已甚，故以主使梃擊誣之，亦不可知。而廷元輩恨之寀特甚，之寀素守亦不潔，廷元與韓浚輩遂于計典重處之。然操論與之寀合，如竇子偁、陸文瀛皆至情，而亦爲所黜逐，此則其曲在後輩也。蓋東宮侍衛蕭條，至外人闌入，漸不可長，諸臣危言之，使東宮免意外之虞，國戚懷惕若之慮，亦斷斷不可少。顧事連宮禁，勢難結案，則田叔燒梁獄詞，亦調停不得已之術也。二説者亦互相濟，乃必斥逐執法者而後已，是何心歟？若主使梃擊，原未必然。卽令國戚懷凶謀，顧不用鴆，而用梃；不用中官，而使外人，皆情之所無。第不妨虛平言之，至其怒執法吏，而必加一網，反啓後世之疑，此則誰之咎也？當是時，兩黨業不並立，辛亥之京察，孫丕揚主之，曹于汴、湯兆京佐之，而所處湯賓尹、王紹徽輩，則攻東林者也。紹徽有清望，而賓尹負才名，故秦聚奎直糾其不平。有丁巳之京察，鄭繼之主之，徐紹吉、韓浚佐之，而所處皆東林也。世之所謂清流者，一網盡矣！是時葉向高去，而方從哲獨相，庸庸無所主持。上于奏疏俱留中，無所處分。惟言路一糾，則其人自罷去，不待旨也。臺省之勢，積重不返，有齊、楚、浙三方鼎峙之名：齊爲亓詩教、韓浚、周某輩；〔一〕楚爲官應震、吴亮嗣；浙爲劉廷元、姚宗文輩，其勢張甚，湯賓尹輩陰爲之主。于是有宣黨、崑黨種種別名。宣謂賓尹，崑謂顧天峻也。天峻高亢自得，而賓尹淫污無行。庚戌之榜，如韓敬、錢謙益、王象春、鄒之麟，皆負才名，急富貴而相妬軋。之麟附亓、韓求銓部不得，遂反攻之。于是之麟、謙益皆爲時貴所抑；〔二〕禮部主事夏嘉遇，初亦爲時貴所推重，因與之麟交，亦被抑。而遼東四路失事之報至，趙興邦時爲兵垣，仍入禮闈，之麟、嘉遇遂糾之，并及詩教。言路合疏糾嘉遇，興邦遽陞京卿，其勢益張，而公論益憤矣。御史詹世濟助夏攻趙，而亓、趙之焰漸衰。神祖殂落，光廟首召葉向高，而閣臣劉一燝、冢臣周嘉謨，俱以召用名流爲首務。自鄒元標、趙南星、曹于汴之屬，皆爲銓憲大臣。即附麗東林，亦無不由田間爲顯官。齊、楚、浙前此用事之人，俱放黜，一時以爲元祐之隆。然附麗之徒惟營躁進，京卿添註累累，已不滿人意。而南星爲冢宰時，高攀龍、楊漣、左光斗皆爲憲臣，魏大中爲吏垣長，鄒維連、夏嘉遇、程國祥俱爲吏部司官，咸清激，摻論不無小苛，人益側目。大璫魏忠賢陰持國柄，初亦雅意諸賢，而諸賢以其傾仄，彌恨惡之，周宗建、侯震暘等相繼糾彈，并及客氏。客氏者，熹廟之乳母，而與忠賢私爲夫婦者也。上于庶務皆委不問，宮中惟忠賢、客氏爲政。向高故欲調停，而諸賢必欲斥逐爲快。楊漣二十四大罪之疏上，遂爲不共之仇。向高亟去，而事大變矣。初廷杖工部主事萬燝以威怵廷臣；後遂因嘉遇、大中與御史陳九疇相詰，遽行斥降；旋盡斥諸賢，且起大獄，竟成清流之禍，國祚幾危。雖奸邪崔呈秀輩陰導之，諸賢不可謂無咎也。議論高而事功寡，名位軋而猜忌起，異己者雖清必驅，附己者雖穢必納。卽領袖之賢諤諤可重，而妬之者衆矣。忠賢一得志，盡用奸邪崔呈秀輩，舉國如狂，銀鐺四出，如楊漣、左光斗、魏大中、周順昌、周宗建、李應昇輩，皆下詔獄，備受毒刑以死，天下痛之。而稱忠賢功德請爲祠祀者，滿天下。凡羣臣上疏，必以上與厰臣並稱，一門封公侯者三人，其勢比劉瑾輩且十倍，天下重足而立。斯時憂國者駸駸有易祚之勢，特以呈秀輩雖凶惡，實庸陋無足數，熹廟賓天，忠賢呼呈秀語移時，竟不能有所圖。而烈皇帝一登極，神明自操，忠賢之黨内外林立，不覺其自屈。部臣錢元慤、陸澄源，貢士錢嘉徵，先後糾忠賢，忠賢、呈秀皆自縊死，其黨皆放廢；凡忠賢所逐，無不召用。上復定逆黨之案，勵精求治，數數召對，每發言，羣臣皆不能及，天下欣欣望太平。

昔東林諸臣，爲魏瑺所羅織甚慘，其尚存者，人無不以名賢推之；爲忠賢收用者，自屬下流無可取，僉謂君子小人之分界，至此大明。諸賢之死而生，皆上恩也，宜同心憂國以報上。然急功名，多議論，惡逆耳，收附會，其習如前。上久而厭之，心疑其偏黨。及枚卜事起，而錢謙益與周延儒才名相軋，謙益必欲抑延儒使不得上。温體仁乘其隙，疏糾謙益科場舊事，上爲震怒，面加詰問。吏垣章允儒憤争甚力，上逮而黜之，謙益亦黜歸，黨禍再起。而諸臣仍泄泄，不思圖實績以回上意，惟疏攻温、周無虛日。攻愈力而上愈疑，虜入薊鎮，逼都城，上視諸臣無一足恃者。史𡎺、袁弘勳之屬，糾閣臣韓爌、錢龍錫，罷之。龍錫旋以袁崇焕事逮下獄，延儒遂爲首輔，體仁亦相繼入政府，而門户之名爲上所深惡。上神聖，知兩黨各以私意相攻，不欲偏聽，故政府大僚俱用攻東林者，而言路則東林爲多。時又有復社之名，與東林繼起，而其徒彌盛，文彩足以變一時，雖朝論亦苛及之，不能止也。周、温以權相軋，旋又自相貳，周罷去而温秉國政，又引薛國觀繼其後。大抵周明敏而貪，温潔清而險，薛才不如兩公，而傲與褊同之。虜寇之患日迫，而終無能建一策。温去而薛遂敗，以貪賜自盡。且其事發于東廠，僉云部臣吴昌時實發其機，要亦薛之褊狹，上自心厭之，非下所爲也。未幾，再召延儒與張至發、賀逢聖等，至發辭不出，逢聖不久以病歸。延儒乘上悔，赦逋宥罪，罷斥諸臣多收用之，救詞臣黄道周之獄，一時有賢名。蓋延儒罷相時，其門人張溥、馬世奇時以公論感動之，昌時與深相結，延儒遂納其言，故其所舉措，盡反前事，向之所排，更援而進之。然性素貪，又見羣論相推，益自恣，納賄益廣，上亦虚己聽之。溥既殁，世奇欲遠權勢，不入都，延儒之左右皆小人，所趨日下。若虜圍香山，寇圍開封，竟不能設策救援。虜闌入邊，自燕及淮，縱横二千餘里，無一禦者。延儒偵虜將歸，請出視師，上以裴度目之，然意已移矣。及在軍中，未嘗鼓勵一戰，惟與幕客私人納賄縱酒。喧傳虜輸銀于延儒，買歸路以出，此其説亦虚妄。然上以此懷怒彌甚，亟放之歸，昌時亦置之死。仍提延儒至都，勒自盡，如所以待國觀者。延儒雖寛厚，再出所行多善政，及死而人莫之憐，以太攬權及婪賄也。其時名流尚多在列，要皆負虚聲，無濟國事，寇一入都，烈皇帝以身殉國，而羣臣從死者寥寥，以是益爲世詬厲。然如范景文、李邦華、倪元璐、劉理順、馬世奇、成德輩，烈烈就死，日月争光，雖仇口不能不推重也。至南都再建，國事累卵，宜盡捐異同，專心憂國，尚恐難支，而相仇益甚。當擁立之始，鳳督馬士英移書商之樞臣史可法，有擇賢語，可法意士英有所謂也，遽與姜曰廣、吕大器輩移文士英，言今上失德事。而錢謙益雖家居，往來江上，亦意在潞藩，若以福邸向有三案舊事，與東林不利也。士英得移文，卽與大帥黄得功、高傑輩持爲口實，力主今上。其所操倫序之説自當，但與初時移書意不相合，可法輩實爲其所賣。上既立，可法爲首輔，亟召天下名流以收人心，而士英一入，可法即出爲督師。士英有阮大鋮之薦，舉朝力争之，卒以中旨起爲少司馬。大鋮一入，即翻逆案，處諸清流。憲臣劉宗周以疏争，士英、大鋮内用璫，外用籓帥，并收勳臣以助，其意蓋欲逐宗周輩，而内璫、勳舊從此遂不可知，〔三〕賄賂大行，凡察處者、重糾敗官者、贓跡狼藉者，皆還原官，或數加超擢。時以擁立懷異心，并三案舊事激上怒。上實寬仁，不欲起大獄，故清流不至駢首。平心言之，三案原各有曲直。但當光、熹以至烈皇帝，未嘗稍以前事有嫌于福邸；諸臣亦未嘗以奪長之謀，必欲鋤異論者以存法也。今上既立，似當置舊事不問。即上啓其機，羣臣亦宜力解。而一時柄臣務以離間骨肉，危動皇祖母，中諸名流以非常之法。如楊維垣、袁弘勳、張孫振者，狠心毒手，謀起大獄。又擁立操異論者，不過數人，而柄臣欲自侈其功，凡糾人必欲從此誣入之，如妖僧等事，幾起大獄，卒致左帥因衆憤，有清君側之舉。士英盡檄勁兵以防左帥，虜已至維揚，而滿朝俱謂虜必無虞，且欲因虜以破左。一時有識者謂「亂政亟行，羣邪並進，莫過于此」。虜一渡江，國事瓦解。其死難者有張捷，而楊維垣以重案王之明獄。上既走，都城即擁戴之明爲天子，維垣聞而膽戰，自經，誤以爲死封疆者，謬矣！寃矣！張捷則攻東林者也，不可以其生平持論之偏而少抑之。至如馬、阮之徒，身統重兵，望風奔竄，不亦痛哉！二黨之於國事，皆不可謂無罪。平心論之，始而領袖者爲顧、鄒諸賢，繼爲楊、左，又繼爲文震孟、姚希孟，最後如張溥、馬世奇輩，皆文章氣節足動一時。而攻東林者，始爲四明，繼爲亓、趙，繼爲魏、崔，繼爲温、薛，又繼爲馬、阮，皆公論所不與也。東林中亦多敗類，及攻東林者，亦間有清操獨立之人。然其領袖之人，殆天淵也。東林之持論高，而于籌虜、制寇，卒無實著；攻東林者，自謂孤立任怨，然未嘗爲朝廷振一法紀，徒以忮刻勝，可謂之聚怨，不可謂之任怨也。其無濟國事，兩者同譏。東林附麗之徒多不肖，貪者、狡者俱出其中。然清議猶得而持之，間亦以公道拔人，其行賄者尚耻人知之也。攻東林者納賄惟恐不足，至崔、魏之時，南都之政，則明目張膽以網利爲市，而不以爲耻矣。東林初負氣節，每與内璫爲難，卽賢璫王安，亦璫之慕賢，非諸賢之通璫也。及其衰也，求勝不得，亦有走險與璫結交者，崇禎之季，往往有之矣。攻東林者，當神廟時羣璫無權，未有内通者。自呈秀輩奉忠賢爲主，而所以媚璫者無所不極矣，若誦莽功德，誠天地間一大怪事。迄于南都，而通璫者揚揚驕語，惟恐人不知也。若兩黨之最可恨者，專喜逢迎附會，若有進和平之説者，卽疑其異己，必操戈隨之，雖有賢者，畏其辨而不能持。亦有因友及友，并親戚門牆之相連者，必多方猜防，務抑其進而後止。激而愈甚，後忿深前，身家兩敗，而國運隨之，謂皆高皇帝之罪人可也。顧後世之論，爲賢爲邪，有難混者。余亦以前輩所愛重，欲推而人之清流梱中，然余不以此懷偏念，平言其實，庶鬼神之可質也。

〔校記〕

〔一〕「周某」，夏允彝幸存録上門户大略作「周永春」。

〔二〕「之麟、謙益皆爲時貴所抑」，曹氏所藏抄本作「之麟之友皆爲時貴所抑」。

〔三〕「遂不可知」，幸存録上門户大略作「遂不可制」。似以「制」爲是。

神廟神聖非常，雖御朝日希，而柄不旁落，止以鄙夷羣臣之故，置庶務于不理，士大夫益縱橫于下，故國事大壞。即兩黨相攻，亦未嘗一剖其是非，直聽其自爲勝負而已。然東林所持，如國本、梃擊等事，皆忤上旨。而攻東林者，詆東林爲好名，争國本爲離間，因上之所喜也。故東林之徒盛，而其勢屈。惟是國本之説，謂神廟欲以愛易長，神廟未必出此。但是時中宫賢而多病，羣疑上操「立嫡不立長」之語，意在中宫病後，貴妃即爲國母，故諄諄于立嫡也。御史詹仰庇因中宫病，上疏諷及此，遂廷杖八十，舉朝益皇皇然，公論愈激。上雖心厭惡之，亦見衆論之堅，立長之意亦定矣。錫爵、一貫皆負氣節，錫爵之意，謂上意久定，不欲權歸于羣下，但令羣臣無亟請，即行册立。然三王並封之諭一下，錫爵即爲票擬施行，至大宗伯馮琦力争之，而始自知其誤，不可謂無咎也。一貫與相比之臺省錢夢皋、康丕揚輩，已經吏部計典處分，而特擬旨留之，大爲公論所非：于建儲事，亦大旨如錫爵言。李廷機清而勤，自負甚高，而于國本輒謂「羣臣不可過争，過争或激而有變」。遂僉以奸邪目之。及上年高，中宫以賢見重，而東宫益安。〔一〕及中宫薨，虚位數月，貴妃不進位。至賓天時，乃命光廟加封皇后。此見神廟原無奪長之意，久而彌著矣。惜乎羣臣力請時，不早行以啓天下疑，亦國家氣運爲之也。

李三才少負才名，爲山東籓臬，極有名，去山東二十年，民歌思不忘，謂大盜大猾，皆爲李所擒治殆盡，民得安生。錫爵蒙特召時，手疏言：「上于章奏一概留中，特鄙夷之，如禽鳥之音不以入耳。然下以此愈囂，稱神稱鬼，成何國體！」此疏甚秘，而三才鈎得之，洩言于衆，謂錫爵以臺省爲禽獸，臺省益攻錫爵，具詞醜甚。三才多取多與，結客遍天下，憲成之左右譽言日至，意其眞足以幹國矣。然余嘗見其辨疏，謂相傳上于宮中請仙，仙語以李三才爲聖人，故羣臣咸妬之。此其言亦甚不根，大抵才而不羈，非純臣也，其豪華之習，宜不爲清流所喜。或言三才初請憲成時，止常蔬三四色，厥明，盛陳百味，憲成訝而問之，三才曰：「此皆偶然耳！昨偶乏，即寥寥；今偶有，故羅列。」憲成以此不疑。批云：如漢高之待英布，顛倒英雄之法。又聞一孝廉負才名者，當計偕時，與一孝廉偕謁之，留兩日，不過贐數金，所偕孝廉頗慍。及至都，旅館甫定，而三才之使者已至，贈孝廉二百金，所與偕者亦四十金。其操縱類如此。批云：如李子之待張儀，籠絡才人之法。使以其才智盡用之職業，亦非常也。

金壇于玉立者，東林中用勝于體之士也，于諸生中獨賞韓敬才，託丁元薦與結婚姻，相與至密。乃敬爲鼎元，而元薦首攻之，玉立實發其機，此又人情之不可解者。敬于賓尹往來最密，取之爲元，未必無故，但敬之才亦不媿耳。敬好縱橫之學，恣色貨，自非治平之臣，要不至如賓尹之甚，每奪人妻而壞人節也。

妖書之事甚怪，一夕間，自宮門以迄衢街皆遍。厥明，舉朝失色，莫敢言，搜索無不至。其揚揚自得者，不過書中所指康丕揚輩數人而已。所寃陷甚多，即高僧達觀，固上所素重，亦死獄中。皦生光素固兇狡無賴，于妖書亦無實跡，竟坐以淩遲。夫「見怪不怪，其怪乃敗」，當初發時，倘上置不問，即寢矣；而當局者欲借以傾清流，故激上怒至此，可嘆也！

梃擊之事，王之寀所訊張差語，謂兩璫實説之云：「苟打了小爺，吃也有，穿也有，官也有。」其言甚悉。刑部各司官與之寀語，亦多相合。而攻東林者言：「上于貴妃寵盛時，曾許以立愛，至對關帝立誓。晚而愧言之不符也，因勸貴妃廣爲佛事，且助其費，上發銀十萬，建祠于通州。二璫以爲磚瓦甚多，不若置窑自造，利甚奢。居民多鬻薪于璫。張差非通州人也，乃鬻田貿薪，亦往市于璫。土人忌之，焚其薪。差訟土人于璫，璫復嚴責差。差以産破、薪焚，訟又被屈，不勝憤，遂持梃入宫，欲告御狀，不意闖入東宫。」批云：入宫何必持梃，告御狀何故入東宫？其僞可知。二説未知孰是？然總謂人妖可也。其處分之法，不過始則嚴訊之，繼則以二璫及差結局，所謂化大事爲小事也。

争論之嚻，莫如辛亥京察。御史金明時于察前上言，察典勢必及某某，其意固在免察；而于汴、兆京輩，以阻撓察典嚴糾之。明時辨以阻撓何迹？兆京謂「俟察典竣，宜言之」。于是察典尚未下，而明時先爲民。然兆京所謂阻撓者，不過前疏，頗覺太甚，秦聚奎舍死報國之疏，人亦有稱之者，但疏中自稱「今年算命該死，故舍生爲此」，亦可訝也。時稱察典冤處者七人，總爲賓尹所鼓動耳。賓尹盛才名，一時重處，或以爲駭。然繩其品行，實不冤也。至丁巳京察，不平彌甚，竟無一人起而争者，則在朝清流驅逐已盡矣。

余師張東華總憲，固齊人，與韓浚輩至戚，然嘗謂余曰：「當丁巳京察，韓浚嘗問以如何？對以『必翻』。韓詢其故，張曰：『王之寀題目甚正，何爲重處之？』韓驚愕，半日不語。」嗟乎！我師可謂不阿矣！世皆謂吾師亓、韓之友，而持論平恕，每怪諸人之太甚。又如吾友徐石麒冢宰、侯峒曾銀臺、馬世奇太史、陳子龍給諫，皆世所指名東林也，其言亦甚公平，每病東林之雜而偏，不盡公忠。然世于張師必曰：「此攻東林者也」；于吾友必曰：「此東林也。」物而不化，不亦誤乎？

齊、楚、浙三方之要道，相與甚暱，忽而相疑。是時山東趙煥爲冢宰，亓詩教爲方從哲門人，操其權，故齊勢尤盛。鄒之麟倡言：張鳳翔爲選君，必以年例處宗文、廷元輩，而齊與浙離矣。之麟既黜，其友夏嘉遇、魏光國、尹嘉賓、鍾惺輩，皆才名盛一時，久擬臺省銓司，俱改冷曹，此其持局甚固，然適所以自敗也。如嘉遇之淳和清潔，而亦與衆共擯，不亦誤乎？

韓、錢、王、鄒才既相伯仲，又爲同籍，而相仇至甚，殆不可解也。王象春自述云：「與鄒同遊西山，鄒爲對偶云：『敬字無文便是苟』，思其對，不可得。王忽云：『林中有點不成材。』以賓尹號霍林故也。」此皆輕薄之尤。韓、鄒固爲世詬矣；王居鄉，最爲鄉人所疾，其族人亦多恨之；錢聲色自娛，末路失節，既投阮大鋮，而以其妾柳氏出爲奉酒，阮贈以珠冠一頂，價值千金，錢命柳姬謝阮，且命移席近阮，其醜狀令人欲嘔。嗟乎！「相鼠有體」，錢胡獨不聞之？又何怪其委質虜廷？南都破日，與王鐸南向而坐，點諸降臣名，至鄒之麟不應名，王鐸急欲參之，張孫振對錢言曰：「此係老先生同鄉、同籍，宜爲周旋。」錢頷之，鄒得無恙。張孫振每對人誇此語云：「非我，鄒衣老幾弄出來。」聞鄒厚酬之，而鄒猶洋洋稱「我不臣虜。」嘻！亦可醜矣！

熹廟之初，羣賢並召，其勢甚盛，而敗于汪文言。文言起式微，或以爲新安門役也，而向高、南星輩愛之彌甚，言必移時。兩公卽以病避客，文言直入卧內，所言必納，楊、左輩均重之。傅櫆首彈文言，下獄廷杖，放歸，僉以樾通内璫之，樾亦彈忠賢以自解。未幾，大獄起，首逮文言，連攻楊、左諸公，而縉紳之禍彌天矣。諸公所以及禍，皆以忠賢相仇，此固君子本色，而狎昵文言，爲人以口實，殆不可解。余與向高之仲孫交，言及此，仲孫謂余曰：「當熹廟時，倏召諸名賢，此誰力哉？文言向客于王安所，每謂安言天下某某皆清流也，故一朝召用，皆文言所爲。文言雖遊諸公卿間，未嘗自私。」嗟呼！諸賢之出，而謂得一文言力，安得不爲累哉？古人云：「小人不可與作緣。」又云：「不輕受人惠。」誠有以也。

楊副院二十四大罪疏上，政府韓爌亟稱之，而首輔葉頓足，以爲事從此不可爲矣。然忠賢無外應，亦未敢遽發。自閣臣魏廣微以頒曆失朝，臺臣李應昇糾其應杖脊，而廣微憤甚。先是，南星以老病請免入朝，得專心職業，于是廣微謂冢臣自請免朝不之罪，而閣臣一失朝即欲杖脊，何不平至此！挾憤與忠賢通，盡逐諸臣。及忠賢興大獄，坐楊、左諸公以多贓，仍命鎮撫司五日一比，廣微亦駭愕，上疏争而不可得矣。引賊入門，而欲其不掠不殺，詎可得耶？若顧秉謙輩，庸劣不足數，不過爲忠賢奴役耳！

當忠賢盛時，舉國皆狂，最甚者爲「五虎」、「五彪」，然皆由崔呈秀以進。或謂李夔龍不應在「五虎」之數，尚有甚焉者。如周應秋爲「十狗」之首，其貪鄙不可言，其罪亦不在虎、彪下。與之合局而不同污者，如高弘圖首言詔獄削奪之非，王志道召用終不出，王永光上疏力言淫刑以致天變，王業浩、張捷赴召即忤璫黜歸，此皆能自振拔者。崇禎之朝，諸賢即宜與之捐成心，偕大道，而終亦落落不合，此則諸賢之過也。惟崔呈秀爲戎首，其致死力于清流，因巡鹽淮揚時，總憲高攀龍特糾其貪，幾致之死。因呈秀之縱惡，愈成攀龍之知人矣。諸賢之受璫禍也，慘絶一時，名高千古。然亦有向來攬權好事，自致此禍者，其高卑不等，最高惟周順昌，生平至清，亦獨立無黨。當魏大中盛時，順昌未嘗與合。大中逮，過吳門時，向來交好皆星散，撫臣毛一鷺素奉大中，至是不與大中通隻字。順昌憤甚，遂以女許嫁大中孫，且呼緹騎而詈之曰：「若歸語忠賢，此亂臣所爲，受詬萬代，向來未有正人端語之者，故至此。當以吾言告之。」每見人，輒痛語時事，遂及于禍。使順昌稍默默，必不及此。此真鐵漢也。緹騎至時，吳士民發憤擊之，十存一二，擁順昌不令去，以夜跳身入都，下詔獄，受刑至酷，詞不少撓。刑已，即痛罵忠賢輩。加刑時，則呼高皇帝。同時入獄者語或少巽，順昌即怒罵之。忠義所激，遂致王恭廠異變，舉朝駭愕，合疏諷諫，忠賢之黨亦多畏而逡巡者。然忠賢以不殺順昌，則威不張，故終不免。偉哉！其清中之清，忠中之忠乎！

是時士大夫下詔獄者，俱五毒备至，惟高忠憲未逮時，有先得其事，自溺園池中，死而不仆。其絕命詞曰：「大臣受辱則辱國，謹遵屈平之遺則。」聞忠憲生平學道得力，死生之際泰然。文閣學嘗語余曰：「生平止服一忠憲，事事合道。」忠憲嘗自言少年以氣節自許，及行遠竄，值風雨，困卧舟中數日餘，遇晴霽登岸，入旅店中，推窗忽覩桃花爛然，遽有悟，從此覺事事有異，并氣節之想亦冰融矣。觀其遺書，真有得者，獨于門户異同之際，持之斷斷，〔二〕終不化也。

四方請祀忠賢者，其言皆醜，絕不復知廉耻事。而最甚者，惟太學陸萬齡，直比之先師，謂「孔子作春秋，而忠賢定『三案』；孔子誅少正卯，而忠賢黜東林，請祀之學宮。」更有一張生者，欲上疏以忠賢與先師並尊，入國學，遽殛死，自稱見子路怒擊之。陸當崇禎初亦伏誅。小人所得幾何而甘爲此？可恨可怪也！

忠賢凶惡非常，國史當備載之。余見一術士徐姓者，言遊都下，五人共飲于旅寓。忽一人唱言忠賢之惡，不久當敗，四人或默或駭，諷以慎言。此人大言：「忠賢雖惡，必不能將我剥皮，我何畏？」至夜半熟卧，忽有人以火照其面，即擒去。旋提四人並入内地，見所擒之人，手足咸釘門板上。忠賢語四人曰：「此人語不能剥其皮，姑試之。」即令取瀝青澆其體，用椎敲之，未久，舉體皆脱其皮殼，儼若一人，四人駭欲死。忠賢每人賞五金壓驚，縱之出。嗚呼！惡冠古今矣！

三案者，梃擊、紅丸、移宫也。梃擊已識其略矣，二案亦當平言之。光廟病亟，徧體皆冷，勢已不起。李可灼請以紅丸進。是日，上召諸大臣入，并召兵垣楊漣，因漣上疏，欲上慎起居，防意外也。羣臣至，上言病已危殆，諸臣言皇上一月之内，善政甚多，必蒙其祐，無虞。上慰以病勢難挽，且言立東宫要緊。又云：「李選侍奉侍勤勞，嘗生子女，宜封皇貴妃，朕心内亦安。」即呼皇長子，宜出與羣臣一言。熹廟出，遂將上諭再爲口傳。李選侍忽從幃後手挽熹廟入，傳以宜封皇后，宗伯亦唯唯。時有言皇上命封貴妃，非皇后也。宗伯再奏明之，上再以封皇貴妃命。因呼可灼進藥丸，用藥三丸。厥明，上賓天矣。仍賞銀帛加等。于是羣臣奏可灼進藥懷不軌心，閣臣固賞之太過，但不宜于賓天後復擬賞耳。是時，一月之内連遭大喪，朝中洶洶。楊漣率衆排闥入，奉東宫登極，衆見東宫即羅拜。選侍時在乾清宫，以母禮待東宫，左光斗遂疏言「乾清非至尊不可居」。欲速其移宫，自當；但中言武氏之禍立見于今，且慮有垂簾視政之事，此亦過慮。楊、左即拉閣臣揭請即日移宫，選侍頗受逼迫。御史賈繼春遂言：

「先帝于羣臣至厚，何至一妾一女不能遺庇？」亦未可盡非。然宮之應移似屬定禮，楊、左不可居以爲功，他人亦不可詆以爲罪。楊與賈互相譏諷，賈以楊必將與大璫共受封拜譏之，楊遂掛冠歸。中旨切責賈，賈皇遽自解，詞頗哀。高弘圖、張愼言出疏兩解之，其言至平且確。乃賈終黜爲民，而楊不久復優擢至副院，則亦東林失平之事也。後遂以此殺楊、左，則寃彌甚，卽賈亦心憐之。總之，東林操論不失愛君，而太苛太激，使人難受。攻東林者，言風癲，言可灼無他意，移宮太亟，不失調停。然以此規諸賢之過則可，以此罪諸賢而加以一網，不大誤乎？當東林極盛時，其重處惟一繼春耳，餘不過年例散轉而已，受處者卽以爲不堪。而崔、魏之時，諸賢重者備受酷刑死，謫戍遠配者累累，至輕者亦必爲民，盡追奪誥命，日甚一日，則攻東林者之罪不可言也。

當忠賢盛時，雲間奸人徐姓者上疏，言「士民願爲立祠」。實絶無其人也。惡生有周姓者，與徐爲姻，相附麗，借此索詐恣行。其所營祠地逼予居後，欲攘予地廣祠基，所以相逼者多方，予終拒之。予時布衣徒步以待禍之至。幸聖明御宇，徐、周立敗，予乃得免。嘉善錢繼登爲蘇松道，枷責徐、周以示衆，仍戍之。

熹廟病亟時，魏璫張甚，中外危慄，意天下事不可爲矣。熹廟召烈皇帝入見，卽諭以「吾弟當爲堯、舜」。烈皇帝惶懼不敢當，但云：「陛下爲此言，臣應萬死。」熹廟再以善視中宮爲托，又言忠賢宜委用，烈皇帝益惶懼求出。熹廟賓天，忠賢自出請烈皇帝入宮。烈皇帝亦自危甚，袖食物以入，不敢食宮中物也。當是時，羣臣無一人得見烈皇帝者。帝秉燭獨坐，久之，見一璫攜劍過，卽取視其劍，留之几上，許給以賞。聞巡邏聲，勞苦之，問左右欲給酒食，無從取，侍者以宜問光禄寺，傳令旨取給之，歡聲如雷。羣臣俱在寓問卜，懼入朝有他變，生死不可知。厥明，至殿門，宦者持門不令入，告以宜用喪服。既改服，又謂宜如常服。羣臣奔走出入者三，氣喘且不續，哀訴宦者，乃放入。既哭大行皇帝，王、魏兩璫在喪次。是日，皆王璫發言，各部備喪禮，而魏璫目且腫，默默矣。羣臣出，少頃，獨呼呈秀入，屏人，語移時，秘不得聞。或云：「魏欲自篡，而崔以事未可爲，止之也。」從此諸奸失勢，憂懼不知所出。而烈皇帝不動聲色，逐元兇，處奸黨，宗社再安，旁無一人之助，較之世宗爲更難矣。時在朝者皆魏黨，莫發其奸，楊維垣實首糾呈秀，始自相攜貳，然于璫仍不敢致譏也。陸澄源、錢元慤乃直指璫罪，至錢嘉徵所言十大罪乃詳盡。璫不勝憤，哭訴于上，愈觸上怒，始放之出。至中途，言者益甚，璫偵知上必重處，遂自縊旅店。呈秀列姬妾，并羅列珍異酒器，縱飲，飲一杯即擲壞之，飲已，乃自盡。天地再闢，皆上獨斷也。嘉徵與余交，循循大雅人。其子孝廉，泮有至性，惜早夭。嘉徵以貢爲縣尹，〔三〕元慤擢司銓，澄源旋與東林反脣，所行多不簡，以京察錮之，爲善不卒，惜哉！

上既處忠賢，即因臺諫言定逆案。閣臣韓爌端而厚，錢龍錫和而謹，不欲廣搜樹怨，僅以四五十人列案以請。上大不然，再令廣搜，且云：「皆當重處，最輕者爲民。」閣臣又以數十人上。上怒其不稱旨，諭以稱頌贊導速化爲題，皆盡列入，且云：「忠賢一人在内，苟非外廷逢迎，何遽至此？且内廷同惡者亦當入之。」閣臣以外廷不知内事對，上曰：「豈皆不知，特畏任怨耳。」閲日，上召閣臣入，先有黄袱包裹者累累，上指示閣臣曰：「此皆紅本，璫實蹟也，當一一按入之。」閣臣知勢難遺漏，乃云：「臣等職掌惟司票擬，三尺法非所習也。」上呼吏部問之，冢臣王永光以吏部止習考功法，不習刑名對，上乃令法司問事。又云：「張瑞圖、來宗道何以不處？」閣臣以無事實對，上曰：「瑞圖乃善寫，爲璫所愛；宗道爲呈秀母祭文，稱『在天之靈』，可惡何如？」又問：「賈繼春何以不處？」閣臣言其請善待選侍，不失厚道，後雖改口覺反覆，然其持論亦多可取。上曰：「惟其反覆，所以爲真小人。」于是案所羅列甚廣，幾無一遺矣。其不妥者，如楊維垣首參呈秀，不宜入也，以其力扼韓爌、文震孟之出，遂處以謫戍；虞廷陛曾參孫居相，于趙南星原無彈章以糾，南星誤處之；呂純如雖有頌璫之疏，疏至，熹廟已賓天，霍維華取其疏稿削去之矣，竟據邸報亦入之。此何等事，而草草報入，致被處者屢思翻案，持局者日費隄防，糾纏不已。南都再建，逆黨翻而宗社墟矣。此則當局者之咎也。

烈皇帝登極，以王永光爲冢宰。永光亦清介，王恭廠之變，其疏獨侃侃，或云「此司屬張履端、王陛所勸爲」，然亦永光矯矯之徵也，乃東林諸賢必欲逐而去之。王永光憤激爲難，引用袁弘勳、張道濬等，再啓玄黄之争，實已甚之故耳。即枚卜一事，錢謙益必欲首推，而慮周延儒以召對得上意，懼同推勢必用周，力扼而止之。不知上既意在周，不推，適啓上疑耳，安能力止耶？于是黨同之疑，中于上者愈深。温體仁發難，而周爲之助。或云「内廷已有爲之應者，共費銀八萬兩，宫府同聲以排東林」，而謙益輩揚揚不知也，倏蒙召對，謙益且自以爲枚卜定于此日矣。及入朝，方知有温疏。温與錢廷辯，温言如湧泉，而錢頗屈。先是，錢已與韓敬爲仇。韓固浙人，錢欲與試浙中，文震孟曾諷止之，錢不之納。及應召北上，文又勸以緩事枚卜，而錢又不納。其科場之事已久，而温以爲非此不足扼之。觀錢立身本末，豈不貽羞當世哉！温已首發難端，與滿朝爲仇，勢不得不自結于上；及入政府，專意逢迎，惟以苛急爲事，未嘗于上前救一人、争一事，上彌信其公忠，而天下元氣凋殘盡矣。其操守頗自勵，故上始終敬信之，然盧杞之清忠强介固其倫也。周再出，頗反温所爲，而守濫甚。敗壞國是，實在兩人，亦東林之賢過激以成者，遂至天下左衽，痛哉！

當温之秉政，臺省攻之者後先相繼，皆以門户異同，其言非盡由國家起見也。平心言之，不納苞苴是其一長矣，庇私黨、排異己，亦未嘗行之有蹟。但因事圖之，使其機自發，而上不疑也，無識者遂謂温于各輔自勝。然其忮刻陰險，自非端人。始而與周深結，周故力助，而且援之以進。及周爲大璫王坤所拂，舉朝争之，而温無片言相助。科臣陳贊化糾周去之，凡與周爲難者，温皆援之以進；助周者皆屈焉。蓋周之去，實温擠之也。當袁崇煥獄起，攻東林者欲陷錢龍錫以盡織時賢，周、温實主之。後因黄道周疏救周，上意頗回。時久晴不雨，言路復言及，錢得減辟爲戍。初出獄，周卽相過，極言上意怒甚，有「可怒甚多，卿等豈能盡知」之語，挽回殊費力，錢極感。未幾，温至，錢因述周語，謂：「非公等力救，何以再生？」温第曰：「上意不甚怒也。」于是聞者遂以爲温謂質實，而周多虚僞，然特温之巧于擠周耳。嘉善錢士升，生平端謹，爲東林所推重，而龍錫其座師也。聞温語，頗重温而輕周，温遂與相結。士升入政府，温凡有所爲，每推之令先發，而後繼之，如用冢宰謝陞、總憲唐世濟，皆温意也，而錢成之。及温攻去文震孟，頗引錢爲證，錢亦有助温語。及温所欲進者已進，欲退者已退，而視錢爲贅物也。因有訐奏錢之弟、滇撫士晉者，温卽擬嚴旨，仍囑同事林釬毋得洩言，蓋欲借弟逐其兄。錢旋上四箴疏，語多諷上，又争搜括江南富户事，遂去位。其去也頗光明，而中間爲温所用，幾擯于公論，受温累不小，温棄之如遺也。其立心概如此，國家元氣剥喪良多。至于虜寇交訌，不展一籌，則凡居政府皆如是，不得獨責温也。

烈皇帝太阿獨操，非臣下所得竊用。而每當大舉措，則内璫持其端，似陰中而不覺也。若滿朝之用舍榮枯，則一視首揆之趨向，亦似爲所陰移。當初政時，不許内璫與廷臣交一私語，廷臣遂忽璫輩，而攻東林者默結之，日以朋黨之名中于上。其時以通内自詡者史䴉也，輔臣錢龍錫之獄，皆史擠之。及其得出，錢自云：「大璫王某實心寃之，不然必無生理。」温之陷錢謙益于獄也，謙益去死如髮，大璫曹化淳憤而發奸棍陳、張之陰謀，〔四〕陳與張立枷死，温逐而錢釋矣。薛之死也，成于厰璫王某；而周之死也，則又小王璫怒之也。廷臣通内漸亦不以爲醜。曹璫之喪其父也，大臣與言路多往致祭；小王璫喪母，大臣亦多往送，甚有倡爲傳單者，揚揚不之議。九卿中不往，鄭三俊、程國祥耳。廉耻道喪，國事安得不敗？然此時璫輩特陰爲播弄耳，其畏上英明實甚也。若南都之事，則攘臂揚眉，内外交相市，以爲卽聞之上，何傷。票擬、銓除，羣璫人人可言，卽大璫自好者，亦嘆以爲成憲盡裂，知敗極之不可救也。視先帝朝天淵矣！

周延儒之承上眷也最深，凡上怒時莫能挽回，惟周能談言微中。如黄道周之獄，人皆以爲必不可救，周自能微詞挽，已得減戍歸矣。上偶言及岳武穆事，嘆曰：「安得將如岳飛者而用之？」周進曰：「岳飛自是名將，然其破女直事，史或多虛張，卽如黄道周之爲人，傳之史册，不免曰：『其不用也，天下惜之。』」上默然。甫還宮，即傳旨還以原官。此亦周所長，不可没也。

烈皇帝之英明勤敏，自當中興，而卒致淪喪者，以輔佐非人也。庶幾如范景文之博大好賢，方岳貢之清勤憂國，不失賢相，惜用之稍遲。謝陞不狥物情，亦不違公論。三公者，于二黨皆公虚不倚。謝時合時離，或以其機智少之。其糾許譽卿也，實逢迎温意。未幾，又推鄭三俊爲總憲，似亦善補過者。但寇虜之難，范死節最烈，可照耀千古。方以直精微房入内，聞難，即自縊，爲僕人所釋，欲再縊，而寇已入，擒之矣，受刑至慘。批云：與他所載稍異。已搜其寓，蕭然無一物，欲執而大用之，方終不屈以死。或惜其死之少晚，然大節終無貶也。謝不免于臣虜，又未幾没。或云：「爲虜所疑也。」惜哉！出方下遠矣！

馬士英素以才望稱，其闒大不羈，或亦邊才之選，而用之政府，則乖甚矣。初爲王坤參之，謫戍。周延儒再召，阮大鋮實以士英託之，遂起爲鳳督，與大帥黄得功、劉良佐善，曾一敗袁寇，募其鄉黔兵爲親丁，頗能戰。高傑之南遁也，士英厚待之。劉澤清初至淮，士英亦與通殷勤，頗自任德，而歸怨于南極史可法，以爲我固顧公等來，而史公不善也。及擁立之舉，馬遂聯絡二劉、高、黄爲己助。馬入政府，而四鎮皆開茅土。馬入輔，而史出鎮，即國事敗壞之始也。蓋四鎮驕悍，馬尚可以夙誼籠絡之，史則與之相水火，安得聽其驅使？一至維揚，即爲高傑所困，史竭心調劑，僅得相安。久之，高且欲爲史用，而黄、劉皆與高爲難。馬知高之向史也，亦心厭之矣。當北都初破時，高與澤清皆欲渡江而南，且縱其軍士大擾維揚、瓜步間，殺人無算，莫敢聲其罪者。劉宗周以總憲召，首疏直糾之，謂二鎮皆可殺，輔臣姜曰廣擬優旨下史館記録。于是澤清忿然，欲與姜、劉爲難，馬遂因而用之，四鎮皆合疏攻姜、劉，其詞凶悍甚。史詢之四鎮，皆以不知對，史遂疏言：「此疏乃黎丘之巧混。」劉澤清又上疏攻史，謂：「疏實其所上，因史偶問及，故偶混答之。」至尊之前，倏僞倏真，此則大怪事，而馬方快于逐姜、劉，用大鋮，不復顧大柄之委去也。史從此展布益難。大鋮一出，凡海內人望，無不羅織巧詆；貪夫僉人，無不湔洗拔用。馬立心疏闊，原無殺人手，故不至遽興大獄。而每上疏，一曰奸黨，再曰奸黨，總以擁立二心爲題。殊不知擁立懷二心者，不過錢、姜數人，與諸臣何與，而欲一網及之？未幾，有妖僧大悲者，自稱爲先帝，又自稱爲某王，殆類病狂者。而張孫振與阮大鋮欲借以起大獄，流傳有「十八羅漢、五十三參」之名，海內清流皆入其內，如徐石麒、徐汧、陳子龍、祁彪佳之屬咸列焉。即余未嘗一日爲京朝官，楊廷樞一老孝廉，而羅織俱欲首及之。馬意頗不欲殺人，故中止。又未幾，而有贋東宮之事。據聖諭，謂以孟春至留都，留之不肯止，直由嘉興、武林走紹興。上密遣人召之，乃還。而言貌多可疑，欲羣臣識認。馬亦先有揭，言其必僞。及羣臣往察，王鐸首言其僞。舊東宮講官劉正宗、李景祥，〔五〕亦以爲所言講讀事皆非實，眉目亦不符。方馬之揭請羣臣識認也，謂講官方拱乾現在，當令阮大鋮密諭之往認。拱乾入，馬許以即復原官，且加超擢。及識認之日，僞東宮指方，以爲此固講官也，方不敢應。及劉、李具疏，方亦不肯列名。及逐出都，都民籍籍不平，皆以爲真，中官言亦如之，而縉紳皆以爲僞。阮、張又欲借以起大獄，而黃得功首上疏，不得遽加害，劉疏繼之，左良玉、袁繼咸遂上疏力爭。左遂詆馬、阮輩，稱兵犯闕，馬盡遣江北、都下勁兵往禦之。是時，虜已逼維揚，〔六〕有言及北事者，〔七〕馬輒以爲必無虞，且欲用虜以剿左。〔八〕四月二十五日，揚州城破，可法死之，或云遁去。虜旋逼江，〔九〕而都城終不以爲意。五月初九日，虜渡江，〔一〇〕無一矢相向者。馬擁兵出遁，大鋮、孫振輩，或遁或降，惟張捷死難。上至得功營中，得功戰没，上亦陷師。〔一一〕士英本無意于誤社稷，而社稷爲墟；本無心于剪清流，而清流盡逐。及其遁也，既不守城，又不衛上，第云：「奉皇太后以行。」所至縱兵大擾，卒未嘗與虜一戰。〔一二〕謂非萬古罪人可乎？方諸奸欲起大獄，肆誅勠之時，卽余亦賴士英知其無辜得免，誼當私感，然不可以廢公論也。萬世而下，亦以余言爲無私否？

南都之政，咄咄怪事殆不勝書。其大者，如僞東宫其一矣。又有僞皇后，自稱上之元配，且已生有子。初在河南，按臣陳潛夫爲之疏聞，奉旨爲僞，著逐出境，而必欲自請至都。及至，上震怒，下之獄，備受拷訊，終無異詞，此古今異變也。要其真僞，總非臣下所能測。又有市人忽聞空中語，令其入宫認子，遂儼然排閶闔，爲妄言。每借一事，卽欲爲羅織之案，賴上寬平，馬士英無殺機，故得倖免。然庶務乖張，如狂如醉，無一官不用賄，其價倍湧。苟費多金，雖重犯立致要地，中官、勳臣、籓鎮皆得操用舍。中官向冢臣徐石麒居間，欲用一縣令爲吏部，石麒怒，拒之，以奏聞，上亦不問。又有給事陸朗者外轉，費銀數千，得中旨留之。石麒責之内璫，璫云：「此已進御。」遂無敢言者。而給事反彈石麒去位矣。諸璫與馬、阮輩相表裏，或偶聞于上，竟以「從龍而來，貧苦無資」實奏，上憐之，不之罪也。票擬前後相反，銓政濁亂，至樞部爲尤甚。凡白棍至都者，卽日可爲大帥。前官未出缺，而後官復陞授，累累皆是，及至任互争，乃令舊者仍任，而新者候缺。于是舊欲固其位，不得不輸賄；新者已費賄矣，更加賄，以求舊官之速去。大抵武弁之揚揚，莫甚于此時；而囊橐盡傾以奉權要，亦莫苦于此時也。都城有「滿街都督，一部職方」之謡。嗚呼！始于宫嬖，卒于金虎，豈不痛哉！羣臣之負烈皇帝也，上事事焦心，而羣臣無公忠者；羣臣之負弘光帝也，上事事虚己，而羣臣無不恣肆者，其負固同也。水落石出，蓋棺論定，北京陷而范景文、李邦華、馬世奇、申佳胤、成德、金鉉、倪元璐、劉理順、許直自盡于官；南都陷而徐石麒、劉宗周、侯峒曾、徐汧、黄淳耀殉難于家，不可以其東林也而詆之。若其臣虜臣寇，〔一三〕如錢謙益、李建泰輩，自不得以其東林也而恕之。又如張捷之死難，不得以其攻東林也而少之。如蔡奕琛、唐世濟、鄒之麟、張孫振、陳于鼎、劉光斗輩之失節，亦不得以其攻東林而恕之也。

北都死難，如孟兆祥及其子章明，汪偉夫婦，淩義渠、施邦曜、周鳳翔、陳純德、吴甘來、朱之馮、衛景瑗、吴麟徵、王家彦，勳臣襄城伯李國楨、惠安伯張慶臻，戚臣新樂侯劉文炳及其弟都督文耀、太康伯張國紀，駙馬鞏永固舉家焚死，武臣周遇吉，内臣王承恩。南都死難，如高倬、劉邦弼、何剛、吴嘉胤、陳于階、錢秉、祁彪佳，勳臣靖南侯黄得功、魯之璵、吴志夔、〔一四〕黄蜚、侯承祖父子、陳天敍等，皆争光日月，與二黨皆中立，故附記于此。成德之自盡也，先語其妹云：「爾尚未嫁，留此何依？」妹請先自盡，德哭而視其縊。其妻請繼之，德痛不及視。入别其母，哭盡哀，出而自縊。母見子女及媳皆已殁，亦慟而自縊。當德之屢糾温體仁也，廷杖拷訊，備受慘毒。其母多方詈體仁于途，且欲擊之。體仁訴于上，逐之出都，謫戍。遇兵變，〔一五〕家屬盡殁。又以流離顛沛，其妹年二十餘，竟未及嫁。甫召還，而闔門殉難，最爲烈云。劉理順，盛德士也，亦合門自盡。寇在中州知其清，亦聚哭之。馬世奇二妾，皆先自盡。汪偉與其妻對飲自盡，妻誤在左，即曰：「誤矣！夫宜左也。」仍易位而没。

南都之覆，虜勢甚盛，〔一六〕人皆以爲無可爲矣，惟石麒矢死，必圖興復。禾城殺魏官後，〔一七〕衆情紛紛互猜，出石麒于外。及城垂破，自請入城，慷慨賦詩自縊。二義僕、二義僮從死焉。侯峒曾倡義守城，殺虜甚多，〔一八〕故虜最恨之。〔一九〕城破，已自投池中，虜出取其首，〔二〇〕指爲元兇。其子玄演、玄潔，少年高才，自聞南都破，即發憤求死，與父同守城。至是，兄弟争死，俱爲虜殺。〔二一〕義僕獲怒，亦從死。黄淳耀初登第，即知時事已非，不受職而歸，布衣徒步，蕭然高隱。及與侯同守城，城破，及其弟淵耀同自縊，仍題壁以不能謀國爲歉。陳于階官止欽天監博士，聞難，衣冠謝國恩，首自縊。吴嘉胤已奉差出都，聞虜渡江，〔二二〕乃復回車，寓于城外僧寺，欲上書，屢不達。及書上，即自縊。侯承祖守金山衛，殺虜五百餘，〔二三〕力屈被擒，罵賊而死。此數公者，尤死難中最烈，其生平美行，不勝書，計異日史臣，當各爲立傳。又南都破後，起義而死節者，草野間亦多其人，未能詳記。

〔校記〕

〔一〕「益安」，夏允彝幸存録門户雜志作「益長」，似以「長」爲是。
〔二〕「斷斷」，夏允彝幸存録門户雜志作「斷斷」，
〔三〕「嘉徵以貢爲縣尹」，曹氏所藏抄本作「嘉徵以貢爲滋縣尹」。
〔四〕按「陳、張」，幸存録門户雜志作陳履謙、張漢儒。
〔五〕「李景祥」，曹氏所藏抄本作「李景廉」。
〔六〕「虜已逼維揚」，「虜」字原空缺，現據曹氏所藏抄本補入。

〔七〕「言及北事者」，「北」字原空缺，現據曹氏所藏抄本補入。
〔八〕至〔一〇〕各句中「虜」字原空缺，現據曹氏所藏抄本補入。
〔一一〕「上亦陷師」，「師」字原空缺，現據曹氏所藏抄本補入。
〔一二〕至〔一三〕各句中「虜」字原空缺，現據曹氏所藏抄本補入。
〔一四〕按吴志夔，一作吴志葵。
〔一五〕「遇兵變」，「兵」字原空缺，現據曹氏所藏抄本補入。
〔一六〕「虜勢甚盛」，「虜」字原空缺，現據曹氏所藏抄本補入。
〔一七〕按「魏官」即「僞官」，指清軍所委任的官吏。「魏」、「僞」諧音，因避諱而改。
〔一八〕至〔二三〕各句中「虜」字原空缺，現據曹氏所藏抄本補入。

671 東彝大略

奴兒干，固女直之裔也，在昭代甚衰。奴兒哈赤少嘗事李成梁，〔一〕後受朝命爲屬彝，積功爲龍虎將軍。忍詢多智，初事成梁甚恭，已包異志。成梁初以力戰起，後日貴，封寧遠伯，子弟皆爲元戎，奴隸無不金紫。盛極而衰，其長子如松頗勇，竟以戰没，諸子如樟、如梅、如柏，遠不逮父兄，惟納交朝貴、窮奢極慾爲事，于是兵備日虛，健兒日寡；內臺又惟與李氏交好，婪其賄，遼事日壞矣。巳午之間，北兵發難于清和，〔二〕李永芳以城降，北虜以女妻之，〔三〕上書言邊臣侵侮寡信之事。當承平之餘，驟聞虜變，〔四〕舉朝錯愕。時撫臣李維翰貪而寡識，奪職去。起楊鎬爲經畧，杜松、劉綎、馬林、李如柏爲大帥。鎬固庸且老矣，年許無所建白。朝論欲其速戰，輔臣方從哲、兵垣趙興邦皆不知邊計，發紅旗催戰。鎬匆匆發兵，分爲四路。兵分則弱，失算甚矣。而師期預宣，北兵得預備，〔五〕曰：「憑爾幾路來，我只一路去。」偵知杜松最勇，兵先至渾河，沙壅上流，伏兵山下。杜至河，催軍速進。渡未畢，伏兵起，凡火藥、利器俱未渡，水大至，兵已没，已渡之兵陷伏中。杜登山巔呼飲，飲已，出戰。不能支，我兵内壅，至不能舉手，咸殲焉。馬帥尋亦敗。惟劉綎深入營，北兵假杜旗幟馳報之，〔六〕令亟來合戰。劉啓營而北騎闌入，〔七〕不復可止。綎與其下養子劉招孫、喬一琦等力戰，不支，得脱者無幾，惟李如柏不與敵遇，〔八〕以全師歸。一時朝議喧然，謂李實通敵，〔九〕鎬庇李氏，而以杜、劉陷危地。鎬之寡謀、李之怯避皆見矣。鎬與如柏先後逮下獄，起熊廷弼代鎬。廷弼向爲遼左巡方，力糾李氏，且以才幹稱，故以御史起用爲經略。既至，勇于任事，號令嚴肅，身自偵探，將士多畏而服之，遼事幾振。然性好自矜，多怒駡人，鄙夷朝貴。原其隱情，亦欲詈人以冀人之相攻，得卸擔去。顧一時邊才無出其右者，朝貴皆碌碌，專以臺省之焰凌人，不復念國事。姚宗文以科臣往閲視，與廷弼不相得。贊畫主事劉國縉者舊臺中，以攻道學，與熊、姚皆同類也，熊以獨立自許，姚、劉皆以夙好望之，彌相失。劉主用遼人，而熊謂遼人不可用。此其説亦各有得失，咸負氣相詈過甚。姚歸朝，而逐熊之局定矣。省中魏應嘉，臺中馮三元、張修德，與姚連章力攻熊；熊亦詆侮四人，即請魏、馮、張三人出勘遼事，上允之。而臺省又以爲非體，力争不可，熊遂有原告逃脱之譏。改命省中朱童蒙往勘，童蒙疏稱廷弼無大失，但不宜悻悻求去。閣臣劉一燝擬旨申熊，臺省方起而攻劉，而遼東陷矣。熊之去也，姚宗文輩力舉薛國用代之。是時，余方館于鄒平座師張東華家，師頓足，謂薛必敗遼事，以其人好名鮮實。余詢之遼人，大抵好收物情，既爲經略，乃理詞訟細務以悦人，殆循良之選也，而以主兵，不亦左乎？于是亟詔廷弼，廷弼辭，優詔勉以君臣大義，甚有哀切之詞，而熊氣益盛。顧其再出也，撫臣王化貞蒞治廣寧，與敵相逼，〔一〇〕而熊乃處關内。熊未至，而王已自許必能剿敵，〔一一〕朝論俱向之，蓋意王之必能成功，而厭熊之侮人過甚也。王任事勇而寡智，遼人每愚以敵必可破，〔一二〕王遂欲渡河剿敵，〔一三〕而熊以爲虜未易敵，〔一四〕惟當慎守。熊向自誇曰：「舍我無可當敵者。」〔一五〕王遽以此自任，益不相得，互詆之章日上。朝論多左袒王，欲削熊經略銜，而仍責以與王相照應，不得膜外視。余時以計偕至都，偶言于所交一二臺中，謂「王未足恃，欲責熊以任事，不應削其銜」，朝貴俱以爲不然。此論未及定，而廣寧陷矣。化貞幾爲麾下將縛送京師，〔一六〕狼狽遁出城。廷弼時在寧遠，方幸化貞之敗，自驗其言，又以衙門在關内，亟馳入關，而不知薊遼之責與王共之，廣寧雖失，寧遠尚可守也，委而去之，詎得無罪？化貞旋被逮，廷弼解任候勘。大司馬張鶴鳴亦負氣自矜，廷弼向慢罵，中朝莫敢與抗，張自以撫黔定亂，負豪傑聲，與廷弼互詆不少遜，至是力排廷弼，謂：「化貞功罪相等，廷弼有罪無功。」朝貴亦多恨廷弼。廷弼懼歸而被傾陷也，自請入都，與化貞廷勘。既至，并下獄，遂與化貞同擬大辟。化貞固當死，而廷弼似大重云。時廷臣無可任遼事者，臺臣方震孺特舉詞臣孫承宗。承宗出視師，以王在晉爲經略。承宗旋上疏，欲自任遼事，以在晉輩俱未可恃也。虜聞承宗閣臣出任邊事，〔一七〕頗爲悚動，而年餘不犯邊。而魏璫之亂起，承宗幾不能容，有爲之遊説以解者，得請歸。以王之臣爲總督，而袁崇煥以道臣治寧遠。未幾，北兵又大舉入寇。〔一八〕前此，敵所攻必破，〔一九〕

無不望風潰者，寧遠孤城外懸。忽聞敵警，〔二〇〕舉朝震駭，以爲必不可守。崇煥泣血誓守，咬草根以勵衆曰：「苟能同心死守，我爲牛羊以報，是所甘也。」衆感其意，爲取西洋大銃置之城頭，爲堅守計。敵至數里，〔二一〕一望無際，衆皆懼，謂一至城下，便不可敵，欲發銃擊之，而未有習者，惟崇煥一庖人，嘗聞西人之發銃而無害也，姑試爲點放，銃一發，而數里之外，見敵狂奔不止，〔二二〕其被擊殺者數百人。于是敵懼，〔二三〕不敢以大隊薄城；而城中亦以銃爲可恃，大小銃間發，殺敵無算，〔二四〕敵遂罷歸。〔二五〕崇煥軍聲大振，擢爲撫臺，大帥滿桂亦優擢，中國之敢議戰議守是自此始也。崇煥旋又與王總督及大帥滿桂不合，朝議曲調之，終不諧。敵又犯錦州，〔二六〕至寧遠城外，皆不得志而去。酋長旋死，〔二七〕崇煥亦不爲魏璫所喜，罷歸。烈皇帝登極，磔魏璫，凡璫所用邊臣皆廢不用，亟召崇煥以大司馬經略遼事，上虛己委用之，召對之日，慰勞倍至。崇煥銳而輕，每易言天下事。上詢以虜兵何日可滅，〔二八〕崇煥浪應以五年。及賜食出，至午門，羣臣有問以五年果可奏績否？崇煥謂上期望甚迫，故以五年慰上心云耳。時有識者卽譏其不能成功。再入對，崇煥遂以吏部用人、兵部指揮、户部措餉、言路持論，俱與邊臣相照應方得成功，上卽命各部及臺省如崇煥言。崇煥無可卸責，一至寧遠，遂爲請款計。蓋自崇煥寧遠奏捷之後，卽令番僧往吊奴酋以講和，〔二九〕罷歸未就。再出，無以塞滅虜之命，〔三〇〕遂以平虜自詭。〔三一〕盧島帥毛文龍洩其計，遂身入島，誘文龍斬之。文龍當遼事破壞之後，從島中收召遼人，牽制金、復、海、蓋，時時襲虜，〔三二〕有所斬獲，頗有功。而遼民苦虐于北，〔三三〕時欲竄歸中朝，歸路甚艱，百計疾走，數日夜方抵關，文龍必掩殺之，以充虜報功，是其大惡。又驕恣，所上事多浮舉，索餉又過多，朝論多疑而厭之，以方握重兵，又居海島中，莫能難也。崇煥初斬文龍，上甚喜，褒諭倍至。未幾，虜闌入，〔三四〕遵化撫臣劉、大司馬王洽俱不習邊事，倉皇無以應。虜長驅，〔三五〕薄都城，急召崇煥入衛，宣大各鎮兵亦先後至。崇煥固以滅虜自任，〔三六〕一旦縱虜至此，〔三七〕惟死戰，庶足贖罪，乃與虜相值輒避去。〔三八〕及入對，先以危言聳侍臣，冀朝臣懼而從款議也。顧上英明，終不敢以款上奏，第力請率兵入城休養，上不許，已深疑崇煥矣。都中又喧言崇煥導虜入犯，〔三九〕上甚切齒。先是，虜出獵，〔四〇〕擄我多人，中有二璫，上命偵崇煥者，亦被擄，虜視之，〔四一〕知爲璫也，乃設一計，佯爲袁遣書約犯邊，答云：「知道了，多謝袁爺。」又佯驚云：「乃爲璫聞，縛璫亟斬之！」又故遣一奴私放璫歸。〔四二〕璫歸，上其事。批云：此用武穆反間之計。上再召崇煥入，即下詔獄。此言周延儒親語余者，延儒久與虜比，〔四三〕虜每輸情，〔四四〕故知其言不誣。又余鄉一縉紳從虜歸，〔四五〕言前遼事甚悉，以語臥子，臥子所奮臂而毆其紳者，卽此時之事也。時既下崇煥獄，卽擢滿桂爲武經略，以祖大綬、黑雲龍輩俱爲統帥。遼兵素感崇煥，桂與大綬又互相疑，大綬輒率兵歸寧遠，遠近大駭，亟用孫承宗言，置大綬擅歸罪不問，仍鼓勵之；大綬之母亦以忠義責之，得不叛。滿桂合各鎮兵與虜戰，〔四六〕桂戰没，雲龍被擒，兵大潰，幾殲焉。幸虜亦得志歸，〔四七〕都城危而復安。于是磔崇煥，誅王洽，用承宗鎮關門，梁廷棟爲大司馬，邱民仰撫寧遠，劉可訓撫薊州，孫元化撫登、萊，布置一新，虜所陷各城亦皆恢復。〔四八〕然秦撫耿如杞入衛之兵，中路潰去爲亂，貧民附之，而流寇之患起矣。承宗未久亦罷去，邱巡撫與大綬不合，梁司馬、劉可訓以中朝水火事相連，俱罷。此後用人，亦皆草率塞責。虜一犯宣府，〔四九〕一入山西，由薊入燕，而壬午之入，直走青、齊，及淮而止；所至屠掠一空，禍至劇。我之兵力亦愈分，寇急，則調邊兵以征寇；敵急，〔五〇〕又輟勦寇之兵以禦敵，〔五一〕卒之二患益張，國力益耗，而事不可爲矣。闖寇入都城，欲輟關外之兵入關禦寇，議久不決，而寇已破都城矣。烈皇帝身殉社稷，普天痛憤。大帥吴三桂，父陷寇中不之顧，顧力不能當，借兵于虜，〔五二〕與寇一戰，大勝，寇即棄都城西走，而虜晏然以爲得都城于寇云。〔五三〕傳檄三齊，迅掃秦、晉，既得河北，復取江南，一時迎降恐後者，以爲寇爲先帝之仇，虜能爲我滅寇，〔五四〕非我仇也。嗟呼！寇之發難以何事起？天下嗷嗷，皆以加賦之故。然加賦于何年？皆以東彝發難也。且河北爲寇所攘，猶曰取之于寇；江南何罪，而奄有之耶？我謀不臧、將不擇，兵不練，廷臣置邊事于度外，邊臣以尋端卸擔。至南都之政，賄賂彌彰，如狂如醉，使高皇帝之開闢，烈皇帝之憂勤，一朝宗社丘墟，大可痛也！

〔校記〕

〔一〕「奴兒哈赤」四字原空缺，現據曹氏所藏抄本補入。

〔二〕「北兵」二字原空缺，現據曹氏所藏抄本補入。

〔三〕「北虜」二字原空缺，現據曹氏所藏抄本補入。

〔四〕「虜」字原空缺，現據曹氏所藏抄本補入。

〔五〕至〔六〕「北兵」二字原空缺，現據曹氏所藏抄本補入。

〔七〕「北」字原空缺，現據曹氏所藏抄本補入。

〔八〕至〔一三〕各句中「敵」字原空缺，現據曹氏所藏抄本補入。

〔一四〕「虜」字原空缺，現據曹氏所藏抄本補入。
〔一五〕「敵」字原空缺，現據曹氏所藏抄本補入。
〔一六〕「京師」二字原空缺，現據曹氏所藏抄本補入。
〔一七〕「虜」字原空缺，現據曹氏所藏抄本補入。
〔一八〕「北兵」二字原空缺，現據曹氏所藏抄本補入。
〔一九〕至〔二六〕各句中「敵」字原空缺，現據曹氏所藏抄本補入。
〔二七〕「酋長」二字原空缺，現據曹氏所藏抄本補入。
〔二八〕「虜兵」二字原空缺，現據曹氏所藏抄本補入。
〔二九〕「奴酋」二字原空缺，現據曹氏所藏抄本補入。
〔三〇〕至〔三二〕各句中「虜」字原空缺，現據曹氏所藏抄本補入。
〔三三〕「北」字原空缺，現據曹氏所藏抄本補入。
〔三四〕至〔四一〕各句中「虜」字原空缺，現據曹氏所藏抄本補入。
〔四二〕「奴」字原空缺，現據曹氏所藏抄本補入。
〔四三〕至〔四九〕各句中「虜」字原空缺，現據曹氏所藏抄本補入。
〔五〇〕至〔五一〕各句中「敵」字原空缺，現據曹氏所藏抄本補入。
〔五二〕至〔五四〕各句中「虜」字原空缺，現據曹氏所藏抄本補入。

672 遼彝雜志

中大司馬元渚嘗語余曰：爲少司馬時，嘗一晤李寅城，寅城以其爲文定公子也，待之極恭。叩之邊事，曰：「爲費甚多，凡所有健兒恣其所好，凡衣服、飲食、子女、第宅及呼盧、俠邪之類，俱曲以濟之，有求必予，但令殺虜建功而已。」批云：此卽李牧之法，爲將者當如此矣。元渚叩以費從何出？曰：「非能自給之也，當其窮時則貸之，或責以零勦刼帳，或責以禦虜先登，計級受賞，卽除前貸。」故人皆樂爲之用，此李氏功名所由盛也。當是時，天下皆疑李氏有異志，兵莫强焉。然李之費以養健兒者，漸移以結朝貴，凡撫按出都，必預有以結之，至則與相雷同，任其欺蔽，卽山人墨客求朝貴書出遊者，必以李氏爲利藪。李氏子弟恣意聲色婦人，出遊，騎若雲錦，而功名衰矣。予嘗叩之遼友云：「當成梁盛時所招致智勇之士，熟戰陣者甚多，如柏、如楨時其人皆在，何潰壞至此？」遼友曰：「此天也！當成梁、如松之貴，與之語，皆娓娓精當。及至如柏輩，既弱且蠢，與言，皆憒甚，其父兄之風無一存者，知其必敗。」嗟呼！李氏之盛衰，卽遼事之興廢也。後之論者，亦往往以通虜罪李，亦屬太苛。如柏敗後，如楨卽以大金吾出鎮，不過以孝廉五六人計偕寓其宇下，疏舉之，卽因而用焉。廷弼至，卽糾如楨大罪，下獄擬辟，亦大過。然人皆以李氏素有富名，積謗所集，無有一人寬之者。如柏既庚死，如楨自分死無日矣，忽中夜奉烈皇帝旨，宥之出獄。如楨夜出囹圄，家寓城外，久不相通，忽而叩門，皆駭，以爲夢中事也。後遂續其寧遠舊封。古人云：「記人之功，忘人之過，宜爲君者也。」烈皇帝之謂乎！

遼事之起三十年矣，每當破城殺將，天象必徵，靡不彰明較著也。當戊午發難，彗星亘天。四五年前，地生白毛，鬼哭于宮，近在簷際，遠則數丈，所稱鬼車馬者。民間鳴鑼發砲以駭之，去則旋來，竟夜乃止，尤爲史籍所不經見也。己未四月十九日，四路發兵，京師大風霾。余以計偕出飲友人家，坐小輿中，兩壯夫舁之，震蕩若在危濤中，掀播不已，雨沾衣，皆黃土也。既抵席，覩庭中火光赫然，咸謂設庭燎耳，實天色如赬下照也。酒散歸，衣巾皆染雨土。閱兩日，敗報至。遼東之破，余館于鄒平張師家。是日，忽大風蔽天地，覿面不相覩。廣寧之破，余亦計偕在都，連日風霾，東望但見黑氣蔽天而已。癸未、甲申之間，天變尤多，其最異者，雷擊奉先殿，雷火中焚，銅鐵皆鎔而下注，殛死內侍甚衆。甲申二月，寇漸逼都，余侄遊北雍，遽歸，至中途遇大風不止，拔木飛瓦，行人皆偃仆。天之示我何如也！惟南都之破無甚咎徵，豈天以爲不復可警，故置之耶？

自有遼事，所用人鮮有勝任者。當時所望成功，惟熊廷弼、袁崇煥、孫承宗；而武臣如劉綎、杜松、滿桂、祖大綬、吴三桂，其最著也。廷弼剛而驕，唾駡一世，謂皆出己下。吾鄉朱本治爲永平郡守，嘉善錢士晉爲大名郡守，熊一見賞其才，且云：「遼事將與共功名。」兩公意其能成功也，譽以公至必能滅虜。〔一〕熊握手與密語：「公解人也，何爲亦作此語？遼事豈可爲？但當尋一散場耳。」意謂怒駡人，以圖逐歸也。此豈意在國家者乎？當其督學江南，行法極嚴，然嚴而不當，至郡邑一概狥私，孤寒壅塞，或有不平之鳴。廷弼但知嚴處士子，而己不能一破情面也。崇煥少好談兵，見人輒結爲同盟，肝腸頗熱。爲閩中縣令，分較闈中，日呼一老兵習遼事者與談兵，絶不閱卷。或問之，則曰：「士子宜中者自有命，在隨意抽取可也。」寧遠一捷，實爲首功，遂自矜爲虜已破膽，〔二〕必肯獻地講和。召對，自言五年滅虜，〔三〕了無成算。給諫許譽卿面叩之，崇煥自言「聊慰上望云爾」。給諫極言上英明，豈可浪對！異日按期奏功，奈何？崇煥亦自覺失言，遂以用人、措餉等事，再請于上，倘有不相應，卽可借爲卸擔地，不意上之咸從其所請也。赴援都門，召見，卽請入城休息，上不可。以三千騎入城請，上曰：「三千亦不可」疑之者至矣，而崇煥絕不悟也。閣臣錢龍錫嘗問以遼事，答以當從東江做起。錢謂：「舍實地而問海道何也？且毛帥未必可得力。」崇煥云：「可用用之，不可用殺之，此吾所優爲。」錢固庸人也，不以其言爲意。及斬文龍，疏中卽入錢語。及虜闌入朝端，遂以殺文龍爲崇煥罪，并及龍錫。以崇煥爲逆督，以龍錫爲通變，一凌遲，一擬辟。蓋以逆璫一案，爲附逆者所切齒，欲借崇煥起一逆案以相報，因龍錫以及諸名賢。其事且成矣，欲自兵部發之，而大司馬梁廷棟始與謀，旋悔不肯認，且賴上聖明，不能遽起大獄也。龍錫賴詞臣黃道周疏救，後以天旱賜宥，言路屢以爲請，遂戍定海。而崇煥先置極刑，妻子流數千里，刑浮于罪，寃哉！承宗練而材，凡軍中利弊，每發言洞中，能令諸帥心服。且部伍器用亦精嫺，諸帥咸服之，但不能無欲。其所推轂大帥馬世龍，貌奇偉而無將略，承宗以爲韓、白復出，人亦訝之。兩鎭關門，俱無事，然幸不與虜値耳。歸居里中，城陷，合家被難，傷哉！劉、杜老將有名，杜勇而疏，劉爲尤勝，其所招致奇材、劍客之屬，實甲于羣帥，劉敗後，無有及之者矣。大綏家富而勇，曾犯法，幾被戮，賴崇煥力救之，故相得甚歡。及爲大帥，子弟皆貴爲將帥。家頗多彝人、遼人，皆善戰，以崇煥下獄，皆散。而其母痛責之，其妻，固妾也，亦持之甚堅，故仍爲國用。永平恢復、錦州力守，皆有功。但攻圍既久，糧已竭而援兵不至，遂以城降，而身自逃歸。或云已輸誠于虜，〔四〕謂綏歸，卽舉八城盡降，故虜縱之。〔五〕然歸卽爲國堅守，雖其子在虜中，不之顧也，則非有意負國者。力守松山、杏山，與洪承疇被圍年餘，力竭而陷，遂至失節。三桂卽大綏甥也。其父吳襄，向爲大帥。三桂少年勇冠三軍。及闖寇誘之甚至，三桂終不從。都城破，以殺寇自矢，借虜兵，而虜遂吞我中華，則三桂罪哉！滿桂勇而廉，然起自行伍，不解文墨，拔爲統帥，羣帥不服。況各鎮之兵紛紜而集，桂未得稍撫循之，亟驅以戰，兵不與將相習，且將與將亦多不相識者，一戰而覆，非盡桂之罪也。數人而外，卑卑不足論矣。

遼人守遼，策之得也，而廷弼以爲遼人必不可用，爾時遼俗富而奢，莫肯力戰，故廷弼云然。數戰之後，遼人實可用也，如浙兵、秦兵、川兵皆可用，但問用之者如何耳。嗟呼！勝敗得失，但當擇將，乃云惟某地最良，古豈有此論也哉？督撫莫得勝任，將士莫能敵愾，是固然矣。政府中樞尤皆庸庸，遼事所以益壞也。當江陵柄國時，九邊之事，如視諸掌，如某虜今將往某地，防其犯某邊，江陵必先知之，戒諭邊臣，故無敗事，後鮮有繼之者矣。一邊撫嘗語余曰：「葉臺山相國固不可及也，每邊臣上疏，必手書答之。此後止發一名柬而已。」中外不相應，安望成功哉？然猶未極壞也。周宜興當國，或以庇邊臣奏訐，周力辯，謂「向來不與邊臣通書。」若謂邊事非閣臣所與知者，其敗不亦宜乎？崇禎朝凡爲中樞者，無不被戮，雖上之用法嚴，亦下多負國耳。其稍可者梁廷棟，其心明暢；李繼貞、余大成兩職方未必知邊事，而守甚潔，僨帥之風賴以少抑，亦庶幾云。

〔校記〕

〔一〕至〔五〕各句中「虜」字原空缺，現據曹氏所藏抄本補入。

673

流寇大略

流寇始于秦之潰兵，皆耿如杞入援之師也。秦地連饑，民窮賦重，遂從寇者日繁。其始固易剪。楊鶴爲三邊總督，欲撫安之，既撫復叛，鶴逮，謫戍。洪承疇爲秦撫，勦之甚力，洪廉而勤，將士愛戴之，勦寇幾盡，僅三千人渡河入晉。晉撫許鼎臣不能禦，漸猖獗，遂由中州入蜀，蹂躪彌廣。用陳奇瑜爲總督。寇入川，幾爲川兵所盡。奇瑜再主撫，遣之入秦，至秦，又叛。逮奇瑜下獄，用洪承疇總督陜、豫、楚、蜀。賊聞承疇來，大懼，盡避入終南山中，官兵圍之。大帥曹某勇而驕，〔一〕遽入山搜寇，爲所敗歿，賊復闌出楚、豫間。用盧象昇爲總督，與承疇兵勦寇；孫傳庭爲秦撫。象昇身先士卒，以善戰稱。而傳庭父爲邊將，亦習行間事，雖與洪不合，其才自優。象昇用關外兵，一破寇于豫，而承疇、傳庭亦時時以捷聞，寇且衰矣。因魯入邊，亟召三公入援。魯退，即用象昇于宣大，承疇于薊遼，傳庭于保定，而寇又復盛。傳庭僞稱病，逮下獄。是時楊嗣昌爲中樞，疏薦熊文燦爲總督，議增天下餉。初以溢地爲名，蓋言額外之地，楚中遼闊，或有之，而四方實無是也。有上疏争者，輒被處，遂總加之額田中。特設一少司農理勦寇餉，俾文燦專兵事。然文燦向在閩中，幸以撫鄭芝龍成功，遂謂寇必可撫，專意招降。初寇之起，紛紜無主，久之，有老狪狪、闖塌天、满天星、翻山鷂等名，亦未著姓名。至是，有張獻忠、李自成、小袁銀輩，漸并各寇爲雄長。然招獻忠後，兵肆凶悍，侵奪居民，每伸寇而屈民。獻忠旋颺去，其勢益張，文燦逮，論辟。寇既復叛，而魯又闌入燕、齊，殺掠無算。嗣昌乃自請勦寇贖罪，上爲賜坐設宴，賦詩以寵之，雖大帥及司道皆得以賜劍自戮之，權重甚。楊至楚，申軍令，鼓將士，一時赫然。旋敗獻忠，而圍之瑪瑙山中。獻忠出戰，墜馬，幾被獲，楊謂勳功可成。先是嗣昌在閣時，議練兵十餘萬與各鎮，用以破魯，特加練餉，使浮于遼餉之數。至是，即撥遼餉以充勦寇之用，餉足而民怨已極。獻忠被圍久，鑿山徑走入蜀。嗣昌彈蜀撫邵捷春，逮論辟，蜀民爲訟寃，不之釋也。獻忠遣奸細入襄陽城，與獄中大盜相通，又遣寇僞作商人，運車入城，兵器皆藏車中，至則内外相應，城立破，襄王被難矣。寇自發難以來，未嘗破藩封、傾重鎮也，自襄陽破後，勢遂滔天。闖賊李自成又破河南府，福藩不屈，被難。闖賊得珍寶無算，其勢益張。嗣昌旋没，或云服毒，或云病疫死，而上終心憐之，有言其服毒者輒譴。明年春，闖賊再圍開封府，前後且百餘日，城中斗米十金，〔二〕草木皮筋皆盡，及人相食。上令各路進兵救援，皆不能至。初次圍城，賴大帥陳永福及其子德力戰却之。至是，永福父子亦被困。按臣任濬與司李黄澍輩矢死力守，周籓所費不貲。左良玉來救，爲寇所獲，城已不支。而河忽大潰，城没，周藩與守土諸臣皆走高丘得免，百姓死且盡矣。或謂城中人自決壞河，以便出走。然河堤向高于城，以歲修，俾勿壞。寇既圍城，堤久不修，其潰固宜。上爲之悲痛，授澍爲御史，復詔慰周藩，出孫傳庭于獄爲總督，悉發秦、晉兵從之。傳庭大治兵，自謂必能破寇，上亦屢趣之出關。傳庭鋭而疏，寇屢僞敗，以誘之深入，一戰而敗，軍資悉蕩，寇遂入關，據有長安，傳庭走死。先是，寇所破城邑甚多，武弁多失節，而文臣未有降者。至是，秦中方伯陸之祺輩，多蒙面屈降矣。寇即由秦入晉，所至風靡。上先遣閣臣吴甡出督師，甡逡巡未行，而獻賊已破武昌，舊閣臣賀逢聖死節。上怒，黜甡，旋逮問，謫戍。獻賊所至，殺戮無孑遺，而闖賊稍減，民遂以闖賊爲不殺人，至即降，幾不留行。惟榆林力守，與賊殺傷相當，破城之日，皆門死，無一降者，榆林多老將故也。寇渡河而東，閣臣韓爌、撫臣蔡懋德皆死之。平陽郡守張璘然迎降，且爲之用。上遣閣臣李建泰督師，躬送之出，待以殊禮。然兵、餉皆絀，選京兵從行，中途多散佚。李至真定不能前，而寇已逼矣。李爲寇同姓，得不死。傳聞寇稱之爲叔，後復臣虜。李生平頗負重望，至此殊可恨！寇一從真定來，一破居庸關而入京師。詞臣李明睿建議南遷，科臣光時亨疏阻之。又有言東宮宜出撫軍于南，亦不果。上已遣閣臣魏藻德、方岳貢屯田練兵淮、揚間，後以寇迫，留之。羣臣建議者紛紛，而城守卒無料理。十五日，尚館課庶常。十六日，召對館選。十八日，寇已從通州至都，一到即破彰義門矣，內城尚未覺也。城守皆中官爲政，百官無一上城者。銃聲不絕，實皆空炮。守堞者亦寥寥，奸細已滿城。有二璫懸城而入，以寇勢報上，不知所云，聞亦寇使之內間也。上遂令中宮自盡，刀劈公主一臂，不能死，上憐而止。馳騎至城門，不得出，復入宮，自縊于煤山。自以身失天下，不欲以衣冠見祖宗，裂冠毀冕而崩，猶書衿以「不殺我百姓」爲戒，聞者莫不痛絕。而寇已馳騎入城矣，其所以破城者，城中人亦莫之知。聞齊化門內有寇內伏，大呼曰：「城破矣！爲兵者即殺，民皆免。」城兵遂棄甲拋戈而走。復從齊化遍走各門大呼，所至，兵皆潰，遂開門納外兵。居民見兵入，皆倉皇走，寇慰之曰：「大兵不殺人，毋用遁走爲也。」李自成入至大明門，自恃善射，祝曰：「我得天下安平，則箭中其中。」箭發，入瓦楞中。或以爲射及空虛，殆空名耳。自成入宮，舉帝后之靈出置廷衢。傳聞素棺置蘆蓆棚中，有僧以麥飯爲供，萬姓無不感慟，而羣臣無有拜哭者。自死難二十餘人外，皆臣賊。各官報名出見，皆趨至廷中，立候竟日，不許見。押至虆街，又留之，押至空舍中，巡邏守之，備加頓辱。羣臣至此，求死亦不可得矣！其無耻者，遂用關節通用事者，再呼見，遂分别用舍：用者令出東華門，押至吏部更職；不用者押出西華門，至各營追取金帛，夾而暴之中庭。所獻金帛不足，則再加酷刑，不能早自死，以致此，耻莫大焉！如魏藻德、方岳貢皆先求死，爲所獲，再三請死，終無屈詞；亦有潛身得免者，其志亦皆可亮。但先帝神聖，身殉社稷，千古所希，而諸臣死難者寥寥，大可恨也！大抵野史所記降寇諸臣，鮮不實者。而南都初定六等之案，總以賄賂出入，及門户相仇者則陷入之。有一星士從梁溪來，云梁溪一友，記從逆名姓事實，詳而確。余擬作一函往索，恐未可必得耳。案屢定屢移，蓋恐一定則無從索賄，故爲出入遊移，留不結之案。即死難最烈者，亦必索賄，乃爲題請。自成每登御座，即眩，人皆知其無成。而自燕入齊，遍設僞官，所至靡然從之。僞官至，亦惟以搜括仕宦金帛爲急，百姓始悔。淮撫路振飛、按臣王燮取僞官詹某等戮之，寇遂不敢過淮。當寇未破都城時，傳言吴三桂已降，舉朝驚懼，召其父襄問之，襄言三桂忠孝，必不至此。寇破都城後，發兵萬餘往關外，三桂剿之幾盡。自成憤甚，自率衆以往，三桂僞敗，誘之出關。適東夷兵至，三桂前後皆勁敵，不得已，乃與虜合。自成大敗，步兵無一存者，騎兵亦潰。自成急奔還，取所掠宫中珍寶及子女玉帛西行馳，三桂率虜追之，至真定而還。寇至秦，發重賄于西虜市馬，西虜復奪賂殺其人，寇遂不振。虜再同三桂西伐，不戰而走。傳聞剩寇止千餘。嗟乎！虜稱天驕，其薦食中華，無足怪也。寇皆累朝長育之赤子，乃墟我宗社，使聖主蒙難以崩，中宫從焉，東宫、二王皆爲所獲，此其罪誠萬刀不足剸也。破都城不滿四十日，每欲僭位更號，擇于四月十七日，而迫于三桂，倉皇出走，自古大寇成敗未有如此之速者。二王至陜中尚無恙，吾鄉人有親見者，是或邀神靈以呵護云。

〔校記〕

〔一〕「曹某」，夏允彝幸存録流寇大略作「曹文詔」。

〔二〕原作「千金」，恐誤，此從通行本。按幸存録流寇大略篇亦作「十金」。

〔三〕「而自燕入齊」至「吾鄉人有親見者」，原缺，現據曹氏所藏抄本補入。

674 北略總説

北略，紀亂之書也。然神宗踐祚以來，西夏有哱拜之亂，播州有應龍之亂，朝鮮、遼東有行長、秀吉之亂，亂不一矣，俱不之載者何？以無關于天下之大也。而獨始于二十三年者，見皇清封建之始，繼明之天下已有其人矣。

光宗明惠，享國不永，僅存三案。國無長君，知社稷之不幸也。

熹宗憒憒，遼陽盡没，加以逆閹亂政，殺戮忠良，元氣既削，大飢、大寇于是起矣。

烈皇英武，首誅逆魏，敷天洩憤。乃未幾災荒洊至，敵寇頻仍，卒至以身殉國。蓋以生丁百六，非由不德所致，抑亦將相無人耳。

予隨筆編抄，止紀歲年，未次月日，似失始末。然敍事則先朝廷而後郡邑，明有本也；紀寇則始秦、晉而及豫、楚，明有漸也。至每卷末必繫以誌異者，見大寇由于大飢，人亂應乎天變，神州陸沉，厥有由矣！

神、光三朝，事多不録，而獨詳于思宗一朝者，蓋前事悉以梓行，予不更贅，思宗雜記散落人間，各持一説，予特合編成帙，將以質諸博古之君子。

補遺一卷，得自姑蘇，删竄改録，是冬書已將竣，未遑插入，姑存以俟異日。識者勿笑管窺蠡測之見也可。辛亥季冬八日雨窗用賓氏書。

附録

計六奇與《明季南北略》

張崟

清初計六奇所著《明季北略》、《明季南略》是兩部流行相當廣的史籍，近人研討明末農民起義和明清之際民族鬬争歷史者，經常引用它。但一般所看到的，都不過是商務印書館鉛印本、北京琉璃廠半松居士木活字本和圖書集成局石印本等通行版本而已，没有發現其它珍本。

一九五六年，我協助杭州大學圖書館往上海訪書，在來薰閣得到吴縣潘介祉原藏《明季南北略》舊抄本全部，發現這個本子不但和通行本編次不同、分卷不同，如《南略》只作十六卷；而且内容詳略，亦大相徑庭。特别是經過諱避删改之處，關係尤大。幾年來課餘抽暇聚書讐對，並草成本文，做一些評價和介紹。

一、計六奇的生平和著作

計六奇的事迹，根據我見到的資料，只清人周有壬編《錫金考乘》卷十二藝文類《南北略》條目下注有：「六奇，與道鄉人，諸生。」八個字。清邵涵初編《錫金游庠録》諸書没有登録他的姓名。《無錫縣誌》更没有他的傳記。近人謝剛主先生著《晚明史籍考》，博聞廣採，搜羅宏富，但對《明季南北略》的撰人也是「事迹不詳」。對於清初這樣一位歷史家，他的著作廣泛流行和被引用，而其一生却近乎被淹没，實在是令人惋惜的。現就管見所及，爲之考定如次：

六奇字用賓，〔一〕號天節子，〔二〕别署九峰居士。〔三〕生於明天啓二年（一六二二年），〔四〕卒年不詳，但據抄本《南略》卷三《太子一案》篇末自注「康熙丁卯閏五月廿七補評」，則康熙二十六年丁卯（一六八七年）六奇已六十有六歲，尚能健筆撰述。

父□□。母胡氏，爲同邑胡時忠之妹。〔五〕時忠的兒子鴻儀，即永禔，〔六〕爲計六奇的舅表弟。永禔曾邀六奇「坐彩舞榭中，示以秘籍，贈以管城子」，對計六奇撰寫本書給過很大的幫助。

叔□□，字君徵；〔七〕□□，字君衡。〔八〕兄□□，字伯雄，〔九〕崇禎十五年壬午（一六四二年）曾「館於蘇之沈氏」。〔一〇〕

妻杭氏，無錫四河口人杭濟之之女。濟之字遇秦，〔一一〕亦留心著述。《北略》卷十八《李自成入荆州》至《梁玄昌家難》五篇及卷十九《宋光祖賊傷》至《三藩賊禍》五篇，即採自濟之的手記。〔一二〕濟之「父諱州牧，高才博學，賫志以殁」。異母弟謀，行第三，字獻之，「幼嗣（無錫）南門王氏，遂因王姓。崇禎己卯、庚辰（十二、三年）之際，訓蒙洛社，移家居焉」，時時過杭濟之家書齋清談。清順治三年（一六四六年）仲冬十一日，起義抗清，「率鄉兵萬人，夜薄郡城」，兵敗被殺，事詳《南略》卷九《王謀驅市人起義死》篇。〔一三〕這和六奇之特富民族思想，當不無關係。

計六奇家境相當清寒，所以早歲求學，都寄讀於别人的家塾。十九歲（崇禎十三年，即一六四〇年），隨岳父杭濟之讀書於無錫洛社。〔一四〕二十一歲又跟杭濟之讀書於其母舅胡時忠家。〔一五〕六奇曾於清順治六年（一六四九年）、十一年（一六五四年）兩次應試於江陰，〔一六〕但都不得志。《南略·跋》說自己「壁立如渴司馬，數奇若飛將軍，孤憤窮愁過韓公子、魏虞卿」。他足有半輩子是在教書生涯中渡過的。據《南北略》本書鈎索，六奇館教過的人家有方全華氏、〔一七〕社埄王氏、〔一八〕江陰琉璜鄉張氏、〔一九〕□□徐氏等，〔二〇〕前後時間至少達三十五年之久。可見六奇在當時，該是一個以「積學種文」，善於教育後進而蜚聲鄉里的名秀才。否則，何至於有那末多的人家請他主講家塾，並還是一再地聘請他呢。

計六奇的歷史著作，還是他課餘勞動的結晶。他不是一個冬烘先生，他不想僅靠舌耕餬口，碌碌無爲地渡過一生。他熾烈的民族思想要有所寄托，於是他要從事著述；他生長在一個階級鬭争和民族鬭争戰火紛飛的時代，他的民族思想的最好寄托，就是記録這個時代。《南北略》兩書卽撰寫於此時。所館諸家，僅知其姓，不詳其名，可能都是些或多或少地具有民族意識的故家。特别是社埄王氏，「門牆清簡」，對他的編寫工作幫助很大。

計六奇也不是一個困守里門的酸秀才，他不甘心僅僅在故紙堆中爬梳。我們是否可以這樣說，在這一點上他繼承了我國偉大的歷史家司馬遷所建立的優良的史學傳統，卽足跡所及，到處留心遺存，訪問父老。計六奇不放過任何機會，盡力地搜羅遺聞佚事，注意實地的考察。如他在江陰曾登君山攜筆臨摹故邑令郝敬的詩刻，〔二一〕在蘇州訪五人墓，〔二二〕在揚州謁史可法祠，〔二三〕在鎮江問遼人唐奉山以松、杏之戰，〔二四〕在六合訪馬友仁問乃兄馬純仁抗拒薙髮投河自殺事，〔二五〕在桐城樅陽鎮向陳石舫問張獻忠克桐事，〔二六〕在淮上與一父老談農民軍事，〔二七〕在通州向同舟人閔表問遼事等等，〔二八〕都可見六奇蓄意著述。所以，《南北略》兩書保留了很多身親目睹者的經歷和見聞，它的史料價值與完全撮抄其他書籍自然是大不相同。

除《南北略》兩書之外，六奇遺著至今尚存三種：

《粵滇紀聞》十卷，舊抄本署「九峰居士編輯」，清繆荃孫《藝風藏書續記》著録。內容紀事自明隆武二年（一六四六年）永明王即位至永曆十五年（一六六一年）在緬甸被執止。體裁略如宋人筆記。據謝剛主先生《晚明史籍考》稱：「卷首間有每年事之總略。每篇後低一格寫，似考異，亦似附註。」則其形式與《南北略》大致相仿。

《金壇獄案》一卷，敍「金壇十生」通海嚮應鄭成功之獄，有紀録匯編本。

《南京紀略》一卷，舊抄本。《晚明史籍考》著録，原題無錫九峰居士編，航頭再生棘士校。「是書匯輯弘光一代遺事；然率見他書，無特殊之處。前有西蜀涇南玉峰居士識」。

以上三種，都有關於明清易代掌故，與《南北略》兩書互爲出入。《粵滇紀聞》自序所謂：「我生不辰，遭此國家多難，回思開國之盛，復悲黍離之衰；故于粵滇之事，或考遺聞，或訪故老，一人一事，咸筆簡端。後之有心史事者，諒不以小朝廷之記載，一旦置之覆瓿也！」這個自序是作者民族思想非常熾烈的反映。《南略》名列《禁燬書目》而仍能幸存，〔二九〕《北略》與此三書則完全逃脱禁網，都流傳至今。《南北略》不但幾經翻印，風行百餘年，並有舊抄足本保存下來，這不能不是文獻的快事。

六奇著作可考的只上述五書，詩文集未見于世，但《南北略》中所附許多詩，如：《北略》卷二十《紀先帝英烈詩三十七首（附七絶八首）》，〔三〇〕卷二十一《殉難文臣（二十一人）》篇附贈王章一律及讚諸臣詩，卷二十三《讚周遇吉詩》、《寄哀時事詩》等等，絶大多數不見于坊本而只見于舊抄本者，疑皆六奇自作。

二、《南北略》的撰寫經過和義例

《明季北略》、《明季南略》各有《自序》一篇，抄本《南略》後又多一《跋》及《紀事》、《誌感》、《讀書者》四篇。據《跋》説：「康熙午未申酉（康熙五至八年，一六六六至一六六九年）之際，作《南北略》兩書，具草五百餘篇」，〔三一〕至「庚戌（康熙九年）二月六日」開始謄正，到第二年辛亥「孟夏既望，《北略》始竣。五月十五甲午，復書《南略》，計日課篇。」中間除掉「十一月十三爲二親窀穸，停筆三旬，迨季冬六日癸未，乃成《北略》三十一萬一千三十餘言，《南略》二十四萬四千三百餘言；共計五十五萬五千三百餘言」。正如《誌感》裏所説的「綴草四載，謄次二年，始得告竣」。《北略》卷末《論明季致亂之由》後記説：「康熙十年辛亥四月十五日，予編《北略》初成。」《南略》序也説：「歲辛亥仲夏，予編《南略》一書。」很明顯，這兩個「編」字都指謄寫清本。但實際上六奇蓄意撰述，時間更早。遠在明清之際，他聽説嘉興曹溶（秋嶽）「留心著述」，即「欲訪之」。〔三二〕甚至還在崇禎九年（一六三六年），十五歲的計六奇過淮上時，便喜聽父老談農民起義。順治六年（一六四九年）仲冬應試時，聽同舟嘉興人談揚州破守；以及順治十五年（一六五八年）八月十二日，聽其父轉述全椒客人自言前在寧遠圍城中事等等，〔三三〕不一而足。而且，在順治年間便已正式搜集文獻資料。如順治四年（一六四七年）「館於方全華氏」時，從蘇州友人處收到楊廷樞遺詩；〔三四〕十八年（一六六一年）八月十日，獲讀湖南貞女絕命詩十首。〔三五〕又如「康熙二年二月初四日」已在「社埣王館書」范景文論，〔三六〕初八日書施邦曜傳；〔三七〕可見六奇經營《北略》不必始於康熙五年，或者到是年才大規模撰寫，並確定書名爲《南北略》而已。而且《北略總説》、《北略自序》及《南略自序》都寫成於康熙十年（一六七一年）十二月初八，《南略》的《跋》、《紀事》、《誌感》、《讀書者》四篇寫成於同月十四日，均在康熙十年十二月初六全書謄真之後。而《北略》卷十四《城盧溝》篇末「向北京一門題額曰順治……」二行三十一字，鈔本原作小字夾註，眉批云：「細書二行，乃乙卯十月四日西蜀季昆水述者，時在北京親見也。」又鈔本《南略》卷八《黃道周誌傳》，〔三八〕文末有「戊午十一月廿九雪天晚刻徐館補書」一行自記；卷三《太子一案》篇末附記自註云「丁卯閏五月廿七補評」。據此，則可知至康熙十四年乙卯（一六七五年）、十七年戊午（一六七八年）、二十六年丁卯（一六八七年），計六奇尚對《南北略》兩書陸續有所增補。這些還是有時日可考的。其他未曾分別註明的如《南略·跋》所謂：「家表弟胡子鴻儀，殊解人意，邀坐彩舞榭中，示以秘籍，贈以管城子……肆力期年，得書千紙」者，自然還有不少。

計六奇寫成《南北略》這樣兩部重要的歷史著作，實在不是容易的事。在上述長時間的寫作和加工過程裏，他集中精力，付出了辛勤而又艱巨的勞動。《南略·跋》自稱：「目不交睫，手不停披，晨夕勿輟，寒暑無間；賓朋出入勿知，家鄉米鹽勿問。」《紀事》篇説：康熙「庚戌季冬……大雪連旬，千里數尺；

予呵筆疾書，未嘗少廢。辛亥季夏酷暑……予雖汗流浹背，必限録五紙。每晨起，用手巾六層陳案上，書畢視之，肘下透洽。」所以最後才會有「編書不易」與「集書之難也如此」的深切體會。〔三九〕

全書卷首有序無例，只抄本《北略》卷末多《北略總説》一篇，全文分作五條，説：

「《北略》，紀亂之書也；然神宗踐祚以來，……亂不一矣，俱不之載者何？以無關於天下之大也。而獨始於二十三年者，見皇清封建之始，繼明之天下已有其人矣。

光宗明惠，享國不永，僅存三案。吁！國無長君知社稷，熹宗憒憒，遼陽盡没；加以逆奄亂政，殺戮忠良，元氣既削，大饑大寇于是起矣。烈皇英武，首誅逆魏，敷天泄憤；乃未幾災荒洊至，敵寇頻仍，卒至以身殉國。蓋以生丁百六，非由不德所致，抑亦將相無人耳！

予隨筆編抄，止紀歲年，未次月日，似失本末；然敍事則先朝廷而後郡邑，明有本也。紀寇則始秦晉而及豫楚，明有漸也。至每卷末必係以誌異者，見大寇由於大饑，人亂應乎天變。神州陸沉，厥有由矣。

神光（熹）三朝，事多不録，而獨詳於思宗一朝者，蓋前事悉已載行，予不更贅。《思宗雜紀》散落人間，各持一説，予特合編成帙，將以質諸博古之君子。補遺一卷，得自姑蘇，删竄改録；是冬，書已將竣，未遑插入，始存以俟異日。識者勿笑管窺蠡測之見也可。」

在這《總説》裏説明了幾個問題：一是《北略》一書的性質；二是紀事始於萬曆二十三年（一五九五年）的用意；三是隨筆編鈔紀年不紀月日；四是敍事先朝廷而後郡邑，並且依據事物發展次第；五是卷末爲什麼都綴一篇誌異；六是爲什麼崇禎一朝紀載特别詳細；七是補遺一卷的來源和未遑插入正編的緣故。〔四〇〕這七條雖未把《南略》包括在内，事實上已等於作者自己闡發《南北略》的部分凡例。現據原書序跋及正文附記所涉及者，補提若干條於下，以見全書義例的較完整面目。

（一）異説並存例

《北略》卷二十《朱之馮》附記對于宣府、大同的陷落日期及朱之馮死法等異説並列，謂：「愼毋笑予書無定見也，以後悉仿此例。」

《南略》卷十五《瞿式耜諫勿濫刑》篇末附記：「由前《遺聞》觀之，則以丁蒙等詔獄爲非；由後《粤記》觀之，則以五虎等嚴刑爲快；姑並存之，以俟筆之於史者。」

（二）衆説紛陳，從其多數例

《北略》卷二十《（崇禎甲申三月）十八日申刻外城陷》篇於北京彰義門之開城有「十七夜」與「十八夜」兩説，按語斷謂「而十八之説頗詳，且從者衆，故予亦從之」。

（三）傳疑例

《北略》卷二十一《殉難文臣（列傳）》成德（傳）附記，謂《啓禎録》、《啓禎野乘》及《編年》三書載成德死事互異，「不知是一是二」。

《南略》卷五《許都餘黨復亂》篇附記，對浙江巡按左光先在許都事變當中的功過問題，以爲難「凭臆以斷誌之」。

(四)存疑俟考例

《北略》卷十五《左良玉破豫賊》篇附記劉國能「就撫」事，前後記述不同，謂「非一書自相矛盾，蓋並誌之，一以傳疑，一以俟考也。余亦仿此」。

又卷二十二《幸免諸臣(列傳)》周奎(傳)附記說：「三說不同，並存俟考。」

《南略》卷十三《李成棟庚關初敗》篇附記：成棟「以二十萬衆大師，豈無故獨走？即十將亦豈不知所以，隨行兩晝夜，獨不得成棟一語而奔乎？此必有說，姑誌以俟考。」

(五)互見例

《北略》卷二十二《懶道人善觀氣色》篇末云：「其時又有知一禪師，别載于吴易事内，兹不録。」又《劉有瀾》篇但書：「予已書入前卷殉難内，此不録。」

又卷二十三《自成僞檄》篇末說：「僞檄云云，具在吴三桂請兵(始末)内。」

《南略》卷十四《堵胤錫始末》篇内「命鑄印封可望爲平遼王，差趙昱賫往」，抄本下註「具在可望始末内」。

（六）書爵書名例

《北略》卷二十一《殉難勳戚（列傳）》劉文炳（傳）抄本有記云：「《南北略》一書，或史或鑒，錯採成文，故時而書公，時而書名，未之次定；況據書法，則忠烈諸臣宜先書爵，然後書名，乃爲得體，而此概先書名者，不過備記一人之事；俟付梓，當删定耳。餘仿此。」

又卷二十二《刑辱諸臣（列傳）》題註云：「死難者先書官爵而後書名，刑辱諸臣則反之。」

（七）編年不編月例

《北略》卷十七《張獻忠燬驛道》篇附記云：「《南北略》編年不編月，故猛如虎戰死一事已載於前，而此復載之者，前以自成及之，此以編獻忠事及之也。他卷仿此。」

三、《南北略》的資料來源

《南北略》的著者没有自開引用書目或參考文獻，然據本書紀述，並參以不同版本，互相校補，則知其取材，大致有書面與口碑兩大來源。

書面資料可以考見的有六七十種，而《北略》卷二十三、二十四兩卷補遺材料得自蘇州，不詳書名的還不計算在内。這些文獻中，不少簡化書名，且多無撰人姓氏，今就所知，略予標註。

《通紀》，見《北略》卷一《劉杜二將軍敗績》篇，疑即明陳建撰《明通紀》。

《野乘》，見《北略》卷十九《中部知縣朱新達》篇、卷二十一《殉難文臣(列傳)》成德傳。

《野記》，見同上卷十一《黎弘業和州自縊》篇，疑即明江陰李遜之的《三朝野記》。

《遺聞》，見《南略》卷十五《瞿式耜諫勿濫刑》篇附記，疑即鄒漪撰《明季遺聞》。

《國難録》，見《北略》卷二十一《陳純德》篇附記。

《國難記》，見《北略》卷二十二《楊士聰》篇，徐凝生撰。

《史略》，見《北略》卷十九《中部知縣朱新達》篇引。

《邑録》，見同上卷八《元旦雪異》篇。

《新世弘勳》，見《北略》卷二十《奸淫》。

《六合新志》，見抄本《北略》卷十三《誌異》篇。

《日星不晦録》，見《北略》卷二十《(甲申三月)廿一得先帝遺魄》篇引。《全燬書目》題明人徐夢得撰。

《忠逆史》，見《北略》卷二十一《陳純德》篇及卷二十二《丘瑜傳》附記。

《北游紀略》，見同上《丘瑜傳》。不知是否即談遷的《北游録》或盛國芳的《北游紀聞》。

《殉難實録》，見《北略》卷二十二《周奎傳》。

《左良玉始末》，見抄本《北略》卷十九末，漢陽王世顯著。

《無錫日記》，見抄本《南略》卷四《豫王渡江》篇。

《無錫記》，見《南略》卷十三《吴其靄宵遁》篇。不知與上列《無錫日記》是否相同。

《無錫實録》，見抄本《南略》卷四《六月新誌》篇。

《江陰野史》，見《南略》抄本卷四《江陰紀略》篇。

《甲乙史》二卷，見《北略》抄本卷二十《廿五癸丑拷夾百官》等篇，原題江上外史撰。

《啓禎實録》，見《南略》卷九《朱集璜起兵守崑山》篇。按：《北略》卷二十一《殉難文臣（列傳）》成德傳附記第一條引《啓禎録》不知與此是一是二。

《何堵事略》，見《南略》卷十四《堵胤錫始末》篇附記引，錢邦芑作。

《武岡播遷始末》，見《南略》抄本卷十一，題「清初黔陽郭象雲」撰。

《張獻忠亂蜀本末》，見《南略》抄本卷之十，清初内江張士彦撰。

《孫可望脇封謀禪本末》，見《南略》抄本卷十二，清初榮昌王遇撰。

《孫可望犯闕敗逃本末》，見《南略》抄本卷十四，清初江津程瀚撰。

《孫可望李定國構隙本末》，見《南略》抄本卷十四，清初雲南鶴慶聞圖軫撰。

《孫可望踞雲貴始末》，見《南略》抄本卷十四，清初會稽馬玉撰。

《圍獻史略》，見《北略》卷十六《左良玉大破張獻忠》篇附記。

《附野編》，見《北略》卷十一《吴大樸守廬州》篇題註。

《新史》，見《北略》卷十九《元旦失朝》及《祭十二陵》兩篇題註。

《安龍紀事》，見抄本《南略》卷十四，清初安龍江之春撰。

《閩事紀略》，見《南略》卷十一《唐王始末》篇附記，清初無錫華廷獻撰。

《編年》，見抄本《南略》卷二《朱統鐼誣詆姜曰廣》篇。清初王汝南撰。〔四一〕

《朱容藩潛亂本末》，見《南略》抄本卷十一，清初西充陳景雲撰。

《吴應箕傳》，見《南略》抄本卷四，通行本編入卷九，不撰著人。清初貴池劉城撰。

《甲申大事記》，明秀水沈國元撰。按：《南北略》多引《大事記》，如《北略》卷二十《(甲申三月)十七賊圍京》、《廿三辛亥諸臣點名》、《廿四日壬子》、《保定始陷》；《南略》卷三《高傑》等篇。惟《北略》卷二十一《李國禎》篇標明「沈國元《大事記》」，則此當卽《甲申大事記》之簡稱。

《潼關行》，見《北略》卷十九《孫傳庭夫婦死難》篇，明定襄進士馮訥生撰。

《懷湘樓集》，抄本《南略》卷七《湖廣試貢士論》篇末自註謂：「此論出《懷湘樓集》，時無文章，故録入之。」按：此篇通行本無，篇首稱「乙酉夏日，湖廣貢士姜翼姬，字伯璜，常德武陵人，應試作《封田千秋爲富民侯論》，曰……」，則此乃常德姜翼姬所作。

《粤事記》，見《南略》卷十三《土官陞授》及《李成棟歸明》等篇。

《粤西實録》，見同上卷十四《堵牧游與任書》篇附記第一則。〔四二〕

《杭濟之手記、游記》，見《北略》卷十八《李自成入荆州》及卷十九《三藩賊禍》等篇，無錫杭遇秦撰。

《胡時忠撰述》，《南略》卷六《林增志爲僧》篇末自稱「此康熙初年舅氏記」。

《五陵註略》，見《南略》卷五，當是節録明末人許重熙編的《五陵註略》。

《頌天臚筆》，二十四卷，明吴縣金日昇撰。

《燕都日記》一卷，見《北略》卷二十《廿五癸丑拷夾百官》篇，馮夢龍原本，莫釐山人增補。

《國變録》一卷，見《北略》卷二十一下《殉難臣民》篇劉有瀾傳末附記，西蜀吴邦策記。

《樵史》，見《北略》卷三《誅崔呈秀》篇，疑即明末林賓撰《芝園樵史》的簡稱。

《睹記》，見《北略》卷二十二《楊廷鑒》篇，疑即草莽東海臣撰《國難睹記》。

《幸存録》六卷，見《北略》卷二十四《門户大略》篇。明末夏允彝撰。

《承疇行狀》，見《南略》抄本卷十六。

《甲乙紀》，疑即明人徐肇臺撰之《甲乙紀録》。

《明季甲乙兩年滙略》，亦名《明季甲乙滙編》、《甲乙滙略》，題東村八十一老人編。

《甲申日紀》，疑即明王永章撰《甲申日記》一卷。

《董心葵事記》一卷，見《北略》抄本卷十九《董心葵大俠》。

《彤史遺編》，見《北略》卷六《徐孝婦剖肝進姑》篇。

此外泛稱：邸抄、〔四三〕抄白、〔四四〕京抄、〔四五〕京報、〔四六〕討逆單、〔四七〕北來單、〔四八〕公道單、〔四九〕易州道揭、〔五〇〕順天府君疏、〔五一〕撫按疏、〔五二〕民疏、〔五三〕野史、〔五四〕梅村吴偉業等，〔五五〕尚不一而足。亦有未記來源，可以推見其出處者，如《南略》卷三《弘光登極詔》、《國政二十五款》等篇，〔五六〕似採自文震亨的《福王登極實録》。

以上是書本文獻。至於口碑資料，來源同樣廣博。我們提到過，計六奇曾經想去拜訪象曹溶那樣「留心著述」的官僚。但是，值得注意的是，爲了著作，爲了調查和核實某些歷史事實，他還有一種眼睛向下，不耻下問的精神，對於一個封建的歷史家來説，這是極可寶貴的。他交談的範圍極其廣泛，有難民、歸客、和尚、老兵、藝人等等，他並不因爲他們生計困窘、地位卑賤，就對他們和他們所提供的歷史事實採取蔑視的態度。結果證明，這些無名的小人物，對他的歷史著作做了很大的貢獻，使他的歷史著作更加豐富，更加具有特色，增加了他和他的著作在歷史上的光彩。

計六奇也不埋没他們，他在《南北略》中標記出，得自難民口述的，如清兵之陷江陰、李自成之克歸德。道士口述的，如張真人請雪之聞諸江西法師董言玄。和尚口述的，如劉杜二將軍敗績事之據無錫悟空寺老僧。老兵的，則如《周延儒》篇附記。戲劇藝人的，則如無錫優人王某之述李自成決河灌汴梁。歌童的，則如張琦的歌童顧元之述張琦事。得之某人親屬的，則如《鄭芝龍小傳》取材於鄭芝龍族壻翁吉爊口述、《劉熙祚永州罵賊》篇據劉熙祚外甥薛堆山所述。其他訪諸各地人士或歸客傳述的，有遼東、泰州、南京、蘇州、南通、宜興、六合、江陰、無錫、江浦、徽州、宣城、桐城、廬州、贛州、江陵、常德、廣東、四川、湖北、歸德、西安等，總共亦不下於六十處之多。

這些，還只是根據本書有記載可查的，事實上計六奇的參考文獻決不止於此，像前述彩舞榭胡氏家秘籍，即其明証。

四、舊抄足本的發現與價值

《明季南北略》的價值，本來在於它保存明清之際的史料，特别是保存了豐富的農民起義史料。統計《北略》二十四卷六百四十五篇中，有關農民戰争的即有三百四十六篇，佔總篇數百分之五十三强。《南略》十八卷三百六十三篇内，也有三十三篇，佔總數百分之九强。〔五七〕

就具體内容論，方面尤爲廣泛：説明起義原因的，如《北略》卷四《流賊初起》、《白水盜王二》，卷五《劉懋請裁驛遞》、《馬懋才備陳大饑》及《誌異》、《歲饑》等篇；記述起義軍領袖人物的，如李自成、張獻忠、高迎祥、李巖、牛金星、宋獻策等等，而李自成、張獻忠爲尤多。僅從標題來看，記述李自成的，《北略》有七十篇，《南略》有一篇；記述張獻忠的，《北略》有二十二篇，《南略》有兩篇。其他記述起義軍官制的，如《北略》卷十九《李自成擅號設官》，卷二十《李自成僭號》、《李自成僞封》、《李自成改制度》，卷二十三《李自成改服印契》，《南略》卷五《僞官》、《張獻忠雜誌》，卷十二《張獻忠亂蜀本末》各篇。記兵制的，如《北略》卷七《賊分三十六營》、卷十九《李自成擅號設官》之有關營制，卷十二《河南光山之敗》之有關騎兵，卷十九《顧君恩議取關中》附記張獻忠「於巢湖習水師」之有關水軍，卷十六《張獻忠圍桐城》、卷二十《李自成入北京内城》之有關孩兒兵，卷十二《張獻忠陷應城》、卷十五《張獻忠復叛》附記、卷十六《張獻忠圍桐城》等篇之有關軍事訓練；《北略》卷十八《張獻忠襲廬州》附記獻忠計取州城，卷十九《李自成屠黃陂》、《顧君恩議取關中》，卷二十《宣府陷》、《朱之馮傳》之有關軍隊風紀；至于寫戰略戰術與用間等等，尤不可盡述。記幣制的，如《北略》卷二十《李自成鑄錢》、《李自成改制度》兩篇。記科舉的，如《北略》卷十九《李自成入潼關》、《張獻忠屠武昌》等篇。記年號國號的，如《北略》卷十八《張獻忠僭號改元》，卷二十《李自成僭號》，《南略》卷十二《張獻忠亂蜀本末》等篇。還有許多篇記載了農民軍的重大政策或戰略措施，如《北略》卷十七《李自成稱闖王》篇載自成在洛陽撰《九問九勸》號召羣衆。卷十九《李自成屠黃陂》篇載李巖作民謠。卷二十三《李自成僞詔》、〔五八〕《僞諭》、《李巖陳自成四事》、《宋獻策奏削髮諸臣》等篇載農民軍進入北京後的重要活動。卷二十《吴三桂請清兵始末》載牛金星代作吴襄招子三桂書，其附記野史記載大順國王招吴三桂檄文。卷十九《李自成入潼關》篇載自成「改西安爲長安府，榜掠巨室助餉」。卷二十《朱之馮》載自成「既破（宣城）府，權將軍檄征紳弁大姓……酷索金錢」。《廿五癸丑拷夾百官》篇録了《甲乙史》云：「午後，喚諸文武……夾棍拷打，招認贓銀……又拿京城富商居民，極刑追逼。」「畿內、山東、河南守令……恣意威虐，首稱助餉，衿紳受脇」等等。這些，給我們留下了有關農民起義的生動而豐富的歷史記載，這就難怪研究明末農民起義的學者要經常引用《南北略》了。

當然，計六奇注意保存農民戰爭史料，並不等于他就同情農民軍。相反，他還經常污衊農民軍，甚至流露出刻骨仇恨的情緒。他是封建的歷史家。這是他的地主階級立場所決定的。對於一部得到廣泛流傳、保存至今的封建歷史家的著作説來，我們不能指望作者的立場會站在農民起義軍方面。但是，另一方面，計六奇畢竟是一位出身平民的封建歷史家，他的作品的某些資料又直接來源於社會的下層羣衆，所以原作也有不少地方保存或部分保存了歷史的本來面目。

舉例來說，如《北略》卷十六《張獻忠圍桐城》篇，敍述了獻忠的治軍有方及對待文人的態度，附記且贊其行軍神速：「談笑間數百里猝至；所謂行千里而不勞者，行于無人之地也，獻忠得之矣！」卷十七《張獻忠陷泌城等處》篇附識説：「獻之行兵，其來也如風雨之驟至，其去也若鬼域之難知……令官兵追逐不暇，卽孫子所云『出其所不趨，趨其所不意』，避實擊虛之法，將帥墮其術中而不覺耳。」

又如，卷十六《李自成敗而復振》篇稱自成「剽掠所獲，散濟饑民」。卷十九《李自成屠黄陂》篇説：「僞示有三年免徵，一民不殺之語」。卷十九《馬世奇入對》篇説：「賊知人心所苦，特借剿兵安民爲辭，一時愚民被欺，望風投降；而賊又爲散財賑貧，發粟賑饑，以結其志，遂至視賊如歸。」卷二十《朱之馮》篇載「傳賊所過，秋毫無犯，發帑賑貧，赦糧蘇困，真若沛上亭長、太原公子復出矣。兵民望賊愈急」以及「從南門入，滿城結彩……焚香跪接」。同卷《(三月)十五居庸關陷》篇記「自成行牌郡縣云：知會鄉村人民，不必驚慌，如我兵到，俱公平交易，斷不淫污搶掠。」《(三月)廿五癸丑拷夾百官》篇載：「民間誤信，遂安心開張店市，嘻嘻自若。」《四月三十日自成西奔》篇載：「四處傳布，説賊不殺人、不愛財、不搶掠、平買平賣、蠲免錢糧；且將富家銀錢分賑貧民……真保間民謡有『開了大門迎闖王，闖王來時不納糧』等語。因此，賊計得售，賊膽益張。」凡如此類，雖反映出原著者的階級立場，却仍然提供了基本的歷史事實，給後來研討農民起義史者提供了珍貴的史料。

以上還只是就通行本的《南北略》而論，至如舊抄定本的價值，還遠遠不止于此。

首先，從篇卷字數方面就可以看出，《北略》抄本比通行本多出二十三篇一萬五六千字，再加通行本避諱芟削的一萬四五千字，綜計不下四五萬字。《南略》抄本多于通行本的有四十二篇，約二萬字左右，外加避諱芟削一萬六七千字，共達三萬五六千字之多。兩書合計，一共多出九十篇七八萬字，這不是一個很小的數字了！

通行本避諱芟削的個別字句，如：敵、虜、酋、胡兒、韃子、夷氛等，對史實關係還不大。至於大段的刪節，則往往隱晦了清軍燒殺擄掠的暴行，歪曲了事實的真相。

如《南略》卷九《黄淳耀淵耀同守御嘉定城》，〔五九〕記「淳耀題壁」語，在「耿耿不昧，此心而已」後刪去「異日夷氛復靖，中華士庶再見天日，論其世者，尚知予心」一段。

又如《盧象觀謀攻宜興城》末，〔六〇〕刪去「又聞己丑春宜興演精忠，有清兵登台，見正生裝岳武穆敗金兀朮，即殺之；衆大怒，殺六兵。常州鎮將曹虎率兵下宜興，殺六十餘人；衆走入山。虎後發人面瘡而死，或謂好殺之報」一段。

又卷十二《萬元吉固守贛州》末，刪去「清兵入屠城，室舍焚燬，一椽不遺」等很重要的話。

又卷十五《貞女絶命詩》，在「順治十一年甲午秋，兵旋，被擄」和「女郎抗志不辱」之間，刪去了「淫污者不勝數，獨此」八字。

又卷九《閻陳二公守江陰城》，〔六一〕全篇被刪節達一千一百四十八字，其中有江陰城陷時，清兵「縱兵大殺，屍骸滿道，家無虚井」這樣重要的内容。

《北略》卷二《遼陽陷》篇末刪去「時敵入城已晚，次日安民，驅至北城，屯北敵兵乘機殺掠，城中大亂。軍民淫傷，不可勝計」等，附記又刪去「今南方蠻子，俱説遼人做官，不知遼人昔已殺盡，十無一二」和清軍在遼東「殺窮鬼」「殺富户。既屠二次，遼人遂空」等内容。記末抄本尚多康熙二年（一六六三年）同舟遼東人閔表口述天命初「殺窮鬼」、「殺富户」二百零五字，與前記能互爲引證。

以上還只是部分芟節的典型例子，至於全篇文字因避忌而刊削，在九十篇中特關重要的，如《北略》卷首第一篇《建州之始》，全文一千七百七十二字，爲從來談滿洲發祥史所未見。通行本既芟此篇，于是全書托始不得不從抄本卷首原有的編年「萬曆二十三年乙未」，推遲到「萬曆四十四年丙辰」。又如《南略》卷十六次《鄭成功入鎮江》篇有《鄭成功討滿洲檄》一篇，〔六二〕全篇五百二十字，爲研究鄭成功的重要材料，未見于其他記載。只此兩例，就能看出這部舊抄足本《南北略》的可貴了。

再如《北略》卷四末《浙江水災》篇，記温體仁奏報天啓七年（一六二七年）六月廿三等日，浙江杭、嘉、湖、寧、紹、嚴、台七府颱風海嘯，歷七晝夜，飄没沿海居民十餘萬，爲「二百餘年未有之變」，不見于《明史·五行志》及府縣誌，《熹宗本紀》僅作「是月浙江大水」，而《北略》通行本僅存其目。所以，這一條資料對研究浙江省歷史上的自然災害狀況，是極可寶貴的。

此外，《北略》抄本卷二十四末《北略總説》及《南略》抄本卷十六末《跋》、《紀事》、《誌感》、《讀書者》五篇，記述了本書撰述經過及義例，却不見于通行本。同時，《南略》抄本保存原書按年月次第紀事的面貌，不會使人産生「標目紛雜」之感。〔六三〕《南北略》中，篇末自記撰述時地的，凡二百餘處，其中《北略》有一百十三條，《南略》有八十八條，這些自注不但反映了作者編寫過程與資料來源，而且也給我們提供了著者年譜的素材，然而通行本中僅《北略》存十九條，其餘悉被芟汰。

甚至于重要詩文之被有意芟除和漏奪的情況也有。

如《北略》卷三《魏忠賢自縊》篇中的京師白書生作《桂枝兒》五首二百七十字，卷十四《錢肅樂和心史詩》篇徒、胡、枯、奴、渝韵的和詩十首，〔六四〕卷十九《（劉熙祚）題詩永陽驛署壁》篇的原詩兩首及自挽四聯。《南略》卷六《陳函輝自縊死節》篇中的六首絶命詩之第六首，〔六五〕卷十三《鄉城異歲》篇的瞿式耜桂林獄中閱北曆有感七言一律，〔六六〕卷十四《貞女絶命詩》篇的第一、三兩首，〔六七〕凡通行本所闕的，抄本裏都全文具在。

又如《南略》卷十二《（堵胤錫）縫甲泣》篇，〔六八〕較通行本多三十一字；卷十四《安龍紀事》篇載吴貞毓詩，〔六九〕其中「匡扶有願賴同儔」下多「擊奸未遂身先死，一片丹心不肯休」末一聯；卷十六《張侍郎復（郎廷佐）書》篇，〔七〇〕「不失爲中興人物」下多「顧陵律自甘，華彝莫辨……愚以來書温慎」一百五十三字，且與四明叢書本《蒼水集》所載亦多出入；卷十四《錢邦芑祝髮記》附録詩第三首「紅爐焰裏飛寒雪」句，〔七一〕通行本空缺「焰裏飛寒」四字，其中圖書集成局本索性注爲「原缺四字」。

卽譌奪三兩字者，如《北略》卷十一《鄭芝龍擊劉香老》篇「歲入千萬計」通行本「歲入」訛作「八年」。卷二十《李自成西奔》篇附記載農民軍在北京「得花缸，去花以爲馬槽；犀杯無用，大者以搗蒜，小者作油盞」，通行本都奪「犀杯」二字。《南略》卷三《吴適陳維新五事》篇「寧重嚴于始進，毋追恨于僨轅」、「尤當以絶其覬用者」，通行本卷四「始」訛「姑」，「追」訛「進」，便文不成辭等等，尚爲例很多，不煩一一列舉了。

舊抄足本《明季南北略》的發現，不僅可以補足通行本的缺文、糾正通行本的謬誤，幫助了解作者及其著述情況，而且還爲我們提供了一些文獻的情況。有些文獻，雖流傳于世，但其作者不詳，而《南北略》的抄本却有明確記載，如《南略》抄本卷十二《張獻忠亂蜀本末》題下注云「内江張士彦」撰、卷十四《孫可望脇封謀禪本末》文末注「棨昌王遇」著等。

抄本還爲我們提供了一些未曾見過的書目，如堵胤錫著《十四朝史綱》，〔七二〕鄭之珖著《明書》二十卷、《罏史》八卷、《記難》二卷、《櫝菴文集》六卷等。〔七三〕更有價值的是，《南北略》還輯入了一些佚書的全文或部分，使我們能窺見一些踏破鐵鞋無覓處的文獻，如《南略》卷十三收集的「黔陽郭象雲」撰《武岡播遷始末》全文、卷十六收集的「江津程翰」撰《孫可望犯闕敗逃本末》全文、卷十七收集的雲南「鶴慶聞圖軫」撰《孫可望李定國構隙本末》全文、卷十二至十五所引用的《粤事記》、卷三所引用的《大事記》等等。這樣，幸脱文禁的舊抄足本《南北略》，又爲我們填補了晚明史籍的一些空白。

不過，抄本也存在不少問題：姓名記載舛誤，如「潘國春」之訛「潘同春」、〔七四〕「高珩」之訛「高衍」、〔七五〕「堵正明」之訛「堵正」、〔七六〕「眭明永」之訛「睦明永」、〔七七〕「郭獻珂」之訛「郜獻珂」；〔七八〕紀年錯誤的，如「崇禎乙亥」訛爲「己亥」、〔七九〕「崇禎十七年五月日」訛爲「崇禎十六年五月日」；〔八〇〕前後自相矛盾的，如《北略》卷十九《董心葵大俠》篇對心葵備致頌揚，而卷二十《廿三辛亥諸臣點名》篇稱心葵迎降，

「爲之通線」。

又如卷十八《賀一龍陷無爲州》附記革裏眼卽賀一龍，接着又説「左至，是左卽革賊也」，他卷又載「革左……左爲左金王，又似兩人」，而卷十九《李自成襲殺左革》篇又確實指爲兩人；採録原始資料，語氣照舊，易滋誤會的，如《北略》卷十《曹文淵守唐縣》篇末「此皆我邑人所目擊而述也」，當爲原作者口氣。卷十九《祭十二陵（新史）》篇中「余隨少司馬馮鄴仙上德陵」之「余」字，也應是《新史》作者的自稱。再如《北略》卷二十四《東彝大略》篇，原録自《幸存録》，則篇内「是時，予方館于鄒平座師張東華家」、「予時以計偕至都」，其「余」、「予」兩字，都是《幸存録》作者夏允彝的自稱。

至如污衊農民軍及宿命論色彩極爲濃厚的例子也很多，這些顯然屬於階級局限、時代局限，爲一般舊史家的通病。我們固不能因噎廢食，根據這些弱點便低估全書的價值。

關於舊抄足本《南北略》的價值及其不足之處，大略如上所述。但以我業務水平限制，特别是理論水平低，分析得當然很不全面，不深入，可能還有些阿私所好之嫌；然而，由於這個本子的發現，可借以覘見《南北略》的本來面貌，爲明清之交階級鬬争、民族鬬争增添了很多珍貴的史料，則是無可争辯的。

一九六四年于杭州

注釋

〔一〕《明季南北略》（以後簡稱《南北略》，單獨提到其中一種時簡稱《北略》或《南略》）卷首自署。

〔二〕《北略》抄本卷二十二《董復》篇末按語及抄本《南略》卷末《讀書者》篇末自署。

〔三〕《南略》抄本《自序》及每卷首頁第二行均題「九峯居士」，今通行印本都已改爲「計六奇用賓」五字。

〔四〕《北略》卷九《誌異》末識語云：「時予年十二，從家孟伯雄讀書廳左。」按《誌異》篇編年爲崇禎六年癸酉（一六三三年），依此倒推，則六奇當生于天啓二年壬戌。

〔五〕《南略》抄本自跋云：「（康熙辛亥）十一月十三，爲二親窀穸，停筆三旬。」則六奇的父母當卒於康熙十年冬以前，享年亦應在古稀左右。

胡時忠（？——一六七〇年），初名時亨，以耻與閹黨光時亨同名，疏請改名（通行本《南略》卷五《鬮差新法》識語），字伯昭（見《無錫金匱縣誌》卷十九《宦望門本傳》），號慎三，崇禎十年丁丑（一六三七年）禮闈第四人（據《無錫金匱縣志》卷十六《選舉表》，足証《四庫提要》稱崇禎丙子舉人之訛）。授江西南昌府推官，以助平撫州、新建、廣昌、靖安、奉新「土寇」（據通行本《北略》卷十六《黄道周廷杖》篇及卷十九《胡公平三縣土寇》篇），擢監察御史，「縣誌宦望有傳」（《錫山游庠録》）。「爲御史時，屢言時政得失，京師號爲衝鋒」。「後當按閩，不行，惟隱居養母而已。」卒於康熙九年庚戌（一六七〇年，見同上《鬮差新法》篇末附識，並用抄本校過）。著有《孔庭神在録》八卷，見《四庫總目提要》卷六十三傳記類存目五。又有《聖學源流録》、《懷古堂文集》、《冷香齋集》，見《無錫金匱縣誌》卷三十九藝文。

〔六〕胡永禔，字鴻儀（《南略》抄本卷四《五月紀略》，名據《四庫總目》傳記類存目五補），時忠子。清康熙十六年貢生。曾任安徽霍山教諭（《無錫金匱縣誌》卷十七《選舉表》），著有《錫山宦賢考略》三卷（與同里張夏合撰），「書成於康熙甲子（二十三年，一六八四年）」，見同上《四庫總目提要》。

〔七〕《南略》抄本卷三《議立福藩》附識。

〔八〕同上書卷一《黄得功》附記遺事。

〔九〕《北略》卷九《誌異》末識語。

〔一〇〕《北略》抄本卷十八《誌異》附記。

〔一一〕《南略》卷五《吴適參駁》篇及卷六《災異》附記。

〔一二〕均見《北略》抄本有闕各篇。

〔一三〕《南略》抄本卷四題作《王獻之不屈》。徐鼒《小腆紀傳》卷四十六《義師一》亦有《王謀傳》，可以參閱。

〔一四〕《北略》卷十六《誌異》附記。

又，洛社在無錫西北境招義鄉十二都，與計六奇家鄉興道鄉俱靠近江陰縣界，似即王家。

〔一五〕《北略》抄本卷十八《誌異》附記。

〔一六〕據《南略》卷八《史可法揚州殉節》附記及抄本卷十六《張明正題詩金山》。

〔一七〕時爲順治四年（一六四七年），六奇二十六歲。參《南略》抄本卷四《楊廷樞血書》篇附記等。

〔一八〕第一次在康熙二年左右，見《北略》抄本卷二十一《范景文》篇附論自注；第二次在康熙十年，見《南略》抄本《跋》。

〔一九〕第一次在弘光元年，見抄本《南略》卷一《議立福藩》篇附記；第二次在康熙十四年，見同上卷四末《總論國家運數》篇附記。

〔二〇〕見《南略》抄本卷八《黄道周誌傳》附注。

〔二一〕《北略》卷十五《郝敬卒》篇附記。

〔二二〕《北略》抄本卷二《周順昌》篇末自記康熙二年癸卯季冬十八日過蘇州五人墓，欲謁不果。

〔二三〕《南略》通行本卷八《史可法揚州殉節》附記。

〔二四〕《北略》抄本卷十八《洪承疇降清》篇自稱在鎮江遇遼人唐奉山，奉山謂親見松山、杏山之敗。

〔二五〕《南略》抄本卷四《馬純仁小傳》。

〔二六〕《北略》通行本卷十六《張獻忠圍桐城》。

〔二七〕同上卷二十三《總論流寇亂天下》篇云：「憶丙子歲（當爲崇禎九年，一六三六，時六奇方十五歲）予道淮上，見一父老談流寇事云。」

〔二八〕抄本《北略》卷二《遼陽陷》篇附記。

〔二九〕《外省移咨應燬書目》載《明季南略》，無卷數及撰人姓名。吴氏小殘卷齋藏傳抄足本《禁書總目》載《南略》，注謂：「此書不著作者姓名，内記福王僭位四、五兩月事實，查系野史，應請禁燬」云云。

〔三〇〕通行本作《紀烈詩》，且有題無詩。

〔三一〕今按抄本《南北略》四十卷，以一題爲一篇（如《北略》卷二十一《殉難文臣二十一人》原應作二十一篇計算，現亦併作一篇算）而論，《北略》二十四卷郎有六百七十二篇，《南略》十六卷四百三十八篇，兩共一千一百十篇。則比如「具草五百餘篇」剛多一倍。因此，下面所計字數五十五萬餘言，顯亦大有出入了。

〔三二〕《北略》卷二十二《曹溶》篇，内有「崇禎丁丑進士，官御史。予聞公留心著述，欲訪之」語。

按，據《清史列傳》卷七十八，《貳臣傳》甲，《曹溶》。曹溶官御史是在明末，清順治元年五、六月，順治二年冬至三年初，則六奇想要訪問他的時間，當在這些時間罷。

〔三三〕《北略》卷二《袁崇焕守寧遠》。

〔三四〕《南略》卷四《楊廷樞血書》篇附記。

〔三五〕係由清兵淫掠，「女郎抗志不辱」自投鸚鵡洲江中死者。詳見《南略》卷十五末《貞女絶命詩》篇末附記。通行本較抄本少第一、三兩首，其餘字句亦有不同。

〔三六〕《北略》抄本卷一《殉難文臣》篇第一人「范景文」條附論自注。

〔三七〕見同上第四人「施邦曜」條。

〔三八〕通行本卷十一缺此篇。

〔三九〕見《南略》抄本《跋》與《誌感》。
〔四〇〕按，實分兩卷，即《北略》二十三、二十四兩卷。
〔四一〕《南略》通行本編此篇於卷四。
〔四二〕抄本原在《堵胤錫始末》篇中「遂賜公四代誥命以奬之」下細注。
〔四三〕《北略》卷二末《丙寅五月初六紀異》等。
〔四四〕《北略》卷二十一下《殉難臣民》周之茂傳末。
〔四五〕《北略》卷二十二《方岳貢》篇。
〔四六〕《北略》抄本卷二十三《復方國安原官》附記。
〔四七〕《北略》卷二十二《楊汝成》篇。
〔四八〕同上。
〔四九〕《北略》卷二十二《邱瑜傳》。
〔五〇〕《北略》卷二《辛酉七年紀異》篇自注。
〔五一〕同上。
〔五二〕同上。
〔五三〕《北略》卷五《無錫災異疏略》篇。
〔五四〕《北略》卷二十《廿五癸丑拷夾百官》篇。
〔五五〕《北略》卷十九《孫傳庭夫婦死難》篇末附記：「傳庭死事本末得之梅村吴偉業。」似即《綏寇紀略》。
〔五六〕抄本均編入卷一。
〔五七〕《南略》抄本有關農民起義史料比通行本更多。

〔五八〕此條與《北略》卷二十《李自成僞檄》頗有異同。
〔五九〕《南略》抄本卷四題作《黄淳耀淵耀》。
〔六〇〕《南略》抄本卷四題作《盧象觀死難》。
〔六一〕《南略》抄本卷四《江陰紀略》。
〔六二〕《南略》抄本中原題《僞檄》。
〔六三〕見由雲龍輯李慈銘《越縵堂讀書記》，李謂《南略》「標目紛雜」。
〔六四〕七、八、九首録至「奴」字韵止，即僅録前半首。第十首止存「枯」字韵一聯。
〔六五〕《陳函輝死節》篇抄本編入卷六，通行本編入卷十。
〔六六〕《鄉城異歲》篇《南略》抄本編入卷十三，而通行本編入卷十五。
〔六七〕通行本編入卷十五。
〔六八〕通行本編入卷十四。
〔六九〕通行本編入卷十六。
〔七〇〕通行本編入卷十，題作《張煌言復書》。
〔七一〕通行本編入卷十六。
〔七二〕見《南略》抄本卷十四《堵胤錫始末》篇。
〔七三〕見《南略》抄本卷十五《鄭之珖傳》篇。
〔七四〕見《北略》卷二十二《刑辱諸臣傳》篇潘國春條。
〔七五〕同上卷《從逆諸臣傳》篇。
〔七六〕見《南略》抄本卷十二《堵胤錫始末》篇，通行本卷十四。

〔七七〕《南略》抄本卷四《華亭睦明永不屈》，通行本卷九題删「華亭」兩字，「睦」已改「眭」。《明史》卷二七七《沈猶龍傳》内載「華亭教諭眭明永題詩明倫堂投環死」可證。

〔七八〕《南略》抄本卷十《郜獻珂起兵》，通行本卷十二末，錯字已改正。但抄本卷二《李自成雜誌》篇提及「舊兵部職方主事郭獻珂微服村居……」，下云「《遺聞》刻郜獻珂」。通行本卷五改作子注云：「《遺聞》作郜獻珂」，則此姓誤，非無所本。

〔七九〕見《北略》卷十一《董其昌致仕》篇。

〔八〇〕見《南略》抄本卷一、通行本卷三《國政二十五欵》。

凡　　例

一、本索引只收録《明季北略》中明代晚期的人物，凡與晚明史事無涉的人名概不收録。

二、收録人名，以其姓名或常用稱謂作主目。凡書中出現過的其它稱謂，如字、號、别名、小名、綽號、謚號、廟號、地望等等，附註于後。

三、凡書中單獨使用而又不易辨識的異稱，均另立目備查。一般異稱，不再立目。

四、以標題爲單位收録，一標題内多次出現者僅列其首見，餘皆不録。

五、人名後所列數碼，依次是卷號、標題號、頁號。爲避免混淆，三項數碼中間用斜綫隔開。

六、人名或異稱相同而實非一人者，均分别立目，以示區别。

七、本索引採用四角號碼編排。

高

0040$_1$ 辛

0040$_6$ 章

0073$_2$ 玄

0080$_0$ 六

0073$_2$ 襄

0121$_1$ 龍

0128$_6$ 顔

0164$_6$ 譚

0761$_8$ 證

0821$_2$ 施

0823$_3$ 於

0864$_0$ 許

0968_9 談

1000_0 一

1010_0 二

1010_1 三

1010_4 王

1010_1 正

1010_7 五

1017_7 雪

1020_0 丁

1212_7 瑞

1223_0 水

1223_0 弘

1233_0 烈

1241_0 孔

1241_3 飛

1249_3 孫

1314_0 武

1464_7 破

1710_2 盂

1712_7 鄧

2122_1 衛

衡

行

2123_4 虞

2133_1 熊

2140_6 卓

2190_4 柴

2190_3 紫

2221_0 亂

2221_4 任

2221_5 崔

2277_2 出

2290_1 崇

2290_4 巢

2294_7 綏

2300_0 卜

2323_4 伏

2324_2 傅

2599_6 練

2600_0 白

2620_2 伯

2629_4 保

2641_3 魏

2691_4 程

2694_1 釋

2712_7 歸

2713_2 黎

2864₀ 皦

3010₆ 宣

3011₇ 瀛

3021₁ 完

3021₄ 寇

3022₇ 房

3111_2 江

3111_4 汪

4033_1 赤

4033_6 熹

4040_7 李

19/438/361
19/440/362
19/441/362
19/442/363
19/443/363
19/444/364
19/445/365
19/447/367
19/448/368
19/449/369
19/451/370
19/453/371
19/454/371
19/455/372
19/456/373
19/457/373
19/458/374
19/459/375
19/463/378
19/464/379
19/484/398
19/485/399
19/492/406
19/493/411
19/494/411
20/495/414
20/499/415
20/505/419
20/508/422
20/518/426
20/519/427
20/520/428
20/522/431
20/527/434
20/529/436
20/535/439
20/537/441
20/538/442
20/539/442
20/543/447
20/547/449
20/550/452
20/553/455
20/554/457
20/555/458
20/556/459
20/557/459
20/560/463
20/561/465
20/562/466
20/567/473
20/568/473
20/570/475
20/572/478
20/574/482
20/577/483
20/584/485
20/585/486
20/586/487
20/587/487
20/588/487
20/590/488
20/593/489
20/595/489
20/596/490
20/597/491
20/598/491
20/599/492
20/600/493
20/601/499
20/602/503
21/602/506
21/602/520
21/602/545
21/602/550
21/605/553
21/606/561
21/606/563
21/606/568
22/608/575
22/608/576
22/608/577
22/609/581
22/611/599
22/611/604
22/611/612
22/611/618
22/611/627
22/611/632
22/611/641
22/613/647
23/614/649
23/615/649
23/616/650
23/617/651
23/619/653
23/620/653
23/621/655
23/622/655
23/623/656
23/626/658
23/627/658
23/631/664
23/633/665
23/634/665
23/635/665
23/639/667
23/642/668

4060_1 吉

4060_4 奢

4073_2 袁

4440_0 艾

4440_6 草

4442_7 萬

4443_0 莫

樊

4445_6 韓

4450₄ 華

革

4453₀ 英

4460₀ 苗

4471₁ 老

4490_1 蔡

4713₈ 懿

4721₂ 猛

4732₂ 郝

4742₇ 努

6050_4 畢

6060_0 吕

7210_0 劉

7210_2 丘

7723₁ 爬

7726₄ 屠

7732₇ 闖

7736₄ 駱

7740₀ 閔

7744₁ 開

7744₇ 段

8762_7 舒

8822_7 簡

8877_7 管

8918_6 鎖